Entscheidungen

des

Reichsgerichts.

Herausgegeben

von

den Mitgliedern des Gerichtshofes und der Reichsanwaltschaft.

Entscheidungen in Zivilsachen.

Neue Folge.

Achtzehnter Band.

Der ganzen Reihe achtundsechzigster Band.

Leipzig,
Verlag von Veit & Comp.
1908

Entscheidungen

des

Reichsgerichts

in

Zivilsachen.

Neue Folge.

Achtzehnter Band.

Der ganzen Reihe achtundsechzigster Band.

Leipzig,
Verlag von Veit & Comp.
1908

Druck von Metzger & Wittig in Leipzig.

Inhalt.

I. Reichsrecht.

Nr.		Seite
1.	Genossenschaft. Auseinandersetzung mit dem ausscheidenden Genossen. Bilanz	1
2.	Vertragsschluß. Nichtübereinstimmung des Willens. Telegraphenschlüssel	6
3.	Verfügung über den Mietzins. Streit über eine hinterlegte Zwangsverwaltungsmasse	10
4.	Vermutung für die Vollständigkeit der über ein Rechtsgeschäft errichteten Urkunde	15
5.	Sukzessivlieferung. Einrede des nicht erfüllten Vertrages	17
6.	Klage auf Berichtigung des Grundbuchs. Bestimmtheit der Begrenzung des Grundstücks	24
7.	Zulässigkeit des Rechtsweges bei der Untersagung eines Gewerbebetriebes	26
8.	Zurückbehaltungsrecht. Einheit des rechtlichen Verhältnisses	32
10.	Vertretungsmacht des Vaters. Ist das Geschäft nichtig, wenn sie fehlt?	37

Nr. Seite

11. Vertragsstrafe in der Form eines Nachlasses vom Kaufpreise, wenn verspätet geliefert wird 41
12. Gehört der Frachturkundenstempel zu den Kosten der Versendung der Kaufsache? 42
13. Unterstützungen der Knappschaftsvereine. Anspruch gegen den Schädiger aus ungerechtfertigter Bereicherung 45
14. Haftpflichtgesetz. Wann ereignet sich die Körperverletzung beim Betriebe der Eisenbahn? 47
15. Kann der Verlag einer Zeitschrift wirksam verpfändet werden? . . . 49
17. Berichtigung des Standesregisters in bezug auf die Anerkennung der Vaterschaft eines unehelichen Kindes 60
18. Veräußerung einer Schiffspart an einen Ausländer ohne Zustimmung der Mitreeder 65
20. Unfallversicherung. Todesursache bei Hinzutritt von Krankheiten. Beweislast 67
21. Anfechtungsankündigung. Wahrung der zweijährigen Frist des § 4 des Anfechtungsgesetzes 70
24. Hypothek auf den Bruchteil eines Grundstücks. Erstreckung auf den Alleineigentümer 79
25. Aktienstempel. Berechnung für amerikanische certificates of shares . 83
26. Eingetragene Genossenschaft. Streit über Mitgliedschaft. Beweislast 90
27. Eingetragene Genossenschaft. Beitragspflicht der Mitglieder bei Deckung von Geschäftsverlusten 93
28. Bordellkauf. Dingliche Klage aus der Hypothek 97
29. Stempel auf Aktien und für Anschaffungsgeschäfte. Wertberechnung . 105
30. Unfallversicherung. Ausschlußfrist für die Klage. Schaden infolge einer ärztlichen Untersuchung 108
32. Gesellschaft mit beschränkter Haftung. Aufrechnung gegen die Stammeinlage 121
33. Beginn der Ausschlußfrist für die Klage auf Ehescheidung 124
34. Der „wirkliche“ Wille beim Vertragsschlusse 126
35. Guter Glaube beim Erwerbe des Pfandrechts an Inhaberpapieren. Bankdepotgesetz 130

Nr. Seite

37. Anfechtung außerhalb des Konkurses. Einwendungen gegen den Bestand der Forderung des Gläubigers 138
38. Pfandbestellung für fremde Schuld auf bestimmte Zeit 141
39. Entschädigung der im Wiederaufnahmeverfahren freigesprochenen Personen 147
40. Anfechtung einer Zwangsvormerkung, die auf dem Grundstücke des Gemeinschuldners eingetragen ist 150
41. Form der Wechselunterschrift des Avalisten 155
43. Schadenshaftung des Hausbesitzers und Vermieters gegenüber Dritten 161
44. Abstrakte Schadensberechnung, wenn es sich um Maschinen nach einem neuen Systeme handelt, die noch nicht auf den Markt gebracht waren 163
47. Ist dem Geschäftsführer einer Gesellschaft m. b. H. Selbstkontrahieren mit der Gesellschaft gestattet, wenn ihm sämtliche Geschäftsanteile zustehen? 172
48. Beschränkte Haftung des Schiffseigners, der das Schiff selber führt . 180
50. Vertragsmäßige Beschränkung der Freizügigkeit bei Ärzten 186
51. Schadensersatz wegen verspäteter Leistung. Begründung 192
52. Landesrechtliche Höchsttaxen für Mäklerlohn. Geltung gegenüber dem Bürgerlichen Gesetzbuche 195
53. Internationales Privatrecht beim Seefrachtvertrage. Distanzfracht . . 203
54. Gesellschaft m. b. H. Kann die Veräußerlichkeit der Geschäftsanteile durch Mehrheitsbeschluß der Gesellschafter eingeschränkt werden? . . . 210
56. Kann bei ungeteiltem Nachlasse eine Nachlaßverbindlichkeit in Einzelklagen gegen die Miterben geltend gemacht werden? 221
57. Vergütung für den Aufsichtsrat der Aktiengesellschaft. Fällt der Anspruch für das Mitglied weg, dessen Bestellung widerrufen wird? 223
58. Verbot des Wettbewerbs unter hoher Strafe und Versicherung auf Ehrenwort. Verstoß gegen die guten Sitten 229
59. Statutenänderung der Aktiengesellschaft. Erfordernisse für die Ankündigung der Tagesordnung der Generalversammlung. Anfechtungsklagen 232
60. Aktiengesellschaft. Schaffung und Ausstattung von Vorzugsaktien bei

Nr. Seite

Erhöhung des Grundkapitals. Ausschluß des Bezugsrechts der Aktionäre 235

63. Gesellschaft zum Erwerbe und zur Zerteilung von Grundstücken. Bedarf der Gesellschaftsvertrag notarieller Beurkundung? 260

64. Aktiengesellschaft. Verpflichtung der Aktionäre zu wiederkehrenden, nicht in Geld bestehenden Leistungen. Zustimmung sämtlicher Aktionäre. Anfechtungsklage 263

65. Verfügung der Polizeibehörde über die zu erfordernde Beschaffenheit von Arbeitsräumen. Rechtsweg 267

66. Anspruch auf Herausgabe einer ohne rechtlichen Grund erlangten Leistung. Wegfall der Bereicherung 269

67. Gesellschaft mit beschränkter Haftung. Sacheinlage. Reduzierung des Gesellschaftsanteils. Anfechtung der Illationsvereinbarung 271

68. Verpfändung eines Sparkassenguthabens. Rechtsfolgen einer unrichtigen Auskunft von seiten der Sparkasse 277

69. Weltpostverein. Wann hat der Empfangsberechtigte „die Sendung in Empfang genommen"? 286

70. Verkauf eines Rechtes, dessen Entstehung unmöglich ist 292

71. Übergang der Konkurrenzklausel bei Geschäftsveräußerungen 294

72. Testamentserrichtung. Unterschrift der mitwirkenden Personen . . . 297

74. Schuldversprechen und Schuldanerkenntnis. Bürgschaft für eine Schuld, der eine verzögerliche Einrede entgegenstand 302

75. Beweislast, wenn der auf Zahlung des Kaufpreises verklagte Käufer Stundung behauptet 305

76. Gesellschaft mit beschränkter Haftung. Kann der Verkauf eines Geschäftsanteils von seiten der Gesellschaft vom Käufer wegen Betruges angefochten werden? 309

77. Aktiengesellschaft. Anfechtbarkeit des Beschlusses der Generalversammlung über die Entlastung von Vorstand und Aufsichtsrat 314

78. Handlungsgehilfe. Vereinbarung einer ungleichen Kündigungsfrist . 317

79. Verbindung einer gültigen und einer nichtigen Abrede, wenn die Parteien die Nichtigkeit kannten 322

80. Widerruf eines aus endgültiger Überlassung und Schenkung gemischten Vertrages 326

Nr. Seite

81. Übersendungskauf. Setzung einer Nachfrist, die nach dem Eintreffen der Ware am Bestimmungsorte berechnet ist 329

83. Konkurs. Aufrechnung mit dem kapitalisierten Betrage einer Leibrente 340

84. Eingetragene Genossenschaft. Anfechtung und Bestreitung der Mitgliedschaft von Genossen, die in der Liste eingetragen sind 344

85. Schadensersatz durch Rentenzahlung. Einfluß späterer Umstände, die denselben Schaden verursacht haben 352

86. Ist der Anspruch aus einem Vertrage über ein zu gewährendes Darlehn abtretbar? Beweislast 355

87. Benutzung einer öffentlichen Wasserstraße. Schadensersatzpflicht des Staates 358

88. Untersuchungspflicht beim Handelskaufe. Schwierigkeiten der Entdeckung des Mangels. Verarbeitung der Ware 368

90. Anfechtung einer vom Gemeinschuldner bestellten Hypothek durch den Konkursverwalter. Vertretung ohne Vertretungsmacht 374

92. Gesellschaft mit beschränkter Haftung. Entlassung des Geschäftsführers 381

93. Klage auf Einräumung des Zurückbehaltungsrechts an einem Grundschuldbriefe 386

95. Vertrag mit einer preußischen Behörde, durch den die Verpflichtung übernommen wird, Eigentum an einem Grundstücke zu übertragen. Form 393

96. Gesellschaft mit beschränkter Haftung. Abtretung von Geschäftsanteilen. Erfordernisse des Inhalts der Urkunde 394

97. Bestätigung eines anfechtbaren Rechtsgeschäftes. Setzt sie Kenntnis des Anfechtungsrechtes voraus? 398

100. Bedarf es der Auflassung der Grundstücke, wenn bei Auflösung einer offenen Handelsgesellschaft ein Gesellschafter das ganze Geschäft übernimmt? 410

101. Übertragung eines Blankoakzeptes zusammen mit der Forderung, zu deren Deckung es gegeben war 418

102. Mitwirkendes Verschulden des Beschädigten. Einfluß der Jugend des Beschädigten 422

Nr. Seite

103. Widerspruchsklage der Ehefrau gegen eine Pfändung von Sachen, die ihr bei der Auseinandersetzung der Gütergemeinschaft übereignet sind. Schikaneverbot 424

104. Förmlichkeiten des Protestes, durch den die Präsentation eines eigenen Nach-Sicht-Wechsels beurkundet wird 427

105. Schadensersatzpflicht mehrerer Beschädiger, wenn einer von ihnen zugleich aus einem Vertrage haftet. Kapital oder Rente? 429

106. Schadensersatzpflicht des Arztes, der ohne Einwilligung des gesetzlichen Vertreters an einem Kinde eine Operation vornimmt 431

II. Preußisches Recht.

16. Stempelgesetz. Einfluß der Gerichtsferien und der Einlegung der Verwaltungsbeschwerde auf die Klageverjährung 55

22. Stempelgesetz. Befreiungsvorschrift für Dienstverträge. Vertrag über Müllabfuhr 74

23. Stempelgesetz. Vertrag über ein zweiseitiges Rechtsgeschäft, das von dem einen Teile im Auslande zu erfüllen ist 76

31. Enteignung. Zinsverlust durch Hinterlegung der Entschädigungssumme. Entschädigung der Mieter 116

36. Fluchtliniengesetz. Verlangen der Gemeinde, daß eine Grundfläche für den öffentlichen Verkehr abgetreten werde 135

39. Vertretung des Fiskus in Prozessen auf Entschädigung von Personen, die im Wiederaufnahmeverfahren freigesprochen sind 147

42. Schuldverschreibungs-Stempel. Höchstbetragshypothek 157

46. Kaufstempel beim Einbringen eines Grundstücks in eine offene Handelsgesellschaft 168

55. Wesen und Wirkungen der Eingemeindung, insbesondere für die Beamten der eingemeindeten Kommunen 213

62. Stempelsteuer. Abtretungsstempel, wenn die Testamentsvollstrecker die Kaufpreisforderung für ein von ihnen verkauftes Nachlaßgrundstück dem Erben abtreten 257

68. Rechtliche Stellung der Sparkassen der Stadtgemeinden 277

Nr.		Seite
89.	Einverleibung von Teilen eines Landkreises in eine Stadtgemeinde. Einwirkung auf die Verträge des Landkreises	370
91.	Stempelsteuer. Versteuerung eines Gesellschaftsvertrages, durch den Gesellschaftseigentum in gewöhnliches Miteigentum der Gesellschafter verwandelt wird	378
95.	Vertrag mit einer Behörde, durch den die Verpflichtung übernommen wird, Eigentum an einem Grundstücke zu übertragen	393
99.	Pachtverträge einer Jagdgenossenschaft in Hessen-Nassau. Schriftform	407

III. Prozeßrecht.

3	Nebenintervention. Rechtsmittel bloß des Nebenintervenienten	10
9.	Entscheidung über den Streit, wie hoch sich ein entstandener Schade beläuft	35
19.	Ersuchter Richter und Prozeßgericht. Verurteilung eines ausgebliebenen Zeugen in Strafe und Kosten	66
35.	Richterlicher Eid bei einer Mehrheit von gesetzlichen Vertretern	130
45.	Zurücknahme der Berufung wegen Vergleichs, wenn der Gegner den Abschluß des Vergleichs bestreitet	166
49.	Schiedsspruch. Form der Begründung. Örtliche Zuständigkeit für die Niederlegung	182
56.	Kann bei ungeteiltem Nachlasse eine Nachlaßverbindlichkeit in Einzelklagen gegen die Miterben geltend gemacht werden?	221
61.	Tritt Unterbrechung des Verfahrens ein, wenn die Partei nach Zustellung des Berufungsurteils und vor Einlegung der Revision stirbt?	247
73.	Rechtsmittel gegen ein Ergänzungsurteil über Kosten	301
82.	Restitution gegen ein Urteil, das die Revision wegen Fehlens der Revisionssumme als unzulässig verworfen hat	334
85.	Klage auf Umwandlung einer Verurteilung zu künftig fällig werdenden wiederkehrenden Leistungen	352

Nr. Seite

94. Wiederaufnahme des Rechtsstreits durch die Rechtsnachfolger der verstorbenen Partei in der Revisionsinstanz. Versäumnis-Zwischenurteil 390

98. Beginn des Fristenlaufs für die Klage auf Anfechtung der Entmündigung wegen Geisteskrankheit 402

Sachregister 439

Gesetzesregister 451

Chronologische Zusammenstellung 460

Zusammenstellung nach Oberlandesgerichtsbezirken 467

Berichtigungen 468

1. Kann die Genossenschaft der nach § 73 des Genossenschaftsgesetzes zwischen ihr und dem ausgeschiedenen Genossen zu bewirkenden Auseinandersetzung statt der zur Zeit des Ausscheidens aufgestellten Bilanz eine später berichtigte Bilanz zugrunde legen? Wie sind Forderungen, deren rechtlicher Bestand zweifelhaft ist, in der Bilanz zu behandeln?

I. Zivilsenat. Urt. v. 5. Januar 1908 i. S. Zentrale für Milchverwertung (Bekl.) w. Z. (Kl.). Rep. I. 197/07.

I. Landgericht I Berlin.
II. Kammergericht daselbst.

Die verklagte Genossenschaft machte gegen den Kläger, einen ausgeschiedenen Genossen, eine Gegenforderung geltend, die ihr auf Grund der gemäß § 73 des Genossenschaftsgesetzes noch zu bewirkenden Auseinandersetzung zustehen sollte. Die Parteien stritten darüber, ob dieser Auseinandersetzung die zur Zeit des Ausscheidens des Klägers aus der Genossenschaft aufgestellte und genehmigte Bilanz oder eine später berichtigte Bilanz zugrunde zu legen sei. In der berichtigten Bilanz waren gewisse Provisionsforderungen der Genossenschaft, die sich inzwischen nach gerichtlichen Urteilen als nichtig erwiesen hatten, ausgeschieden worden.

Die Revision der Beklagten führte zur Aufhebung des Berufungsurteiles und zur Zurückverweisung der Sache.

Gründe:

„Gemäß § 73 Abs. 1 des Gesetzes, betreffend die Erwerbs- und Wirtschaftsgenossenschaften, wird die Auseinandersetzung des ausgeschiedenen Genossen mit der Genossenschaft nach der Vermögenslage der Genossenschaft zur Zeit des Ausscheidens bestimmt. Da der Genosse mit dem Schlusse des Geschäftsjahres ausscheidet, so bietet sich als Mittel zur Feststellung der in diesem Zeitpunkte bestehenden Vermögenslage ohne weiteres die Jahresbilanz dar. Das Gesetz schreibt denn auch in § 73 Abs. 2 vor, daß die Auseinandersetzung „auf Grund der Bilanz" zu erfolgen habe. Nach welchen Grundsätzen die Bilanz aufgestellt werden muß, ergibt sich aus § 40 H.G.B. (vgl. §§ 17 Abs. 2, 7 Nr. 3, 48 Gen.-Ges.; ferner Entsch. des R.G.'s in Zivils. Bd. 43 S. 126). Entsprechend der Vorschrift des § 40 Abs. 3 H.G.B. sind „zweifelhafte Forderungen" nach ihrem wahrscheinlichen Werte anzusetzen. Die Zweifel in Ansehung einer Forderung können nicht nur deren Beitreibbarkeit, namentlich die Zahlungsfähigkeit des Schuldners, sondern auch ihren rechtlichen Bestand betreffen. Ob und in welchem Grade Forderungen zweifelhaft sind, muß nach den Umständen ermessen werden, die am Schlusse des Geschäftsjahres obwalten, wofür die Aufstellung der Bilanz stattfindet. Hiernach bildet eine Bilanz, die ohne Verletzung der angeführten Gesetzesvorschriften und unter Beachtung der im Statute der Genossenschaft gültig getroffenen besonderen Bestimmungen aufgestellt, geprüft und genehmigt worden ist, die gesetzliche Unterlage für die Auseinandersetzung zwischen der Genossenschaft und dem ausgeschiedenen Genossen.

Diese Unterlage kann sich nicht nachträglich dadurch verschieben, daß spätere Ereignisse oder Erfahrungen eine Bilanz, die mit der erforderlichen Sorgfalt aufgestellt worden ist, in einzelnen Punkten als nach dem neuen Stande der Erkenntnis und der Verhältnisse tatsächlich unrichtig erweisen. Es gilt vielmehr der Grundsatz, daß die nach Gesetz und Satzung vorschriftsmäßig aufgestellte und genehmigte Bilanz die für die Auseinandersetzung maßgebende ist und bleibt. Daß dieser Grundsatz insoweit anerkannt werden muß, als bei einer Forderung die früher vorhanden gewesene Zahlungsfähigkeit des Schuldners später wegfällt oder bei einem anderen Aktivposten der Bilanz eine spätere Entwertung infolge besonderer Ereignisse eintritt, liegt auf der Hand, da es sich in einem solchen Falle um einen neu entstehenden Vermögensverlust handelt. Das gleiche muß umgekehrt bei einem Vermögenszuwachse gelten. Der ausgesprochene Grundsatz ist aber auch dann anzuwenden, wenn sich später herausstellt, daß der rechtliche Bestand einer Forderung schon in dem früheren, für die Aufmachung der Bilanz maßgebenden Zeitpunkte nicht vorhanden gewesen ist, sondern für diesen Zeitpunkt irrtümlich angenommen wurde, sofern nur dieser Bestand bei der Aufstellung und Feststellung der Bilanz von einem sorgfältig verfahrenden Kaufmanne nicht bezweifelt zu werden brauchte.

Demgegenüber vertritt die Revision eine andere Auffassung; sie erhebt den Einwand, daß die Auseinandersetzung mit dem ausgeschiedenen Genossen auf Grund der wahren Vermögenslage zu erfolgen habe: daher sei, sobald sich nachträglich die objektive Unrichtigkeit der Bilanz ergebe, diese zu berichtigen, und die berichtigte Bilanz alsdann der Auseinandersetzung zugrunde zu legen. Dieser Auffassung steht zunächst der Wortlaut des Gesetzes entgegen. Wie es einerseits selbstverständlich erscheint, daß das Genossenschaftsgesetz in § 73 Abs. 2 nur eine Bilanz bezeichnen kann, die vorschriftsmäßig aufgestellt ist, ebensowenig bietet anderseits das Gesetz Anhalt dafür, daß eine Bilanz gemeint sei, die sich in Zukunft als objektiv richtig bewähren werde. Eine richtige Bilanz in diesem Sinne zu verlangen, müßte zu praktischen Folgerungen führen, die schwerlich als annehmbar angesehen werden könnten. Bei der Feststellung der Bilanzwerte handelt es sich vielfach um Schätzungen, die nur mit einer mehr oder minder großen Unsicherheit getroffen werden können. Die spätere Zeit wird oft das nicht als richtig bewähren, was zu früherer Zeit infolge eines unvermeidlichen Irrtums für richtig gehalten wurde. Für einige Gegenstände wird sich ergeben, daß sie nach der schon früher vorhandenen objektiven Lage der Verhältnisse, die aber derzeit noch nicht erkannt werden konnte, zu hoch bewertet worden sind, für andere Gegenstände wird später offenbar werden, daß ihr Wert zu niedrig veranschlagt worden ist. Müßten alle derartigen, auch bei Anwendung pflichtmäßiger Sorgfalt unvermeidlichen Wertunterschiede nachträglich berichtigt werden, so würde die Grundlage der Auseinandersetzung der erforderlichen Stetigkeit entbehren, und es würde ... nicht selten vorkommen, daß die Auseinandersetzung zu einem verschiedenen Ergebnisse führte, je nachdem mit dem einen oder anderen der gleichzeitig ausgeschiedenen Genossen die Auseinandersetzung früher oder später zum Abschlusse käme. Dabei würde sich die Rechtslage noch um so unsicherer gestalten, als sich namentlich in Ansehung der Bewertung von Forderungen, aber auch von körperlichen Gegenständen nicht selten eine frühere Schätzung als unrichtig erweisen würde, ohne daß überhaupt eine sichere Unterscheidung zwischen einer früheren objektiv unrichtigen Schätzung und einer richtigen Schätzung, die durch nachfolgenden Wertzuwachs oder Wertverlust unrichtig geworden ist, also zwischen dem früheren Unrichtigsein und dem späteren Unrichtigwerden, getroffen werden könnte. Es kann nicht angenommen werden, daß die dargelegten Folgen dem Gesetzeswillen entsprechen. Wenn die Revisionsbegründung auf die Entscheidung des Reichsgerichts vom 8. Dezember 1893 (Entsch. in Zivils. Bd. 32 S. 91) hinweist, so wird in diesem Erkenntnisse nicht mehr ausgesprochen, als daß eine mit den Vorschriften des Handelsgesetzbuches in Widerspruch stehende Bilanz zu berichtigen und dann die berichtigte Bilanz der Auseinandersetzung zugrunde zu legen sei.

Kann hiernach der Revision darin nicht recht gegeben werden, daß die Bilanz, soweit sie zur Zeit des Ausscheidens des Klägers aus der Genossenschaft vorschriftsmäßig aufgestellt worden ist, wegen nachträglich erwiesener objektiver Unrichtigkeit berichtigt werden und die so berichtigte Bilanz der mit dem Kläger zu vollziehenden Auseinandersetzung zugrunde gelegt werden muß, so ist doch der Revision zuzugestehen, daß sich aus den Entscheidungsgründen des Berufungsurteiles nicht mit Sicherheit entnehmen läßt, ob die Bilanz derzeit vorschriftsmäßig aufgestellt worden ist. Der Berufungsrichter hebt selbst hervor, daß „die Frage, ob die Zentrale zur Einforderung der Provisionen berechtigt gewesen oder nicht, immer eine zweifelhafte gewesen sei, bis sie schließlich durch Urteil des Reichsgerichts vom 20. Januar 1906 [1] zuungunsten derselben entschieden sei". Danach müßte man annehmen, daß nach der Vorschrift des § 40 Abs. 3 H.G.B. die Provisionsforderungen nicht, wie geschehen, mit ihrem vollen Betrage, sondern als „zweifelhafte Forderungen" nur „nach ihrem wahrscheinlichen Werte" anzusetzen gewesen wären. Auch die weiteren Ausführungen, in denen von einer „unvorsichtig hergestellten" Bilanz die Rede ist, lassen nicht erkennen, ob der Berufungsrichter von einer richtigen Auffassung des § 40 H.G.B. ausgeht. Es tritt nicht deutlich hervor, daß unter den zur Zeit des Ausscheidens des Klägers und der Genehmigung der Bilanz

vgl. Parisius-Crüger, Gen.-Ges. (4. Aufl.) S. 283 Abs. 2,

---

[1] Abgedruckt in Bd. 62 dieser Sammlung S. 303. D. E.

erkennbaren Umständen, auch bei einer mit der Sorgfalt eines ordentlichen Kaufmannes vorzunehmenden Prüfung, die Provisionsforderungen mit dem vollen Nennwerte hätten eingestellt werden dürfen.

Vgl. auch Entsch. des R.G.'s in Straff. Bd. 13 S. 355.

Diese Sorgfalt durfte um so weniger außer acht gelassen werden, als es sich um die Aufstellung einer Bilanz handelte, an der dritte Personen, nämlich die ausgeschiedenen Genossen, beteiligt waren. Insbesondere konnte in Frage kommen, ob nicht auf das Gesamtkonto der Provisionsdebitoren eine generelle Abschreibung,

vgl. Entsch. des R.G.'s in Zivils. Bd. 22 S. 164,

erforderlich war. Es kann freilich im Hinblicke auf den bisher noch durchaus ungeklärten Tatsachenstand nicht als völlig ausgeschlossen angesehen werden, daß eine Einstellung der Forderungen zum vollen Betrage zulässig war; vielmehr kann möglicherweise zu der in Betracht kommenden Zeit auch bei sorgfältiger Beachtung der damals erkennbaren Verhältnisse der rechtliche Bestand der Provisionsforderungen so geringe Zweifel geboten haben, daß diese bei der bilanzmäßigen Bewertung der Forderungen nicht mehr ins Gewicht fielen. Daß aber das Berufungsgericht zu einer solchen Feststellung bei zutreffender Anwendung der im § 40 H.G.B. enthaltenen Vorschriften gelangen durfte, läßt sich nach dem oben Angeführten aus dem angefochtenen Urteile nicht ersehen.

Die Revision rügt ferner die Auffassung des Berufungsgerichts, es müßten die an Genossen etwa zurückzuzahlenden Provisionsbeträge als Ausgabeposten erst dann in die Bilanzen eingestellt werden, wenn sie zur Rückzahlung gelangt seien. Da die Einziehung der Provisionen unzulässig gewesen sei, so hätten die Genossen, die gezahlt hätten, einen Rückforderungsanspruch gegen die Beklagte erlangt. Die Organe der Beklagten hätten deshalb, wenn sie nicht gesetzwidrig hätten handeln wollen, diese Rückforderungsansprüche in die Bilanz aufnehmen müssen, da sie als Schulden der Genossenschaft bestanden hätten und nicht etwa erst im Augenblicke der Zahlung auf die Vermögenslage der Genossenschaft einwirkten. Dieser Revisionsangriff kann zu keinem Erfolge führen, wenn die Sachlage eine solche gewesen ist, daß die Provisionsforderungen mit ihrem vollen Betrage in die Bilanz eingestellt werden durften. Mußten dagegen diese Forderungen auf der Aktivseite der Bilanz als „zweifelhafte“ im Sinne des § 40

Abs. 3 H.G.B. behandelt werden, so kommt im Hinblicke auf § 40 Abs. 2 auch in Frage, ob und zu welchem Betrage nach dem verständigen Ermessen eines sorgfältigen, die vorliegenden Verhältnisse berücksichtigenden Kaufmannes jene Rückforderungsrechte schon um die Zeit des Ausscheidens des Klägers als Genossenschaftsschulden unter die Passiven der Bilanz aufzunehmen waren." ...

---

2. Nichtübereinstimmung des Willens infolge des Gebrauches eines einem Telegraphenschlüssel entnommenen Phantasiewortes, dem jede Partei einen anderen Sinn unterlegt.

II. Zivilsenat. Urt. v. 17. Januar 1908 i. S. A. u. Gen. (Bekl.) w. R. (Kl.). Rep. II. 325/07.

I. Landgericht Hamburg, Kammer für Handelssachen.
II. Oberlandesgericht daselbst.

Aus den Gründen:

„Die Beklagten hatten an R. zu New-York am 16. April 1902 geschrieben, daß sie 6—8 Tonnen Weißmetall ..., welche, ohne jede Garantie, nach Angabe ihrer Lieferanten bei Verstellung des Materials enthalten müßten ca. 84 Prozent Zinn, 7½—8 Prozent Antimon, 7½—8 Prozent Kupfer, freibleibend offerieren könnten fob Hamburg netto Kasse zum Preise von 188,75 ℳ, und daß sie feste Kabelorder erbäten. R. war nach den Feststellungen des Berufungsgerichts von den Beklagten nicht ständig damit betraut, für sie Handelsgeschäfte zu vermitteln. Die Beklagten bedienten sich seiner nur gelegentlich zur Vermittelung von Verkäufen in New-York, sie hatten ihm weder allgemein, noch in dem hier streitigen Falle irgend eine Vertretungsmacht übertragen. R. trat in Unterhandlungen mit P. zu New-York — dem Rechtsvorgänger des Klägers —. Das Berufungsgericht nimmt als bewiesen an: R. habe dem P. erklärt, daß er von den Beklagten beauftragt sei, eine Partie Weißmetall zu verkaufen, und daß die Beklagten die in ihrem Briefe vom 16. April angegebene Zusammensetzung garantierten; er habe ferner bei der Unterredung, in der man zum Abschlusse gelangte, dem P. den Brief der

Beklagten vom 16. April gezeigt und diesen Brief, den weder P. noch die Zeugin C. wegen ihrer Unkenntnis der deutschen Sprache lesen konnten, fälschlich in das Englische dahin übersetzt, die Beklagten wollten die Garantie für die fragliche Gehaltsangabe übernehmen, während diese die Garantie in Wahrheit abgelehnt hätten. . . .

Zwischen R. und den Beklagten war „Semilodei" als Kabelwort für Erklärung einer festen Bestellung auf das freibleibende Angebot der Beklagten vom 16. April vereinbart. R. hatte dieses Kabelwort dem P. mitgeteilt und dahin erläutert, das brauche er nur den Beklagten zu kabeln, dann sei der Vertrag unter den verabredeten Bedingungen perfekt. Demzufolge hat P. am 6. Mai an die Beklagten das Kabeltelegramm gerichtet: „Accept R.'s Semilodei." . . . Nach telegraphischen Zwischenverhandlungen über die Menge und über Zahlung des ganzen Kaufpreises gegen die Konnossemente nahmen die Beklagten durch Kabeltelegramm das Angebot des P. in dessen Kabeltelegramm vom 6. Mai an.

Nach Verschiffung der Ware und Einlösung der Konnossemente durch P. wurde entdeckt, daß infolge des Verhaltens des R. der Käufer glaubte, mit Garantie gekauft zu haben, während die Beklagten — die Verkäufer — der Meinung waren, ohne Garantie verkauft zu haben.

Zur Klage auf Rückzahlung des Kaufpreises führt das Berufungsgericht aus: der Grund für die Tatsache, daß von den Parteien übereinstimmende Vertragserklärungen trotz nicht erzielter Willenseinigung über den wichtigen Punkt der Garantieübernahme abgegeben seien, liege darin, daß die Beklagten die von R. übermittelte Offerte richtig übermittelt glaubten, während sie unrichtig übermittelt war, und daß sie infolge dieses Irrtumes auch über den Inhalt ihrer eigenen Erklärung im Irrtume gewesen seien. Werde die Sache, was in erster Reihe anzunehmen sei, so aufgefaßt, daß die Beklagten durch Annahme des Drahtangebotes des P. erklärt hätten, sie wollten zu den von R. dem P. mitgeteilten Bedingungen verkaufen, so seien sie über den Inhalt ihrer Erklärung im Irrtume gewesen und hätten danach ihre Vertragserklärung anfechten können. Hätten die Beklagten aber durch Annahme jener Drahtofferte erklärt, unter den Bedingungen ihrer an R. geschriebenen Mitteilung verkaufen zu wollen, so würde ihnen die Anfechtung auch aus § 120 B.G.B. zustehen.

Die nach beiden Auffassungen zulässige Anfechtung wegen Irrtums über den Inhalt ihrer Vertragserklärungen hätten die Beklagten rechtzeitig durch den Brief vom 15. Juni 1902 erklärt, worin sie dem P., nachdem dieser ihnen den wirklichen Sachverhalt mitgeteilt hatte, erklärten, irgend eine etwa von R. geleistete Garantie gehe sie nichts an; der von diesem angeblich geschlossene Vertrag binde sie nicht. Aus der Nichtigkeit des hiernach von den Beklagten angefochtenen Vertrages ergebe sich die Begründetheit des Anspruches auf Rückzahlung des Kaufpreises und Ersatz der von P. auf die Ware verwendeten Unkosten. ...

Die Revision rügt, das Berufungsgericht nehme zu Unrecht an, daß die Beklagten wegen Irrtums angefochten hätten. Dieser Angriff ist gerechtfertigt. Zur Anfechtungserklärung wegen Irrtums genügt, aber ist auch nötig der Wille, das Geschäft wegen jenes Willensmangels nicht bestehen lassen zu wollen. Die Anfechtungserklärung erfordert danach als Mindestes Kenntnis der Möglichkeit eines Anfechtungsgrundes — hier Kenntnis der Möglichkeit eines Willensmangels. Durch die Briefe vom 15. Juni und 21. Mai haben indes die Beklagten die Garantiezusage, auf die von P. hingewiesen worden war, lediglich deshalb als unwirksam bezeichnet, weil dem R. die Vertretungsmacht zur Übernahme einer solchen Garantie gefehlt habe. Die Bezeichnung einer Garantiezusage als unwirksam, da dem Vermittler die Vertretungsmacht fehlte, enthält keine auch nur fürsorgliche Anfechtung der Zusage oder des Vertrages wegen eines angeblichen Willensmangels — hier wegen eines Irrtums über den Inhalt der Erklärung — in der Person des angeblich Nichtvertretenen. Der Erwägungsgrund, aus dem das Berufungsgericht zur Nichtigkeit des Vertrages und zur Zuerkennung des Bereicherungsanspruches der Kläger gelangt, ist danach nicht haltbar.

Nach dem festgestellten Sachverhältnisse kann indes die Entscheidung des Berufungsgerichtes aus anderen rechtlichen Gründen aufrecht erhalten werden. P. hat in seinem Telegramme vom 6. Mai erklärt „Semilodei"; die Beklagten haben durch ihre Telegramme angenommen die Erklärung „Semilodei". Semilodei ist indes an sich nur ein inhaltloses Phantasiewort. Die Erklärung dieses Wortes ist, für sich allein betrachtet, die Erklärung eines inhaltlosen Nichts; gleiches gilt von der Annahme der Erklärung „Semilodei". Für P.

war die Erklärung des Wortes „Semilodei" die Erklärung eines Kaufangebotes mit Garantiezusage; für die Beklagten war sie die Erklärung eines Kaufangebotes ohne Garantiezusage, und danach ihre Annahme der Erklärung „Semilodei" die Erklärung der Annahme eines Kaufangebotes ohne Garantiezusage. Diese Verschiedenheit hatte ihren Grund in den unrichtigen Mitteilungen des R. an P. Nach den rechtlich einwandfreien Ausführungen des Berufungsgerichtes hatte R. keine Vertretungsmacht der Beklagten; die Beklagten haften daher aus diesem rechtlichen Gesichtspunkte nicht für dessen unrichtige Übermittelung ihres freibleibenden Angebotes. Zuungunsten des P. kann nicht gesagt werden, er habe sich durch den Gebrauch des von der Beklagten gewählten Phantasiewortes das angeeignet, was die Beklagten damit bezeichnen wollten, und habe dies daher mit dem Erfolge gegen sich gelten zu lassen, daß der Vertrag ohne Garantiezusage zustande gekommen wäre. Aber auch die Auffassung zuungunsten der Beklagten ist abzulehnen, sie hätten mit der Möglichkeit rechnen müssen, daß R. ihren Vorschlag unrichtig mitgeteilt und P. durch die Erklärung „Semilodei" ein Kaufangebot anderen Inhaltes als das von ihnen an R. überschriebene erklärt habe, und sie hätten danach durch die Annahme der Erklärung „Semilodei" erklärt, allerdings nicht erklären wollen, das Kaufangebot anzunehmen, wie es von P. auf Grund der Mitteilungen des R. gestellt worden sei. Darum sind die beiden Auffassungen nicht haltbar, womit das Berufungsgericht zur Annahme eines äußerlich zustande gekommenen, von den Beklagten nur wegen Irrtums über den Inhalt der Erklärung anfechtbaren Vertrages mit der Garantiezusage gelangt ist.

Vielmehr liegt infolge des Gebrauches des Phantasiewortes „Semilodei" zur Erklärung beider Vertragsteile der eigenartige Fall vor: äußerlich stimmen die Erklärungen des P. und der Beklagten überein; jener bietet „Similodei" an, diese nehmen „Similodei" an. In Wahrheit hat aber doch jeder Teil damit etwas anderes im rechtsgeschäftlichen Verkehre erklärt: P. ein Kaufangebot mit Garantiezusage, die Beklagten die Annahme eines solchen ohne Garantiezusage. Danach decken sich die Erklärung des Kaufangebotes und die Erklärung seiner Annahme nicht. Die Parteien haben sich über den Punkt der Garantiezusage nicht geeinigt. Diesen Punkt hat das Berufungsgericht als „wichtigen" bezeichnet, und es kann keinem Bedenken unterliegen, daß die Parteien ohne eine Bestimmung über diesen Punkt den Kaufvertrag nicht geschlossen hätten. Deshalb ist wegen fehlender Willensübereinstimmung ein Vertrag überhaupt nicht zustande gekommen. Von dieser Grundlage aus ist der Anspruch auf Herausgabe des Kaufpreises mit Zinsen vom Tage der Zahlung an nach den Grundsätzen von der ungerechtfertigten Bereicherung begründet." ...

---

3. 1. Ist die Bestellung des Nießbrauches an einem vermieteten Grundstücke eine über den Mietzins getroffene Verfügung im Sinne des § 1124 B.G.B.?

2. Kann der Zwangsverwalter eines Grundstückes, wenn mehrere Gläubiger über das Recht auf eine hinterlegte Zwangsverwaltungsmasse streiten, gegen einen von ihnen auf Einwilligung klagen, daß die Masse einem der anderen Gläubiger zugeteilt werde?

3. Zur Auslegung des § 67 Z.P.O.

V. Zivilsenat. Urt. v. 22. Januar 1908 i. S. F. (Kl. u. Widerbekl.) w. R. (Bekl. u. Widerkl.) u. L. (Nebeninterv.). Rep. V. 144/07.

I. Landgericht I Berlin.
II. Kammergericht daselbst.

Bei der zufolge Anordnung des Vollstreckungsgerichts vom 12. Januar 1904 auf Antrag der ersten Hypothekengläubigerin eingeleiteten Zwangsverwaltung des Hausgrundstückes Tempelhofer Ufer Nr. 35a in Berlin beanspruchte der Kläger, für den zur Sicherung einer ihm gegen die Grundstückseigentümer zustehenden Darlehnsforderung an vierter Stelle ein Nießbrauchsrecht eingetragen stand, auf Grund des § 1124 B.G.B. die Auszahlung der vom Beklagten als Zwangsverwalter eingezogenen Mietzinsen der beiden ersten Quartale des Jahres 1904. Er klagte, soweit die eingezogenen Beträge hinterlegt waren, auf Einwilligung in die Auszahlung der Streitmasse von zusammen 2194,80 ℳ, sowie auf Abführung der weiteren Beträge an ihn, während der Beklagte, dem der inzwischen bei der Zwangsversteigerung des Grundstückes größtenteils ausgefallene dritte Hypothekengläubiger als Nebenintervenient beitrat, im Wege der Widerklage Verurteilung des Klägers zur Einwilligung in die Auszahlung der Streitmasse an den Nebenintervenienten verlangte.

Der erste Richter wies die Klage ab und verurteilte den Kläger nach dem Antrage der Widerklage. Der zweite Richter wies die Klage und die Widerklage ab. Hiergegen legte der Kläger Revision, der Nebenintervenient Anschlußrevision ein. Der Beklagte beantragte nur Zurückweisung der gegnerischen Revision.

Revision und Anschlußrevision wurden zurückgewiesen aus folgenden

Gründen:

... „I. Der Berufungsrichter verwirft zunächst die Annahme des Klägers, daß ihm auf Grund seines Nießbrauchsrechtes die Mietzinsen für das zur Zeit der Beschlagnahme des Grundstückes — am 12. Januar 1904 — laufende, sowie für das nächstfolgende Kalendervierteljahr deshalb zustünden, weil die Nießbrauchbestellung als eine „Verfügung" über die Mietzinsen im Sinne des § 1124 B.G.B. anzusehen sei. Gegen diese Annahme wird vom Berufungsrichter ausgeführt:

Unter einer Verfügung verstehe man nach dem Sprachgebrauche des Bürgerlichen Gesetzbuches Rechtsgeschäfte, die **unmittelbar** auf bestehende Vermögensrechte einwirkten, indem sie diese übertrügen, veränderten oder beendigten. Danach kämen als Beispiele für eine Verfügung über Mietzinsforderungen die Abtretung, Verpfändung oder Einziehung solcher Forderungen in Betracht. Dagegen enthalte die Bestellung des Nießbrauches an einem Grundstücke ausschließlich eine Verfügung über das Grundstück, nicht auch zugleich eine Verfügung über die Mietzinsen. Nur mittelbar erwerbe der Nießbraucher ein Recht auf diese insofern, als er kraft seines dinglichen Rechtes befugt sei, die Nutzungen des Grundstückes zu ziehen. Es komme hinzu, daß der Nießbraucher durch seinen nach §§ 577, 571 B.G.B. stattfindenden Eintritt in die bestehenden Mietverträge nicht die Mietforderung des Nießbrauchbestellers erwerbe, sondern einen neuen selbständigen Anspruch mit dem Inhalte des bisherigen Mietvertrages unmittelbar in seiner Person zur Entstehung bringe, und daß ferner, wenn die in Rede stehende Auffassung richtig wäre, der Nießbraucher zuwider dem für die dinglichen Rechte untereinander bestehenden Rangverhältnis für befugt erachtet werden müßte, im Falle einer Beschlagnahme des Grundstückes die Mieten des laufenden und des folgenden Kalendervierteljahres ohne Rücksicht auf Hypotheken, die ihm im Range vorgingen, einzuziehen. Endlich setze § 1124 B.G.B., wie sich insbesondere aus Abs. 3 ergebe, das Aufhören der Verbindung zwischen dem Grundstücke und der Mietforderung als Folge der vom Grundstückseigentümer getroffenen Verfügung voraus. An dieser Voraussetzung fehle es jedenfalls dann, wenn das Grundstück zusammen mit der Mietforderung veräußert werde. Das gleiche müsse aber auch für den Fall der Belastung des Grundstückes mit einem Nießbrauche gelten, da, wie § 577 B.G.B. zeige, die Einräumung des Nießbrauches mit der Veräußerung des Grundstückes als rechtlich gleichliegend zu erachten sei.

Die Revision bekämpft diese Ausführungen als rechtsirrtümlich, und es kann zugegeben werden, daß die Schlüssigkeit der vom Berufungsrichter für seine Ansicht beigebrachten Argumente teilweise vielleicht Bedenken unterliegt. Ein Gesichtspunkt ist jedoch jedenfalls zutreffend hervorgehoben worden, und schon er führt mit Notwendigkeit dazu, die Auffassung des Berufungsrichters als die richtige erscheinen zu lassen. Die Frage, wie der Eintritt des das vermietete Grundstück erwerbenden neuen Eigentümers in das bestehende Mietverhältnis juristisch zu konstruieren sei, ist bereits von der Kommission für die zweite Lesung des Entwurfes eines Bürgerlichen Gesetzbuches bei der Beratung des § 571 B.G.B. erörtert worden. Dort wurde ein Antrag, die Rechte des Vermieters aus dem Mietvertrage für die Zeit nach der Eigentumsübertragung nach Maßgabe der jetzigen §§ 401—408 B.G.B. auf den Erwerber übergehen zu lassen, abgelehnt und zur Begründung der Annahme des jetzigen § 571 Abs. 1 bemerkt, die Konstruktion dieses Grundsatzes lehne sich an den deutschrechtlichen Gedanken an, wonach gewisse Rechte und Pflichten mit dem Eigentume an einem Grundstücke verbunden seien; es handle sich um eine den deutschrechtlichen Reallasten ähnliche Belastung des Grundstückes.

Vgl. Protokolle Bd. 2 S. 139.

Danach hat der Eintritt des neuen Eigentümers in das Mietverhältnis eine Gestaltung erfahren, die eine Nachfolge in den Rechten- und Pflichtenkreis des Veräußerers ausschließt und auf dem Gedanken beruht, daß durch den Übergang des Eigentumes auf den neuen Erwerber in dessen Person gleiche Rechte und Pflichten in bezug auf das Mietverhältnis unmittelbar kraft Gesetzes, also unabhängig von der Rechtsstellung des Vorgängers, lediglich aus dem Eigentume erwachsen. Die einzelnen Mietzinsforderungen werden nicht durch rechtsgeschäftlichen Akt übertragen, sondern sie entstehen, soweit ihre Fälligkeit in die Zeit nach dem Übergange des Eigentumes fällt, neu in der Person des jetzigen Eigentümers.

Vgl. das Urteil des Reichsgerichts vom 20. September 1904, Entsch. des R.G.'s in Zivils. Bd. 59 S. 188; ferner Seuffert's Archiv Bd. 61 Nr. 19; Hellwig, Verträge auf Leistung an Dritte, 1899, S. 431; Windscheid-Kipp, Pandekten, 9. Aufl. Bd. 2 § 400 S. 733; Planck, B.G.B. Bem. 3b zu § 571.

Wenn aber bei dem mit der Grundstücksveräußerung verbundenen Übergange des Mietverhältnisses auf den neuen Erwerber keine Rede davon sein kann, daß der Übergang der Mietforderungen durch eine „Verfügung" des bisherigen Eigentümers vermittelt wird, so muß ein Gleiches auch für den Fall gelten, daß der Eigentümer das Grundstück mit einem Nießbrauche belastet. Denn auf diesen Fall findet gemäß § 577 B.G.B. die Vorschrift des § 571 Abs. 1 B.G.B. entsprechende Anwendung. Hierzu kommt noch folgendes. Die Bestimmung des § 1123 Abs. 1 B.G.B. findet Anwendung, gleichviel, ob der Eigentümer oder ob ein Eigenbesitzer oder ein dem Hypothekengläubiger nachstehender Nießbraucher das Grundstück vermietet oder verpachtet hat.

Vgl Planck, Bem. 2 a. E. zu § 1123; v. Staudinger, Bem. 2 Abs. 2 zu § 1123; Oberneck, Das Reichsgrundbuchrecht Bd. 1 S. 769, 770.

Hieraus folgt, daß, sofern der dritte Fall vorliegt, die dem Nießbraucher geschuldeten Miet- oder Pachtzinsen nur dann nach Maßgabe des § 1124 B.G.B. pfandfrei werden, wenn der Nießbraucher selbst sie eingezogen oder sonst über sie verfügt hat. Alsdann aber spricht kein sachlicher Grund dafür, dem nachstehenden Nießbraucher in dem Falle, wenn nicht er, sondern der Eigentümer vermietet oder verpachtet hatte, weitergehende Rechte bezüglich der Miet- oder Pachtzinsen einzuräumen, was geschehen würde, wenn man schon in der Bestellung des Nießbrauches an dem vermieteten oder verpachteten Grundstücke eine „Verfügung über den Miet- oder Pachtzins" im Sinne des § 1124 erblicken wollte".

(Unter II. wird weiter ausgeführt, daß auch die übrigen Klagegründe, worauf der klägerische Anspruch gestützt war, hinfällig seien, und daß mit Rücksicht hierauf die Frage unentschieden bleiben könne, ob der Beklagte, da er die Streitbeträge für Rechnung und zugunsten der Beteiligten, nicht in eigenem Interesse hinterlegt habe, überhaupt als passiv legitimiert für die vorliegende Klage angesehen werden könne. Sodann wird fortgefahren:)

„III. Die prozessuale Zulässigkeit der Anschlußrevision kann, obwohl sie nur vom Nebenintervenienten, nicht von der Hauptpartei eingelegt ist, einem Bedenken nicht unterliegen. Insbesondere steht ihr nicht etwa die Schlußbestimmung des § 67 Z.P.O. entgegen. Denn indem der Nebenintervenient das Berufungsurteil, soweit es zuungunsten der von ihm unterstützten Hauptpartei lautet, anficht, tritt er mit dem Verhalten der Hauptpartei, die lediglich Zurückweisung der gegnerischen Revision, also Aufrechterhaltung des Berufungsurteiles in seinem ihr günstigen Inhalte, beantragt hat, nicht in Widerspruch. Vielmehr enthält sein Antrag ein Hinausgehen über den Antrag der Hauptpartei. Dazu ist der Nebenintervenient nach seiner allgemeinen, durch § 67 Z.P.O. ihm zugewiesenen prozeßrechtlichen Stellung befugt. Überdies hat die bei der mündlichen Verhandlung durch einen besonderen Anwalt vertretene Hauptpartei dadurch, daß sie die Stellung eines solchen weitergehenden Antrages duldete, dem selbständigen Vorgehen des Nebenintervenienten stillschweigend zugestimmt.

Sachlich erschien jedoch die Anschlußrevision unbegründet. In der Rechtsprechung des Reichsgerichtes steht fest, daß der Nebenintervenient, da seine prozessuale Tätigkeit sich in der bloßen Unterstützung der Hauptpartei erschöpft, nichts für sich selbst erstreiten darf. Der im vorliegenden Falle vom Nebenintervenienten gestellte und mit der Anschlußrevision wiederholte Antrag, nach dem Widerklagantrage zu erkennen, d. h. den Kläger zu verurteilen, in die Auszahlung der hinterlegten Beträge an ihn, den Nebenintervenienten, zu willigen, würde daher nur zulässig sein, wenn dem verklagten Zwangsverwalter die aktive Sachlegitimation zustünde, im Prozeßwege die Zuerkennung der seiner Verwaltung unterstehenden Masse an einen bestimmten einzelnen Berechtigten zu verlangen. Das aber hat der Berufungsrichter mit zutreffenden, von der Anschlußrevision zu Unrecht bekämpften

Gründen verneint. Er führt richtig aus, daß die dem Zwangsverwalter durch sein Amt zugewiesene Tätigkeit sich darauf beschränke, für die ordnungsmäßige Instandhaltung und Benutzung des Grundstückes zu sorgen, dessen Einkünfte in Geld umzusetzen und, soweit die Beschlagnahme sich auf Forderungen miterstreckt, diese geltend zu machen, daß dagegen die Entscheidung darüber, an wen die flüssig gemachte Zwangsverwaltungsmasse auszuzahlen sei, nicht ihm, sondern dem Vollstreckungsgerichte zustehe, mithin im Streitfalle das Recht auf Auszahlung nicht zum Gegenstande eines zwischen dem Prätendenten und dem Zwangsverwalter zu führenden Prozesses gemacht werden könne." ...

---

4. Umfang der Vermutung für die Vollständigkeit der über ein Rechtsgeschäft errichteten Urkunde.

II. Zivilsenat. Urt. v. 4. Februar 1908 i. S. A. (Bekl.) w. R. (Kl.). Rep. II. 315/07.

I. Landgericht Ansbach.
II. Oberlandesgericht Nürnberg.

Aus den Gründen:

... „Die in der Rechtsprechung aller Zivilsenate des Reichsgerichtes gebilligte Vermutung der Vollständigkeit der über ein Rechtsgeschäft errichteten Urkunde gegenüber mündlichen Vereinbarungen vor oder bei Errichtung der Urkunde ist, wenn die Errichtung der Urkunde nicht als Wiederholung des Vertrages in urkundlicher Form vereinbart war, lediglich eine tatsächliche Vermutung; sie ist daher entkräftet durch die Feststellung, daß auch zur Zeit der Errichtung der Urkunde die Parteien die Fortgeltung der mündlich vereinbarten und in die Urkunde nicht aufgenommenen Abrede noch wollten. Eine solche Feststellung wird in der Regel allerdings nur in der Weise erfolgen können, daß besondere Umstände oder Gründe nachgewiesen werden, wegen deren die mündliche Abrede nicht in die Urkunde aufgenommen worden ist. Diese Erfahrungstatsache rechtfertigt indes nicht, als allgemein geltend den Satz aufzustellen, daß nur durch den Nachweis solcher besonderen Umstände oder Gründe die Vermutung der Vollständigkeit der Urkunde entkräftet werden könnte. Jenem allgemeinen Satze kann auch nicht mit der Begründung Eingang verschafft werden, es könne nur, wenn in die Feststellung solcher Umstände eingetreten worden sei, nachgeprüft werden, ob kein Rechtsirrtum vorliege.

Im gegebenen Falle hatte der Beklagte in der Berufungsinstanz überhaupt nicht mehr bestritten, daß die Parteien auch zur Zeit der Errichtung der Urkunde das Fortbestehen der in die Urkunde nicht aufgenommenen Abrede über die Gewinnbeteiligung gewollt haben. Diese Feststellung reicht vollkommen zu, um die aus der Nichtaufnahme in die Urkunde hergeleitete Vermutung, die mündliche Abrede der Gewinnbeteiligung sei fallen gelassen, zu entkräften. Bei solcher Sachlage konnte daher das Berufungsgericht ohne rechtlichen Verstoß ausführen, es bedürfe keiner Feststellung der Gründe, aus denen die Urkunde unvollständig war.

Der erörterte Angriff der Revision, das Berufungsgericht hätte die Gründe feststellen müssen, aus denen der Kaufvertrag unrichtig und unvollständig beurkundet sei, ist nach seinem ganzen Zusammenhange auch dahin zu verstehen, die Urkunde über den Kaufvertrag begründe die Vermutung der Vollständigkeit in bezug auf den Kaufvertrag und damit im vorliegenden Streite darüber, ob eine Abrede Bestandteil des Kaufvertrages oder Gegenstand eines davon selbständigen Vertrages sei, eine durch den Nachweis besonderer Umstände zu beseitigende Vermutung dafür, daß die Abrede der Gewinnbeteiligung nicht Bestandteil des Kaufvertrages, sondern Gegenstand eines davon selbständigen „Gewinnbeteiligungsvertrages" sei. Aber auch so aufgefaßt, zerfällt der Angriff an den rechtlich einwandfreien Erwägungen des Berufungsgerichtes, daß nach dem Willen der Parteien jene Abrede der Gewinnbeteiligung Bestandteil des Kaufvertrages war, womit der gekünstelte Versuch eines sog. Gewinnbeteiligungsvertrages, für den der Grundstücksverkauf nur das Motiv gewesen sein soll, beseitigt ist." ...

5. Umfang der Einrede des nicht erfüllten Vertrages bei teilweiser Nichterfüllung eines Sukzessivlieferungsvertrages.

II. Zivilsenat. Urt. v. 7. Februar 1908 i. S. A. (Bekl. u. Widerkl.) w. D. B. Bergwerks- und Hütten-Aktiengesellschaft (Kl. u. Widerbekl.). Rep. II. 450/07.

I. Landgericht Hagen, Kammer für Handelssachen.
II. Oberlandesgericht Hamm.

Nach einem im Jahre 1903 abgeschlossenen Lieferungsvertrage hatte die Klägerin im Jahre 1904 der Beklagten zu liefern und die Beklagte abzunehmen nach Wahl der Beklagten monatlich 200 bis 250 Tonnen Flußeisenwalzdraht zum Preise von 115 *M* für 1000 Kilogramm franko Waggon Mühlenrahmede, zahlbar am 20. des der Lieferung folgenden Monats in bar abzüglich $1^1/_2$ Prozent Skonto. In dem Vertrage war ferner bestimmt: „Bei dem vorstehenden Preise ist angenommen, daß der Grundpreis des Walzdrahtverbandes netto 120 *M* franko Altona beträgt, und ist bei dem für die Beklagte ermäßigten Preise die Exportvergütung, wie sie der Verband gewährt, einbegriffen. Sollte sich während der Dauer dieses Abkommens der Verbandsgrundpreis erhöhen oder ermäßigen, so hat dementsprechend auch die gleiche Erhöhung oder Ermäßigung des der Klägerin von der Beklagten zuzahlen den Preises stattzufinden, dergestalt daß immer zwischen dem Verbandsgrundpreise und dem Grundpreise der Klägerin der Unterschied von 5 *M* besteht." Der Vertrag wurde später auf die Jahre 1905 und 1906 verlängert.

Auf Grund dieses Vertrages hatte die Klägerin der Beklagten im Juli, im August und zu Anfang September 1905 Walzdraht geliefert. Durch die Klage war Zahlung der Beträge von 4170,12 *M* aus Juli, 23188,12 *M* aus August und 5399,78 *M* aus September verlangt. Die Beklagte machte eine Gegenforderung auf Schadensersatz aufrechnend und durch Widerklage geltend.

Im Laufe des Rechtsstreites verglichen sich die Parteien dahin, daß die Klägerin mit dem 2. Januar 1906 die vertraglichen Lieferungen wieder aufnahm, die Beklagte die eingeklagte Forderung unter Abzug von 7600 *M* bezahlte und die zurückbehaltenen 7600 *M* vom 20. Januar 1906 an mit 5 Prozent verzinste, und wegen des der Beklagten entstandenen Schadens der Rechtsstreit anhängig blieb. Darauf beantragte die Klägerin, die Beklagte zur Zahlung von 7600 ℳ mit 5 Prozent Zinsen seit dem 20. Januar 1906 zu verurteilen und die Widerklage abzuweisen; die Beklagte stellte dagegen den Antrag, die Klage abzuweisen und die Klägerin zur Zahlung von 400 ℳ mit 5 Prozent Zinsen seit dem 15. Februar 1906 zu verurteilen.

Das Landgericht verurteilte nach dem Antrage der Klage und wies die Widerklage ab. Die Berufung der Beklagten wurde zurückgewiesen. Auf die Revision der Beklagten wurde das Berufungsurteil aufgehoben, und die Sache an das Berufungsgericht zurückverwiesen.

Aus den Gründen:

... „Den Anlaß des Meinungsstreites der Parteien gab ein Rundschreiben des Walzdrahtverbandes vom 8. August 1905. Nach der Auslegung, die von der Beklagten diesem Rundschreiben und seiner tatsächlichen Durchführung von seiten des Walzdrahtverbandes gegeben wurde, hat dieser seinen Kunden, die dem Verbande deutscher Drahtstiftfabriken angehören, unter näher bestimmten Bedingungen, denen die Beklagte hätte genügen können, den Preis für Stiftdraht, dessen Verarbeitung zu Drahtstiften nachgewiesen werde, für das III. und IV. Quartal 1905 um 7,50 ℳ um die Tonne ermäßigt. Daraus leitete die Beklagte ab, daß auch die Klägerin ihr gegenüber zu entsprechender Preisermäßigung verpflichtet sei; denn der Sinn des Vertrages der Parteien sei der, daß die Beklagte das Material unter allen Umständen um 5 ℳ für die Tonne billiger beziehen solle, als es ihre Konkurrenz vom Walzdrahtverbande bekomme. Diese ihre Auffassung hatte die Beklagte der Klägerin durch Brief vom 12. August 1905 mitgeteilt und um Ermäßigung der Preise seit 1. Juli 1905 gebeten. Die Klägerin vertrat dagegen im Rechtsstreite folgende Auffassung jenes Rundschreibens: es sei darin die Preisvergünstigung lediglich den bis zum 22. August 1905 dem Verbande deutscher Drahtstiftfabriken neu beitretenden Mitgliedern zugesagt; selbst wenn übrigens der Drahtverband in dem von der Beklagten angegebenen Umfange, das ist für alle Kunden, die dem Verbande deutscher Drahtstiftfabriken angehören, jene Preisermäßigung habe eintreten lassen, so sei dies für den Vertrag der Parteien unerheblich, da der Grundpreis des Walzdrahtverbandes nicht herabgesetzt sei.

Die Beklagte hatte indes durch Schreiben vom 18. August den Preis der Julilieferung unverkürzt der Klägerin angewiesen und darin auf das die Preisermäßigung ablehnende Schreiben der Klägerin vom 16. August lediglich erwidert, sie werde wegen der (von ihr für die Julirechnung aufgestellten) Preisvergütung nähere Erkundigungen einziehen und behalte sich ihren Anspruch darauf vor. Auf ein Schreiben der Beklagten vom 30. August, in dem sie um unverzügliche Aufnahme der Lieferungen des für September bestellten Walzdrahtes bat, hatte die Klägerin mit Schreiben vom 1. September erwidert, sie habe am 31. August den Versand von ca. 20 Tonnen aufgenommen und weitere Sendungen werde sie prompt nachfolgen lassen. Die Klägerin lieferte indes nur zu Anfang September 50 Tonnen und ließ dann keine weiteren Sendungen nachfolgen; sie ließ die Beklagte auch ohne jede Nachricht. Erst als die Beklagte durch Briefe und Telegramme vom 14. und 15. September dringlich auf Lieferung mahnte, erwiderte die Klägerin der Beklagten durch Telegramm und Brief kategorisch, sie werde den Versand erst aufnehmen, nachdem die Beklagte ihr Einverständnis damit erklärt habe, daß für ihre Sendung der vertraglich festgesetzte Walzdrahtpreis ohne Preisvergütung in Anrechnung komme. Daran hielt die Klägerin auch in der Folge fest. Am Schlusse eines Schreibens vom 18. September fügte sie bei, es bleibe der Beklagten unbenommen, mit Vorbehalt zu zahlen. Durch Schreiben vom 18. September richtete die Beklagte, die inzwischen infolge der ausgebliebenen Lieferungen der Klägerin ihren Betrieb zum Teil hatte einstellen müssen, an die Klägerin eine Aufforderung nach § 326 Abs. 1 Satz 1 B.G.B., in der die Frist bis zum 25. September bestimmt war; sie hielt ferner die am 20. September fälligen Zahlungen für die Juli- und Augustlieferungen mit 4170,12 M und 23188,12 M zurück. Nachdem auf Grund des Vergleiches im Prozesse der Vertrag für die Zeit vom 1. Januar 1906 wieder aufgenommen worden war, verlangte die Beklagte als Schadensersatz wegen Nichterfüllung nach § 326 Abs. 1 Satz 2 für die Zwischenzeit 8000 M. In Höhe von 7600 M rechnete sie damit auf; die weiteren 400 M verlangte sie mit der Widerklage.

Das Berufungsgericht, das mit dem ersten Richter diese Forderung der Beklagten als nicht begründet erachtet, läßt die Frage, welche Partei in dem den Anlaß des ganzen Streites bildenden Punkte der

Preisermäßigung Recht gehabt habe, dahingestellt. Es führt aus: Voraussetzung der erwähnten Forderung der Beklagten auf Schadensersatz wegen Nichterfüllung nach § 326 sei Lieferungsverzug der Klägerin und zwar ein Lieferungsverzug, der noch am 25. September, als dem letzten Tage der bestimmten Frist, fortdauerte. Zugunsten der Beklagten sei anzunehmen, sie sei nicht am 20. August wegen des angeblichen Restbetrages aus der Julilieferung mit 4170,72 *M* in Zahlungsverzug gekommen. Selbst wenn die Beklagte ferner in der Frage der Preisermäßigung Unrecht gehabt hätte, so habe ihr Verhalten ihr nichts schaden und insbesondere nicht die Nichtlieferung der Klägerin im September rechtfertigen können; denn sie habe die Zahlung vom 20. August ohne Preisabzug gemacht und sich in dem Briefe vom 18. August nur weitere Erkundigungen, sowie ihre etwaigen Rechte auf Rückvergütung vorbehalten. Weiter sei die Auffassung der Klägerin nicht gerechtfertigt, sie habe mit der Lieferung der rechtzeitig abgerufenen und spezifizierten Monatsmenge von 200 bis 250 Tonnen Walzdraht nach ihrem Belieben bis zu Ende des Monats warten können; vielmehr sei der Vertrag der Parteien dahin auszulegen, daß auch die Monatslieferungen sukzessive erfolgen sollten. Danach sei die Klägerin, die zu Anfang September nur 50 Tonnen geliefert hatte, auf Telegramm und Brief der Beklagten vom 14. September zur Weiterlieferung verpflichtet gewesen und dadurch nach § 284 Abs. 1 B.G.B. in Lieferungsverzug gekommen. Ihr Schuldnerverzug habe damals etwa 100 Tonnen umfaßt. Die Aufforderung und Fristsetzung zur Lieferung unter Androhung der Folgen des § 326 Abs. 1 Satz 2 durch das Schreiben der Beklagten vom 18. September seien zur Zeit ihres Zuganges bei der Klägerin jedenfalls gerechtfertigt gewesen. Innerhalb der von der Beklagten bis zum 25. September gesetzten Frist seien indes am 20. September die Beträge von 4170,12 und 23188,12 *M* von der Beklagten zu zahlen gewesen. Mit diesen Zahlungen sei die Beklagte ohne Mahnung, da sie an einem bestimmten Kalendertage zu zahlen waren, nach § 284 Abs. 2 Satz 1 B.G.B. in Schuldnerverzug gekommen. Einen fälligen Anspruch auf Schadensersatz wegen Nichterfüllung nach § 326 habe die Beklagte am 20. September noch nicht gehabt, da die zur Erfüllung gestellte Nachfrist noch lief. Wegen dieses zukünftigen Schadensersatzanspruches habe ihr daher ein Zurückbehaltungsrecht nach § 273 B.G.B., das eine bereits fällige Forderung verlange, nicht zugestanden. Nur wegen des Zögerungsschadens habe die Beklagte einen fälligen Anspruch gehabt. Dieser Schade könne bis zum 20. September infolge der teilweisen Einstellung des Fabrikbetriebes an Verlust für Arbeitslöhne an die feiernden Arbeiter etwa 2000 ℳ, an entgangenem Geschäftsgewinn einige tausend Mark betragen haben. Mit rund 20000 ℳ wäre sonach die Beklagte am 20. September im Verzuge gewesen, und dieser Schuldnerverzug habe die Klägerin, die durch Schreiben vom 25. September diesen Grund der Beklagten überdies mitteilte, aus § 273 B.G.B. berechtigt, ihre Lieferungen zurückzuhalten.

Eine ernstliche Weigerung der Erfüllung des Vertrages, welche die Beklagte berechtigt hätte, ohne Aufforderung und Fristsetzung Schadensersatz wegen Nichterfüllung des Vertrages zu verlangen, sei in dem Verhalten der Klägerin nicht zu finden, selbst wenn man zugunsten der Beklagten unterstelle, daß die Klägerin zu der Preisermäßigung von 7,50 ℳ für die Tonne im III. und IV. Quartale verpflichtet gewesen wäre. Die Klägerin habe der Beklagten in dem Briefe vom 18. September anheimgestellt, die Zahlungen unter Vorbehalt zu machen, wozu die Beklagte nach dem Schreiben vom 18. August ja auch anscheinend bereit gewesen sei. Die Beklagte habe überdies selbst in dem Schreiben der Klägerin keine endgültige Vertragsweigerung erblickt; denn sie habe nach § 326 Abs. 1 Satz 1 unter Fristbestimmung zur Lieferung aufgefordert, was bei einer endgültigen Weigerung der Erfüllung überflüssig gewesen wäre. Sei aber der Lieferungsverzug der Klägerin vor Ablauf der bis zum 25. September bestimmten Frist weggefallen, so sei auch der allein aus § 326 Abs. 1 Satz 2 abgeleitete Schadensersatz wegen Nichterfüllung ungerechtfertigt.

Der Revision konnte der Erfolg nicht versagt werden. Das Berufungsgericht hat rechtlich einwandfrei angenommen, daß die Klägerin seit dem 14. September im Lieferungsverzuge war, und auch seinen weiteren Ausführungen ist beizutreten, daß, soweit es zur Begründung des Anspruches auf Schadensersatz wegen Nichterfüllung aus § 326 Abs. 1 Satz 2 der Aufforderung und Fristbestimmung nach Satz 1 bedurfte, dieser Lieferungsverzug bis zum Ende der auf den 25. September bestimmten Frist fortdauern mußte. Wäre daher in diesem Falle der zur Zeit der Aufforderung und Fristbestimmung vorhandene Lieferungsverzug der Klägerin während des Laufes der bestimmten Frist dadurch weggefallen, daß die Klägerin seit dem 20. September das Verlangen der Beklagten auf Lieferung mit einer Einrede aus der Nichtzahlung der auf jenen Tag fällig gewordenen Beträge zurückweisen konnte, so würde damit der Anspruch der Beklagten aus § 326 Abs. 1 Satz 2 der nötigen Grundlage entbehren. Das Berufungsgericht meint sogar, die Beklagte wäre an sich mit der auf Grund des Vertragsgedinges, daß die Lieferungen am 20. des der Lieferung folgenden Monats zu bezahlen seien, am 20. September fälligen Zahlungen ohne Mahnung nach § 284 Abs. 2 Satz 1 in Schuldnerverzug gekommen. Das letztere ist nach der ständigen Rechtsprechung des erkennenden Senates (vgl. Entsch. Bd. 60 S. 84 und Urteil vom 5. April 1907, Rep. II. 392/06) nicht richtig, im gegebenen Falle indes ohne Bedeutung; denn nicht darauf kommt es an, ob die Beklagte in Schuldnerverzug gekommen war, sondern ob die Klägerin seit dem 20. September das Lieferungsverlangen der Beklagten mit einer Einrede zurückweisen konnte.

Im weiteren war der Abschluß der Parteien für 1905 und 1906 ein einheitlicher Sukzessivlieferungsvertrag. Die Nichterfüllung oder die auf andere Weise geschehende Vertragsverletzung des einen Teiles bezüglich der noch ausstehenden Raten gab daher dem anderen Vertragsteile auch gegenüber seinen Verpflichtungen aus den von dem ersteren bereits geleisteten Raten die Einrede des § 320 B.G.B., nicht etwa bloß eine Einrede aus § 273 B.G.B. Der erkennende Senat hat zwar in seinem Urteile vom 20. Juni 1905 (Entsch. Bd. 61 S. 128) nur § 273 B.G.B. angezogen. In einem späteren Urteile vom 9. Juli 1907, Rep. II. 102/07, hat er die rechtliche Auffassung vertreten, daß in solchen Fällen § 320 B.G.B. anzuwenden sei; an dieser Ansicht hält er fest. Indes auch für § 320 gilt der allgemeine Grundsatz, daß nicht die Vertragsverletzung des einen Vertragsteiles — sie möge noch so unbedeutend sein — den anderen Vertragsteil schlechthin berechtigt, seine weit größeren fälligen Leistungen auf Grund der Einrede des nicht erfüllten Vertrages zurückzuhalten, daß vielmehr nach Treu und Glauben mit Rücksicht auf die Verkehrssitte auf Grund der Umstände des einzelnen Falles beurteilt werden muß, in welchem Umfange aus einer Vertragsverletzung jene Einrede aus § 320 gegeben ist. Danach ist für die Frage, ob die Beklagte in bezug auf die fälligen Kaufpreise vom 20. September eine begründete Einrede aus § 320 hatte und folgeweise der Klägerin aus deren Nichtzahlung keine Einrede gegen das Lieferungsverlangen der Beklagten zustand, entscheidend die Schwere und Tragweite der am 20. September der Klägerin zur Last fallenden Vertragsverletzung.

Am 20. September war die Klägerin nicht bloß im Schuldnerverzuge mit einem Teile ihrer Septemberlieferung, sie hatte auch der Beklagten mehrmals ernstlich und unzweideutig erklärt, sie werde der Beklagten überhaupt nicht weiter liefern, wenn sich die Beklagte nicht mit ihrem Preise einverstanden erkläre, wonach der Beklagten eine Preisrückvergütung nicht zustehe, und am Schlusse des Schreibens vom 18. September der Beklagten nur offen gelassen, die von der Klägerin gesetzten Preise mit Vorbehalt zu zahlen. Ist aber der Vertrag der Parteien, was das Berufungsgericht dahingestellt läßt, und was darum für die Revisionsinstanz zugunsten der Beklagten unterstellt werden muß, dahin auszulegen, daß die Klägerin die Preisermäßigung zu gewähren hatte, so hatte die Klägerin dadurch ihre künftige Erfüllung des Vertrages in unberechtigter, von der Beklagten nicht mit Unrecht als ungerechtfertigter Zwang bezeichneten Weise von dem Verlangen abhängig gemacht, daß die Beklagte mit dem unverkürzten Preise einverstanden sei oder sich doch verpflichte, jenen unverkürzten Preis, wenn auch mit Vorbehalt, zu zahlen. Das erwähnte Verhalten der Klägerin enthielt auch bei dieser Sachlage, sofern die Klägerin vertragsgemäß die Preisermäßigung zu gewähren hatte, eine so schwere, den ganzen Geschäftsbetrieb der Beklagten gefährdende Vertragswidrigkeit, daß sie nach § 320 die Beklagte zum Zurückhalten der ganzen am 20. September fälligen Kaufpreisschuld berechtigte. Denn die Beklagte hatte nicht nötig, sich die Zahlung des unverkürzten Preises mit Vorbehalt aufzwingen zu lassen. Wenn sie einmal den unverkürzten Preis mit Vorbehalt laut ihres Schreibens vom 18. August gezahlt hat, kann daraus gegen sie nicht abgeleitet werden, daß sie ungeachtet des fortgesetzten schroffen Verhaltens der Klägerin nach Treu und Glauben es wieder tun sollte oder sogar tun mußte.

Nach dem Gesagten hätte der Lieferungsverzug der Klägerin auch nach dem 20. September fortgedauert, und es wäre der von der Beklagten beanspruchte Schadensersatz wegen Nichterfüllung dem Grunde nach gerechtfertigt, wenn die von der Beklagten vertretene

Auslegung des Vertrages richtig ist. Darüber hat das Berufungsgericht nicht entschieden; die Entscheidung über diesen Meinungsstreit sowie über die Höhe des Schadensanspruches fällt überwiegend in das Gebiet der Tatsachenwürdigung; sie ist dem Revisionsgerichte zunächst entzogen. Darum war das Berufungsurteil aufzuheben, und die Sache zur anderweiten Verhandlung und Entscheidung an das Berufungsgericht zurückzuverweisen." ...

---

6. Bestimmtheit der Begrenzung einer Parzelle als Voraussetzung einer auf Anerkennung des Eigentums und Berichtigung des Grundbuches gerichteten Klage.

B.G.B. § 894.

V. Zivilsenat. Urt. v. 15. Februar 1908 i. S. Aktiengesellschaft St. (Bekl.) w. W. u. Gen. (Kl.). Rep. V. 254/07.

I. Landgericht I Berlin.
II. Kammergericht daselbst.

Die Beklagte war Eigentümerin des Grundstückes Prinzenallee Nr. 75/76 in Berlin, das seinerzeit von einem jetzt den Klägern gehörigen Grundstücke abgeschrieben worden war. Auf dem Grundbuchblatte des beklagtischen Grundstückes war als Bestandteil eine Parzelle 2149/33 eingetragen, die die Kläger als noch zu ihrem Grundstücke gehörig in Anspruch nahmen. Sie erhoben deshalb Klage auf Berichtigung des Grundbuches mit der Behauptung, daß die Übertragung der Parzelle auf das Grundbuchblatt der Beklagten bei Zurückführung des Grundbuches auf das Kataster irrtümlich erfolgt sei.

Die Beklagte machte demgegenüber ihren gutgläubigen Erwerb durch Auflassung geltend, bestritt, daß der genannte Landstreifen, der früher ein öffentlicher Graben gewesen sei, jemals zu dem Grundstücke der Kläger gehört habe, behauptete aber auch, daß er bei der Abzweigung des jetzigen Grundstückes Nr. 75/76 Prinzenallee im Jahre 1852 als Teil dieses Grundstückes mitverkauft und übergeben und von dem Erwerber und seinen Besitznachfolgern als Eigentum besessen und ersessen, auch zum Teil überbaut worden sei.

Die Klage hatte in der ersten Instanz unbedingt, in zweiter Instanz für den Fall eines von den Klägern zu leistenden Eides Erfolg. Die Revision der Beklagten wurde als begründet befunden.

Aus den Gründen:

„Von den Revisionsangriffen erweist sich nur einer als begründet. Dieser aber mußte zur Aufhebung des Urteils führen. Er beruht auf folgendem. Bei der über die Bebauung der streitigen Fläche an Ort und Stelle vorgenommenen Beweisaufnahme hatte sich die Grenze der streitigen Fläche als unsicher und besonders bei einem Punkte... als unbestimmbar erwiesen, so daß sich nicht ermitteln ließ, ob das auf dem Grundstücke der Beklagten vor 1900 erbaute Gebäude die Grenze der streitigen Fläche überschreitet. Der Berufungsrichter berücksichtigt dieses Ergebnis nur in Beziehung auf den von der Beklagten geltend gemachten Eigentumserwerb durch Bebauung und verwirft diesen Rechtsbehelf, indem er erwägt, daß das fragliche Gebäude auf dem Streitstücke stehe, lasse sich katastermäßig nicht mehr ermitteln, weil die Örtlichkeit seit Bildung des Grundstücks Prinzenallee 75/76 eine völlige Umwandlung erfahren habe.

Inwiefern diese Umwandlung eine Herstellung der Streitfläche in bestimmten Grenzen ganz unmöglich mache, ist nicht ersichtlich. Mit Recht aber macht die Revision demgegenüber geltend, daß mit der Annahme einer Unbestimmbarkeit der Begrenzung des Streitstückes dem Eigentumsanspruche der Kläger eine wesentliche Grundlage entzogen wird. Die Kläger verlangen Anerkennung ihres Eigentums an einer nach dem Kataster bezeichneten Parzelle von bestimmter Größe, also an einem Grundstücke. Ein Grundstück ist ein räumlich abgegrenzter Teil der Erdoberfläche. Solange es an der räumlichen Abgrenzung fehlt, entbehrt die Eigentumsklage (Vindikation), gleichviel ob damit Herausgabe eines Grundstückes oder Anerkennung des Eigentums und Berichtigung des Grundbuches verlangt wird, der erforderlichen Bestimmtheit des Gegenstandes; sie kann nur zum Ziele führen, sofern und soweit dieser Mangel gehoben wird. Dieser Mangel der Klage, wenn er sich auch erst im Laufe des Rechtsstreites herausgestellt hat, ist aber ein rechtlicher, den der Gegner auch noch in der Revisionsinstanz geltend zu machen befugt ist, zumal dadurch seine Rechtsverteidigung in betreff der von ihm geltend gemachten Bebauung erschwert und vereitelt worden ist.

Unterliegt hiernach das Berufungsurteil wegen Verletzung der Grundsätze über das Eigentum an Grundstücken und über den Anspruch auf Berichtigung des Grundbuches (§ 894 B.G.B.) der Aufhebung, so konnte doch in der Sache selbst noch nicht erkannt werden, weil es nicht ausgeschlossen erscheint, daß sich die streitige Parzelle, d. h. die Fläche des im Jahre 1852 bei dem Verkaufe des jetzt der Beklagten gehörigen Grundstückes (Nr. 75/76) an O. längs des jetzigen Grundstückes Nr. 74 befindlich gewesenen Grabens, ganz oder zu einem Teile abgrenzen läßt, worüber eventuell die für ihre Klage beweispflichtigen Kläger gemäß § 139 Z.P.O. zu hören sein werden." ...

---

7. Ist wegen Untersagung eines Gewerbebetriebes gemäß § 35 Gew.O. gegenüber einer nach § 40 Abs. 2 daselbst ergangenen Rekursentscheidung der ordentliche Rechtsweg zulässig?

VI. Zivilsenat. Urt. v. 17. Februar 1908 i. S. G. (Kl.) w. Hamburg. Polizeibehörde (Bekl.). Rep. VI. 193/07.

I. Landgericht Hamburg.
II. Oberlandesgericht daselbst.

Dem Kläger war durch Verfügung der Polizeibehörde in Hamburg auf Grund von § 35 Gew.O. das Geschäft eines gewerbsmäßigen Vermittelungsagenten für Immobiliarverträge untersagt, und sein Rekurs hiergegen durch Bescheid der Senatssektion für Gewerberekurssachen verworfen worden. Er erhob gegen die Polizeibehörde im Rechtswege Klage mit dem Antrage, die beiden Bescheide für nicht rechtsgültig und nicht rechtskräftig zu erklären. Die Klage wurde vom Landgerichte wegen Unzulässigkeit des Rechtsweges abgewiesen, die Berufung zurückgewiesen. Auch die Revision des Klägers ist zurückgewiesen worden, aus folgenden

Gründen:

„Die Klage ist darauf gestützt, daß in der Rekursinstanz die gesetzlichen Vorschriften bezüglich der Öffentlichkeit des Verfahrens, der Besetzung des Gerichtes und der Eröffnung des Rekursbescheides verletzt worden seien, und für die Zulässigkeit des Rechtsweges beruft sich der Kläger auf § 24 des hamburgischen Gesetzes, betr. das Verhältnis der Verwaltung zur Rechtspflege, vom 23. April 1879 (G.S. S. 110 flg.). Das Berufungsgericht hält es schon für zweifelhaft, ob es sich im vorliegenden Falle überhaupt um eine bürgerliche Rechtsstreitigkeit im Sinne von § 13 G.V.G. handle. Wolle man dies aber auch annehmen, so könne dennoch der Rechtsweg nicht für zulässig erachtet werden. Die Bestimmungen in §§ 24 flg. des erwähnten hamburgischen Gesetzes fänden nur Anwendung, soweit Reichsgesetze nicht im Wege ständen. Dies sei hier der Fall. Die Reichsgewerbeordnung, die in § 35 die Untersagung gewisser Betriebe, darunter auch des Geschäftes gewerbsmäßiger Vermittelungsagenten für Immobiliarverträge, wegen Unzuverlässigkeit der Gewerbetreibenden für zulässig erkläre, habe im § 40 in Verbindung mit §§ 20 und 21 Normen darüber gesetzt, in welcher Weise gegen die Untersagung ein Rechtsbehelf gegeben sei. Dieser Rechtsbehelf sei der Rekurs an die höhere Verwaltungsbehörde; das sei nach dem hamburgischen Ausführungsgesetze zur Gewerbeordnung vom 3. September 1869 die Senatssektion für Gewerberekurssachen. Daß daneben noch der Rechtsweg zulässig sein solle, sei zwar im Gesetze nicht ausdrücklich ausgeschlossen; diese Annahme verbiete sich aber aus dem Umstande, daß eben das Rechtsmittel selbst, der Gang des Verfahrens und die damit befaßten Behörden fest bestimmt und geordnet seien.

Die Revision rügt Verletzung des § 13 G.V.G. und der §§ 35, 40, 20, 21 Gew.O. Nach der Fassung der Gründe des Berufungsurteiles müsse angenommen werden, daß die Klage an und für sich gemäß §§ 24 flg. des hamburgischen Gesetzes vom 23. April 1879 zulässig wäre und lediglich wegen des nach Ansicht des Berufungsgerichtes entgegenstehenden Reichsgesetzes der Rechtsweg für unstatthaft erachtet werde. Nun habe aber die Gewerbeordnung den Rechtsweg nicht ausdrücklich ausgeschlossen, und es stehe deshalb nichts im Wege, daß dieser landesgesetzlich zugelassen werde.

Der Auffassung der Revision kann nicht beigetreten werden.

Der vom Berufungsgerichte zunächst aufgeworfene Zweifel, ob es sich hier überhaupt um eine „bürgerliche Rechtsstreitigkeit" — um das Rechtsgut und die individuelle Rechtssphäre einer Einzelperson als Gegenstand des erhobenen Klaganspruches (vgl. Entsch. des R.G.'s in Zivils. Bd. 57 S. 352) — handle, mag allerdings begründet erscheinen. Der Klagantrag geht dahin, die angegriffenen Bescheide für nicht rechtsgültig zu erklären, und wird darauf gegründet, daß das Verfahren bei der (zweitinstanzlichen) Verwaltungsbehörde nicht formell ordnungsmäßig vor sich gegangen sei. Darüber soll nun das ordentliche Gericht, gewissermaßen als Kassationsinstanz, entscheiden. In dieser Richtung würde auch die am Schlusse des Berufungsurteiles angestellte Erwägung, daß es nicht Sache der Gerichte sei, etwaige Verstöße der Verwaltungsbehörden ihrer Beurteilung und Abhilfe zu unterziehen, im allgemeinen wohl zutreffen. Indes aus der begrifflichen Abgrenzung der bürgerlichen Rechtsstreitigkeiten ist die Entscheidung des gegenwärtigen Falles noch nicht zu gewinnen. Denn der § 13 G.V.G. besagt nur, daß alle als bürgerliche Rechtsstreitigkeiten anzusehenden Sachen vor die ordentlichen Gerichte gehören, soweit nicht die Zuständigkeit von Verwaltungsbehörden oder Verwaltungsgerichten — reichs- oder landesgesetzlich — begründet ist. Diese Vorschrift schließt nicht aus, daß durch Reichs- oder Landesgesetze den ordentlichen Gerichten ausnahmsweise auch eine Verwaltungsgerichtsbarkeit übertragen, daß diesen, etwa um des besonderen Rechtsschutzes willen, die Entscheidung auch über einen öffentlichrechtlichen Anspruch zugewiesen wird.

Vgl. Motive zu § 13 (§ 2) G.V.G. S. 33; Hahn, Materialien Bd. 1 S. 47; Wach, Handbuch des Deutschen Zivilprozeßrechts Bd. 1 § 8 S. 79; Gaupp-Stein, Zivilprozeßordnung Vorbem. vor § 1 S. 3, 5; Struckmann u. Koch, Z.P.O. zu § 13 G.V.G. Bem. 2, 3.

Als ein Landesgesetz, das in solcher Weise den ordentlichen Gerichten Streitigkeiten, die an sich keine bürgerlichen Rechtsstreitigkeiten sind, zur Entscheidung überwiesen hat, kommen eben die Bestimmungen in §§ 24 flg. des hamburgischen sog. Verhältnisgesetzes in Frage, sofern hiernach wegen Verletzung von Privatrechten durch Verfügungen oder Maßregeln von Verwaltungsbehörden gegen die betreffende Verwaltungsbehörde Klage vor den Gerichten — und zwar nach § 29 das. „auf Abhilfe oder auf Entschädigung oder auf beides" — erhoben werden kann. Das Berufungsgericht würde denn auch, wie es scheint, in dem unterstellten Falle, daß der Kläger einen Eingriff der Verwaltungsbehörde in ein „Privatrecht", den freien Gewerbebetrieb, behauptete und mit seinem Antrage nur die Feststellung des daraus sich ergebenden Rechtsverhältnisses bezweckte, die Voraussetzung des § 24 a. a. O. an sich als gegeben ansehen.

Eine Schranke ist jedoch der Landesgesetzgebung jedenfalls gezogen: sie kann den Rechtsweg an die ordentlichen Gerichte da nicht gestatten, wo durch ein Reichsgesetz die ausschließliche Zuständigkeit der Verwaltungsbehörden statuiert ist. Daß die Reichsgesetzgebung hierzu bei den ihr verfassungsmäßig zugewiesenen Materien befugt ist, unterliegt keinem Zweifel, und sie hat von einer derartigen Anordnung auch auf weiten Gebieten Gebrauch gemacht; vgl. Gaupp-Stein, a. a. O. S. 5, 6 (Bem. III, B). Die Ausschließung des Rechtsweges muß in dem betreffenden Reichsgesetze nicht, wie die Revision annimmt, ausdrücklich festgesetzt sein; sie kann sich auch aus dem Inhalte und dem Zusammenhange der darin über die Organisation und Zuständigkeit der Verwaltungsbehörden oder -gerichte, sowie über das Verfahren getroffenen positiven Bestimmungen ergeben.

Es kommt hiernach für den gegenwärtigen Fall allerdings auf die Frage an, ob durch die Vorschriften in §§ 40 Abs. 2, 20, 21 Gew.O. die Entscheidung für die davon betroffenen Angelegenheiten ausschließlich den Verwaltungsbehörden übertragen sei. Das ist aber, mit dem Berufungsgerichte, zu bejahen. In diesem Sinne ist die Frage schon früher vom Reichsgerichte entschieden worden, nämlich durch das auch im Berufungsurteile angezogene Urteil des V. Zivilsenates vom 21. April 1886, Entsch. in Zivils. Bd. 15 S. 138 flg. Die Revision meint zwar, diese Entscheidung könne, da sie einen Fall aus dem preußischen Rechtsgebiete betreffe und auf ganz abweichenden Grundsätzen des preußischen Rechtes beruhe, für hamburgische Verhältnisse nicht maßgebend sein, und sie beruft sich hierfür auf Nöldeke, Hamburgisches Landesprivatrecht (Ergänzungsband 6 zu Dernburg, Das bürgerliche Recht) § 56 S. 297 Anm. 18. Allein dem ist nicht beizupflichten. Das erwähnte Urteil beruht nicht bloß auf den dort angeführten preußisch-rechtlichen Vorschriften, sondern wesentlich auf der Auslegung der Gewerbeordnung. So ist S. 141 ausgeführt: „Wenn nun auch in der Gewerbeordnung für das Deutsche Reich sich nicht, wie es im § 25 der preußischen Gewerbeordnung vom 17. Januar 1845 (G.S. S. 41) der Fall war, eine ausdrückliche Vorschrift findet, durch welche der Rechtsweg ausgeschlossen wird, so folgt doch von selbst, daß in und neben einem Verfahren, welches durch Festsetzung der zuständigen Behörden, durch Bestimmung der Rechtsmittel und durch Vorschriften über den Gang des Verfahrens fest geordnet ist, nicht ein anderes Verfahren vor anderen Behörden zugelassen werden soll; denn daraus, daß nur das eine Verfahren vorgeschrieben ist, ergibt sich notwendig der Ausschluß jedes anderen Verfahrens." Auch von dem jetzt erkennenden Senate ist in früheren Fällen hamburgischen Rechtes die Auffassung des Hanseatischen Oberlandesgerichtes, daß durch § 40 Abs. 2 Gew.O. der Rechtsweg für die hierunter fallenden Streitigkeiten ausgeschlossen werde, nicht beanstandet worden. In dem Urteile vom 23. Mai 1900, Entsch. in Zivils. Bd. 46 S. 104 flg., wird nur die Annahme des Berufungsgerichtes, daß die Entziehung des Fahrscheines unter den Begriff der Untersagung des Gewerbebetriebes im Sinne von § 40 Abs. 2 Gew.O. falle, mißbilligt. Im Falle K. w. Deputation für das Feuerlöschwesen (Rep. VI. 424/06, Urt. v. 29. April 1907) handelte es sich um eine Verfügung der Verwaltungsbehörde gemäß § 39 Gew.O., gegen die eine Anfechtung nach § 40 Abs. 2 Gew.O. gerade nicht gegeben ist.

Es ist auch bei Prüfung der im gegenwärtigen Falle vom Kläger für die Zulässigkeit des Rechtsweges vorgebrachten Momente daran festzuhalten, daß neben der reichsgesetzlich in den §§ 40, 20, 21 Gew.O. getroffenen Regelung für einen Rechtsweg der Art, wie er sonst durch § 24 des hamburgischen Gesetzes vom 23. April 1879 eröffnet sein würde, kein Raum bleibt. Wenn in § 21 Satz 1 „die näheren Bestimmungen über die Behörden und das Verfahren sowohl in der ersten als in der Rekursinstanz" den Landesgesetzen vorbehalten sind, so ist darunter eben offenbar nur das Verfahren über den in § 20 zugelassenen Rekurs, also das Verwaltungsstreitverfahren, verstanden. Auf diesem Gebiete bewegt sich auch allein die Kontroverse, ob durch die Vorschrift des § 20, daß gegen den Bescheid der unteren Verwaltungsbehörde Rekurs „an die nächstvorgesetzte Behörde" zulässig ist, die landesgesetzliche Zulassung eines weiteren Rechtsmittels gegen die Rekursentscheidung ausgeschlossen sei. Das wird vorwiegend verneint, mit der Erwägung, die §§ 20, 21 Gew.O. hätten lediglich ein Mindestmaß von Garantien reichsgesetzlich schaffen wollen, das von den Einzelstaaten bei der Verhandlung in erster und zweiter Instanz unter allen Umständen gewährt werden müsse; sie wollten aber im übrigen der weiteren Ausbildung der Materie durch die Landesgesetzgebung keine Schranken entgegensetzen, und eine Erhöhung dieser Garantien, wie namentlich durch Zulassung der Berufung an einen Verwaltungsgerichtshof als dritte Instanz, widerstreite daher der Absicht der Gewerbeordnung nicht. Auf diesen Standpunkt haben sich insbesondere das preußische Oberverwaltungsgericht (seit einer Entscheidung vom 30. Mai 1876) und der bayerische Verwaltungsgerichtshof gestellt, während der württembergische Verwaltungsgerichtshof eine abweichende Ansicht vertritt.

Vgl. v. Rohrscheidt, Gew.O. zu § 20 Bem. 3 S. 76; v. Landmann, Gew.O. Bd. 1 § 20 Bem. 5, 5. Aufl. S. 184; Schicker, Gew.O. zu § 20 Bem. 1, 4. Aufl. S. 70; Jahrbücher der Württemb. Rechtspflege Bd. 15 S. 99 flg.

Diese Streitfrage ist hier nicht zu entscheiden. Es handelt sich bei ihr nicht um die Frage des ordentlichen Rechtsweges, und anderseits könnte auch nicht angenommen werden, daß den hamburgischen Gerichten mit einer Rechtsprechung gemäß § 24 flg. des Verhältnisgesetzes die Funktion eines oberinstanzlichen Verwaltungsgerichtes übertragen wäre. Die Gewerbeordnung hat das „Rekursverfahren" seinen wesentlichen Grundzügen nach als Verwaltungsstreitverfahren geregelt und nur in diesem Rahmen der Landesgesetzgebung einen Spielraum für die Ausgestaltung im einzelnen verstattet. Für eine insoweit erschöpfende und abschließende Regelung der Zuständigkeit und des Instanzenzuges fehlte auch keineswegs ein reichsrechtliches Interesse, das vielmehr daran zweifellos besteht, daß die Behandlung solcher gewerbepolizeilichen Angelegenheiten, ihrer verwaltungsrechtlichen Natur entsprechend, nach Möglichkeit einheitlich geordnet ist und sich in dem dafür geeignetsten, auch eine raschere Erledigung gewährleistenden Verfahren vollzieht.

Mit Recht hat sodann das Berufungsgericht darauf Gewicht gelegt, daß und wie die Gewerbeordnung in verschiedenen Fällen (§§ 19, 19a, 51, 52) die Zuständigkeit für Streitigkeiten, je nachdem Fragen des öffentlichen Rechtes oder des bürgerlichen Rechtes zu entscheiden sind, den Verwaltungsbehörden oder den Gerichten zugewiesen hat. Wenn hier in scharf betonter Unterscheidung dem in einem Falle zugelassenen Rekurse die richterliche Entscheidung, der Rechtsweg, worauf im anderen Falle verwiesen wird, gegenübergestellt ist, so kann auch daraus gefolgert werden, daß das Gesetz neben dem in den §§ 40, 20, 21 geordneten Rekursverfahren nicht den Rechtsweg zulassen will, da anderenfalls ohne Zweifel die Zulassung im Gesetze zum Ausdrucke gebracht worden wäre.

Ist der Rechtsweg gegenüber den Rekursentscheidungen auf diesem Gebiete grundsätzlich verschlossen, so kann er auch nicht mittels der dem hamburgischen Rechte eigentümlichen Klage „auf Abhilfe" (vgl. Nöldeke a. a. O. Nr. 300 Ziff. 3g) beschritten werden." ...

---

8. Voraussetzungen der Anwendbarkeit des § 273 Abs. 1 B.G.B. Was ist unter „demselben rechtlichen Verhältnis, auf dem die Verpflichtung (des Schuldners) beruht", zu verstehen?

II. Zivilsenat. Urt. v. 18. Februar 1908 i. S. Ehefrau S. (Bekl.) w. Firma E. (Kl.). Rep. II. 431/07.

I. Landgericht Leipzig.
II. Oberlandesgericht Dresden.

Die Beklagte gab am 8. Dezember 1905 der Klägerin die Herstellung und Lieferung von 5000 Fächern zu bestimmten Preisen in Auftrag. Es folgte am 22. Februar 1906 eine weitere Bestellung von 26000 und 4000 Passepartouts. Die Klägerin nahm diese Bestellungen an. In den maßgebenden Lieferungsbedingungen der Bestätigungsschreiben war bestimmt, daß bestellte Waren sofort nach Fertigstellung geliefert, auf Abruf bestellte Waren sechs Monate nach Fertigstellung berechnet werden sollten. Die Fertigstellung sämtlicher bestellter Waren war im Februar 1906 erfolgt. Am 30. Juni 1906 sandte die Klägerin der Beklagten eine Rechnung über die bis zu diesem Zeitpunkte von der Beklagten noch nicht abgenommenen Fächer und Passepartouts zum Betrage von 2630 ℳ. Die Beklagte verweigerte die Zahlung. In einem Schreiben vom 17. Juli 1906 hatte die Beklagte von den Fächern 1000 Stück, gleichmäßig sortiert, abgerufen. Die Lieferung dieser Fächer war nicht erfolgt. Die Beklagte rief sodann durch Schreiben vom 23. August 1906 weitere 1000 sortierte Fächer ab und erklärte, daß sie, wenn sie bis zum 27. dess. Mts. nicht im

Besitze der Faktura sei, den Auftrag annulliere und die Klägerin mit derselben Schadenshöhe belaste, wie bei der früheren, auch nicht ausgeführten Bestellung geschehen.

Die Klägerin erhob Klage mit dem Antrage, die Beklagte zu verurteilen, an die Klägerin 2630 *M* nebst Zinsen zu zahlen.

In beiden Instanzen wurde nach diesem Antrage erkannt. In dem auf die Revision der Beklagten ergangenen Urteile wurde, in Übereinstimmung mit den Vorinstanzen, ein von der Beklagten gegenüber den Anforderungen vom Juni und August 1906 geltend gemachtes Zurückbehaltungsrecht als begründet anerkannt aus folgenden

Gründen:

... „Die Beklagte macht geltend, sie schulde den eingeklagten Kaufpreis überhaupt nicht, weil sie am 17. Juni und 23. August 1906 die Klägerin unter Fristbestimmung zur Lieferung von je 1000 Fächern mit der Androhung aufgefordert habe, daß sie im Falle der Nichtlieferung den Auftrag annulliere; da die Klägerin nicht geliefert habe, so sei sie gemäß § 326 B.G.B. mit Recht vom Vertrage zurückgetreten. Die Klägerin hat hierauf erwidert, sie sei zur Zurückhaltung der abgerufenen 2000 Fächer gemäß § 273 B.G.B. berechtigt gewesen, weil die Beklagte mit der Zahlung des Kaufpreises für gelieferte gleichartige Waren aus anderen gleichzeitigen Geschäften im Rückstande gewesen sei; sie sei daher durch die Briefe der Beklagten vom 17. Juni und 23. August 1906 nicht in Verzug gekommen, und die Beklagte sei nicht berechtigt gewesen, von den Verträgen zurückzutreten. Die Beklagte hat demgegenüber dieses Zurückbehaltungsrecht mit der Begründung bestritten, daß es sich bei den Ansprüchen der Klägerin, wegen deren sie zurückbehalten zu haben erkläre, um solche, die nicht auf demselben rechtlichen Verhältnis beruht hätten, gehandelt habe; § 273 könne daher keine Anwendung finden. Das Oberlandesgericht hat indessen, obgleich es sich um andere Vertragsabschlüsse handelte, dasselbe rechtliche Verhältnis mit dem, worauf die Lieferungsverpflichtung der Klägerin beruhte, angenommen, und dem ist nach der hierfür gegebenen tatsächlichen Begründung in rechtlicher Hinsicht beizutreten.

Nach dem Wortlaute des § 273 B.G.B. könnte man allerdings zu einer anderen Auslegung kommen und, soweit Vertragsverhältnisse vorliegen, die Frage, ob die sich gegenüberstehenden Ansprüche aus demselben rechtlichen Verhältnisse entspringen, immer dann verneinen wollen, wenn sie auf verschiedenen selbständigen Verträgen beruhen. Es hat sich indessen sowohl die Rechtsprechung, als die Rechtslehre durchgängig für eine weitere Auffassung „desselben rechtlichen Verhältnisses" im Sinne des § 273 ausgesprochen.

In der Begründung zu § 233 des I. Entwurfes des Bürgerlichen Gesetzbuches (jetzt § 273) wird über die Frage bemerkt: mit dem Zurückbehaltungsrechte werde in Wirklichkeit eine exceptio doli geltend gemacht zum Schutze gegen ein Vorgehen des Gegners, der, indem er einen Anspruch ohne Rücksicht auf einen dem anderen Teile zustehenden Gegenanspruch erhebe, durch Loslösung seines Anspruches von dem gesetzlichen oder natürlichen Zusammenhange mit dem Gegenanspruch und durch dessen Ignorierung gegen Treu und Glauben verstoße. Danach sei für das Zurückbehaltungsrecht an dem Erfordernisse der Konnexität festzuhalten. Der Entwurf vermeide es aber, dieses Erfordernis näher zu präzisieren; der Richter solle unbehindert sein, im Einzelfalle zu entscheiden, ob ein Auseinanderreißen desselben Rechtsverhältnisses nach der aktiven oder passiven Seite zum Nachteile des in Anspruch Genommenen stattfinden würde, und danach das Retentionsrecht begründet sei oder nicht. Es wird sodann verwiesen auf die Entscheidung des III. Zivilsenates des Reichsgerichtes vom 26. Oktober 1885 (Entsch. in Zivils. Bd. 14 S. 231), das sich über das Retentionsrecht nach gemeinem Rechte dahin ausspricht, es sei nicht die kontraktliche Bedingtheit der Leistung und Gegenleistung, die zum Retentionsrechte berechtige, sondern die natürliche, gewollte oder als gewollt vorauszusetzende Einheitlichkeit des faktischen Verhältnisses, die es als gegen Treu und Glauben verstoßend erscheinen lasse, wenn der eine Interessent vom anderen die Leistung verlange, die von ihm selbst geschuldete aber nicht gewähren wolle.

Ein solches Verhältnis hat das Oberlandesgericht im vorliegenden Falle der an sich unstreitigen Sachlage entnommen. Danach unterhielten die Parteien seit längerer Zeit in der Art eine Geschäftsverbindung, daß die Klägerin der Beklagten unter denselben Zahlungsbedingungen auf zeitlich getrennte Bestellungen gleichartige Waren lieferte. Jeder derartige neue Abschluß wird vom Oberlandesgerichte als Fortsetzung der früheren Bestellungen aufgefaßt. Aus einem solchen tatsächlichen Zusammenhange konnte rechtlich unbedenklich die Folgerung gezogen werden, daß die Verpflichtung zur Leistung auf seiten des einen Vertragsteiles abhängig war von der Erfüllung der Verbindlichkeiten des anderen Teiles auch aus den anderen Abschlüssen, daß also die Klägerin die hier streitigen Fächer nicht zu liefern brauchte, solange die Beklagte mit der Zahlung fälliger Kaufpreise für frühere Lieferungen erheblich im Rückstande war. Letzteres ist aber für die Zeit der Aufforderungen zur Lieferung vom 17. Juli und 23. August 1906 vom Oberlandesgerichte bedenkenfrei festgestellt."[1] ...

---

9. Darf das Gericht bei der Entscheidung über die Höhe eines entstandenen Schadens von einer beantragten weiteren Beweiserhebung auch dann absehen, wenn es die Höhe dieses Schadens nicht ausschließlich mittels freier Schätzung, sondern auch unter Benutzung des Ergebnisses einer Beweisaufnahme festsetzt?

Z.P.O. § 287 Abs. 1.

II. Zivilsenat. Urt. v. 21. Februar 1908 i. S. M. (Kl.) w. L. u. Gen. (Bekl.). Rep. II. 422/07.

I. Landgericht Düsseldorf.
II. Oberlandesgericht Cöln

Die Klägerin verlangte die Verurteilung der drei Beklagten zum Ersatze des ihr durch die unbefugte Benutzung ihres Warenzeichens verursachten Schadens. Das Berufungsgericht verurteilte die Beklagte zu geringeren als den von der Klägerin geforderten Summen, indem es von dem Ergebnisse einer Beweisaufnahme ausging und unter Ablehnung einer von der Klägerin beantragten weiteren Beweis-

[1] Zu vgl. sind über die grundsätzliche Frage außer der Entscheidung im 14. Bd. die Urteile des Senates in Bd. 57 S. 5, ferner in Holdheim's Zeitschrift Bd. 15 S. 278, 279, Bolze, Bd. 9 S. 178 Nr. 407; sodann Planck, 3. Aufl. zu § 273 Bem. 2 $\alpha\beta$; v. Staudinger, 3. u. 4. Aufl. zu § 273 Bem. II. 1. c; Oertmann, Schuldverhältnisse 2. Aufl. zu § 273 S. 75, 76; O.L.G. Hamburg in der Rechtspr. der O.L.G. Bd. 3 S. 354. D. E.

erhebung einzelne seiner Schadensberechnung zugrunde liegende Faktoren, sowie den Gesamtbetrag des Schadens durch freie Schätzung festsetzte. Die von der Klägerin gegen das Berufungsurteil eingelegte Revision wurde zurückgewiesen aus folgenden

Gründen:

... „Die Klägerin hat zur Begründung ihrer Revision hauptsächlich geltend gemacht: das Berufungsgericht hätte bei vollständiger und sachgemäßer Würdigung des Beweisergebnisses den ihr erwachsenen Schaden höher, als geschehen, feststellen, namentlich den von ihr vorgeschlagenen Zeugen K. über die unter Beweis gestellte Tatsache vernehmen sollen, daß B. durch die Fabrik V. mindestens 40000 Stück Ware mit dem beanstandeten Warenzeichen nach Südafrika vertrieben habe. Der Hinweis auf § 287 Z.P.O., womit das Berufungsgericht die Nichtvernehmung dieses Zeugen zu begründen versucht habe, treffe im gegebenen Falle nicht zu; denn die Anwendung dieses Paragraphen setze eine auf freiem Ermessen beruhende Schätzung voraus. Eine solche habe aber das Berufungsgericht bei Prüfung der Frage, wie viele mit dem Zeichen versehene Warenstücke durch V. versendet seien, nicht vorgenommen, sondern es halte sich an die durch die Beweisaufnahme ermittelten Zahlen der an V. gesandten Etiketten abzüglich der bei ihm übrig gebliebenen.

Diese Beschwerde erscheint als unbegründet. Der hier hauptsächlich in Betracht kommende 2. Satz des § 287 bestimmt, daß es dem Ermessen des Gerichtes überlassen bleibt, ob und inwieweit über die unter den Parteien streitige Frage, ob ein Schaden entstanden sei, und wie hoch sich der Schaden oder ein zu ersetzendes Interesse belaufe, eine beantragte Beweisaufnahme anzuordnen sei. Die Anwendbarkeit dieser Bestimmung ist nur an die Voraussetzung geknüpft, daß unter den Parteien die erwähnte Frage streitig sei, nicht auch an die weitere Voraussetzung, daß das Gericht lediglich mittels freier Schätzung zur Feststellung des Schadens gelange. Vielmehr ist diese Bestimmung auch dann anwendbar, wenn das Gericht bei der Entscheidung gemäß § 287 Satz 1 das Ergebnis einer Beweisaufnahme benutzen will, dies für sich allein ihm aber nicht als zur Entscheidung der erwähnten Frage ausreichend erscheint. Auch in einem solchen Falle ist das Gericht nicht verpflichtet, eine insbesondere über die Höhe eines Schadens beantragte weitere Beweisaufnahme, sollte diese auch an sich erheblich sein, anzuordnen, sondern es bleibt seinem Ermessen überlassen, ob es dies tun, oder ob es unter Würdigung aller Umstände, insbesondere des bereits vorliegenden Ergebnisses einer früheren Beweisaufnahme und in Ergänzung desselben den streitigen Schaden frei schätzen will. Für diese Auslegung des § 287 spricht sowohl sein Wortlaut, als auch sein Zweck. Insbesondere weisen die Worte in Satz 2 „und inwieweit" darauf hin, daß es dem Gerichte freistehen soll, nach seinem Ermessen eine beantragte Beweisaufnahme auch nur teilweise anzuordnen, also über die Höhe des Schadens teils auf Grund des Ergebnisses einer solchen beschränkten Beweisaufnahme, teils nach freier Überzeugung zu entscheiden, und auch insoweit das vorliegende Beweisergebnis zu benutzen. Wollte man mit der Klägerin annehmen, daß dann, wenn das Gericht bezüglich eines für die Bemessung eines Schadens in Betracht kommenden Punktes das Ergebnis einer Beweisaufnahme berücksichtigen will, § 287 Satz 2 keine Anwendung zu finden habe, das Gericht also genötigt sei, in solchen Fällen alle über die Höhe des Schadens erbotenen, an sich erheblichen Beweise aufzunehmen, so würde die Erreichung des Zweckes der Vorschriften des § 287, die Geltendmachung und sachgemäße Feststellung von Schadensersatzansprüchen auch ohne strenge Beweisführung bezüglich der in § 287 bestimmten Frage zu ermöglichen, in zahlreichen Fällen vereitelt, in denen die Anwendung dieser Vorschriften zur Erreichung des hervorgehobenen Zweckes als der offenbaren Absicht des Gesetzgebers entsprechend zu erachten ist.

Hiernach wird die beanstandete Nichtvernehmung des K. schon durch die rechtlich zutreffende Bezugnahme auf § 287 gerechtfertigt." ...

---

10. Umfang der Vertretungsmacht des Vaters im Falle des § 1795 Abs. 1 Nr. 2 B.G.B. Ist das Geschäft beim Mangel der Vertretungsmacht nichtig oder nur unwirksam?

B.G.B. §§ 181, 1630 Abs. 2, 1795.

V. Zivilsenat. Urt. v. 26. Februar 1908 i. S. M. (Kl.) w. Sch. (Bekl.). Rep. V. 185/07.

I. Landgericht Eisenach.
II. Oberlandesgericht Jena.

Der Vater der Kläger schuldete diesen 13500 ℳ Erbgelder, die auf seinem Hotelgrundstücke hypothekarisch eingetragen standen. Der Beklagte erwarb im Jahre 1902 das Hotel, übernahm die Erbgelder in Anrechnung auf den Kaufpreis und ließ sie passiv gegen sich überschreiben. Später kam das Hotel, nachdem es inzwischen weiter veräußert war, zur Zwangsversteigerung, und es stand am 1. Mai 1905 Versteigerungstermin an. Der Vater der Kläger trat dann zwei Tage vorher, am 29. April, die Hypothek für 12000 ℳ an den Beklagten ab und blieb dem Versteigerungstermine fern. Der Beklagte erstand das Grundstück; die erwähnte Hypothek fiel bis auf einen geringfügigen Betrag aus.

Die Kläger behaupteten, der Beklagte habe sich bei der Abtretung verpflichtet, im Falle der Versteigerung des Grundstückes die 12000 ℳ an gleicher Stelle und unter gleichen Zinsbedingungen hypothekarisch eintragen zu lassen. Sie beantragten, den Beklagten zur Bestellung der Hypothek zu verurteilen. Das Landgericht verurteilte den Beklagten nach dem Klagantrage, das Oberlandesgericht wies durch Teilurteil die Klage in Höhe von 4000 ℳ ab. Auf die Revision der Kläger wurde das Berufungsurteil aufgehoben.

Aus den Gründen:

... „Das Berufungsgericht nimmt, und zwar auf Grund von § 181 B.G.B., zugunsten des Beklagten an, daß durch den Schuldübernahmevertrag von 1902 die persönliche Schuldverbindlichkeit des Vaters nicht aufgehoben wurde. Diese Ansicht ist jedenfalls mit Rücksicht auf die Vorschrift in § 1630 Abs. 2 in Verbindung mit § 1795 Abs. 1 Nr. 2 gerechtfertigt, wonach der Vater die minderjährigen Kinder

„nicht vertreten kann bei einem Rechtsgeschäfte, das die Übertragung oder Belastung einer durch Hypothek gesicherten Forderung der Kinder gegen ihn oder die Aufhebung oder Minderung dieser Sicherheit zum Gegenstande hat oder die Verpflichtung der Kinder zu einer solchen Übertragung, Belastung, Aufhebung oder Minderung begründet".

Es ist darauf kein Gewicht zu legen, daß diese Vorschrift ihrem Wortlaute nach nicht auch den Fall der Schuldübernahme umfaßt.

Das Gesetz hat den dinglich gesicherten Forderungen der Kinder gegen ihren Vater oder der Mündel gegen ihren Vormund einen besonderen Schutz gewähren wollen und hat deshalb in Ansehung der Aufhebung wie auch nur der Minderung der Sicherheit die Vertretungsmacht eingeschränkt. Diese Vorschrift, die in ähnlicher Weise früher schon für das Gebiet des preuß. Allg. Landrechts (§ 169 II. 2, Obertrib.-Entsch. Bd. 14 S. 62) bestand, würde ihrem Zwecke nur sehr unvollkommen dienen, wenn das Gesetz den Gewalthaber nur in der Verfügung über die dingliche Sicherheit und nicht zugleich in der Verfügung über die gesicherte Forderung selbst beschränkt hätte. Könnte der Vater durch eine in Vertretung seiner Kinder vorgenommene Genehmigung der Übernahme seiner Schuld seine persönliche Schuldverbindlichkeit aufheben, so würde damit für ihn die Möglichkeit auch zu einer späteren Verfügung über die dingliche Sicherheit eröffnet sein. Dies kann nicht die Absicht des Gesetzgebers gewesen sein, und es ist denn auch in den Motiven (Mugdan, Bd. 4 S. 579) ausdrücklich hervorgehoben worden, daß die Ausschließung der Vertretungsmacht eine unbedingte und unbeschränkte sein solle.

In Gruchot's Beitr. Bd. 47 S. 544 ist im Anschluß an den Wortlaut des § 1795 auszuführen versucht worden, daß der Vater befugt sei, ein von ihm selbst geschuldetes, hypothekarisch gesichertes Muttererbe der Kinder einzuziehen. Allein diese Ansicht ist in der Literatur

vgl. Dernburg, B. R. Bd. 4 S. 372 Nr. 10; Planck, v. Staudinger, Meißner zu § 1795; Jahrb. des Kammerger. Bd. 23 A S. 245, Bd. 24 A S. 17,

wie in der Rechtsprechung abgelehnt worden. Das Interesse des Kindes kann nicht minder bei der Einziehung der Forderung, als bei der befreienden Schuldübernahme in Widerstreit stehen zu dem Interesse des Vaters als des Schuldners, und hier wie dort ist deshalb der gesetzgeberische Grund für die Vorschrift des § 1795 B.G.B. gleichmäßig gegeben. Nach alledem ist mit dem Berufungsgerichte davon auszugehen, daß der Vater der Kläger im Jahre 1905 noch persönlicher Schuldner der Hypothek und deshalb zu deren Abtretung nicht vertretungsberechtigt war.

Allein trotz des Mangels der Vertretungsmacht war die Abtretung nicht nichtig. Der erkennende Senat hat sich bereits in dem

Urteile vom 6. November 1907, Rep. V. 194/07,[1] in Übereinstimmung mit der Rechtsprechung des I. Zivilsenates dahin ausgesprochen, daß keine Nichtigkeit des Rechtsgeschäftes in den Fällen des § 181 B.G.B. vorliegt. Diese Auffassung, an der festzuhalten ist, muß ohne weiteres dahin führen, die Nichtigkeit auch für die Fälle des § 1795 zu verneinen und damit eine bloße Unwirksamkeit des Geschäftes mit der Möglichkeit der nachträglichen Genehmigung anzunehmen. Das Gesetz hat sich (Motive Bd. 1 S. 107, 224, Bd. 4 S. 1088) darauf beschränkt, die Vertretungsmacht einzuschränken; nicht aber hat die Vornahme des Rechtsgeschäftes als eine verbotswidrige Handlung hingestellt werden sollen. Im Gegenteil ist bei der Beratung des Gesetzes zu § 1651 des Entw. (jetzt 1795) von verschiedenen Seiten ausdrücklich betont worden, daß

„die Möglichkeit einer nachträglichen Genehmigung eines derartigen Geschäftes bestehen müsse". (Mugdan, Bd. 4 S. 1065.)

Nach § 177 B.G.B. kann ein Vertrag, den ein Dritter ohne jede Vertretungsmacht abgeschlossen hat, durch nachträgliche Genehmigung wirksam werden. Der Vater ist der gesetzliche Vertreter der Kinder; die Einschränkung seiner Vertretungsmacht für einzelne Geschäfte macht diese zwar unverbindlich, aber sie entzieht ihnen nicht die Mindestwirkung, die der § 177 dem von einem überhaupt nicht vertretungsberechtigten Dritten geschlossenen Rechtsgeschäfte beilegt. Es ist zwar richtig, daß, wie das Berufungsgericht feststellt, im vorliegenden Falle ein Pfleger nicht bestellt und auch eine Entscheidung des Vormundschaftsgerichtes aus § 1846 nicht ergangen ist. Allein jedenfalls hat der Vater seinerseits nach der Versteigerung die Genehmigung erklärt, indem er nach der Feststellung im Tatbestande des Urteiles vom Beklagten die Erfüllung des Vertrages vom 29. April 1905 verlangt hat. Damals war die Hypothek bereits ausgefallen; die Forderung bestand daher nur noch als ungesicherte und unterlag als solche nunmehr der unbeschränkten Verfügung des Vaters. Es fragt sich daher, ob gegenüber der durch die Zwangsversteigerung veränderten Sachlage jene nachträgliche Genehmigung für die Wirksamkeit der Abtretung nicht für ausreichend zu erachten ist. Nachdem die Hypothek ausgefallen, war der Vater, und nur er, der zur Ver-

[1] Inzwischen abgedruckt in Bd. 67 dieser Sammlung S. 51. D. E.

fügung „Berechtigte" im Sinne des „im weitesten Umfange" anwendbaren § 185 Abs. 2 B.G.B. (Entsch. des R.G.'s in Zivils. Bd. 54 S. 366, 367). Er hätte die Abtretung, wenn sie nichtig gewesen wäre, nach § 141 erneut vornehmen können, und er muß daher auch als genehmigungsberechtigt gelten, um so mehr als das Geschäft den Kindern lediglich zum Vorteile gereichte. Die den Gegenstand der Abtretung bildende Forderung hatte auch in ihrem Bestande keine im Sinne der Vertragsteile wesentliche Veränderung erlitten. Der Ausfall der Hypothek in der Zwangsversteigerung war gewollt, und die mit der Klage beanspruchte Wiedereintragung bildete die vom Beklagten zu bewirkende Gegenleistung.

Hiernach kann der Annahme des Berufungsgerichtes, daß es an einer nachträglichen Genehmigung des Vertrages fehle, nicht beigetreten werden, und demgemäß mußte die Aufhebung des Urteiles erfolgen. In der Sache selbst bedarf es noch weiterer Feststellungen." ...

---

11. Findet die Bestimmung in § 341 Abs. 3 B.G.B., wonach der Gläubiger, der die Erfüllung annimmt, die Vertragsstrafe nur dann verlangen kann, wenn er sich den Anspruch darauf vorbehalten hat, auch Anwendung, wenn in einem Lieferungsvertrage bedungen ist, daß bei verspäteter Lieferung der Verkäufer einen Nachlaß am Kaufanspruche zu gewähren hat.

II. Zivilsenat. Urt. v. 28. Februar 1908 i. S. S. (Bekl.) w. Konkurs v. Z. (Kl.). Rep. II. 472/07.

I. Landgericht Cöln.
II. Oberlandesgericht daselbst.

Die Frage wurde vom Reichsgerichte bejaht aus folgenden

Gründen:

„Das Oberlandesgericht hat angenommen und rechtlich einwandfrei näher dargelegt, daß der klagenden Konkursmasse ... für gelieferte Steine ... an sich mindestens ein Anspruch in ... Höhe von 3000 *M* auf Grund des hierauf bezüglichen Lieferungsvertrages gegen den Beklagten zusteht. Insoweit ist zur Begründung der Revision ein Angriff nicht erhoben worden.

Die Angriffe der Revision richten sich vielmehr nur gegen die Zurückweisung des Aufrechnungseinwandes des Beklagten, der aus § 5 des Nachtragsvertrages zum Vertrage vom 25. März 1900 abgeleitet ist. Nach dieser Bestimmung hatte der Unternehmer im Falle der Überschreitung einer der im § 1 angesetzten Lieferungsfristen einen Nachlaß von 500 *M*, die an dem Guthaben für die gelieferten Steine in Abzug gebracht werden sollten, für jede Woche der Überschreitung zu gewähren. Unbestritten hat eine Überschreitung der Lieferfristen in dem Umfange stattgefunden, daß der vorgesehene Abzug die Klageforderung durch Aufrechnung absorbieren würde. Das Oberlandesgericht hat indessen die Vertragsbestimmung des vorbezogenen § 5 als die Vereinbarung einer Vertragsstrafe aufgefaßt und den Anspruch gemäß § 341 Abs. 3 B.G.B. für unbegründet erachtet, weil die Beklagten die verspäteten Lieferungen ohne Vorbehalt des Rechtes auf diese Strafe angenommen hätten.

Die Revision macht hiergegen ... geltend, daß eine Vertragsstrafe im Sinne des § 339 B.G.B. überhaupt nicht in Frage stehe. ...

In dieser Hinsicht ist anzuerkennen, daß die Zahlung einer Geldsumme, wie dies nach § 339 erfordert wird, für den Fall der nicht pünktlichen Lieferung der Steine in § 5 des Nachtragsvertrages nicht vereinbart worden ist, sondern ein Nachlaß vom Kaufpreise, und daß daher § 339 auf den vorliegenden Fall direkt nicht anwendbar ist. Nun bestimmt aber § 342 B.G.B., daß, wenn als Strafe eine andere Leistung als die Zahlung einer Geldsumme versprochen wird, die Vorschriften der §§ 339 bis 341 gleichfalls Anwendung finden. Als eine solche andere Leistung erscheint aber die hier vereinbarte Gewährung eines Nachlasses, der von dem aus der Lieferung der Steine sich ergebenden Guthaben vereinbarungsgemäß in Abzug gebracht werden soll. Danach ist die Bestimmung in § 341 Abs. 3 B.G.B., wonach der Gläubiger, der die Erfüllung angenommen hat, die Strafe nur verlangen kann, wenn er sich das Recht dazu bei der Annahme vorbehalten hat, mit Recht auf den vorliegenden Fall angewendet worden. In den Entscheidungsgründen des angefochtenen Urteiles ist der § 342 auch ausdrücklich angezogen." ...

12. Fällt bei einem Kaufgeschäfte die nach Tariffr. 6d des Reichsstempelgesetzes vom 3. Juni 1906 auf Frachtbriefe gelegte Stempelabgabe beim Fehlen einer Abmachung darüber, wer sie zu tragen hat, unter die in § 448 Abs. 1 B.G.B. vorgesehenen Kosten der Versendung der Kaufsache?

II. Zivilsenat. Urt. v. 28. Februar 1908 i. S. E. A. B. D. (Bekl. u. Widerkl.) w. A. Rh. W. K. S. (Kl. u. Widerbekl.). Rep. II. 486/07.

I. Landgericht Essen.
II. Oberlandesgericht Hamm.

Die Frage ist bejaht.

Aus den Gründen:

... „Die Parteien streiten darüber, wer von ihnen den Frachturkundenstempel zu tragen hat für Kohlenlieferungen, welche die Klägerin als Verkäuferin dem Beklagten als Käufer in den Monaten Juli bis einschließlich Oktober 1906 gemacht hat — also nach Eintritt der Geltung des Reichsstempelgesetzes vom 3. Juni 1906 —, ohne daß in dem Kaufabschlusse über die Tragung des Stempels eine Vereinbarung getroffen war.

Das Reichsstempelgesetz regelt, wie das Oberlandesgericht zutreffend ausgeführt hat, in seinen Vorschriften über die Bestempelung der Frachturkunden nur die öffentlichrechtliche Verpflichtung zur Entrichtung dieser Abgabe, enthält aber keine Bestimmungen darüber, wer im privatrechtlichen Verkehre zwischen Vertragsparteien für den Stempel aufzukommen hat. Schon aus diesem Grunde ist Äußerungen, die nach der einen oder anderen Richtung hin einzelne Reichstagsmitglieder bei den Verhandlungen über die betreffende Gesetzesvorlage in der Kommission oder im Plenum des Reichstages gemacht haben, kein Gewicht beizulegen, ganz abgesehen davon, daß auch die Ansichten darüber, wer schließlich die Steuer zu tragen habe, auseinander gingen.

Von einem allgemeinen Handelsgebrauche kann keine Rede sein; denn wenn auch ein solcher dahin bestehen sollte, daß der Versender einer Ware den Frachtbrief ohne Kostenersatz ausstellt, so folgt daraus noch nicht, daß er dem Käufer gegenüber auch den Stempel zu tragen hat, der erst zum 1. Juli 1906 eingeführt worden und nach Maßgabe der wirklichen Verfrachtung zu entrichten ist.

Auch der Gesichtspunkt eines Zufalles mit der Folge, daß den Stempel zu tragen habe, wer nach dem bei dem Vertragsabschlusse nicht vorausgesehenen Stempelgesetze als steuerpflichtig erachtet und zur Bezahlung des Stempels herangezogen werde, kann nicht als entscheidend erachtet werden, da das Stempelgesetz die Erhebung des Stempels nach öffentlichrechtlichen Gesichtspunkten geregelt und, was speziell den Eisenbahnverkehr betrifft, für die Entrichtung der Abgabe den Frachtführer als verantwortlich erklärt hat, der den Betrag gemäß Abs. 1 des § 34 des Gesetzes von dem Aussteller oder dem Empfänger einzieht.

In vorliegender Sache handelt es sich um ein Kaufgeschäft. Für die Klägerin als Verkäuferin war als Erfüllungsort die betreffende Zeche vereinbart; von dieser aus geschah die Versendung der Kohlen nach D. Mit Recht hat das Berufungsgericht den § 448 B.G.B. angewendet, der bestimmt, daß die Kosten der Abnahme und der Versendung der Sache nach einem anderen Orte als dem Erfüllungsorte dem Käufer zur Last fallen. Es fragt sich, ob der Frachturkundenstempel zu den Kosten der Versendung gehört. Dies ist mit dem Berufungsgerichte zu bejahen. Die §§ 426 und 427 H.G.B. kommen hierbei nicht in Betracht; sie behandeln das Verhältnis zwischen dem Absender und dem Frachtführer, nicht aber zwischen dem absendenden Verkäufer und dem Käufer. Entscheidend ist die Natur der fraglichen Abgabe. Sie ist allerdings ein Urkundenstempel. Der Frachtbrief wird bestempelt; auf ihm werden die Stempelvermerke angebracht (§ 39 des Gesetzes und Nr. 6 des Tarifes). Die Abgabe ist aber nicht schon verwirkt durch die bloße Ausstellung des Frachtbriefes, sondern erst durch und mit der Versendung des Frachtgutes. Sie hat zur Voraussetzung, daß der Transport der Waren stattfindet: die Güterversendung und nicht die bloße Ausstellung des Frachtbriefes wird von dem Stempel getroffen. Dies ergibt sich aus den Bestimmungen des Gesetzes über die Frachturkunden. Daher ist es auch nicht angängig, in der Bestempelung des Frachtbriefes eine bloße Vorbereitung der Versendung zu finden; vielmehr bildet sie einen Teil der durch die Versendung selbst bedingten Kosten, die nach § 448 B.G.B. vom Käufer zu tragen sind, wenn, wie vorliegend der Fall ist, die Ware nach einem anderen Orte als dem Erfüllungsorte versandt worden ist." ...

13. Steht einem Knappschaftsvereine wegen der Unterstützungen, die er im Falle eines Unfalles zahlt, ein Anspruch aus § 812 B.G.B. gegen den zu, der wegen unerlaubter Handlung dem Verletzten für den Unfall ersatzpflichtig ist?

VI. Zivilsenat. Urt. v. 2. März 1908 i. S. Allg. Knappschaftsverein zu Bochum (Kl.) w. H. (Bekl). Rep. VI. 129/07.

I. Landgericht Dortmund.
II. Oberlandesgericht Hamm.

Der durch Fahrlässigkeit des Beklagten getötete B. war Mitglied des klagenden Knappschaftsvereins gewesen, und seine Witwe bezog die satzungsgemäßen Unterstützungen. Der Kläger beanspruchte vom Beklagten den Ersatz seiner Aufwendungen, einmal weil die Witwe den auf Grund von § 844 B.G.B. gegen den Beklagten ihr zustehenden Anspruch ihm abgetreten habe, und sodann, weil der Beklagte durch die Zahlungen des Klägers auf dessen Kosten ohne rechtlichen Grund bereichert werde. Die Abweisung des ersten Klagegrundes ist auf Grund von § 850 Abs. 1 Nr. 2 Z.P.O. in Verbindung mit § 400 B.G.B. erfolgt, die des zweiten, weil der Beklagte nicht bereichert sei. Die Revision des Klägers hatte keinen Erfolg. Über den zweiten Klagegrund heißt es in den

Gründen:

... „Zur Begründung der Klage aus § 812 B.G.B. hat der Kläger angeführt: durch die von ihm gezahlte Witwenrente werde der Beklagte im gleichen Betrage von der durch § 844 B.G.B. begründeten Ersatzpflicht gegenüber der Witwe B. frei; denn insoweit sei dieser durch den Tod ihres Mannes der Unterhalt nicht entzogen. Das Berufungsgericht hat das zurückgewiesen, weil der Anspruch der Witwe auf die Rente des Knappschaftsvereins dem aus § 844 folgenden selbständig gegenüberstehe. Die Tilgung des ersten durch die Zahlungen des Klägers lasse den Bestand der Verpflichtung des Beklagten unberührt und befreie ihn nicht von einer Schuld; darum werde er durch die Zahlungen des Klägers nicht bereichert. Dem ist wesentlich beizustimmen.

Die Parteien sind darüber einverstanden, daß der Bergmann B. den Unfall nicht in einem versicherungspflichtigen Betriebe erlitten hat. Die Witwe hat daher keinen Anspruch gegen eine Berufsgenossenschaft erlangt; folgeweise ist ihr Anspruch gegen den Beklagten nicht nach § 140 Gew. Unfallv.G. teilweise auf eine Berufsgenossenschaft übergegangen, und dem Knappschaftsvereine wird nicht gemäß § 25 a. a. O. eine Unfallsrente überwiesen.

Der Anspruch der Witwe gegen den Beklagten hat seinen Grund in dessen unerlaubter Handlung und ist gerichtet auf den Ersatz für den Verlust des Unterhaltes, den ihr Ehemann ihr während der mutmaßlichen Dauer seines Lebens kraft gesetzlicher Verpflichtung zu gewähren hatte. Den Anspruch auf die Rente des Knappschaftsvereins hat die Witwe, weil ihr Mann bei Lebzeiten die Knappschaftsbeiträge bezahlt hat, und die Höhe der Rente bestimmt sich ohne Rücksicht auf die Bedürftigkeit allein nach dem Maße dieser Beiträge und den Satzungen des Vereins. Beide Ansprüche entspringen also aus selbständigen Rechtsgründen, und die geschuldeten Leistungen sind von verschiedenem Umfange. Daraus folgt, daß sie nebeneinander bestehen, nicht die Geltendmachung des einen den anderen ausschließt. Die besonderen gesetzlichen Vorschriften, nach denen die Empfänger von Unterstützungen auf Grund der gewerblichen Versicherungsgesetze ihre Ansprüche gegen den dritten Beschädiger zum Teil an die Berufsgenossenschaften rc verlieren, sind auf die Knappschaftsvereine nicht ausgedehnt worden. Es ist früher gelegentlich der Zweifel aufgeworfen, ob etwa in der Vorschrift des § 4 des Haftpflichtgesetzes, wonach der ersatzpflichtige Unternehmer berechtigt sein soll, die Bezüge des Verletzten aus Knappschaftskassen auf die von ihm zu gewährende Entschädigung zu kürzen, der allgemeine Rechtssatz zu finden sei, daß der Verletzte wegen derselben Verletzung niemals eine zweifache Entschädigung fordern könne. Die Rechtsprechung des Reichsgerichtes hat diese Auslegung schon früher bestimmt abgelehnt,

vgl. Urteil des VI. Zivilsenates vom 18. Oktober 1886 in Seuffert's Archiv Bd. 42 Nr. 120; Urteil des V. Zivilsenates vom 19. April 1900 in Brassert's Zeitschrift für Bergbau Bd. 31 S. 390,

und der erkennende Senat hat auch auf der Grundlage des heutigen Rechtes sich im gleichen Sinne ausgesprochen (Entsch. in Zivils. Bd. 64 S. 350).

Bestehen hiernach die beiden Ansprüche selbständig nebeneinander, so ist doch damit nicht die Frage entschieden, ob etwa die Witwenrente, die vom Kläger gezahlt wird, die Verpflichtung des Beklagten gegen die Witwe aus dem Grunde mindert, weil diese insoweit den von ihrem Manne ihr zu gewährenden Unterhalt nicht verloren hat. Aber für die Klage aus § 812 kommt es darauf nicht an. Denn wäre jene Frage zu bejahen, so würde insoweit auf seiten der Witwe B. ein Schade nicht entstanden, folglich eine Verbindlichkeit des Beklagten zum Ersatze nicht begründet sein. Daraus ergibt sich unmittelbar, daß insoweit der Beklagte nicht durch die Zahlung des Klägers von einer ihm obliegenden Schuld befreit ist; eine Bereicherung seinerseits durch die Leistungen des Klägers ist also ausgeschlossen. Damit wird es entbehrlich, weitere Bedenken gegen die Annahme des Klägers zu erörtern, daß die Erfüllung seiner Rentenpflicht gegenüber der Witwe B. auf seine Kosten den Beklagten ohne rechtlichen Grund bereichere." . . .

---

14. Wann ereignet sich im Sinne des § 1 des Haftpflichtgesetzes die Körperverletzung bei dem Betriebe der Eisenbahn?

VI. Zivilsenat. Urt. v. 2. März 1908 i. S. preuß. Eisenbahnfiskus (Bekl.) w. H. (Kl.). Rep. VI. 220/07.

I. Landgericht Stettin.
II. Oberlandesgericht daselbst.

Gründe:

„Das Berufungsgericht hat tatsächlich festgestellt, daß durch einen auf dem Bahnhofe zu W. am 7. Januar 1905 beim Betriebe der Eisenbahn vorgekommenen Zusammenstoß die in einem Wagenabteil sitzende Tochter des Klägers eine erhebliche Körperverletzung erlitten hat, und daß der Kläger durch die psychische Einwirkung, die dieses Ereignis auf ihn ausgeübt hat, als er alsbald nachher davon erfuhr und seine Tochter in ihrem traurig veränderten Zustande erblickte, in eine schwere Geisteskrankheit verfallen ist. Der ursächliche Zusammenhang der Gesundheitsschädigung des Klägers mit dem Eisenbahnunfall ist hiernach nicht in Zweifel zu ziehen, da prozessuale

Bedenken gegen die Feststellung des Oberlandesgerichtes nicht vorliegen.

Aber das Berufungsgericht irrt, wenn es auf diesen Vorgang den § 1 des Haftpflichtgesetzes zugunsten des Klägers um deswillen für anwendbar hält, weil er damals mit der Tochter zusammen auf der Eisenbahnreise begriffen war, im Wartesaale, in den er sich während des Aufenthaltes auf der Zwischenstation begeben hatte, alsbald von dem Unfalle hörte und in unmittelbarem Anschlusse daran die erschütternde Wahrnehmung der ihn so nahe berührenden Folge machte. Es verkennt zwar grundsätzlich nicht, daß nach jenem § 1 die Körperverletzung, für deren schädliche Folgen der Eisenbahnunternehmer dem Verletzten haften soll, nicht bloß durch den Betrieb, sondern auch bei dem Betriebe der Eisenbahn herbeigeführt sein, d. h. in einer näheren zeitlichen und örtlichen Beziehung zu diesem Betriebe stehen muß (vgl. Entsch. des R.G.'s in Zivils. Bd. 55 S. 230 flg.); aber die Anwendung, die das Berufungsgericht hier von diesem Satze gemacht hat, ist rechtsirrig. Es fehlt hier allerdings nicht an einem bestimmten Betriebsvorgange, auf den die Gesundheitsschädigung des Klägers als auf ihre Ursache zurückzuführen ist, wohl aber an dem näheren Zusammenhange mit dieser Ursache, der verlangt werden muß. Der Kläger persönlich hat den Unfall nicht unmittelbar mit erlebt; dieser hat auf ihn nur mittelbar dadurch, daß er von ihm erfahren hat, und durch den Eindruck, den die Folgen auf sein Gemüt gemacht haben, eingewirkt. Bei dieser Art von Kausalität ist es ein unwesentlicher und ganz äußerlicher Umstand, daß die Wirkung mit der Ursache örtlich und zeitlich ziemlich nahe zusammenlag; ebensogut hätte dieselbe Wirkung eintreten können, wenn der Kläger gar nicht Reisegenosse seiner Tochter gewesen wäre und erst nach etwas längerer Zeit zu Hause die Sache erfahren und seine schwer verletzte Tochter zu Gesicht bekommen hätte. Daß dann aber die körperliche Beschädigung des Klägers nicht beim Betriebe der Eisenbahn eingetreten sein würde, liegt auf der Hand. Die nur äußerliche Abweichung des hier Vorgekommenen von dem soeben Unterstellten kann aber keine Verschiedenheit der rechtlichen Beurteilung begründen.

Somit erwies sich die Einordnung des vorliegenden Falles unter den § 1 des Haftpflichtgesetzes als rechtlich unhaltbar." ...

15. Kann der Verlag oder das Eigentum an einer Zeitschrift wirksam verpfändet werden? Ist Gegenstand der Verpfändung eines Zeitschriftverlags ein Urheberrecht?

B.G.B. §§ 1204, 1273.
Urheberrechtsgesetz vom 19. Juni 1901 § 4.

VII. Zivilsenat. Urt. v. 17. Januar 1908 i. S. H. Konk. (Bekl.) w. K. & C. (Kl.). Rep. VII. 197/07.

I. Landgericht I München.
II. Oberlandesgericht daselbst.

Der im Mai 1906 in Konkurs geratene Verlagsbuchhändler H. war Verleger einer Zeitschrift „Süddeutsche Bauhütte". Der Konkursverwalter hatte den Verlag dieser Zeitschrift verkauft und den Erlös hinterlegt. Die Klägerin, die vertragsgemäß den Druck der Zeitschrift besorgt hatte, erhob Anspruch auf den hinterlegten Erlös auf Grund eines Vertrages vom 20. Juni 1905, durch den ihr der Gemeinschuldner zur Sicherung ihrer Forderung für den Druck der Zeitschrift „das Eigentums- und Verlagsrecht seiner Zeitschrift Süddeutsche Bauhütte mit Beilagen" verpfändet hatte. Sie klagte gegen den Konkursverwalter auf Einwilligung in die Herausgabe des hinterlegten Betrages. Vom Landgerichte wurde die Klage abgewiesen, vom Oberlandesgerichte dagegen der Klage entsprechend erkannt. Auf die Revision des Beklagten wurde das Berufungsurteil aufgehoben aus folgenden

Gründen:

„Der erhobene Klaganspruch setzt voraus, daß der Klägerin an dem vom Konkursverwalter veräußerten Gegenstande, an dessen Stelle der hinterlegte Erlös getreten ist, ein Pfandrecht zustand. Gegenstand der Veräußerung war nach dem Vertrage des Konkursverwalters mit dem Käufer L. vom 25. Juni 1906 „der Verlag der Zeitschrift Süddeutsche Bauhütte mit allen dem Verleger als solchem zustehenden Rechten, insbesondere dem Rechte auf die Benutzung des Zeitschrifttitels". Weiter ist bestimmt, daß dem Käufer „mit dem Verlage" ein Verzeichnis der Abonnenten, sowie die im Geschäftslokale vorhandenen Exemplare der Zeitschrift, die Klischees und die auf das Zeitungsunternehmen Bezug habenden Bilder und Zeichnungen, soweit sie zur Masse gehören, übergeben werden sollen. Ausgenommen vom Verkaufe sind die Außenstände an Abonnementsgeldern und Anzeigekosten. Danach kann es keinem Zweifel unterliegen, daß „der Verlag“ der Zeitschrift als einheitlich begriffenes Unternehmen, der in der Herausgabe, d. h. in der Herstellung, Vervielfältigung und Verbreitung, der Zeitschrift bestehende gewerbliche Betrieb, Gegenstand des Kaufvertrages war. Im Verpfändungsvertrage vom 20. Juni 1905 ist als Gegenstand der Verpfändung „das Eigentums- und Verlagsrecht“ des Verpfänders an der Zeitschrift angegeben. Das Berufungsgericht muß aber wohl diesen Vertragsgegenstand als identisch mit dem des Veräußerungsvertrages vom 25. Juni 1906 angesehen haben, da es andernfalls an jeder Erklärung dafür fehlen würde, inwiefern der ganze Kaufpreis der Klägerin pfandrechtlich verhaftet sein sollte.

Die Frage, auf die es ankommt, ist demnach die, ob es rechtlich möglich ist, durch einfache Verpfändungserklärung ein Pfandrecht an dem „Verlag einer Zeitschrift“ zu begründen. Zur Bejahung dieser Frage gelangt das Berufungsgericht in Übereinstimmung mit dem Landgerichte durch die Erwägung: nach den §§ 2 und 4 des Gesetzes über das Urheberrecht vom 19. Juni 1901 sei der Herausgeber einer Zeitschrift; möge er selbst ihr Verfasser sein oder die Beiträge anderer zu einem Ganzen sammeln und verwerten, als Urheber der Zeitschrift anzusehen, sein Recht am Unternehmen also ein — übertragbares und sohin auch verpfändbares — Urheberrecht. Wie es sich die Befriedigung des Gläubigers aus dem Pfandgegenstande denkt, darüber spricht sich das Berufungsgericht nicht aus; das Landgericht hatte angenommen, daß der Pfandgläubiger berechtigt sein sollte, sich entweder durch Selbstherausgabe der Zeitschrift oder durch Veräußerung des „Herausgaberechtes“ Befriedigung zu verschaffen. Demgegenüber wäre zunächst darauf hinzuweisen, daß in den beiden Verträgen nicht vom Herausgeber und seinen Rechten, sondern von dem Verlage der Zeitschrift, den dem Verleger als solchem zustehenden Rechten, dem Eigentums- und Verlagsrechte, die Rede ist. Dieser Hinweis wird nicht dadurch überflüssig, daß im vorliegenden Falle der Verleger selbst zugleich der Herausgeber ist. Denn wenn auch unbedenklich anzunehmen ist, daß in beiden Verträgen nicht nur die Verlegerrechte, sondern auch die Herausgeberrechte Vertragsgegenstand sein sollten, so wird die Unterscheidung doch von Bedeutung, wenn sich die Beurteilung der Herausgeberrechte durch das Berufungsgericht als rechtsirrig herausstellt; es bleibt dann zu prüfen, ob nicht durch Verpfändung der Verlegerrechte, für sich oder zusammen mit denen des Herausgebers, ein wirksames Pfandrecht begründet werden konnte.

Die Prüfung der Sache ergibt, daß das Berufungsurteil unter keinem Gesichtspunkte aufrecht erhalten werden kann. Von der dem Urheber eines Schriftwerkes zustehenden ausschließlichen Befugnis, das Werk zu vervielfältigen und gewerbsmäßig zu verbreiten und derart das geistige Erzeugnis wirtschaftlich zu verwerten, ist die Ausübung dieser Befugnis, die Tätigkeit der Vervielfältigung und Verbreitung, der Verlag des Werkes, wohl zu unterscheiden. Der Verfasser übt diese Tätigkeit selten selbst aus: er pflegt sie einem Verleger zu übertragen, sei es durch Abtretung des vollen Urheberrechtes, sei es durch Einräumung eines mehr oder minder beschränkten Verlagsrechtes. Das Unternehmen, ein urheberrechtlich geschütztes Werk zu verlegen, setzt also den Erwerb des (abgeleiteten) Urheber- oder Verlagsrechtes auf seiten des Verlegers voraus. Ein Fehlschluß aber wäre es, wollte man das Recht des Verlegers an seinem Unternehmen als Urheber- oder Verlagsrecht bezeichnen. Ganz klar zeigt sich dies bei der Betrachtung des auf den fortlaufenden Verlag möglichst vieler Werke gerichteten Betriebes einer Verlagshandlung. Ein solcher Betrieb ist ein Handelsgeschäft, wie jeder andere kaufmännische Gewerbebetrieb; er unterscheidet sich rechtlich in keiner Weise beispielsweise von dem Fabrik- und Handelsgeschäfte eines Kaufmannes, der sich vorzugsweise mit der Massenherstellung und dem Verkaufe von patentierten oder unter Musterschutz stehenden Gegenständen befaßt. Wie hier die vom Inhaber des Geschäftes erworbenen Patent- oder Musterrechte oder Lizenzen, so gehören dort die vom Verleger erworbenen Urheber- und Verlagsrechte zu den Aktiven des Geschäftes. Das Recht des Verlegers an seinem Geschäfte dagegen kann weder ein Urheber- noch ein Verlagsrecht sein, weil eine Verlagshandlung kein Schriftwerk ist; es ist überhaupt kein einheitliches, fest umgrenztes Recht. Im Verkehre spricht man vom Eigentume, nennt man den Inhaber den Eigentümer des Geschäftes; im juristisch-technischen Sinne trifft dies aber nicht zu. Ein Handelsgeschäft ist nicht eine Sache oder ein Recht, sondern ein Inbegriff von Vermögensgegenständen der verschiedensten Art: es umfaßt körperliche Sachen, Forderungen, sonstige fest umgrenzte, in sich geschlossene subjektive Rechte, aber auch rein tatsächliche Beziehungen, wie Bezugsquellen, Geschäftsgeheimnisse, Kundschaft u. dgl., die sich an den Namen (die Firma) des Inhabers oder an die besondere Benennung des Unternehmens knüpfen, und die unter Umständen, weil gerade sie die Hoffnung auf die Möglichkeit gewinnbringenden Fortbetriebes des Geschäftes rechtfertigen, den Hauptwert des Geschäftes darstellen. Dementsprechend ist auch das „Eigentum“ des Geschäftsinhabers nicht ein einheitliches Recht; der Kürze halber und unter Vorbehalt richtigen Verständnisses mag indessen der Ausdruck „Eigentum“ auch hier beibehalten werden.

Fragt man nach dem Rechte des Urhebers an dem Verlagsunternehmen, so läßt sich hierauf eine allgemein gültige Antwort nicht geben; sein Recht hängt ab von dem Inhalte des Verlagsvertrages. Es kommt vor, daß der Verfasser dem Verleger noch eine Aufzahlung leistet; häufiger wird der Verfasser eine feste oder nach einem Anteile am Gewinne berechnete Vergütung erhalten. Aber auch wenn etwa Verfasser und Verleger das Werk auf gemeinsame Rechnung herausgeben, so erlangt hierdurch der Verfasser nicht ein Anteilsrecht am Verlagsgeschäft als Ganzem, der Verlagshandlung, sondern nur an dem Verlage seines Werkes; es liegt dann ein einzelnes sog. Konsortialgeschäft vor. Ein Urheberrecht ist auch in diesem Falle das Recht des Verfassers an dem Verlagsunternehmen nicht, sondern ein Gesellschaftsrecht. Weiter hierauf einzugehen, ist nicht veranlaßt.

Wird eine Verlagshandlung veräußert, so werden in der Regel auch die dem Verkäufer zustehenden Urheber- und Verlagsrechte mitverkauft werden, soweit dies zulässig ist, weil sie eben einen Bestandteil des Geschäftes bilden. Wesentlich ist aber die Übertragung derartiger Rechte nicht. Denn einmal gibt es Verlagsunternehmungen, deren Gegenstand nicht geschützte Schriftwerke sind, und sodann kann es im Einzelfalle dem Käufer hauptsächlich um den Verlag neuer Erscheinungen zu tun sein, so daß er geringen Wert auf den Erwerb der im Geschäfte bereits vorhandenen Verlagsrechte legt. Auf keinen Fall aber läßt sich sagen, der Verkauf einer Verlagshandlung sei Verkauf eines Urheber- oder Verlagsrechtes.

Betrachtet man von diesen Gesichtspunkten aus ein Zeitungs- oder Zeitschriftunternehmen und den rechtlichen Vorgang bei Veräußerung eines solchen, so zeigen sich einige Besonderheiten. Der

Verlag der Zeitschrift wird häufig den Geschäftsbetrieb des Verlegers nicht erschöpfen; insoweit hat er Ähnlichkeit mit dem Verlage eines einzelnen Werkes. Anderseits ist das Zeitschriftunternehmen von vornherein auf die fortlaufende, periodische Herausgabe immer neuer Schriftwerke gerichtet; denn jede Nummer ist für sich ein besonderes, inhaltlich von jeder anderen Nummer verschiedenes Schriftwerk. Ferner knüpfen sich bei Zeitungen und Zeitschriften die sog. Chancen des Geschäfts (der Umfang der Verbreitung, die Zahl der Abnehmer, die Beliebtheit des Blattes für Anzeigen u. dgl.) nicht sowohl an die Firma des Verlegers oder den Namen des Herausgebers, als vielmehr an das durch den Zeitschrifttitel gekennzeichnete und zusammengefaßte Unternehmen, und insofern läßt sich der Betrieb eines solchen Unternehmens dem Betriebe einer gewöhnlichen Verlagshandlung gleichstellen. Es kommt aber hinzu, daß jede einzelne, aus den Beiträgen mehrerer bestehende Nummer für sich ein Sammelwerk darstellt, als dessen Urheber der Herausgeber gilt, so daß sich dieser noch zwischen die Urheber der Einzelbeiträge und den Verleger einschiebt. Das kann aber nicht dazu führen, das Recht des Herausgebers am Unternehmen als ein Urheberrecht zu kennzeichnen. Die Rechtsstellung des Herausgebers kann, wie die des Urhebers eines Einzelbeitrags, sehr verschiedener Art sein. Bei manchen Zeitschriften ist der Verleger derart Herr des gesamten Unternehmens, daß es ihm freisteht, dem Herausgeber zu kündigen und einen anderen an seine Stelle zu setzen. Bei anderen Zeitschriften ist es gerade umgekehrt. Der Herausgeber ist der eigentliche Herr des Unternehmens, so daß es bei ihm steht, das Unternehmen mit einem anderen Verleger oder im Selbstverlage fortzuführen. Aber auch in diesem Falle ist bei der Veräußerung des Unternehmens Vertragsgegenstand nicht ein Urheber- oder Verlagsrecht, sondern das Unternehmen selbst, ein organisierter und in Gang befindlicher Betrieb, wie bei der Veräußerung eines Handelsgeschäftes. Bestandteil des Geschäftes können auch hier Urheber- und Verlagsrechte sein, sie sind aber hier noch unwesentlicher als beim Verkaufe einer Verlagshandlung. Denn die Rechte des Verlegers an den Einzelbeiträgen sind hier durch die §§ 41 flg. des Gesetzes über das Verlagsrecht vom 19. Juni 1901 noch besonders eingeschränkt, und der Geschäftskäufer wird auch kaum auf die bereits veröffentlichten Beiträge besonderen Wert legen, sondern höchstens auf die bereits eingesandten, aber nicht verwendeten Beiträge, die den Stoff für die nächsten, von ihm selbst erst herauszugebenden Nummern bilden und deshalb einen erheblichen Vermögenswert für ihn haben können. Denkbar ist ein Interesse des Käufers auch an der Übertragung der Urheberrechte des Herausgebers, wenn er etwa die Absicht hat, ältere Nummern der Zeitschrift wieder abzudrucken. Denn nur an den bereits erschienenen und an den zum Erscheinen fertiggestellten Nummern als Sammelwerken steht dem Herausgeber ein Urheberrecht im Sinne des § 4 des Urheberrechtsgesetzes zu. Dagegen kann von Übertragung eines Urheberrechtes in bezug auf die künftigen Stücke der Zeitschrift keine Rede sein. Wenn der bisherige Herausgeber auf Grund der Veräußerung des Unternehmens seine Stellung aufgibt und sie dem Erwerber einräumt, so wird dieser unmittelbarer, ursprünglicher Urheber der von ihm herausgegebenen Nummern.

Nach alledem bleibt es dabei, daß den Gegenstand des Kaufvertrages vom 25. Juni 1906 ein Verlagsunternehmen gebildet hat, nicht ein Urheber- oder sonstiges bestimmtes Recht. Als mitverkauft sind im Vertrage erwähnt die im Geschäftslokale vorhandenen Bilder und Zeichnungen. Damit mögen vielleicht Urheber- oder Verlagsrechte an diesen Gegenständen als künstlerischen Erzeugnissen gemeint sein. Sonstige Rechte sind nicht besonders erwähnt; das schließt aber nicht aus, daß sie dennoch vorhanden waren. Insbesondere kann dies zutreffen in bezug auf bereits vorliegende Einzelbeiträge. Ob es der Fall ist, und ob demnach in dem Kaufpreise auch eine Vergütung für solche Rechte inbegriffen ist, wäre noch tatsächlich festzustellen.

Wie schon erwähnt, ging bei dem Verpfändungsvertrage vom 20. Juni 1905 die Absicht der Beteiligten zweifellos dahin, das Geschäft als Ganzes, den Zeitschriftverlag, zu verpfänden. Diesen Erfolg konnte der Vertrag keinesfalls haben; denn ein Verlagsunternehmen ist weder eine Sache im Sinne des § 1204, noch ein Recht im Sinne des § 1273 B.G.B. Ein Handelsgeschäft als solches kann nicht Gegenstand eines Pfandrechtes sein; verpfändbar sind nur die einzelnen zum Geschäfte gehörigen Sachen und Rechte. Es mag anzunehmen sein, daß nach dem Willen der Beteiligten das Pfandrecht schon durch den Verpfändungsvertrag auch an diesen Sachen und Rechten soweit als möglich zur Entstehung gelangen sollte, und es bedarf hiernach der Untersuchung, inwieweit solche durch Vertrag verpfändbare Gegenstände zur Zeit der Konkurseröffnung vorhanden waren. Die nach der Konkurseröffnung erst erworbenen Rechte müssen ausscheiden, da bei der Verpfändung künftiger Rechte das Pfandrecht selbst nicht früher wirksam werden kann, als mit der Entstehung des Rechtes, und da nach der Konkurseröffnung ein wirksames Pfandrecht an einem zur Masse gehörigen Rechte nicht mehr begründet werden kann.

Aus allen diesen Gründen war das Berufungsurteil aufzuheben und mit Rücksicht auf die Möglichkeit, daß ein, wenn noch so kleiner, Teil des hinterlegten Erlöses aus der Veräußerung von Rechten herrührt, die der Klägerin gültig verpfändet waren, die Sache an das Berufungsgericht zurückzuverweisen. Hierbei mag noch eine Bemerkung hinsichtlich des mitveräußerten Rechtes auf die Fortführung des Zeitschrifttitels am Platze sein. Der Zeitschrifttitel ist vielleicht der wertvollste Gegenstand des Unternehmens; das Recht auf seine Benutzung ist unbedenklich als ein übertragbares Recht anzusehen. Gleichwohl kann dieses Recht nicht Gegenstand eines Pfandrechtes sein; denn es ist nicht ein für sich, selbständig und unabhängig vom Zeitschriftunternehmen übertragbares Recht. Der Titel hat Ähnlichkeit mit der Firma eines Kaufmannes, er ist der Name eines bestimmten Unternehmens. Eben deshalb kann er aber auch von dem Unternehmen nicht losgelöst, sondern nur zusammen mit ihm übertragen werden, gerade wie die Firma nur mit dem Handelsgeschäfte. Da aber das Unternehmen nicht Gegenstand des Pfandrechtes sein kann, so ist auch die Verpfändung des Titels des Unternehmens ausgeschlossen."

---

16. Welchen Einfluß haben auf die sechsmonatige Klagefrist des § 26 des preußischen Stempelsteuergesetzes vom 31. Juli 1895

1. die Gerichtsferien?

2. die Einlegung der Verwaltungsbeschwerde gegen den Stempelansatz?

Preuß. Stempelsteuergesetz vom 31. Juli 1895 §§ 26, 28.
Z.P.O. §§ 222, 223.
G.V.G. § 202.

VII. Zivilsenat. Urt. v. 4. Februar 1908 i. S. Gewerkschaft D. (Kl.) w. preuß. Fiskus (Bekl.). Rep. VII. 212/07.

I. Landgericht Dortmund.
II. Oberlandesgericht Hamm.

In einer Urkunde vom 17. Juni 1905 hatte die klagende Gewerkschaft erklärt, daß sie zur Sicherstellung der Gläubiger einer von ihr gegen die Erteilung von Teilschuldverschreibungen aufgenommenen Anleihe die Eintragung einer Sicherungshypothek zum Betrage von 10200000 *M* auf ihren Bergwerks- und Grundbesitz bewillige und beantrage. Das Amtsgericht D. nahm die beantragte Eintragung vor.

Bei der Berechnung der Gerichtskosten brachte der Gerichtsschreiber auf Grund der Tarifst. 58 Nr. III des Preuß. Stempelsteuergesetzes vom 31. Juli 1895 einen Stempel von 8500 *M* in Ansatz. Die Klägerin entrichtete diesen Betrag am 26. Juli 1905. Schon am 18. Juli hatte sie gegen den Stempelansatz Erinnerung mit der Begründung erhoben, daß der Eintragungsantrag nicht stempelpflichtig sei, weil die ihm zugrunde liegenden Teilschuldverschreibungen ordnungsmäßig versteuert seien. Nachdem das Amtsgericht durch Beschluß vom 1. September 1905 die Erinnerung zurückgewiesen hatte, ordnete das Landgericht auf die Beschwerde der Klägerin durch Beschluß vom 30. Dezember 1905 an, daß der gezahlte Stempel in Höhe von 8333 *M* niedergeschlagen werde und der Klägerin zurückzuzahlen sei. Gegen diesen Beschluß legte der Oberstaatsanwalt weitere Beschwerde mit dem Erfolge ein, daß das Kammergericht durch den der Klägerin am 11. April zugestellten Beschluß vom 8. März 1906 unter Abänderung des angefochtenen Beschlusses des Landgerichts die Beschwerde der Klägerin gegen den Beschluß des Amtsgerichts zurückwies. Bis zum 11. April 1906 hatte die Klägerin nach ihrer Behauptung von der Beschwerde des Oberstaatsanwalts keine Kenntnis.

Mit der Klage verlangte die Klägerin die Verurteilung des Beklagten zur Rückzahlung des entrichteten Stempelbetrages nebst Zinsen. Der Beklagte bat um Abweisung der Klage, da mit der unstreitig erst am 1. Juni 1906 erfolgten Klagezustellung die in § 26 des Stempelsteuergesetzes angeordnete sechsmonatige Klagefrist nicht innegehalten sei. Er bestritt auch, daß der Klaganspruch sachlich begründet sei. Das Landgericht erachtete die Klage für zulässig, den

Klaganspruch aber sachlich nicht für gerechtfertigt und wies deshalb die Klage ab. Die von der Klägerin eingelegte Berufung wurde zurückgewiesen. Ebenso auch die Revision der Klägerin aus folgenden

Gründen:

„Die Revision greift die Entscheidung des Berufungsrichters mit der Begründung an, seine Annahme, zur Zeit der am 1. Juni 1906 erfolgten Zustellung der Klage sei die im § 26 des Stempelsteuergesetzes vom 31. Juli 1895 bestimmte sechsmonatige Klagefrist schon abgelaufen gewesen, beruhe auf Rechtsirrtum. Diese Rüge ist unbegründet. Nach der genannten Vorschrift ist die Klage bei Verlust des Klagerechtes binnen sechs Monaten nach erfolgter Beitreibung oder geleisteter Zahlung anzustellen. Da die Zahlung der Abgabe im vorliegenden Falle am 26. Juli 1905 erfolgt ist, war am 1. Juni 1906 die Klagefrist schon abgelaufen, soweit sie inzwischen nicht etwa gehemmt oder unterbrochen war. Hier ist jedoch weder eine Hemmung, noch eine Unterbrechung der Frist erfolgt.

In erster Reihe hat die Klägerin geltend gemacht, eine Hemmung sei durch die Gerichtsferien eingetreten, so daß die Frist erst am 16. September 1905 zu laufen begonnen habe (§ 205 B.G.B.). Sollte auch der Klägerin hierin beizutreten sein, so wäre die sechsmonatige Klagefrist doch schon vor der Klagezustellung, nämlich mit dem 16. März 1906, abgelaufen gewesen. Die Gerichtsferien sind aber auch auf den Lauf der Klagefrist ohne jeden Einfluß. Einen solchen Einfluß zu gewähren, war nicht erforderlich; denn der Steuerpflichtige wird durch die Gerichtsferien in keiner Weise gehindert, sein Recht durch Klagezustellung zu verfolgen. Deshalb ist auch im Gesetze eine Hemmung der Klagefrist durch die Gerichtsferien nicht angeordnet, insbesondere nicht im § 28 des Stempelsteuergesetzes. Dieser bestimmt zwar, daß für die Berechnung der im Stempelsteuergesetze und im Tarife erwähnten Fristen die Bestimmungen der Zivilprozeßordnung maßgebend sind, und die Klägerin vertritt deshalb die Meinung, auch der § 223 Z.P.O. (§ 201 a. F.) sei hier anwendbar, wonach „der Lauf einer Frist durch die Gerichtsferien gehemmt" wird. Diese Vorschrift kann aber nach der Natur der Sache auf andere als die in einem anhängigen Prozeßverfahren laufenden prozessualen Fristen keine Anwendung finden, insbesondere nicht auf die materiellrechtliche, den Verlust des Klagerechtes herbeiführende

Verjährungsfrist des § 26 des Stempelsteuergesetzes. Denn die Wirkung der Gerichtsferien beschränkt sich nach § 202 G.V.G. darauf, daß während dieser Zeit regelmäßig Termine nicht abgehalten und Entscheidungen nicht erlassen werden. Durch diese Wirkung wird aber für die Rechtsuchenden nur die Innehaltung prozessualer Fristen verhindert oder erschwert.

Auch die Entstehungsgeschichte des Stempelsteuergesetzes läßt sich für die Anwendung des § 223 Z.P.O. nicht verwerten. Die sechsmonatige Frist für die Anstellung der Stempelrückforderungsklage ist in das Stempelsteuergesetz aus dem § 12 des Gesetzes vom 24. Mai 1861, betr. die Erweiterung des Rechtsweges, übernommen. Weder aus der Entstehungsgeschichte dieses Gesetzes, noch aus der anderer Gesetze, in denen gleichartige Fristen für die klageweise Rückforderung entrichteter Abgaben vorgesehen sind

§ 43 des Reichsstempelgesetzes vom 14. Juni 1900 und § 42 des Preuß. Erbschaftssteuergesetzes vom 19. Mai 1891/31. Juli 1895, vgl. auch § 30 des Preuß. Enteignungsgesetzes vom 11. Juni 1874

ist ein Anhalt dafür zu entnehmen, daß der Lauf der Frist durch die Gerichtsferien habe gehemmt werden sollen. Die Begründung (S. 24) zum § 28 des Stempelsteuergesetzes (§ 27 des Entwurfes) beschränkt sich auf die Bemerkung: „Die Berechnung der im Tarife bezeichneten Fristen soll sich nach den §§ 199 und 200 Z.P.O. richten.“ Von den im Gesetze selbst bestimmten Fristen, auch von der des § 26, ist also hier nicht die Rede. Man wird aber freilich, da für eine verschiedenartige Berechnung der Fristen einerseits des Gesetzes und anderseits des Tarifes ein Grund nicht erfindlich ist, annehmen müssen, daß auch für die im Gesetze bestimmten Fristen die §§ 199 und 200 der damaligen Z.P.O., jetzt der an deren Stelle getretene § 222 der zurzeit geltenden, abgeänderten Z.P.O., maßgebend sein sollen. Der unmittelbar hinter § 200 stehende, die Wirkung der Gerichtsferien auf den Fristenlauf bestimmende § 201 (jetzt 223) Z.P.O. ist aber weder in der Begründung des Entwurfes, noch in den späteren Verhandlungen darüber auch nur erwähnt. Daß diese Erwähnung, wie die Revision meint, nur vergessen worden sein sollte, erscheint ausgeschlossen. Vielmehr ist aus der Nichterwähnung zu schließen, daß in § 28 des Stempelsteuergesetzes unter der „Berechnung“ der Fristen nur die Berechnung im engeren Sinne, also die bloß ziffer- und rechnungsmäßige Feststellung des Endes der Frist, hat verstanden werden sollen, nicht aber die Berechnung im weiteren Sinne des Wortes, bei der auch die Hemmungsgründe zu berücksichtigen wären.

Die Anwendung des § 223 würde auch zu unhaltbaren Folgen führen. Denn § 28 des Stempelsteuergesetzes unterscheidet nicht zwischen den einzelnen Fristen des Gesetzes und des Tarifes, und es müßte daher § 223 bei allen Stempelfristen Anwendung finden. Danach müßten auch die dreitägige Frist der Tarifst. 73 Abs. 7, die ein- und zweiwöchigen Fristen der §§ 15 und 16 des Gesetzes, sowie der Tarifst. 2 Abs. 6, 8 Abs. 3, 24 Abs. 2, 32 Abs. 7, 51 Abs. 2, insbesondere auch die regelmäßige zweiwöchige Versteuerungsfrist des § 16 Abs. 1 Buchst. g durch die Gerichtsferien gehemmt werden, falls deren Lauf hineinfällt. Die ein Jahr und mehr betragenden Fristen der §§ 23, 25, 27 des Gesetzes und der Tarifst. 48 zu a Abs. 2 und 58 zu I Ermäßigungen unter b würden sich für jedes Jahr um 2 Monate verlängern, so daß z. B. die zehnjährige Verjährungsfrist des § 27 Abs. 1 des Gesetzes auf 11 Jahre 8 Monate sich verlängern würde. Daß der Gesetzgeber eine solche Fristberechnung nicht gewollt haben kann, bedarf keiner Ausführung.

Verfehlt ist die Ausführung der Revision, der Anlaß zur Klage sei für die Klägerin durch den die Niederschlagung und Erstattung des Stempels anordnenden Beschluß des Landgerichts vom 30. Dezember 1905 beseitigt worden, und erst mit der am 11. April 1906 erfolgten Zustellung des abändernden Beschlusses des Kammergerichts habe eine neue Klagefrist zu laufen begonnen, die von der Klägerin innegehalten worden sei. Nicht schon durch den der Anfechtung durch den Beklagten ausgesetzten Beschluß des Landgerichts wurde die Heranziehung der Klägerin zur Steuer beseitigt; dies hätte vielmehr endgültig nur dadurch geschehen können, daß die Rückzahlung des Stempels erfolgte, oder daß der Beklagte anerkannte, daß ihm ein Steueranspruch nicht zustehe, oder daß er auf die Geltendmachung des Anspruches gültig verzichtete. Keiner dieser Fälle liegt hier vor. Die Zulassung der Klage ist nicht durch die vorherige Beschreitung oder Erschöpfung des Beschwerdeweges bedingt; vielmehr kann die auf Rückzahlung der Abgabe gerichtete Leistungsklage sofort nach erfolgter Beitreibung oder geleisteter Zahlung angestellt werden. Von diesem Zeitpunkte an beginnt nach der klaren Vorschrift des Gesetzes die Klagefrist zu laufen. Daß diese Verjährungsfrist während ihres Laufes durch Beschreitung des Beschwerdeweges gehemmt oder unterbrochen würde, ist nirgends bestimmt. Ob nur durch die Zustellung der Klage eine Unterbrechung der Frist herbeigeführt werden konnte, oder ob unter entsprechender Anwendung der privatrechtlichen Vorschriften der §§ 202—216 B.G.B. auf die im öffentlichen Rechte wurzelnde Klage auf Stempelerstattung auch andere Hemmungs- oder Unterbrechungsgründe als wirksam anzuerkennen wären, kann hier unerörtert bleiben, da keiner der in den genannten Vorschriften geordneten Fälle hier gegeben ist. Die Klägerin mußte daher ungeachtet der Beschreitung des Beschwerdeweges zur Klaganstellung innerhalb der gesetzlichen Frist schreiten.

Auch die letzte Rüge der Revision versagt. Sie geht dahin, daß der Beschluß des Kammergerichts die Stempelpflichtigkeit auf die Nr. I der Tarifst. 58 gegründet habe, während der Beschluß des Amtsgerichts in D. der Versteuerung die Nr. III derselben Tarifstelle zugrunde gelegt habe. Durch diese Änderung des rechtlichen Standpunktes wurde aber der Anspruch auf Rückzahlung des damals bereits gezahlten Stempels in seinem Wesen nicht ein anderer. Nach wie vor handelte es sich um Erstattung desselben Stempelbetrages, der für dieselbe Urkunde am 26. Juli 1905 von der Klägerin entrichtet worden war. Überdies hat der unter Nr. III der Tarifstelle bestimmte, auf dem Eintragungsantrage ruhende Stempel lediglich den Zweck, den Verlust des unter Nr. I angeordneten Schuldverschreibungsstempels auszuschließen." . . .

---

17. Sind die Voraussetzungen für die Berichtigung des Standesregisters gegeben, wenn die zum Geburts- und Heiratsregister vermerkte Anerkennung der Vaterschaft eines unehelichen Kindes der Wahrheit zuwider erklärt worden ist?

B.G.B. § 1720 Abs. 2.

Personenstandsgesetz §§ 15, 25, 26, 65.

IV. Zivilsenat. Beschl. v. 13. Februar 1908 i. S. H. Ehel. Beschw.-Rep. IV. 11/08.

I. Amtsgericht Hamburg.
II. Landgericht daselbst.

Gründe:

„Das unverehelichte Dienstmädchen M. hat am 16. Dezember 1901 in Hamburg ein Kind namens Fritz Karl geboren. Die Geburt ist am 17. Dezember 1901 vorschriftsmäßig in das Hamburger Geburtsregister eingetragen. Die M. hat sich am 3. April 1905 mit dem Beschwerdeführer H. in Altona verheiratet. Die Eintragung zum Heiratsregister von Altona enthält zugleich die Beurkundung: H. „erklärte, daß er das von seiner Ehefrau am 16. Dezember 1901 zu Hamburg geborene Kind Fritz Karl als das seinige anerkenne". Auf Mitteilung des Standesamtes Altona hat am 6. April 1905 der Hamburgische Standesbeamte der Geburtseintragung den Randvermerk beigeschrieben, daß H. bei der Eheschließung mit der M. „das nebenbezeichnete Kind als das seinige anerkannt habe". Im Mai 1905 haben die H.'schen Eheleute unter der übereinstimmenden Versicherung, das Kind sei nicht vom Ehemanne erzeugt, die Berichtigung des Heiratsregisters beantragt. Unter dem 22. Mai 1905 ist eine rechtskräftig gewordene Anordnung des Amtsgerichts Altona erlassen worden, wonach der Eintragung im Heiratsregister der Randvermerk beizufügen ist: „die Erklärung des H., daß er das von seiner Ehefrau geborene Kind als das seinige anerkenne, ist unrichtig". Dagegen hat das Amtsgericht Hamburg den Antrag der H.'schen Eheleute abgewiesen, die gleiche Berichtigung auch zum Hamburger Geburtsregister anzuordnen. Die hiergegen eingelegte Beschwerde des H. ist vom Landgerichte Hamburg am 14. November 1907 zurückgewiesen worden. Seine weitere Beschwerde wird vom Hanseatischen Oberlandesgerichte zu Hamburg dem Reichsgerichte vorgelegt. Das Oberlandesgericht will das Rechtsmittel zurückweisen, sieht sich aber hieran gehindert durch die seiner Rechtsmeinung entgegenstehenden Entscheidungen des Kammergerichts zu Berlin, abgedruckt in Rechtspr. der O.L.G. Bd. 3 S. 399 und Bd. 7 S. 121.

Das Reichsgericht teilt die Meinung des Oberlandesgerichts Hamburg, wonach die gemäß § 25 des Personenstandsgesetzes erfolgte Eintragung der Anerkennung eines unehelichen Kindes zum Standesregister nicht mehr beweist und beweisen soll, als daß eine derartige Anerkennung in der öffentlichen Urkunde erfolgt ist. Ob sich diese Folgerung, wie das Hanseatische Oberlandesgericht annimmt, schon aus dem Personenstandsgesetze selbst ableiten läßt, mag dahingestellt bleiben. Unverkennbar hat die in § 25 nur zugelassene Eintragung der Anerkennung eines unehelichen Kindes eine wesentlich andere Bedeutung, als die in den §§ 12—14, 22 flg., 54, 59 vorgeschriebene Eintragung der Geburten, Heiraten oder Sterbefälle. Dort handelt es sich nur um Beurkundung einer rechtsgeschäftlichen Willenserklärung; hier dagegen ist das Ereignis selbst, die Geburt, die Heirat, der Sterbefall, also unmittelbar eine Tatsache im Sinne von § 15 des Gesetzes, Gegenstand der Eintragung. Ist das im Gesetze vorgesehene Berichtigungsverfahren (§§ 65, 66) nicht geradezu auf diese Tatsachen beschränkt, so kann doch gegenüber einer Anerkennung auf Grund von § 25 des Gesetzes nur in sehr uneigentlichem Sinne von einer Berichtigung gesprochen werden, wenn die Tatsache der Anerkennungserklärung selbst gar nicht in Zweifel gezogen, sondern ihr nur hinterher die rechtliche Wirkung und Tragweite abgesprochen wird. Immerhin ist zuzugeben, daß das Geburtsregister auch zur Feststellung der Abstammung der Neugeborenen dient. Das Personenstandsgesetz läßt deshalb allerdings dem Zweifel Raum, inwieweit sich die in § 15 geregelte Beweiskraft auf die in § 22 vorgeschriebenen Einzelheiten der Eintragung erstrecken und insbesondere auch solche Eintragungen mitumfassen soll, die sich, wie die Anerkennung der Vaterschaft, auf die Abstammung des unehelichen Kindes beziehen, und deren nachträgliche Aufnahme in das Register zugelassen ist.

Allein wie man sich auch zu diesen Fragen stellen mag, so läßt sich doch seit Inkrafttreten des Bürgerlichen Gesetzbuches die Ansicht des Kammergerichts nicht halten, es werde durch Eintragung der Anerkennung im Standesregister nicht bloß eine Erklärung rechtsgeschäftlicher Art, sondern zugleich die hieraus zu folgernde Tatsache der Erzeugung des Kindes durch den Anerkennenden im Sinne des § 15 beurkundet und bewiesen. Schon nach dem allgemeinen Sprachgebrauche der neueren Gesetze pflegt von Anerkennung in Beziehung auf Rechtsverhältnisse, dagegen in Beziehung auf Tatsachen von Wahrnehmungen oder Zugeständnissen gesprochen zu werden. So ist in den §§ 1718, 1720 B.G.B. von Anerkennung der Vaterschaft die Rede, während das Personenstandsgesetz in den Vorschriften über die Beurkundung der Geburten und Sterbefälle (§§ 17 flg., 56 flg.) als Unterlage für die Eintragung der Tatsache der Geburt oder des Todes die „Anzeige" gewisser hierzu verpflichteter und durch eigene Wahrnehmung unterrichteter Personen fordert.

Entscheidend aber fällt ins Gewicht, daß nach § 1720 Abs. 2 B.G.B. der Anerkennung der Vaterschaft keine stärkere Wirkung zukommt, als daß sie gegen den Anerkennenden die Vermutung begründet, er habe der Mutter innerhalb der Empfängniszeit beigewohnt: eine Vermutung, gegen die nach § 292 Z.P.O. jederzeit der mit allen Beweismitteln zu führende Beweis des Gegenteiles offen steht. Dagegen käme dem § 1720 eine wesentlich andere Bedeutung zu, wenn die anerkannte Vaterschaft oder der danach zu vermutende Umstand, der Anerkennende habe der Kindesmutter innerhalb der Empfängniszeit beigewohnt, zu den Tatsachen im Sinne von § 15 Pers.St.Ges. zu zählen wäre. Zwar wäre auch hiergegen der Nachweis der Unrichtigkeit der Anzeige, auf Grund deren die Eintragung erfolgt war, nicht ausgeschlossen. Allein solange die Eintragung im Register nicht beseitigt wäre, bliebe die Tatsache der Beiwohnung kraft öffentlicher Urkunde im Sinne von § 418 Z.P.O. voll bewiesen, wiewohl die Beurkundung nicht einmal auf eigener Wahrnehmung einer Behörde oder Urkundsperson beruhte (§ 16 Nr. 1 Einf.-Ges. zur Z.P.O.). Diese Beweiskraft der Eintragung könnte nur dadurch zerstört werden, daß ihr demnächst, und zwar auf Grund gerichtlicher Anordnung (§ 65 Pers.St.Ges.), ein berichtigender Vermerk beigeschrieben würde. Einer solchen Berichtigung käme aber wiederum negativ die Bedeutung zu, mit der Beweiskraft des § 15 gegen jedermann kund zu tun, daß die durch § 1720 B.G.B. begründete Vermutung nicht bestehe, wenn nicht widerlegt sei.

Das Kammergericht versucht zwar hiergegen auszuführen, an der Anerkennung selbst solle durch die Berichtigung nicht gerührt werden; soweit das Kind hieraus Rechte herzuleiten vermöge, blieben sie ihm erhalten. Allein die Rechte des Kindes erschöpfen sich, wie § 1720 B.G.B. ergibt, in einer zu seinen Gunsten begründeten Vermutung für die Tatsache der Beiwohnung. Entweder ist in Beziehung hierauf der Nachweis der Unrichtigkeit geführt, und deshalb die Eintragung im Register zu berichtigen (§§ 15, 65): dann bleibt kein Raum mehr für die gegenteilige Vermutung. Oder die Vermutung ist noch begründet: dann kann nicht vom Nachweise des Gegenteiles und demgemäß von Berichtigung des Registers die Rede sein. Um die Eintragung einer Tatsache im Sinne von § 15 Pers.St.Ges. annehmen zu können, müßte also das Kammergericht der Anerkennung des unehelichen Kindes eine über den Inhalt der §§ 1718, 1720 B.G.B. wesentlich hinausgehende Wirkung dann beilegen, wenn sie gemäß § 25 in das Geburtsregister oder gemäß § 15 der Bekanntmachung des Bundesrates vom 25. März 1899 in das Heiratsregister eingetragen worden ist. Praktisch freilich ist diese Eintragung vermöge der Öffentlichkeit der Standesregister (§ 16 Pers.St.Ges.) für alle Beteiligten von größter Bedeutung. Allein um annehmen zu können, daß dadurch auch rechtlich an der Tragweite der Anerkennung etwas geändert werde, dafür fehlt es im Gesetze selbst, wie in den gesetzgeberischen Vorarbeiten an jedem Anhalt.

Wenn deshalb das Personenstandsgesetz in § 25 für Registrierung eines Rechtsaktes Raum läßt, der nach den Vorschriften des materiellen Rechtes die Vermutung für gewisse Geschehnisse zur Folge hat, die für die Abstammung und damit für den Personenstand des Kindes von Bedeutung sind, so sind deshalb jene Geschehnisse selbst nicht als Tatsachen im Sinne von § 15 anzusehen, zu deren unmittelbarer Beurkundung die Register bestimmt wären. Als Gegenstand der Beurkundung kommt vielmehr nur die Tatsache der Anerkennung selbst in Betracht. Es ergibt sich aber weiter, daß auch eine etwaige Löschung des betreffenden Vermerkes, wenn sie im Wege des Berichtigungsverfahrens überhaupt zulässig wäre, die Standesrechte des Kindes nicht verändern könnte (§ 26). Im Streitfalle kann deshalb die Berichtigung des Geburtsregisters auch nicht etwa deshalb gefordert werden, weil inzwischen der zum Heiratsregister eingetragene Vermerk der Anerkennung dort berichtigt oder weil seine Berichtigung wenigstens angeordnet ist.

Allerdings haben bisher die Strafsenate des Reichsgerichts einen der hier vertretenen Meinung entgegengesetzten Standpunkt eingenommen. Insbesondere ist in den Entsch. des R.G.'s in Straff. Bd. 1 S. 10 und Bd. 26 S. 408 (vgl. auch Bd. 2 S. 304, Bd. 13 S. 129) angenommen, durch die Eintragung der Anerkennung der Vaterschaft werde im Sinne von § 15 Pers.St.Ges. auch die Tatsache der Beiwohnung beurkundet. Da jedoch diese Entscheidungen sämtlich auf

Grund des älteren Rechtes ergangen sind, während der jetzt beschließende Senat seine hiervon abweichende Rechtsansicht aus § 1720 B.G.B. ableitet, so lag keine Veranlassung vor, gemäß § 137 G.V.G. die Entscheidung des Plenums des Reichsgerichts einzuholen. Vielmehr mußte nach obigen Ausführungen die Beschwerde als unbegründet zurückgewiesen, und über die Kosten nach § 16 des Hamburger Gerichtskostengesetzes entschieden werden."

---

18. Ist die ohne die Zustimmung aller Mitreeder erfolgte Veräußerung einer Schiffspart, durch die das Schiff das Recht, die Reichsflagge zu führen, verlieren würde, nur unwirksam, oder nichtig?

I. Zivilsenat. Urt. v. 19. Februar 1908 i. S. F. (Bekl.) w. L. (Kl.). Rep. I. 273/07.

I. Landgericht Hamburg, Kammer für Handelssachen.
II. Oberlandesgericht daselbst.

Aus den Gründen:

... „Nach § 503 Abs. 2 H.G.B. kann die Veräußerung einer Schiffspart, infolge deren das Schiff das Recht, die Reichsflagge zu führen, verlieren würde, nur mit Zustimmung aller Mitreeder erfolgen. Durch eine wirksame Veräußerung von Schiffsparten an den Kläger hätten, da dieser Ausländer war und ist, die Schiffe „Anemone" und „Alanda" dieses Recht verlieren müssen (vgl. §§ 2, 3, 18, 19 des Reichsflaggengesetzes). An und für sich sind nach dem Systeme des Bürgerlichen Gesetzbuches Rechtsgeschäfte, deren Wirksamkeit an die Zustimmung eines Dritten geknüpft ist, keineswegs nichtig. Sie sind zunächst „schwebende" Geschäfte: solange die Zustimmung fehlt, sind sie unwirksam, und werden es definitiv, wenn das Ausbleiben der Zustimmung feststeht. Für die Veräußerung einer Schiffspart an einen Ausländer hat aber bereits das Reichsoberhandelsgericht (vgl. Bd. 24 S. 46) angenommen, daß die vom Gesetzgeber gewollte Verhinderung der Veräußerung an einen Ausländer nur dann erreicht werden kann, wenn die Gültigkeit der Veräußerung durch die Zustimmung aller Mitreeder gesetzlich bedingt ist, und hat weiter ausgesprochen, daß vermöge jenes Zweckes die gleichwohl ohne Zustimmung sämtlicher Mitreeder vorgenommene Veräußerung an einen Ausländer als nichtig anzusehen sei. Von dieser Rechtsauffassung abzuweichen, liegt für den Senat kein Anlaß vor." ...

---

19. Steht dem Prozeßgerichte die Entscheidung zu, wenn von einem Zeugen, der vom ersuchten Richter wegen Ausbleibens im Termine zu Strafe und Kosten verurteilt worden ist, die Änderung dieses Beschlusses verlangt wird?

Z.P.O. §§ 576, 400, 380.

VII. Zivilsenat. Beschl. v. 25. Februar 1908 i. S. Bl. & Co. (Bekl.) w. F. (Kl.). Beschw.-Rep. VII. 18/08.

I. Oberlandesgericht Breslau.

Die Frage ist vom Reichsgerichte bejaht aus folgenden

Gründen:

„Der Beschwerdeführer sollte auf Ersuchen des Oberlandesgerichts zu Breslau als Prozeßgerichts vom Amtsgerichte Berlin-Mitte als Zeuge vernommen werden. Bei seinem Nichterscheinen in dem zu seiner Vernehmung anberaumten Termine wurde er durch den ersuchten Richter gemäß § 380 Z.P.O. in die durch sein Ausbleiben verursachten Kosten und in eine Geldstrafe verurteilt. Er suchte beim Prozeßgerichte die Änderung der Entscheidung des ersuchten Richters nach. Sein Antrag wurde zurückgewiesen, weil sich das Oberlandesgericht zu solcher Änderung nicht für befugt erachtete. Die gegen diesen Beschluß erhobene Beschwerde erscheint zulässig und begründet.

Nach § 576 Z.P.O. ist, wenn die Änderung einer Entscheidung des beauftragten oder ersuchten Richters oder des Gerichtsschreibers verlangt wird, die Entscheidung des Prozeßgerichts nachzusuchen, gegen dessen Entscheidung erst die Beschwerde stattfindet. Die Vorschrift lautet allgemein und bietet zu Zweifeln keinen Anlaß; sie gewährt dem Prozeßgericht auch gegenüber dem ersuchten Richter die

Befugnis, dessen Entschließungen abzuändern, weil er nur übertragene Rechte des Gerichts ausübt.

Vgl. die in den Entsch. des R.G.'s in Zivils. Bd. 17 S. 352 mitgeteilte Begründung des Entwurfs der Zivilprozeßordnung.

Ein Unterschied ist auch nicht nach der vom Oberlandesgerichte angedeuteten Richtung gemacht, ob er seine Beschlüsse selbständig oder auf Ersuchen des Prozeßgerichts erläßt. Bezöge sich der § 576 Z.P.O. nur auf Beschlüsse der letzteren Art, so würde er bedeutungslos sein. Nur wenn sich aus anderweiten gesetzlichen Bestimmungen ergibt, daß der Instanzenzug abweichend von § 576 geregelt sein soll, greift der dort ausgesprochene Grundsatz nicht Platz. Dies trifft zu in den Fällen des § 183 G.V.G. und des § 17 Geb.O. für Zeugen und Sachverständige (s. Entsch. des R.G.'s in Zivils. Bd. 17 S. 352), nicht aber im Falle des § 400 Z.P.O., der zwar den ersuchten Richter zur Vornahme der in § 380 zugelassenen Maßregeln ermächtigt, aber in keiner Weise andeutet, daß eine Korrektur auf einem anderen, als auf dem durch § 576 Z.P.O. bezeichneten Wege statthaft sein solle. Die dem ersuchten Richter eingeräumte Befugnis, die von ihm getroffenen Anordnungen wieder aufzuheben, mag dem Prozeßgericht Anlaß geben, vor seiner Entscheidung die Aufhebung anzuregen, beseitigt jedoch nicht seine durch § 576 Z.P.O. begründete Zuständigkeit." ...

---

20. 1. Unfallversicherung. Zur Auslegung der Vertragsbestimmung, wonach die Entschädigungspflicht nur eintritt bei Verletzungen, „in deren nachweisbar direkter und alleiniger Folge, ohne Mitwirkung irgendwelcher bereits bestehender oder hinzutretender Krankheiten, krankhafter Zustände, Abnormitäten oder irgend anderer Umstände der Tod ... eintritt".

2. Zur Frage der Beweislast hierbei.

VII. Zivilsenat. Urt. v. 28. Februar 1908 i. S. W. (Kl.) w. Versicherungsbank T. (Bekl.). Rep. VII. 242/07.

I. Landgericht Halle a. S.
II. Oberlandesgericht Naumburg a. S.

Der Erblasser der Klägerinnen war bei der Beklagten gegen Unfall versichert, als er am 4. Januar 1906 durch einen Wurf mit einem Sektglas an der Stirn verletzt wurde. Einige Tage darauf bekam er Gesichtsrose, und am 24. Januar 1906 starb er. Nach § 1 der Versicherungsbedingungen hatte die Beklagte nur aufzukommen für Schadensfolgen von Verletzungen, „in deren nachweisbar direkter und alleiniger Folge, ohne Mitwirkung irgendwelcher bereits bestehender oder hinzutretender Krankheiten, krankhafter Zustände, Abnormitäten oder irgend anderer Umstände der Tod . . . eintritt". Die Klägerinnen, als Erben des Verstorbenen, verlangten Bezahlung der Versicherungssumme. Die Beklagte bestritt, daß durch die Verletzung die Rose und durch diese der Tod herbeigeführt sei; jedenfalls sei der Tod nicht die alleinige Folge des Unfalls, da verschiedene bereits bestandene Krankheiten oder krankhafte Zustände mitgewirkt hätten.

Das Landgericht wies die Klage ab, weil die Gesichtsrose, die den Tod zur Folge gehabt habe, nicht die Folge der Verletzung gewesen sei. Die Berufung der Klägerinnen wurde zurückgewiesen. Der Berufungsrichter nahm an, daß ein nach § 1 entschädigungspflichtiger Unfall nicht vorliege, da nach dem Gutachten des Dr. K. und des Geheimrats v. M. „sehr wahrscheinlich sei, daß die Rose allein den Tod nicht herbeigeführt, vielmehr die durch Alkoholismus herbeigeführte Herzschwäche dabei mitgewirkt" habe.

Auch die Revision der Klägerinnen wurde zurückgewiesen aus folgenden

Gründen:

„Die Revision bekämpft zunächst die Auslegung des § 1 der Versicherungsbedingungen, von der das Berufungsgericht ausgeht, indem sie geltend macht, dadurch sei die Vorschrift des § 242 B.G.B. (gemeint ist wohl § 157) verletzt. Das Berufungsgericht nimmt an: nach § 1 der Versicherungsbedingungen müsse, um den Anspruch aus der Versicherung eintreten zu lassen, der Unfall, und zwar er allein, die Ursache des Todes sein, nicht irgendeine Krankheit, mit der zusammen erst der Unfall den Tod herbeigeführt habe; aber nicht jede „Abnormität" schließe schon den Anspruch aus, sondern „nur solche, die den Tod mit herbeigeführt hat". Diese Auslegung, nach der eine bloß konstitutionelle Schwäche oder natürliche Alterserscheinungen und dergleichen, selbst wenn sie den schlimmen Verlauf des Unfalls mit beeinflußt haben, dem Anspruche nicht entgegenstehen würden, ist jedenfalls vom Standpunkte des Versicherten aus nicht zu beanstanden. Sie schließt eine das berechtigte Interesse des Versicherten verletzende Überspannung der in § 1 der Versicherungsbedingungen für den Anspruch aufgestellten Voraussetzungen aus, und es ist nicht anzuerkennen, daß sie die erforderliche Rücksicht auf Treu und Glauben (§ 157 B.G.B.) vermissen lasse.

Welchem Teile zu der Frage, ob der Unfall in dem erwähnten Sinne die alleinige Todesursache war, die Beweislast aufzubürden sei, hat das Berufungsgericht dahingestellt gelassen. Hiergegen richtet sich der zweite Revisionsangriff. Die Revision macht geltend, die Beweislast habe nicht unentschieden gelassen werden dürfen, da das Berufungsgericht die Mitwirkung der durch Alkoholismus herbeigeführten Herzschwäche beim Tode nicht als festgestellt, sondern nur als „sehr wahrscheinlich" annehme; die Beweislast sei aber der Beklagten zuzuweisen, und die Folge der Nichtfeststellung jener Mitwirkung könne deshalb nur die Verurteilung der Beklagten nach dem Klagantrage sein. Auch dieser Angriff kann der Revision nicht Erfolg verschaffen.

Wenn man an sich davon ausgeht, daß den Rechtsnachfolgern des Versicherten, die den Beweis des Unfalls und seiner Ursächlichkeit für den Tod erbracht haben, nicht noch der weitere Beweis zugemutet werden könne, daß nicht neben dem Unfalle noch andere Tatsachen der bezeichneten Art den Tod mitverursacht haben, so führt doch die besondere Gestalt des vorliegenden Falles zu einer anderen Beurteilung. Hier sind positive Anzeichen für die Mitwirkung derartiger Tatsachen festgestellt; bei solcher Sachlage muß von den Klägerinnen zur Begründung ihres Anspruchs im Sinne des § 1 a. a. O. die Widerlegung jener Anzeichen gefordert werden. Daß aber der Berufungsrichter diese Widerlegung als nicht erfolgt ansieht, ergibt sich unzweideutig daraus, daß er die Mitwirkung der durch Alkoholismus herbeigeführten Herzschwäche bei dem Tode als sehr wahrscheinlich bezeichnet." . . .

21. Ist die zweijährige Frist des § 4 des Anfechtungsgesetzes vom 20. Mai 1898 gewahrt, wenn zwar die Anfechtungsklage innerhalb der Frist erhoben, ein vollstreckbarer Schuldtitel aber noch nicht erlangt ist?

VII. Zivilsenat. Urt. v. 3. März 1908 i. S. Ehel. L. (Bekl.) w. J. & Co. (Kl.). Rep. VII. 160/07.

I. Landgericht I Berlin.
II. Kammergericht daselbst.

Die Frage ist verneint aus folgenden

Gründen:

„Die Klägerin hat die Anfechtung der schenkungsweise erfolgten Überlassung des Grundstückes R.'straße 92 von seiten des Ehemanns L. an seine Ehefrau auf § 3 Nr. 1 und § 3 Nr. 4 des Anfechtungsgesetzes gestützt. Das Berufungsgericht läßt dahingestellt, ob die Tatbestandsmerkmale des § 3 Nr. 1 vorlägen, erachtet die Klage gegen die Ehefrau aber für begründet, weil die Voraussetzungen der Anfechtung aus § 3 Nr. 4 des Gesetzes gegeben seien.

Es wird in dem angefochtenen Urteile festgestellt, daß in der Schenkungserklärung vom 2. Januar und der Auflassung vom 3. Januar 1900 eine unentgeltliche Verfügung des jetzt vermögenslosen Ehemanns L. über das vorbezeichnete Grundstück zugunsten seiner Ehefrau liege. Diese Verfügung — so führt das Berufungsgericht weiter aus — sei unter Wahrung der gesetzlichen Fristen durch die Anfechtungsankündigung vom 18. November 1901 und die am 15. Oktober 1903 zugestellte Klage von der Klägerin angefochten. Die Anfechtungsankündigung sei, da die Klägerin noch keinen vollstreckbaren Titel für ihre Forderung gegen den Ehemann gehabt habe, nach § 4 zulässig gewesen. Sie sei auch durch den von der Klägerin erbrachten Nachweis, daß der Ehemann L. bereits zur Zeit der Ankündigung zahlungsunfähig gewesen, und durch die innerhalb der zweijährigen Frist erhobene Klage rechtswirksam geworden. Daß bei Erhebung der Klage die Klägerin einen vollstreckbaren Titel gegen den Ehemann noch nicht gehabt, sondern diesen Titel erst durch das im Laufe des Berufungsverfahrens ergangene Urteil des Kammergerichtes vom 6. Januar 1905 erlangt habe, stehe der Rechtswirksamkeit der Anfechtung nicht entgegen. Denn nach dem Plenarbeschlusse der Vereinigten Zivilsenate des Reichsgerichts vom 27. April 1898 (Entsch. in Zivils. Bd. 41 S. 87), dessen Begründung das Berufungsgericht sich anschließe, sei der vollstreckbare Titel gegen den Schuldner kein Bestandteil der Anfechtung. Es genüge, wenn er, wie dies hier geschehen sei, bis zur Erlassung des Urteils im Anfechtungsprozesse beigebracht werde.

Gegen diese letzteren Ausführungen richten sich die Angriffe der Revision; sie erachtet es für rechtsirrtümlich, daß auch bei der innerhalb der Frist des § 4 zu erhebenden Anfechtung die Nachbringung des vollstreckbaren Titels vom Berufungsgerichte zugelassen sei.

Der erkennende Senat hat sich der Auffassung der Revision angeschlossen; er hält mit ihr die Frist des § 4 für nicht gewahrt, wenn nicht der Anfechtungskläger innerhalb der zweijährigen Frist auch einen vollstreckbaren Titel gegen den Schuldner erlangt hat.

Zur Rechtfertigung dieser Beurteilung ist in erster Reihe zu verweisen auf die Begründung, die in den Materialien zum Gesetze vom 21. Juli 1879 für die Bestimmung des § 4 gegeben ist. Diese ist auch jetzt noch maßgebend, da durch die Neufassung vom 20. Mai 1898 die Gesetzesstelle nur insofern eine Änderung erhalten hat, als die Schlußworte „der Anfechtungsanspruch anhängig geworden ist“ durch die Worte „die Anfechtung erfolgt ist“ ersetzt sind.

In der Begründung zu § 4 ist ausgeführt, daß der Gläubiger mit dem Eintritte der Zahlungsunfähigkeit seines Schuldners ein Interesse daran erlange, sich danach umzusehen, ob er ihm in anfechtbarer Weise Befriedigungsmittel entzogen habe, und darauf Bedacht zu nehmen, daß sie ihm zurückgewährt würden. Ein solches Bestreben könne leicht dadurch vereitelt werden, daß es dem Gläubiger nicht gelinge, innerhalb der gegen die Bestimmung des § 6 des preuß. Anfechtungsgesetzes nicht unerheblich verkürzten Fristen des § 3 des Reichsgesetzes einen vollstreckbaren Titel zu erlangen. Diese Härte soll durch die Ermöglichung der Fristverlängerung infolge Anfechtungsankündigung vermieden werden. Anderseits wird es aber auch als Bedürfnis erkannt, dem Gläubiger, der die Zustellung hat bewirken lassen, eine zeitliche Schranke zu setzen, innerhalb deren die Rechtshängigmachung des Anfechtungsanspruches zu erfolgen hat. Die Bemessung dieser Frist wird als eine Frage der Zweckmäßigkeit bezeichnet, und wörtlich heißt es sodann in der Begründung weiter:

„Der Vorschlag des Entwurfes beruht auf der Annahme, daß es dem Gläubiger in der überwiegenden Mehrzahl der Fälle möglich sein werde, spätestens innerhalb zweier Jahre einen vollstreckbaren Schuldtitel für seine Forderung zu erlangen. Sollten alle etwa denkbaren Fälle einer unverschuldeten Behinderung des Gläubigers getroffen werden, namentlich auch diejenigen Fälle, in denen Fälligkeit der Forderung erst nach Jahren eintritt, so würde auf eine nicht empfehlenswerte Kasuistik eingegangen werden müssen, welche wiederum Gefahr liefe, die notwendige Rücksicht auf die Sicherheit des Anfechtungsgegners außer acht zu lassen."

Mit dieser Begründung ist der Entwurf Gesetz geworden. Die vorerwähnte Änderung der letzten Worte des § 4 bei der neuen Fassung des Gesetzes ist für die Entscheidung der Streitfrage bedeutungslos; sie beruht darauf, daß das Anfechtungsrecht kein Anspruch im Sinne des Bürgerlichen Gesetzbuches sei (Jaeger, Gläubigeranfechtung außerhalb des Konkurses S. 206 Anm. 8 Nr. 4).

Nach der vorstehend wiedergegebenen Begründung kann es berechtigten Bedenken nicht unterliegen, daß der Gesetzgeber davon ausgegangen ist, die zweijährige Frist werde gegeben, damit der zur Zeit der Anfechtungsankündigung noch nicht vorliegenden Voraussetzung einer wirksamen Anfechtung genügt und ein vollstreckbarer Titel gegen den Schuldner beschafft werde. Ist das aber die ratio legis, so folgt daraus, daß die Anstellung der Klage innerhalb der zweijährigen Frist allein nicht ausreicht, daß vielmehr die Wirkungen der Anfechtungsankündigung erlöschen, wenn nicht innerhalb der Frist auch der vollstreckbare Titel erlangt ist.

In diesem Sinne haben sich denn auch ältere Kommentare des Anfechtungsgesetzes ausgesprochen. Jaeckel (2. Aufl. S. 166, 167) führt aus, daß die Frist eine schlechthin peremtorische sei, bei der es auf ein etwaiges Verschulden des Gläubigers oder seines Gegners nicht ankomme. Die Frist könne sich eventuell als zu kurz erweisen; indessen in Hinblick auf den dezisiven Wortlaut des Gesetzes müsse man wohl annehmen, daß selbst ein arglistiges Verhalten des Schuldners nicht weiter in Betracht kommen solle. In gleichem Sinne spricht sich Cosack aus. Er führt S. 102 aus, daß selbst eine dolose Verzögerung des Vorprozesses, die der Schuldner und an seiner Seite der als Intervenient auftretende Anfechtungsgegner zu veranlassen wüßten, an der ein für alle Mal auf zwei Jahre bestimmten Frist nichts ändere. v. Wilmowski (K.O. 5. Aufl. S. 573) führt aus, daß, wenn es dem Gläubiger nicht möglich sei, innerhalb der zweijährigen Frist unter Erlangung eines vollstreckbaren Titels den Anfechtungsanspruch anhängig zu machen, die Wirkungen der Mitteilung erlöschen. Das gleiche ist ausgesprochen von Otto (Anfechtung S. 223) und in dem Kommentar von v. Völderndorff S. 92 D. In neueren Kommentaren — Rintelen, Konkursrecht 2. Aufl. S. 329; Merzbacher, Anfechtungsgesetz S. 35 — ist, anscheinend mit Rücksicht auf den bereits erwähnten Plenarbeschluß, auch bei der innerhalb der Frist des § 4 zu erhebenden Anfechtungsklage die Nachbringung des vollstreckbaren Titels zugelassen. Der Senat hat sich indes der auch vom Berufungsgerichte vertretenen Ansicht, daß diese Zulassung die notwendige Folge der im Plenarbeschlusse ausgesprochenen Rechtsgrundsätze sei, nicht angeschlossen. Er sieht sich durch den Plenarbeschluß nicht für behindert an, dem in der Begründung zu § 4 zum Ausdrucke gebrachten Gedanken des Gesetzgebers zu folgen. Das kann unter voller Aufrechterhaltung der Entscheidung des Beschlusses, daß bei der Anfechtungsklage nach § 2 des Gesetzes auch ein erst nach der Klagerhebung erlangter vollstreckbarer Titel berücksichtigt werden darf, geschehen; es entsteht dadurch auch kein innerer Widerspruch mit der Begründung des Beschlusses.

Das Berufungsgericht verkennt die Rechtslage, wenn es annimmt, daß es für die Streitfrage auf die Bedeutung des vollstreckbaren Titels bei der Anfechtungsklage im allgemeinen ankomme; maßgebend ist die Auslegung der besonderen Bestimmung des § 4. Über diese trifft der Plenarbeschluß keine Entscheidung; er erwähnt nur, daß die in § 4 zugelassene Ankündigung einen auch ohne vollstreckbaren Titel bereits bestehenden Anfechtungsanspruch voraussetze. Das bloße Bestehen des Anspruches hilft dem Gläubiger nichts, wenn er ihn nicht verwirklichen kann. Mit Erfolg verwirklichen kann er ihn aber nur, wenn er einen vollstreckbaren Titel gegen den Schuldner erlangt hat. Das ist auch der Standpunkt des Plenarbeschlusses: er führt aus, daß der Beklagte, wenn der vollstreckbare Titel bei der mündlichen Verhandlung noch nicht vorliege, ohne weiteres Abweisung der Klage beantragen könne, und daß der Kläger kein Recht darauf habe, zur Beschaffung des Vollstreckungstitels Vertagung zu verlangen. Der § 4 setzt nur voraus, daß der Gläubiger einen vollstreckbaren Titel noch nicht hat; denn Gläubigern mit vollstreckbaren Forderungen kommt die Fristerstreckung nicht zustatten. Gläubiger, die noch nicht im Besitze eines vollstreckbaren Titels sind, unterliegen deshalb auch, obschon sie innerhalb der Fristen des § 3 Klage ohne Beibringung des Vollstreckungstitels erheben können, der Gefahr der Abweisung wegen des fehlenden Titels. Diese Gefahr will das Gesetz nach Möglichkeit beseitigen; darum läßt es die Fristerstreckung zur Beschaffung des Fehlenden zu.

Die zweijährige Frist ist, wie auch das Berufungsgericht annimmt, eine materiellrechtliche; sie ist die Zeitgrenze, innerhalb deren, um die Wirkung der Ankündigung zu erhalten, die Anfechtung erfolgen muß, und zwar, da die Frist auch das Interesse des Anfechtungsgegners wahren soll, die wirksame Anfechtung. Die Frist dient, wie schon hervorgehoben ist, zur Beschaffung des bei der Ankündigung fehlenden vollstreckbaren Titels; sie wird deshalb durch die ohne ihn unvollständige Klage nicht gewahrt. Was innerhalb einer materiellrechtlichen Frist beschafft werden soll, kann unter Überschreitung der Frist nicht nachgeholt werden. Nicht der rechtliche Begriff der Anfechtung ist in § 2 und in § 3 ein anderer als in § 4: überall wird vielmehr für die wirksame Anfechtung der vollstreckbare Titel gegen den Schuldner vorausgesetzt. Der § 4 aber hat die Besonderheit, daß, weil er dem Gläubiger hierzu Frist gewährt, die Voraussetzungen *wirksamer* Anfechtung auch schon durch die die Frist wahrende Klage dargetan sein müssen." ...

---

22. Findet die Befreiungsvorschrift der Tarifst. 71 b zum preuß. Stempelsteuergesetze vom 31. Juli 1895 Anwendung auf Verträge einer eingetragenen Genossenschaft mit Hausbesitzern über die staubfreie Abfuhr von Müll?

VII. *Zivilsenat.* Urt. v. 3. März 1908 i. S. Wirtschaftsgenossenschaft B.'er Grundbesitzer, e. G. m. b. H. (Kl.) w. preuß. Fiskus (Bekl.).
Rep. VII. 282/07.

I. Landgericht I Berlin.
II. Kammergericht daselbst.

Die Klägerin schloß mit Berliner Hausbesitzern Verträge, inhalts deren ihr diese die staubfreie Abfuhr des Hausmülles von ihren Grundstücken gegen Kündigung und gegen eine für die Abfuhr der Kasten in Vierteljahrsbeträgen zu zahlende Vergütung, die auch die leihweise Lieferung der Kasten umfaßte, übertrugen. Unregelmäßigkeiten in der Abfuhr infolge Streiks berechtigten nicht zum Rücktritte vom Vertrage. Für anderweitige Abfuhr von Müll, der vertragsmäßig während des Streiks abzufahren gewesen wäre, wurde von der Klägerin das Doppelte ihrer vertragsmäßigen Gebühren vergütet.

Die Klägerin erachtete auf diese Verträge die Befreiungsvorschrift der Tarifst. 71 b zum preuß. Stempelsteuergesetze vom 31. Juli 1895 für anwendbar, während der Beklagte der Ansicht war, daß sie, soweit die zu zahlende Jahresvergütung den Betrag von 150 *M* übersteige, mit 1,50 *M* zu verstempeln seien, und deshalb für 20 solche Verträge 30 *M* Stempel forderte. Die Klägerin erhob Klage auf Feststellung ihrer Nichtverpflichtung zur Zahlung dieses Stempels und erzielte auch in der ersten Instanz ein obsiegliches Urteil. Auf die Berufung des Beklagten wies jedoch das Kammergericht die Klage ab. Die Klägerin legte Revision ein, die indessen zurückgewiesen wurde.

Gründe:

„Nach der rechtlich nicht zu beanstandenden Auslegung des Berufungsrichters handelt es sich bei den Verträgen, wofür die Klägerin Stempelfreiheit in Anspruch nimmt, um Werkverträge. Die Klägerin verpflichtet sich gegenüber den einzelnen Hausbesitzern zur staubfreien Abfuhr des Hausmülles in von ihr zu beschaffenden Kasten gegen ein gewisses Entgelt. Als Gegenstand des Vertrages kann ohne Rechtsirrtum nicht sowohl die Arbeitsleistung, als vielmehr der durch sie herbeizuführende Erfolg angesehen werden, der darin besteht, daß die in Betracht kommenden Grundstücke von den unter dem Namen „Müll“ zusammengefaßten Stoffen in besonders gearteten Gefäßen, die die Entwickelung von Staub verhindern, befreit werden. Die Hausbesitzer haben demgemäß keine von der Klägerin in Person oder durch Gehilfen zu leistenden Dienste oder Arbeiten zu verlangen; vielmehr steht ihnen die Klägerin als Unternehmerin gegenüber, die sich anheischig macht, mittels der von ihr zu beschaffenden Arbeitskräfte und Geräte ein bestimmtes Ergebnis, nämlich die staubfreie Beseitigung des Hausmülles, herbeizuführen.

Ein solcher Werkvertrag (§ 631 B.G.B.), der nicht auf die Herstellung einer Sache gerichtet ist, fällt unter die Tarifst. 71 Nr. 2 zum Stempelgesetze. Die Befreiungsvorschrift unter b umfaßt nach ihrem unzweideutigen Wortlaute nur die in den §§ 611 flg. B.G.B. und sonst reichs- oder landesgesetzlich geregelten Dienstverträge, wofern das zu gewissen Zeiten wiederkehrende Entgelt 1500 ℳ jährlich nicht übersteigt, also Verträge, bei denen regelmäßig die versprochenen Leistungen von dem Dienstverpflichteten in Person und jedenfalls ohne Gewähr für den Erfolg zu bewirken sind. Werkverträge im Großbetriebe einer Genossenschaft werden von der Befreiung nicht getroffen. Es kann daher dahingestellt bleiben, ob nicht der Berufungsrichter schon deshalb die Stempelpflicht hätte bejahen können, weil das Entgelt auch den Gebrauch der Kasten umfaßt (§ 10 Abs. 1 des Stempelsteuergesetzes)." . . .

---

23. Sind nach § 2 des preuß. Stempelsteuergesetzes vom 31. Juli 1895 Urkunden über zweiseitige Rechtsgeschäfte, die von seiten des einen Kontrahenten innerhalb, von seiten des anderen außerhalb des Geltungsbereiches jenes Gesetzes zu erfüllen sind, der Stempelsteuer unterworfen? Ist aus der Abrede, daß eine bestellte Maschine so zu liefern ist, daß sie spätestens an einem bestimmten Tage am Wohnsitze des Bestellers eintrifft, der Wille der Parteien zu entnehmen, daß die Lieferungspflicht an diesem Orte zu erfüllen sei?

VII. Zivilsenat. Urt. v. 6. März 1908 i. S. Aktiengesellschaft L. L. (Kl.) w. preuß. Fiskus (Bekl.). Rep. VII. 260/07.

I. Landgericht I Berlin.
II. Kammergericht daselbst.

Die königl. sächs. Artilleriewerkstatt in Dresden schloß mit der Klägerin einen schriftlichen Vertrag über die Lieferung einer von der Klägerin herzustellenden selbsttätigen Fräsmaschine zum Preise von

2140 ℳ. Die Klägerin vollzog den Vertrag in Berlin, dem Sitze ihrer Handelsniederlassung, am 12. Juli, die Direktion der Artilleriewerkstatt in Dresden am 21. Juli 1905. Die erforderliche Bestätigung des Vertrages durch die zuständige militärische Aufsichtsbehörde, die königl. Zeugmeisterei, erfolgte in Dresden unter dem 9. August 1905. Für den Vertrag erforderte der Beklagte auf Grund des § 2 und der Tarifst. 32 zu c des preuß. Stempelsteuergesetzes $^1/_3$ v. H. des Lieferungspreises mit 7,50 ℳ, ferner 1,50 ℳ für die in den allgemeinen Vertragsbedingungen enthaltene Vereinbarung eines Schiedsgerichtes, und 1,50 ℳ für die im Besitze der Klägerin verbliebene Nebenausfertigung des Vertrages, dessen Hauptausfertigung die Artilleriewerkstatt erhalten hatte. Die Klägerin zahlte die Abgabe mit zusammen 10,50 ℳ und forderte diesen Betrag nebst Zinsen mit der Klage zurück, weil der Vertrag als eine im Stempelauslande errichtete Urkunde anzusehen und deshalb nicht stempelpflichtig sei.

Das Landgericht verurteilte den Beklagten nach dem Klagantrage, und das Kammergericht wies die Berufung des Beklagten zurück. Auf die Revision des Beklagten wurde das Berufungsurteil aufgehoben, und die Klage abgewiesen aus folgenden

Gründen:

„Zutreffend nimmt der Berufungsrichter an, daß der in Rede stehende Vertrag nur dann stempelpflichtig ist, wenn das beurkundete Geschäft in Preußen zu erfüllen war (§ 2 Stemp.St.Ges.). Nach der feststehenden Rechtsprechung des Reichsgerichts,

vgl. Urteil des III. Zivilſ. vom 12. Mai 1898, Entsch. des R.G.'s in Zivilſ. Bd. 42 S. 197, Urteile des erkennenden Senates vom 10. Mai 1901 und vom 31. Mai 1904, Jurist. Wochenschr. S. 468/1901 und S. 346/1904,

von der abzugehen kein Anlaß vorliegt, ist bei gegenseitigen Verträgen als Erfüllungsort des Geschäftes im Sinne des angezogenen § 2 der Ort zu betrachten, wo die Verpflichtung zu erfüllen ist, der nach dem Inhalte des Vertrages die größere Bedeutung innewohnt, die dem Vertrage das wesentliche Gepräge gibt. Vorliegend hängt deshalb die Entscheidung davon ab, wo die Verpflichtung der Klägerin, die eine Individualleistung übernahm, während ihr Vertragsgegner nur die Zahlung einer Geldsumme versprach, zu erfüllen war. Wenn auch der erkennende Senat in seiner in den Entsch. des R.G.'s in

Zivils. Bd. 64 S. 346 abgedruckten Entscheidung in bezug auf eine ausgestellte Vollmachtsurkunde ausgesprochen hat, daß sich der Begriff der Erfüllung im Sinne des § 2 Stemp.St.Ges. nicht in allen Fällen notwendig mit dem zivilrechtlichen Begriffe der Erfüllung einer Verbindlichkeit decke, nämlich dann nicht, wenn eine Schuldverbindlichkeit, die erfüllt werden könnte, überhaupt nicht vorliege, so ist doch überall, wo es sich um eine erfüllbare Schuldverbindlichkeit handelt, wie vorliegend, daran festzuhalten, daß der nach den Bestimmungen des Bürgerlichen Gesetzbuches zu ermittelnde Erfüllungsort auch der Ort ist, an dem im Sinne des § 2 Stemp.St.Ges. zu erfüllen ist.

Zutreffend geht der Berufungsrichter davon aus, daß die Klägerin im Zweifel in Berlin zu erfüllen gehabt haben würde. Allein er nimmt an, daß aus dem Vertrage ein abweichender Wille der Parteien zu erkennen sei. Zwar betrachtet er die Vertragsbestimmung, daß die Klägerin die Kosten der Übersendung zu tragen habe, für die Ermittelung des gewollten Erfüllungsortes gemäß § 269 Abs. 3 B.G.B. als unerheblich. Er legt auch weiter auf die Abrede, daß die Klägerin auch die Gefahr der Übersendung zu tragen habe, kein entscheidendes Gewicht, und zwar mit Recht; denn auch aus dieser Abrede kann nicht zwingend gefolgert werden, daß sich die Klägerin hätte verpflichten wollen, statt am Orte ihrer Niederlassung, am Sitze der bestellenden Behörde zu erfüllen. So wenig wie die Übernahme der Kosten, nötigt die Übernahme der Gefahr der Übersendung zu einer solchen Schlußfolgerung.

Der Berufungsrichter nimmt aber an, daß aus der weiteren Bestimmung des § 5 des Vertrages: „die Maschine ist so zu liefern, daß sie spätestens am 1. September 1905 hier" (d. h. in Dresden) „eintrifft", der Wille der Parteien, daß die Klägerin in Dresden erfüllen sollte, erkennbar zum Ausdrucke gebracht sei. Allein dem kann nicht beigetreten werden. Der Berufungsrichter verkennt die rechtliche Tragweite dieser Abrede. Der § 5 trifft nach seinem klaren Wortlaute nur hinsichtlich der Zeit der Leistung eine besondere Bestimmung. Beim Mangel anderer für eine gegenteilige Auffassung sprechender Umstände kann nicht angenommen werden, daß durch den § 5 zugleich eine Abänderung bezüglich des im Zweifel als gewollt anzusehenden Erfüllungsortes bezweckt gewesen wäre. Der Paragraph sagt nur, daß die Klägerin so, das heißt so zeitig, die Maschine liefern sollte, daß sie spätestens am 1. September 1905 in Dresden eintreffen konnte. Ein Wille der Parteien, daß sich die Klägerin verpflichten wollte und sollte, spätestens am 1. September 1905, und zwar in Dresden, zu erfüllen, ist nicht zum Ausdrucke gelangt.

Ist hiernach an dem gesetzlichen Erfüllungsorte Berlin festzuhalten, so war das Geschäft, dessen Beurkundung vorliegend verstempelt ist, im Sinne des § 2 Stemp.St.Ges. im Inlande zu erfüllen."

---

24. Ist es dem Alleineigentümer nach § 1114 B.G.B. verboten, eine auf einem Bruchteile des Grundstücks eingetragene Hypothek auf das ganze Grundstück zu erstrecken?

V. Zivilsenat. Beschl. v. 11. März 1908 in der Grundbuchsache betr. das R.'sche Grundbuchblatt. Beschw.-Rep. V. 20/08.

I. Amtsgericht Dresden.
II. Landgericht daselbst.

Gründe:

„Der Handelsgärtner R. ließ am 19. Januar 1900 auf seinem Anteil an dem ihm und dem Handelsgärtner F. gemeinschaftlich gehörigen Grundstücke für den Privatus W., den Erblasser der jetzigen Beschwerdeführerin, eine mit 5 Prozent verzinsliche Darlehnshypothek zu 30000 *M* eintragen. Am 2. Oktober 1900 wurde R. grundbuchmäßiger Alleineigentümer des Grundstücks; dabei wurde auf Grund vorgängiger Vereinbarung der Beteiligten von der W.'schen Hypothek der Betrag von 16000 *M* abgeschrieben, und gleichzeitig die Haftung des ganzen Grundstücks für den Hypothekenrest zu 14000 *M* im Grundbuche eingetragen. Mittels Beschlusses vom 16. November 1907 stellte das Amtsgericht zu Dresden den Beteiligten die Löschung der letzterwähnten Eintragung als einer ungesetzlichen in Aussicht, und die Beschwerde R.'s und der Frau W. hiergegen ist durch Beschluß des Landgerichts zu Dresden vom 10. Dezember 1907 zurückgewiesen worden. Der dagegen eingelegten Beschwerde der Frau W. möchte das Oberlandesgericht zu Dresden, wie es in seinem Beschlusse vom 21. Januar 1908 ausspricht, stattgeben, wenn es sich nicht durch die Entscheidungen des preuß. Kammergerichts vom 6. Juli und 28. September 1903 (Entsch., zusammengest. im R.-Justizamte, Bd. 4 S. 39, 53) daran gehindert sähe. Es hat deshalb die Sache dem Reichsgerichte vorgelegt, das zu folgender rechtlicher Beurteilung gelangt.

Obwohl die beiden kammergerichtlichen Beschlüsse die Eintragung der Erstreckung von Hypotheken auf das ganze Grundstück verweigern, während es sich im gegebenen Falle um Löschung der schon geschehenen Eintragung handelt, so ist doch § 79 Abs. 2 G.B.O. anwendbar, weil in der gegenwärtigen Rechtssache und in dem Falle der Entsch., zusammengest. im R.-Justizamte, Bd. 4 S. 53, die ausschlaggebende Rechtsfrage die gleiche ist (vgl. Entsch. des R.G.'s in Zivils. Bd. 62 S. 140). Der Beschwerde kann auch nicht etwa ohne Entscheidung dieser Rechtsfrage abgeholfen werden, weil der Grundbuchrichter, wenn die fragliche Eintragung gesetzwidrig war, zu deren Löschung nach § 54 Abs. 1 Satz 2 G.B.O. unzweifelhaft berechtigt ist (vgl. Turnau u. Förster, Liegenschaftsrecht II. § 54 Bem. II 1 S. 359).

Das Kammergericht stützt sich auf den Wortlaut des § 1114 B.G.B., wonach der Bruchteil eines Grundstücks mit einer Hypothek nur belastet werden kann, wenn er in dem Anteile eines Miteigentümers besteht. Es folgert daraus, daß der zum Alleineigentümer gewordene frühere Miteigentümer ebenfalls den bisher freien Grundstücksanteil nicht mehr belasten könne, weil er eben aufgehört habe, Miteigentümer zu sein.

Dieser Schlußfolgerung kann nicht allgemein beigetreten werden. Wie sich aus der Begründung zu dem nur seiner Fassung nach im jetzigen § 1114 geänderten § 1063 des 1. Entw. zum B.G.B. ergibt, war der gesetzgeberische Grund für diese Bestimmung der, daß zwar Miteigentümern zu Bruchteilen deren Sonderbelastung nicht verboten werden könne, daß aber ein Verkehrsbedürfnis für derartige Sonderbelastung durch den Alleineigentümer nicht anzuerkennen sei, und daß es anderseits dringend geboten erscheine, die Schwierigkeiten, welche die Hypothek auf dem Anteile eines Miteigentümers der Buchführung und der Zwangsversteigerung bereiten könne, nicht ohne Not zu vermehren. Nicht eine rechtsgrundsätzliche Erwägung, sondern reine Zweckmäßigkeitsgründe gaben hiernach (Motive Bd. 3 S. 638 flg.) Anlaß zu der Vorschrift des § 1114. Diese Gründe treffen aber auf Fälle der vorliegenden Art, in denen der frühere Miteigentümer Alleineigentum erwirbt und nun die bisherige Bruchteilshypothek auf das ganze Grundstück erstrecken will, nicht durchaus zu. Im Gegenteil muß eine derartige Neuordnung der Belastung im allgemeinen auch für die Grundbuchführung und für die Zwangsversteigerung nur erwünscht sein, weil beide dadurch wesentlich vereinfacht werden. Das gilt insbesondere für Sachen, wie die jetzt vorliegende und wie die, die dem kammergerichtlichen Beschlusse vom 28. November 1903 (Entsch., zusammengest. im R.-Justizamte Bd. 4 S. 53) zugrunde lag, nämlich dann, wenn dingliche Rechte, die der auf das ganze Grundstück zu erstreckenden Hypothek gleich- oder nachstehen, entweder nicht vorhanden sind oder wenn die Inhaber solcher sog. Zwischenrechte sofort ihre Zustimmung zu der Erstreckung, wo nötig unter entsprechender Rangeinräumung, in gesetzlicher Weise erklären. Solche Fälle werden weitaus die Mehrzahl bilden. Der von Grundbuchrichtern, Notaren, Anwälten belehrte spätere Alleineigentümer eines Grundstücks wird nur selten und etwa nur in Notlage beabsichtigen, eine nur auf dem Anteile stehende Hypothek ohne gleichzeitige Vereinigung des Grundbuchblattes auf das ganze Grundstück zu erstrecken.

Für die vorstehende Ansicht spricht auch folgende weitere Erwägung. In den Motiven Bd. 3 S. 640 heißt es nämlich weiter:

> „Fraglich möchte vielleicht sein, ob von dem Verbote der Fall auszunehmen ist, wenn der Eigentümer des Grundstückes die auf einem Bruchteile desselben haftende Hypothek auf das ganze Grundstück ausdehnen will. Die Ausnahme ist jedoch unnötig, weil, wenn sie sich nicht von selbst verstehen sollte, der Eigentümer seinen Zweck in einfacher Weise dadurch erreichen kann, daß er die Hypothek auf das Grundstück im ganzen eintragen läßt, ohne daß hierdurch die bereits bestehende Quotenhypothek in ihrer Wirksamkeit berührt wird."

Aus diesen Sätzen ergibt sich, daß man sich bei den Gesetzgebungsvorarbeiten der Annahme, daß im Streitfalle eine Ausnahme von § 1114 vorliegt, zugeneigt, jedenfalls der Rechtswissenschaft und Rechtsprechung die endgültige Feststellung einer solchen Ausnahme überlassen hat.

Hält man hiermit die nach obigem auf den Streitfall nicht passenden Zweckmäßigkeitsgründe für § 1114 zusammen und berücksichtigt man ferner, daß der von den Motiven in zweiter Reihe vorgeschlagene Ausweg einer teilweisen Doppelhypothek für die nämliche Forderung, wie schon die erste Beschwerde in gegenwärtiger Sache zutreffend bemerkt, zu Zweifeln und Verwickelungen Anlaß geben könnte, so muß man, mit dem Oberlandesgerichte Dresden und entgegen dem Kammergerichte, die Anwendbarkeit des § 1114 dann ausschließen, wenn in Fällen, wie den erwähnten, der zum Alleineigentümer Gewordene die Bruchteilshypotheken auf das Ganze erstrecken will.

Freilich ist ein Teil der Schriftsteller,

Planck, B.G.B. § 1114 Bem. 4; v. Staudinger, B.G.B. Bd. 3 § 1114 Bem. 2 c δ S. 581; Oberneck, Reichsgrundbuchrecht Bd. 1 S. 690; Männer, Sachenrecht S. 370 Anm. 6; Falkmann, Z.Bl.Fr.G. Bd. 5 S. 303,

— unter meist nur kurzer Begründung — anderer Meinung; aber andere,

Predari, G.B.O. § 19 Anm. 37a S. 340; Turnau u. Förster, Liegenschaftsrecht, Bd. 1 S. 734 Fußnote; Förster, im Recht 1904 S. 91; Güthe, G.B.O. § 6 Anm. 6 S. 116; Kretschmar, Sachenrecht § 1114 Anm. 2 b,

sprechen sich mehr oder minder bestimmt für die hier von dem beschließenden Senate gewonnene Rechtsansicht aus. Wenn sich Falkmann besonders gegen Förster's Grund wendet, daß die Hypothekerstreckung auf das Ganze in Wirklichkeit nicht eine Belastung des freien Bruchteils, sondern eine Belastung des Ganzen bilde, so mag man diese Streitfrage hier auf sich beruhen lassen. Es genügt schon die obige Darlegung, daß die Hypothekerstreckung auf das ganze Grundstück bei Nichtvorhandensein oder Zustimmung von Zwischenberechtigten einen Ausnahmefall zu § 1114 B.G.B. bildet und dem Verbote dieser Gesetzesstelle nicht unterliegt. Ebensowenig ist der immerhin sehr beachtenswerte, vom Oberlandesgerichte zu Dresden herangezogene Hilfsgrund für die gegenwärtige Entscheidung nötig, daß das Bürgerliche Gesetzbuch in § 1131 sogar eine kraft Gesetzes eintretende Hypothekerstreckung dann kennt, wenn ein Grundstück einem anderen belasteten Grundstücke zugeschrieben wird. Dieser Vorgang ist ähnlich dem, wodurch die Bruchteilszuschreibung in Gestalt der Vereinigung des Eigentums aller Bruchteile in einer Hand erfolgt, und es ist nicht abzusehen, warum in diesem Falle nicht wenigstens eine Hypothekerstreckung durch Rechtsgeschäft statthaft sein sollte.

Aus diesen Gründen mußte, entgegen der Rechtsanschauung des Kammergerichts, der des Oberlandesgerichts zu Dresden für den Fall, daß sog. Zwischenrechte nicht vorhanden sind oder daß deren Inhaber ihre Zustimmung mit notwendiger Rangeinräumung erklären, beigepflichtet werden. Hier auch eine Entscheidung für den Fall zu treffen, daß vorhandene Zwischenberechtigte Zustimmungserklärungen zu der Hypothekerstreckung auf das Ganze mit notwendigen Rangeinräumungen nicht abgeben, lag kein Anlaß vor.

Ausdrücklich sei noch bemerkt, daß auch der Rechtsfall, der dem kammergerichtlichen Beschlusse vom 6. Juli 1903 (Entsch., zusammengest. im R.-Justizamt Bd. 4 S. 39) zugrunde lag und wobei erbrechtliche Verfügungsbeschränkunngen in Frage kamen, von der gegenwärtigen Entscheidung nicht getroffen wird.

Dagegen mußte obigen Ausführungen zufolge der die ungerechtfertigte Löschungsandrohung enthaltende Beschluß des Grundbuchamtes und der ihn billigende Beschluß des Landgerichts aufgehoben werden."

---

25. 1. Unter welchen Voraussetzungen sind ausländische Wertpapiere als „ausländische Aktien" im Sinne der Tarifnummer 1b des Reichsstempelgesetzes vom 14. Juni 1900 anzusehen?
2. Berechnung der Reichsstempelsteuer für nordamerikanische certificates of shares, die dem Wortlaute nach je über mehrere shares ausgestellt sind.

Reichsstempelgesetz vom 14. Juni 1900 Tarifnr. 1b.

VII. Zivilsenat. Urt. v. 30. Dezember 1907 i. S. Norddeutsche Bank (Kl.) w. Hamb. Fiskus (Bekl.). Rep. VII. 110/07.

I. Landgericht Hamburg.
II. Oberlandesgericht daselbst.

Die Klägerin war als Aktionärin von insgesamt 296500 $ Shares in das Aktienbuch der Pennsylvania-Railroad-Company in

Philadelphia eingetragen. Diese Gesellschaft hatte ihr Zertifikate ausgestellt, die teils auf 10, teils auf 20 Shares lauteten. Der Beklagte hatte von diesen Zertifikaten 185 Stück über je 10 Shares und 85 Stück über je 20 Shares auf Grund der Tarifnummer 1b des Reichsstempelgesetzes vom 14. Juni 1900 mit $2^1/_2$ v. H. zum Stempel herangezogen, und zwar in der Weise, daß er für jeden einzelnen der (den Betrag von 50 $, gleich 210 ℳ, darstellenden) Shares die Abgabe erhoben und dabei nach Spalte 4 des Tarifs den 200 ℳ übersteigenden Bruchteil für 100 ℳ gerechnet hatte. Hiernach hatte der Beklagte für jede Aktie 7,50 ℳ und für die insgesamt 3550 Aktien 26625 ℳ erhoben. Die Klägerin hatte diese Abgabe am 8. November 1905 unter Vorbehalt gezahlt und forderte durch Klage die Rückzahlung mit dem Antrage, den Beklagten zur Zahlung von 26625 ℳ nebst Zinsen, schlimmstenfalls doch zur Zahlung von 7987,50 ℳ nebst Zinsen, zu verurteilen. Sie vertrat die Meinung, daß die Zertifikate nicht als „ausländische Aktien" im Sinne des Reichsstempelgesetzes anzusehen seien, daß aber jedenfalls, wenn sie als Aktien zu erachten wären, jedes Zertifikat als eine einheitlich über den Gesamtbetrag der darin angegebenen Shares ausgestellte Urkunde zu behandeln und demgemäß die Abgabe einheitlich auf den Gesamtbetrag von je 10 oder 20 Shares zu erheben gewesen sei, also auf die 185 Zertifikate zu je 2100 ℳ mit je 52,50 ℳ, und auf die 85 Zertifikate zu je 4200 ℳ mit je 105 ℳ, zusammen mit nur 18637,50 ℳ.

Das Landgericht verurteilte den Beklagten, unter Abweisung des weitergehenden Antrages, nach dem Hilfsantrage der Klägerin zur Zahlung von 7987 ℳ nebst Zinsen. Das Oberlandesgericht wies die Berufung beider Parteien zurück. Auch die Revisionen wurden zurückgewiesen aus folgenden

Gründen:

„Revision der Klägerin.

Diese Revision betrifft lediglich die Frage, ob die vom Beklagten zur Versteuerung gezogenen Zertifikate als „ausländische Aktien" im Sinne der Tarifnummer 1b des Reichsstempelgesetzes vom 14. Juni 1900 anzusehen sind, die solche Aktien einer Abgabe von $2^1/_2$ v. H. unterwirft. Diese Frage war . . . zu bejahen.

Das Aktienrecht hat sich in außerdeutschen Staaten nach verschiedenen Richtungen hin abweichend vom deutschen Aktienrecht ausgestaltet. Insbesondere stimmt der Begriff der „Aktie" im Sinne des deutschen Rechtes hinsichtlich seiner Erfordernisse im einzelnen keineswegs mit dem überein, was die in diesem Punkt auch untereinander verschiedenen Rechte der am internationalen Handelsverkehre beteiligten Staaten unter einer Aktie verstehen. Dem für den Streitfall maßgebenden amerikanischen Recht ist überhaupt eine Verbriefung des Aktienrechts in dem Sinne fremd, daß die Urkunde, wie nach deutschem Recht, als Trägerin des Rechtes selbst anzusehen wäre. Dessenungeachtet ist anzunehmen, daß dem, eine Begriffsbestimmung der ausländischen Aktie nicht aufstellenden, Reichsstempeltarif ein bestimmter einheitlicher Begriff der „ausländischen Aktie" zugrunde liegt, und daß der Tarif mit der Steuer gewisse ausländische Urkunden hat treffen wollen, obschon sie als Aktien im Sinne des deutschen Handelsgesetzbuchs nicht angesehen werden können, da andernfalls die Steuervorschrift gegenstandslos sein würde.

Für die Feststellung der Merkmale, durch deren Vorhandensein die Stempelpflichtigkeit dieser ausländischen Urkunden als „Aktien" bedingt sein soll, ergeben die Motive zum Reichsstempelgesetze vom 1. Juli 1881, aus dem die Vorschrift in die späteren Reichsstempelgesetze übernommen worden ist, einige Anhaltspunkte (Drucksachen des Reichstags 1881 Nr. 59 S. 23 flg.). Danach sollten von der Steuer ausländische Wertpapiere getroffen werden, die dem deutschen Publikum zu bleibender Kapitalanlage zu dienen geeignet sind; durch die Steuer sollte vermieden werden, daß die Mitbewerbung des Auslandes bei der Versorgung des heimischen Kapitalmarktes mit Anlagepapieren vor der des Inlandes begünstigt werde, dessen Anlagepapiere mit dem Reichsstempel aus Nr. 1a des Tarifs belastet wurden. Hiernach und da auch das Gesetz vom 1. Juli 1881 selbst in den §§ 2—5 die nach den Tarifnummern 1—3 stempelpflichtigen Urkunden unter der Bezeichnung „Wertpapiere" zusammenfaßt, ist anzunehmen, daß das Reichsstempelgesetz unter ausländischen Aktien ausländische Wertpapiere versteht, die in gleicher Weise wie die inländischen Aktien für das deutsche Publikum zu bleibender Kapitalanlage verwendbar sind, ohne Rücksicht darauf, ob das verbriefte Recht hinsichtlich der einzelnen darin enthaltenen Befugnisse mit dem in der deutschen Aktie verkörperten Rechte übereinstimmt. Es kann hier dahingestellt bleiben, ob etwa die Begriffsbestimmung noch enger dahin zu fassen sei, daß die stempelpflichtigen Urkunden Verbriefungen des Geldanteils sein müssen, den jemand an dem Vermögen einer Aktiengesellschaft im Sinne des deutschen Rechtes hat, also einer Gesellschaft, deren Gesellschafter nur mit Einlagen auf das in Aktien zerlegte Grundkapital beteiligt sind, ohne persönlich für deren Verbindlichkeiten zu haften, oder ob in diesem Punkte auch dem Auslande angehörige gesellschaftliche Gebilde von andersgearteter rechtlicher Gestaltung als der Aktiengesellschaft gleichstehend angesehen werden dürfen. Denn das Erfordernis, daß die zu versteuernde Urkunde die Verbriefung eines Anteilsrechts am Vermögen einer Aktiengesellschaft ist, liegt hier bei den certificates der Pennsylvania-Railroad-Company unstreitig vor.

Die vorstehende Begriffsbestimmung der ausländischen Aktie im Sinne des Reichsstempelrechts stimmt im wesentlichen mit der diese betreffenden Rechtsprechung des Reichsgerichts überein. Im Urteile vom 10. Oktober 1898 (Entsch. des R.G.'s in Zivils. Bd. 42 S. 40flg.) ist ausgeführt, daß auch dänische „Aktienbriefe" als Aktien im Sinne des Reichsstempelgesetzes anzusehen sind, da sie zur Übertragung von Aktienrechten im Verkehre dienen sollen. Weiter hat der IV. Zivilsenat im Urteile vom 15. Mai 1896 (Entsch. des R.G.'s in Zivils. Bd. 37 S. 118) die Rechtsansicht des Berufungsrichters gebilligt, der Aktienzertifikate der Kanadischen Pacific-Eisenbahn-Gesellschaft dem Stempel der Tarifnummer 1b mit der Begründung unterworfen hatte, diese Urkunden seien zwar keine Aktien, aber auch nicht als bloße Beweismittel für die erfolgte Übertragung des Aktienrechts zu betrachten, sondern die einzigen, selbständige Vermögenswerte darstellenden Träger des Aktienrechtes und die einzigen, den Inhaber nach außen hin legitimierenden und für den Verkehr bestimmten, über das Anteilsrecht am Gesellschaftsvermögen vorhandenen Papiere. Der Gesellschaft gegenüber sei zwar, vielleicht ohne Rücksicht auf den Besitz der Aktie, die Person Aktionär, die als solcher in das Aktienbuch eingetragen sei; dadurch werde aber den Zertifikaten nicht die Natur von Aktien genommen, da dasselbe Verhältnis auch sonst bei Namensaktien stattfinde und unter den im Tarife des Reichsstempelgesetzes bezeichneten Aktien zweifellos auch die Namensaktien inbegriffen seien. Der Zusammenhang dieser Gründe ergibt als unzweifelhaft, daß die Bezeichnung des Zertifikats als „Trägers" des Aktienrechts nur die

Bedeutung haben sollte, daß die Ausübung der wesentlichen im Aktienrechte enthaltenen Befugnisse durch den Besitz des Zertifikats als der einzigen Verbriefung des Rechtes gewährt werde, nicht aber, daß das gesamte Aktienrecht sich ausschließlich in dieser Urkunde verkörpere. Dieser Entscheidung des IV. Zivilsenats gegenüber kommt es nicht in Betracht, wenn sich etwa derselbe Senat in einem früheren Urteile vom 23. Januar 1896 (Entsch. des R.G.'s in Zivils. Bd. 36 S. 154) auf einen abweichenden Standpunkt gestellt hätte. Das ist aber nicht einmal der Fall. Zwar legt dort das Reichsgericht der Anwendung der Tarifnummer 1b die Feststellung zugrunde, daß die in Frage stehenden Zertifikate südafrikanischer Minengesellschaften Träger der Aktienrechte seien, in denen sich ihr rechtlicher Inhalt in betreff ihrer Ausübbarkeit und Begebbarkeit verkörpere. Hieraus folgt aber noch nicht, daß die Versteuerung bei Urkunden entfällt, in denen sich das Aktienrecht zwar nicht nach seinem gesamten Inhalte verkörpert, die aber hinsichtlich der wesentlichen Befugnisse des Aktienrechts deren Träger sind.

Daß die im jetzigen Rechtsstreite in Frage stehenden Zertifikate der Pennsylvania-Railroad-Company die Merkmale an sich tragen, die das Vorhandensein einer ausländischen Aktie im Sinne des Reichsstempelgesetzes bedingen, hat der Berufungsrichter festgestellt. Für diese Feststellung war der Inhalt der mit dem Besitze der Zertifikate verbundenen aktienrechtlichen Befugnisse maßgebend, wie er sich nach amerikanischem, also irrevisibelem, Rechte gestaltet. Deshalb ist hier nicht nachzuprüfen, ob die Feststellung des Berufungsrichters auf einer Verletzung des amerikanischen Rechts beruht, vielmehr nur, ob die festgestellten Merkmale den oben bezeichneten Begriff der ausländischen Aktie im Sinne des Reichsstempelgesetzes erfüllen. Das ist mit dem Berufungsurteile zu bejahen. Es führt aus: die Zertifikate seien von den berufenen Organen der Gesellschaft ausgestellte Verbriefungen von Anteilsrechten der Klägerin, mittels deren das Aktienrecht mit seinem wesentlichen Inhalte ausgeübt und übertragen werden könne. Sie seien die einzigen Verbriefungen der Aktienrechte und ermöglichten ihrem Inhaber den Dividendenbezug, ohne daß er in das Aktienbuch eingetragen zu sein brauche. Auch die Ausübung des Stimmrechts in den Generalversammlungen werde durch den Besitz der Zertifikate unter Vermittelung der als Aktionärin im Aktienbuche verzeichneten

Klägerin ermöglicht, die gegen Hinterlegung der Zertifikate auf den Namen der Hinterleger lautende Vollmachten zur Vertretung der Aktien in der Generalversammlung auszustellen habe. Jedes Zertifikat enthalte auf der Rückseite ein vorgedrucktes sog. Transferformular und sei für den Börsenhandel geeignet, sobald der in das Aktienbuch eingetragene erste Inhaber, hier die Klägerin, unter dieses Formular seinen Namen gesetzt habe. Dann könne das Zertifikat von Hand zu Hand gehen. Beabsichtige ein Inhaber, auch der Gesellschaft gegenüber sich als Aktionär kundzugeben, so könne er unter Einreichung des mit seinem Namen auszufüllenden Zertifikats bei ihr die Umschreibung des Aktienrechts im Aktienbuche auf seinen Namen auch gegen den Willen des bis dahin eingetragenen Inhabers des Aktienrechts erreichen; ohne den Besitz der Zertifikate sei eine Übertragung des Aktienrechts nicht möglich. Faßt man alle diese durch den Besitz des Zertifikats gewährten Befugnisse zusammen, so läßt sich nicht bezweifeln, daß es seinem Inhaber, soweit es sich um die praktische Ausübung des Aktienrechts handelt, im wesentlichen dieselben Vorteile gewährt, die für den Inhaber einer deutschen Aktie durch deren Besitz begründet werden, und daß deshalb derartige Zertifikate als Wertpapiere anzusehen sind, die in derselben Weise wie inländische Aktien zu dauernder Kapitalanlage verwendet werden können. (Vgl. den Aufsatz des Barrister-at-law Schuster S. 326 flg., 335 der Festgabe für den Reichsbankpräsidenten Koch.)

Zu Unrecht spricht die Revision den Zertifikaten die Eigenschaft als ausländischer Aktien deshalb ab, weil sich aus ihnen nichts über den Betrag ergebe, auf den sie lauten sollten. Zuzugeben ist freilich, daß der Stempel der Tarifnummer 1b nur erhoben werden darf, wenn sich aus der Urkunde ein Nennwert ergibt; denn nach der Vorschrift in der Spalte 4 der Tarifnummer 1b ist die Stempelabgabe vom „Nennwerte" prozentual zu berechnen. Der Nennwert ist aber hier aus der Urkunde ersichtlich. Auf ihr befindet sich der Aufdruck „$ 50 each". Zwar steht dieser Aufdruck nicht im Texte der Urkunde, sondern in dem buntfarbigen, gedruckten Randrahmenbande des Zertifikats unter den Unterschriften der Aussteller. Er ist aber dennoch als ein Bestandteil der Urkunde anzusehen; denn das Rahmenband ist, wie der Augenschein ergibt, ein seiner äußeren Erscheinung nach zum Texte gehöriger und begrifflich von ihm untrennbarer

Teil des ganzen Zertifikats. Der Vermerk „50 $ each" wird auch durch die darüberstehenden Unterschriften gedeckt; denn er befand sich schon als Bestandteil der Urkunde an seiner Stelle, bevor die Unterschriften von den Ausstellern vollzogen wurden. Diese Unterschriften können also nur dahin verstanden werden, daß sie alle einzelnen auf das Papier aufgedruckten und ohne Zerstörung der Einheit und Integrität der Urkunde nicht zu beseitigenden Erklärungen decken sollten. Die Voraussetzungen der Stempelpflichtigkeit treffen hiernach bei den Zertifikaten in jeder Beziehung zu.

Revision des Beklagten.

Diese Revision beschränkt sich darauf, die der Entscheidung des Berufungsrichters zugrunde liegende Berechnung der Stempelabgabe als gesetzwidrig anzugreifen. Auch diese Rüge ist unbegründet. Der Berufungsrichter führt aus: im Verkehre gelte jedes Zertifikat als ein unteilbares, den Gesamtwert der in ihm verbrieften Shares darstellendes Stück, also als eine einzige, mehrere Aktienanteile verbriefende Urkunde. Zerlegbar seien die darin verbrieften Shares nur unter Vernichtung der Urkunde, da nach der Gesellschaftssatzung bei jeder Umschreibung von Shares im Aktienbuche neue Zertifikate auszugeben seien. Deshalb dürfe die nicht auf die einzelnen verbrieften Rechte, sondern auf die darüber ausgestellte Urkunde gelegte und von jedem „Stücke" nur einmal nach dessen Nennwerte zu entrichtende Abgabe nur einheitlich vom Nennwerte der Zertifikate erhoben werden. Da die Verkehrsauffassung in den Zertifikaten Urkunden über eine dem Gesamtwerte der verbrieften Shares entsprechende Beteiligung am Gesellschaftsvermögen erblicke, sei auch die Stempelabgabe nicht vom Nennwerte jedes einzelnen Shares unter jedesmaliger Abrundung nach oben auf volle hundert Mark, sondern vom Gesamtwerte unter ebensolcher Abrundung zu berechnen.

Ein Rechtsirrtum ist in diesen Ausführungen des Berufungsrichters nicht zu erkennen. Daß jedes Zertifikat als ein einheitliches Wertpapier anzusehen ist, ergibt sich schon daraus, daß es mit einer besonderen, einheitlichen, fortlaufenden Nummer versehen ist, während die Nummern der einzelnen darin verbrieften Shares nicht angegeben sind, und daß es nicht zur Übertragung einzelner der darin verbrieften Shares, sondern nur aller dieser Shares zusammen verwendbar ist. Die Vorschrift, daß die Stempelabgabe in Abstufungen von $2^1/_2$ ℳ für je 100 ℳ oder einen Bruchteil dieses Betrages zu berechnen ist, hat nur den Zweck, die Berechnung einfacher und bequemer zu gestalten, nicht aber, die Stempelabgabe in unverhältnismäßiger und im einzelnen Falle unbilliger Weise zu erhöhen. Über diesen Zweck der Abrundung des Steuerbetrages würde man hinausgehen, wenn man ohne zwingenden Grund für jeden einzelnen der Shares den Nennbetrag von 210 ℳ auf 300 ℳ abrunden würde. Die Abrundung ist vielmehr am Gesamt-Nennbetrage der Urkunde, also bei jedem Zertifikate nur einmal vorzunehmen. Diese Berechnungsart hält sich in Übereinstimmung mit dem vom Reichsgericht in dem angeführten Urteile (Entsch. des R.G.'s in Zivils. Bd. 42 S. 40) vertretenen Standpunkte. Die in Bd. 36 S. 159 a. a. O. abgedruckte Entscheidung steht nicht entgegen, weil der ihr zugrunde liegende Sachverhalt ein wesentlich abweichender ist." ...

---

26. Eingetragene Genossenschaft. Wen trifft die Beweislast, wenn ein in die Mitgliederliste eingetragener Genosse geltend macht, er habe das Statut nicht unterzeichnet und sei zu Unrecht eingetragen worden?

Gesetz, betr. die Erwerbs- und Wirtschaftsgenossenschaften, vom 20. Mai 1898 § 11.

I. Zivilsenat. Urt. v. 29. Januar 1908 i. S. Konkursmasse der M. u. M.-Fabrik, eingetr. Genossensch. m. u. H. (Bekl.) w. O. u. Gen. (Kl.). Rep. I. 165/07.

I. Landgericht Gießen.
II. Oberlandesgericht Darmstadt.

Die Kläger waren in die von dem Konkursverwalter der Genossenschaft aufgestellte und vom Amtsgerichte für vollstreckbar erklärte Vorschußberechnung aufgenommen worden und fochten diese im Wege der Klage an. Sie waren seit der Errichtung der Genossenschaft in der gerichtlichen Liste der Genossen eingetragen, behaupteten aber, sie hätten das Statut niemals unterzeichnet und seien auch später der Genossenschaft nicht beigetreten. Ihre Eintragung in die Liste war gemäß der Anmeldung des Vorstandes erfolgt, weil sich ihre Unterschriften auf einem dem Statute beigefügten losen Bogen befanden.

Das Landgericht erhob Beweis und erkannte auf einen Eid, den die Beklagte dahin zugeschoben hatte, daß es nicht wahr sei, daß die Kläger ihre Unterschriften auf dem losen Bogen in der Gründungsversammlung abgegeben hätten, um das ihnen vorgelesene und von ihnen mitberatene Statut zu unterzeichnen. In der Berufungsinstanz blieb es bei diesem Eide.

Auf die Revision der Beklagten wurde das Urteil des Oberlandesgerichts aufgehoben, und die Sache zurückverwiesen.

Gründe:

„Die Revision behauptet mit Recht, daß das Berufungsgericht von einer rechtsirrigen und die Beklagte beschwerenden Auffassung über die Beweispflicht ausgegangen ist. Das Berufungsgericht verweist auf die von ihm für zutreffend erachteten Entscheidungsgründe des ersten Richters und eignet sich damit auch dessen Ausführung an, wo die Beklagte als beweispflichtige Partei bezeichnet und erörtert wird, daß auf den von der Beklagten den Klägern über die Erwerbung der Mitgliedschaft zugeschobenen und von den Klägern angenommenen Eid zu erkennen sei, weil die Aussagen der vernommenen Zeugen kein für die Beweisfrage erhebliches Ergebnis geliefert hätten. Durch den Beweisbeschluß war der Beklagten der Beweis freigelassen worden, daß die Kläger Mitglieder der Genossenschaft geworden seien und daß sie das Statut unterzeichnet oder doch ihre Unterschrift mit Rücksicht auf das vorliegende Statut abgegeben hätten.

Die Sachlage war aber eine derartige, daß der erwähnte Beweis von der Beklagten nicht gefordert werden konnte. Die Vorschußberechnung ist vom Konkursverwalter auf Grund der bei Gericht geführten Liste der Genossen aufgestellt worden, und in dieser Liste standen, wie unstreitig ist, die Kläger seit dem Tage verzeichnet, an dem die Genossenschaft in das Register eingetragen wurde. Der Grund hierfür war, wie dies gleichfalls unbestritten ist, daß dem Registerrichter bei der Anmeldung der Genossenschaft ein gedrucktes Exemplar der Statuten vorgelegt worden war, unter dem sich im Anschlusse an das Datum 47 Genossen mit Vor- und Zunamen verzeichnet fanden, während auf einem weiter beigelegten Blatte mit fortlaufenden Nummern noch 23 Personen verzeichnet waren, zu denen die Kläger gehörten. Auf Grund dieser Anmeldung, der ausweislich der Registerakten auch die mit der Bescheinigung der erfolgten Eintragung zurückgegebene Abschrift des Statuts, die Liste der Genossen und die Urkunden über die Bestellung des Vorstandes und des Aufsichtsrates beilagen, hat der Registerrichter die Genossenschaft in das Register eingetragen und die Anlegung der gerichtlichen Liste für die namentlich angegebenen Genossen verfügt; er hat somit das Vorhandensein der Voraussetzungen des § 11 Gen.Ges. als gegeben anerkannt, auch die auf dem besonderen Blatte aufgeführten Genossen als Unterzeichner des Statuts erachtet und demgemäß in die gerichtliche Liste der Genossen eintragen lassen. Diese Eintragung ist rechtserheblich und hat selbständige Bedeutung.

Denn wie aus der allgemeinen Begründung des 2. Entwurfs zum Gen.Ges. von 1889 hervorgeht, sollte dadurch, daß die Führung der Liste der Genossen in die Hände des Registerrichters gelegt wurde, erreicht werden, daß alle in der Liste aufgeführten Personen wirklich als Genossen haften und anderseits alle wirklich haftpflichtigen Personen in der gerichtlichen Liste aufgeführt sind. Dieser Liste sollte öffentlicher Glaube beigelegt werden, und ihr Inhalt nicht nur im Verhältnis der Genossenschaft zu ihren Gläubigern, sondern auch im Verhältnis der Genossenschaft zu den Genossen entscheidend sein. Dabei sollte aber, wie auf S. 45 hervorgehoben ist, dem Registerrichter nicht die Prüfung der materiellen Richtigkeit und Vollständigkeit der ihm zugehenden Anzeigen zur Pflicht gemacht, wohl aber seinen Beurkundungen eine erhöhte Bedeutung beigelegt werden. Diese Absicht des Gesetzes, welche die Beseitigung der in der Praxis hervorgetretenen erheblichen Übelstände im Auge hatte, würde völlig vereitelt werden, wenn auch jetzt noch die bloße Ableugnung der Mitgliedschaft oder einer dem Gerichte vorgelegten Unterschrift, die zur Eintragung eines Genossen in die Liste geführt hat, die Folge hätte, der Genossenschaft den Beweis aufzubürden, daß der Genosse die Unterschrift in der gehörigen Form wirklich abgegeben habe. Die Eintragung in die Liste nach vorgängiger Prüfung der formalen Voraussetzungen hiefür durch den Registerrichter hat vielmehr die Wirkung, daß vermutet wird, der Eingetragene sei Mitglied der Genossenschaft. Dies schließt nicht aus, daß die Beitrittserklärung als materiellrechtlich ungültig angefochten werden kann, oder daß von dem Eingetragenen geltend gemacht wird, es habe an den gesetzlichen formalen Voraussetzungen für die Eintragung gefehlt; aber gegenüber der unter Mitwirkung des Registerrichters zustande gekommenen Eintragung in die Liste der Genossen trifft den die Eintragung Anfechtenden die Pflicht, seine Behauptungen zu beweisen, und wenn er diesen Beweis nicht erbringt, besteht die durch die geschehene Eintragung beurkundete Mitgliedschaft zu Recht." ...

---

27. Kann die Genossenschaft durch Beschluß der Generalversammlung Mitgliedern, die ihren Geschäftsanteil voll einbezahlt haben, zur Deckung von Geschäftsverlusten weitere Einzahlungen auferlegen, ohne die Geschäftsanteile zu erhöhen?

Gesetz, betr. die Erwerbs- und Wirtschaftsgenossenschaften, vom 20. Mai 1898 §§ 7 Nr. 2, 16, 19.

I. Zivilsenat. Urt. v. 1. Februar 1908 i. S. Gemeinnütziger Bauverein Mi., eingetr. Genossensch. m. b. H. (Bekl.) w. Ma. (Kl.). Rep. I. 210/07.

I. Landgericht Hannover.
II. Oberlandesgericht Celle.

Der Kläger war aus der verklagten Genossenschaft durch Beschluß der Generalversammlung ausgeschlossen worden, weil er seinen statutenmäßigen Verpflichtungen nicht nachgekommen sein sollte. Seiner Klage, diesen Beschluß für unwirksam zu erklären, hatte das Oberlandesgericht in Abänderung des Urteils der ersten Instanz stattgegeben.

Entscheidend für die Rechtmäßigkeit des Ausschlusses war die Frage, ob sich der Kläger weigern durfte, gewisse Einzahlungen auf seinen Geschäftsanteil zu leisten, die ihm durch einen älteren Beschluß der Generalversammlung vom 26. April 1904 auferlegt waren. Damals hatte die Genossenschaft nämlich mit 12 gegen 7 Stimmen beschlossen, daß zur Beseitigung eines entstandenen Geschäftsverlustes von 6026 ℳ von jedem „Geschäftsanteile" 20 % abgeschrieben werden und „die Wiederauffüllung der Abschreibungen auf die Anteile innerhalb 20 Monaten gemäß Statuts" erfolgen sollte. Der Hinweis auf das Statut sollte sich auf § 62 beziehen, wo gesagt war:

„Der Geschäftsanteil jedes Mitgliedes wird auf 200 ℳ festgesetzt.

Dieser Geschäftsanteil kann sogleich bei dem Eintritt voll eingezahlt oder nach und nach durch einzelne Einzahlungen ergänzt werden. In dem letzteren Falle müssen die Einzahlungen zum mindesten halbmonatlich 1 ℳ betragen."

Das Oberlandesgericht hatte den Beschluß vom 26. April als rechtsungültig angesehen und demgemäß angenommen, daß die Weigerung des Klägers, die erwähnten Einzahlungen zu leisten, keine zum Ausschluß berechtigende Verletzung statutarischer Pflichten darstelle. Das Reichsgericht wies die Revision der Beklagten zurück.

Gründe:

... „Sachlich ging der Beschluß der Generalversammlung vom 26. April 1904 — wenn man von seiner in mehrfacher Beziehung unzutreffenden Ausdrucksweise absieht — dahin, daß zur Beseitigung des Gesamtverlustes von 6026 ℳ von dem Geschäftsguthaben jedes Genossen 40 ℳ abgeschrieben und dann „zur Wiederauffüllung der Abschreibungen" innerhalb 20 Monaten durch Erneuerung der statutenmäßigen halbmonatlichen Einzahlungen 40 ℳ bar auf jeden Geschäftsanteil zur Kasse der Genossenschaft weiter geleistet werden sollten. Soweit der Beschluß die Abschreibung des entstandenen Verlustes von den Geschäftsguthaben der Genossen verfügte, entspricht er dem § 19 Gen.Ges. und ist er nicht zu beanstanden. In Frage steht nur die Gültigkeit des zweiten Teiles des Beschlusses, der den Genossen die Verpflichtung auferlegte, weitere Einzahlungen auf die Geschäftsanteile „zur Wiederauffüllung der Abschreibungen" zu leisten. Dieser Teil des Beschlusses ist vom Oberlandesgericht mit Recht für ungültig erklärt worden. Es steht fest, daß die Genossen, und insbesondere der Kläger, den satzungsmäßigen Geschäftsanteil von 200 ℳ durch Volleinzahlung bereits beschafft hatten. Der Geschäftsanteil aber begrenzt nach § 7 Nr. 2 des Gesetzes Recht und Pflicht der Genossen, wieweit sie sich während des Bestandes der Genossenschaft mit Einlagen zu beteiligen haben. Andere Leistungen für die Genossenschaft als die satzungsmäßigen Einzahlungen auf den Geschäftsanteil dürfen den Genossen nicht angesonnen werden (Entsch. des R.G.'s in

Zivils. Bd. 62 S. 312), und es ist namentlich die Einführung eines sogenannten Umlageverfahrens zur Deckung entstandener Verluste während des Bestandes der Genossenschaft bei der Beratung des Gesetzes ausdrücklich abgelehnt (Parisius-Crüger 5. Aufl. S. 123).

Der Zweck, den der Beschluß verfolgte, hätte in gesetzlicher Weise nur dadurch erreicht werden können, daß nach § 16 Gen.Ges. eine Erhöhung des Geschäftsanteils beschlossen wurde. Diesen Weg aber konnte und wollte man, wie das Oberlandesgericht feststellt, nicht einschlagen, schon weil man voraussah, daß die für einen solchen Beschluß erforderliche Mehrheit von drei Vierteilen der erschienenen Genossen nicht vorhanden sein werde.

Die Revision macht geltend, der zweite Teil des Beschlusses setze nur etwas Selbstverständliches fest. Zwar höre die Einzahlungspflicht der Genossen auf, wenn das Geschäftsguthaben die Höhe des Geschäftsanteils erreicht habe; sie lebe aber von selbst wieder auf, wenn durch Abschreibung von Verlusten das Geschäftsguthaben unter den satzungsmäßigen Betrag des Geschäftsanteils gesunken sei. Dies sei in der Begründung des 2. Entwurfs zum Genossenschaftsgesetze von 1889 anerkannt. Es heiße dort auf S. 63:

„Da Einlagen über den Geschäftsanteil hinaus unzulässig sind, so ergibt sich, daß auch die obligatorischen Einzahlungen zessieren müssen, falls etwa schon vor der vollen Deckung derselben das Geschäftsguthaben des Genossen durch Gewinnzuschreibungen den Geschäftsanteil erreicht. In diesem Falle beginnt jedoch die Einzahlungspflicht wieder, wenn durch Verlustabschreibungen eine Minderung des Guthabens eingetreten ist."

Da sich nun die in dem Beschlusse vorgesehenen Zahlungstermine mit den in § 62 des Statuts vorgesehenen halbmonatlichen Einzahlungen von 1 *M* deckten, so sei in dem zweiten Teile des Beschlusses nur etwas festgesetzt, was aus dem nicht zu beanstandenden ersten Teile nach Gesetz und Statut ohnehin von selbst folge.

Diese Darlegung vermischt Richtiges mit Falschem. Das Geschäftsguthaben des Genossen wird nach § 19 Gen.Ges. gebildet durch die Einzahlungen, die er auf den Geschäftsanteil geleistet hat, zuzüglich der Zuschreibung von Gewinnanteilen und abzüglich der Abschreibung von Verlustanteilen. Da der Geschäftsanteil nach § 7 Nr. 2 den Betrag darstellt, bis zu welchem sich die Genossen mit Einlagen beteiligen können, folglich auch, wie § 19 bestimmt, die Zuschreibung des Gewinns nur so lange erfolgt, als nicht der Geschäftsanteil erreicht ist, so ergibt sich für die Fälle, wo das Statut Einzahlungen auf den Geschäftsanteil in Raten vorsieht, daß diese Ratenzahlungen aufhören müssen, sobald das Geschäftsguthaben infolge der Zuschreibung von Gewinnen zu den geleisteten Einzahlungen die Höhe des Geschäftsanteils erreicht hat. Muß später eine Abschreibung von Verlusten erfolgen und sinkt dadurch das Geschäftsguthaben unter den Normalsatz des Geschäftsanteils, so lebt die ursprüngliche Einzahlungspflicht, die inzwischen geruht hatte, von selbst wieder auf, wie dies in der angezogenen Stelle der Gesetzesmotive hervorgehoben wird. Bei diesem Wiederaufleben aber — und das übersieht die Revision — handelt es sich immer nur um die ursprüngliche Einzahlungspflicht, die in ihrer Gesamthöhe durch die Ziffer des Geschäftsanteils satzungsmäßig fest normiert ist. Ratenzahlungen, die, weil Gewinne zugeschrieben waren, nicht geleistet worden sind, müssen nachgeholt werden, wenn und insoweit die Gewinne durch spätere Verluste wieder aufgezehrt sind. Nicht aber folgt hieraus, daß eine bereits erfüllte Einzahlungspflicht aufs neue wieder aufleben könnte und die Genossen auf diese Weise bei fortgesetzten Verlusten zu schrankenlosen Beiträgen für den Gesellschaftszweck angehalten werden könnten. Was sie während des Bestandes der Genossenschaft an Beiträgen für den Gesellschaftszweck zu leisten haben, ist durch die Normierung des Geschäftsanteils in der Satzung maßgebend bestimmt. Sind diese Leistungen einmal bewirkt, ist der Geschäftsanteil, wie es hier der Fall ist, durch Vollzahlung beschafft, so gibt es keine weitere Beitragspflicht — abgesehen von den hier nicht interessierenden Folgen, die das Ausscheiden des Genossen oder der Konkurs der Genossenschaft ins Leben ruft. Die Annahme des Gegenteils würde dem Grundsatze allen Gesellschaftsrechtes, der in § 707 B.G.B. Ausdruck gefunden hat, widerstreiten, daß ein Gesellschafter zur Ergänzung der durch Verlust verminderten Einlage nicht verpflichtet ist. Daß das Genossenschaftsgesetz in seinen Bestimmungen über den Geschäftsanteil und über die Verteilung von Gewinn und Verlust von diesem Grundsatze habe abweichen wollen, läßt sich nicht nachweisen." ...

28. 1. Unter welchen Voraussetzungen verstößt ein Bordellkaufgeschäft gegen die guten Sitten?
2. Kann die dingliche Klage aus einer Hypothek für rückständiges Kaufgeld aus einem solchen Vertrage durch den Einwand abgewehrt werden, daß die der Hypothek zugrunde liegende Forderung nichtig sei?

B.G.B. §§ 138 Abs. 1, 817, 1137, 1163 Abs. 1.

V. Zivilsenat. Urt. v. 5. Februar 1908 i. S. K. u. Gen. (Bekl.) w. H. u. Gen. (Kl.). Rep. V. 236/07.

I. Landgericht Dessau.
II. Oberlandesgericht Naumburg a. S.

Für die Klägerin zu 1 und ihren verstorbenen, von ihr und den anderen Klägern beerbten Ehemann stand auf dem Grundstücke der Beklagten in D. eine Restkaufgeldhypothek von 6500 ℳ eingetragen. Früher waren die Klägerin zu 1 und ihr Ehemann Eigentümer des Grundstücks. Sie hatten durch Vertrag vom 20. November 1902 das Grundstück an Frau O. verkauft. Von dieser wurde die Hypothek für den Rest der im übrigen durch Barzahlung und Übernahme einer Hypothek getilgten Kaufpreisforderung von 12000 ℳ bestellt. Von Frau O. erwarben dann die Beklagten das Grundstück im Jahre 1903 durch Kauf und Auflassung. Die Kläger verlangten mit dinglicher Klage Zahlung der 6500 ℳ nebst Zinsen bei Vermeidung der Zwangsvollstreckung in das Grundstück. Der erste Richter verurteilte die Beklagten nach dem Klagantrage. Die Berufung wurde zurückgewiesen. Auf die Revision der Beklagten wurde das Berufungsurteil aufgehoben, und die Sache an die Vorinstanz zurückverwiesen, aus folgenden

Gründen:

„Die Beklagten wenden gegenüber der lediglich dinglichen Klage aus der Hypothek ein, der zwischen ihrer Besitzvorgängerin Frau O. und der Klägerin zu 1, sowie deren verstorbenem Ehemanne geschlossene Kaufvertrag über das mit der Hypothek belastete Grundstück vom 20. November 1902 sei wegen Verstoßes gegen die guten Sitten nichtig und diese Nichtigkeit erstrecke sich auch auf die für die Kaufpreisforderung aus dem Vertrage erfolgte Bestellung der Hypothek.

Die Vorinstanzen erachten diesen Einwand unter Bezugnahme auf die Entscheidung des erkennenden Senats, Entsch. des R.G.'s in Zivils. Bd. 63 S. 179, für unerheblich, weil, selbst wenn das der Hypothekbestellung zugrunde liegende Kausalgeschäft wegen Unsittlichkeit nichtig wäre, doch die Hypothek selbst weder nichtig noch kondizierbar, noch auch nach § 1163 B.G.B. zur Eigentümergrundschuld geworden sein würde.

Die Revision rügt Verletzung der §§ 1163, 1137, 1169, 1168, 817, 138 B.G.B. und unterbreitet namentlich, mit Rücksicht auf die von der Rechtslehre[1] gegen die genannte Entscheidung erhobenen Angriffe, der nochmaligen Prüfung des Senats, ob nicht im Falle der Bestellung einer Hypothek für eine wegen Unsittlichkeit des Kausalgeschäfts nichtige Forderung nur eine Eigentümergrundschuld für den Besteller entstehe.

Es ist der Revision stattzugeben.

Wären die Behauptungen der Beklagten richtig, so wäre zunächst der Kaufvertrag vom 20. November 1902 gemäß § 138 Abs. 1 B.G.B nichtig. Nach der ständigen Rechtsprechung des Reichsgerichts, von der abzugehen kein Anlaß vorliegt, verstoßen sogenannte Bordellkäufe gegen die guten Sitten. In der Rechtslehre[2] ist allerdings hiergegen vereinzelt geltend gemacht worden, das Reichsgericht verkenne, daß ein Rechtsgeschäft nicht schon deswegen gegen die guten Sitten verstoße, weil der eine Beteiligte aus unsittlichem Motive handle und dem anderen dies bekannt sei. Das Reichsgericht hat jedoch in bezug auf den Bordellkauf gerade wiederholt betont, daß die Kenntnis des Verkäufers von der Absicht des Käufers, das in dem betreffenden Hause betriebene Bordellgeschäft fortzusetzen, für sich allein nicht ausreiche, um das Veräußerungsgeschäft als ein gegen die guten Sitten verstoßendes erscheinen zu lassen; vielmehr müsse, weil § 138 B.G.B. solchen Rechtsgeschäften die Anerkennung und den Rechtszwang versagen wolle, die nach ihrem, aus der Zusammenfassung von Inhalt, Motiv und Zweck zu entnehmendem, Gesamtcharakter, nach den subjektiven und objektiven Momenten gegen die guten Sitten ver-

[1] Vgl. Dernburg, Bürgerl. R. (3. Aufl.) Bd. 1 S. 425 Anm. 32; Lenel, D.J.Z. 1907 S. 454; Matthießen, das. S. 534. D. E.

[2] Vgl. Hölder, D.J.Z. 1908 S. 47, 50; Lenel, D.J.Z. 1907 S. 455. D. E.

stießen, auch objektiv Inhalt und Zweck des Kaufgeschäftes unsittlich sein.

Vgl. Urteil vom 27. Juni 1904, Rep. V. 10/04, Entsch. des R.G.'s in Zivils. Bd. 56 S. 230, Bd. 63 S. 350 flg.

Es ist also, abgesehen von den unsittlichen Beweggründen der Beteiligten, erforderlich, daß nach dem Inhalte der Vertragsabreden das Kaufgeschäft in dem betreffenden Falle gemäß der allgemein herrschenden Sittenanschauung sich als unsittlich darstellt. Dieses Erfordernis würde aber vorliegend gegeben sein, wenn die Behauptungen der Beklagten auf Wahrheit beruhten. Denn danach sollen sich die Klägerin zu 1 und ihr Ehemann, als sie am 20. November 1902 das fragliche Grundstück, auf dem sie bisher eine Bordellwirtschaft betrieben hatten, an Frau O. verkauften, nicht nur dessen bewußt gewesen sein, daß Frau O. den Betrieb der Bordellwirtschaft fortsetzen werde, sondern es soll von den Vertragschließenden der über den allgemeinen Wert des Grundstücks angeblich weit hinausgehende Kaufpreis von 12000 *M* nur deshalb, weil der Käuferin das Grundstück zum Zwecke der Fortsetzung des Bordellbetriebes überlassen worden sei, festgesetzt, m. a. W. das Bordellgeschäft mit zum Gegenstande der Veräußerung gemacht worden sein.

Vgl. Entsch. des R.G.'s in Zivils. Bd. 63 S. 353.

Die Beklagten machen nun weiter geltend, wegen Nichtigkeit dieses Kaufvertrages sei auch die für die Kaufpreisforderung aus dem Vertrage bestellte Hypothek nichtig; jedenfalls stehe den Klägern wegen Nichtigkeit der zugrunde liegenden Forderung ein Klagerecht aus der Hypothek nicht zu. Die Verwerfung dieses Einwandes durch die Vorinstanzen beruht auf Rechtsirrtum. Die Einigung der Beteiligten über eine Hypothekbestellung (§ 873 B.G.B.) ist ebenso, wie beispielsweise die Auflassung, die Einigung über die Bestellung eines Nießbrauchs, eines dinglichen Vorkaufsrechtes an einem Grundstücke, die Eigentumsübertragung durch Übergabe einer beweglichen Sache einschließlich der Zahlung von Geld oder Geldeswert, die Einigung über Bestellung eines Pfandrechts, ein abstraktes Rechtsgeschäft auf dem Gebiete des Sachenrechts, das auch dinglicher Vertrag genannt wird, weil es unmittelbar eine Rechtsänderung in bezug auf eine Sache zum Gegenstande hat. Auf dem Gebiete der Schuldverhältnisse sind abstrakte Rechtsgeschäfte beispielsweise die Übertragung einer

Forderung, das Schuldanerkenntnis, das Schuldversprechen, die Ausstellung eines Wechsels. Abstrakt werden solche Rechtsgeschäfte deswegen genannt, weil sie losgelöst sind von dem Rechtsgrunde, in dem sie ihre Veranlassung finden, und weil ihre rechtliche Wirkung an sich unabhängig ist von der Wirksamkeit des Rechtsgrundes.

Vgl. Motive zu § 829 Entw. I Bd. 3 S. 187, Prot. Bd. 3 S. 55, Entsch. des R.G.'s in Zivils. Bd. 63 S. 185, Bd. 66 S. 389.

Es würde daher vorliegend aus der Nichtigkeit des Kaufgeschäfts, in dessen Erfüllung die Sicherung der Kaufpreisforderung durch Hypothekbestellung erfolgt ist, nicht, wie die Beklagten meinen, allgemeinhin auch die Nichtigkeit der Hypothek ohne weiteres zu folgern sein.

In der Rechtswissenschaft herrscht lebhafter Streit darüber, ob abstrakte Rechtsgeschäfte für sich selbst wegen Verstoßes gegen ein gesetzliches Verbot (§ 134 B.G.B.) oder gegen die guten Sitten (§ 138 B.G.B.) nichtig sein können und ob die Verbotswidrigkeit oder Unsittlichkeit des Rechtsgrundes zugleich auch das abstrakte Rechtsgeschäft umfaßt. Von einzelnen Rechtslehrern[1] wird dies hinsichtlich aller abstrakten Rechtsgeschäfte bejaht, von anderen[2] wenigstens hinsichtlich der abstrakten Rechtsgeschäfte auf dem Gebiete der Schuldverhältnisse. Die herrschende Meinung[3] aber geht dahin, daß abstrakte Rechtsgeschäfte, insbesondere auch Leistungsgeschäfte, die in Erfüllung eines Grundgeschäfts vorgenommen werden, wegen ihres Rechtsgrundes, auch wenn dieser gegen Gesetz oder gute Sitte verstößt, überhaupt nicht nichtig sein können oder doch regelmäßig nicht sind, daß namentlich die Unsittlichkeit des Grundgeschäfts nicht auch

---

[1] Dernburg, Bürgerl. R. Bd. 1 § 125, Bd. 2 § 379, Bd. 3 § 64; Lotmar, Der unmoralische Vertrag S. 63; v. Mayr, Bereicherungsanspruch S. 553 flg. D. E.

[2] Crome, B.G.B. § 322; Klingmüller, Schuldversprechen S. 137; Neubecker, Der abstrakte Vertrag im Arch. f. Bürg. R. Bd. 22 S. 85 flg. D. E.

[3] Vgl. Planck, Bem. 1b zu § 138 B.G.B.; Enneccerus-Lehmann, Bürg. R. Bd. 1 § 98 Nr. 2, § 158 Nr. 4, § 355 Anm. 1; Oertmann, Schuldverhältnisse Bem. 4 zu § 817 B.G.B.; Gierke, Deutsch. Privatr. Bd. 2 S. 910; Windscheid-Kipp, Pand. Bd. 2 S. 885; Staub, Anm. 5 Exkurs zu § 346 H.G.B.; Eccius, in D.J.Z. 1903 S. 41; v. Thur, Abstrakte Schuldverträge, in Festschr. f. Schultze S. 36 flg.; Collatz, in Ihering's Jahrb. Bd. 40 S. 141. D. E.

sie zu unsittlichen und somit nichtigen Rechtsgeschäften macht. Ferner nimmt die herrschende Meinung an, daß, wenn das Grundgeschäft wegen Verstoßes gegen die guten Sitten nichtig ist, nur dem Leistenden der persönliche Bereicherungsanspruch auf Rückgabe der Leistung nach Maßgabe der §§ 812 flg. B.G.B. zusteht, der aber gemäß § 817 Satz 2 B.G.B. ausgeschlossen ist, wenn beide Beteiligte mit der Leistung und deren Empfangnahme einen sittenwidrigen Zweck verfolgt haben. Auch der V. Strafsenat des Reichsgerichts hat in dem Urteile vom 19. März 1907, Rep. V. 1200/06, (vgl. Jurist. Wochenschr. 1907 S. 548 Nr. 1) hinsichtlich der auf sachenrechtlichem Gebiete liegenden Erfüllungsgeschäfte ausgesprochen, daß diese von der Verbotswidrigkeit oder der Unsittlichkeit des ihnen zugrunde liegenden Kausalgeschäfts nicht in dem Sinne beeinflußt würden, daß sie deswegen nichtig wären.

Vorliegend bedarf es jedoch einer Entscheidung dieser Frage nicht. Denn ist das Kaufgeschäft vom 20. November 1902 wegen Verstoßes gegen die guten Sitten nichtig, so ist die Klage aus der in Rede stehenden Hypothek unbegründet, gleichviel ob die Hypothek selbst nichtig ist oder nicht. Ist die Einigung über die Hypothekbestellung selbst nichtig, so ist ein Hypothekenrecht überhaupt nicht zur Entstehung gelangt, weil nach § 873 B.G.B. zur Begründung einer Hypothek außer der Eintragung die rechtswirksame Einigung des Berechtigten und des anderen Teiles über den Eintritt der Rechtsänderung erforderlich ist (Planck, Bem. 2 zu § 1163 B.G.B.). Die Kläger können daher auf Grund der Eintragung der Hypothek für ihren Erblasser und die Klägerin zu 1 einen hypothekarischen Anspruch nicht erheben, weil ihnen eine rechtsgültige Hypothek gar nicht zusteht. Aber auch wenn die Hypothek trotz Nichtigkeit der gesicherten Forderung als dingliches Recht an sich wirksam begründet worden ist, sind die Kläger nicht berechtigt, das hypothekarische Recht für sich geltend zu machen. Denn die Hypothek ist dann, da eine (rechtsgültige) Forderung nicht zur Entstehung gelangt ist, gemäß § 1163 Abs. 1, § 1177 Abs. 1 B.G.B. nur als Eigentümergrundschuld für den bestellenden Eigentümer, im gegebenen Falle für Frau O., entstanden, und daher sind die Kläger in Wahrheit nicht Gläubiger der Hypothek.

Die als Eigentümer des belasteten Grundstückes auf Zahlung

des Hypothekenbetrages belangten Beklagten sind auch berechtigt, im ersten Falle die Nichtigkeit der Hypothek, im zweiten Falle die Nichtigkeit der gesicherten Forderung einzuwenden. Denn durch jenen Einwand machen sie geltend, daß das dingliche Recht, auf das die Klage gestützt ist, nicht bestehe (Planck, Bem. 2b zu § 1137 B.G.B.); sie leugnen also, daß ihr Grundstück überhaupt mit der fraglichen Hypothek rechtswirksam belastet sei. In dem anderen Falle machen sie von dem Rechte aus § 1137 Abs. 1 B.G.B. Gebrauch, wonach der Eigentümer gegen die Hypothek die dem persönlichen Schuldner gegen die Forderung zustehenden Einreden geltend machen kann; durch die Behauptung, daß die durch die Hypothek gesicherte Forderung nicht (rechtsgültig) entstanden sei, suchen sie darzutun, daß den Klägern, die gemäß §§ 1138, 891 B.G.B. das Bestehen der Forderung zur Begründung ihrer Klage nicht nachzuweisen brauchen, das Gläubigerrecht an der Hypothek nicht zustehe (Planck, Bem. 2d zu § 1137 B.G.B.). Eine gesetzliche Bestimmung, wodurch den verklagten Eigentümern die Geltendmachung dieser Einwendungen etwa deswegen verwehrt wäre, weil die Nichtigkeit auf einem Verstoße gegen die guten Sitten beruhen soll, besteht nicht.

In der vorerwähnten Entscheidung des erkennenden Senats (Entsch. des R.G.'s in Zivils. Bd. 63 S. 189) wird allerdings ausgeführt: die Bestellung einer Hypothek für die Kaufpreisforderung aus einem gegen die guten Sitten verstoßenden Bordellkaufgeschäfte sei eine Leistung, deren Zweck in der Art bestimmt sei, daß der Empfänger durch die Annahme gegen die guten Sitten verstoße, und ferner dem Leistenden gleichfalls ein solcher Verstoß zur Last falle. Daher sei nach § 817 Satz 2 B.G.B. die Rückforderung der Leistung ausgeschlossen. Einer solchen Rückforderung komme es aber gleich, wenn der die Hypothek bestellende Bordellkäufer gegen die Klage des Bordellverkäufers aus der Restkaufgeldhypothek geltend mache, die Hypothek sei nichtig, oder es sei wegen Nichtigkeit der Forderung nur eine Eigentümergrundschuld entstanden. Deshalb seien dem Hypothekbesteller solche Einwendungen zu versagen. Diese Erwägungen treffen jedoch auf den vorliegenden Fall schon deshalb nicht zu, weil die Beklagten bei dem angeblichen Bordellkaufgeschäfte vom 20. November 1902 nicht als Vertragschließende beteiligt gewesen sind und von ihnen die in Rede stehende Hypothek nicht bestellt worden ist, sie vielmehr das Grundstück von der Hypothekbestellerin Frau D. erst erworben haben. Es bestehen daher zwischen den Beklagten einerseits und den Empfängern der Hypothek, der Klägerin zu 1 und deren Ehemanne, jetzt dessen Erben, anderseits auf Grund des Kaufgeschäftes und der Hypothekbestellung überhaupt keine rechtlichen Beziehungen auf dem Gebiete der Schuldverhältnisse. Demnach kommt vorliegend ein den Beklagten zustehendes persönliches Rückforderungsrecht hinsichtlich der Hypothek als Leistung gar nicht in Frage, so daß auch von einer Ausschließung der Geltendmachung eines solchen Rückforderungsrechts nicht die Rede sein kann. Übrigens würden jene Erwägungen beispielsweise auch dann nicht Platz greifen, wenn gegen die Hypothekenklage der Einwand der Nichtigkeit wegen Verstoßes gegen die guten Sitten von einem verklagten Dritten erhoben würde, der mit seinem anderen Grundstücke die Hypothek für die nichtige Forderung bestellt hätte.

Es können aber auch jene Erwägungen nach nochmaliger Prüfung nicht aufrecht erhalten werden. Ob die für die Kaufpreisforderung aus einem unsittlichen Kaufgeschäfte erfolgte Bestellung einer Hypothek, die den Anspruch des Verkäufers auf Geldzahlung nicht zur Erfüllung bringt, sondern nur die Erfüllung sichern soll, überhaupt als zum sittenwidrigen Zwecke beider Beteiligten vorgenommen zu erachten sei (vgl. Entsch. des R.G.'s in der Jurist. Wochenschr. 1908 S. 139 Nr. 9), kann dahingestellt bleiben. Jedenfalls ist die Hypothekbestellung, die für eine nichtige Forderung aus einem unsittlichen Rechtsgeschäfte bewirkt worden ist, keine „Leistung" im Sinne des § 817 B.G.B. Denn der Begriff der Leistung erfordert, daß eine Vermögensverschiebung stattgefunden hat und ein Vermögensstück von dem Leistenden auf den Empfänger übertragen worden ist (Oertmann, Schuldverhältnisse Bem. 4 zu § 817 B.G.B.). Durch die Hypothekbestellung hat aber der Besteller in dem fraglichen Falle nichts aus seinem Vermögen herausgegeben, gleichviel ob die Hypothek selbst oder ob nur die gesicherte Forderung nichtig ist. Wenn die Hypothek selbst nichtig ist, hat der Hypothekbesteller überhaupt kein dingliches Recht an seinem Grundstücke begründet; und wenn nur die gesicherte Forderung nichtig ist, hatte die Hypothekbestellung nicht die Wirkung, daß der das dingliche Recht erlangt hat, für den es bestellt werden sollte, sondern es ist das Hypothekenrecht kraft Gesetzes als Eigentümergrundschuld in der Hand des Bestellers verblieben (vgl. Planck, Bem. 3d zu § 762 B.G.B.).

Ferner kann auch die Auffassung nicht für zutreffend erachtet werden, daß durch die Einwendung, das die Hypothekbestellung veranlassende Grundgeschäft sei wegen Verstoßes gegen die guten Sitten nichtig, eine Leistung „zurückgefordert" werde. Ebenso wie wenn gegenüber der persönlichen Klage auf Zahlung des Forderungsbetrages dieser Einwand erhoben werden würde, wird durch den Einwand gegenüber der hypothekarischen Klage nur das Klagerecht der Kläger geleugnet, indem in Abrede gestellt wird, daß überhaupt eine Hypothek bestehe, oder doch, daß die Kläger Gläubiger der Hypothek seien. Überdies ist ein solcher Einwand des verklagten Grundstückseigentümers prozessual nur insofern von Belang, als dadurch dem Gerichte eine Handhabe für die Prüfung geboten wird, ob ein Verstoß gegen die guten Sitten vorliegt. An sich hat das Gericht von Amts wegen festzustellen, ob wegen eines solchen Verstoßes die den Klagegrund bildende Hypothek nichtig ist oder doch den Klägern ein Gläubigerrecht nicht zusteht (Staudinger, Bem. I 3, 5 zu § 138 B.G.B.).

Hiernach sind die von den Beklagten aufgestellten Behauptungen, entgegen den Vorinstanzen, für rechtserheblich zu erachten.

Zu bemerken ist noch, daß, wenn der fraglichen Hypothek ein gegen die guten Sitten verstoßendes Bordellkaufgeschäft zugrunde liegen sollte, die Abweisung der Klage aus der Hypothek auch keineswegs als unbillig angesehen werden müßte. Denn regelmäßig oder doch häufig wird der Teil des Kaufpreises, der von dem Bordellkäufer nicht durch Barzahlung oder Übernahme von Hypotheken berichtigt, sondern durch Hypothekbestellung gesichert wird, gerade den Gewinn darstellen, den der Verkäufer dadurch zu erzielen sucht, daß er das Grundstück zum Zwecke des Bordellbetriebes verkauft. Mit Recht wird daher dem sittenwidrig handelnden Verkäufer der Schutz der Gerichte versagt, wenn er mit der dinglichen Hypothekenklage die Erlangung des unlauteren Gewinnes verfolgt." ...

29. 1. Ist es zulässig, daß der für die Berechnung des Aktienstempels maßgebende Wert, für den neue Aktien von dem Erwerber übernommen werden, nicht unmittelbar, sondern mittelbar dadurch festgestellt wird, daß der Wert der Aktien selbst bestimmt wird?

2. Darf der für den Betrag des Anschaffungsstempels maßgebende Wert des Gegenstandes des Geschäfts beim Erwerbe neu ausgegebener Aktien aus dem Übernahmepreise anderer gleichartiger junger Aktien berechnet werden?

Reichsstempelgesetz vom 14. Juni 1900 Tarif-Nr. 1a und 4.

VII. Zivilsenat. Urt. v. 7. Februar 1908 i. S. Chemische Fabrik Gr.-E. (Kl.) w. preuß. Fiskus (Bekl.). Rep. VII. 217/07.

I. Landgericht Kassel, Kammer für Handelssachen.
II. Oberlandesgericht daselbst.

Im Jahre 1905 schloß die Klägerin mit der Firma K. Ö. & Co. einen Verschmelzungsvertrag dahin ab, daß diese Firma ihre gesamte Fabrikanlage auf die Klägerin übertrug und daß ihre Inhaber als Gegenwert 2000 Stück neu auszugebender, auf den Inhaber lautender Aktien der Klägerin im Nennwerte von je 1000 *M* erhalten sollten. In Ausführung dieses Vertrages wurde das Grundkapital der Klägerin von 9000000 *M* durch den Beschluß ihrer Generalversammlung vom 6. Juli 1905 um 3000000 *M* erhöht, indem 3000 Stück auf den Inhaber lautende Aktien im Nennbetrage von je 1000 *M*, die in jeder Beziehung den alten Aktien der Gesellschaft gleichstehen sollten, ausgegeben wurden. Für den Betrag von 2000000 *M* der neuen Aktien wurde das Bezugsrecht der alten Aktionäre ausgeschlossen. Diese Aktien sollten, zum Nennbetrage berechnet, von den Inhabern der Firma K. Ö. & Co. gezeichnet und übernommen werden und als Gegenleistung für das auf die Klägerin zu übertragende unbewegliche Vermögen der Firma gelten. Für den Rest der neu auszugebenden Aktien im Nennwerte von 1000000 *M* sollte das Bezugsrecht der Aktionäre in der Weise aufrecht erhalten werden, daß dieser Betrag einem Konsortium zum Kurse von 226 v. H. unter Auferlegung der Spesen für die Einführung der Aktien an den Börsen und mit der Verpflichtung übertragen wurde, diese Aktien den alten Aktionären nach Verhältnis ihres Aktienbesitzes zum Kurse von 230 v. H. anzubieten.

Dieser Verpflichtung genügte das Konsortium. Die übrigen 2000 Stück der neuen Aktien wurden von den Inhabern der Firma K. Ö. & Co. zum Nennwerte übernommen. Die alten Aktien hatten am Tage der Kapitalerhöhung an der Frankfurter Börse einen Kurs von 274,50 v. H.

Die Klägerin versteuerte die den alten Aktionären angebotenen 1000 Stück Aktien nach dem Kurse von 230 v. H. mit 2 v. H. von je 2300 *M*, zusammen mit 46000 *M*, die übrigen 2000 Aktien mit 2 v. H. von je 1000 *M*, also mit 40000 *M*. Der Beklagte hielt dies für unzureichend. Er war der Ansicht, daß die neuen Aktien nicht nach ihrem Nennwerte von 1000 *M*, sondern mit Rücksicht darauf, daß sie, ebenso wie die übrigen 1000 Stück zum Kurse von 230 v. H. den Aktionären angebotenen neuen Aktien, mit den alten Aktien gleichberechtigt sein sollten, nach einem Werte von je 2300 *M* zu versteuern seien, was einen Stempelbetrag von 46 *M* für jede Aktie, also einen Mehrbetrag von 26 *M* für das Stück und von 52000 *M* für sämtliche 2000 *M* Aktien, ergab. Ferner beanspruchte der Beklagte für die Übereignung dieser Aktien an die Firma K. Ö. & Co. den Anschaffungsstempel von $^3/_{10}$ v. T. ihres Wertes von 4600000 *M* mit 1380 *M*. Die Klägerin entrichtete die nachgeforderten Stempelbeträge, verlangte aber mit Klage von dem nachgezahlten Aktienstempel von 52000 *M* den Betrag von 1720 *M* und von dem Anschaffungsstempel den Betrag von 780 *M* nebst Zinsen zurück. Sie war der Meinung, daß der nachgeforderte Aktienstempel von 52000 *M* vom Beklagten überhaupt nicht und der nachgeforderte Anschaffungsstempel nur in Höhe von 600 *M* beansprucht werden dürfe. Das Landgericht wies die Klage ab, und das Oberlandesgericht bestätigte dies Urteil. Auch die Revision der Klägerin wurde zurückgewiesen, aus folgenden

Gründen:

„Der Aktienausgabestempel berechnet sich inhalts der Tarifnummer 1a des Reichsstempelgesetzes vom 14. Juni 1900 nach dem Nennwerte der Aktien zuzüglich des Betrages, zu dem sie höher, als der Nennwert lautet, ausgegeben werden. Diese Vorschrift ist nach ständiger Rechtsprechung des Reichsgerichts dahin zu verstehen, daß für die Stempelberechnung der Preis oder Wert maßgebend ist, für den die Aktien von den ersten Erwerbern übernommen werden. Die Revision verlangt eine Nachprüfung dieser Rechtsauffassung. Die erfolgte Nachprüfung konnte aber zu einer Abweichung von der bisherigen Rechtsprechung um so weniger führen, als von der Revision neue Gesichtspunkte, die nicht schon in den bisherigen Entscheidungen des Reichsgerichts ihre Würdigung gefunden hätten, nicht beigebracht worden sind. Es kann deshalb hier lediglich auf die Entscheidungsgründe der Urteile des erkennenden Senates vom 12. April 1904 (Rep. VII. 546/03, abgedruckt in Holdheims Monatsschrift 1904 S. 265) und vom 26. September 1905 (Entsch. des R.G.'s in Zivils. Bd. 61 S. 302) verwiesen werden.

Der Gegenwert, für den im vorliegenden Falle die Inhaber der Firma K. Ö. & Co. die 2000 Stück neuer Aktien der Klägerin übernommen haben, besteht unstreitig in den dieser Firma gehörig gewesenen Immobilien. Vom Werte dieser Immobilien ist hiernach der dem Beklagten zustehende Stempel zu berechnen, ohne Rücksicht darauf, daß diese Aktien den Übernehmern nur zum Parikurse berechnet wurden. Den Wert der Immobilien hat der Berufungsrichter nicht direkt festgestellt. Er hat vielmehr erwogen, daß die bezeichneten Aktien mit den alten Aktien der Klägerin, die bei der Ausgabe der neuen Aktien einen Kurs von 274,50 v. H. und neun Monate vorher einen solchen von 255 bis 260 v. H. hatten, und mit den restlichen 1000 Stück der neuen Aktien, die den alten Aktionären zu 230 v. H. angeboten worden sind, in jeder Beziehung gleichberechtigt sein sollten, und hat auf Grund dessen angenommen, daß auch die von der Firma K. Ö. & Co. übernommenen Aktien zur Zeit der Übernahme einen Wert von 230 v. H. gehabt hätten und daß dieser Wert der Stempelberechnung zugrunde zu legen sei. Soweit diese Wertbestimmung auf tatsächlichen Erwägungen beruht, ist sie vom Revisionsrichter nicht nachzuprüfen. Rechtlich aber ist dem Berufungsrichter kein Vorwurf daraus zu machen, daß er den gefundenen Wert der neuen Aktien dem Werte der die Gegenleistung darstellenden Immobilien gleichstellt und von ihm den Stempel berechnet. Schon in dem Urteile vom 12. April 1904 hat es der erkennende Senat für zulässig erklärt, daß der Wert der gegen den Empfang neuer Aktien hingegebenen Vermögensstücke nicht unmittelbar, sondern mittelbar auf einem Umwege dadurch festgestellt wird, daß der Wert der Gegenleistung, d. h. der Aktien selbst, wie er nach den Anschauungen des Verkehrs zur Zeit ihrer Ausgabe als vorhanden anzusehen ist, bestimmt und als Grundlage für die Stempelberechnung verwendet wird. Dabei ist der Senat, wie auch in dem späteren Urteile vom 26. November 1905 (Rep. VII. 614/04), davon ausgegangen, daß im einzelnen Falle angenommen werden dürfe, beim Abschlusse des Verschmelzungsvertrages hätten die beteiligten sachkundigen Aktiengesellschaften die Leistung und Gegenleistung richtig gegeneinander abgewogen, so daß die Werte beider einander gleichgesetzt werden könnten. Hieran ist festzuhalten, und daher die vom Berufungsrichter hinsichtlich des Aktienstempels getroffene Entscheidung zu billigen.

Auch hinsichtlich des streitigen, auf dem Erwerbe der jungen Aktien durch die Firma K. Ö. & Co. ruhenden Anschaffungsstempels mußte die Entscheidung des Berufungsrichters aufrecht erhalten werden. Nach Spalte 4 der Tarifnummer 4 des Reichsstempelgesetzes ist dieser Stempel vom Werte des Gegenstandes des Geschäfts, und dieser nach dem vereinbarten Kauf- oder Lieferungspreise, sonst nach dem mittleren Börsen- oder Marktpreise am Tage des Abschlusses, zu berechnen. Von einem „Kauf- oder Lieferungspreise" kann hier nicht gesprochen werden, da der Gegenwert der jungen Aktien nicht in Geld, sondern in Immobilien bestand. Daß die jungen Aktien schon am Tage der Ausgabe einen „mittleren Börsen- oder Marktpreis" gehabt hätten, ist weder behauptet noch auch sonst anzunehmen. Der Berufungsrichter durfte daher den Wert des Gegenstandes des Geschäftes, d. h. der jungen Aktien, unmittelbar so wie geschehen aus dem Übernahmepreise der anderen, gleichartigen jungen Aktien unter Berücksichtigung des Kurses der alten Aktien bestimmen und von dem gefundenen Betrage den Stempel berechnen."

---

30. 1. Bedeutung der Vertragsbestimmung bei der Unfallversicherung, daß alle nicht innerhalb 6 Monaten nach Ablehnung einer Entschädigung „vermittelst vollständiger Klage" vor den zuständigen Richter gebrachten Ansprüche durch den bloßen Ablauf dieser Frist erlöschen. Genügt die Zustellung eines Zahlungsbefehles in der Frist? Steht der Fristablauf einer nachträglichen Erweiterung des Klaganspruches entgegen?

2. Bedeutung der Vertragsbestimmung, wonach die Versicherung nur gegeben ist „gegen die Folgen körperlicher Verletzungen, insoweit

diese Verletzungen innerhalb Jahresfrist, von ihrem Eintreten ab gerechnet, den Tod oder die Erwerbsunfähigkeit, bzw. Erwerbsbeschränktheit des Versicherten herbeiführen". Fällt eine erst nach Ablauf der Jahresfrist hervortretende Steigerung der Erwerbsbeschränktheit nicht in die Versicherung?

3. Haftung der Versicherungsgesellschaft für den Schaden, den der von einem Unfalle betroffene Versicherte bei einer von ihr angeordneten ärztlichen Untersuchung infolge Verbrennung durch Röntgenstrahlen erleidet.

VII. Zivilsenat. Urt. v. 14. Februar 1908 i. S. Rh. Vers.-Akt.-Ges. (Bekl.) w. D. (Kl.). Rep. VII. 166/07.

I. Landgericht Cöln.
II. Oberlandesgericht daselbst.

Durch die in Breslau von der dortigen Generalagentur der verklagten Versicherungsgesellschaft am 6. Dezember 1892 ausgestellte Police hatte der Kläger für die Zeit vom 8. Dezember 1892 bis zum 8. Dezember 1902 bei der Beklagten Unfallversicherung genommen. Während der Dauer der Versicherung fiel er am 21. Oktober 1900 über einen Futtertrog und verletzte sich hierbei. Auf Veranlassung der Beklagten unterzog er sich ärztlichen Untersuchungen durch deren Vertrauensarzt Dr. St., die in der Zeit vom 21. bis zum 23. Mai und erneut am 30. September 1901 stattfanden. Der Kläger behauptete, er sei durch die am 21. und 22. Mai 1901 von Dr. St. vorgenommene Durchleuchtung mit Röntgenstrahlen körperlich verletzt worden; infolge der hierbei erlittenen Rückenverbrennung sei er nervenleidend und erwerbsunfähig geworden. Er forderte Entschädigung für die Folgen des Unfalls und der Verbrennung.

In der ersten Instanz hatte er noch nicht volle Erwerbsunfähigkeit, sondern dauernde Minderung der Erwerbsfähigkeit um 30 Prozent behauptet und seinen Anspruch auf dieser Grundlage berechnet. In der zweiten Instanz ging der Antrag des Klägers dahin: die Beklagte zu verurteilen, an ihn eine jährliche, in Vierteljahrsraten im voraus zu entrichtende, mit dem 22. Oktober 1901 beginnende Rente von 7500 *M*, auf die ein am 20. Juni 1904 gezahlter Betrag von 585,35 ℳ in Abrechnung zu bringen sei, nebst 4 Prozent Zinsen seit dem Tage der Fälligkeit zu zahlen.

Das Oberlandesgericht erkannte zunächst durch Zwischenurteil nach § 303 Z.P.O. über zwei Verteidigungsbehelfe der Beklagten und erließ demnächst ein Zwischenurteil nach § 304 Z.P.O., worin es die Ansprüche des Klägers dem Grunde nach für berechtigt erklärte. Die Revision der Beklagten wurde zurückgewiesen.

Gründe:

„Durch das angefochtene Zwischenurteil ist unter I der Anspruch des Klägers auf eine nach Maßgabe und in den Grenzen des Versicherungsvertrages zu gewährende Entschädigung für die Folgen des Unfalles vom 21. Oktober 1900 dem Grunde nach als gerechtfertigt erklärt.

Hiergegen richtet die Revision zunächst die Beschwerde, daß der aus § 23 der Versicherungsbedingungen erhobene Einwand mit Unrecht verworfen worden sei. Nach § 23 sind „alle nicht innerhalb 6 Monaten nach ... Ablehnung einer Entschädigung ... von dem Versicherungsnehmer ... vermittelst vollständiger Klage vor den zuständigen Richter gebrachten ... Ansprüche an die Gesellschaft ... durch den bloßen Ablauf dieser Frist erloschen". Die ablehnende Erklärung der Beklagten ist, wie unbestritten feststeht, durch deren Schreiben vom 17. Oktober 1901 erfolgt. Die Klage ist allerdings erst am 31. Mai 1902 zugestellt worden, so daß, wenn dies entscheidend wäre, die Frist des § 23 als versäumt angesehen werden müßte. Das Landgericht hat jedoch in seinem Zwischenurteile vom 8. Oktober 1902 zutreffend (§ 693 Z.P.O.) darauf hingewiesen, daß die Rechtshängigkeit des Klaganspruches schon durch die im Dezember 1901 erfolgte Zustellung der beiden Zahlungsbefehle an die Beklagte eingetreten, und daß diese Wirkung auch nachträglich nicht erloschen ist, da die Erhebung der Klage innerhalb der durch § 697 Z.P.O. bestimmten Frist stattgefunden hat. Insoweit hat auch die Revision Bedenken gegen die vom Berufungsgerichte gebilligten Ausführungen des Landgerichts nicht erhoben. Die Vorinstanzen sind weiter der Ansicht, mit dem in § 23 der Versicherungsbedingungen aufgestellten Erfordernis einer „vollständigen Klage" sei nicht gemeint, daß der Anspruch mittels Zustellung einer förmlichen Klageschrift im Sinne des § 253 Z.P.O. rechtshängig gemacht werden müsse; vielmehr habe jener Ausdruck nur den Sinn, daß mit der Rechtshängigkeit sogleich Grund und Betrag des Anspruches vollständig zur Kenntnis der Beklagten gelangen müsse. Diesem Erfordernisse sei durch die Zahlungsbefehle genügt; auch in einer förmlichen Klageschrift hätte eine genauere Begründung des Anspruches, als sie in den Zahlungsbefehlen enthalten sei, nicht gegeben zu werden brauchen. Diese Auslegung des § 23 der Vers.-Bed. enthält keine Verletzung einer Rechtsnorm; sie ist an sich möglich, namentlich auch mit dem Wortlaute jener Bestimmung durchaus vereinbar, und im übrigen als tatsächliche Feststellung des Vertragswillens der Nachprüfung durch den Revisionsrichter entzogen.

Allerdings ist im Laufe des Rechtsstreites der Anspruch weit über den ursprünglich (in den Zahlungsbefehlen und nachher, damit übereinstimmend, in der Klageschrift) geltend gemachten Betrag erweitert worden. Dies geschah aber nur infolge und nach Maßgabe des nach der Behauptung des Klägers allmählich hervorgetretenen Fortschreitens der die Unfallsfolge bildenden Minderung seiner Erwerbsfähigkeit bis zu deren schließlich angeblich eingetretener vollständiger Aufhebung. Es versteht sich von selbst, daß in der durch § 23 vereinbarten Frist der Anspruch nicht auch schon auf den Grad der Minderung der Erwerbsfähigkeit erstreckt werden konnte, der erst nach Ablauf der Frist erreicht worden ist. Die Vorinstanzen durften deshalb davon ausgehen, daß in einem Falle solcher Art die entsprechende nachträgliche Erweiterung des Anspruches durch den § 23 nach dessen gewollter Bedeutung nicht hat ausgeschlossen werden sollen. Daß sie sich hierüber nicht ausdrücklich geäußert haben, erklärt und rechtfertigt sich dadurch, daß die Beklagte selbst einen besonderen Einwand nach jener Richtung nicht vorgebracht hatte, dies vielmehr erst durch die Revision geschehen ist.

Mit der zuletzt erörterten Frage berührt sich der zweite von der Revision erhobene Angriff gegen die Entscheidung zu I des angefochtenen Urteiles. Dieser Angriff stützt sich auf § 1 der Vers.-Bed., wonach die Versicherung gegeben ist „gegen die Folgen körperlicher Verletzungen ..., insoweit diese Verletzungen innerhalb Jahresfrist, von ihrem Eintreten ab gerechnet, den Tod oder die Erwerbsunfähigkeit, bzw. Erwerbsbeschränktheit des Versicherten direkt und nicht durch irgendwelche andere Umstände vermittelt herbeiführen“. Die

Revision meint, daß hiernach das Maß der Minderung der Erwerbsfähigkeit, das erst nach Ablauf eines Jahres seit dem Unfall eingetreten ist, überhaupt nicht in den Bereich der Versicherung falle. Der in § 1 gebrauchte Ausdruck „insoweit" scheint auf den ersten Blick diese Auffassung zu unterstützen. Erwägt man aber die Einbeziehung des Todesfalles in den durch das Wort „insoweit" eingeleiteten Satzteil, so ergibt sich, daß nicht eine Scheidung der Unfallsfolgen in der Art beabsichtigt sein kann, daß diese zum Teil, nämlich insoweit sie innerhalb der Jahresfrist eingetreten sind, in die Versicherung fallen, zum anderen Teil aber, nämlich insoweit sie erst nach Ablauf jener Frist eintreten, in die Versicherung nicht einbegriffen sein sollen; denn der Tod kann nicht zum Teil vor und zum Teil nach Ablauf der Frist eingetreten sein. Dies legt den Gedanken nahe, daß das Wort „insoweit", wie es in weniger sorgfältigem Sprachgebrauche mitunter geschieht, als gleichbedeutend mit „sofern" oder „wenn" angewendet worden ist; jedenfalls erscheint diese Auslegung, von der die Vorinstanzen, wenngleich sie sich nicht ausdrücklich hierzu geäußert haben, ersichtlich ausgegangen sind, als rechtlich möglich und ist deshalb nicht zu beanstanden. Danach genügt es, daß nur überhaupt eine voraussichtlich lebenslängliche (§ 12 der Vers.-Bed.) Minderung der Erwerbsfähigkeit innerhalb der Jahresfrist durch den Unfall herbeigeführt worden ist; ist dies der Fall, so hat die Gesellschaft auch für spätere Steigerung des Schadens, sofern diese nur ebenfalls noch ursächlich direkt und allein auf dem Unfalle beruht, aufzukommen, wie ihr ja umgekehrt auch eine spätere Besserung des Zustandes, abgesehen von gewissen Ausnahmefällen, zugute kommt (§ 12 letzter Absatz und § 13 a. a. O.).

Zu I des angefochtenen Urteiles sind hiernach die erhobenen Angriffe als begründet nicht anzuerkennen.

Der Hauptangriff der Revision richtet sich gegen die Entscheidung zu II des Urteils, in der auch dessen hauptsächliche Tragweite für die Parteien liegt. Für die Einbuße, die der Kläger an seiner Erwerbsfähigkeit festgestelltermaßen infolge der Verbrennung bei der am 21. und 22. Mai 1901 angewendeten Röntgenbestrahlung erlitten hat, begehrt er von der Beklagten vollständige Entschädigung, ohne Rücksicht auf die Grenzen, die der Forderung aus dem Versicherungsvertrage durch den Betrag der Versicherungssumme in Verbindung mit der in der Police abgedruckten Rententabelle gezogen sind. Durch jene Entscheidung ist dieser Anspruch auf vollständige Entschädigung ebenfalls dem Grunde nach als gerechtfertigt erklärt worden, wobei zugleich das Maß der Erwerbseinbuße, für verschiedene Zeiträume abgestuft, prozentual festgestellt worden ist, während die Entscheidung über den Betrag der Entschädigung auch hier, wie zu I, dem Endurteile vorbehalten ist (§ 304 Z.P.O.).

In dem vorangegangenen Zwischenurteile vom 8. Juli 1905 (§ 303 Z.P.O.) hatte das Berufungsgericht die von der Beklagten auf Grund des § 11 der Vers.-Bed. angeordnete ärztliche Untersuchung als eine zur Erfüllung ihrer Verbindlichkeit aus dem Versicherungsvertrage vorgenommene Handlung, also als ein Erfüllungsgeschäft der Beklagten angesehen, zu dem diese sich des Dr. St. bedient habe; für den Fall, daß die damals angeordnete Beweisaufnahme ergeben würde, daß Dr. St. durch ein Verschulden bei der Anwendung der Röntgenstrahlen die Gesundheitsbeschädigung des Klägers herbeigeführt habe, leitete das Berufungsgericht die Haftbarkeit der Beklagten aus §§ 278, 276 B.G.B. her. In dem jetzt angefochtenen Urteil ist das Berufungsgericht, wenn auch von diesem Standpunkte nicht gerade ausdrücklich ab-, so doch über ihn hinausgegangen. Es nimmt jetzt an, daß es darauf, ob den Dr. St. ein Verschulden treffe, überhaupt nicht ankomme, daß sich vielmehr die volle Haftbarkeit der Beklagten, ohne Unterschied, ob man das französische Recht oder das preußische Allgemeine Landrecht oder das Recht des Bürgerlichen Gesetzbuchs für anwendbar zu erachten habe, aus dem Grunde ergebe, weil die ärztliche Untersuchung vermöge eines besonderen, selbständig neben dem eigentlichen Versicherungsvertrage zwischen den Parteien begründeten Vertragsverhältnisses erfolgt sei, gleichviel ob dieses als Auftragsvertrag oder, von dem Gesichtspunkt aus, daß die Bestimmung des § 11 der Vers.-Bed. im beiderseitigen Interesse getroffen sei, als Gesellschaftsvertrag anzusehen wäre. Der Revision ist zuzugeben, daß die Annahme eines selbständig neben dem Versicherungsvertrage bestehenden Auftrags- oder gar Gesellschaftsverhältnisses weder in dem Inhalte der Police und der Versicherungsbedingungen, noch in den sonst festgestellten Tatsachen eine Grundlage findet. Nach § 11 war der Kläger verpflichtet, dem von der Beklagten abgeordneten Arzte jederzeit Zutritt zu gestatten und ihren zur Beförderung der Heilung getroffenen Anordnungen unbedingt Folge zu leisten, wenn er nicht (§ 20) jeden Entschädigungsanspruch verwirken wollte. Das Recht zu der Anordnung, auf Grund deren sich der Kläger der zur Vorbereitung und damit auch „zur Beförderung der Heilung" bestimmten Untersuchung durch Dr. St. unterzog, stand hiernach der Beklagten unmittelbar auf Grund des Versicherungsvertrages zu, und für die Annahme eines besonderen Vertragsverhältnisses der erwähnten Art ist kein Raum, weshalb die daraus hergeleiteten rechtlichen Folgerungen auf sich beruhen können.

Gleichwohl ist die Entscheidung des Berufungsgerichts zu billigen (§ 563 Z.P.O.).

Die Beklagte selbst behauptet, daß Dr. St. bei Anwendung der Röntgenstrahlen irgendeinen Fehler nicht begangen habe. Daraus folgt aber, und das muß sie gegen sich gelten lassen, daß die eingetretene Verbrennung eine mit jener Art der ärztlichen Untersuchung (wenn auch vielleicht nur nach dem damaligen Stande der Technik dieses Verfahrens) notwendig verknüpfte objektive Gefahr bildete. Wenn aber die Beklagte, von ihrer vertragsmäßigen Befugnis Gebrauch machend, den Kläger, der sich der Verwirkung seines Versicherungsanspruchs nicht konnte aussetzen wollen, in die Zwangslage versetzte, ihrer Anordnung „unbedingt Folge zu leisten", so verstand es sich von selbst, daß sie die mit der Befolgung dieser Anordnung notwendig verbundene Gefahr in vollem Umfange auf sich nahm. Nicht dies bedurfte besonderer Kundgebung in dem Vertrage, sondern ein gegenteiliger Wille hätte solcher Kundgebung bedurft. Die Beklagte traf die Anordnung in ihrem Interesse. Jedem Billigkeitsgedanken und allen Anforderungen von Treu und Glauben aber würde es widersprechen, hätte man anzunehmen, daß es in der Richtung des Vertragswillens gelegen habe, daß der Kläger verpflichtet sein sollte, für die Beklagte seine Gesundheit in Gefahr zu bringen, ohne eintretendenfalls vollen Schadensersatz zu erhalten. Die entgegengesetzte Annahme allein entspricht einer dem § 157 B.G.B. folgenden Auffassung der in Rede stehenden Vertragsbestimmung.

Ein ähnlicher Gedanke, wie der hier für die Auslegung der Vertragsbestimmung als maßgebend dargelegte, hat in den schon im

Berufungsurteile gestreiften Bestimmungen über die Seeversicherung seine gesetzliche Verwirklichung gefunden. Nach § 819 H.G.B. ist der Versicherte verpflichtet, wenn sich ein Unfall zuträgt, sowohl für die Rettung der versicherten Sachen, als für die Abwendung größerer Nachteile tunlichst zu sorgen; über die erforderlichen Maßregeln hat er, wenn tunlich, vorher mit dem Versicherer Rücksprache zu nehmen. Die Kosten, die durch die ergriffenen Maßregeln entstehen, fallen, selbst wenn der Erfolg nicht erreicht ist, dem Versicherer zur Last (§ 834 Nr. 3 H.G.B.), und zwar hat er diese Kosten vollständig zu erstatten, wenngleich die hiernach im ganzen zu zahlende Vergütung die Versicherungssumme übersteigt (§ 840 Abs. 2 H.G.B.). Bei der Seeversicherung hat also unmittelbar das Gesetz dem Versicherten eine Verpflichtung zu Rettungsmaßregeln auferlegt, die der im vorliegenden Falle dem Kläger vertragsgemäß durch die Anordnung der Beklagten auferlegten entspricht. Weil sich jene Verpflichtung (§ 819 a.a.O.) keineswegs von selbst versteht und der Versicherte, indem er die Rettungspflicht übt, nicht seine eigene, sondern die Angelegenheit des Versicherers betreibt (Lutz, Protok. der Komm. zur Beratung eines Allg. Dtsch. H.G.B.'s S. 4426), oder wenigstens, wenn man so weit nicht gehen will (Voigt, Seeversicherungsrecht S. 357, 358), die Übung der Rettungspflicht jedenfalls den Interessen des Versicherers dient (Voigt, a. a. O. S. 566), hat das Gesetz den entstehenden Aufwand in vollem Umfange dem Versicherer auferlegt. Damit ist aus der gesetzlich begründeten Verpflichtung des Versicherten eine ähnliche Folgerung gezogen, wie sie hier aus der vertraglich begründeten hergeleitet worden ist: so wenig das Gesetz dem Versicherten billigerweise hat zumuten wollen, Geld im Interesse des Versicherers aufzuwenden, ohne vollen Ersatz zu erhalten, so wenig ist anzunehmen, daß durch den vorliegenden Vertrag dem Kläger zugemutet werden sollte, seine Gesundheit im Interesse der Beklagten preiszugeben und für den entstehenden Schaden nur eine beschränkte Vergütung nach Maßgabe der Versicherung zu erhalten. Die Ersatzpflicht der Beklagten hat, soweit die Folgen der Röntgenbestrahlung in Betracht kommen, ihren Rechtsgrund nicht in der Versicherung, sondern in der getroffenen Anordnung und in der durch diese nach dem Sinne des Vertrages erfolgten Übernahme der vollen Gefahr.

An dem so gewonnenen, zur Zurückweisung der Revision führenden Ergebnisse kann auch der von der Beklagten geltend gemachte Umstand nichts ändern, daß ihre Anordnung nicht speziell auf die Anwendung der Röntgenstrahlen gerichtet war. Kraft der Anordnung war der Kläger gehalten, sich die Art der Untersuchung gefallen zu lassen, die der von der Beklagten damit betraute Arzt für angezeigt halten würde. Auch war die Anwendung der Röntgenstrahlen nicht etwas so Fernliegendes, daß man sagen könnte, sie habe gänzlich außerhalb des möglichen Willensbereiches der Beklagten gelegen; das behauptet die Beklagte auch selbst nicht.

Hiernach mußte dem Rechtsmittel der Erfolg versagt bleiben."

---

31. 1. Kann im Enteignungsverfahren der Eigentümer Entschädigung für den durch die Hinterlegung der Entschädigungssumme entstehenden Zinsverlust verlangen?

2. Kann er den seinen Mietern durch die Enteignung erwachsenden Schaden in eigenem Namen geltend machen?

3. Läuft für die Geltendmachung der Mieterentschädigung unter allen Umständen die sechsmonatige Klagefrist des § 30 Ent.-Ges.?

Preuß. Ent.-Ges. vom 11. Juni 1874 §§ 29, 30, 31, 34, 36.

VII. Zivilsenat. Urt. v. 21. Februar 1908 i. S. L. (Kl.) w. Stadtgem. Königsberg (Bekl.). Rep. VII. 441/07.

I. Landgericht Königsberg i. Pr.
II. Oberlandesgericht daselbst.

Dem Kläger wurde im Jahre 1904 sein Grundstück Langgasse 1/2 in K. enteignet, und die Enteignung auf Grund eines Dringlichkeitsbeschlusses nach Hinterlegung der vom Bezirksausschusse festgestellten Entschädigungssumme noch vor Ablauf der sechsmonatigen Frist des § 30 Ent.-Ges. vollzogen.

Der Kläger verlangte Erhöhung der Entschädigung um 4348,87 ℳ. Er machte zur Begründung dieses Verlangens in erster Linie geltend, sein Grundstück sei vom Bezirksausschusse um mindestens diesen Betrag zu niedrig geschätzt worden. Hilfsweise verlangte er den Betrag aus eigenem Rechte in Höhe von 3630 ℳ als eine seinen Mietern J. und K. zustehende Entschädigung, und in Höhe von 718,87 ℳ als Entschädigung für den durch die Hinterlegung entstandenen Zinsverlust und die Kosten des Verteilungsverfahrens. Beide Vorinstanzen hatten die Klage abgewiesen. Auch die Revision des Klägers wurde zurückgewiesen, aus folgenden

Gründen:

„Die Behauptung des Klägers, das Grundstück sei zu niedrig geschätzt worden, kommt nicht weiter in Betracht, da sie vom Berufungsgerichte eingehend widerlegt und insoweit ein Revisionsangriff nicht erhoben worden ist. Aber auch die anderen vom Kläger zur Begründung des Klaganspruches herangezogenen Gesichtspunkte sind vom Berufungsgerichte mit Recht für unbeachtlich erklärt worden.

Was zunächst den Zinsverlust betrifft, so wird ein solcher allerdings in der Regel eintreten, wenn der Unternehmer die Entschädigung hinterlegt; denn auch bei schleuniger Betreibung des Verteilungsverfahrens wird immerhin einige Zeit vergehen, bis die Auszahlung an die beteiligten Realgläubiger erfolgen kann. Wenn der Unternehmer den hinterlegten Betrag nicht weiter zu verzinsen hat, und bis zur Auszahlung nur die $2^1/_2$ prozentigen Hinterlegungszinsen zuwachsen, während die Realgläubiger ihre vertragsmäßigen Zinsen bis zur Auszahlung fordern können, so mag unter Umständen für den Enteigneten ein nicht unerheblicher Verlust eintreten. Dieser Verlust steht aber mit der Dringlichkeitserklärung nach § 34 Ent.-Ges. in keinem Zusammenhange; denn er tritt gleichermaßen ein, wenn die endgültig festgestellte Entschädigung hinterlegt wird. Daß nun im letzteren Falle der Enteignete keinen Ersatz für den durch die Hinterlegung herbeigeführten Zinsverlust verlangen kann, scheint die Revision selbst nicht zu bezweifeln. Dieser Verlust ist eine Folge der Tatsache, daß das Grundstück mit Hypotheken belastet ist, deren Bezahlung an sich dem Eigentümer als Schuldner obliegt. Grundsätzlich ist davon auszugehen, daß der Verlust vermeidbar ist, dadurch, daß der Eigentümer für die Beibringung der erforderlichen Erklärungen der Realgläubiger beizeiten Sorge trägt, so daß im unmittelbaren Anschluß an die Hinterlegung die Auszahlung an die Empfangsberechtigten erfolgen könnte. Wenn dies in der Praxis wohl nur selten gelingen wird, so ist dies eben vom Eigentümer als unvermeidliche Folge der Belastung des Grundstückes hinzunehmen. Im Falle der Dringlichkeitserklärung würde eine andere Beurteilung nur berechtigt sein, wenn hier die Hinterlegung nicht, wie im Regelfalle, für den Unternehmer befreiende Wirkung hätte. Das Gegenteil hat aber der erkennende Senat schon wiederholt ausgesprochen (vgl. Entsch. des R.G.'s in Zivils. Bd. 49 S. 258). Hieran ist auch vorliegendenfalls festzuhalten.

Zur Geltendmachung des angeblich zweien seiner Mieter erwachsenen Schadens in Höhe von 3630 ℳ hält sich der Kläger unter verschiedenen Gesichtspunkten für befugt. Dem Berufungsgerichte ist aber auch in diesem Punkte nach jeder Richtung beizutreten. Bei Enteignung eines bebauten Grundstücks kann den Mietern durch vorzeitige Beendigung des Mietverhältnisses ein Schade erwachsen, der in der Entschädigung des Eigentümers für das Grundstück nicht begriffen und deshalb gemäß § 11 Ent.-Ges. besonders zu ersetzen ist. Daß durch diese Bestimmung dem Mieter ein unmittelbarer Entschädigungsanspruch gegen den Unternehmer gegeben ist, unterliegt keinem Zweifel. Es ergibt sich dies ohne weiteres aus den §§ 29 Abs. 2 und 36, wonach die Entschädigung für jeden der in § 11 bezeichneten Nebenberechtigten, soweit ihm eine besondere, nicht schon in der Eigentümerentschädigung enthaltene Entschädigung zuzusprechen ist, besonders festzustellen und an den zu bezahlen ist, für den die Feststellung stattgefunden hat. Diesen besonderen Anspruch des Mieters geltend zu machen, steht dem Eigentümer ebensowenig zu, wie umgekehrt dem Mieter die Verfolgung des Anspruches des Eigentümers.

Vgl. Entsch. des R.G.'s in Zivils. Bd. 35 S. 258.

Es mag zweifelhaft sein, ob nicht die Anmeldung dieses Schadens durch den Eigentümer im Verwaltungsverfahren zuzulassen wäre. Eine Anfechtung des Entschädigungsfeststellungs-Beschlusses dagegen, soweit er die besondere Mieterentschädigung betrifft, kann dem Eigentümer keinesfalls zustehen; die Aktivlegitimation des Klägers im Rechtsstreite ist nach anderen Grundsätzen zu beurteilen, als die Anmeldung im Verwaltungsverfahren, in dem es zur Berücksichtigung des Anspruches genügt, daß er nur überhaupt zur Kenntnis der Verwaltungsbehörde gelangt. Anders läge die Sache, wenn durch die mit der Enteignung verbundene Entziehung des Mietbesitzes ein Entschädigungsanspruch des Mieters gegen den Eigentümer begründet würde. In diesem Falle wäre der Eigentümer kraft eigenen Rechtes zu verlangen befugt, daß ihn der Unternehmer von dem Entschädigungsanspruche des Mieters entlaste. Allein mit Recht hat das Berufungsgericht angenommen, daß ein solcher Anspruch des Mieters nicht besteht. Die Auflösung des Mietverhältnisses durch die Enteignung ist zwischen den Kontrahenten als ein Fall höherer Gewalt anzusehen. Dem Vermieter wird die Erfüllung des Vertrages durch einen von ihm nicht zu vertretenden Umstand unmöglich gemacht; es kann deshalb eine Entschädigungspflicht des Vermieters dem Mieter gegenüber nicht angenommen werden.

Vgl. Entsch. des R.G.'s in Zivils. Bd. 29 S. 280, Bd. 35 S. 257.

Endlich hat das Berufungsgericht den Anspruch auch insoweit mit Recht zurückgewiesen, als ihn der Kläger auf Grund ausdrücklicher Ermächtigung von seiten der Mieter aufrecht hält. Die dem Kläger günstigste Annahme wäre die, daß ihm die Mieter hierdurch ihren eigenen Anspruch abgetreten haben; als solcher aber, als Anspruch der Mieter, ist er erst nach Ablauf von mehr als sechs Monaten nach Zustellung des Beschlusses des Bezirksausschusses rechtshängig geworden. Der erkennende Senat findet keinen Anlaß, von dem in der Rechtsprechung des Reichsgerichts ständig festgehaltenen Grundsatze abzugehen, daß auch die Nebenberechtigten ihre Ansprüche im Rechtswege nur binnen der im § 30 Ent.-Ges. bestimmten sechsmonatigen Frist geltend machen können, und daß diese Frist auch für sie von der Zustellung des Entschädigungsfeststellungs-Beschlusses läuft, und zwar, wenn sie sich weder gemeldet haben, noch ohne ihr Zutun (§ 25 Abs. 5) eine besondere Entschädigung für sie festgestellt ist, die Zustellung des Beschlusses an sie demgemäß nicht stattzufinden hat, von der Zustellung des Beschlusses an den Eigentümer an gerechnet.

Vgl. Entsch. des R.G.'s in Zivils. Bd. 24 S. 205, Bd. 28 S. 263.

Die Revision hält die Anwendung dieser Grundsätze für ausgeschlossen, wenn die Enteignung auf Grund eines nach § 34 ergangenen Dringlichkeitsbeschlusses vorzeitig, vor endgültiger Festsetzung der Entschädigung, ausgesprochen wird, da hier die Schädigung der Mieter erst durch die Tatsache der vorzeitigen Enteignung eintrete. Die Dringlichkeit könne in jeder Lage des Verfahrens nach

Zustellung des Entschädigungsfeststellungs-Beschlusses beschlossen werden, insbesondere auch erst nach Ablauf der sechsmonatigen Klagefrist des § 30, und in diesem Falle wären die Mieter mit ihren erst jetzt entstandenen Ansprüchen völlig ausgeschlossen, was nicht die Absicht des Gesetzes sein könne.

Diese Bedenken können nicht für durchschlagend erachtet werden. Zunächst ist für die hier zu entscheidende Frage eine verschiedene Beurteilung der dringlichen und der regelmäßigen Enteignungsfälle nicht gerechtfertigt. Wenn und soweit erst der Vollzug der Enteignung als das schädigende Ereignis angesehen werden kann, muß dies gleichermaßen für jede Enteignung unterschiedslos gelten. Auch beim gewöhnlichen Verfahren ist der Zeitpunkt der Enteignung völlig ungewiß. Sie wird ausgesprochen, wenn der nach § 30 vorbehaltene Rechtsweg dem Unternehmer gegenüber durch Ablauf der sechsmonatigen Frist, durch Verzicht oder durch rechtskräftiges Urteil erledigt ist. Dazu kommt als weiteres Erfordernis die Zahlung oder Hinterlegung der Entschädigungssumme, sowie der Antrag des Unternehmers (§ 32). Daraus ergibt sich, daß auch in gewöhnlichen Fällen die Enteignung schon vor Ablauf der sechsmonatigen Frist und zu einem für den Mieter ganz unerwarteten und unberechenbaren Zeitpunkt erfolgen kann. Der von der Revision vertretene Standpunkt müßte folgerichtig dazu führen, daß für die den Mietern zu gewährende besondere Entschädigung überhaupt keine bestimmte Frist läuft, außer der Verjährung des bürgerlichen Rechts. Denn auch der § 31 Ent.-Ges. findet auf die erwähnte Entschädigung keine Anwendung. Wortlaut und Entstehungsgeschichte dieser Bestimmung lassen keinen Zweifel darüber, daß sie sich nur auf solche nachteilige Folgen der Enteignung bezieht, die durch die Ausführung der Anlage dem Restbesitze des Enteigneten zugehen und erst nach dem in § 25 bezeichneten Termine erkennbar werden. Scheidet aber die Anwendbarkeit des § 31 aus, so würde mangels einer anderen einschlägigen Vorschrift des Enteignungsgesetzes die von der Revision vertretene Meinung dazu führen, daß nicht nur die Fristen, sondern auch das Verfahren des Enteignungsgesetzes für die Mieterentschädigung tatsächlich außer Kraft träte. Dieses Ergebnis erscheint aber nach den leitenden Grundsätzen des Gesetzes unannehmbar; es ist unvereinbar mit der Vorschrift, daß die Enteignung erst nach Zahlung oder Hinterlegung, also selbstverständlich auch erst nach Feststellung der Entschädigung, ausgesprochen werden darf.

Vgl. Entsch. des R.G.'s in Zivils. Bd. 24 S. 207.

Es kann auch nicht anerkannt werden, daß sich der dem Mieter durch die Enteignung zugehende Schade nicht voraussehen läßt; er ist vielmehr dem Grunde nach mit voller Sicherheit voraussehbar und nur dem Betrage nach mehr oder minder abhängig von dem noch ungewissen Zeitpunkte der Enteignung. Daß sich hierdurch Schwierigkeiten für die Schadensfestsetzung ergeben können, ist nicht zu bestreiten; praktisch lassen sich leicht Mittel und Wege finden, ihnen abzuhelfen. Näher hierauf einzugehen ist nicht veranlaßt."

---

32. Gesellschaft mit beschränkter Haftung. Aufrechnung gegen die Stammeinlage.

Gesetz, betr. die Gesellschaften m. b. H., vom 20. Mai 1898 §§ 5 Abs. 4, 19.

I. Zivilsenat. Urt. v. 29. Februar 1908 i. S. Dr. B. (Bekl.) w. Konk.-Verw. der Molkerei Qu., Ges. m. b. H. (Kl.). Rep. I. 193/07.

I. Landgericht Königsberg i. Pr.
II. Oberlandesgericht daselbst.

Die Gesellschaft mit beschränkter Haftung „Molkerei Qu." war im Jahre 1902 mit einem Stammkapitale von 60000 ℳ errichtet worden, von dem der Beklagte den Betrag von 20000 ℳ übernommen hatte. Sie sollte nach dem Gesellschaftsvertrage die bis dahin vom Beklagten betriebene Molkerei mit Inventar und Vorräten samt dem ganzen Geschäftsbetriebe, sowie allen Vertragsrechten und Pflichten am 1. Januar 1903 zum Preise von 115000 ℳ übernehmen. Eine Aufrechnung der Stammeinlage gegen den Kaufpreis war im Gesellschaftsvertrage nicht vorgesehen.

Nachdem im Februar 1904 die Gesellschaft in Konkurs erklärt war, erhob der Konkursverwalter Klage gegen den Beklagten auf Einzahlung seiner Stammeinlage. Die Klage wurde vom Landgerichte abgewiesen, weil die Einlageschuld des Beklagten durch Aufrechnung mit einem Teile der Kaufpreisforderung getilgt sei. Das Oberlandesgericht aber erklärte den vom Konkursverwalter erhobenen Anspruch dem Grunde nach für gerechtfertigt. Die Revision des Beklagten führte zur Wiederherstellung des Urteils der ersten Instanz.

Gründe:

... „Die angefochtene Entscheidung beruht, wie die Revision zutreffend geltend macht, auf einer unrichtigen Anwendung des § 19 Abs. 2 des Gesetzes, betreffend die Gesellschaften mit beschränkter Haftung. Das Berufungsgericht erkennt zwar an, daß durch diese Bestimmung den Gesellschaftern unbedingt nur die Befugnis zur einseitigen Aufrechnung versagt ist, dagegen eine vertragsmäßige Aufrechnung unter der durch den Begriff der Geldeinlage gebotenen Bedingung, daß die zur Aufrechnung benutzte Forderung des Gesellschafters unzweifelhaft fällig und vollwertig ist, zulässig bleibt; es schließt sich der Rechtsprechung des Reichsgerichts, auf die es Bezug genommen hat, insoweit an. Das Berufungsgericht nimmt auch an, daß im vorliegenden Falle spätestens im September 1903 die Gesellschaft der Verrechnung der Einlageschuld des Beklagten auf dessen Kaufpreisforderung zugestimmt habe. Das Gericht gelangt aber gleichwohl zu der Auffassung, daß dies nicht genüge, um den Beklagten zu entlasten, weil es aus der Entstehungsgeschichte der §§ 5 Abs. 4 und 19 des Gesetzes „den strengen Willen des Gesetzgebers" erkennen zu müssen glaubt, daß gegen die Verbindlichkeit zur Leistung von Stammgeldeinlagen mit dem Anspruche auf Vergütung für der Gesellschaft überlassene Vermögensgegenstände nur aufgerechnet werden dürfe, wenn solche Aufrechnung im Gesellschaftsvertrage vorgesehen sei.

Diese Auffassung ist rechtsirrig. Eine gesetzliche Vorschrift dieses Inhalts besteht tatsächlich nicht, und sie kann auch nicht aus der vom Berufungsgericht in Bezug genommenen Bemerkung aus der Begründung des Entwurfs (S. 53) hergeleitet werden, da diese nur betont, daß für die Gesellschaft mit beschränkter Haftung die Leistung von Erfüllungssurrogaten in weiterem Umfang auszuschließen sei, als bei der Aktiengesellschaft, und hervorhebt, daß die Notwendigkeit bestehe, die ungeschmälerte Aufbringung des Stammkapitals zu sichern. Richtig ist nur so viel, daß § 19 Abs. 3 des Gesetzes einer Leistung auf die Stammeinlage, welche nicht in Geld besteht, die Wirkung, daß der

Gesellschafter hierdurch von seiner Einlageverpflichtung befreit wird, abspricht und diese befreiende Wirkung nur eintreten läßt, soweit die Leistung in Ausführung einer nach § 5 Abs. 4 des Gesetzes getroffenen Bestimmung erfolgt. Diesem Falle gleich wird der andere behandelt, wenn eine Leistung auf die Stammeinlage bewirkt werden soll durch Aufrechnung einer für die Überlassung von Vermögensgegenständen zu gewährenden Vergütung. Auch hier tritt die befreiende Wirkung für den Gesellschafter nur ein, wenn die Leistung in Ausführung einer nach § 5 Abs. 4 getroffenen Bestimmung erfolgt ist. Wird aber in diesem hier vorliegenden zweiten Fall nur eine gemäß § 5 Abs. 4 des Gesetzes getroffene Bestimmung ausgeführt, dann tritt die befreiende Wirkung ein.

Wie aus dem Gesellschaftsvertrage vom 19. Dezember 1902 hervorgeht, sind in diesem Vertrage die von § 5 Abs. 4 geforderten Bestimmungen getroffen worden. In § 5 ist der verklagte Gesellschafter als Besitzer der Molkerei Qu. nebst allem Inventar, Vorräten und dem ganzen Geschäftsbetrieb, und die Gesellschaft als Übernehmerin bezeichnet, und es ist die für die übernommenen Gegenstände zu gewährende Vergütung auf 115000 ℳ festgesetzt. Diese Bestimmungen waren nach § 10 Abs. 3 des Gesetzes in die Veröffentlichung, wodurch die Eintragung ins Handelsregister bekannt gemacht wurde, mit aufzunehmen. Die bestimmte Zeit der Übernahme — 1. Januar 1903 — ist eingehalten worden; die Nutzungen der Molkerei waren an diesem Tage bereits auf die Gesellschaft übergegangen, und es folgt aus der Fassung des Vertrages, wie aus § 452 B.G.B., daß der Kaufpreis mit 115000 ℳ am 1. Januar 1903 fällig war. Es lagen somit alle Voraussetzungen für eine zulässige vertragsmäßige Aufrechnung hier vor. Sie war nach den getroffenen Bestimmungen des Gründungsvertrages an sich selbstverständlich. Denn es würde keinen Zweck gehabt haben, wenn der Beklagte mit 20000 ℳ bar vor dem Geschäftsführer der Gesellschaft erschienen wäre, damit gegen Quittung seine Stammeinlage berichtigt hätte und nun sofort das Geld nebst den von den anderen Gesellschaftern eingegangenen Barbeträgen als Teilzahlung auf den Kaufpreis zurückerhalten hätte. Die ... Buchungen der Gesellschaft zeigen, daß der Beklagte bereits im Januar 1903 auf dem für ihn eingerichteten Konto den Kaufpreis mit 115000 ℳ kreditiert erhielt, während er im gleichen Zeitpunkte auf diesem Konto mit seiner Stammeinlage belastet wurde. Hiermit ist die getroffene Vereinbarung der Aufrechnung von bargeldwerter Forderung gegen eine gleiche in unverkennbarer Weise zum Ausdrucke gebracht und tatsächlich vollzogen. Das Berufungsgericht selbst hat aus diesen Umständen mit Recht gefolgert, daß alle Beteiligten der Ansicht waren, eine Einzahlung der Einlagen an die Gesellschaft selbst sei nicht erforderlich.

Demgemäß muß der Konkursverwalter die in zulässiger Weise, wenn auch nicht mit ausdrücklichen Worten des Gründungsvertrages, vereinbarte und tatsächlich von der Gesellschaft vollzogene Aufrechnung der Stammeinlage des Beklagten von 20000 ℳ gegen einen entsprechenden Teil seiner seit dem 1. Januar 1903 fälligen Kaufpreisforderung gegen die Konkursmasse gelten lassen." ...

---

33. Von welchem Zeitpunkt ab läuft die Ausschlußfrist des § 1571 Abs. 1 B.G.B., wenn der schuldige (trunksüchtige) Ehegatte nach Begehung der Eheverfehlung in Geisteskrankheit verfallen ist?

IV. Zivilsenat. Urt. v. 5. März 1908 i. S. H. Ehefr. (Bekl.) w. H. (Kl.). Rep. IV. 324/07.

I. Landgericht Bautzen.
II. Oberlandesgericht Dresden.

„Der Berufungsrichter stellt fest, daß sich die Beklagte von 1898 ab in zunehmendem Maße dem Alkoholgenuß ergeben und sich bis zum Juli 1902 durch ihre Trunksucht einer Eheverfehlung im Sinne von § 1568 B.G.B. schuldig gemacht, daß sie das unmäßige Trinken zwar auch nach dieser Zeit fortgesetzt hat, hierfür aber nicht mehr verantwortlich gemacht werden kann, weil sie seit Juli 1902 infolge des Trunkes in Geisteskrankheit verfallen ist. Erst im Juli 1903 haben die Parteien die häusliche Gemeinschaft aufgegeben, und erst im Januar 1906 hat der Kläger die gegenwärtige Scheidungsklage erhoben. Der Berufungsrichter verkennt nicht, daß die in § 1571

Abs. 1 B.G.B. hierfür bestimmte sechsmonatige Ausschlußfrist an und für sich längst abgelaufen ist. Er glaubt aber für Fälle der vorliegenden Art die Frist erst von dem Zeitpunkt ab rechnen zu dürfen, in dem der unschuldige Teil von dem Vorhandensein der geistigen Erkrankung Kenntnis erlangt habe. Dies ist, wie er feststellt, auf seiten des Klägers nicht vor dem 15. Oktober 1905 geschehen. Der Berufungsrichter erachtet deshalb die Frist als gewahrt und hat demgemäß die ausgesprochene Scheidung gebilligt.

Es ist zuzugeben, daß die Verwirkung des Scheidungsrechts durch Fristablauf den unschuldigen Ehegatten gerade in den Fällen des § 1568 B.G.B. unter Umständen hart treffen kann. Dies gilt besonders dann, wenn sich der Tatbestand schwerer Verletzung der durch die Ehe begründeten Pflichten, ehrlosen oder unsittlichen Verhaltens erst allmählich verwirklicht, und der andere Teil, sei es in der Hoffnung auf Besserung, sei es aus anderen löblichen Beweggründen, die Erhebung der Scheidungsklage anstehen läßt. Allein daß diese naheliegenden Erwägungen dem Gesetzgeber bei Aufstellung der Ausschlußfrist entgangen wären, ist von vornherein nicht anzunehmen und wird durch die Gesetzesmaterialien geradezu widerlegt (Begr. Bd. 4 S. 604, 93, Prot. Bd. 4 S. 430—435). Es ist deshalb mehr als bedenklich, wenn der Berufungsrichter eine Lücke des Gesetzes annimmt und sich für ermächtigt hält, diese Lücke durch den von ihm aufgestellten Rechtssatz auszufüllen: „Gegen den unschuldigen Teil läuft in Fällen dieser Art die Präklusivfrist von 6 Monaten erst dann, wenn er von dem inneren Momente, das die Trunksucht ihrer Eigenschaft als Scheidungsgrund entkleidet, Kenntnis erhält; die Präklusivfrist läuft erst von dieser Kenntnis ab."

Es kommt hinzu, daß das Gesetz die Trunksucht als solche überhaupt nicht, sondern nur in dem allgemeinen Rahmen des § 1568 als Scheidungsgrund gelten läßt. Es darf deshalb nicht wohl als Absicht des Gesetzgebers unterstellt werden, gerade für die Fälle der Trunksucht eine Regel zu geben, die den Grundsatz des § 1571 Abs. 1 nicht nur preisgibt, sondern geradezu in das Gegenteil verkehrt. Denn der Berufungsrichter will im Falle der Trunksucht die Ausschlußfrist nicht mit dem Zeitpunkte beginnen lassen, in dem der Ehegatte von dem Scheidungsgrunde, sondern in dem er von dem Nichtvorhandensein des vermeintlichen Scheidungsgrundes Kenntnis erlangt.

In der Tat ergibt sich schon aus der Natur der von Amts wegen zu überwachenden Ausschlußfrist als Wille des Gesetzgebers, daß im öffentlichen Interesse das Bestehen oder Nichtmehrbestehen der Ehe nicht auf längere und ungewisse Zeit in Frage gestellt werden soll. Der Gesetzgeber hat sich ferner, so in § 622 Z.P.O., mit voller Deutlichkeit dafür ausgesprochen, daß er die Trennung der Ehen nicht erleichtern will, daß ihm vielmehr an ihrer Aufrechterhaltung gelegen ist. Daraus folgt, daß er gewisse mit Durchführung der Ausschlußfrist unvermeidlich verbundene Härten vom unschuldigen Teile getragen wissen, und im Falle des Interessenkonfliktes nicht zu seinen Gunsten entschieden haben will. Einen Ausgleich hat er dem unschuldigen Teile nur insofern gewährt, als er ihm in § 1571 Abs. 2 Satz 1 die Möglichkeit eröffnet, durch Aufhebung der häuslichen Gemeinschaft eine Erstreckung der Ausschlußfrist bis zur Dauer von 10 Jahren herbeizuführen. Wie eng oder wie weit man auch die Grenzen für eine ausdehnende Auslegung des Gesetzes bestimmen will, so darf sich doch der Richter dabei nicht mit dem klar erkennbaren Willen des Gesetzes selbst in Widerspruch setzen. Diese Grenze ist vom Berufungsrichter nicht eingehalten. Sein Urteil mußte deshalb aufgehoben werden.

Zugleich ergeben die tatsächlichen Feststellungen, daß der Kläger das Recht, wegen der bis zum Juli 1902 von der Beklagten begangenen Eheverfehlungen die Scheidung zu verlangen, durch Fristablauf verloren hat. Der spätere Zeitraum kommt mit Rücksicht auf die seitdem eingetretene Geisteskrankheit der Beklagten auch nach der Meinung des Berufungsrichters nicht in Betracht. Hiernach erweist sich die Sache als zur Endentscheidung reif. Es war mithin auf Klagabweisung zu erkennen."

---

34. Ist für die Frage des Zustandekommens eines Vertrages der innere, nicht zum Ausdrucke gelangte Wille des einen Kontrahenten von Bedeutung? Was ist der wirkliche Wille im Sinne des § 133 B.G.B.?

B.G.B. §§ 116, 119, 133, 157.

VII. Zivilsenat. Urt. v. 6. März 1908 i. S. L. J. (Kl.) w. H. (Bekl.). Rep. VII. 250/07.

I. Landgericht Frankfurt a. M.
II. Oberlandesgericht daselbst.

Die Klägerin lieferte im Jahre 1905 auf Bestellung des Bauunternehmers W. für das dem Beklagten gehörige Hotel- und Restaurationsgrundstück zu F. eine Heizanlage zu dem vereinbarten Preise von 6200 ℳ. Der Besteller W. geriet in Konkurs und bezahlte die bedungene Summe nicht. Die Klägerin nahm deshalb den Beklagten auf Entrichtung des Betrages nebst Zinsen mit der Behauptung in Anspruch, daß auch er die Heizanlage bestellt und ihre Bezahlung sowohl vor, wie nach Beginn der Arbeiten versprochen, sowie daß er sie veranlaßt habe, dem unsicheren W. Kredit zu gewähren. Der Beklagte bestritt das Vorbringen der Klägerin, soweit es die Übernahme einer Verbindlichkeit von seiner Seite betraf, und begehrte Abweisung der Klage.

Das Landgericht verurteilte den Beklagten nach dem Klagantrage. Das Oberlandesgericht erkannte abändernd auf zwei Eide für den Beklagten dahin:

1. Es ist nicht wahr, daß der frühere Mitinhaber der Klägerin, Otto D., mit Rücksicht darauf, daß er von W. vergeblich Zahlung für die zur Zentralheizung meines Hauses geleisteten Arbeiten verlangt habe, mir erklärt hat, er werde die Arbeit einstellen und nichts weiter machen lassen, wenn er nicht Zahlung bekomme, und daß ich ihm darauf geantwortet habe: „Bei mir verliert niemand etwas, arbeiten Sie nur ruhig weiter."
2. Ich habe die Erklärung gegenüber dem früheren Mitinhaber der Klägerin, Otto D.: „Bei mir verliert niemand etwas, arbeiten Sie nur ruhig weiter" nicht in der Absicht abgegeben, damit die Schuld des W. der Klägerin gegenüber zu übernehmen oder mich der Klägerin für die Schuld des W. zu verbürgen.

Für den Fall der Leistung des Eides zu 1 oder auch nur des Eides zu 2 wurde die Klage abgewiesen, für den Fall der Verweigerung beider Eide der Beklagte nach dem Klagantrage verurteilt. Der Revision der Klägerin wurde stattgegeben.

Gründe:

„Die Revision rügt mit Recht, daß der Berufungsrichter in rechtlich unzulässiger Weise darauf Gewicht gelegt habe, was sich der Beklagte innerlich bei seinen Äußerungen gedacht, was er damit beabsichtigt und bezweckt habe. Der § 116 B.G.B. läßt darüber keinen Zweifel, daß die Wirksamkeit einer Willenserklärung durch nicht in die Außenwelt getretene An- und Absichten des Erklärenden, die sich mit der Kundgebung, wie sie vorliegt, in Widerspruch setzen, keine Einbuße erleidet. Auch ein Irrtum über den Inhalt oder die Bedeutung der Erklärung macht diese nicht wirkungslos, sondern unter gewissen Voraussetzungen anfechtbar (§ 119 B.G.B.). Auch wenn ein Vertrag nicht zustande kommt, weil sich die beiderseitigen Erklärungen infolge eines Mißverständnisses oder aus einem sonstigen Grunde nicht decken, ist es nicht der Zwiespalt des inneren Willens und der Erklärung, der zu diesem negativen Ergebnis führt, sondern der Mangel der für das Dasein eines Vertrages wesentlichen Einigung. Deshalb ist es gleichgültig, ob der Beklagte bei der Äußerung, die durch die Verweigerung des ersten Eides festgestellt werden soll, den (inneren) Willen gehabt hat, eine Schuld des Unternehmers W. auch seinerseits zu übernehmen oder sich dafür zu verbürgen. Da der Berufungsrichter selbst davon ausgeht, daß es sich bei jener Äußerung um eine rechtsgeschäftliche Erklärung gehandelt habe, war es seine Aufgabe, zu ermitteln, welche Bedeutung ihr nach der Auffassung des Verkehrs unter Berücksichtigung der gesamten Umstände des Falles beizumessen ist, wie der andere Teil sie als verständiger Geschäftsmann zu verstehen berechtigt war. Dies schreibt der § 157 B.G.B. ausdrücklich vor. Wenn es in § 133 B.G.B. heißt, daß bei der Auslegung einer Willenserklärung der wirkliche Wille zu erforschen sei, so ist damit nicht gesagt, daß es auf den inneren Willen ankomme; denn sonst würden die §§ 116, 119 mit dem § 133 in einem unlöslichen Widerspruche stehen. Vielmehr soll nur einer Buchstabeninterpretation vorgebeugt, und der Richter angewiesen werden, den Sinn und die Bedeutung einer abgegebenen Erklärung nicht lediglich nach den gebrauchten sprachlichen Wendungen, sondern nach dem ganzen Zusammenhange, sowie nach dem wirtschaftlichen Zwecke des Geschäfts zu beurteilen. Was sich hiernach als der Inhalt der Erklärung ergibt, ist der wirkliche, in die Erscheinung getretene Wille, während der innere Wille nicht in Betracht kommt. Daraus folgt, daß der zweite Eid jedenfalls zu beseitigen und das Urteil insoweit aufzuheben ist. Die Gesichtspunkte des Irrtums oder des sogenannten versteckten Dissenses sind vom Beklagten in den Vorinstanzen nicht geltend gemacht und können auf sich beruhen bleiben.

Aber auch in Ansehung der Auferlegung des ersten Eides ergaben sich Bedenken, die zur Aufhebung des Berufungsurteils in vollem Umfange führen mußten. Der Berufungsrichter erachtet die Äußerung, die er zum Gegenstande des Eides gemacht hat, nicht für ausreichend dargetan. Er bemängelt die Glaubwürdigkeit des Zeugen Otto D., des früheren Mitinhabers der klagenden Firma, aber er fügt bei, es sei auch nicht erkennbar, daß die Absicht des Beklagten auf die Übernahme der Schuld oder der Bürgschaft gerichtet gewesen sei. Weil diese Absicht nicht zweifelsfrei sei, habe die Klägerin den ihr obliegenden Beweis nicht hinlänglich erbracht. Diese Ausführungen geben der Vermutung Raum, daß auch die Beweiswürdigung des Berufungsrichters von der nicht zu billigenden Rechtsanschauung beeinflußt worden ist, es komme auf die Absicht des Beklagten an. Der Berufungsrichter sagt nicht, daß in der Äußerung nicht der Ausdruck des Interzessionswillens gefunden werden könne; sie erscheint ihm an sich nicht unerheblich. Aber die Absicht des Beklagten ist ihm nicht zweifelsfrei. Daß er damit die innere Absicht meint, lassen seine weiteren Erwägungen erkennen. Diese Absicht ist nicht von Bedeutung. Auch wenn erwiesen wäre, daß sie nicht bestanden hat, würde dies gleichgültig sein, sofern nur die Äußerung des Beklagten nicht anders ausgelegt werden kann, als in dem Sinne, daß er für die Bezahlung der bei der Klägerin bestellten Heizanlage aufzukommen sich verpflichte. Ob der Berufungsrichter, wenn er jene unausgesprochene Absicht unberücksichtigt gelassen hätte, gleichfalls zu dem ersten Eide gelangt wäre, ist mindestens nicht sicher. Darum war es geboten, eine erneute Prüfung der Sache nach allen Richtungen hin durch Aufhebung des Berufungsurteils zu ermöglichen.

Mit Recht hebt die Revision hervor, daß der Berufungsrichter — anscheinend beeinflußt durch seine Anschauung von der Maßgeblichkeit des innerlich Gewollten — den Umstand, auf den es wesentlich ankommen wird, nicht in Betracht gezogen habe, nämlich daß die Klägerin ihre Arbeiten einzustellen gedroht hat und daß der Beklagte um dessen Haus und Gewerbe es sich handelte, das größte Interesse an der Fortsetzung der Arbeiten hatte. Zu untersuchen ist bei der erneuten Entscheidung, ob der Klägerin mit einer Einwirkung auf den Bauunternehmer W. oder mit der Übernahme der Zahlungspflicht, wenn dieser zustimme, gedient sein, oder ob ihr nicht vielmehr nur eine die Zahlungspflicht des Beklagten unbedingt feststellende Erklärung genügen konnte, ferner ob eine Erklärung dieses Inhaltes ausreichend nachgewiesen ist. Darüber sich auszusprechen, wie diese Erklärung rechtlich zu kennzeichnen sein möchte, hat das Revisionsgericht zur Zeit keinen Anlaß. Daß die Kategorie der Bürgschaft oder der sogenannten kumulativen Schuldübernahme (vgl. Entsch. des R.G.'s in Zivils. Bd. 59 S. 232; Gruchot, Beitr. Bd. 50 S. 946; Jurist. Wochenschr. 1907 S. 47 Nr. 7) an sich verwendbar ist, erkennt auch der Berufungsrichter an. Es liegt in einem Falle, wie dem gegenwärtigen, nicht fern, daß der Bauherr, nachdem der Bauunternehmer in Zahlungsschwierigkeiten geraten ist, durch Übernahme einer Bürgschaft oder auch einer selbständigen Verpflichtung den Bauhandwerker zur Vollendung seiner Arbeiten bestimmt, die er dringend wünschen muß." ...

---

35. 1. Kann jemandem darüber, ob er in einem bestimmten Zeitpunkt über das Bestehen einer Tatsache Zweifel gehabt hat, ein richterlicher Eid auferlegt werden?

2. Zur Anwendung des § 476 Z.P.O.

3. Pfandrechtserwerb des Zentralbankiers an Inhaberpapieren, die dem Provinzialbankier, der sie ihm in Depot sendet, nicht gehören. Verhältnis des § 8 des Bankdepotgesetzes vom 5. Juli 1896 zu den allgemeinen Bestimmungen über die Bedeutung des guten Glaubens für den Erwerb des Pfandrechts.

Z.P.O. §§ 475, 476.
B.G.B. §§ 1293, 1207, 932.
H.G.B. § 366.

VII. Zivilsenat. Urt. v. 17. März 1908 i. S. D. (Bekl.) w. W. (Kl.).
Rep. VII. 233/07.

I. Landgericht I Berlin.
II. Kammergericht daselbst.

Die A.'sche Bank in O. hatte am 26. April 1903 von der Klägerin 18 Stück dieser gehörige 5prozentige Rumänische Rente über je 500 Frs. zur Beschaffung neuer Zinsscheinbogen erhalten. Sie sandte diese Wertpapiere mittels Schreibens vom 29. April 1903 an die Beklagte, mit der sie in laufender Rechnung stand, mit dem Ersuchen um „Besorgung der neuen Bogen und alsdann ... Depotnahme". Mittels Schreibens vom 28. Mai 1903 ersuchte die Beklagte um Bestätigung, daß der A.'schen Bank „das Verfügungsrecht über diese Effekten zustehe". Durch Schreiben vom 29. Mai wurde dies von der A.'schen Bank bestätigt. Die Beklagte nahm die übersandten Stücke in „Depot A". Nachdem die A.'sche Bank später in Konkurs geraten war, verkaufte die Beklagte am 13. Juni 1904 die Papiere zur Deckung ihrer Ansprüche gegen die Gemeinschuldnerin.

Mit der Klage wurde Herausgabe eines der Stücke mit Erneuerungsschein und Zinsscheinen gefordert. Die Beklagte widersprach und beantragte widerklagend Feststellung, daß sie zur Herausgabe der 9000 Frs. Rumänische Rente nur im Falle ihrer vollständigen anderweiten Befriedigung wegen ihrer Forderungen an die Gemeinschuldnerin verpflichtet sei. Das Landgericht wies die Klage ab und erkannte nach dem Widerklagantrag. Das Kammergericht legte durch bedingtes Endurteil jedem der persönlich haftenden Gesellschafter der Beklagten einen Eid auf, dessen Inhalt aus den nachfolgenden Gründen erhellt.

Die Revision der Beklagten hatte Erfolg.

Gründe:

„Die Revision hat gegen das Berufungsurteil drei prozessuale Angriffe erhoben, von denen zwei unbegründet sind, der dritte aber zur Aufhebung der angefochtenen Entscheidung führen mußte.

Unbegründet ist die Rüge, daß das Berufungsurteil gegen § 475 Z.P.O. verstoße, weil der den gesetzlichen Vertretern der Beklagten auferlegte richterliche Eid nicht, wie das Gesetz verlangt, eine Tatsache zum Gegenstande habe. Es ist anerkannten Rechtens und wird auch von der Revision nicht in Zweifel gezogen, daß auch die sogenannten „inneren Tatsachen", wie z. B. Wissen, Glauben u. dgl., Gegenstand der Eideszuschiebung wie des richterlichen Eides sein dürfen. Daß aber die Frage, ob jemand in einem bestimmten Zeitpunkt über das Bestehen einer bestimmten Tatsache Zweifel gehabt hat oder nicht, noch dem Gebiete dieser inneren Tatsachen angehört, ist mit Fug nicht zu bestreiten. Die Revision macht dagegen geltend, der Zweifel liege lediglich „auf subjektivem Gebiete". Das ist aber nur in dem Sinne richtig, in dem es ebenso auf das Wissen, Glauben und viele andere innere Tatsachen zutrifft. Das Reichsgericht hat z. B. den Eid zugelassen über die Willensbestimmung durch Versicherungen oder durch Drohungen des anderen Teiles (Urteile vom 8. Oktober 1892, Jurist. Wochenschr. 1892 S. 462, und vom 8. Dezember 1899, Jurist. Wochenschr. 1900 S. 50), ferner über die Ernstlichkeit einer Absicht (Urteil vom 24. September 1891, Bolze, Bd. 13 S. 398); das sind Dinge, die nicht weniger „auf subjektivem Gebiete" liegen, als der Zweifel an dem Vorhandensein einer bestimmten Tatsache. Daß die hier dargelegte Auffassung der Absicht des Gesetzes entspricht, beweist der durch § 459 Z.P.O. zugelassene Eid in der Überzeugungsform. Denn wenn jemand beschwört, daß er die Überzeugung von etwas erlangt habe, so beschwört er damit eben, daß er an der betreffenden Tatsache keinen Zweifel mehr hat; und umgekehrt, wenn er beschwört, daß er die Überzeugung nicht erlangt habe, so heißt das nichts anderes, als daß er mindestens noch Zweifel übrig behalten habe."

(Folgt die Zurückweisung des zweiten prozessualen Angriffs.)

„Mit Recht dagegen führt die Revision darüber Beschwerde, daß das Berufungsurteil den Eid von sämtlichen gesetzlichen Vertretern der Beklagten fordert. Die Beklagte ist bekanntermaßen eine der deutschen Großbanken. Bei ihrem Geschäftsumfange konnte der Berufungsrichter nicht davon ausgehen, daß mit einem Geschäfte von verhältnismäßig so geringfügiger Bedeutung, wie dem hier in Rede stehenden, sämtliche gesetzlichen Vertreter der Beklagten (etwa in einer der regelmäßigen Sitzungen oder Beratungen) befaßt worden seien. Der Eid lautet für jeden von ihnen dahin, daß er nach Eingang des Briefes der A.'schen Bank vom 29. Mai 1903 keinen Zweifel darüber gehabt habe, daß die übersandten Wertpapiere der A.'schen Bank nicht nur zur Besorgung neuer Bogen, sondern auch zur freien Verfügung übergeben worden seien. Um überhaupt sich prüfen zu können, ob er diesen Eid leisten könne, ist es eine aus der Natur der Sache sich ergebende Voraussetzung, daß der Schwurpflichtige von dem Eingange und dem Inhalte des genannten Briefes Kenntnis erhalten hatte. War das nicht der Fall, so kam er gar nicht in die Lage, den erwähnten Zweifel zu haben oder nicht zu haben. Gerade mit Rücksicht auf Fälle solcher Art ist die Vorschrift des § 476 Z.P.O. gegeben, wonach der richterliche Eid allen gesetzlichen Vertretern oder einigen oder einem von ihnen auferlegt werden kann. Daraus, daß der Berufungsrichter ohne weiteres, insbesondere (§ 139 Z.P.O.) ohne eine Erörterung darüber herbeizuführen, ob sämtliche gesetzlichen Vertreter von dem Briefe nach dessen Eingange Kenntnis erhalten hatten, ihnen allen den Eid auferlegt hat, ergibt sich mindestens der Anschein, daß er sich der ihm durch § 476 gegebenen Befugnis nicht bewußt gewesen ist. Hätte er das ihm nach dieser Vorschrift zustehende Ermessen ausgeübt und wäre er auch hierbei zu dem Ergebnisse gelangt, daß alle gesetzlichen Vertreter zu schwören hätten, so hätte sich ihm ferner die Frage aufdrängen müssen, ob nicht für die mit dem Geschäfte nicht befaßt gewesenen Gesellschafter der Eid nur (und zwar dann in der Überzeugungsform) darauf zu richten war, daß die mit dem Geschäfte befaßt gewesenen keinen Zweifel über die erwähnte Tatsache gehabt haben. Behufs der hiernach erforderlichen anderweiten tatsächlichen Prüfung mußte die Sache, unter Aufhebung des angefochtenen Urteils, in die Berufungsinstanz zurückverwiesen werden.

Die Revision hat auch einen materiellrechtlichen Angriff gegen das Berufungsurteil gerichtet, indem sie behauptet, die Entscheidung beruhe auf Verkennung der Bestimmungen des Bankdepotgesetzes vom 5. Juli 1896 und der Grundsätze über das Verschulden. Dieser Angriff kann als begründet nicht erachtet werden.

Nach § 8 des Bankdepotgesetzes hatte die A.'sche Bank die Pflicht, der Beklagten bei Übersendung der Papiere mitzuteilen, daß diese fremde seien. Wäre dieser Pflicht genügt worden, so hätte die Beklagte ein Pfandrecht an den Papieren nur wegen solcher Forderungen an die A.'sche Bank geltend machen können, die mit Bezug auf die Papiere entstanden sind; die Beklagte hätte in diesem Falle die Papiere nicht in das dem allgemeinen Pfandrecht unterliegende „Depot A", sondern in das pfandfreie oder doch nur jenem beschränkten Pfandrecht unterliegende „Depot B" genommen. Da die erwähnte Mitteilung nicht erfolgte, so stand dem Pfandrechte der Beklagten eine Schranke aus dem Bankdepotgesetze nicht entgegen. Diese Rechtslage verkennt das Berufungsgericht nicht; insbesondere erkennt es auch ausdrücklich an, daß der Beklagten keineswegs die Pflicht oblag, mit Bezug auf das Eigentum an den übersandten Papieren noch eine besondere Anfrage an die A.'sche Bank zu richten.

Unberührt gelassen hat aber das Bankdepotgesetz die allgemeinen Bestimmungen, wonach der Erwerb des Pfandrechts an Inhaberpapieren, die dem Verpfänder nicht gehören, von dem guten Glauben des Pfandnehmers abhängt (§§ 1293, 1207, 932 B.G.B.). Dieser gute Glaube konnte infolge sonstigen Wissens oder Wissenmüssens fehlen, obgleich die durch § 8 des Bankdepotgesetzes vorgeschriebene Mitteilung unterblieben war. Dabei greift aber für den hier in Frage kommenden Handelsverkehr zugunsten der Beklagten die Bestimmung des § 366 H.G.B. Platz, wonach der Pfandnehmer, selbst wenn er weiß, daß die Sache dem verpfändenden Kaufmanne nicht gehört, schon durch den guten Glauben an dessen Verfügungsbefugnis geschützt wird. Nach der tatsächlichen Feststellung des Berufungsrichters hat die Beklagte aus dem Schreiben vom 29. April 1903 in Verbindung mit den sonstigen Umständen entnehmen müssen und auch entnommen, daß die Papiere der A.'schen Bank nur zur Besorgung der neuen Zinsscheinbogen von einem Kunden übergeben, also nicht ihr Eigentum waren. Nur aus der Erkenntnis dieser Sachlage erklärt sich in der Tat der auffällige und ungewöhnliche Schritt, den die Beklagte tat, indem sie die A.'sche Bank um Bestätigung ersuchte, daß dieser „das Verfügungsrecht über die Effekten zustehe". Die Revision will hier in den Ausführungen des Berufungsurteils einen Widerspruch und damit einen Verstoß gegen § 551 Nr. 7 Z.P.O. feststellen, indem sie darauf hinweist, daß an einer Stelle der Entscheidungsgründe gesagt ist: die Beklagte habe nicht glauben können, daß der Provinzialkunde weniger gut (als sie selbst) über die Verhältnisse der A.'schen Bank unterrichtet sei und dieser nicht bloß die Besorgung der neuen Bogen, sondern auch das unbeschränkte Verfügungsrecht über die Papiere habe übertragen wollen, — an einer anderen Stelle aber: die Beklagte habe aus dem Briefwechsel ersehen, daß der den Verhältnissen nahestehende Provinzialkunde die Papiere der A.'schen Bank nach Erledigung des Auftrages belassen hatte. Allein ein Widerspruch besteht zwischen diesen beiden Bemerkungen nicht, da in der ersten von einer Übertragung der Verfügung über die Papiere, in der zweiten aber nur von der tatsächlichen Belassung der Papiere (in der Verwahrung) die Rede ist. Jedenfalls aber ergibt sich aus jenem Bestätigungsersuchen unmittelbar, daß die Beklagte nicht nur die A.'sche Bank nicht als Eigentümerin der Papiere ansah, sondern auch über ihre Verfügungsbefugnis Zweifel hatte. Bedenklich mußte es erscheinen, ob die Beklagte bei Anwendung der im Verkehr erforderlichen Sorgfalt (§ 276 B.G.B.) durch die bloße Bestätigung von seiten der A.'schen Bank jenen Zweifel als beseitigt ansehen konnte. Der Berufungsrichter hat denn auch darin, daß die Beklagte, „ohne andere überzeugende Nachweisungen über die Verfügungsbefugnis" zu fordern, auf das Geschäft einging, eine Fahrlässigkeit der Beklagten gefunden; er hat aber, und das ist eine Entscheidung zugunsten der Beklagten, diese Fahrlässigkeit nicht ohne weiteres als eine grobe, wie sie der § 932 Abs. 2 B.G.B. voraussetzt, erachtet. Nur für den Fall, daß durch Verweigerung des auferlegten richterlichen Eides sich ergeben sollte, daß dem Bestätigungsschreiben nicht voller Glaube geschenkt worden ist, tatsächlich vielmehr jene Zweifel fortgedauert haben, findet der Berufungsrichter in der Handlungsweise der Beklagten eine grobe Fahrlässigkeit. In dieser Hinsicht wird einer erneuten Prüfung in der Berufungsinstanz immerhin nichts entgegenstehen." ...

---

36. Was ist unter dem Verlangen der Gemeinde zu verstehen, daß eine von der Fluchtlinienfestsetzung betroffene Grundfläche für den öffentlichen Verkehr abgetreten werde?

Preuß. Fluchtliniengesetz vom 2. Juli 1875 § 13 Nr. 1.

VII. Zivilsenat. Urt. v. 17. März 1908 i. S. Sch. u. Gen. (Kl.) w. Stadtgemeinde P. (Bekl.). Rep. VII. 276/07.

I. Landgericht Posen.
II. Oberlandesgericht daselbst.

Die Kläger waren seit dem 31. Mai 1897 Eigentümer des Grundstückes Band 8 Blatt 234 des Grundbuches von P.-L. Sie behaupteten, daß zu diesem Grundstücke die Parzelle Kartenblatt 1 Nr. 1162/191 im Flächeninhalte von 1074 qm gehöre, die nach dem Jahre 1897 zur Herstellung des Marktplatzes von der demnächst in der Stadt P. durch Eingemeindung aufgegangenen Gemeinde L. verwendet worden sei. Klagend beantragten sie deshalb, die Beklagte zu verurteilen, bei der zuständigen Bezirksregierung schriftlich und unter Beobachtung der im § 24 Ent.-Ges. vorgesehenen Vorschriften einen Antrag auf Enteignung jener Parzelle und auf Festsetzung der Entschädigung zu stellen. Die Beklagte begehrte Abweisung der Klage; sie bestritt das Eigentum der Kläger an der Parzelle, die von jeher als öffentlicher Weg behandelt worden sei.

Die Vorinstanzen erkannten auf Abweisung der Klage. Der Revision der Kläger wurde stattgegeben.

Gründe:

... „Die Klage ist lediglich auf das Fluchtliniengesetz vom 2. Juli 1875 gestützt. Der Berufungsrichter weist sie ab, da § 13 Nr. 2, 3 überhaupt nicht und § 13 Nr. 1 deshalb nicht anwendbar sei, weil es an dem Verlangen der Gemeinde, die bezeichnete Fläche für den öffentlichen Verkehr abzutreten, fehle. Die Revision rügt mit Recht Verletzung des § 13 Nr. 1 des Fluchtliniengesetzes.

Von vornherein ist es fraglich, ob dieses Gesetz für den vorliegenden Fall maßgebend ist. Die §§ 13, 14 Fl.Lin.Ges. beziehen sich nur auf Entschädigungen, die infolge der Festsetzung von Fluchtlinien gemäß dem neuen Gesetze gefordert werden.

Vgl. Entsch. des R.G.'s in Zivils. Bd. 6 S. 295; Friedrichs Fl.Lin.Ges. (5. Aufl., bearb. von Strauß und v. Tornej) Anm. zu §§ 13, 14 S. 138.

Aus den Tatbeständen der Vorderurteile ist nicht zu ersehen, ob das für den Marktplatz in L. verwendete Stück Land für diesen Zweck durch die von der Gemeinde vollzogene Festsetzung einer Fluchtlinie auf Grund des Gesetzes vom 2. Juli 1875 in Aussicht genommen war. Wenn daher der Berufungsrichter ohne weiteres davon ausgeht, daß dies geschehen sei, so fehlt es an der erforderlichen tatsächlichen Grundlage für diese Annahme. Ist die Einverleibung nach Maßgabe einer älteren Fluchtlinie oder auch ohne Rücksicht auf irgendeine Fluchtlinienfestsetzung erfolgt, so würde nur ein Anspruch nach

§ 75 der Einleitung zum Allgemeinen Landrecht gegeben sein, der nicht erhoben ist.

Wenn aber die Annahme des Berufungsrichters zutrifft und also eine neuere das Streitstück umfassende Fluchtlinienfestsetzung vorgenommen ist, so gehen die Anforderungen zu weit, die der Berufungsrichter an das Verlangen der Gemeinde im Sinne des § 13 Nr. 1 stellt. Es ist richtig, daß die bloß tatsächliche Einverleibung der fraglichen Fläche in den Marktplatz, insbesondere lediglich auf Anordnung der Polizeibehörde, nicht jenes die Enteignungs- und Entschädigungspflicht der Gemeinde begründende Verlangen darstellt.

Vgl. Entsch. des R.G.'s in Zivils. Bd. 33 S. 233.

Anderseits sagt jedoch das Gesetz nicht, daß das Verlangen ein ausdrückliches sein müsse, wie es der Berufungsrichter fordert. Es muß genügen, wenn das Verhalten der Gemeindeorgane in Ansehung einer von der Fluchtlinie getroffenen Fläche unzweideutig erkennen läßt, daß diese Fläche für den öffentlichen Verkehr in Anspruch genommen werde, daß nunmehr die zunächst nur eine Beschränkung der Baufreiheit bedingende Fluchtlinie endgültig verwirklicht und die von ihr betroffene Fläche für die Straße abgetreten werden solle. Wollte man Handlungen der Gemeinde, auch wenn sie nur in der angegebenen Absicht vollzogen sein können, nicht genügen lassen und immer ein wörtliches Begehren gegenüber dem Eigentümer fordern, so würde dieser an der Verfolgung seiner Rechte in einer mit dem Zwecke des Gesetzes unvereinbaren und durch diesen nicht gebotenen Weise gehindert sein. Nur darauf kommt es an, daß eine Willensbetätigung der Gemeinde vorliegt, die im Sinne des Abtretungsverlangens auszulegen ist.

Vgl. Entsch. des R.G.'s in Zivils. Bd. 61 S. 322.

Ein solches Verlangen wird nicht dadurch ausgeschlossen, daß die Gemeinde das Eigentum des anderen an der Fläche bestreitet und sich selbst für die Eigentümerin hält, wofern nur klar ist, daß sie die Fläche unter allen Umständen, auch für den Fall, daß sie einem anderen gehöre, zu Straßenzwecken verwendet wissen will. Von diesen Gesichtspunkten aus ist das Vorbringen der Kläger, daß die Gemeinde L. den angeblich ihnen gehörenden Landstreifen zur Herstellung des Marktplatzes verwendet habe, zu prüfen, und damit dies geschehe — wenn überhaupt Raum für die Anwendung des Fluchtliniengesetzes ist —, war die Sache, unter Aufhebung des Berufungsurteiles, zur anderweiten Verhandlung und Entscheidung in die Vorinstanz zurückzuverweisen. Dabei wird auch die Frage des Privateigentumes der Kläger an dem Landstreifen, die nur nebenher und nicht erschöpfend behandelt ist, von neuem zu erörtern sein. Soweit sie verneint wird, ist selbstverständlich der erhobene Anspruch unhaltbar."

---

37. Wird der Anfechtungsbeklagte durch die Rechtskraft des gegen den Schuldner ergangenen Urteils gehindert, Einwendungen gegen den Bestand der Forderung des Anfechtungsklägers vorzubringen, mit denen der Schuldner in dem gegen ihn anhängigen Rechtsstreit abgewiesen ist, oder die er vorzubringen unterlassen hat?

Anfechtungsgesetz vom 20. Mai 1898 § 2.

VII. Zivilsenat. Urt. v. 17. März 1908 i. S. M. (Kl.) w. Sch. & Co. Konk. (Bekl.). Rep. VII. 296/07.

I. Landgericht I Berlin.
II. Kammergericht daselbst.

Die Kläger hatten laut rechtskräftigen Urteils vom 27. April 1893 gegen den Maurermeister Sch. eine Forderung von 6839,50 *M*. Nachdem die Zwangsvollstreckung in das Vermögen ihres Schuldners erfolglos geblieben war, erhoben sie Klage auf Zahlung ihrer Forderung, unter anderem gestützt auf § 3 Nr. 1 des Anfechtungsgesetzes. Sie machten geltend, daß ihr Schuldner sein Vermögen der verklagten Gesellschaft in der den Inhabern der Beklagten bekannten Absicht, seine Gläubiger zu benachteiligen, zugewendet habe.

Die Beklagten wendeten ein, daß die Kläger bereits von ihrem Schuldner dadurch befriedigt seien, daß dieser ihnen laut Vertrages vom 14. März 1892 eine Baustelle für 12000 *M* verkauft, sie ihnen im April 1892 aufgelassen und mit der Kaufgeldforderung aufgerechnet habe.

Das Kammergericht erkannte im wesentlichen nach dem Klagantrage.

Die Revision ist zurückgewiesen aus folgenden

Gründen:

„Die Beklagten greifen das Berufungsurteil nur insofern an, als ihr Einwand für unbeachtlich erklärt ist, daß der im Urteile vom 7. April 1893 rechtskräftig festgestellte Anspruch der Kläger bereits im Jahre 1892 durch Aufrechnung untergegangen sei. Der Berufungsrichter ist hierbei von der vom Reichsgerichte in feststehender Rechtsprechung festgehaltenen Auffassung ausgegangen, daß der Anfechtungsbeklagte die Rechtsbeständigkeit der dem Schuldner gegenüber durch rechtskräftiges Urteil festgestellten Forderung des Anfechtungsklägers nicht auf Grund von Tatsachen anfechten kann, die der Schuldner bereits in dem gegen ihn anhängigen Rechtsstreite hätte geltend machen können.

Vgl. Entsch. des R.G.'s in Zivils. Bd. 7 S. 188, Bd. 39 S. 15; Jurist. Wochenschr. 1892 S. 301, 366, 1895 S. 267, sowie die Urteile in den Sachen Rep. VII. 235/05, 281/05 und 173/06.

Der Senat sieht sich nicht veranlaßt, von dieser, übrigens auch in der Literatur bei weitem vorherrschenden, Ansicht abzugehen. Die vom Revisionskläger zur Rechtfertigung seiner Revision besonders in Bezug genommenen Ausführungen bei Jaeger, Gläubigeranfechtung außerhalb des Konkurses, Anm. 30 flg. zu § 2, können als durchgreifend nicht erachtet werden; sie machen im wesentlichen Gesichtspunkte geltend, die schon bei den früheren Entscheidungen berücksichtigt sind.

Auch wenn man die Anfechtungsklage nicht als einen Akt der Zwangsvollstreckung, vielmehr als Geltendmachung eines Anspruches aus einem unmittelbar auf dem Gesetze beruhenden besonderen Schuldverhältnis zwischen Anfechtungskläger und Anfechtungsbeklagtem auffaßt, steht nichts der Annahme entgegen, daß es nach dem Anfechtungsgesetze, ungeachtet des Grundsatzes der Beschränkung der Rechtskraftwirkung auf die Parteien, dem Anfechtungsbeklagten nicht gestattet sein soll, dem Anfechtungskläger, dessen Forderung dem Schuldner gegenüber rechtskräftig festgestellt ist, mit Einwendungen entgegenzutreten, mit denen der Schuldner rechtskräftig abgewiesen ist, oder die er vorzubringen unterlassen hat. Aus der Entstehungsgeschichte und dem Zusammenhange des Gesetzes muß aber entnommen werden, daß der Gesetzgeber den Ausschluß solcher Einwendungen tatsächlich gewollt hat.

In der Begründung des Entwurfes des Anfechtungsgesetzes (Materialien zu den Reichsjustizgesetzen Bd. 4 S. 736) wird ausgeführt: der in § 2 vorgeschriebene vollstreckbare Titel begründe zugleich in genügender Weise die Legitimation des Gläubigers gegenüber dem Dritten; ein sonstiger Nachweis der Forderung sei nicht erforderlich. Zwar könne von einer Rechtskraft des gegen den Schuldner ergangenen Urteils dem Dritten gegenüber nicht die Rede sein; einer solchen bedürfe es aber auch nicht, da der Anfechtungsanspruch seinen eigenen Inhalt habe. Der Gläubiger brauche sich nur auszuweisen, daß er dem Schuldner gegenüber das selbständige Recht erlangt habe, in Höhe eines bestimmten Betrages seine Befriedigung aus dem Vermögen des Schuldners zwangsweise zu suchen. Einwendungen, die den durch den Schuldtitel gegen den Schuldner festgestellten Anspruch selbst beträfen, könne der Anfechtungsbeklagte in dem Umfange geltend machen, in dem der Schuldner zur Geltendmachung befugt sei. In der Reichstagsverhandlung hat sodann der Berichterstatter ohne Widerspruch aus dem Hause betont, daß mit der Vorschrift des vollstreckbaren Titels zugleich der praktische Zweck verfolgt werde, daß der Streit über das Forderungsverhältnis des Anfechtungsklägers zum Schuldner nicht dem Anfechtungsbeklagten, sondern dem Schuldner gegenüber ausgetragen werde. Nun ist allerdings in das Gesetz selbst eine ausdrückliche Bestimmung, daß der Anfechtungsbeklagte mit allen Einwendungen gegen den rechtskräftigen Schuldtitel ausgeschlossen sein soll, die der Schuldner selbst nicht mehr vorbringen kann, nicht aufgenommen. Eine solche ausdrückliche Bestimmung hat man, wie die angezogene Stelle der Begründung ergibt, nicht für erforderlich erachtet, mit Rücksicht auf den Inhalt des Anfechtungsanspruches. Dieser Anspruch ist, wie der erkennende Senat in seinem Urteile Entsch. des R.G.'s in Zivils. Bd. 57 S. 105 ausführt, zu dem Zwecke der Befriedigung des Gläubigers nach Maßgabe des Titels und zum Zwecke der Erweiterung des Kreises der der Zwangsvollstreckung unterliegenden Gegenstände gegeben. Sein Inhalt geht dahin, daß sich der Anfechtungsbeklagte auf Grund des gegen den Schuldner erwirkten Titels die Zwangsvollstreckung in ihm gehörige, dem Vermögen des Schuldners anfechtbar entzogene Vermögensstücke gefallen lassen muß, gleich als wenn sie noch zum Vermögen des Schuldners gehörten. Steht dem Schuldner gegenüber rechtskräftig fest, daß die Forderung besteht, und muß der Schuldner die Zwangsvollstreckung dulden, ohne Einwendungen gegen die Forderung geltend machen zu können, so hat auch der Anfechtungsbeklagte die Zwangsvollstreckung zu dulden, ohne auf Einwendungen sich berufen zu können, mit denen der Schuldner ausgeschlossen ist. Die anfechtbar entzogene Sache gilt als noch zum Vermögen des Schuldners gehörig, und deshalb kann der Anfechtungsbeklagte hinsichtlich der Einwendungen gegen die Forderung nicht besser gestellt sein, als der Schuldner selbst. Der Anfechtungsbeklagte kann den Gläubiger, der ein rechtskräftiges Urteil gegen seinen Schuldner erstritten hat, durch seine Verteidigung nicht zwingen, ihm gegenüber nochmals den Bestand seiner Forderung zu beweisen. Daß dem Anfechtungsbeklagten die Einrede der Kollusion zusteht, widerspricht der hier vertretenen Ansicht nicht; denn mit ihr macht der Anfechtungsbeklagte eine ihm selbst gegenüber verübte Arglist geltend.

Auf die Bestimmung des § 10 kann sich die abweichende Ansicht nicht berufen. Die Begründung (Materialien Bd. 4 S. 748) ergibt, daß die Erfüllung, nicht die Entscheidung über den Anfechtungsanspruch ausgesetzt sein soll, und bei dem unzweideutigen Standpunkte der Begründung, daß der Anfechtungsbeklagte mit allen Einwendungen, die der Schuldner selbst dem Schuldtitel gegenüber nicht mehr vorbringen kann, ausgeschlossen sein soll, kann nicht angenommen werden, daß die Aussetzung der Erfüllung auf einer entgegengesetzten Auffassung beruhen sollte." ...

---

38. Über die rechtliche Bedeutung einer Pfandbestellung für fremde Schuld auf die Dauer einer bestimmten Zeit.

V. Zivilsenat. Urt. v. 1. April 1908 i. S. K. u. Gen. (Kl.) w. P. (Bekl.). Rep. V. 388/07.

I. Landgericht Greifswald.
II. Oberlandesgericht Stettin.

Zur Sicherheit für ein Darlehn von 5000 ℳ mit Zinsen, das der Kläger zu 1 und der Erblasser der Kläger zu 2 dem Hotelbesitzer H. in S. am 8. Oktober 1903 gegen einen am 1. Oktober 1905 fälligen Wechsel gegeben hatten, war ihnen von dem Gastwirte Adolf K. in G. laut Urkunde vom 9. Oktober 1903 (im Grundbuche eingetragen am 21. dess. Mts.) die für diesen auf dem Grundstücke des Beklagten P. in G. eingetragene Buchhypothek von 8450 ℳ nebst Zinsen, und zwar auf die Dauer von 2 Jahren, verpfändet worden. Der Wechsel wurde von H. nicht eingelöst, und H. nach rechtskräftiger Verurteilung am 12. Dezember 1905 fruchtlos gepfändet. Nach vorangegangener sechsmonatiger Kündigung der verpfändeten Hypothek (28. Oktober 1905) nahmen die Kläger den Beklagten auf Zahlung von 5000 ℳ nebst Zinsen seit dem 1. Januar 1906 in Anspruch.

Der Beklagte bestritt die Gültigkeit der Verpfändung, weil K., der an Gehirnerweichung gelitten habe, schon damals geschäftsunfähig gewesen sei. Er hielt aber auch das Pfandrecht für erloschen, weil es nicht binnen 2 Jahren ausgeübt worden sei.

Beide Instanzen gelangten zur Abweisung der Klage, ohne auf die Frage der Geschäftsfähigkeit des Verpfänders K. einzugehen, indem sie das Pfandrecht durch Nichtausübung in den 2 Jahren für erloschen erachteten. Es kam dabei folgender Sachverhalt in Betracht.

Auf einen Brief der Frau K. vom 2. Oktober 1905, worin sie um Prolongation des H.'schen Wechsels bat und beiläufig erwähnte, daß ihr Mann schon Jahre an Gehirnerweichung krank sei, antwortete ihr am 3. Oktober der Mitkläger M. K.: der Wechsel werde protestiert und eingeklagt, zur Deckung mache er sein Pfandrecht an der Hypothek geltend. Am 26. Oktober schrieb M. K. an den Beklagten, daß er das Pfandrecht in Anspruch nehme und von jetzt ab ihm die Zinsen zuzuführen seien; am 28. Oktober kündigte sein Anwalt dem Beklagten die Hypothek zur Rückzahlung nach 6 Monaten. An den Verpfänder K. selbst schrieb der Anwalt der Kläger erst am 11. Januar 1906, daß er den Wechsel mit Zinsen und Kosten zahlen oder sich mit Zahlung dieser Summe aus der verpfändeten Hypothek einverstanden erklären möge. Die Zinsen für das letzte Vierteljahr 1905 zahlte der Beklagte am 23. Januar 1906 an die Kläger; weitere Zahlungen aber lehnte er am 12. Februar ab. Nachdem K. am 7. April 1906 gestorben war, widersprach auch seine Witwe und Erbin der Auszahlung des Kapitals an die Kläger.

Der Beklagte war der Ansicht, daß seine Haftung am 9. Oktober 1905 beendet gewesen sei, weil die Kläger bis dahin ihr Pfandrecht nicht ausgeübt hätten. Ihm sei erst am 28. Oktober gekündigt worden, und der Brief der Kläger an Frau K. vom 3. Oktober sei schon deshalb bedeutungslos, weil diese nicht die Vertreterin ihres Mannes gewesen sei; die Inanspruchnahme des K. selbst am 11. Januar 1906 sei verspätet.

Die Kläger fanden eine rechtzeitige Geltendmachung ihres Pfandrechts schon in dem Briefe an Frau K. vom 3. Oktober 1905, da die Frau selber ihren Mann in dem Briefe vom 2. Oktober als geisteskrank bezeichnet habe. Sie habe damit begonnen, als Geschäftsführerin ihres kranken Mannes aufzutreten, mit dem sie überdies in Gütergemeinschaft gelebt, und den sie beerbt habe. Sie handle arglistig, wenn sie sich jetzt darauf berufen wolle, daß sie nicht zur Entgegennahme der Erklärung der Kläger vom 3. Oktober berechtigt gewesen sei; auch vom Beklagten sei dieser Einwand arglistig.

Die Revision der Kläger wurde zurückgewiesen.

Aus den Gründen:

... „Die Entscheidung hängt ... allein davon ab, ob der Beklagte geltend machen kann, daß die Pfandhaftung seiner Hypothekenschuld, aus der er in Anspruch genommen wird, durch Ablauf der ihr gesetzten zweijährigen Frist erloschen sei (§§ 163, 158 Abs. 2 B.G.B.).

Wenn der Beginn der Frist mit dem Landgericht auf den 9. Oktober 1903 gelegt wird, den Tag der vom Verpfänder K. ausgestellten Verpfändungserklärung, so würden die 2 Jahre, auf deren Dauer die Verpfändung begrenzt wurde, mit dem 9. Oktober 1905 zu Ende gegangen sein. Es könnte auch die Dauer der Verpfändung, und vielleicht mit mehr Recht, vom 21. Oktober 1903 an gerechnet werden, weil erst an diesem Tage die Verpfändung der Buchhypothek durch Eintragung ins Grundbuch in Wirksamkeit trat (§§ 1274, 1154 Abs. 2, 873 B.G.B.); dann hätte die Frist mit dem 21. Oktober 1905 geendigt. Welcher von diesen beiden Tagen der maßgebende ist, kann jedoch auf sich beruhen, weil sich zwischen dem 9. und dem 21. Oktober 1905 nichts ereignet hat, was für die Ausnutzung der Frist in Betracht kommen könnte.

Das Landgericht hat mit dem Beklagten angenommen, daß innerhalb dieser zwei Jahre das Pfandrecht in wirksamer Weise ausgeübt, also die verpfändete Hypothek deren Schuldner (dem Beklagten) gegenüber gekündigt werden mußte, was nicht geschehen ist; die Kündigung ist erst am 28. Oktober 1905 erfolgt. Das Berufungsgericht ist anderer Ansicht. Es hält für genügend, wenn innerhalb der Frist dem Verpfänder angekündigt wurde, daß das Pfand in Anspruch genommen werden solle; es führt dann aber aus, daß auch dies nicht geschehen sei. Die Revision stellt die Ansicht auf: es brauche innerhalb der 2 Jahre nur die Fälligkeit der Hauptschuld, die durch das Pfand gesichert werden sollte, eingetreten zu sein; dann sei der Gläubiger nach § 1282 Abs. 1 B.G.B. zur Einziehung der ihm verpfändeten Forderung berechtigt, ohne an eine besondere Frist gebunden zu sein.

Das Bürgerliche Gesetzbuch enthält keine Bestimmung darüber, welche Wirkung die zeitliche Beschränkung einer gegebenen Pfandsicherheit hat. Für den ähnlichen Fall einer Bürgschaftübernahme auf Zeit sind in § 777 Bestimmungen getroffen, die freilich auf den Fall einer zeitlich begrenzten Verpfändung keine unmittelbare Anwendung finden können. Der 1. Entwurf hatte die Regelung dieser Frage auch für die Bürgschaft abgelehnt, weil es darauf ankomme, was die Parteien mit einer solchen Begrenzung gewollt hätten, und dies unter Umständen schwer zu ermitteln sei (Motive Bd. 2 S. 681). Erst von der 2. Kommission wurde es zweckmäßig befunden, hierfür bestimmte Regeln aufzustellen (Mugdan, Mater. Bd. 2 S. 1030). Bei zeitlich begrenzten Verpfändungen ist also deren Bedeutung nach wie vor aus der Absicht der Beteiligten zu erforschen, wobei die Bestimmungen in § 777 nur unter Umständen einen gewissen Anhalt gewähren können.

Nach der mutmaßlichen Absicht der Beteiligten muß die Ansicht der Revision als verfehlt bezeichnet werden; sie ist auch in den Instanzen nicht aufgestellt worden. Da es auf eine zeitliche Einschränkung der Pfandhaftung abgesehen war, hätte es keinen Sinn gehabt, zu bestimmen, daß die Ausübung des Pfandrechts dem Belieben des Pfandgläubigers überlassen bleibe, sobald nur die Möglichkeit der Ausübung binnen einer bestimmten Frist eingetreten sei. Diese Möglichkeit, nämlich das Fälligwerden der Darlehnsschuld, für die das Pfand haftete, trat hier am 1. Oktober 1905, also schon kurze Zeit vor Ablauf von 2 Jahren nach der Verpfändung (9. oder

21. Oktober 1903) ein; eine Einschränkung der Dauer des Pfandrechts durch die in Frage stehende Abmachung, wenn sie im Sinne der Revision verstanden wird, wäre also von vornherein ausgeschlossen gewesen.

Die nächstliegende Auslegung einer zeitlichen Begrenzung der Pfandhaftung, wie sie hier vereinbart ist, scheint zu sein, daß das Pfandrecht binnen der ihm gesetzten Zeitdauer auch geltend gemacht werden muß; denn mit dem Eintritte des ihr gesetzten Endtermines endigt die Wirkung der Pfandhaftung (§§ 163, 158 Abs. 2 B.G.B.). Es muß aber anerkannt werden, daß die Beteiligten solcher Abmachung einen anderen Sinn beilegen können. Der Berufungsrichter weist darauf hin, daß der Verpfänder K. kein Interesse daran hatte, daß die Kläger als Pfandgläubiger alsbald nach dem Fälligwerden ihrer Forderung zur Verwertung des Pfandes schritten; sein Interesse sei vielmehr, ähnlich wie im Falle des § 777 B.G.B. das des Bürgen, dahin gegangen, daß die Kläger zunächst bei dem Hauptschuldner (H.) Befriedigung suchten. Daraus folgert der Berufungsrichter, daß K. durch die zeitliche Begrenzung der Verpfändung keineswegs die Kläger zu einer sofortigen Kündigung der verpfändeten Hypothek nach Fälligkeit ihrer Darlehnsforderung habe nötigen wollen, sondern daß es ihm nur darauf angekommen sei, binnen der Frist eine Entscheidung darüber zu haben, ob seine Hypothek als Pfand in Anspruch genommen werde, um aus dieser Unsicherheit herauszukommen und damit nicht sein Risiko durch Prolongation des H.'schen Wechsels verlängert werde. Aus § 777 B.G.B. will der Berufungsrichter die allgemeine Erwägung entnehmen, daß bei zeitlich beschränkten Sicherungen des Gläubigers nicht zu strenge Anforderungen an die zur Aufrechterhaltung der Sicherung erforderliche Tätigkeit des Gläubigers gestellt werden dürften. Diese Begründung der Auslegung des Berufungsrichters könnte noch unterstützt werden durch einen Hinweis auf die ähnliche Lage, worin sich ein Bürge befindet, der sich ohne das Recht auf Vorausklage gegen den Hauptschuldner nur auf eine bestimmte Zeit verbürgt hat. Ihm gegenüber genügt schon zur Aufrechterhaltung seiner Haftung, daß der Gläubiger ihm (sogar erst) unverzüglich nach Ablauf der Frist anzeigt, daß er ihn in Anspruch nehme (§ 777 Abs. 1 Satz 2). Der Grund ist offenbar der, daß der Bürge damit weiß, woran er ist und daß er zahlen muß, wenn er nicht verklagt werden will. Der Verpfänder für fremde Schuld hat auch kein Recht auf Vorausklage gegen den Hauptschuldner, er hat aber das Recht zur Zahlung der Schuld (§§ 1273, 1223 Abs. 2) und damit zum Erwerbe der Forderung gegen den Hauptschuldner (§ 1225). Auch von diesem Gesichtspunkte aus scheint es den Interessen eines Verpfänders auf Zeit zu entsprechen, daß der Gläubiger nicht unter allen Umständen sofort das Pfand anzugreifen gezwungen wird, sondern schon durch eine Ankündigung an ihn binnen der gesetzten Frist, daß das Pfand in Anspruch genommen werde, die Frist zu wahren in der Lage ist.

Es kann dahingestellt bleiben, ob die dargelegte Auffassung des Berufungsrichters, auch soweit sie über eine tatsächliche Feststellung des Willens der Beteiligten im vorliegenden Falle hinausgeht, für zutreffend erachtet werden müßte. Denn darin kann dem Berufungsrichter nicht entgegengetreten werden, daß eine Ankündigung der Inanspruchnahme des Pfandes binnen der gesetzten zweijährigen Frist von den Klägern an den Verpfänder nicht geschehen ist. Sie hätte gemacht werden müssen vor dem 9. oder doch dem 21. Oktober 1905, ist aber an den Verpfänder K. erst in einem Briefe vom 11. Januar 1906 gerichtet worden. Sie fand sich zwar schon vor in einem Briefe des Mitklägers M. K. an Frau K. vom 3. Oktober 1905; allein der Berufungsrichter nimmt mit Recht an, daß Frau K. nicht berechtigt war, ihren Mann in dieser Angelegenheit rechtlich zu vertreten. Die Eheleute lebten festgestelltermaßen nicht in Gütergemeinschaft, wie die Kläger behaupten, sondern im gesetzlichen Güterstande des Bürgerlichen Gesetzbuches, so daß sich die Kläger nicht auf den § 1450 B.G.B. berufen können. Auch stellt der Berufungsrichter fest, daß der dem erwähnten Briefe des Mitklägers M. K. vom 3. Oktober vorangegangene Brief der Frau K. vom 2. Oktober 1905 nicht die Kundgebung enthielt, daß sie als Geschäftsführerin für ihren Mann auftreten wollte, so daß schon aus diesem Grunde die von den Klägern aus diesem Vorgange entnommene Einrede der Arglist der erforderlichen Grundlage entbehrt. Auch aus dem Umstande, daß Frau K. später, am 7. April 1906, ihren Ehemann beerbt hat, läßt sich nicht gegen sie, geschweige denn gegen den nur dinglich haftenden Beklagten, der Vorwurf der Arglist ableiten, weil, wie der Berufungsrichter mit Recht hervorhebt, damals die Pfandhaftung wegen Ablaufes der Frist bereits erloschen war. Endlich ist auch die Ausführung der Revision unrichtig, daß den Klägern die Tatsache zugute kommen müsse, daß K. selbst zu der entscheidenden Zeit unzurechnungsfähig gewesen sei und keinen gesetzlichen Vertreter gehabt habe, so daß ihm gegenüber eine Ankündigung der Inanspruchnahme des Pfandes überhaupt nicht möglich gewesen, eine solche vielmehr erst gegen seine Erbin möglich geworden sei, die sie aber schon am 3. Oktober 1905 erhalten habe. Wollten die Kläger die Frist durch Ankündigung an den Verpfänder wahren, so hätten sie das immerhin noch durch Veranlassung der Bestellung eines gesetzlichen Vertreters ermöglichen können; jedenfalls stand ihnen der Weg offen, die verpfändete Hypothek zu kündigen und somit durch Geltendmachung des Pfandrechts binnen der zweijährigen Frist dessen Erlöschen zu verhüten."

---

39. 1. Welche Behörde vertritt in Preußen den Justizfiskus gegen Entschädigungsklagen aus § 4 des Reichsgesetzes vom 20. Mai 1898, betr. die Entschädigung der im Wiederaufnahmeverfahren freigesprochenen Personen?

2. Ist die allgemeine Verfügung des preußischen Justizministers vom 23. März 1885, betr. die Vertretung des Fiskus in bürgerlichen Rechtsstreitigkeiten der Justizverwaltung, eine revisible Rechtsnorm?

VI. Zivilsenat. Urt. v. 17. Februar 1908 i. S. H. (Kl.) w. preuß. Justizfiskus (Bekl.). Rep. VI. 192/07.

I. Landgericht Düsseldorf.
II. Oberlandesgericht daselbst.

Aus den Gründen:

„Der Anspruch auf Entschädigung aus dem Gesetze vom 20. Mai 1898 ist bei dem Landgerichte zu erheben, wo sich der Sitz der Behörde befindet, die berufen ist, den Fiskus in dem Rechtsstreite zu vertreten (§ 5 des Gesetzes vom 20. Mai 1898, § 18 Z.P.O.). In Preußen wird gemäß der Allgemeinen Verfügung des Justizministers vom 23. März 1885 (Just.-Min.-Bl. S. 119) „in bürgerlichen Rechtsstreitigkeiten, welche Angelegenheiten der Justizverwaltung betreffen, der Fiskus, soweit nicht besondere Bestimmungen getroffen sind, durch die Staatsanwaltschaft bei demjenigen Oberlandesgericht vertreten, in dessen Bezirk die Justizbehörde ihren Sitz hat, zu deren Geschäften die der Beteiligung des Fiskus an dem Rechtsstreite zugrunde liegende Angelegenheit gehört".

Über die Auslegung dieser Verfügung herrscht unter den Parteien Streit.

Die nächste Frage, ob sie ein Gesetz sei, auf dessen Verletzung die Revision gestützt werden kann (§ 549 Abs. 1 Z.P.O.), ist zu bejahen. Gesetz im Sinne der Zivilprozeßordnung ist jede Rechtsnorm (§ 12 Einf.-Ges. zur Z.P.O.), d. i. jede Vorschrift des objektiven (nicht Vertrags-) Rechtes. Die Verfügung hat objektives Recht geschaffen, wenn sie nach den Grundsätzen des preußischen Staatsrechts über die Quellen des öffentlichen Rechts in gültiger Weise zustande gekommen ist (Entsch. des R.G.'s in Zivils. Bd. 13 S. 215). Sie gründet sich auf § 2 des preußischen Gesetzes vom 14. März 1885 (G.S. S. 65), wo unter Aufhebung des Art. 86 des Ausf.-Ges. zum G.V.G. bestimmt ist, daß der Justizminister die Anordnungen darüber erlasse, wie die Vertretung des Fiskus in bürgerlichen Rechtsstreitigkeiten, welche Angelegenheiten der Justizverwaltung betreffen, zu erfolgen habe. In der Begründung zu dem unverändert vom Landtag angenommenen Gesetzentwurfe heißt es: es erscheine nicht geraten, die Bestimmung der zur Vertretung berufenen Behörden durch das Gesetz im voraus festzulegen, weil ihre Auswahl durch wechselnde Verwaltungsnormen und durch etwaige Änderung in der Organisation der Behörden bedingt sei (Drucks. des Abg. Haus. XV. Legisl.-Per. 3. Session Nr. 8). Der Gesetzgeber hat sich hiernach auf einem Gebiete, das an sich seiner Regelung vorbehalten war, seiner Recht setzenden Macht begeben und diese Macht dem Justizminister übertragen. Die Verfügung hat auch inhaltlich die Bedeutung und die Wirkung eines Gesetzes: sie ist nicht bloß eine Anweisung an die Behörden, sondern sie bestimmt mit verbindlicher Kraft für alle Staatsangehörigen den allgemeinen Gerichtsstand des Fiskus in bürgerlichen Rechtsstreitigkeiten der Justizverwaltung im Sinne des § 18 Z.P.O. ...

In der Sache selbst ist nicht zu verkennen, daß die sprachliche und sachliche Fassung der Verfügung Schwierigkeiten für die Frage darbietet, wo die Justizbehörde ihren Sitz hat, zu deren Geschäften die Angelegenheit gehört, die der Beteiligung des Fiskus an einem Entschädigungsprozesse nach Maßgabe des Gesetzes vom 20. Mai 1898 zugrunde liegt.

Mit den Vorinstanzen ist zu prüfen, welches diese Angelegenheit ist.

Das Berufungsgericht hat die gemäß § 5 des Gesetzes über den Antrag des Klägers auf Entschädigung vom Justizminister getroffene Entscheidung als diese Angelegenheit angesehen, zumal da erst durch sie dem Kläger der Rechtsweg eröffnet worden sei. Das Landgericht dagegen findet in der ursprünglichen Verurteilung, der nachträglichen Freisprechung und dem die Verpflichtung der Staatskasse zur Entschädigung des Klägers aussprechenden Beschlusse (§ 4 des Gesetzes) die Grundlage der Beteiligung des Justizfiskus, über die vom Justizminister nur der Höhe nach entschieden werde.

Im wesentlichen ist der Meinung des Landgerichts beizutreten.

Das Gesetz vom 20. Mai 1898 gewährt den im Wiederaufnahmeverfahren freigesprochenen Personen unter gewissen, im Gesetze bestimmten Voraussetzungen einen privatrechtlichen Anspruch auf Entschädigung für den ihnen durch die Strafvollstreckung erwachsenen Vermögensschaden gegen den Bundesstaat, bei dessen Gerichte das Strafverfahren in erster Instanz anhängig war (§§ 1, 2, 3 des Gesetzes). Über die Verpflichtung der Staatskasse zur Entschädigung wird durch einen der Anfechtung durch Rechtsmittel nicht unterliegenden Beschluß des im Wiederaufnahmeverfahren erkennenden Gerichts entschieden (§ 4 des Gesetzes). Sobald dieser Beschluß dem Freigesprochenen zugestellt ist, stehen die wesentlichen Voraussetzungen für die Verpflichtung der Staatskasse zur Entschädigung und damit für die Beteiligung des Fiskus an dieser Angelegenheit fest.

Das nach § 5 des Gesetzes sich nunmehr angliedernde Verfahren bei der Justizverwaltung mit der Entscheidung der obersten Verwaltungsbehörde ist für die Beteiligung des Fiskus nur insofern von Belang, als der Berechtigte in bestimmten Ausschlußfristen den Anspruch bei der Justizverwaltung anbringen, und soweit er sich bei ihrer Entscheidung nicht beruhigt, mittels gerichtlicher Klage verfolgen muß. Wird der Klageweg beschritten, so verliert die Entscheidung jede Bedeutung für den Rechtsstreit. Wenn es in § 5 Abs. 3 des

Gesetzes heißt: „Gegen die Entscheidung ist die Berufung auf den Rechtsweg zulässig," so ist damit nichts anderes gesagt, als daß die Entscheidung dem Rechtswege vorherzugehen habe. Im Rechtsstreite selbst handelt es sich um keine Anfechtung der Entscheidung, sondern um eine völlig selbständige Entschädigungsklage. Hieraus ergibt sich, daß nicht die Entscheidung des Justizministers, sondern der dem Freigesprochenen durch die Freisprechung und den im Anschlusse daran ergangenen Beschluß erwachsene Entschädigungsanspruch gegen die Staatskasse die Angelegenheit darstellt, die der Beteiligung des Fiskus am Rechtsstreite zugrunde liegt.

Der über diesen Anspruch zu führende Rechtsstreit schließt sich an den Beschluß des freisprechenden Gerichts an, woraus folgt, daß der Oberstaatsanwalt, in dessen Bezirke dieses Gericht seinen Sitz hat, zur Vertretung des Fiskus berufen ist. Das Gericht, das den Kläger freigesprochen und durch Beschluß die Staatskasse für verpflichtet erklärt hat, ihn zu entschädigen, ist die Strafkammer zu Duisburg. Der Fiskus wird daher von dem Oberstaatsanwalt zu Düsseldorf, zu dessen Bezirke das Landgericht in Duisburg gehört, vertreten, und mit Recht ist die Klage gegen ihn erhoben worden." . . .

---

40. Anfechtung einer Zwangsvormerkung, die auf Antrag eines Gläubigers auf dem Grundstücke des Gemeinschuldners eingetragen ist. Ist für die Kenntnis des Gläubigers von der Zahlungseinstellung oder dem Eröffnungsantrage die Zeit der Eintragung der Vormerkung maßgebend? oder die Zeit der Stellung des Antrages auf Eintragung?

K.O. §§ 7, 14, 15, 30 Nr. 1, 42.
B.G.B. § 892 Abs. 2.
Z.P.O. §§ 898, 894.

VII. Zivilsenat. Urt. v. 25. Februar 1908 i. S. A. (Bekl.) w. L. Konk. (Kl.). Rep. VII. 204/07.

I. Landgericht Hamburg.
II. Oberlandesgericht daselbst.

Für eine Forderung des Beklagten gegen den Gemeinschuldner L. war auf Antrag des Beklagten durch einstweilige Verfügung des Amtsgerichts in Hamburg vom 13. Oktober 1904 die Eintragung einer später in eine Vormerkung umgewandelten Sicherungshypothek in das Grundbuch eines Grundstückes des Schuldners angeordnet, und die Eintragung an demselben Tage vom Grundbuchrichter verfügt worden. Die Eintragung selbst war erst am 24. Oktober 1904 erfolgt. Inzwischen stellte am 17. Oktober 1904 ein Gläubiger des L. den Antrag auf Eröffnung des Konkursverfahrens über dessen Vermögen. Dieses Verfahren wurde am 29. Oktober eröffnet.

Der Konkursverwalter focht die eingetragene Vormerkung auf Grund der Konkursordnung an, indem er geltend machte, daß dem Beklagten zur Zeit der Eintragung der Hypothek die Zahlungseinstellung des L. oder der Eröffnungsantrag bekannt gewesen sei. Das Landgericht gab der Anfechtung statt, und das Oberlandesgericht wies die Berufung zurück. Auch die Revision des Beklagten wurde zurückgewiesen, aus folgenden

Gründen:

„Nach § 30 Nr. 1 Halbsatz 2 K.O. sind anfechtbar „die nach der Zahlungseinstellung oder dem Eröffnungsantrage erfolgten Rechtshandlungen, welche einem Konkursgläubiger Sicherung oder Befriedigung gewähren, wenn dem Gläubiger zu der Zeit, als die Handlung erfolgte, die Zahlungseinstellung oder der Eröffnungsantrag bekannt war." Die Eintragung der später in eine Vormerkung umgewandelten Sicherungshypothek, deren Rechtswirksamkeit der klagende Konkursverwalter durch die jetzige Anfechtungsklage den Konkursgläubigern gegenüber zu beseitigen sucht, ist, was auch die Revision nicht verkennt, eine Rechtshandlung, die dem Beklagten eine Sicherung gewährte. Daß dem Beklagten zur Zeit der Eintragung, am 24. Oktober 1904, der Eröffnungsantrag und die Zahlungseinstellung des Gemeinschuldners bekannt waren, stellt der Berufungsrichter unangefochten und auch unanfechtbar fest. Die Anfechtung der Eintragung ist hiernach auf Grund des klaren Wortlautes und Sinnes der genannten Vorschrift als begründet anzusehen.

Der Beklagte vertritt die Meinung, daß die Anfechtung auf Grund dieser Vorschrift nur dann durchdringen könne, wenn auch schon zur Zeit der Stellung des Eintragungsantrages dem antragenden Gläubiger der Eröffnungsantrag oder die Zahlungseinstellung bekannt war. Wäre diese Rechtsansicht zu billigen, so könnte das Berufungsurteil nicht aufrecht erhalten werden; denn eine Feststellung, daß auch zur Zeit des Eintragungsantrags dem Beklagten jene Kenntnis innewohnte, ist bisher durch den Berufungsrichter nicht erfolgt. Dem Beklagten kann aber in diesem Punkte nicht beigetreten werden.

Für die Zeit vor dem Inkrafttreten des Bürgerlichen Gesetzbuchs hat das Reichsgericht in ständiger Rechtsprechung den Rechtsgrundsatz anerkannt, daß es bei der Anfechtung einer im Grundbuch erfolgten Eintragung nach den Vorschriften der Konkursordnung sowohl, als auch des Anfechtungsgesetzes für die Frage der Kenntnis des Gläubigers von dem Eröffnungsantrage oder der Zahlungseinstellung lediglich darauf ankomme, ob diese Kenntnis beim Gläubiger zur Zeit der Eintragung selbst, nicht des Eintragungsantrages vorhanden war.

Vgl. die Urteile vom 20. April 1883 (III. Zivilsenat), Entsch. des R.G.'s in Zivils. Bd. 9 S. 66, vom 26. April 1894 (VI. Zivilsenat), Gruchot, Erläuterungen Bd. 38 S. 1200, vom 20. Januar 1896 (VI. Zivilsenat), Jurist. Wochenschr. 1896 S. 150 Nr. 24, vom 21. Dezember 1896 (VI. Zivilsenat), Beilage zum Reichsanzeiger 1897 S. 77, vom 7. Dezember 1897 (II. Zivilsenat), Jurist. Wochenschr. 1898 S. 52 Nr. 26.

Von dieser Rechtsprechung abzuweichen liegt ein Anlaß nicht vor. Weder durch die Verpfändungserklärung oder den Eintragungsantrag des Grundstückseigentümers, noch durch die Eintragungsverfügung des Grundbuchrichters erfolgt schon eine dem Anfechtenden nachteilige Veränderung im Eigentume des Schuldners; diese benachteiligende Vermögensverschiebung vollzieht sich vielmehr erst durch die Eintragung selbst, und sie ist nie erfolgt, wenn der Eintragungsantrag gültig vor erfolgter Eintragung zurückgenommen wird.

Es fragt sich aber, ob an diesem Rechtszustande durch die neuere Gesetzgebung etwas geändert ist. Der erkennende Senat hat dies in dem Urteile vom 9. Mai 1902 (Entsch. des R.G.'s in Zivils. Bd. 51 S. 284) verneint. Er hat der Anfechtung aus § 30 Nr. 1 K.O. damals stattgegeben, weil der Gläubiger zur Zeit der Eintragung der angefochtenen Hypothek von der Zahlungseinstellung Kenntnis gehabt habe und die Vorschriften der §§ 878, 892, 893 B.G.B. und des § 42 K.O. der Anfechtbarkeit nicht entgegenständen. An dieser Auffassung ist festzuhalten. Die von der Revision erhobene Rüge der Verletzung des § 892 B.G.B. trifft nicht zu. Nach dieser Vorschrift gilt regelmäßig der Inhalt des Grundbuchs als richtig zugunsten dessen, der ein Recht an einem Grundstücke oder ein Recht an solchem Rechte gutgläubig durch Rechtsgeschäft erwirbt (Entsch. des R.G.'s in Zivils. Bd. 54 S. 104). Die hier in Frage stehende, den Konkursgläubigern nachteilige Eintragung ist aber nicht ein Rechtsgeschäft des Beklagten, sondern eine Maßregel der Zwangsvollstreckung, also eine Handlung des Richters. Nimmt man aber auch einen Erwerb durch „Rechtsgeschäft" als hier vorliegend an, so wird doch die Anfechtbarkeit der Eintragung durch den § 892 nicht berührt. Dieser beruht keineswegs auf dem allgemeinen Grundsatze, daß der gute Glaube bei Abschluß der auf Rechtserwerb gerichteten Geschäfte stets zu schützen sei. Der gute Glaube heilt vielmehr dem Rechtserwerb anhaftende Mängel nur in den Fällen, die besonders im Gesetze bezeichnet sind. Der § 892 B.G.B. insbesondere bestimmt, daß bei Gutgläubigkeit des Erwerbers der Erwerb eines eingetragenen Rechtes sich trotz der Unrichtigkeit des Grundbuchs rechtsgültig vollzieht. Über die „Anfechtung" von Rechtsgeschäften, die ihrem Begriffe nach nur gegen an sich rechtsgültige Geschäfte gerichtet werden darf, ist im § 892 nichts bestimmt. Die Frage, ob der öffentliche Glaube des Grundbuchs auch die Nichtkenntnis einer Zahlungseinstellung oder des Eröffnungsantrags dartun könne, ist schon deshalb zu verneinen, weil das Grundbuch zur Kundmachung dieser Tatsachen nicht bestimmt ist und sie aus ihm nicht ersichtlich sind. Daher steht die Ausnahmevorschrift des Abs. 2 § 892, wonach bei dem Erwerbe eines eingetragenen Rechtes für die Kenntnis des Erwerbers die Zeit der Stellung des Antrages auf Eintragung maßgebend ist, dem Anfechtungsbeklagten als solchem nicht zur Seite.

Dasselbe gilt von den Vorschriften der §§ 7, 15 und 42 K.O. Die §§ 7 und 15 ergeben nur, daß — ungeachtet der Regel, daß nach der Konkurseröffnung durch den Gemeinschuldner vorgenommene Rechtshandlungen und desgleichen der Erwerb von Rechten an Bestandteilen der Konkursmasse den Konkursgläubigern gegenüber unwirksam sind — diese Rechtshandlungen und der Rechtserwerb an sich wirksam sind, soweit die Voraussetzungen der §§ 892, 893 B.G.B. zutreffen. Über die Frage aber, ob und inwieweit derartige gültige Rechtshandlungen und ein derartiger gültiger Rechtserwerb hinterher „angefochten“ werden können, ist aus den §§ 7 und 15 nichts zu entnehmen; darüber treffen erst die §§ 29—42 Bestimmung. In § 42 ist noch besonders angeordnet, daß Rechtshandlungen des Gemeinschuldners, die lediglich auf Grund der §§ 892, 893 B.G.B. den Konkursgläubigern gegenüber wirksam sind, der Anfechtung nach Maßgabe der §§ 29—41 unterliegen, also dann, wenn die besonderen Voraussetzungen der Anfechtbarkeit vorliegen.

Einen besonderen Angriff stützt die Revision noch auf § 14 K.O., indem sie aus ihm folgert, daß der Erwerb auf Grund einer einstweiligen Verfügung nicht als Erwerb in der Zwangsvollstreckung anzusehen sei, sondern als rechtsgeschäftlicher Erwerb. Dieser Angriff verliert seine Bedeutung schon gegenüber den Ausführungen, die oben für den Fall gegeben sind, daß man für den vorliegenden Rechtsstreit einen rechtsgeschäftlichen Erwerb als vorhanden unterstellt. Die von der Revision gezogene Folgerung ist aber auch unrichtig. Der § 14 bestimmt in Abs. 1, daß während der Dauer des Konkursverfahrens Arreste und Zwangsvollstreckungen zugunsten einzelner Konkursgläubiger weder in das zur Konkursmasse gehörige, noch in das sonstige Vermögen des Gemeinschuldners stattfinden. Wenn dann in Abs. 2 besonders angeordnet wird, daß in Ansehung der zur Konkursmasse gehörigen Grundstücke während der Dauer des Konkursverfahrens eine Vormerkung auf Grund einer einstweiligen Verfügung zugunsten einzelner Konkursgläubiger nicht eingetragen werden kann, so ist hieraus zwar zu schließen, daß Zwangsvormerkungen gegenüber konkursfreien Grundstücken des Gemeinschuldners auch den einzelnen Konkursgläubigern nicht verwehrt sind, nicht aber, daß der Erwerb aus Zwangsvormerkungen als ein rechtsgeschäftlicher und nicht als ein durch Zwangsvollstreckung erlangter Erwerb zu erachten sei.

Zu Unrecht rügt endlich die Revision Verletzung der §§ 898, 894 Z.P.O. Nach § 898 finden auf einen Erwerb, der sich nach § 894 (und § 897) vollzieht, die Vorschriften des bürgerlichen Rechtes zugunsten derjenigen, die Rechte von einem Nichtberechtigten herleiten, Anwendung. Rechnet man zu diesen Vorschriften den Abs. 2 des

§ 892 B.G.B., so muß dieser hier doch außer Betracht bleiben, da sich der Erwerb im vorliegenden Falle nicht nach § 894 Z.P.O. vollzogen hat. Dieser betrifft den Fall, daß der Schuldner zur Abgabe einer Willenserklärung rechtskräftig verurteilt ist. Hier aber ist eine Verurteilung des Beklagten zur Bewilligung der Eintragung der Vormerkung nicht erfolgt. Daß die Ausnahmevorschrift des § 898 über die Fälle der §§ 894, 897 hinaus anzuwenden sei, ist nirgends angeordnet.

Vgl. die Begründung zur Zivilprozeß-Novelle vom 17. Mai 1898 S. 188 zu § 779d."

---

41. Form der Wechselunterschrift des Avalisten.

I. Zivilsenat. Urt. v. 26. Februar 1908 i. S. Vorschußv. zu W. (Kl.) w. G. u. Gen. (Bekl.). Rep. I. 294/07.

I. Landgericht Brieg.
II. Oberlandesgericht Breslau.

Der Kläger nahm aus zwei eigenen Wechseln die Beklagten als Wechselbürgen in Anspruch. Die auf den Wechseln befindliche Schrift, worin der Kläger eine gültige Wechselbürgschaft finden wollte, hatte folgenden Wortlaut: „Robert Jlgm.'sche Erben i. V. O. St. als Bürge." O. St. war der Bevollmächtigte von einigen der Jlgm.'schen Erben. (Die hier in Abkürzung angeführten Namen „Jlgm." und „O. St." waren auf den Wechseln voll ausgeschrieben.)

Der Kläger wurde in beiden Vorinstanzen mit dem Anspruche abgewiesen. Die Revision wurde zurückgewiesen, aus folgenden

Gründen:

„Dem Urteile des Berufungsgerichts, durch das die von der ersten Instanz ausgesprochene Abweisung der gegen die Beklagten gerichteten Klage bestätigt wird, liegt die Auffassung zugrunde, daß die von O. St. auf die beiden Wechsel im Namen der „Robert Jlgm.'schen Erben" gesetzte Bürgschaftserklärung eine wechselmäßige Verbindlichkeit der Beklagten nicht habe hervorrufen können. Die gegen diese Auffassung von der Revision erhobenen Angriffe sind nicht zutreffend.

Mit Recht hat das Berufungsgericht angenommen, daß an die Unterschrift des Wechselbürgen (Art. 81 W.O.) die gleichen Anforderungen, wie an die Unterschrift der Hauptverpflichteten zu stellen sind. Bildet auch die Wechselverbürgung keinen der zum Aufbau des Wechsels wesentlichen Bestandteile und kann sie auch insoweit als eine selbständige Verpflichtung bezeichnet werden, so ist sie doch nicht minder als die Verpflichtung der Hauptwechselschuldner eine einseitige formale Schriftverpflichtung und erzeugt eine wechselmäßige, und zwar an sich nur eine wechselmäßige, Verbindlichkeit. Wenn daher die Wechselordnung in Art. 4 Nr. 5 vom Aussteller des gezogenen Wechsels, in Art. 12 vom Indossanten, in Art. 21 vom Akzeptanten, in Art. 96 Nr. 5 vom Aussteller des eigenen Wechsels die Unterschrift oder die Schrift des Namens oder der Firma, wenn ferner Art. 4 Nr. 7 für die Bezeichnung des Bezogenen die Angabe seines Namens oder seiner Firma verlangt, so sind keine durchgreifenden sachlichen Gründe erkennbar, aus denen für die Unterschrift des Wechselbürgen geringere oder abweichende Formvorschriften anerkannt werden müßten (vgl. Grünhut, Wechselrecht Bd. 1 S. 318). Der Versuch der Revision, die von ihr vertretene entgegengesetzte Ansicht auf den Wortlaut des Art. 81 W.O. zu stützen, mußte erfolglos bleiben. Aus der Fassung des in Betracht kommenden ersten Satzes des Art. 81:

„Die wechselmäßige Verpflichtung trifft den Aussteller, Akzeptanten und Indossanten des Wechsels, sowie einen jeden, welcher den Wechsel, die Wechselkopie, das Akzept oder das Indossament mitunterzeichnet hat, selbst dann, wenn er sich dabei nur als Bürge (per aval) benannt hat",

kann viel eher hergeleitet werden, daß wer „mitunterzeichnet", in gleicher Form wie die genannten übrigen Wechselverpflichteten unterzeichnen müsse. Jedenfalls würde, wenn der Vorschrift des Art. 81 ein anderer Gesetzeswille beigewohnt hätte, im Hinblick auf die oben für die Gleichstellung der Wechselbürgschaft mit den übrigen Wechselverpflichtungen angeführten sachlichen Gründe Anlaß vorgelegen haben, einen solchen, nicht ohne weiteres erkennbaren Willen deutlich zum Ausdrucke zu bringen.

Hiernach muß der Wechselbürge mit seinem Namen oder seiner Firma unterschreiben. Da in dem zur Entscheidung stehenden Falle unbestritten ist, daß es eine Firma „Robert Ilgm.'sche Erben" nicht gibt, da ferner nicht bezweifelt werden kann, daß die Unterzeichnung „Robert Ilgm.'sche Erben" keine Unterzeichnung mit dem Namen der Beklagten bildet,

vgl. Entsch. des R.O.H.G.'s Bd. 20 S. 91 und Urteil des R.G.'s vom 19. Dezember 1885 in der Jurist. Wochenschr. 1886 S. 42 Nr. 19,

so muß die Revision zurückgewiesen werden." ...

---

42. 1. Findet die Stempelvorschrift der Tarifst. 58 Nr. III des preußischen Stempelsteuergesetzes vom 31. Juli 1895 auf die Eintragung von Höchstbetragshypotheken (§ 1190 B.G.B.) Anwendung?

2. Welchen Einfluß auf die Stempelpflichtigkeit übt die Beibringung der der Hypothek zugrunde liegenden Schuldurkunde aus?

B.G.B. § 1190.

Preuß. Stempelsteuergesetz vom 31. Juli 1895 Tarifst. 58 Nr. I und III Abss. 1 und 2.

VII. Zivilsenat. Urt. v. 3. März 1908 i. S. Bergwerksgesellschaft H. (Kl.) w. preuß. Fiskus (Bekl.). Rep. VII. 228/07.

I. Landgericht Dortmund.
II. Oberlandesgericht Hamm.

Die Gewerkschaft „General B.", deren Rechtsnachfolgerin die Klägerin war, hatte eine notarielle Urkunde vom 18. Juni 1902 ausgestellt. In deren Eingange wurde erklärt, die Gewerkschaft beabsichtige, bei der Aktiengesellschaft E.'er Kreditanstalt eine Anleihe von 6000000 ℳ aufzunehmen, über die Teilschuldverschreibungen von je 1000 ℳ hergestellt werden sollten. Dann wurden in den §§ 1—10 die Anleihebedingungen aufgeführt. In § 11 wurde erklärt, daß die Gewerkschaft zur Sicherheit der Forderungen aus den Teilschuldverschreibungen an Kapital, Zinsen und Kosten mit ihren Bergwerken und ihrem Berggrundbesitze eine Sicherungshypothek bis zur Höhe von 6600000 ℳ derart bestelle, daß die Hypothek auf den Namen der E.'er Kreditanstalt eingetragen werden solle, und daß die Inhaber der Teilschuldverschreibungen entsprechend dem Nennwerte an der Sicherungshypothek teilnehmen sollten. In § 13 wurde die Eintragung der Hypothek im Berggrundbuche und im Grundbuche beantragt. Die Eintragung war dann erfolgt.

Für die Urkunde hatte der Notar den Stempel der Tarifstelle 59 des preuß. Stempelsteuergesetzes vom 31. Juli 1895 verwendet. Das um die Eintragung ersuchte Amtsgericht hielt jedoch die Versteuerung der Urkunde gemäß der Tarifstelle 58 Nr. I mit $^1/_{12}$ v. H. des Betrages von 6600000 ℳ für erforderlich. Den hiernach auf 5551 ℳ berechneten Stempelbetrag hatte die Klägerin bezahlt und verlangte mit der Klage die Rückzahlung. Beide Instanzen erkannten auf Abweisung der Klage. Auch die Revision wurde zurückgewiesen, aus folgenden

Gründen:

„Der Berufungsrichter stellt fest, daß in der Urkunde vom 18. Juni 1902 der Antrag auf Eintragung einer Höchstbetragshypothek von 6600000 ℳ in das Grundbuch enthalten sei, und nimmt an, daß von diesem Betrage der Stempel von $^1/_{12}$ v. H. aus der Tarifstelle 58 III des Stempelsteuergesetzes zu entrichten sei, weil diese Vorschrift auch auf Höchstbetragshypotheken Anwendung finde. Diese Rechtsansicht ist zu billigen. Die Tarifstelle 58 III erklärt ganz allgemein den „Antrag auf Eintragung einer Hypothek" ... für stempelpflichtig, und es kann nicht bezweifelt werden, daß die Höchstbetragshypotheken des § 1190 B.G.B. wirkliche Hypotheken des bürgerlichen Rechts sind, auf das die Tarifstelle durch den Gebrauch des Wortes „Hypothek" stillschweigend verweist. Dabei macht es keinen Unterschied, ob die Rechtsform der Höchstbetragshypotheken schon zur Zeit des Inkrafttretens des Stempelsteuergesetzes in derselben Art wie jetzt bestand oder ob sie erst durch das Bürgerliche Gesetzbuch geschaffen worden ist. Der Stempelpflichtigkeit des Antrages auf Eintragung einer Höchstbetragshypothek steht es auch nicht entgegen, wenn man davon ausgeht, daß der Stempel der Tarifstelle 58 III nur dann erhoben werden darf, wenn eine über die einzutragende Hypothek errichtete Urkunde dem Schuldverschreibungsstempel aus Tarifstelle 58 I unterworfen sein würde. Dieses Erfordernis trifft auch dann zu, wenn nur der Höchstbetrag, bis zu dem das Grundstück haften soll, bestimmt, im übrigen aber die Feststellung der Forderung vorbehalten wird. Denn die Verpflichtung zur Zahlung einer bestimmten, nämlich der dem Höchstbetrag entsprechenden, Geldsumme wird hierbei gültig übernommen oder anerkannt, wenn auch nur unter der Bedingung, daß die Feststellung der Forderung erfolgen soll. Der Fall liegt nicht anders, als wenn sich jemand zur Rückzahlung eines Darlehns von bestimmter Höhe mit dem Bemerken verpflichtet, daß er das Darlehn ganz oder teilweise noch nicht erhalten habe; auch hier ist die Rückzahlungspflicht durch die Feststellung der Forderung bedingt. Daß der Höchstbetrag der Berechnung des Stempels zugrunde zu legen ist, läßt sich auch aus der entsprechend anzuwendenden Vorschrift des § 6 Abs. 2 des Stempelsteuergesetzes schließen, wonach bei Verträgen die Abgabe nach dem höchstmöglichen Werte des Gegenstandes des Geschäfts zu berechnen ist, wenn einem der Vertragschließenden die Befugnis eingeräumt ist, innerhalb bestimmter Grenzen den Umfang der Leistung zu bestimmen, und wonach eine spätere Erstattung des zuviel gezahlten Stempelbetrages zugelassen wird.

Vgl. Urteil des Reichsgerichts vom 24. Januar 1902, Rep. VII. 422/01, Jurist. Wochenschr. 1902 S. 195 Nr. 49.

Der Rechtsgrund der der Höchstbetragshypothek zugrunde liegenden Schuld ist hier durch die Bezugnahme des Eintragungsantrags auf den übrigen Inhalt der Urkunde vom 18. Juni 1902 bestimmt. Er besteht in der Aufnahme der Anleihe von 6000000 ℳ, deren Rückzahlung nebst Aufgeld, Zinsen und Kosten in § 6 ausdrücklich versprochen wird. Übrigens bedarf es nach dem heutigen bürgerlichen Rechte zur gültigen Übernahme der Pflicht zur Zahlung einer Geldsumme nicht mehr der Angabe eines Schuldgrundes; diese Verpflichtung wird vielmehr auch schon durch ein abstraktes Schuldversprechen oder Schuldanerkenntnis begründet (§§ 780 flg. B.G.B.). Soweit eine von diesen Grundsätzen abweichende Auffassung in den allgemeinen Verfügungen des preußischen Finanzministers vom 20. Mai 1901 und des Justizministers vom 1. Juli 1901 (Just.-Min.-Bl. 1901 S. 156, 157) enthalten ist, kann sie diesseits, in Übereinstimmung mit der Literatur, nicht geteilt werden.

Vgl. Hummel u. Specht, Stempelsteuergesetz S. 1037 Bem. 15, S. 1041—1043 Bem. 20 und 21, S. 1080, 1081 Bem. 65;

Heinitz, Stempelsteuergesetz (2. Aufl.) S. 553 zu b, S. 554, 555 zu d.

Im vorliegenden Falle betrifft aber der Eintragungsantrag in Höhe von 6120000 M überhaupt nicht eine Höchstbetragshypothek, sondern eine ihrem Betrage nach feststehende Hypothek. Die Urkunde ergibt, daß die Hypothek zur Sicherheit der Rückzahlung des Anleihekapitals von 6000000 M und eines Aufgeldes von 2 v. H. dieses Kapitals, d. i. 120000 M, eingeräumt ist und eingetragen werden soll. Nur der Rest der Hypothek von 480000 M sollte zur Sicherung von dem Betrage nach noch nicht feststehenden Forderungen an Zinsen und Kosten eingetragen werden. Hinsichtlich dieses Betrages von 480000 M ist dem Berufungsrichter beizutreten, wenn er den Stempel hierfür aus der Tarifstelle 58 III berechnet. Bezüglich des feststehenden Hypothekenbetrages von 6120000 M durfte jedoch der Berufungsrichter bei Zugrundelegung seiner Feststellungen zu einer Anwendung dieser Steuervorschrift mit Rücksicht auf den Schlußabsatz der Tarifstelle nicht gelangen. Er stellt fest, daß in der Urkunde vom 18. Juni 1902 die Rückzahlungspflicht hinsichtlich des Kapitals und des Aufgeldes von 2 v. H. selbständig übernommen sei, sie also insoweit eine Schuldverschreibung im Sinne der Tarifstelle 58 I darstelle. Diese Feststellung läßt einen Rechtsirrtum nicht erkennen, steht vielmehr auf dem Boden der Rechtsprechung des erkennenden Senats. Die Revision ficht ohne Grund die Annahme an, daß eine Schuldverschreibung beurkundet sei. Der Berufungsrichter legt die Urkunde dahin aus, daß in ihr die Rückzahlungspflicht selbständig beurkundet und daß insbesondere der Fall des § 3 Abs. 3 des Stempelsteuergesetzes hier nicht gegeben sei, wonach Urkunden, in denen das Darlehnsgeschäft nur in der Form der Verdeutlichung oder Begründung einer anderen Erklärung erwähnt wird, in Ansehung des Darlehnsgeschäfts nicht stempelpflichtig sind, außer wenn die Absicht auf dessen Beurkundung gerichtet gewesen ist. An diese ohne Verletzung von Auslegungsgrundsätzen getroffene tatsächliche Feststellung ist das Revisionsgericht gebunden. Es kann übrigens auch nach der Fassung der Urkunde nicht dem geringsten Zweifel unterliegen, daß hier die Absicht des Ausstellers auf die Beurkundung des Darlehnsgeschäftes selbst gerichtet war und daß dieses Geschäft nicht bloß zur Verdeutlichung oder Begründung des Eintragungsantrages erwähnt wird. Daß ferner die Pflicht zur Entrichtung des Landesstempels für eine Schuldverschreibung über das Gesamtdarlehn nicht durch die Ausgabe reichsstempelpflichtiger Teilschuldverschreibungen beseitigt wird, ist anerkannten Rechtens.

Liegt hiernach eine stempelpflichtige Schuldverschreibung in Höhe von 6120000 ℳ vor, so durfte insoweit nicht der Stempel aus Tarifstelle 58 III für den Eintragungsantrag, sondern nur der Schuldverschreibungsstempel aus Tarifstelle 58 I erhoben werden. Denn der Schlußabsatz der Tarifstelle bestimmt, daß die Vorschriften der Tarifstelle 2 Abss. 5 bis 8 sinngemäße Anwendung finden, und nach Abs. 6 wird die Abgabe nicht erhoben, wenn, wie hier geschehen ist, bei der Anbringung des Eintragungsantrages die Urkunde über das dem Antrage zugrunde liegende Geschäft in Urschrift, Ausfertigung oder beglaubigter Abschrift vorgelegt wird. Diese Vorschrift hat der Berufungsrichter außer acht gelassen; dies kann aber zu einer sachlichen Änderung seiner Entscheidung nicht führen, da der nach Tarifstelle 58 I zu entrichtende Stempelbetrag ebenso hoch ist, wie der aus Tarifstelle 58 III geschuldete."

---

43. Ist der Hausbesitzer, der sein Haus im ganzen oder einen abgeschlossenen Teil des Hauses vermietet hat, für den Schaden verantwortlich, den ein Dritter infolge der Abnutzung der Treppe erleidet, wenn der Mieter dem zur Instandhaltung der Mieträume verpflichteten Besitzer keine Anzeige von der Abnutzung gemacht hat? Wie verhält sich dies, wenn der Mieter mit Wissen des Besitzers einen Verkehr in den Mieträumen eröffnet hat?

VI. Zivilsenat. Urt. v. 19. März 1908 i. S. E. (Kl.) w. H. u. Gen. (Bekl.). Rep. VI. 285/07.

I. Landgericht Dresden.
II. Oberlandesgericht daselbst.

Der Kläger war beim Verlassen des Postamtes 3 zu Dresden, das im Hause der Beklagten mietweise untergebracht war, auf der Treppe im Innern des Gebäudes gestürzt. Wegen der dabei erlittenen

Verletzung verklagte er die Beklagten auf Schadensersatz, indem er behauptete, sein Sturz sei dadurch herbeigeführt, daß das Besatzeisen der Kante einer Stufe infolge des starken Verkehrs derart geglättet gewesen sei, daß es dem Fuße keinen Halt geboten habe. Die Revision gegen das die Klage abweisende Urteil des Oberlandesgerichts wurde zurückgewiesen.

Aus den Gründen:

. . . „Im Erdgeschosse war der Post neben einer Reihe anderer Diensträume die Schalterhalle mit der im Innern des Hauses von der Halle zum Ausgange nach der Straße führenden Treppe, auf der sich der Unfall ereignet hat, vermietet. Die Treppe wie die Halle dienten allein den Zwecken der Post und bildeten nicht etwa den Aufgang und Durchgang zu Räumen, die nicht der Post, sondern anderen Parteien vermietet waren. Hiernach hatten die Beklagten keinen Verkehr auf der Treppe eröffnet, und sie können nicht aus dem Gesichtspunkte in Anspruch genommen werden, daß sie unterlassen hätten, für die Sicherheit des von ihnen eröffneten Verkehrs zu sorgen. Denn wenn auch der Eigentümer, der sein Haus im ganzen oder einen der Benutzung der übrigen Mieter entzogenen Teil einem anderen vermietet, weiß, daß darin ein Verkehr fremder Personen stattfinden soll, so fallen doch nicht ihm, sondern dem Mieter, dem die Macht über das Haus oder den Hausteil und die Verfügung über den darin sich abspielenden Verkehr übertragen ist, die besonderen Vorkehrungen zu, die sich aus der Pflicht ergeben, den Verkehr im Innern des Hauses vor Gefährdung zu schützen (vgl. Entsch. des R.G.'s in Zivils. Bd. 54 S. 56; Jurist. Wochenschr. 1905 S. 80 Nr. 20).

Die Beklagten sind daher dem Kläger nur dann ersatzpflichtig, wenn er beweist, daß sie in sonstiger Weise aus Fahrlässigkeit die ihm widerfahrene Beschädigung verursacht haben. Sie werden nun nicht belangt, weil die bauliche Anlage der Treppe fehlerhaft gewesen sei, sondern lediglich, weil sie Mängel nicht beseitigt hätten, die durch die Abnutzung der Treppe infolge starken Gebrauches entstanden seien. Nach § 4 des Mietvertrages zwischen den Beklagten und der Post waren sie verpflichtet, die vermieteten Räume in gutem baulichen Zustande zu erhalten und sämtliche Instandsetzungsarbeiten auf ihre Kosten ausführen zu lassen. Instandsetzungsarbeiten im Innern der einem Mieter allein vermieteten Räume — und hierzu gehören auch Flur, Treppen und Gänge, wenn das Haus im ganzen oder ein abgeschlossener Teil vermietet ist — braucht der Vermieter erst dann vorzunehmen, wenn er von dem Mieter Mitteilung von der eingetretenen Abnutzung und der Notwendigkeit, ihr abzuhelfen, erhalten hat. Dies folgt aus § 545 Abs. 1 B.G.B., wie aus der Natur des Mietverhältnisses, das dem Vermieter kein Recht gibt, die vermieteten Räume zu betreten, um sich von ihrer baulichen Beschaffenheit zu überzeugen. Unter den Parteien ist unstreitig, daß den Beklagten vor dem Unfalle keine Anzeige von einer ordnungswidrigen Glätte der Stufen, der der Kläger seinen Sturz zuschreibt, gemacht worden ist, und daß, sobald die Anzeige an sie gelangte, die Stufen unverzüglich ausgebessert worden sind. Der Kläger hat auch nicht behauptet, daß die Beklagten auf andere Weise, etwa bei dem Besuche der Post, Kenntnis erhalten hätten, daß sich die Treppe in einem verkehrsgefährlichen Zustande befinde. Die Frage bedarf daher keiner Erörterung, ob sie in diesem Falle auch ohne Anzeige des Mieters zur Beseitigung eines solchen Zustandes verpflichtet gewesen wären und jedem Dritten für den Schaden, den er durch ihre Unterlassung erlitten, haften würden.

Nach alledem fehlt es an jedem Nachweise, daß die Beklagten durch eine widerrechtliche, auf Verletzung pflichtmäßiger Sorgfalt beruhende Versäumnis die Beschädigung des Klägers herbeigeführt haben." ...

---

44. Ist die sog. abstrakte Schadensberechnung ausgeschlossen, wenn Ersatzansprüche wegen der Nichtlieferung von Maschinen erhoben werden, die nach einem neuen System zu fertigen und bisher noch nicht auf den Markt gebracht waren?

B.G.B. § 252.

Z.P.O. § 287.

VII. Zivilsenat. Urt. v. 20. März 1908 i. S. P. & Co. (Kl.) w. F. (Bekl.). Rep. VII. 268/07.

I. Landgericht I Berlin.
II. Kammergericht daselbst.

Die Klägerin behauptete, daß zwischen ihr und der Beklagten im August 1905 ein Vertrag über die Lieferung von 1050 Kartoffelschneidemaschinen, die nach einem ihr angeblich patentierten Systeme hergestellt werden sollten, zum Preise von 17,50 *M* für das Stück zustande gekommen sei, daß indes die Beklagte weder innerhalb der vertragsmäßigen Lieferfrist, noch bis zum Ablaufe der ihr gesetzten Nachfrist geliefert habe. Sie erhob Klage auf Schadensersatz, indem sie ihren Schaden konkret mit dem Vorbringen berechnete, daß sie von den zu liefernden Maschinen 150 Stück anderweit zu einem höheren Preise verkauft habe. Sie forderte in der ersten Instanz 1375 *M* nebst Zinsen.

Das Landgericht wies dem Antrage der Beklagten entsprechend die Klage ab. In der zweiten Instanz erweiterte die Klägerin ihren Antrag auf 2600 *M*. Sie berechnete nunmehr ihren Schaden auch abstrakt und machte geltend, daß sie in der Lage gewesen sei, sämtliche 1050 Maschinen zum Preise von 22,10 *M* das Stück weiter zu verkaufen, daß ihr also bei einem Selbstkostenpreise von 17,50 *M* ein Gewinn von 4,60 *M* an jeder Maschine entgangen sei. Die Beklagte bestritt die Richtigkeit dieser Berechnung. Das Kammergericht wies die Berufung der Klägerin zurück; es erachtete zwar die Schadensersatzpflicht der Beklagten, nicht aber einen Schaden der Klägerin für dargetan. Die Revision der Klägerin führte zur Aufhebung des Berufungsurteils und zur Zurückverweisung der Sache.

Gründe:

„Für die Revisionsinstanz handelt es sich nur um die Frage, ob der Berufungsrichter ohne rechtlichen Verstoß den Anspruch der Klägerin, soweit ihm die sog. abstrakte Schadensberechnung zugrunde liegt, zurückgewiesen hat. Die Revision rügt zu diesem Punkte mit Recht die Verletzung des § 252 B.G.B. und des § 287 Z.P.O. Der Berufungsrichter führt aus, daß Maschinen der Art, wie die streitigen, noch nicht Gegenstand des Handelsverkehrs geworden seien. Eine fabrikmäßige Herstellung der neu patentierten Erfindung habe noch nicht stattgefunden. Daß überhaupt schon solche Maschinen in den Verkehr gekommen seien, ergebe der Vortrag der Klägerin nicht; es sei nicht einmal ersichtlich, ob mehr Maschinen, als die auf der Kochkunstausstellung in F. ausgestellten, hergestellt worden seien. Bei dieser Sachlage könne nicht als dargetan angesehen werden, daß diese Maschinen verkäufliche Gegenstände des Handelsverkehrs gewesen seien.

Die Anforderungen, die der Berufungsrichter hiernach an die Begründung des von der Klägerin erhobenen Schadensersatzanspruches stellt, sind mit dem Gesetze nicht vereinbar. Nach § 252 B.G.B. gilt als entgangen der Gewinn, der nach dem gewöhnlichen Laufe der Dinge oder nach den besonderen Umständen mit Wahrscheinlichkeit erwartet werden konnte. Die besonderen Umstände (der sog. konkrete Schaden) scheiden im vorliegenden Falle aus. Es kommt also darauf an, ob die Klägerin nach dem gewöhnlichen Laufe der Dinge wahrscheinlich einen Gewinn, dessen Höhe vorläufig dahingestellt bleiben kann, gemacht hätte, wenn die Beklagte ihrer Vertragspflicht entsprochen und die bestellten Kartoffelschneidemaschinen geliefert hätte. Während also einerseits die Feststellung, daß ein Gewinn überhaupt ausgeschlossen gewesen sei, den Anspruch beseitigt, wird anderseits nicht gefordert, daß der Eintritt des Gewinns als unbedingt sicher und zweifellos gelten müsse. Eine nicht bloß entfernte Möglichkeit, wie sie sich bei verständiger, objektiver Würdigung der Sachlage ergibt, genügt, um die Erwartung eines Gewinns zu rechtfertigen. Dabei ist der zur Prüfung der Frage des entgangenen Gewinns berufene Richter nach § 287 Z.P.O. nicht an das Vorbringen der Partei gebunden; er hat sich unabhängig von einer Darlegungspflicht des angeblich Beschädigten oder einer diesen treffenden Beweispflicht ein Urteil darüber zu bilden, ob ein Gewinn gemäß § 252 B.G.B. entgangen sei. Die frühere, auch für das neue Recht verwertbare Praxis erachtete es beim Handelskaufe, sofern der Käufer Schadensersatz wegen Nichterfüllung vom Verkäufer forderte, für ausreichend, daß für Waren, die keinen Marktpreis haben, die Möglichkeit des Verkaufs bestand. Man setzte an Stelle des Marktpreises den Verkäuflichkeitswert und nahm einen solchen bei Waren, die einen Gegenstand des Handelsverkehrs bilden, ohne weiteres — bis zum Beweise des Gegenteils — an. Der Beweis des Vorhandenseins von Kauflustigen wurde nicht gefordert.

Vgl. Entsch. des R.G.'s in Zivils. Bd. 4 S. 1 flg.; Düringer u. Hachenburg, Bd. 2 S. 161, 162; Lehmann u. Ring, Anm. 60 zu § 376 H.G.B.; Staub-Könige, Exkurs zu § 374 H.G.B. Anm. 61.

Der Berufungsrichter scheint zu verneinen, daß die von der Klägerin gekauften Maschinen verkäuflich gewesen seien. Zu diesem Ergebnis kommt er aber nur deshalb, weil die Maschinen noch nicht gehandelt worden seien. Träfe dies zu, so würde bei allen neuen Artikeln, die noch keinen Markt besitzen, sondern einen solchen erst erobern wollen, die Verkäuflichkeit und ein Verkäuflichkeitswert fehlen. Eine solche Anschauung setzt sich mit dem Wesen des Handelsverkehrs und den in ihm gemachten Erfahrungen in Widerspruch. Gegenstand des Handelsverkehrs ist auch eine Ware, die neu erzeugt und bisher noch nicht auf den Markt gebracht worden ist. Es ist zunächst davon auszugehen, daß auch sie Abnehmer finden werde, um so mehr, als dies dem Standpunkte der Parteien, die zum Zwecke der Weiterveräußerung verkauft und gekauft haben, entspricht. Sache des vertragsbrüchigen Verkäufers ist es, darzutun, daß die von ihm zu liefernde Ware für den Verkehr unbrauchbar und ihr Absatz unmöglich sei. Indem der Berufungsrichter den Beweis des Gegenteils vom Käufer fordert, verstößt er gegen die bezeichneten Gesetze. Richtig ist, daß die Feststellung der Höhe des Verkäuflichkeitswertes bei noch nicht eingeführten Waren schwieriger sein wird, als bei gangbaren Artikeln. Von vornherein unmöglich ist sie aber nicht.

Darum wird der Berufungsrichter ... von neuem der abstrakten Schadensersatzberechnung der Klägerin, insbesondere unter Berücksichtigung der Brauchbarkeit der Maschinen und der dadurch gegebenen Absatzmöglichkeit, näher zu treten haben." ...

---

45. Ist die Erlassung des die Wirkungen der Berufungszurücknahme aussprechenden Urteils zulässig, wenn der Berufungskläger erklärt hatte, daß er das Rechtsmittel „wegen Vergleichs" zurücknehme, und der Gegner den Abschluß eines Vergleichs bestreitet?

Z.P.O. § 515 Abs. 3.

VII. Zivilsenat. Urt. v. 20. März 1908 i. S. Cl. (Bekl.) w. E. (Kl.). Rep. VII. 273/07.

I. Landgericht Cöln.
II. Oberlandesgericht daselbst.

Der Beklagte hatte gegen die ihn verurteilende Entscheidung des Landgerichts Berufung eingelegt, dann aber vor dem Termine zur mündlichen Verhandlung in einem Schriftsatze erklärt, daß er die Berufung infolge Vergleichs zurückziehe. Der Anwalt des Klägers setzte auf die den Gerichtsakten einverleibte Abschrift dieses Schriftsatzes, die ihm vom Vorsitzenden mit der Anfrage vorgelegt wurde, ob die Sache erledigt sei, die Bemerkung: „Diesseits wird der Vergleich bestritten.“ Im Verhandlungstermine beantragte der Kläger, den Gegner des Rechtsmittels für verlustig zu erklären und ihm die Kosten zur Last zu legen. Der Beklagte widersprach diesem Antrage und beantragte Aussetzung des Verfahrens, indem er ausführte, der Kläger habe durch die erwähnte schriftliche Bemerkung der Zurücknahme der Berufung widersprochen; er, der Beklagte, wolle aber auch die Zurücknahmeerklärung wegen Irrtums anfechten, wenn ein über die Frage des Vergleichsschlusses anhängiger Rechtsstreit dahin entschieden würde, daß ein Vergleich nicht zustande gekommen sei. Der Kläger widersprach dem Aussetzungsantrage.

Durch Urteil des Oberlandesgerichts wurde der Beklagte der Berufung für verlustig erklärt. Seine Revision wurde zurückgewiesen, aus folgenden

Gründen:

„Nach Lage der Sache kommt es nur darauf an, ob das Berufungsgericht dem Antrage des Klägers, den Beklagten des Rechtsmittels der Berufung für verlustig zu erklären, stattgeben durfte. Dies ist zu bejahen. Es liegt weder ein tatsächlicher, noch ein rechtlicher Grund vor, aus dem das Berufungsgericht verpflichtet gewesen wäre, den Antrag zurückzuweisen. Die Erklärung des Prozeßbevollmächtigten des Beklagten, daß er die Berufung infolge des Vergleichs zurückziehe, enthält eine klare, nicht mißzuverstehende Zurücknahme des Rechtsmittels. Die Bezugnahme auf den Vergleich gibt den Beweggrund für die Erklärung an, macht aber nicht die Erklärung selbst derart von der Richtigkeit dieses Beweggrundes abhängig, daß sie nur als bedingte Berufungszurücknahme verstanden werden könnte, bedingt dadurch, daß der Vergleich zu Recht bestehe oder daß die Gegenpartei den Vergleichsabschluß zugebe. Deshalb war auch die Erklärung des Gegners, daß er den Vergleich bestreite, nicht geeignet, die Berufungszurücknahme den ihr vom Gesetze beigelegten Folgen zu entziehen. Diese Folgen (§ 515 Abs. 3 Z.P.O.) knüpft das Gesetz unmittelbar an die Zurücknahmeerklärung; es bedarf weder ihrer Verwirklichung durch Urteil, noch des Antrags auf Erlassung des entsprechenden Urteils. Auf die Behauptung, daß der Kläger der Zurücknahme widersprochen habe, ist der Beklagte nicht zurückgekommen; sie wäre auch unerheblich, da dem Berufungsbeklagten, wie das angefochtene Urteil zutreffend ausführt, ein Widerspruchsrecht gegen die vor der mündlichen Verhandlung erfolgende Zurücknahme gar nicht zusteht.

Es fragt sich demnach nur noch, ob etwa die Erklärung des Beklagten, daß er die Berufungszurücknahme wegen Irrtums anzufechten beabsichtige, wenn in dem anderen anhängigen Rechtsstreite der Parteien festgestellt werden sollte, daß der behauptete Vergleich nicht zustande gekommen sei, von Erheblichkeit ist, und ob das Berufungsgericht dem darauf gestützten Aussetzungsantrage stattgeben mußte. Auch das ist zu verneinen. Das Berufungsgericht hält die Anfechtung der Rechtsmittelzurücknahme wegen Irrtums grundsätzlich für unzulässig. Ob ihm hierin beizutreten wäre, bedarf nicht der Entscheidung. Denn der Beklagte hat seine Zurücknahmeerklärung nicht angefochten. Er behauptet gar nicht, sie irrtümlich abgegeben zu haben, sondern bleibt auch jetzt noch bei der Behauptung, daß der Rechtsstreit durch Vergleich erledigt sei. Erst wenn er damit in einem anderen Prozesse nicht durchdringen würde, will er sich auf Irrtum berufen. Derartigen zukünftigen Absichten brauchte der Prozeßgegner und das Gericht nicht Rechnung zu tragen."

---

46. Ist ein Wertstempel auf Grund der Tarifst. 32a des preuß. Stempelsteuergesetzes vom 31. Juli 1895 zu entrichten, wenn einer der Gesellschafter einer offenen Handelsgesellschaft ein Grundstück in diese einlegt und die vereinbarte Gegenleistung teils in barem Geld und in der Übernahme von Hypotheken, teils in Gewährung von Gesellschaftsrechten besteht?

Preuß. Stempelsteuergesetz vom 31. Juli 1895 Tarifst. 25b und c sowie 32a.

VII. Zivilsenat. Urt. v. 20. März 1908 i. S. R. & Co. (Kl.) w. preuß. Fiskus (Bekl.). Rep. VII. 320/07.

I. Landgericht Breslau.
II. Oberlandesgericht daselbst.

Durch notariellen Vertrag vom 8. Mai 1906 gründeten die Kaufleute P., Ba. und R., als persönlich haftende Gesellschafter, und der Kaufmann Br., als Kommanditist, die jetzt klagende Kommanditgesellschaft mit dem Sitze in B. Inhalts des Vertrages brachte Br. ein ihm gehöriges Grundstück in B. zu einem Preise von 1200000 ℳ in die Gesellschaft ein. Dagegen übernahm die Gesellschaft in Anrechnung auf diesen Preis die sämtlichen auf dem Grundstücke in Höhe von 1016000 ℳ eingetragenen Hypotheken und verpflichtete sich außerdem, zur Abgeltung der Ansprüche aus der Br.'schen Liquidation 174000 ℳ zu verwenden. Der Rest von 10000 ℳ wurde auf den gleich hohen Kommanditanteil des Br. verrechnet. Ferner brachte der Gesellschafter R. ein ihm gehöriges Grundstück in B. für den Preis von 500000 ℳ in die Gesellschaft ein. Zur Abgeltung dieses Preises übernahm die Gesellschaft die auf dem Grundstücke mit 500000 ℳ eingetragenen Hypothekenschulden.

Der beurkundende Notar verwendete für den Vertrag nur einen Stempel von 1,50 ℳ nach der Tarifst. 25b des preuß. Stempelsteuergesetzes. Der Beklagte forderte aber außerdem noch den Immobiliarveräußerungsstempel aus der Tarifst. 32a mit 1 v. H. der im Vertrage ausgeworfenen Preise der eingebrachten Grundstücke nach Abzug des auf den Kommanditanteil des Br. angerechneten Betrages von 10000 ℳ. Er berechnete hiernach die Abgabe auf 1 v. H. von 1190000 ℳ plus 500000 ℳ gleich 16900 ℳ. Die Klägerin entrichtete auf diesen Stempelbetrag am 25. September 1906 400 ℳ und verlangte mit der Klage die Rückzahlung nebst Zinsen.

Beide Instanzen erkannten auf Abweisung der Klage. Auch die Revision der Klägerin wurde zurückgewiesen, aus folgenden

Gründen:

„Die Tarifst. 25 des preuß. Stempelsteuergesetzes vom 31. Juli 1895 gibt Vorschriften, nach denen die Übertragungen von nicht in Geld bestehendem Vermögen auf Gesellschaften zum Gegenstande der Besteuerung gemacht sind, nur für den hier nicht vorliegenden Fall, daß es sich um Aktiengesellschaften oder Kommanditgesellschaften auf Aktien oder um Gesellschaften mit beschränkter Haftung handelt. Es ist ferner auch anzunehmen, daß die Versteuerung von „Gesellschaftsverträgen" in der genannten Tarifstelle erschöpfend hat geregelt werden sollen. Dessenungeachtet ist die von der Klägerin geltend gemachte Rückforderung des entrichteten Stempels ungerechtfertigt, wenn der Stempelanspruch nach einer anderen Tarifvorschrift begründet ist. Dem Berufungsrichter ist dahin beizutreten, daß der Beklagte auf Grund der Tarifst. 32a den entrichteten Stempel fordern durfte.

Vor dem Inkrafttreten des Stempelsteuergesetzes von 1895 war der Rechtszustand folgender. Wenn ein Gesellschafter eine ihm allein gehörige Sache in das Gesellschaftsvermögen übertrug, so lag hierin eine Veräußerung, da die Sache einen neuen Herren erhielt. Eine solche Veräußerung unterlag dem Kaufstempel aber nur dann, wenn die Eigentumsübertragung ein vom Gesellschaftsvertrage verschiedenes Rechtsgeschäft darstellte und die zivilrechtlichen Merkmale des Kaufes oder der Hingabe an Zahlungsstatt an sich trug. Ein vom Gesellschaftsvertrage verschiedenes Geschäft wurde als vorhanden angenommen, wenn und soweit die Gesellschaft für einen ihr überlassenen Vermögensgegenstand dem überlassenden Gesellschafter — außer den aus seiner Beteiligung am Gesellschaftsunternehmen sich ergebenden gesellschaftlichen Rechten — noch eine anderweite Vergütung zu gewähren hatte. Insoweit geht das Geschäft über den Rahmen des Gesellschaftsvertrages hinaus und war deshalb als selbständiges Veräußerungsgeschäft zu versteuern. Diese Grundsätze wurden insbesondere auch für die Fälle als maßgebend anerkannt, in denen die Überlassung von Vermögensgegenständen gegen eine derartige anderweite Vergütung an offene Handelsgesellschaften oder einfache Kommanditgesellschaften erfolgte (Urteil des R.G.'s vom 27. Mai 1895, Preuß. Just.-Min.-Bl. 1896 S. 243).

An diesem Rechtszustande ist, soweit er die offenen Handelsgesellschaften und die einfachen Kommanditgesellschaften betrifft, durch das neue Stempelgesetz von 1895 im wesentlichen nichts geändert worden. Die Regierungsvorlage enthielt unter Tarifst. 26c die Vorschrift, daß das Einbringen von nicht in Geld bestehendem Vermögen von seiten eines Gesellschafters in eine Gesellschaft irgendwelcher Art dem für Sachveräußerungen vorgeschriebenen Wertstempel unterliegen sollte, ohne Rücksicht darauf, ob als Gegenwert gesellschaftliche Rechte oder eine anderweite Vergütung gewährt wurden. Die Absicht ging hierbei dahin, gesellschaftliche Vereinigungen mit Rücksicht auf die mit ihnen verbundenen größeren Kapitalansammlungen zu produktiven und spekulativen Zwecken schärfer als bisher zur Steuer heranzuziehen (Begründung S. 6, 7, 40). Bei der Beratung des Entwurfs wurden die Worte „seitens eines Gesellschafters" gestrichen, und die Worte „irgendwelcher Art" durch die Worte „der unter a bezeichneten Art" ersetzt. Damit war die Absicht des Entwurfs, einen einheitlichen Begriff des „Einbringens" im stempelrechtlichen Sinne des Wortes für alle Gesellschaftsarten aufzustellen, vereitelt, und der Erfolg herbeigeführt, daß nur das Einbringen in Aktiengesellschaften, Kommanditgesellschaften auf Aktien und Gesellschaften mit beschränkter Haftung auf Grund der Tarifst. 26 (25 des Gesetzes) zu versteuern war. Dabei wurde das Einbringen in solche Gesellschaften im Sinne des Stempelrechts als ein Bestandteil des Gesellschaftsvertrages auch dann angesehen, wenn die Gegenleistung in einer „anderweiten Vergütung", also nicht in der Gewährung von Gesellschaftsrechten, bestand. Das ergibt sich daraus, daß die Abgabe nach Spalte 4 der Tarifstelle in einer Quote des Entgelts, einschließlich der auf der Einlage ruhenden, auf die Gesellschaft übergehenden Passiven ꝛc, bestehen sollte.

Vgl. Entsch. des R.G.'s in Zivils. Bd. 51 S. 389, Bd. 53 S. 321.

War hiernach zwar die Anwendung der das „Einbringen" betreffenden Sondervorschrift der Tarifst. 25c auf Einlagen in offene Handelsgesellschaften und in einfache Kommanditgesellschaften ausgeschlossen, so folgt doch hieraus nicht, daß solche Einlagen in jedem Falle frei vom Umsatzstempel bleiben sollten. Sie waren diesem Stempel zwar insoweit entzogen, als sich der Akt des Einlegens gleichzeitig als ein Bestandteil des Gesellschaftsvertrages darstellte, also dann, wenn die Gegenleistung in der Gewährung gesellschaftlicher Rechte bestand; denn für „Gesellschaftsverträge" darf ein anderer Stempel nicht erhoben werden, als der in der Tarifst. 25 bestimmte, da diese Tarifstelle, wie bemerkt, die Versteuerung der Gesellschaftsverträge erschöpfend regelt. Soweit aber die Gegenleistung in einer „anderweiten Vergütung", z. B. in barem Gelde oder in der Übernahme von Schulden (Hypotheken), besteht, ist die Heranziehung dieses außerhalb des Rahmens des Gesellschaftsvertrages liegenden

Teiles der Vereinbarung, der sich nur äußerlich dem Gesellschaftsvertrage anschließt, durch keine Vorschrift der allgemeinen durch die Tarifst. 32 auf Sachveräußerungen gelegten Steuer entzogen. Der Annahme einer Veräußerung steht der zufällige Umstand nicht entgegen, daß der ein Vermögensstück in die Gesellschaft Einlegende selbst Mitglied der Gesellschaft ist. Wird die Einlage nicht durch das Einräumen gesellschaftlicher Rechte, sondern durch die Gewährung anderer Vorteile abgegolten, so steht der Einlegende rechtlich der Gesellschaft nicht in seiner Eigenschaft als Mitglied, sondern wie jeder Dritte gegenüber.

Auf den Standpunkt, daß das Einlegen eines Grundstücks in eine offene Handelsgesellschaft durch einen Gesellschafter gegen Übernahme der auf dem Grundstücke lastenden Hypotheken von seiten der Gesellschaft dem Veräußerungsstempel der Tarifst. 32 unterliege, hat sich der erkennende Senat, freilich ohne nähere Begründung, schon in dem Urteile vom 31. März 1905, Rep. VII. 405/04, (Gruchot, Erläut. Bd. 50 S. 840) gestellt. Für die Einlegung des Grundstücks des Gesellschafters R. in die Gesellschaft gegen den durch Übernahme des gleich hohen Hypothekenbetrages gedeckten Preis von 500000 ℳ war hiernach der einprozentige Stempel von 5000 ℳ zu entrichten. Da die Klägerin bisher erst den jetzt mit der Klage zurückgeforderten Stempelbetrag von 400 ℳ gezahlt hat, war die Klage abzuweisen, ohne daß erörtert zu werden brauchte, welcher Abgabenbetrag für die Einlegung des Grundstücks des Gesellschafters Br. zu entrichten ist."

---

47. 1. Besteht eine Gesellschaft mit beschränkter Haftung fort, wenn alle Geschäftsanteile in der Hand eines Gesellschafters vereinigt sind?

2. Kann in diesem Falle der eine Gesellschafter sich selbst in seiner Eigenschaft als Geschäftsführer der Gesellschaft die Ermächtigung erteilen, im Namen der Gesellschaft mit sich im eigenen Namen ein Rechtsgeschäft vorzunehmen?

B.G.B. § 181.

Gesetz, betr. die Gesellschaften mit beschränkter Haftung, vom 20. Mai 1898 §§ 13, 15 Abs. 2, 46.

II. Zivilsenat. Urt. v. 20. März 1908 i. S. Duisburger Fittingsfabrik Konk. (Bekl.) w. E. (Kl.). Rep. II. 586/07.

I. Landgericht Duisburg.
II. Oberlandesgericht Düsseldorf.

Der Kläger hatte im Jahre 1902 zusammen mit einer Bank eine Gesellschaft mit beschränkter Haftung zum Betriebe einer Fabrik gegründet und war zum Geschäftsführer der Gesellschaft bestellt worden. Im Jahre 1904 vereinigte er durch Ankauf alle Geschäftsanteile in seiner Hand. Später gab er aus seinem Privatvermögen für Zwecke der Gesellschaft Geldsummen im Betrage von mehr als 64000 *M* her, die er in den Geschäftsbüchern der Gesellschaft als von ihm gegebene Darlehen buchen ließ. Nachdem im August 1906 über das Vermögen der Gesellschaft das Konkursverfahren eröffnet worden war, erhob der Kläger gegen den Konkursverwalter Klage auf Feststellung, daß ihm die erwähnten Darlehnsforderungen nebst Zinsen gegen die Konkursmasse zuständen. Der Beklagte machte u. a. die Ungültigkeit der fraglichen Darlehnsgeschäfte nach § 181 B.G.B. geltend. Die Klage wurde vom Landgerichte abgewiesen, vom Oberlandesgerichte aber zugesprochen. Auf die vom Beklagten eingelegte Revision wurde das Urteil des Oberlandesgerichts aufgehoben, und die Berufung des Klägers gegen das landgerichtliche Urteil zurückgewiesen.

Gründe:

... „Das Berufungsgericht hat den sich auf die Hingabe von Darlehen des Klägers an die verklagte Gesellschaft stützenden Klaganspruch für sachlich begründet, insbesondere die auf Grund des § 181 B.G.B. entgegengesetzte Einrede der Ungültigkeit dieser Darlehnsgeschäfte für nicht gerechtfertigt erachtet. Es hat in dieser Hinsicht hauptsächlich ausgeführt: die Vereinigung sämtlicher Geschäftsanteile einer Gesellschaft mit beschränkter Haftung in einer Hand führe nicht zur Auflösung der Gesellschaft. Trotz des Erwerbes aller Geschäftsanteile durch den Kläger habe das Vermögen der Fittingsfabrik rechtlich seine Selbständigkeit behalten. Abgesehen von dem etwaigen Eingreifen des § 181 habe kein rechtliches Hindernis für die Begründung von Schuldverhältnissen zwischen dem Kläger und der Fittingsfabrik bestanden. Auch die Vorschrift des § 181 habe im gegebenen Falle das Zustandekommen eines wirksamen Vertrages nicht ausgeschlossen. Das Verbot des § 181 beruhe auf Zweckmäßigkeitsgründen. Die nahe Gefahr eines Interessenwiderstreits zwischen Vertreter und Vertretenem habe es als ratsam erscheinen lassen, die Vornahme von Rechtsgeschäften des Vertreters mit sich selbst nur ausnahmsweise zu gestatten. Der § 181 enthalte eine Schutzvorschrift für den Vertretenen. Die „gesetzliche Vermutung", daß dem Vertreter die Vornahme von Rechtsgeschäften mit sich selbst verboten sei, greife nicht Platz, wenn ihm das Gegenteil gestattet sei. Diese Gestattung brauche keine ausdrückliche zu sein, sie könne sich auch aus den Umständen ergeben. Solche Umstände seien aber gegeben, wenn der Abschluß der Rechtsgeschäfte nicht unter einer gegen Treu und Glauben verstoßenden Ausnutzung der Doppelstellung des Handelnden erfolge. Unter diesem Gesichtspunkte sei im gegebenen Falle der Kläger befugt gewesen, Verträge für die Gesellschaft mit sich selbst zu schließen. Der Umstand, daß er sämtliche Geschäftsanteile erworben gehabt habe, lasse die Vornahme eines solchen Rechtsgeschäfts als erlaubt erscheinen; denn für die Dauer dieses Zustandes sei ein Interessengegensatz zum Nachteile der Gesellschaft ausgeschlossen gewesen. Bei einer nur durch einen Geschäftsführer vertretenen Gesellschaft mit beschränkter Haftung stehe die Erteilung der Erlaubnis zu Vereinbarungen mit sich selbst der Versammlung der Gesellschafter zu. Da aber der Kläger damals als einziger Gesellschafter auch die Rechte der Gesellschafterversammlung auszuüben gehabt, somit der Beteiligte, dem das Gesetz die Gestattung vorbehalte, beim Abschlusse des Geschäfts selbst mitgewirkt habe, fehle jeder Grund, noch eine besondere Gestattung zu verlangen.

Diese ... Ausführungen des Berufungsgerichts sind zwar insoweit nicht zu beanstanden, als davon ausgegangen wird, daß die Vereinigung aller Geschäftsanteile der Gesellschaft mit beschränkter Haftung in der Hand des Klägers nicht zur Auflösung der Gesellschaft geführt, vielmehr deren Vermögen seine rechtliche Selbständigkeit behalten habe.

Vgl. die Urteile des II. Strafsenats des Reichsgerichts vom 20. März 1900, Goltdammer, Archiv Bd. 47 S. 469, und des I. Zivilsenats des Reichsgerichts vom 20. Juni 1904, Seuffert's Archiv Bd. 60 S. 410.

Soweit aber das Berufungsgericht die Anwendbarkeit der Vorschrift des § 181 B.G.B. auf die streitigen Darlehnsgeschäfte verneint hat, ist dieser ... Ansicht nicht beizutreten. Sie ist zunächst schon mit dem Wortlaute des § 181 unvereinbar. Denn durch diesen ist dem Vertreter der Regel nach verboten, ein Rechtsgeschäft im Namen der Vertretenen mit sich im eigenen Namen vorzunehmen, und es sind nur zwei bestimmte Ausnahmen von dieser Regel festgesetzt, während nach der Auslegung des Berufungsgerichts dem Vertreter die Vornahme solcher Rechtsgeschäfte der Regel nach gestattet sein soll, sofern nicht hierbei der Handelnde seine Doppelstellung in einer gegen Treu und Glauben verstoßenden Weise ausnutze. Es ist nicht einzusehen, weshalb der Gesetzgeber, wenn er eine Vorschrift dieses Inhalts hätte erlassen wollen, hierfür nicht eine dementsprechende, sondern eine wesentlich abweichende Fassung gewählt haben sollte; denn diese deckt sich nicht mit dem Gedanken, der nach der Ansicht des Berufungsgerichts damit ausgedrückt sein soll.

Die Entstehungsgeschichte des § 181 ergibt mit Bestimmtheit, daß die gesetzgebenden Faktoren, wenn sie auch von dem bei der Auslegung des Berufungsgerichts allein berücksichtigten rechtlichen Gesichtspunkte ausgegangen sind, doch im Interesse der Rechtssicherheit und um dem Vertretenen einen wirksamen Schutz gegen die für ihn mit dem Selbstkontrahieren des Vertreters verbundene Gefahr zu gewähren, nicht eine Vorschrift des von dem Berufungsgericht angenommenen unbestimmten und unklaren Inhalts erlassen, sondern die Ungültigkeit eines von einem Vertreter im Namen des Vertretenen mit sich im eigenen Namen abgeschlossenen Rechtsgeschäfts der Regel nach festsetzen und von dieser Regel nur die im Gesetze bestimmten beiden Ausnahmen zulassen wollten. In der 2. Kommission, auf deren Vorschlag die Vorschrift des § 181 in das Gesetzbuch aufgenommen worden ist, wurde sie nämlich im wesentlichen folgendermaßen begründet. Für die gesetzgeberische Behandlung des Selbstkontrahierens des Vertreters könne lediglich die Frage maßgebend sein, ob und inwieweit die Zulassung mit der Verkehrssicherheit verträglich oder durch das Verkehrsbedürfnis gefordert sei. In dieser Hinsicht sei für die Regel davon auszugehen, daß das Selbstkontrahieren stets die Gefahr des Konfliktes der Interessen und einer Schädigung des einen oder anderen Teils mit sich bringe und deshalb, soweit nicht durch das Gesetz oder durch die Vollmacht (ausdrücklich oder stillschweigend) dem Vertreter ein anderes gestattet sei, verboten werden müsse. Es bestehe dabei kein Unterschied zwischen der gesetzlichen und der gewillkürten Vertretung. Endlich empfehle es sich, nicht das Selbstkontrahieren insoweit zuzulassen, als es der dem Vertreter obliegenden Fürsorge entspreche; denn wenn vielleicht auch zuzugeben sei, daß durch den (dieses aussprechenden) Antrag 4 das richtige Prinzip am zutreffendsten zum Ausdrucke gelange, so werde dadurch doch die Wirksamkeit eines Aktes des Selbstkontrahierens von einem Momente abhängig gemacht, das durch seine Unbestimmtheit und Unerkennbarkeit für Dritte die Verkehrssicherheit gefährde. Demgemäß wurde von der Kommission der erwähnte Antrag 4, dessen — sich übrigens nur auf die gewillkürte Vertretung beziehender — Inhalt der von dem Berufungsgerichte dem § 181 gegebenen Auslegung ungefähr entsprach, abgelehnt, und statt dessen der mit der Fassung des Gesetzes im wesentlichen übereinstimmende Antrag 1 angenommen. Auch in der Denkschrift zum Bürgerlichen Gesetzbuche S. 32 ist aus denselben Gründen die grundsätzliche Ausschließung des Selbstkontrahierens des Vertreters betont.

Vgl. Mugdan, Materialien Bd. 1 S. 759, 840.

Eine abweichende Auffassung ist auch bei den späteren Beratungen nicht zum Ausdrucke gebracht worden.

Hiernach steht die Auslegung des Berufungsgerichts auch mit der Entstehungsgeschichte des § 181 im Widerspruche. Denn nach dieser hat der Gesetzgeber nicht eine „gesetzliche Vermutung“ für die Unzulässigkeit des Selbstkontrahierens des Vertreters aufstellen, sondern es im Interesse der Verkehrssicherheit der Regel nach verbieten und nur die beiden besonders bestimmten Ausnahmen von dieser Regel festsetzen wollen, wobei er unter der hier in Betracht kommenden Ausnahme — „soweit nicht ein anderes ihm gestattet ist“ — nur die Gestattung durch das Gesetz oder die Vollmacht verstanden hat. Daher kann namentlich der vom Berufungsgerichte diesen Worten beigelegte Sinn nicht als zutreffend erachtet werden, weil dadurch die Bedeutung des fraglichen Verbotes zum größten Teile wieder beseitigt, jedenfalls aber über dessen Tragweite eine erhebliche Rechtsunsicherheit geschaffen würde, der der Gesetzgeber gerade durch das erlassene allgemeine Verbot vorbeugen wollte. Diese Auffassung liegt auch dem Urteile des V. Zivilsenats vom 7. Juni 1902 (Entsch. des R.G.'s in

Zivils. Bd. 51 S. 422) zugrunde, indem dort (S. 427) ausgesprochen ist, der § 181 setze eine ausdrückliche oder doch unzweifelhaft aus den Umständen hervorgehende Gestattung des Vertragschließens mit sich selbst voraus.

Es ist auch nicht anzuerkennen, daß die hier vertretene strengere Auffassung des Verbots des § 181 zu einer übermäßigen, über die Absicht des Gesetzgebers hinausgehenden Erschwerung des Abschlusses ganz unbedenklicher Rechtsgeschäfte führen müßte. Denn da ... die Gestattung des Selbstkontrahierens des Vertreters auch stillschweigend erfolgen kann, so wird die Wirksamkeit eines von einem Vertreter mit sich selbst abgeschlossenen Rechtsgeschäfts in der Regel nicht in Frage gestellt sein, wenn das Selbstkontrahieren des Vertreters dem sich aus der Vollmacht oder den sonstigen Umständen des Falles ergebenden Vertragswillen der Beteiligten entspricht oder, sofern es sich um eine gesetzliche Vertretung handelt, im Sinne der für das Vertretungsverhältnis maßgebenden gesetzlichen Bestimmungen liegt.

Auch bei Berücksichtigung dieser Gesichtspunkte und der vom Berufungsgerichte angeführten besonderen Umstände des Falles kann der Abschluß der streitigen Darlehnsverträge des Klägers mit der Gesellschaft nicht als ihm „gestattet" im Sinne des § 181 angesehen werden. Zunächst enthält das Gesetz, betr. die Gesellschaften mit beschränkter Haftung, namentlich der die Vertretung dieser Gesellschaften regelnde § 35, keine Bestimmung, aus der eine gesetzliche Befugnis des Geschäftsführers, im Namen der Gesellschaft mit sich im eigenen Namen ein Rechtsgeschäft vorzunehmen, hergeleitet werden könnte. Dies gilt namentlich für den hier vorliegenden Fall, daß der Geschäftsführer als einziger Gesellschafter zur Zeit der Vornahme der Rechtsgeschäfte alle Geschäftsanteile in seiner Hand vereinigt hatte; denn trotz dieser Vereinigung besteht die Gesellschaft mit beschränkter Haftung als solche rechtlich und tatsächlich fort, da sie unabhängig von der Person derer ist, denen die Geschäftsanteile jeweils gehören (§§ 13 und 15 Abs. 2 des Ges.). Daher bleibt auch nach der Vereinigung der sämtlichen Geschäftsanteile in der Hand eines Gesellschafters das Vermögen der Gesellschaft von dem Vermögen des Gesellschafters getrennt, und es besteht auch nach diesem Zeitpunkte für den Gesellschafter die Möglichkeit, seine Geschäftsanteile ganz oder teilweise zu veräußern. In diesem Falle könnten aber etwaige zur Zeit der

Veräußerung noch nicht erledigte Rechtsgeschäfte, die der alleinige geschäftsführende Gesellschafter in der Zwischenzeit abgeschlossen hat, dem späteren Erwerber von Geschäftsanteilen ebenso zum Nachteile gereichen, wie dies, von der Vorschrift des § 181 abgesehen, bei solchen Rechtsgeschäften, die der Geschäftsführer zur Zeit des Vorhandenseins zweier oder mehrerer Gesellschafter für die Gesellschaft mit sich selbst abgeschlossen hat, bezüglich dieser Gesellschafter der Fall sein kann. Es ist daher der vom Berufungsgerichte ausgesprochene Satz, daß für die Dauer der Vereinigung sämtlicher Geschäftsanteile in der Hand des Klägers ein Interessengegensatz zum Nachteile der Gesellschaft ausgeschlossen gewesen sei, in dieser Allgemeinheit nicht als rechtlich zutreffend anzuerkennen. Ein möglicherweise nur vorübergehender Wegfall des Interessengegensatzes genügt aber jedenfalls nicht, um die Anwendung des Verbots auf solche Rechtsgeschäfte auszuschließen, die unter den hervorgehobenen Umständen vorgenommen sind; denn nach den obigen Ausführungen bezieht sich das Verbot in der Regel auf alle Rechtsgeschäfte. Aus der größeren oder geringeren Unwahrscheinlichkeit der Benachteiligung des Vertretenen oder eines Dritten ist aber weder eine gesetzliche, noch auch eine vertragsmäßige Gestattung der Vornahme herzuleiten, sofern nicht etwa ein entsprechender Gestattungswille der Beteiligten festgestellt wird, was aber von seiten des Berufungsgerichts nicht geschehen ist und hier auch nicht in Frage kommen kann.

Endlich kann auch der letzte Grund, aus dem das Berufungsgericht den Abschluß der Darlehnsverträge als dem Kläger gestattet angesehen hat, — daß er nämlich als Beteiligter, dem an Stelle der Versammlung der Gesellschafter diese Gestattung gesetzlich vorbehalten gewesen sei, beim Abschlusse selbst mitgewirkt habe — nicht als rechtlich zutreffend erachtet werden. Zwar ist die diesen Ausführungen zugrunde liegende Ansicht, daß eine Gesellschaft mit beschränkter Haftung ihrem Geschäftsführer die Erlaubnis zum Selbstkontrahieren erteilen und daß dies bei einer nur durch einen Geschäftsführer vertretenen Gesellschaft in der Regel auch durch die Versammlung der Gesellschafter geschehen könne, zu billigen, da eine Gestattung des Selbstkontrahierens des Vertreters in § 181 ausdrücklich vorgesehen ist, bei einer solchen Gesellschaft aber die Gesellschafter das oberste Willensorgan sind, das im Falle des Widerstreits der Interessen der

Gesellschaft und des Geschäftsführers zu beschließen und namentlich diesem etwaige über die gesetzlichen hinausgehende Vertretungsbefugnisse zu erteilen hat (vgl. § 46 des Ges.). Aber hieraus ist nicht ohne weiteres zu folgern, daß im gegebenen Falle, in dem zur Zeit der Aufnahme der streitigen Darlehen der Kläger der einzige Inhaber der Geschäftsanteile war, diesem als alleinigem Vertreter der Gesellschaft die Befugnis zugestanden hätte, sich selbst als Geschäftsführer die Erlaubnis zu erteilen, in dieser Eigenschaft die fraglichen Rechtsgeschäfte mit sich selbst im eigenen Namen abzuschließen. Denn unter den hervorgehobenen Umständen hatte auch die Erteilung der fraglichen Erlaubnis den Charakter eines zwischen der Gesellschaft und dem Kläger vorzunehmenden Rechtsgeschäfts, da sie unmittelbar den Abschluß von Darlehnsverträgen zwischen diesen beiden Personen bezweckte und ihn ermöglichen sollte. Die Erteilung der Erlaubnis zum Abschlusse und der Abschluß selbst, wofür ja tatsächlich unter den hervorgehobenen Umständen nur eine einzige Willenskundgebung des allein beteiligten Klägers erforderlich war, sind daher auch rechtlich, wenigstens soweit die Anwendung des § 181 in Frage steht, zusammen als ein einheitliches Rechtsgeschäft anzusehen, bei dessen Vornahme nach dem Sinne und Zwecke des § 181 der Kläger nicht zugleich die Gesellschaft vertreten und im eigenen Namen handeln konnte.

Diese Ansicht führt nicht zu dem vom Berufungsgerichte hervorgehobenen Ergebnis, daß bei Vereinigung der Geschäftsanteile in einer Hand der einzige Gesellschafter vermöge § 181 sich selbst nicht zum Geschäftsführer bestellen könnte. Denn bei der nach § 46 Nr. 5 des Ges. der Bestimmung der Gesellschafter unterliegenden Bestellung eines Geschäftsführers handelt es sich um eine durch das Gesetz selbst den Gesellschaftern übertragene Befugnis, deren Ausübung nicht die Vornahme eines Rechtsgeschäfts bezweckt, das der Geschäftsführer im Namen der Gesellschaft mit sich im eigenen Namen abschließen soll, während sich dies bei der einem Geschäftsführer zu erteilenden Erlaubnis zum Selbstkontrahieren vermöge der rechtsgeschäftlichen Bedeutung dieser Erlaubnis wesentlich anders verhält. Daher ist aus der Nichtanwendbarkeit des § 181 B.G.B. auf die Bestellung von Geschäftsführern nicht auch dessen Anwendbarkeit in dem hier vorliegenden, wesentlich verschiedenen Falle zu folgern.

Endlich stehen der Anwendung der Vorschrift des § 181 auf

Gesellschaften mit beschränkter Haftung in Fällen der fraglichen Art auch keine erheblichen praktischen Bedenken entgegen, da durch die auch bei solchen Gesellschaften analog anwendbare Bestimmung des § 29 B.G.B. die Möglichkeit der Bestellung eines anderweiten Vertreters der Gesellschaft für solche Rechtsgeschäfte gegeben ist, deren Abschluß zwischen der Gesellschaft und einem etwa allein vorhandenen Gesellschafter sich als dringend notwendig erweisen sollte.

Da hiernach die Vorschrift des § 181 B.G.B. dem gültigen Abschlusse der fraglichen Darlehnsgeschäfte mittels des ohne gehörige Ermächtigung erfolgten Selbstkontrahierens des Klägers entgegenstand, eine nachträgliche von der Gesellschaft in wirksamer Weise vorgenommene Genehmigung dieser Geschäfte, die an sich zulässig gewesen sein würde (vgl. Entsch. des R.G.'s in Zivils. Bd. 56 S. 107 flg. und Bd. 67 S. 51 flg.), aber nicht in Frage steht, so erscheinen alle Darlehnsforderungen des Klägers als unbegründet." ...

---

48. Haftet der Schiffseigner auch dann nur mit Schiff und Fracht, wenn er nicht selbst das Schiff fehlerhaft geführt hat, sondern eine sich auf die Führung des Schiffes beziehende fehlerhafte Anweisung erteilt oder eine ihm obliegende, sich auf die Führung des Schiffes beziehende Anweisung schuldhaft unterlassen hat?

Binn.-Schiff.-Ges. § 4 Abs. 2 Satz 2, § 7 Abs. 3.

I. Zivilsenat. Urt. v. 21. März 1908 i. S. U. (Bekl.) w. Bl. (Kl.). Rep. I. 258/07.

I. Landgericht Hamburg, Kammer für Handelssachen.
II. Oberlandesgericht daselbst.

Am Morgen des 19. Januar 1906 war eine offene, eiserne Schute im Hamburger Hafen gesunken, und dadurch die Ladung beschädigt. Diese war tags zuvor aus einem Dampfer übernommen und sollte am 19. Januar nach Harburg geschafft werden. Der Eigentümer der Ladung belangte den Schiffseigner der Schute auf Schadensersatz. Das Oberlandesgericht nahm an, daß der Beklagten eine Vernachlässigung der ihr aus dem Frachtvertrage obliegenden Sorgfalt zur Last falle, weil sie es unterlassen habe, anzuordnen, daß die Schute, nachdem die Ladung übernommen war, aus der gefahrvollen Lage neben dem Dampfer alsbald an eine sichere Liegestelle verholt werde. Da hiernach ein eigenes Verschulden der Beklagten vorliege, wurde nach dem Klagantrage erkannt, ohne daß die Haftung auf Schiff und Fracht beschränkt wurde.

Die Revision der Beklagten wurde zurückgewiesen.

Aus den Gründen:

... „Die Revision hat ... unter Berufung aufFörtsch, Binn.-Schiff.-Ges. (2. Aufl.) S. 39 und 49, geltend gemacht, daß die Beklagte gemäß § 4 Abs. 2 Satz 2 Binn.-Schiff.-Ges. nur mit Schiff und Fracht hafte. Darin kann ihr nicht beigetreten werden.

Es kann dahingestellt bleiben, ob sich die im vorliegenden Falle der Beklagten zur Last fallende Unterlassung der rechtzeitigen Anweisung zum Verholen der Schute, wenn auch nicht — was völlig ausgeschlossen erscheint — als eine fehlerhafte Führung des Schiffes, so doch als ein sich auf eine fehlerhafte Führung des Schiffes beziehendes Verschulden des Schiffseigners im Sinne des Gesetzes kennzeichnet. Denn das Gesetz sagt nicht, daß der Schiffseigner, abgesehen von dem Falle derböslichen Handlungsweise, nur mit Schiff und Fracht hafte, wenn sich sein eigenes Verschulden auf die fehlerhafte Führung des Schiffes oder auf sog. nautische Versehen beziehe. Der Senat folgt in dieser Hinsicht der Auslegung von

Mittelstein, Binn.-Schiff.-Ges. (2 Aufl.) S. 67,

die nach der Entstehung der Bestimmung allein gerechtfertigt erscheint und mit ihrer allerdings nicht glücklichen Fassung immerhin vereinbar ist. Auch bei der Reichstagskommission, die im Gegensatze zu den Regierungsvertretern den dem Satze 2 des Abs. 2 entsprechenden Vorschlag machte, bestand keineswegs die Absicht, die unbeschränkte (persönliche) Haftung der Schiffseigner für eigenes Verschulden allgemein im Falle nautischer Versehen auszuschließen; vielmehr wollte sie nur zugunsten der Schiffseigner, die das Schiff selbst führen, eine Ausnahme statuieren.

Vgl. Landgraf, Binn.-Schiff.-Ges. § 4 Bem. 22—24.

Der streitige Satz denkt somit nicht an ein Verschulden, das außerhalb der fehlerhaften Führung durch eine Anweisung oder durch

Unterlassung einer Anweisung des Schiffseigners begründet sein könnte, sondern nur an das in der fehlerhaften Führung selbst liegende Verschulden und spricht aus, daß der Schiffeigner hierfür, abgesehen von Dolus, auch dann nur mit Schiff und Fracht haftet, wenn er als Führer seines Schiffes selbst der Schuldige ist.

Demgemäß ist auch § 7 Abs. 3 Binn.-Schiff.-Ges. — im Gegensatze zu Förtsch — dahin zu verstehen, daß der Schiffseigner durch eine schuldhafte dem Schiffer erteilte Anweisung stets persönlich verpflichtet wird.

Da die Beklagte im vorliegenden Falle die Schute nicht selbst geführt hat, kann sie sich somit auf die in § 4 Abs. 2 Satz 2 Binn.-Schiff.-Ges. vorgesehene beschränkte Haftung nicht berufen." ...

---

49. 1. Kann die Aufhebung eines Schiedsspruchs deshalb verlangt werden, weil die ihm beigegebenen Gründe nur in einer Bezugnahme auf die Begründung eines früheren, nicht ordnungsmäßig zugestellten und niedergelegten Schiedsspruchs bestehen?

2. Zur Frage der örtlichen Zuständigkeit für die Niederlegung des Schiedsspruchs. Kommt dabei die Vorschrift des § 549 Abs. 2 Z.P.O. zur Anwendung?

Z.P.O. §§ 1039, 1040, 1041 Nr. 5, 1042 Abs. 2, 1045, 1046.

VII. Zivilsenat. Urt. v. 24. März 1908 i. S. H. & K. (Bekl.) w. R. & Co. (Kl.). Rep. VII. 264/07.

I. Landgericht Bremen.
II. Oberlandesgericht Hamburg.

Durch zwei Verträge kaufte die Beklagte von der Klägerin ca. 60000 kg Makopeigneuses; beide Käufe erfolgten nach den Bedingungen der Bremer Baumwollbörse. Von den Sendungen, die in Erfüllung dieser Geschäfte der Beklagten zugingen, verweigerte sie die Annahme von 42 Sack, die die Klägerin auf den ersten Vertrag, und von 31 Ballen, die die Klägerin auf den zweiten Vertrag geliefert hatte. Das von der Klägerin angerufene Schiedsgericht der Bremer Baumwollbörse entschied durch Spruch vom 15. Juli 1905, daß die

Beklagte nicht das Recht habe, die Annahme und Regulierung der gelieferten Ware zu verweigern, und erließ am 25. August 1905 einen weiteren Spruch, durch den die Beklagte verurteilt wurde, der Klägerin 7307,91 ℳ und 135 ℳ Schiedsgerichtskosten zu zahlen. Zu dem zweiten Schiedsspruche wurde mit der Klage das Vollstreckungsurteil verlangt. Die Beklagte widersprach der Klage und beantragte widerklagend Aufhebung beider Sprüche.

Das Landgericht erklärte, unter Abweisung der Widerklage, die Zwangsvollstreckung aus dem Spruche vom 25. August 1905 für zulässig. Die Berufung wurde zurückgewiesen. Die Revision führte zur Aufhebung des Berufungsurteils und zur Zurückverweisung der Sache.

Gründe:

... „Die dem Schiedsspruche vom 25. August 1905 beigegebenen „Entscheidungsgründe" bestehen im wesentlichen aus einer Bezugnahme auf den Schiedsspruch vom 15. Juli 1905. Der in Betracht kommende Satz lautet: „Aus der Begründung und der Entscheidung des ersten Schiedsgerichts geht klar hervor, daß die Herren H. & K. zur Annahme der fakturierten Waren und also auch zu deren Zahlung verpflichtet sind." Die Revision macht geltend, dem unstreitig nicht gemäß § 1039 Z.P.O. niedergelegten Schiedsspruche vom 15. Juli habe nicht die Wirkung eines rechtskräftigen gerichtlichen Urteils (§ 1040 Z.P.O.) beigemessen werden dürfen; es habe deshalb für den zweiten Schiedsspruch „neuer und besonderer" Gründe bedurft, bei deren Fehlen dem Aufhebungsantrage (§ 1041 Nr. 5 Z.P.O.) stattzugeben und das Vollstreckungsurteil nicht zu erlassen gewesen sei (§ 1042 Abs. 2 Z.P.O.). ... Die Klägerin hat demgegenüber ausgeführt, daß der Schiedsspruch vom 15. Juli zwar, solange er nicht gemäß § 1039 niedergelegt (und zuvor, was unstreitig ebenfalls nicht geschehen, ordnungsmäßig zugestellt) sei, nicht zum Gegenstande der Klagen aus §§ 1041, 1042 habe gemacht werden können, daß aber seine sachliche Rechtskraftwirkung von der Zustellung und Niederlegung nicht abhängig gewesen sei, und daß deshalb der zweite Schiedsspruch die Zahlungspflicht der Beklagten mit Recht aus der Rechtskraftwirkung des ersten Spruches hergeleitet habe.

Ob der Auffassung der Klägerin beizutreten wäre (vgl. dagegen Entsch. des R.G.'s in Zivils. Bd. 38 S. 392), kann dahingestellt bleiben, weil die Revisionsrüge ohnehin fehlgeht. Der mitgeteilte Satz aus den Entscheidungsgründen des zweiten Spruches ergibt klar, daß dieser keineswegs lediglich auf die etwa angenommene Rechtskraft der ersten Entscheidung als solcher gegründet worden ist. Vielmehr hat das Schiedsgericht deutlich zum Ausdrucke gebracht, daß es „aus der Begründung“ des ersten Spruches die Pflicht der Beklagten zur Annahme der fakturierten Waren und also auch zu deren Zahlung herleite. Der zweite Schiedsspruch hat somit die durch ihn ausgesprochene Verurteilung zur Zahlung auf dieselben Gründe gestützt, auf die schon der erste Spruch, ohne die Zahlungspflicht auszusprechen, die Annahmepflicht gestützt hatte. Dabei sind der Kürze halber die dem ersten Spruche beigegebenen Gründe (von denen die Revision nicht etwa behauptet, daß auch sie dem § 1041 Nr. 5 Z.P.O. nicht genügten), statt ausführlich wiederholt zu werden, lediglich in Bezug genommen worden. Ob ein solches Verfahren bei gerichtlichen Urteilen zulässig wäre, kann auf sich beruhen; bei Schiedssprüchen, an deren Begründung überhaupt nicht die strengen Anforderungen zu stellen sind, wie an die eines gerichtlichen Urteils, unterliegt es keinem Bedenken. Insbesondere kann aus den Bestimmungen der Zivilprozeßordnung nicht hergeleitet werden, daß eine solche Bezugnahme auf die Gründe eines vorangegangenen Schiedsspruches nur zulässig wäre, wenn dieser ordnungsmäßig (zugestellt und) niedergelegt worden ist. Daß der Schiedsspruch vom 15. Juli den Parteien, wenn auch nur formlos, mitgeteilt worden ist, steht fest; sie wußten also, was die Bezugnahme auf dessen Gründe inhaltlich besagte. Der gerügte Verstoß gegen § 1041 Nr. 5 und §§ 1039, 1040 Z.P.O. ist sonach in dem angefochtenen Urteile nicht zu finden.

Der Schiedsspruch vom 25. August ist auf der Gerichtsschreiberei der Kammer für Handelssachen des Landgerichts in Bremen niedergelegt worden. Nach § 1039 war er auf der Gerichtsschreiberei „des zuständigen Gerichts“ niederzulegen. Solange dies nicht geschehen war, fehlte es an der von Amts wegen zu prüfenden Voraussetzung für die Zulässigkeit der Vollstreckungsklage aus § 1042, wie der (als Widerklage erhobenen) Aufhebungsklage aus § 1041 Z.P.O. (Entsch. des R.G.'s in Zivils. Bd. 49 S. 410). Die Zuständigkeit des Gerichts bestimmt sich nach § 1045 (Entsch. des R.G.'s in Zivils. Bd. 5 S. 401 und Bd. 30 S. 354). Danach war im vorliegenden Falle das Landgericht zuständig, welches „in einem schriftlichen Schiedsvertrage als solches bezeichnet“ war, und in Ermangelung einer solchen Bezeichnung das Landgericht, welches für die gerichtliche Geltendmachung des Anspruchs zuständig sein würde. Bei dem Landgericht in Bremen war für den von der Klägerin erhobenen Anspruch unstreitig weder der allgemeine Gerichtsstand (§ 17 Z.P.O.), noch ein besonderer Gerichtsstand (§§ 20 flg.) begründet. Dieses Gericht war somit für die Niederlegung des Schiedsspruches auf der Gerichtsschreiberei nur zuständig, wenn es in einem gerichtlichen Schiedsvertrage als solches bezeichnet war.

Das Berufungsgericht hat angenommen, daß dieses der Fall sei, und hiergegen wendet sich die Revision. Mit Unrecht sucht die Klägerin diesem Angriffe mit dem Hinweise auf § 549 Abs. 2 Z.P.O. zu begegnen, wonach in Rechtsstreitigkeiten über vermögensrechtliche Ansprüche die Revision nicht darauf gestützt werden kann, daß das Gericht seine örtliche Zuständigkeit mit Unrecht angenommen habe. Es handelt sich nicht darum, daß das Gericht seine örtliche Zuständigkeit zur Entscheidung des Rechtsstreits mit Unrecht angenommen hat, sondern darum, ob die von Amts wegen festzustellende, in der ordnungsmäßigen Niederlegung des Schiedsspruches bestehende Voraussetzung für die Zulässigkeit von Klage und Widerklage erfüllt ist. Ob in dieser Hinsicht die angefochtene Entscheidung auf einer Gesetzesverletzung beruht, ist durch § 549 der Nachprüfung nicht entzogen. Hieran kann auch der Umstand nichts ändern, daß nach § 1046 Z.P.O. die örtliche Zuständigkeit für die Entscheidung des Rechtsstreits denselben Voraussetzungen folgt, die die Zuständigkeit für die Niederlegung des Schiedsspruches bestimmen.

Das Berufungsgericht stellt fest, daß die Frage, ob ein schriftlicher Vertrag zwischen den Parteien geschlossen worden sei, in der Verhandlung „nicht ausdrücklich erörtert“ worden ist. Gleichwohl wird die erwähnte Tatsache „als unstreitig“ angenommen, weil die Klage ausdrücklich auf zwei „Kontrakte“ verweise, „ausweise“ welcher verkauft worden sei, und diese Ausdrucksweise einen schriftlichen Vertrag voraussetze, und weil, wenn in dieser Beziehung etwas nicht in Ordnung wäre, die Beklagte, die in ausgiebigster Weise alles Mögliche herangezogen habe, um das Vollstreckungsurteil zu vermeiden, gewiß nicht verfehlt haben würde, darauf aufmerksam zu machen. Hierin kann jedoch eine ausreichende prozessuale Grundlage für jene Annahme nicht gefunden werden, zumal da gegenüber der gesetzlichen Formvorschrift des § 1045 Z.P.O. ein Abschluß durch Briefwechsel nicht genügen würde, vielmehr den Erfordernissen des § 126 B.G.B. genügt sein müßte. Die dem Berufungsgerichte von Amts wegen obliegende Prüfung forderte hier eine bestimmte Feststellung des Sachverhalts durch Übung der Fragepflicht gemäß § 139 Z.P.O. Ob sich bei Übung dieser Pflicht das Vorhandensein eines schriftlichen Schiedsvertrags im Sinne des § 126 B.G.B. ergeben haben würde, erscheint in hohem Maße zweifelhaft. Jedenfalls unterliegt wegen des mit Recht gerügten Verstoßes gegen § 139 Z.P.O. das Berufungsurteil der Aufhebung." ...

---

50. Darf die Wahl des Ortes, wo sich ein approbierter Arzt niederlassen will, durch Vertrag nicht beschränkt werden, auch nicht im ideellen und materiellen Interesse der gesamten Ärzteschaft Deutschlands?

B.G.B. § 138 Abs. 1.

III. Zivilsenat. Urt. v. 24. März 1908 i. S. Dr. med. M. (Bekl.) w. den Verband der Ärzte Deutschlands zur Wahrung ihrer wirtschaftlichen Interessen in Leipzig (Kl.). Rep. III. 416/07.

I. Landgericht Leipzig.
II. Oberlandesgericht Dresden.

Der Revision des Beklagten ist stattgegeben, aus folgenden, den Sachverhalt ergebenden

Gründen:

„Durch Vertrag vom 25. Oktober 1904 hat sich der Beklagte gegen eine Abfindungssumme von 15750 ℳ auf Ehrenwort und bei Vermeidung einer Konventionalstrafe von 6000 ℳ für den Zuwiderhandlungsfall verpflichtet, „innerhalb der nächsten zehn Jahre, d. h. vom 25. Oktober 1904 bis zum 25. Oktober 1914, ohne vorherige Genehmigung des jeweiligen Vorsitzenden des Verbandes (des Klägers) weder

a) an einem anderen Orte des Deutschen Reiches, als seinem derzeitigen Wohnsitze, sich als praktischer Arzt niederzulassen;

b) an seinem jeweiligen Wohnsitze eine Stellung als Arzt bei einer Krankenkasse anzunehmen, solange zwischen dieser und ihren bisherigen Kassenärzten ein Konflikt schwebt, in dem die Kassenärzte von dem Verbande unterstützt werden;

c) noch in Köln sich überhaupt niederzulassen."

Zur Zeit des Abschlusses dieses Vertrages war Köln der Wohnsitz des Beklagten, der sich im Januar 1904 daselbst als praktischer Arzt niedergelassen und die Stellung eines Kassenarztes bei mehreren Krankenkassen übernommen hatte.

Die Vertragsbestimmungen unter a und c sind also allerdings, wie die Revision geltend macht, dem Wortlaute nach widersprechend und ungenau. Nach a sollte dem Beklagten die Niederlassung als praktischer Arzt an seinem derzeitigen Wohnsitze, eben Köln, belassen sein; nach c sollte er sich in Köln ohne Genehmigung des Vorsitzenden des Klägers überhaupt nicht niederlassen, während Wohnsitz und Niederlassung in Köln bereits vorhanden waren. Der Berufungsrichter legt jedoch den Vertrag dahin aus, daß mit ihm die Lösung der rechtlichen Beziehungen des Beklagten, soweit sie ihn an Köln banden, und die Beendigung seiner Tätigkeit als Arzt daselbst bezweckt war. Diese Auslegung zeigt einen Verstoß gegen Auslegungsgrundsätze nicht, ist also rein tatsächlich.

Wegen Verletzung des Vertrages ist die Konventionalstrafe von 6000 *M* vom Kläger gefordert und zum Betrage von 4000 *M* zugesprochen. Und zwar handelt es sich lediglich um die Verletzung der Verpflichtung des Beklagten, die Niederlassung in Köln völlig aufzugeben. Diese Verpflichtung soll nach der Auffassung des Berufungsrichters dadurch verletzt sein, daß der Beklagte, wie er zugestehe, nach dem Vertragsschlusse in zwei Fällen fremden Personen, die ihn Rats halber aufgesucht hätten, unentgeltlich, ohne etwas dafür zu fordern oder zu bekommen, Rezepte verschrieben habe. Damit habe er vertragswidrig in den Erwerbsbereich der dem klägerischen Verbande angehörigen Ärzte in Köln eingegriffen, insofern nicht ausgeschlossen gewesen sei, daß die betreffenden Kranken einen dieser Ärzte um Rat ersucht hätten, daß also einem dieser Ärzte ein Vorteil entgangen sei.

Ob diese Auffassung rechtlich haltbar, ob insbesondere eine genügende Feststellung dahin getroffen ist, daß der Vertragswille sowohl des Beklagten, als des Klägers auch auf ein Verbot solcher gelegentlichen, unentgeltlichen Hilfeleistung und auf einen derartigen Schutz des Erwerbsbereiches der dem klägerischen Verbande angehörigen Ärzte in Köln ging, bedarf keiner Erörterung. Denn allerdings ist, wie die Revision mit Recht rügt, § 138 Abs. 1 B.G.B. durch Nichtanwendung verletzt.

Im dem Urteile vom 11. Juni 1907 (Entsch. des R.G.'s in Zivils. Bd. 66 S. 143 flg.) hat der Senat grundsätzlich ausgesprochen:

„Es ziemt nach allgemeiner Anschauung den Vertretern dieser wissenschaftlichen, staatlich geordneten, den wichtigsten Gemeininteressen dienenden Berufe (den Ärzten und Rechtsanwälten) nicht, der Berufsausübung irgend eine Beschränkung (nach Ort, Zeit oder gegenständlich) aufzuerlegen oder auferlegen zu lassen. Diese Berufe müssen frei sein, kraft der ihnen innewohnenden sittlichen Würde und im öffentlichen Interesse. Es verletzt das öffentliche Interesse unmittelbar, wenn für die Ausübung dieser Berufe private Monopole irgendwelcher Art geschaffen, und diese der Allgemeinheit gewidmeten Funktionen in privatem Interesse und zu privatem Nutzen irgend gehemmt und gebunden werden."

Der Prozeßbevollmächtigte des Klägers hält diese Grundsätze vorliegend für unanwendbar, weil es sich hier nicht um Individualinteressen, nicht um selbstsüchtige Motive handle, sondern der Kläger solidarische, ideale Zwecke der gesamten deutschen Ärzte verfolge, und weil bei Anwendung des § 138 Abs. 1 B.G.B. auf den vorliegenden Vertrag die Gefahr eintrete, daß der Kläger diese seine Zwecke nicht erreichen könne und völlig lahm gelegt werde. Dieser Ausführung kann nicht beigetreten werden.

Der Vertrag enthält drei verschiedene Elemente. Ohne vorherige Genehmigung des jeweiligen Vorsitzenden des Klägers soll dem Beklagten verboten sein, 1. an seinem jeweiligen Wohnsitze eine Stelle als Arzt bei einer Krankenkasse anzunehmen während der Dauer eines unter Beteiligung des Klägers bestehenden Konflikts zwischen dieser Kasse und ihren bisherigen Kassenärzten, 2. sich an einem anderen Orte als Köln als praktischer Arzt niederzulassen, 3. in Köln überhaupt eine Niederlassung als praktischer Arzt zu haben. Im

Falle 2 darf die Genehmigung nur versagt werden während der Dauer eines unter Beteiligung des Klägers bestehenden Konflikts zwischen einer Krankenkasse und deren Ärzten; im Falle 1 und 2 gilt der Konflikt erst dann als beigelegt, wenn er vom Vorstande des Verbandes als beigelegt erklärt worden ist.

Der Kläger gibt an, daß er derartige Verträge lediglich im ideellen und materiellen Interesse der gesamten Ärzteschaft Deutschlands schließe. Es darf auch als notorisch zugrunde gelegt werden, daß der Kläger in der Tat die ethische und gesellschaftliche Hebung des Ärztestandes auf Grund wirtschaftlicher Besserstellung anstrebt und zu diesem Behufe in erster Linie die Beseitigung der sog. fixierten Krankenkassen-Arztstellen und statt dessen die freie Ärztewahl bei den Krankenkassen einführen will. Diesem nächsten Zwecke dient der vorliegende Vertrag. Es ist aber nicht abzusehen, daß dieser nächste Zweck nicht sollte erreicht werden können allein schon durch eine Vertragsverpflichtung, eine sog. fixierte Krankenkassen-Arztstelle überhaupt nicht oder eine Krankenkassen-Arztstelle nicht ohne Genehmigung des Klägers anzunehmen; beides bedeutet im Grunde dasselbe, da der Konflikt zwischen einer Krankenkasse und ihren Kassenärzten im Sinne des Klägers eben erst durch Gewährung der freien Ärztewahl beigelegt ist. Eine solche Verpflichtung enthält der oben wiedergegebene Vertragsfall 1. Ein Bruch dieser Verpflichtung steht im jetzigen Rechtsstreite nicht in Frage. Es braucht also nicht näher dargelegt zu werden, daß und warum eine solche, die Freiheit des Arztberufes in ihrem Kern unberührt lassende und nur die juristische Form und den wirtschaftlichen Effekt der Honorierung betreffende Vertragsverpflichtung für rechtsgültig zu erachten ist, und ebenso eine Vertragsstrafe für Nichterfüllung dieser Verpflichtung.

Der Kläger ist weiter gegangen: er hat dem durch diese Verpflichtung und durch die Vertragsstrafe für Nichterfüllung dieser Verpflichtung gebundenen Beklagten noch weiter die Verpflichtung auferlegt, sich ohne Genehmigung des Klägers zehn Jahre lang in Deutschland nicht als praktischer Arzt niederzulassen, weder in Köln, noch an einem anderen Orte. Um den Bruch dieser weiteren Verpflichtung, speziell für Köln, handelt es sich. Der Berufungsrichter meint zutreffend, diese weitere Verpflichtung bezwecke die Sicherung des Klägers gegen erneute Bekämpfung seiner Interessen durch den

Beklagten bei Zwistigkeiten zwischen Ärzten und Krankenkassen. Dieser Sicherungszweck will also der vorausgesetzten Gefahr vorbeugen, daß sich der Beklagte bei Niederlassung als praktischer Arzt an einem Konfliktsorte trotz seiner Verpflichtung in betreff einer Krankenkassen-Arztstelle doch den gegnerischen Krankenkassen zu deren Bedingungen zur Verfügung stelle. Es soll der Zuzug einer von den Krankenkassen möglicherweise in ihrem Sinne benutzbaren ärztlichen Arbeitskraft verhindert werden.

Diese Sicherungsmaßregel gleicht entsprechenden Maßnahmen in den Lohnkämpfen der gewerblichen Lohnarbeiter. Wäre der Kläger ein Schutz- und Kampfverein gegen die Krankenkassen als Arbeitgeber im Sinne des § 152 Gew.O., dann würde der Vertrag vom 25. Oktober 1904 eine Verabredung zum Behufe der Erlangung günstiger Lohnbedingungen darstellen. Dann würde der Beklagte nach § 152 Abs. 2 von diesem Vertrage ohne weiteres zurücktreten dürfen, und es würde aus demselben Klage und Einrede überhaupt nicht stattfinden (Entsch. des R.G.'s in Zivils. Bd. 50 S. 28). Ärzte aber unterstehen in keiner Richtung der Gewerbeordnung, soweit diese es nicht ausdrücklich bestimmt. Sie sind weder Gewerbtreibende, noch gewerbliche Arbeiter im Sinne dieses Gesetzes. Sie stehen weder zueinander im Verhältnis konkurrierender Gewerbeunternehmer, noch zu dem ärztlicher Hilfe bedürftigen Publikum im Verhältnis von Arbeitern, die Lohn für gewerbliche Arbeit beanspruchen. Nicht alles also, was sittlich erträglich und erlaubt ist, sei's den Gewerbeunternehmern gegeneinander, sei's im Lohnkampfe nach § 152 Gew.O. als Verabredung zwischen selbständigen Gewerbtreibenden einerseits und zwischen gewerblichen Arbeitern anderseits,

vgl. Entsch. des R.G.'s in Zivils. Bd. 54 S. 255 flg., Bd. 64 S. 52 flg., Bd. 66 S. 379 flg.,

ist darum auch bei Ärzten sittlich erträglich und erlaubt. Das Urteil dieses Senats vom 11. Juni 1907 hat bereits die Konkurrenzklausel zwischen einzelnen Ärzten für nichtig erklärt. Und auch die hier in Frage stehende Verpflichtung des Beklagten ist nichtig. Es verstößt gegen die sittliche Würde und die öffentlichrechtliche Bedeutung des Arztberufes, daß der Beklagte in der Freiheit der Niederlassung von der Genehmigung des klagenden Verbandes abhängig sein soll, und gar zehn Jahre lang für das Gebiet des ganzen Deutschen Reichs.

Der Kläger hat sich hier in der Wahl des Mittels vergriffen. Gerade weil er den idealen Zweck verfolgt, den ärztlichen Stand ethisch und gesellschaftlich zu heben, durfte die ideale und ethische Seite des Arztberufes auch in der Person des Vertragsgegners nicht angetastet werden. Und gerade die ethische und öffentlichrechtliche Bedeutung des Berufes fordert, daß jedem Arzte die Wahl des Niederlassungsorts völlig frei bleibe, wobei die Standeswidrigkeit eines Eindringens in den Besitzstand eines Berufsgenossen hier außer Betracht steht. Übrigens geht der nächste Zweck des Vertrages ausschließlich auf Durchführung und Sicherung einer rein wirtschaftlichen Maßnahme, nämlich auf Erlangung der freien Ärztewahl bei den Krankenkassen. Der Wert dieser wirtschaftlichen Maßnahme, deren Zweckmäßigkeit übrigens nach dem Beschlusse des ärztlichen Ehrengerichtshofs für Preußen vom 14. April 1905,

vgl. Min.-Bl. für Medizinal- und medizinische Unterrichts-Angelegenheiten 1906 S. 75,

unter den Ärzten selbst noch bestritten ist, kann dem Werte der absoluten und ausnahmslosen Freiheit des Arztberufes nicht entfernt gleichgestellt werden, auch wenn jene Maßnahme dem solidarischen Interesse aller deutschen Ärzte dienen will. Es ist ein Widerspruch, wenn der Kläger die Standesstellung ethisch und gesellschaftlich heben will und dabei selbst einen Kernpunkt dieser Standesstellung in dem Vertragsgegner vernichtet.

Eingewendet kann auch nicht werden, daß der Kläger in den Fällen a und b des Vertrages zur Erteilung der Genehmigung nach Treu und Glauben verpflichtet sei. Abgesehen davon, daß die entscheidende Bestimmung des Zeitpunktes, zu dem der Konflikt als beigelegt zu gelten hat, dem freien Ermessen des Klägers nach Maßgabe seiner Gesamtzwecke vorbehalten ist, wird die dem Beklagten auferlegte Niederlassungsbeschränkung darum um nichts erträglicher, daß es ein Verband von dem Beklagten durch Berufsgenossenschaft und gleiche Standespflichten verbundener Kollegen ist, der zum Behufe seiner Verbandszwecke den Ort der Niederlassung des Beklagten bestimmen soll. Auch eine so geartete Bevormundung des Beklagten hebt dessen unantastbares Niederlassungsrecht auf, und gerade daß es eigene Berufsgenossen sind, die diese Aufhebung der gesetzlichen Freizügigkeit bewirken und diese Bevormundung ausüben, ist geeignet, den ganzen

Stand gesellschaftlich herabzusetzen. Übrigens ist für eine Niederlassung des Beklagten in Köln, und dies allein ist der Gegenstand des Rechtsstreits, die Genehmigung des Klägers im Vertrage an keinerlei Voraussetzung geknüpft, also dem freien Belieben des Klägers überlassen.

Hiernach ist zu erkennen. Eine Erörterung, ob die Nichtigkeit der Verpflichtung, sich ohne Genehmigung des Klägers nicht als praktischer Arzt niederzulassen, die Nichtigkeit des ganzen Vertrages zur Folge habe, oder ob etwa die Verpflichtung des Beklagten, nicht ohne Genehmigung des Klägers eine Stelle als Arzt bei einer Krankenkasse anzunehmen, nach § 139 B.G.B. aufrecht bleibe, liegt außerhalb des gegenwärtigen Rechtsstreits."

---

51. Können bei verspäteter Leistung des Schuldners Schadensersatzansprüche gegen ihn auch allein aus § 276 B.G.B. begründet werden? oder nur aus §§ 284, 286 B.G.B.?

VII. Zivilsenat. Urt. v. 27. März 1908 i. S. L. (Bekl.) und C. (Nebeninterv.) w. B. (Kl.). Rep. VII. 274/07.

I. Landgericht II Berlin.
II. Kammergericht daselbst.

Die Klägerin forderte Vergütung für ihr übertragene Arbeiten. Der Beklagte und die Nebenintervenientin machten geltend, die Arbeiten seien nicht rechtzeitig fertig gestellt. Bei einem Teile der Arbeiten — den Gängen der Fabrik — habe die Klägerin die Fertigstellung der Arbeiten mutwillig oder mindestens fahrlässig verzögert. Die Klägerin sei dadurch schadensersatzpflichtig geworden. Deshalb wurde Abweisung der Klage und widerklagend Verurteilung der Klägerin zur Zahlung des die Klageforderung übersteigenden Betrages der Schadensersatzforderung beantragt.

Das Landgericht erkannte, unter Abweisung der Widerklage, nach dem Klagantrage. Die Berufung wurde zurückgewiesen. Auf die Revision der Nebenintervenientin wurde das Berufungsurteil aufgehoben, und die Sache zurückverwiesen.

Gründe:

„Die Revision rügt, daß die Entscheidung des Berufungsgerichts hinsichtlich des aus der nicht rechtzeitigen Herstellung der Gänge hergeleiteten Schadensersatzanspruchs den von der Nebenintervenientin aufgestellten Behauptungen nicht gerecht werde. Es sei — so führt sie aus — nicht gerechtfertigt, daß das Berufungsgericht diesen Anspruch lediglich deshalb zurückweise, weil eine Mahnung nach der Fälligkeit, d. h. nach dem Ablaufe der innezuhaltenden Fristen, nicht erfolgt sei. Die tatbestandsmäßige Behauptung, daß die Klägerin geradezu mutwillig, mindestens aber fahrlässig die Fertigstellung der Gänge verzögert und sogar, wenn sie an die Fertigstellung gemahnt wurde, darüber gespottet habe, da keine Konventionalstrafe ausgemacht sei, habe berücksichtigt werden müssen. Werde diese Behauptung erwiesen, so ergebe sich die Schadensersatzpflicht der Klägerin, abgesehen davon, daß die einzelnen Arbeitsleistungen vor Ablauf der Frist fällig geworden seien, aus der allgemeinen Vorschrift des § 276 B.G.B. Ja es liege sogar ein Verstoß gegen § 826 B.G.B. vor.

Diesen Angriffen der Revision war der Erfolg nicht zu versagen.

Das Berufungsgericht stellt aus der Korrespondenz der Parteien fest, daß die Klägerin versprochen hatte, bei den Arbeiten an den Gängen nach Möglichkeit die angesetzten Termine inne zu halten. Diese Feststellung findet in dem in Bezug genommenen Schreiben der Klägerin vom 24. Juli 1905 auch eine ausreichende Stütze. Die Klägerin lehnt darin zwar ab, sich einer Vertragsstrafe zu unterwerfen, erklärt aber, daß sie alles aufbieten werde, den angesetzten Termin nach Möglichkeit einzuhalten. Mit Recht erachtet das Berufungsgericht ein solches Versprechen nicht für bedeutungslos, sondern sieht darin die von der Klägerin bei Eingehung des Werkvertrages übernommene Vertragspflicht, so schnell wie möglich zu arbeiten und die Arbeiten ohne Säumnis zur Vollendung zu bringen.

Gleichwohl ist indes der geltend gemachte Schadensersatzanspruch vom Berufungsgerichte zurückgewiesen, weil die Klägerin durch Mahnung nach der Fälligkeit der Gesamtleistungen nicht in Verzug gesetzt sei, und es damit an der gesetzlichen Voraussetzung für die aus der Verzögerung der Leistung hergeleitete Schadensforderung fehle.

Das Berufungsgericht stellt sich damit auf den rechtlichen Standpunkt, daß bei verzögerten Leistungen des Schuldners Schadensersatzansprüche stets nur nach Maßgabe der §§ 284, 286 B.G.B. auf Grund des Verzugs erhoben werden könnten. In solcher Allgemeinheit ist indes dieser Rechtssatz als richtig nicht anzuerkennen. Es trifft nur zu, wie dies auch vom II. Zivilsenate des Reichsgerichts im Urteile vom 20. Dezember 1907, Rep. II. 399/07, ausgesprochen ist, daß im Regelfalle und ohne weiteres der Schuldner deshalb, weil er nicht mit dem Eintritte der Fälligkeit leistet, allerdings noch nicht dafür, daß er später leistet, schadensersatzpflichtig wird. Vielmehr ist, sofern allein verspätete Leistung vorliegt, die Vertretungspflicht des Schuldners nicht nach dem allgemeinen Grundsatze des § 276 B.G.B., sondern nach den ebenfalls ein Verschulden voraussetzenden besonderen Bestimmungen der §§ 284, 286 zu beurteilen.

Wird aber die schuldhafte Vertragsverletzung nicht erst durch die verspätete Leistung selbst begangen, sondern hat der Schuldner schon vor der Fälligkeit vertragswidrig gehandelt, und ist die verspätete Leistung nur die Folge eines solchen früheren vertragswidrigen Verhaltens, so steht nichts entgegen, in solchem Falle auf die Vertretungspflicht des Schuldners den § 276 B.G.B. anzuwenden. Diese Vertretungspflicht kann aber mangels anderweiter gesetzlicher Vorschriften gegenüber dem anderen Teile nur in der Weise verwirklicht werden, daß der Schuldner den durch sein vorsätzliches oder fahrlässiges Handeln der anderen Partei erwachsenen Schaden zu ersetzen hat (Entsch. des R.G.'s in Zivils. Bd. 52 S. 19).

So liegt aber, wenn die Behauptungen der Nebenintervenientin zutreffen, die Sache hier. Die Klägerin soll der ... übernommenen Vertragspflicht, ohne Säumnis die Arbeiten vorzunehmen und so schnell wie möglich zu arbeiten, vertragswidrig entgegengehandelt und rasches Arbeiten, weil sie sich einer Konventionalstrafe nicht unterworfen habe, abgelehnt haben. Ist das richtig, so besteht gegen sie, sofern die verspätete Lieferung als Folge eines solchen bei der Ausführung des Werkes gezeigten vertragswidrigen Verhaltens eingetreten ist, ein unabhängig vom Verzuge schon aus der Verletzung ihrer Vertragspflichten herzuleitender Schadensersatzanspruch gemäß § 276 B.G.B. Die Behauptung der Nebenintervention ist somit, entgegen der Annahme des Berufungsgerichts, erheblich." ...

52. 1. Haben die früheren landesrechtlichen Höchst- und Mindesttaxen für Mäklerlohn auch unter der Herrschaft des Bürgerlichen Gesetzbuchs ihre Geltung behalten?

2. Ist der Auftraggeber zur Zahlung des Mäklerlohnes nur dann verpflichtet, wenn er beim Abschlusse des Vertrages Kenntnis von der vorausgegangenen Tätigkeit des Mäklers gehabt hat?

B.G.B. §§ 653, 655.
Einf.-Ges. zum B.G.B. Art. 55.
Gew.O. § 72.
Kurhessische Verordnung vom 20. August 1800 § 6.

III. Zivilsenat. Urt. v. 27. März 1908 i. S. Konk.-Verw. des Fuhrunternehmers St. (Bekl.) w. D. (Kl.). Rep. III. 411/07.

I. Landgericht Frankfurt a. M.
II. Oberlandesgericht daselbst.

Laut Scheines vom 3. Dezember 1903 verpflichtete sich der Beklagte, dem Kläger „für den Verkauf des Gutes Pf., bzw. für Beschaffung eines Abnehmers" 2 v. H. des Kaufpreises als Mäklerlohn zu zahlen, „nachdem das Geschäft zustande gekommen und von seiten der Konkursverwaltung genehmigt" sei. Das Gut war dann an den Gutsbesitzer A. für 140000 ℳ verkauft worden. Der Kläger behauptete, daß dies durch seine Vermittelung geschehen sei, und beantragte deshalb die Verurteilung des Beklagten zur Zahlung von 2800 ℳ nebst Zinsen.

Der Beklagte bestritt, daß der Verkauf durch die Vermittelung des Klägers zustande gekommen sei, und behauptete, daß dieser auch von Wilhelm B. für den Käufer 2 v. H. des Kaufpreises als Mäklerlohn erhalten habe. Nach § 6 der Kurhessischen Verordnung vom 20. August 1800 müsse sich der Kläger diesen Betrag auf den etwa verdienten Mäklerlohn anrechnen und habe deshalb von ihm überhaupt nichts zu fordern.

Das Landgericht verurteilte den Beklagten nach dem Klagantrage. Die Berufung wurde zurückgewiesen. Ebenso auch die Revision.

Gründe:

„Das Berufungsgericht hat als erwiesen angesehen, daß der Verkauf des Gutes Pf. an A. durch Vermittelung des Klägers zustande gekommen sei. Es hat weiter angenommen, daß der hierdurch begründete Anspruch des Klägers auf den bedungenen Mäklerlohn nicht dadurch ausgeschlossen werde, daß dem Beklagten vielleicht bei Abschluß des Verkaufs nicht bekannt gewesen sei, daß der Kläger ihm den Käufer zugeführt habe. Diese Unkenntnis des Beklagten von der Verpflichtung zur Zahlung des Mäklerlohns habe im vorliegenden Falle auf den Geschäftsabschluß von keinem wesentlichen Einflusse sein können, da sich der Gläubigerausschuß unstreitig dahin geeinigt habe, das Gut für denselben Preis an K. zu verkaufen, ein Verkauf, bei dem die Mäklergebühr an den Kläger, wie dem Beklagten und dem Gläubigerausschusse bekannt gewesen sei, gleichfalls zu zahlen gewesen wäre. Da ferner gemäß § 653 Abs. 2 B.G.B. die Höhe des Mäklerlohns der freien Vereinbarung unterliege und die Bestimmungen der Landesgesetze, die für vereinbarte Mäklergebühren einen Höchstbetrag bestimmten, als nicht besonders vorbehalten durch das Bürgerliche Gesetzbuch aufgehoben seien, so sei der Beklagte verpflichtet, die vom Kläger geforderten 2800 *M* nebst Verzugszinsen zu zahlen.

Diese Begründung des Berufungsurteils läßt keinen Rechtsirrtum erkennen.

Die Revision rügt Verletzung des Art. 55 Einf.-Ges. zum B.G.B., weil die Kurhessische Verordnung vom 28. August 1800 einerseits in bezug auf den zulässigen Höchstbetrag des Mäklerlohns von 2. v. H., anderseits in bezug auf die „konnexe Anrechnung“ der von B. gezahlten 2 v. H. für aufgehoben erachtet sei. Sie weist auf das Urteil des erkennenden Senats vom 4. Dezember 1891 (Entsch. des R.G.'s in Zivils. Bd. 28 S. 115) hin, wonach die Frage der Fortgeltung jener Verordnung für die Zeit der Herrschaft des älteren Rechts in bejahendem Sinne entschieden sei, und meint, daß der Art. 55 Einf.-Ges. zum B.G.B. an diesem Rechtszustande nichts geändert habe. Diese Beschwerde ist nicht begründet.

Schon der klare Wortlaut des § 653 Abs. 2 B.G.B. läßt im Grunde keinen Zweifel darüber, ob in einem Falle wie dem vorliegenden wegen der Höhe des Mäklerlohns die Bestimmungen einer etwa bestehenden Taxe zur Anwendung kommen können. Wenn er besagt:

„Ist die Höhe der Vergütung nicht bestimmt, so ist bei dem Bestehen einer Taxe der taxmäßige Lohn, in Ermangelung einer Taxe der übliche Lohn als vereinbart anzusehen“, so ist damit deutlich ausgesprochen, daß der Inhalt einer etwaigen Taxe nur dann „als vereinbart anzusehen" ist, wenn über die Höhe der Vergütung in dem Vertrage selbst nichts bestimmt worden ist. Da, wo dieser eine solche Bestimmung enthält, kann deshalb die Anwendung von Vorschriften einer Taxe gar nicht in Frage kommen. Ein solcher Fall liegt aber hier vor, da durch den Mäklervertrag die Höhe der dem Kläger zugesagten Vergütung auf 2 v. H. des Kaufpreises ausdrücklich festgesetzt ist.

Dieses Ergebnis ist so einleuchtend, daß es an sich keiner weiteren Erörterung der Bedeutung der Bestimmung bedürfte. Auffälligerweise finden sich aber in der Wissenschaft des Rechts des Bürgerlichen Gesetzbuchs von den verschiedensten Seiten Bemerkungen, in denen die uneingeschränkte fortgesetzte Geltung etwaiger Taxvorschriften, weil und soweit sie öffentlichrechtlicher Natur seien, behauptet wird. So widerspricht Planck, (3./4. Aufl.) Bem. 2b zu § 653, der Ansicht Dernburgs, (3. Aufl.) Bd. 2 S. 554, daß die Bestimmungen der Landesgesetze über einen Höchstbetrag des Mäklerlohns beim Mangel eines Vorbehalts im Einführungsgesetze für aufgehoben zu erachten seien, mit der Ausführung, daß die Vorschriften über die Taxen öffentlichrechtliche seien und deshalb vom Bürgerlichen Gesetzbuche nicht berührt würden. Ferner sagt Cosack, Lehrbuch des bürgerl. Rechts Bd. 1 S. 539: auch die Höhe des Mäklerlohns sei ebenso zu bestimmen, wie die der Dienstvergütung und des Werklohns, also namentlich unter Berücksichtigung der Taxen und der Ortssitte, und er fügt als Beispiel hinzu: „Eine Taxe besteht in Kurhessen derart, daß der höchste zulässige Mäklerlohn 2% des Geschäftswerts ausmacht." Endlich spricht Oertmann, Recht der Schuldverh. (2. Aufl.) zu § 653 B.G.B., zwar zunächst etwaigen landesrechtlichen Höchst- und Mindesttaxen für die Höhe des Anspruchs aus § 653 die Bedeutung ab, da das Bürgerliche Gesetzbuch nur beim Fehlen einer vereinbarten Vergütung die Taxe für maßgebend erkläre. Er führt dann aber aus: dies tue der öffentlichrechtlichen Bedeutung der entsprechenden Bestimmung keinen Abbruch, und soweit die Vereinbarung gegen die — rechtswirksam erlassene — landesrechtliche Norm verstoße, könne sie hiernach gemäß § 134 B.G.B. unwirksam sein. Nur mit Rücksicht auf diese und ähnliche Ausführungen der Rechtslehre erscheint es geboten, der Frage der

Fortgeltung älterer Vorschriften über Höchst- und Mindesttaxen und der Zulässigkeit der Erlassung neuer im Wege der Landesgesetzgebung oder der Verordnung, insbesondere der Frage der Fortdauer der vollen Geltung der kurhessischen Verordnung vom 20. August 1800, weiter nachzugehen.

Diese Verordnung „wegen Verhütung und Bestrafung des Wuchers" enthält eine Reihe von Vorschriften über die Einschränkung des Wuchers: § 1 „Welche Kontrakte zu den wucherlichen gehören"; § 2 „Darleihen an Minderjährige"; § 3 „Bestimmung des Zinsfußes, a) bei gerichtlichen Verschreibungen"; b) § 4 „Bei Privatverschreibungen, und, wie es, wenn keine Zinsen stipuliert sind, gehalten werden soll"; § 5 „Ausnahme von dieser Verordnung hinsichtlich der Staatspapiere und Wechsel, sowie der jüdischen Darlehne"; § 6 „Bestimmung des Mäkelgeldes"; § 7 „In allem übrigen soll es bei der Judenordnung und den darauf Beziehung habenden Höchsten Reskripten und Ausschreiben verbleiben"; §§ 8—10 „Bestrafung des Wuchers"; § 11 „Achtsamkeit der Behörden auf wucherliche Verträge." Der hier insbesondere in Betracht kommende § 6 lautet wörtlich:

„Da Wir wahrgenommen haben, daß nicht selten Personen, welche durch andere Gelder borgen oder sonstige Kontrakte und Handel sowohl über bewegliche als über unbewegliche Sachen schließen lassen, von diesen Unterhändlern durch das für ihre dabei gehabte Bemühung geforderte Dienstdouceur und Makelgeld, in Ermangelung einer genauen gesetzlichen Bestimmung hierüber, übervorteilt und übernommen oder durch die darüber entstandenen rechtlichen Irrungen in kostspielige Prozesse gezogen werden, auch über den Sinn des hierbei einschlagenden § 4 der Verordnung vom 15. Oktober 1773 selbst bei den Gerichten Zweifel entstanden sind, so verordnen Wir gnädigst, daß künftig in unseren sämtlichen Landen die in der gedachten Verordnung bestimmten 2 v. H. an Mäklergeld als die gesetzmäßig höchste erlaubte Belohnung des Mäklers angesehen, solche auch nur im Falle des ausdrücklichen Versprechens statthaben soll. Ist aber weniger versprochen, so soll es bei dem Versprochenen lediglich sein Verbleiben haben, und wenn gar keine Übereinkunft der Parteien über das Makelgeld vorhanden war, so soll auf dasselbe keine Klage bei den Gerichten angenommen werden."

S. **Kulenkamp**, Neue Sammlung der Landesordnungen usw., welche bis zum Ende des Oktobers 1806 für die älteren Gebietsteile Kurhessens ergangen sind, Bd. 4 S. 343 flg.

Diese Übersicht des Inhalts der Verordnung ergibt, daß ihre Vorschriften, soweit sie nicht Bestimmungen über die Bestrafung des Wuchers enthalten, lediglich privatrechtlicher Natur sind, weil sie nur die Wirksamkeit gewisser Rechtsgeschäfte zwischen einzelnen Personen, Darlehen, Wechselgeschäfte, Mäklerverträge, regeln. Hieran wird auch durch den Umstand nichts geändert, daß die Verordnung hauptsächlich zwingendes, nicht bloß nachgiebiges Recht enthält, daß insbesondere die Vorschrift des § 6, wonach ein höchster zulässiger Betrag des Mäklerlohns festgesetzt ist, geradezu ein Verbotsgesetz enthält. Denn auch dieses Verbotsgesetz ordnet immer nur die rechtliche Wirksamkeit eines privatrechtlichen Vertrages, gehört also an sich lediglich dem Gebiete des bürgerlichen Rechts an, und auch die gleichzeitig erlassenen Strafbestimmungen weisen die Regelung der privatrechtlichen Folgen einer Übertretung des Verbotsgesetzes nicht in den Bereich des öffentlichen Rechts. Jedenfalls stellt sich die Norm des § 6 der Verordnung nicht etwa deshalb, weil sie zwingendes Recht enthält, als Vorschrift des öffentlichen Rechts dar.

Immerhin behielten die Bestimmungen der Verordnung vom 20. August 1800, soweit sie die Höhe des Mäklerlohns und die Einklagung nicht bedungenen Makelgeldes betrafen, bis zum Inkrafttreten des Bürgerlichen Gesetzbuchs ihre verbindliche Kraft. Sie enthielten eine gültige Ergänzung oder Abänderung des bis dahin in Kurhessen geltenden Privatrechts, insbesondere der Bestimmungen des gemeinen Rechts, nicht nur über die Höhe der Zinsen, sondern auch über die Höhe des Mäklerlohns. Nun wurde zwar durch das Gesetz des Norddeutschen Bundes vom 14. November 1867 die Höhe der Zinsen und jeder anderen Vergütung für gewährten Kredit, sowie die Höhe der auf den Zögerungsfall bedungenen Vertragsstrafen bei allen Forderungen der freien Vereinbarung unterworfen, so jedoch, daß jede mit mehr als 6 v. H. zu verzinsende Forderung vom Schuldner jederzeit mit halbjähriger Frist gekündigt werden konnte. Dadurch wurden zwar die Vorschriften jener Kurhessischen Verordnung über die Zinsen bei Darlehen und sonstigen Kreditgeschäften aufgehoben; aber die Bestimmungen über die Höhe der Mäklergebühren blieben unberührt. Diese sind ferner auch nicht etwa durch den § 72 der Gewerbeordnung vom 21. Juni 1869 aufgehoben worden, weil diese nur die polizeilichen Taxen, soweit solche für gewisse Verkehrszweige bestanden, beseitigt hat, während die Verordnung vom 20. August 1800 sich als ein allgemeines, die Materie des Wuchers nach der bürgerlichrechtlichen, wie nach der strafrechtlichen Seite regelndes Landesgesetz darstellt. Deshalb hat der erkennende Senat auch in dem von der Revision angezogenen Urteile vom 4. Dezember 1891 mit Recht für die damalige Zeit die fortdauernde Gültigkeit des § 6 jener Verordnung angenommen.

Eine Änderung hat aber dieser Rechtszustand durch das Inkrafttreten des Bürgerlichen Gesetzbuchs erfahren. Denn nach Art. 55 des Einf.-Ges. sind mit diesem Zeitpunkte die privatrechtlichen Vorschriften der Landesgesetze außer Kraft getreten, soweit nicht in dem Bürgerlichen Gesetzbuche oder in diesem Gesetze etwas anderes bestimmt ist. Daß es sich aber bei den Bestimmungen des § 6 der Verordnung vom 20. August 1800 um privatrechtliche Vorschriften handelt, ist vorher dargelegt worden.

Die Annahme der fortdauernden Geltung dieser Bestimmungen ließe sich daher nur noch auf den § 653 Abs. 2 B.G.B. selbst stützen, insofern dieser wegen der Höhe des Mäklerlohns selbst auf eine etwa bestehende Taxe verweist. Und in der Tat behauptet die Revision, es werde damit „implicite die Zulässigkeit und der Fortbestand solcher Taxen anerkannt". Daß dies schon mit Wortlaut und Sinn der Bestimmung unvereinbar ist, ist bereits ausgeführt worden. Zu demselben Ergebnisse führt auch die Berücksichtigung der Entstehungsgeschichte der Vorschrift.

Der erste Entwurf zum Bürgerlichen Gesetzbuch überließ die Höhe der Mäklergebühr lediglich der freien Vereinbarung, indem er in seinem § 580 ganz allgemein bestimmte:

„Hat jemand einem anderen für die Nachweisung einer zur Schließung eines bestimmten Vertrages geeigneten Person oder eines bestimmten Vertragsgegenstandes oder für die Vermittelung eines bestimmten Vertrages eine Vergütung (Mäklergebühr) versprochen, so kann" usw.

Die Begründung bemerkte dazu (Motive Bd. 2 S. 514) nur:

„Anlangend den Betrag der Mäklergebühr, wenn diese von den

Parteien nicht näher bestimmt worden ist, so bedarf es in dieser Beziehung keiner besonderen Bestimmungen. Es reichen vielmehr die allgemeinen Grundsätze aus (§§ 353, 354)" — [Bestimmung durch den Empfangsberechtigten nach billigem Ermessen, nötigenfalls durch Urteil].

Im weiteren wird der Hinweis des Dresdener Entwurfs auf den Ortsgebrauch ausdrücklich für entbehrlich erklärt. Bei der Beratung des Entwurfs in der Kommission für die zweite Lesung wurde indes die jetzt den Inhalt des § 653 bildende Bestimmung mit dem einfachen Bemerken angenommen, sie entspreche den Beschlüssen, welche die Kommission zu den §§ 559, 567 (des ersten Entwurfs) in Ansehung des Dienst- und Werkvertrages gefaßt habe (vgl. Prot. Bd. 2 S. 345). An dieser Stelle aber (Prot. Bd. 2 S. 277) verwies die Kommission wegen der Begründung der Annahme des Beschlusses zu § 559 des Entwurfs — jetzt § 612 Abs. 2 B.G.B. — lediglich darauf, daß der Satz nur eine bei der Beratung des § 354 (des ersten Entwurfs) bereits in Aussicht genommene Ergänzung zur Ausführung bringe. Und in der Tat findet sich unter den Erwägungen, die für eine Änderung des § 354 des Entwurfs geltend gemacht wurden, auch die: „In der überwiegenden Mehrzahl der Fälle, welche der § 354 im Auge habe, sei die Meinung der Vertragschließenden nicht die, daß die Höhe der Gegenleistung durch das subjektive billige Ermessen dessen, dem die Gegenleistung gebühre, bestimmt werden solle, vielmehr gehe die Absicht dahin, daß die Bestimmung der Gegenleistung nach objektiven Maßstäben, wie dem Marktpreise, Börsenpreise, ortsüblichen Preise oder nach den für Leistungen der betreffenden Art bestehenden Taxen, erfolgen solle." Und bei der Annahme des den jetzigen Bestimmungen des § 315 B.G.B. zugrunde liegenden Antrages wurde ausdrücklich betont: „Eine stillschweigende Bestimmung werde in Fällen, wo für die Gegenleistung ein objektiver Maßstab bestehe, regelmäßig anzunehmen sein. Auch werde es sich später vielleicht empfehlen, beim Kauf- und beim Dienstvertrage vorzuschreiben, daß in Ermangelung abweichender Vereinbarung der durch jene objektiven Maßstäbe bestimmte Preis, bzw. die so bestimmte Vergütung als bedungen anzusehen sei" (vgl. Prot. Bd. 1 S. 465 und 466).

Aus dieser Entstehungsgeschichte des § 653 Abs. 2 B.G.B.

erhellt demnach mit voller Deutlichkeit, daß auf die etwa bestehenden Taxen immer nur in dem Sinne hat verwiesen werden sollen, daß diese eine Ergänzung des unausgesprochenen Parteiwillens zu liefern hätten, also nur wenn weder ausdrücklich noch durch schlüssige Handlungen eine bestimmte Höhe der Vergütung vereinbart worden ist; daß solche Taxen dagegen in keiner Weise in Betracht gezogen worden sind, um der freien Vereinbarung der Parteien über die Höhe der Mäklergebühr irgendeine Grenze zu ziehen, wie dies denn auch mit der gesamten Richtung des Bürgerlichen Gesetzbuchs, das grundsätzlich die volle Vertragsfreiheit der Parteien anerkennt, unverträglich sein würde. Soweit dieses selbst die Möglichkeit einer eindämmenden Maßnahme für wünschenswert erachtet, wie bei übermäßiger Höhe eines Mäklerlohns für die Vermittelung eines Dienstvertrages, hat es selbst — in § 655 — entsprechende Vorsorge getroffen. Soweit daher Landesgesetze, die vor dem Inkrafttreten des Bürgerlichen Gesetzbuchs bestanden, über die Höhe der Mäklergebühr zwingende Bestimmungen in dem Sinne enthielten, daß über ein gewisses Maß hinaus eine Mäklergebühr auch durch Vereinbarung der Parteien nicht rechtsgültig versprochen werden könne, oder daß, wenn von beiden Teilen einem Mäkler ein Lohn gewährt worden, der über den bestimmten Höchstsatz hinausgehende Betrag von dem Teile, der noch keine Zahlung geleistet, auch nicht gefordert werden dürfe (die sog. konnexe Anrechnung im Sinne der Revision), sind sie seit dem Inkrafttreten des Bürgerlichen Gesetzbuchs gemäß Art. 55 Einf.-Ges. aufgehoben.

Unbegründet ist auch der fernere Angriff der Revision, es sei der Grundsatz verkannt, daß der Auftraggeber zur Zahlung der Mäklergebühr nur dann verpflichtet sei, wenn er sich bei dem Abschlusse des durch den Mäkler vermittelten Vertrages bewußt sei, daß dieser Vertrag durch die Tätigkeit des Mäklers zustandekomme, so daß er in der Lage sei, auf eine diesem zu zahlende Gebühr bei der Bestimmung der von ihm zu fordernden Vertragsleistung Rücksicht zu nehmen. Der Grundsatz ist allerdings in den Entsch. des R.G.'s in Zivils. Bd. 31 S. 289 und in wiederholten Urteilen des erkennenden Senats, so auch in dem von der Revision angezogenen Urteile vom 18. Dezember 1903, Rep. III. 258/03, anerkannt worden. Nun hat aber das Berufungsgericht ausdrücklich als unstreitig festgestellt, daß der Gläubigerausschuß sich dahin geeinigt gehabt habe, das Gut für denselben Preis, für den es an A. — durch Vermittelung des Klägers — schließlich verkauft worden ist, an K. zu verkaufen, ein Verkauf, bei dem die Mäklergebühr an den Kläger, wie dem Beklagten und dem Gläubigerausschusse bekannt gewesen, gleichfalls zu zahlen gewesen wäre. Damit war aber das materielle Interesse, das der Beklagte an der vorgängigen Kenntnis der Vermittlertätigkeit des Klägers in der Richtung hatte, daß der Verkaufpreis entsprechend höher berechnet werden konnte, jedenfalls gewahrt, und gerade dies hat jene Rechtsprechung im Auge." ...

---

53. 1. Entspricht es im internationalen Verkehre dem mutmaßlichen, vernünftigen Willen der Kontrahenten eines gegenseitigen Vertrages, daß die Verpflichtungen jedes Kontrahenten nach seinem heimischen Rechte beurteilt werden?

2. Gesichtspunkte für die Frage, nach welchem Rechte Seefrachtverträge im internationalen Verkehre zu beurteilen sind.

3. Wann gelten Güter im Sinne des § 617 H.G.B. als verloren gegangen?

I. Zivilsenat. Urt. v. 4. April 1908 i. S. M. (Kl.) w. E., B. & Co. (Bekl.). Rep. I. 274/07.

I. Landgericht Hamburg, Kammer für Handelssachen.
II. Oberlandesgericht daselbst.

Laut Charterpartie mit dem Datum London 28. August 1903 hatten die Kläger ihren Dampfer „Cassia" an die Beklagten zum Transport einer Ladung Erzkies von Huelva (Spanien) nach Granville und Dünkirchen (Frankreich) zu dem Satze von 10 sh. 6 d. die Tonne (englisch) verfrachtet. Ausweise der Konnossemente waren 600 Tonnen nach Granville und 701 Tonnen nach Dünkirchen bestimmt.

Als der Dampfer am 11. Oktober bei Sturm ins Hafendock von Granville einlief, beschädigte er sich durch Aufstoßen auf das Stufenfundament der Quaimauer, wurde leck und sank. Die Ladung wurde vom Seewasser durchnäßt. Man legte darauf das Dock trocken und löschte die Ladung am Quai. Nachdem die Beklagten durch den Vertreter des Reeders von der Sachlage in Kenntnis gesetzt und um Verfügung ersucht waren, erklärten sie am 19. Oktober, daß sie die Ladung abandonnierten. Die Kläger erwiderten am 31. Oktober, daß ein Recht der Beklagten, die Ladung für die Fracht zu abandonnieren, nicht anerkannt werde, daß der Frachtvertrag infolge des Seeunfalles als beendet anzusehen sei und daß die Beklagten die auf dem Quai gelöschte Ladung gegen Zahlung der vollen Fracht abzunehmen hätten. Die Beklagten gingen hierauf nicht ein. Der Dampfer wurde in Granville vorläufig ausgebessert und dann zur gründlichen Reparatur nach Southampton gebracht. Für die Ladung wurde auf Antrag der Kläger in Granville ein Sequester bestellt, worauf sie für Rechnung, wen es angeht, zu Lager gebracht wurde. Im Juli 1904 wurden die Kläger vom Gerichte zum öffentlichen Verkaufe ermächtigt; im Auktionstermine erfolgte jedoch kein Gebot. Im September 1904 verkauften die Kläger die Ladung unter der Hand zu einem Preise, der die inzwischen entstandenen Unkosten nicht deckte.

In der Revisionsinstanz handelte es sich lediglich um die Frage, ob die Beklagten für die nach Dünkirchen bestimmte Teilladung Fracht zu bezahlen hätten. Das Landgericht hatte den Klägern hierfür die volle Fracht zugesprochen. Das Oberlandesgericht hatte durch Zwischenurteil erkannt, die Frage sei nach deutschem Rechte zu beurteilen, die Kläger hätten demnach Distanzfracht zu verlangen. Nach weiterer Beweiserhebung wurde jedoch im Endurteile in Anwendung des § 630 Abs. 2 H.G.B. jeder Frachtanspruch aberkannt. Die Revision der Kläger wurde zurückgewiesen aus folgenden

Gründen:

„Was die Frage des anzuwendenden Rechtes anlangt, so handelt es sich um das Vertragsverhältnis, das durch die in London am 28. August 1903 abgeschlossene Charterpartie unter den Parteien begründet ist.

Das Berufungsgericht geht davon aus, daß der vernünftige Wille der Parteien bezüglich des maßgebenden Rechtes zu erforschen sei und daß hiernach angenommen werden müsse, daß jede Partei die sich aus den Grundsätzen ihres heimischen Rechts ergebenden

Verpflichtungen habe übernehmen wollen. Es bestehe kein Grund, anzunehmen, daß die Parteien das ihnen beiden fremde Recht des in der Charter vereinbarten französischen Bestimmungshafens hätten zugrunde legen wollen. Danach entscheide sich die Frage, ob und in welcher Höhe die Beklagte verpflichtet sei, Fracht für die in Granville entlöschten, nach Dünkirchen bestimmten Güter zu zahlen, nach ihrem heimischen, also dem deutschen Rechte.

Diese Begründung wird den Umständen des Falles nicht gerecht.

Richtig ist zwar der Ausgangspunkt, daß bei gegenseitigen Verträgen, insbesondere bei Seefrachtverträgen, über das anzuwendende Recht in erster Linie der aus den Umständen zu entnehmende, mutmaßliche, vernünftige Wille der Kontrahenten entscheidet, wobei zu beachten ist, daß es sich in Ermangelung einer Vertragsbestimmung nicht sowohl um die Feststellung des konkreten Willens der Parteien, als um die Ermittelung dessen handelt, was die Parteien bei vernünftiger und billiger Berücksichtigung aller Umstände, wäre ihnen die Frage entgegengetreten, mutmaßlich über das anzuwendende Recht bestimmt haben würden.

Vgl. Entsch. des R.G.'s in Zivils. Bd. 38 S. 144, Bd. 40 S. 197, Bd. 44 S. 154, Bd. 58 S. 367; Wagner, Seerecht S. 135 flg., 141; Boyens, Seerecht Bd. 1 S. 46 flg.; Schaps, Seerecht S. 294 Anm. 17; Windscheid-Kipp, Pandekten Bd. 1 § 35 zu Anm. 7—9; v. Bar, Intern. Priv.-R. Bd. 2 S. 1 flg., 19, 219; Zitelmann, Intern. Priv.-R. Bd. 2 S. 373 flg.; Niemeyer, Vorschläge S. 234 flg.; Carver, Carriage of Goods Sektion 210.

Bei Stellung der Frage, ob die Kontrahenten mutmaßlich oder vernünftigerweise ihr Vertragsverhältnis einem bestimmten Rechte haben unterstellen wollen oder unterstellt haben würden, gilt es aber den Versuch, ein Recht zu ermitteln, nach dem das Verhältnis einheitlich bezüglich der beiderseitigen Verpflichtungen zu beurteilen ist. Eine Antwort dahin, wie sie das Berufungsgericht gibt, daß jede Partei mutmaßlich die ihr nach ihrem heimischen Rechte obliegenden Verpflichtungen habe übernehmen wollen, enthält in Wahrheit den Verzicht auf die Feststellung eines nach dem Parteiwillen maßgeblichen Rechts und die Erklärung, daß diese Feststellung nicht möglich sei. Das Ergebnis entspricht auch weder dem Parteiinteresse, noch dem mutmaßlichen Willen der Kontrahenten. Beim Abschlusse eines gegenseitigen Vertrages übernimmt jede Partei die ihr obliegenden Pflichten als Gegenleistung gegen die von der anderen Seite übernommenen Pflichten und stellt sich regelmäßig den Inhalt der beiderseitigen Rechte und Pflichten so vor, wie er sich unter Zugrundelegung eines bestimmten Rechtssystems ergibt. Nur ausnahmsweise wird das Bewußtsein obwalten, daß das Vertragsverhältnis von zwei verschiedenen Rechtssystemen beherrscht sein könnte und daß den Verpflichtungen der einen Seite nicht solche der andern entsprächen, wie sie nach dem jene bestimmenden Rechtssysteme vorauszusetzen wären. Wenn also trotzdem der Schluß gezogen werden muß, daß bei Kontrahenten mit verschiedenen Personalstatuten eine Einigung über ein bestimmtes Recht, nach dem das Vertragsverhältnis zu beurteilen ist, nicht stattgefunden hat, so wird häufig die mißliche Folgerung nicht abzuweisen sein, daß die Verpflichtungen der einen Partei andere sind, als die, von denen die Gegenpartei die Übernahme der Gegenverpflichtungen nach dem ihr vorschwebenden Rechtssysteme abhängig zu machen glaubte. Das Ergebnis wird aber auch nicht selten ein unbilliges sein, weil jedes einzelne Rechtssystem zwar mutmaßlich bei der Regelung der Vertragsverhältnisse einen billigen Ausgleich in der Weise anstreben wird, daß es den der einen Partei zugewiesenen Befugnissen und Lasten annähernd gleiche auf der anderen Seite entsprechen läßt. Greifen aber zwei verschiedene Rechtssysteme ein, so ist bei einiger Verschiedenheit der Regelung des betreffenden Rechtsverhältnisses ein solcher billiger Ausgleich keineswegs vorauszusetzen. Dafür, daß ein solches Ergebnis den mutmaßlichen Voraussetzungen der Kontrahenten bezüglich der Vertragsfolgen nicht selten widersprechen wird, bietet gerade der vorliegende Fall einen Beleg; der englische Reeder wird mutmaßlich vom Standpunkte seines heimischen Rechts aus angenommen haben, daß ihm eventuell ein Anspruch auf Distanzfracht nicht zustehe, daß er vielmehr Fracht nur beanspruchen könne, wenn er die Ware nach Dünkirchen schaffe. Danach wird er auch seine Maßnahmen in bezug auf die Höhe der Frachtforderung und die Versicherung getroffen haben. Er tritt also mit seinen eigenen Voraussetzungen bei Abschluß des Vertrages mutmaßlich in Widerspruch, wenn er nachträglich Fracht für den Teiltransport nach Granville verlangt.

Hiernach ist es in der Regel ein wenig befriedigender Ausweg, ein einheitliches Vertragsverhältnis nach zwei verschiedenen Rechtssystemen zu beurteilen, je nachdem es sich um die Verpflichtungen der einen oder um die Verpflichtungen der andern Partei handelt, und es entspricht daher im allgemeinen dem Interesse der Kontrahenten und damit ihrem mutmaßlichen vernünftigen Willen mehr, ein Rechtssystem zu finden, nach dem das Verhältnis einheitlich zu beurteilen ist. Diesem wohlverstandenen Interesse hat sich auch die Rechtsprechung stets bemüht entgegenzukommen. So ist häufig ausgesprochen, daß wenn auch im allgemeinen der Erfüllungsort über das anzuwendende Recht entscheiden möge, doch bei gegenseitigen Verträgen unter Deutschen, wenngleich der Erfüllungsort für den einen Kontrahenten im Auslande liege, regelmäßig das ganze Vertragsverhältnis dem deutschen Rechte zu unterstellen sei, da dies der mutmaßlichen Absicht der Kontrahenten entsprechen werde.

Vgl. Entsch. des R.G.'s in Zivils. Bd. 13 S. 122, Bd. 40 S. 197, Bd. 59 S. 114; Urteil v. 3. Mai 1905, Rep. I. 630/05.

Ebenso ist ausgesprochen, daß ein von dem Agenten der Versicherungsgesellschaft am Wohnorte des Versicherten abgeschlossener Versicherungsvertrag einheitlich von dem Rechte dieses Wohnortes beherrscht werde.

Vgl. Urteil des R.G.'s, III. Zivilsenat, in Seuffert's Archiv Bd. 47 Nr. 2.

Englisches Recht ist für maßgeblich erklärt worden für Verpflichtungen aus Vertragsbruch bei einem für ein englisches Schiff mit einem deutschen Ablader in Hamburg nach englischen Bedingungen abgeschlossenen Seefrachtvertrage, obwohl die Reise in einem deutschen Bestimmungshafen endete.

Vgl. Entsch. des R.G.'s in Zivils. Bd. 39 S. 67.

Eine ähnliche Entscheidung enthält das Urteil in den Entsch. des R.G.'s in Zivils. Bd. 19 S. 33, wo zwei englische Schiffsmakler in London nach englischen Bedingungen eine Charter über ein deutsches Schiff für die in Braila gelegene Zweigniederlassung eines deutschen Abladers über einen Transport von Braila oder Galatz nach Stettin abgeschlossen hatten. In der Vereinbarung eines gemeinschaftlichen Erfüllungsortes unter Kontrahenten mit verschiedenen Personalstatuten ist die Unterwerfung unter das Recht des Erfüllungsortes erblickt worden.

Vgl. Entsch. des R.G.'s in Zivils. Bd. 58 S. 367.

Soweit sich anderweit eine Absicht der Parteien über das anzuwendende Recht nicht feststellen ließ, ist für den Seefrachtvertrag, insbesondere für Konnossemente, angenommen, daß für die im Bestimmungshafen zu erfüllenden Verpflichtungen das dort geltende Recht nach dem mutmaßlichen Willen der Kontrahenten anzuwenden sei.

Vgl. Entsch. des R.G.'s in Zivils. Bd. 34 S. 78 u. 80.

In einem anderen Falle, wo ebenfalls eine allgemeinere Absicht über das für den Frachtvertrag anzuwendende Recht nicht zu ermitteln war — es handelte sich um ein deutsches Schiff, um einen Vertragsschluß in New York nach dortigen Bedingungen und um einen englischen Bestimmungshafen —, ist für die Frage, ob Distanzfracht zu zahlen sei, das Recht des portugiesischen Nothafens, wo die Reise endete, für maßgeblich erachtet.

Vgl. Entsch. des R.G.'s in Zivils. Bd. 38 S. 140; Wagner, Seerecht S. 141.

Es werden freilich zahlreiche Fälle übrig bleiben, wo bei gegenseitigen Verträgen die Kontrahenten verschiedenen Rechtsgebieten angehören und irgendein Anhalt für die einheitliche Anwendung eines der in Betracht kommenden Rechte nicht gegeben ist.

Vgl. z. B. Entsch. des R.G.'s in Zivils. Bd. 44 S. 156, Bd. 51 S. 218, Bd. 54 S. 316.

Auf die streitige Frage, ob alsdann die in Rede stehende Einzelverpflichtung nach dem Rechte des Erfüllungsortes oder nach dem Personalstatute des Schuldners zu beurteilen sei, braucht hier nicht eingegangen zu werden.

Vgl. Entsch. des R.G.'s in Zivils. Bd. 61 S. 343 und Bd. 62 S. 379; anderseits Jurist. Wochenschr. 1907 S. 359 Nr. 7 und S. 386 Nr. 1.

Im vorliegenden Falle sind nämlich genügende Anhaltspunkte für die Anwendung eines bestimmten Rechts gegeben.

Das Berufungsgericht erörtert die Frage, ob sich die Parteien mit Rücksicht auf den französischen Bestimmungshafen mutmaßlich dem französischen Rechte hätten unterwerfen wollen, und verneint sie. Ohne Zweifel mit Recht, soweit es sich um das Vertragsverhältnis im allgemeinen handelt; denn es ist nicht ersichtlich, weshalb sich die Parteien insoweit einem für sie beide fremden Rechte hätten unterwerfen wollen. Höchstens könnte in Betracht kommen, ob nicht für den hier unerwarteter Weise eingetretenen Fall in bezug auf die Frage, ob Distanzfracht gefordert werden kann, nach den in den Entsch. des R.G.'s in Zivils. Bd. 38 S. 140 entwickelten Grundsätzen das Recht des Ortes, wo sich Schiff und Ladung getrennt haben, also Granvilles, maßgebend sei. Dieser Zweifel wäre jedoch auch nach der dort ausgesprochenen Ansicht des Reichsgerichts nur dann erheblich, wenn Anhaltspunkte für den vernünftigen Parteiwillen, das Vertragsverhältnis allgemein einem bestimmten Rechte zu unterwerfen, nicht gegeben wären.

Es handelt sich hier um eine von zwei englischen Schiffsmaklern in London für ein englisches Schiff abgeschlossene Charter. Diese ist nicht nur in englischer Sprache abgefaßt, sondern enthält auch spezifisch englischrechtliche Klauseln, z. B. „The Act of God . . . excepted, even when occasioned by negligence . . .“. Benutzt ist das Formular einer in London domizilierten Gesellschaft, der Rio Tinto Company Limited, für deren gewöhnliche Erzabladungen von Huelva. Die Beklagte hat sich also an einen Londoner Makler gewandt mit dem Auftrage, ihr auf dem dortigen Frachtmarkte die erforderlichen Schiffsräumte zu besorgen. Dieser hat sich des Auftrags entledigt, indem er mit einer englischen Reederei nicht nur in englischer Sprache, sondern nach durchweg von englischer Rechtsauffassung beeinflußten Bedingungen und nach einem Formulare kontrahierte, das sonst von einem bekannten englischen Ablader im regelmäßigen Geschäftsverkehre zu genau derselben Transportart benutzt wird. Damit kommt zu zweifellosem Ausdrucke, daß dieser Vertrag in derselben Weise und nach denselben Rechtsgrundsätzen auszuführen war, wie derartige Verträge stets ausgeführt werden, nämlich nach den Grundsätzen des englischen Rechts. Weder können dabei nach vernünftigem Ermessen die unmittelbaren Kontrahenten, die englischen Makler, ein anderes Recht zugrunde gelegt haben, noch kann die Beklagte der Meinung gewesen sein, daß sie unter solchen Umständen auf dem englischen Markte nach deutschem Rechte kontrahiere. Sie könnte sich gutgläubig etwaigen nach englischem Rechte für sie begründeten Verpflichtungen unter Berufung auf ihr Heimatsrecht nicht entziehen.

Umgekehrt verstößt es aber auch gegen die bona fides, wenn der englische Reeder nunmehr versucht, Ansprüche unter Berufung auf deutsches oder französisches Recht geltend zu machen, die ihm nach seinem Heimatsrechte nicht zustehen. Das englische Recht ist um so mehr als maßgeblich zu erachten, weil nach englischer Rechtsauffassung im Zweifel das Recht der Flagge für Seefrachtverträge zugrunde gelegt wird, und sich die deutsche Beklagte, die in England kontrahieren ließ, sagen mußte, daß ihr Vertreter, wie ihr Gegenkontrahent, von der gleichen Auffassung ausgehen werde. Auch das internationale Privatrecht der vereinbarten Bestimmungshäfen, das entscheidendes Gewicht auf den Ort des Vertragsschlusses legt,

vgl. Niemeyer, Vorschläge S. 240,

würde zu demselben Ergebnisse führen.

Der gegenwärtige Fall bietet somit noch mehr Anhalt für die Anwendung des englischen Rechts, als die in den Entsch. des R.G.'s in Zivils. Bd. 19 S. 33 und Bd. 39 S. 67 erörterten, wo es aus ähnlichen Erwägungen zugrunde gelegt ist. Ist aber englisches Recht anzuwenden, so entfällt der Anspruch auf Distanzfracht für die hier in Rede stehende, nach Dünkirchen bestimmte Ladung ohne weiteres, weil nach diesem Rechte ein Anspruch auf Distanzfracht nur unter besonderen Voraussetzungen, die nicht gegeben sind, begründet ist.

Vgl. Carver, a. a. O. Sekt. 307, 357 flg.

Übrigens würde die Revision auch dann nicht durchdringen können, wenn französisches Recht anzuwenden wäre, weil nach der Feststellung des Oberlandesgerichts ... das Gut durch den Seeunfall gänzlich entwertet ist und seine handelsmäßige Beschaffenheit als Material für die Schwefelsäurefabrikation eingebüßt hat.

Vgl. Entsch. des R.G.'s in Zivils. Bd. 13 S. 125; Entsch. des R.O.H.G.'s Bd. 25 S. 12.

In einem solchen Falle ist nach allen hier in Betracht kommenden Rechten für die Ware keinerlei Fracht zu bezahlen.

Vgl. H.G.B. § 617; Code de comm. Art. 302; Valroger, Droit maritime Anm. 894; Carver, a. a. O. Sekt. 549." ...

---

54. 1. **Kann das Recht der Mitglieder einer Gesellschaft mit beschränkter Haftung, ihre Geschäftsanteile zu veräußern, durch Mehrheitsbeschluß der Gesellschafter eingeschränkt werden?**

2. Wie verhält es sich in dieser Beziehung mit dem Rechte der Inhaber von mindestens dem zehnten Teile des Stammkapitals, die Berufung der Versammlung der Gesellschafter zu verlangen?

I. Zivilsenat. Urt. v. 4. April 1908 i. S. Naßextraktion (Bekl.) w. Dr. F. (Kl.). Rep. I. 302/07.

I. Landgericht I Berlin, Kammer für Handelssachen.
II. Kammergericht daselbst.

In einer Generalversammlung der verklagten Gesellschaft mit beschränkter Haftung vom 18. August 1906 wurden u. a. folgende Beschlüsse gefaßt: „1. zur Veräußerung der Geschäftsanteile an Nichtgesellschafter bedarf es in jedem Falle der Genehmigung der Gesellschaft; 2. Gesellschafter, deren Anteile zum mindesten $^1/_5$ des Stammkapitals ausmachen, sind berechtigt, die Einberufung einer Versammlung zu beantragen." Der Kläger, der der Beklagten als Mitglied angehörte und überstimmt worden war, focht die Beschlüsse als gesetzwidrig an. Beide Vorinstanzen gaben der Klage statt. Die Revision der Beklagten hatte nur zum Teil Erfolg.

Gründe:

... „In dem ersten Beschlusse erblicken die Vorinstanzen die Verletzung eines Sonderrechts des Klägers im Sinne des § 35 B.G.B. Die Revision wendet dagegen ein, es sei eine Frage der Auslegung des Gesellschaftsvertrages, ob beabsichtigt sei, daß die freie Veräußerlichkeit der Geschäftsanteile unabänderlich fortbestehen solle. Das Statut der Beklagten enthalte schon die Bestimmung, daß die Anteile vor der Veräußerung den Gesellschaftern zum Kauf angeboten werden müßten; daher könne eine Unabänderlichkeit in dieser Richtung nicht als gewollt angesehen werden. Dem läßt sich nicht beitreten. Die Veräußerlichkeit der Geschäftsanteile ist eine Befugnis, die, mag man sie theoretisch als selbständiges Recht oder als eine Eigenschaft des Mitgliedrechts auffassen, lediglich zum Vorteile des Mitglieds dienen soll. Es handelt sich nicht um ein Recht, sich in Angelegenheiten der Gesellschaft als deren Organ zu betätigen. Nur bei Rechten dieser letzteren Art — vielfach mit einem freilich wenig bezeichnenden Ausdrucke „Individualrechte" genannt, „Vertretungsrechte" nach Cosack, Handelsrecht § 117 IV — muß im Einzelfalle geprüft werden, ob Unabänderlichkeit beabsichtigt ist. Die Befugnisse, die ein Mitglied ausschließlich zu seinem eigenen Nutzen hat, — Sonderrechte — sind grundsätzlich unentziehbar. Die Ausführungen der Revision . . . sind . . . durch ein Mißverständnis der Erörterung bei Staub-Hachenburg, Kommentar § 53 Anm. 5, veranlaßt. Dort wird allerdings von Rechten gesprochen, deren Unabänderlichkeit und Sonderrechtsqualität erst durch Auslegung des Statuts ermittelt werden soll. Aber es muß beachtet werden, daß die genannten Schriftsteller eine abweichende Terminologie zugrunde legen. Sie verwerfen den Begriff des Individualrechts (Vertretungsrechts) und verstehen unter Sonderrecht jedes der Abänderung durch Majoritätsbeschluß entzogene Recht (vgl. § 45 Anm. 40, § 53 Anm. 4). Daß die Übertragbarkeit der Geschäftsanteile, soweit nicht das Statut ausdrücklich eine Beschränkung vorsieht, der Beeinträchtigung durch Mehrheitsbeschluß schlechthin unzugänglich ist, nehmen auch Staub-Hachenburg an (§ 15 Anm. 50), wie dies denn, soweit zu ersehen, in der Literatur allgemein gelehrt wird.

Vgl. die Kommentare zum Ges. betr. d. G. m. b. H. von Parisius-Crüger (4. Aufl.) § 15 Bem. 8 und Neukamp (3./4. Aufl.) § 15 Bem. 10; Staub-Pinner, Handelsgesetzbuch § 222 Anm. 2; Gierke, Genossenschaftstheorie S. 253; Lehmann, Recht der Aktiengesellschaften Bd. 2 S. 111, 206, 209; Neukamp, Zeitschr. f. d. ges. Handelsr. Bd. 57 S. 523.

Hiernach hätte das Statut der Beklagten eine Vorschrift aufnehmen müssen, die direkt den jetzt vorliegenden Beschluß deckte. Es hätte bestimmen müssen, daß die Generalversammlung mit einfacher oder qualifizierter Mehrheit für Veräußerungen der Geschäftsanteile an Fremde den Genehmigungszwang einführen könne, oder allgemein, daß die Veräußerlichkeit einer Erschwerung durch Mehrheitsbeschluß unterworfen sei. Eine solche Bestimmung ist aber nicht getroffen. Die Festsetzung eines Vorkaufsrechtes der Mitgesellschafter bedeutet nur eine einzelne positive Beschränkung, deren ausdehnende Auslegung mit dem Grundsatze der Freiheit der Veräußerung in Widerspruch stehen würde und daher unzulässig ist.

Dagegen stellt sich das Recht, die Berufung der Generalversammlung zu verlangen, das der § 50 Abs. 1 des Gesetzes den Besitzern eines Zehntels des Stammkapitals verleiht, als „Vertretungsrecht" in dem soeben angegebenen Sinne dar. Nach § 45 Abs. 2 kann es durch den Gesellschaftsvertrag ausgeschlossen oder beschränkt werden. Es ist auch nicht richtig, wenn das Kammergericht meint, die Ausschließung oder Beschränkung könne nur in dem ursprünglichen Vertrage, nicht durch Statutenänderung nach § 53 erfolgen. Aus der Wichtigkeit des Rechts für den einzelnen Gesellschafter läßt sich eine solche Folgerung nicht herleiten; denn bei den Rechten der hier in Rede stehenden Art soll eben das Interesse des einzelnen nicht den Ausschlag geben. Daß das Recht des § 50 Abs. 1 durch Statutenänderung entzogen werden kann, wird auch von den Kommentatoren anerkannt.

Vgl. Staub-Hachenburg, § 45 Anm. 40, § 50 Anm. 17; Neukamp, § 50 Bem. 2, § 53 Bem. 2d aa; Liebmann (5. Aufl.), § 45 Bem. 2, § 50 Bem. 1, § 53 Bem. 6n.

Das Landgericht hatte seine Ansicht, daß der zweite Beschluß ungültig sei, mit den besonderen Verhältnissen des vorliegenden Falles begründet. Es führte aus, da der Kläger mit seinen Freunden zusammen nur über 49 von den 400 Stimmen verfüge, würden die Gesellschafter durch den Beschluß ungleich betroffen. Bei dieser Begründung ist ein richtiger Gedanke falsch angewendet. Gewiß braucht sich kein Gesellschafter eine Änderung des Gesellschaftsvertrages gefallen zu lassen, die eine nicht alle Mitglieder gleichmäßig treffende Schmälerung seiner allgemeinen Mitgliederrechte zum Gegenstande hat.

So die Motive zum Ges. v. 20. April 1892, Reichstagsdrucksachen VIII. Legisl.-Per. 1. Session 1890/92 Nr. 660 S. 80.

Aber bei der Frage, wann die Gleichberechtigung verletzt ist, muß von den rein zufälligen Verhältnissen der Gesellschaft und der Gesellschafter abgesehen werden. Mit Recht bemerkt die Revision, ein Beschluß sei nur dann unzulässig, wenn er schon seinem Inhalte nach, ohne Rücksicht auf besondere Umstände, die einzelnen ungleich treffe." ...

55. 1. Sind Eingemeindungen und die Rechtsfolgen, die sich daraus insbesondere für die Beamten der eingemeindeten Kommunen ergeben, grundsätzlich nach den Vorschriften des bürgerlichen, oder nach denen des öffentlichen Rechts zu beurteilen?

2. Haben die Beamten der eingemeindeten Kommunen ein Recht darauf, daß mit ihnen vor der Eingemeindung eine ihre künftige Stellung regelnde Vereinbarung getroffen werde?

III. Zivilsenat. Urt. v. 17. Januar 1908 i. S. K. (Kl.) w. Stadtgemeinde M. (Bekl.). Rep. III. 248/07.

I. Landgericht Duisburg.
II. Oberlandesgericht Hamm.

Der Kläger stand früher als Sekretär im Dienste der Bürgermeisterei St., die durch die drei Landgemeinden St., A. und D. gebildet wurde. Durch den Vertrag vom 18./19. Juni 1903 wurde die Vereinigung der Gemeinde St. mit der Stadtgemeinde M. vereinbart, während die Gemeinden A. und D. in Zukunft je eine selbständige Bürgermeisterei bilden sollten. In dem Vertrage wurde unter anderem in Ansehung aller nicht ausdrücklich von den Gemeinden A. und D. übernommenen Beamten der bisherigen Bürgermeisterei St. bestimmt, daß sie mit dem Zeitpunkte der Vereinigung mindestens mit ihrem jetzigen Diensteinkommen und mit ihren Ansprüchen auf Ruhegehalt und Hinterbliebenen-Versorgung in den Dienst der erweiterten Stadtgemeinde M. überträten. Der Vertrag wurde durch Kgl. Kabinettsorder vom 14. Juli 1903 genehmigt.

Der Kläger meinte, da mit ihm keine Vereinbarung wegen seines Übertritts in den Dienst der verklagten Stadtgemeinde getroffen worden sei, die Bürgermeisterei St. als solche auch an dem Vereinigungsvertrage nicht beteiligt sei, so sei sein bisheriges Amt erloschen und er deshalb auch an sich zur Leistung von Diensten der Beklagten gegenüber nicht verpflichtet. Anderseits habe aber die Beklagte durch den Vereinigungsvertrag die Verpflichtung zur Zahlung des bisherigen Diensteinkommens der nicht ausdrücklich von den Gemeinden A. u. D. übernommenen Beamten der bisherigen Bürgermeisterei St. übernommen und sei ihm deshalb zur Fortzahlung seines bisherigen Gehalts verpflichtet. Hierauf geht sein im Rechtsstreite erhobener Anspruch.

Das Berufungsgericht hatte die Klage abgewiesen. Die Revision des Klägers wurde zurückgewiesen aus folgenden

Gründen:

„Das Berufungsgericht ist davon ausgegangen, daß, wenn auch durch die Anstellung eines Beamten kein bürgerlichrechtlicher gegenseitiger Schuldvertrag begründet werde, doch aus der Natur des Anstellungsvertrages folge, daß der Beklagte das Einkommen, das ihm nur für die Erfüllung seiner Amtspflichten zugesichert worden sei, nicht fordern könne, solange er sich weigere, diese Pflichten zu erfüllen. Die Rechte und Pflichten der Gemeinde St. seien durch Vereinigungsvertrag vom 18./19. Juni 1903, durch den eine Gesamtrechtsnachfolge begründet worden sei, auf die Beklagte übergegangen. Der Kläger könne daher von der Beklagten als der Rechtsnachfolgerin der Gemeinde St. die Erfüllung seiner Gehaltsansprüche nur fordern, wenn er die ihm aus der Anstellung erwachsenen Pflichten erfülle. Seine Ausführung, daß das Amt St. als solches an dem Vertrage vom 18./19. Juni 1903 nicht beteiligt gewesen sei, sei zwar richtig; sie würde aber, wenn hiernach die Einzelgemeinden der früheren Bürgermeisterei St. nicht als Träger der Rechte und Pflichten der Bürgermeisterei anzuerkennen wären, zur Folge haben, daß auch der Kläger nicht berechtigt sei, die Beklagte, die nur mit der Landgemeinde St. einen Vertrag abgeschlossen habe, auf Erfüllung seiner Gehaltsforderung in Anspruch zu nehmen. Das Gericht legt sodann dar, daß der Beklagte diese Ansprüche auch nicht aus den Rechtssätzen über die Schuldübernahme ableiten könne, weil die Beklagte weder mit dem Amte, dem Gehaltsschuldner, noch mit dem Kläger, dem Gehaltsgläubiger, eine Vereinbarung getroffen habe. Überdies habe die Beklagte der Gemeinde St. gegenüber die Verpflichtung zur Zahlung der Gehälter der Amtsbeamten nicht unbedingt, sondern nur als Entgelt für deren Dienstleistungen übernommen. Denn sie habe mit dieser Gemeinde vereinbart, daß die im Dienste der Bürgermeisterei St. stehenden Beamten in den Dienst der erweiterten Stadtgemeinde übergingen, daß sie, die Beklagte, also in das gesamte Rechtsverhältnis des Amtes St. zu dessen Beamten eintrete.

Auch die weitere Ausführung des Klägers, das Rechtsverhältnis, in das die Beklagte zu den Amtsbeamten getreten sei, habe infolge der Umgestaltung der Verhältnisse und des Erlöschens seines bisherigen Amtes bedingt, daß er zur Verfügung gestellt würde, erklärt das Berufungsgericht für unzutreffend. Durch die Vereinigung sei selbstverständlich eine Änderung der bisherigen Verwaltung eingetreten; aber die wesentlichen Geschäfte der früheren Bürgermeisterei, insbesondere die Verwaltung der Amtskommunal- und der örtlichen Gemeinde-Angelegenheiten, seien durch die gleichartigen Stadtkommunal-Angelegenheiten ersetzt worden. Diese Amtsgeschäfte müßten, soweit sie für die Landgemeinde St. zu führen gewesen seien, auch nach der Vereinigung der Kommunen, wenn auch nunmehr mit den Geschäften des Stadtgebietes verbunden, fortgeführt werden. Deshalb seien insbesondere die bisherigen Bureaubeamten, und unter ihnen der Kläger, nicht entbehrlich geworden, weil die Bureau- und Kanzleigeschäfte in der veränderten Verwaltungsform noch jetzt fortgeführt werden müßten. Da das Amt des Klägers hiernach nicht entbehrlich geworden sei, könne er nicht verlangen, zur Verfügung gestellt zu werden.

Das Gericht prüft sodann, ob die dem Kläger in der städtischen Verwaltung der Beklagten zugewiesene Stellung gleichwertig sei mit der, die er in der Bürgermeisterei St. bekleidet habe, und gelangt auf Grund eingehender Würdigung der Beweisaufnahme zur Bejahung dieser Frage. Schließlich lehnt es ab, auf die fernere Frage einzugehen, ob dem Kläger nicht alle Dienstjahre angerechnet würden, deren Anrechnung er verlangen könne, weil es hierauf wegen der Weigerung des Klägers, sich in die Besoldungsordnung der M.'er Beamten einreihen zu lassen, nicht ankomme. Diese Frage werde durch die getroffene Entscheidung nicht berührt.

Dem Berufungsurteile ist, wenn auch zum Teil aus anderen Gründen, im Ergebnisse beizutreten.

Die Revision meint, daß die Beklagte die Gehaltsforderung des Klägers schon deshalb zu berichtigen verpflichtet sei, weil sie nach § 2 des Eingemeindungsvertrages vom 18./19. Juni 1903 das gesamte Vermögen der Gemeinde St. übernommen habe. Daraus folge nach § 419 B.G.B. ihre Haftung für die Schulden der Gemeinde. Sie habe diesen gesetzlich eintretenden Schuldübergang nicht durch Bestimmungen des Vertrages, insbesondere nicht durch den § 12, beschränken können. Diese Auffassung, welche die Vorschriften des bürgerlichen Rechts auf das Rechtsverhältnis zwischen den Parteien zur Anwendung gebracht wissen will, ist rechtlich unhaltbar. Die

Eingemeindungen und die daraus für die Beteiligten sich ergebenden Rechtsfolgen sind, der Natur der dabei in Betracht kommenden Rechtsverhältnisse entsprechend, grundsätzlich nach öffentlichem Rechte zu beurteilen. Das Wesen der Eingemeindung besteht darin, daß zwei bisher selbständige Gemeinden, der Regel nach auf Grund eines zwischen ihnen abgeschlossenen Vertrages, durch Verfügung der Staatsgewalt dergestalt miteinander vereinigt werden, daß sie von dem hierfür bestimmten Zeitpunkte ab nur noch als eine Gemeinde, als ein Kommunalverband in Betracht kommen. Daraus folgt, daß der nunmehr einheitliche Kommunalverband die Aufgaben beider bisher selbständiger Gemeinden zu erfüllen hat, daß er die Rechtspersönlichkeit beider, nur in anderer Gestalt, fortsetzt, daß Rechte und Pflichten beider auf ihn übergehen, so wie sie bisher für die einzelnen Gemeinden begründet waren. Alle diese Wirkungen gehören lediglich dem Staatsrechte an, sind nur aus ihm zu erklären und danach zu beurteilen.

Vgl. auch Entsch. des Oberverwaltungsgerichts Bd. 34 S. 80, Bd. 37 S. 405.

Die rechtliche Grundlage hierfür bildet in der Rheinprovinz zunächst § 2 Abs. 2 und 3 der Städteordnung für diese Provinz vom 15. Mai 1856:

„Veränderungen des Stadtbezirks können nur mit Genehmigung des Königs nach Anhörung der Gemeindevertretung vorgenommen werden. Bei Veränderungen im Stadtbezirke erfolgt die Regulierung der Verhältnisse nach Vernehmung der Beteiligten im Verwaltungswege durch die Regierung, gegen deren Entscheidung der Rekurs an den Oberpräsidenten stattfindet.

Privatrechtliche Verhältnisse dürfen durch dergleichen Veränderungen niemals gestört werden."

An die Stelle des zweiten Satzes ist später der § 8 Abs. 2 des Gesetzes über die Zuständigkeit der Verwaltungs- und Verwaltungsgerichtsbehörden vom 1. August 1883 getreten:

„Der Bezirksausschuß beschließt über die infolge einer Veränderung der Grenzen der Stadtbezirke notwendig werdende Auseinandersetzung zwischen den beteiligten Gemeinden, vorbehaltlich der den letzteren gegeneinander zustehenden Klage im Verwaltungsstreitverfahren."

Ferner kommt in Betracht der § 9 der Landgemeindeordnung für die Rheinprovinz vom 23. Juli 1845:

„Die Bürgermeistereien sollen in ihrer bisherigen Begrenzung beibehalten werden; es bleibt jedoch vorbehalten, soweit die gegenwärtigen Bezirke nicht zweckmäßig befunden werden, die erforderlichen Abänderungen zu treffen. Diese können nur mit Genehmigung des Ministers des Innern auf den mit dem Gutachten des Oberpräsidenten begleiteten Bericht der Regierung erfolgen; die beteiligten Bürgermeistereiversammlungen und die Kreisstände müssen darüber zuvor mit ihrer Erklärung gehört werden."

An die Stelle des letzten Satzes ist dann der § 22 der Kreisordnung für die Rheinprovinz vom 30. Mai 1887 getreten, wonach „die Abänderung der Landbürgermeistereien . . . fortan durch den Minister des Innern im Einvernehmen mit dem Bezirksausschusse nach vorheriger Anhörung der Beteiligten und des Kreistages" erfolgt. Nach § 25 Abs. 4 des Zuständigkeitsgesetzes, der an die Stelle des § 10 der Landgemeindeordnung getreten ist, beschließt auch hier über die notwendig werdende Auseinandersetzung zwischen den Beteiligten der Kreisausschuß mit Vorbehalt der diesen gegeneinander zustehenden Klage im Verwaltungsstreitverfahren.

Diese Übersicht zeigt, daß die Eingemeindung ausschließlich nach öffentlichem Rechte zu beurteilen ist, und zwar grundsätzlich in allen ihren Beziehungen und in Ansehung aller ihrer Wirkungen. Dies trifft insbesondere auch für die Beamten der vereinigten Gemeinden zu, weil auch deren Rechtsstellung ausschließlich im öffentlichen Rechte wurzelt, und zwar auch soweit ihre Ansprüche auf Gehalt oder Ruhegehalt in Frage kommen. Denn auch diese Ansprüche sind, wenn auch „vermögensrechtlicher", so doch nicht bürgerlichrechtlicher, sondern staatsrechtlicher Natur, wie in dem Urteile des erkennenden Senats vom 10. Februar 1903, Entsch. des R.G.'s in Zivils. Bd. 53 S. 423, insbesondere S. 429, dargelegt ist. Auch ihre rechtliche Stellung ist deshalb, soweit nicht in dem Eingemeindungsvertrage oder in dem die Eingemeindung anordnenden staatsrechtlichen Akte etwas Besonderes bestimmt ist, lediglich nach Maßgabe der oben erörterten rechtlichen Natur der Eingemeindung zu beurteilen. Daraus ergibt sich, daß nach der Eingemeindung die einheitliche Gemeinde in jeder Beziehung an die Stelle der früheren Einzelgemeinde dem Beamten gegenüber tritt, ebenso wie diese ihm bisher gegenüberstand, daß sie also verpflichtet ist, dem Beamten alles zu gewähren, worauf diesem nach seinem bisherigen Dienstverhältnisse bei der Einzelgemeinde ein Recht zustand, namentlich also das gleiche Gehalt und die sonstigen Diensteinkünfte, wie sie dem Beamten bisher zustanden, daß sie aber anderseits auch berechtigt ist, die Leistung der Dienste des Beamten ebenso zu fordern, wie es die bisherige Einzelgemeinde zu fordern befugt war. Wie die einheitliche Gemeinde tatsächlich die bisherigen Einzelgemeinden mit allen ihren Einrichtungen in sich aufgenommen hat, so repräsentiert sie auch jede von ihnen deren Beamten gegenüber ebenso, als ob sie von Beginn des Dienstverhältnisses an die Dienstherrin des Beamten gewesen wäre.

Schon hieraus folgt, daß der Anspruch des Klägers gegen die Beklagte auf Gewährung von Gehalt nach Maßgabe seiner Anstellungsurkunde vom 16. August 1900 auf Lebenszeit oder bis zu seiner Dienstentlassung, ohne daß er verpflichtet wäre, ihr dafür die entsprechenden Dienste zu leisten, unbegründet ist. Es kann deshalb dahingestellt bleiben, ob § 87 Nr. 1 des Gesetzes, betr. die Dienstvergehen der nicht richterlichen Beamten, vom 21. Juli 1852, auf Grund dessen das Berufungsgericht geprüft hat, ob die dem Kläger von der Beklagten in ihrer Verwaltung zugewiesene Stellung der gleichwertig sei, die er bis dahin in der Bürgermeisterei St. bekleidet habe, auf Fälle der vorliegenden Art überhaupt anwendbar ist, in denen ein ganzer Kommunalverband mit einem andern verschmolzen ist, also das Aufgehen des Dienstherren selbst — im Sinne des öffentlichen Rechts — in einer neuen Rechtspersönlichkeit, einer einheitlichen Gemeinde an Stelle zweier bisher getrennter, und damit kraft staatsrechtlichen Grundsatzes von selbst der Übergang auch der Beamten der bisher selbständigen Gemeinden auf den neuen einheitlichen Kommunalverband stattgefunden hat. Jedenfalls erhellt ohne weiteres die Unrichtigkeit der Ausführungen der Revision, daß das Amt des Klägers durch die Eingemeindung beseitigt sei, weil die Gemeinde und das Amt St., von dem er angestellt gewesen, untergegangen sei, und daß er deshalb wegen der Ansprüche aus seiner Anstellung hätte abgefunden werden müssen; ferner daß der § 87 Nr. 1 jenes Gesetzes höchstens die Versetzung des Beamten in ein anderes Amt innerhalb des Bereichs der Kommunalverwaltung, in welcher der Beamte angestellt gewesen sei, zulasse, dagegen nicht die Versetzung in einen andern Kommunalbezirk. Ebenso unhaltbar ist die Rüge der Revision, die Stadt hätte vor der Eingemeindung, ebenso wie mit den oberen, auch mit den mittleren Beamten verhandeln und mit ihnen für den Fall der Eingemeindung Bedingungen des Übertritts vereinbaren müssen. Da es sich bei der Eingemeindung, wie dargelegt, um einen rein staatsrechtlichen, aus der Staatshoheit fließenden Akt handelte, der ohne weiteres kraft öffentlichen Rechts alle davon Betroffenen, insbesondere auch die Beamten der vereinigten Gemeinden, band, bedurfte es solcher Vereinbarungen an sich überhaupt nicht, wenn es sich auch aus praktischen Gründen und zur Vermeidung von Zweifeln und Streitigkeiten empfahl, mit einzelnen Beamten besondere Vereinbarungen zu treffen.

Damit erledigt sich zugleich die weitere Beschwerde der Revision, die Feststellungen des angefochtenen Urteils ergäben nicht, daß die Stellung, die dem Kläger in M. angewiesen sei, im Sinne jener Gesetzesbestimmung „von nicht geringerem Range und Diensteinkommen sei". So wenig der Kläger, wenn die Eingemeindung nicht erfolgt wäre, trotz des in die Anstellungsurkunde aufgenommenen Zusatzes „als Sekretär für das Journal I und die Militärsachen" ein unentziehbares Recht darauf gehabt hätte, nur immer in diesem besondern Geschäftsbereiche verwendet zu werden, sich vielmehr auch, dem Wesen der Beamtenstellung gemäß, hätte gefallen lassen müssen, wenn es das Interesse des Dienstes erforderte, in anderen Zweigen des Dienstes eines Sekretärs verwendet zu werden, so wenig stand ihm ein solches Recht auf eine bestimmte Funktion und darauf, nur gewisse Vorgesetzte über sich zu haben, nach der Einverleibung in der Verwaltung der Beklagten zu. Jedenfalls ist hierüber im Rechtswege nicht zu entscheiden.

An dieser Rechtslage wird auch durch den Umstand nichts geändert, daß der Kläger nicht unmittelbarer Beamter der Gemeinde St., die allein von den drei Gemeinden der Bürgermeisterei St. in M. einverleibt wurde, sondern lediglich ein solcher dieser Bürgermeisterei war. Denn da die Bürgermeisterei gemäß §§ 7 und 8 der Landgemeindeordnung für die Rheinprovinz jedenfalls einen Teil der Angelegenheiten der zu diesem weiteren Verbande vereinigten Gemeinden zu verwalten hatte, stand der Kläger wenigstens zum

Teil insoweit auch mittelbar in den Diensten der Landgemeinde St. Und da der Bürgermeistereiverband als solcher gleichzeitig infolge der Verwandelung der beiden übrigen Gemeinden in selbständige Bürgermeistereien zu bestehen aufhörte, mußten auch die Beamten der bisherigen gemeinschaftlichen Bürgermeisterei den einzelnen Gemeinden, aus denen diese bestanden hatte, zur Verfügung gestellt werden. Es entsprach daher nur der durch diese Vorgänge geschaffenen Rechtslage, wenn zwischen den beteiligten Gemeinden Vereinbarungen wegen Übernahme der Beamten der Bürgermeisterei St. durch die einzelnen Gemeinden getroffen wurden. Eine solche Vereinbarung enthält der § 12 Abs. 3 des Vereinigungsvertrages in Ansehung aller nicht ausdrücklich von den Gemeinden A. und D. übernommenen Beamten dahin, daß sie mit dem Zeitpunkte der Vereinigung mindestens mit ihrem jetzigen Diensteinkommen und mit ihren Ansprüchen auf Ruhegehalt und Hinterbliebenen-Versorgung in den Dienst der erweiterten Stadtgemeinde M. überträten. Da aber mit dem ganzen Vertrage vom 18./19. Juni 1903 auch diese Vereinbarung durch die Kgl. Kabinettsorder vom 14. Juli 1903 genehmigt worden ist, so wurden dadurch auch die von der Vereinbarung betroffenen Beamten der Bürgermeisterei St. kraft öffentlichen Rechts ohne weiteres daran gebunden."

---

56. Kann bei noch ungeteiltem Nachlasse eine Nachlaßverbindlichkeit in Einzelklagen gegen die mehreren Miterben geltend gemacht werden?

B.G.B. §§ 2058, 2059, 2033 Abs. 2, 2040 Abs. 1.
Z.P.O. § 747.

V. Zivilsenat. Urt. v. 28. März 1908 i. S. L. u. Gen. (Bekl.) w. Sch. (Kl.). Rep. V. 348/07.

I. Landgericht I Berlin.
II. Kammergericht daselbst.

Auf dem Hausgrundstücke einer Frau L. stand im Grundbuche für die Klägerin eine Hypothek von 35100 ℳ eingetragen. Die

Grundstückseigentümerin und Schuldnerin der Hypothek war inzwischen verstorben und hatte sechs Erben hinterlassen. Der Nachlaß war noch ungeteilt. Gegen drei Miterben wurde geklagt mit dem Antrage, diese zu verurteilen, bei Vermeidung der Zwangsvollstreckung in das Pfandgrundstück an die Klägerin 3150 *M* rückständige Zinsen und 1200 *M* als Teilbetrag des Kapitals nebst Zinsen zu zahlen.

Das Landgericht wies die Klage ab unter der Ausführung, daß die sämtlichen Erben hätten verklagt werden müssen. Das Berufungsgericht erkannte auf einen zugeschobenen Eid für die Klägerin dahin, daß die Hypothek nicht nur zum Scheine bestellt sei; für den Fall der Leistung des Eides wurde nach dem Klagantrage erkannt, für den Fall der Nichtleistung des Eides wurde die Klage abgewiesen. Die Revision wurde zurückgewiesen, u. a. aus folgenden

Gründen:

... „Mit Unrecht rügt die Revision die Bejahung der Passivlegitimation. Nach § 2058 und § 2059 B.G.B. haften die Erben für die gemeinschaftlichen Nachlaßverbindlichkeiten als Gesamtschuldner, mit der Maßgabe, daß bei noch ungeteiltem Nachlasse gegen den einzelnen Miterben nur Befriedigung aus dessen Anteile am Nachlasse beansprucht werden kann. Eine Klage gegen nur einzelne Miterben ist hiernach an sich nicht unzulässig. Nur die Zwangsvollstreckung ist beschränkt: sie ist unzulässig in den Nachlaß als solchen, wie auch in bestimmte einzelne Nachlaßsachen, aber sie ist zulässig in einen oder mehrere Nachlaß**anteile**. Daß die sämtlichen Erben nur in **einem** Prozesse verklagt werden könnten und müßten, wird wohl von keiner Seite behauptet. Die Revision gibt zu, daß Miterben, gegen die bereits ein vollstreckbarer Titel vorliegt, nicht nochmals mitverklagt zu werden brauchen. Ein Unterschied ist vom Gesetze nicht gemacht, und insbesondere ist aus § 747 Z.P.O. nicht zu folgern, daß ein einheitlicher Titel vorliegen muß. Dies wird auch in der Literatur nahezu allgemein angenommen.

Vgl. **Eccius**, bei **Gruchot**, Bd. 43 S. 828 flg.; **Kreß**, Erbengemeinschaft S. 80, 81, 166; **Binder**, Rechtsstellung der Erben Bd. 3 S. 287 Anm. 42; **Dernburg**, Bürgerl. Recht Bd. 5 S. 531.

Allerdings wird in § 747 Z.P.O. „zur Zwangsvollstreckung in einen

Nachlaß, wenn mehrere Erben vorhanden sind, bis zur Teilung ein gegen alle Erben ergangenes Urteil" für erforderlich erklärt; allein das Gesetz schreibt hier sowenig wie in § 736 vor, daß das Urteil einheitlich, d. h. gleichzeitig gegen alle Erben, ergangen sein muß. Nach dem Gesetze sind, wenn auch die Zwangsvollstreckung beschränkt ist, die Erben Gesamtschuldner, und danach sind Einzelprozesse nicht unzulässig. Eine notwendige Streitgenossenschaft besteht nur für die Zwangsvollstreckung.

Vgl. Petersen u. Anger zu § 747, und Gaupp-Stein zu §§ 735, 736, teilweise allerdings abweichend zu § 747.

Das Gegenteil kann auch nicht aus den Vorschriften in § 2033 Abs. 2 und § 2040 Abs. 1 B.G.B. hergeleitet werden, wonach Verfügungen über einzelne Nachlaßgegenstände von den Erben nur gemeinschaftlich getroffen werden können. Durch das Urteil werden die Rechte der Erben an den einzelnen Nachlaßgegenständen nicht berührt. Erst die Vollstreckung wirkt, von besonderen Einschränkungen abgesehen, gleich der rechtsgeschäftlichen Verfügung; die Vollstreckung aber erfordert nur, daß Vollstreckungstitel gegen alle Erben vorliegen, nicht auch, daß ein einheitlicher Titel gleichzeitig gegen alle Erben erwirkt ist." ...

---

57. Hat das Mitglied des Aufsichtsrats einer Aktiengesellschaft, dessen Bestellung vor dem Ablaufe des Zeitraums, für den es gewählt ist, durch die Generalversammlung widerrufen worden ist, einen Anspruch auf Fortbezug der ihm seither gewährten Vergütung oder auf Entschädigung wegen Wegfalls dieser Vergütung?

H.G.B. § 243 Abs. 4.

II. Zivilsenat. Urt. v. 31. März 1908 i. S. S. (Kl.) w. L. K. Aktiengesellschaft (Bekl.). Rep. II. 603/07.

I. Landgericht Lüneburg.
II. Oberlandesgericht Celle.

Der Kläger war für die Zeit vom 1. Oktober 1905 bis zum 30. September 1910 zum Mitgliede des Aufsichtsrats der verklagten

Aktiengesellschaft gewählt worden und hatte in dieser Eigenschaft nach dem Statute der Gesellschaft eine feste Vergütung und eine Tantieme vom Reingewinne zu beanspruchen. Er wurde durch Beschluß der Generalversammlung vom 29. Dezember 1906 als Mitglied des Aufsichtsrats abberufen und verlangte daraufhin mittels Klage Feststellung, daß die Aktiengesellschaft verpflichtet sei, ihm für die Geschäftsjahre von 1906—1910 die statutenmäßigen Bezüge eines Aufsichtsratsmitglieds zu entrichten. Die Klage wurde in erster und in zweiter Instanz abgewiesen. Auch die Revision des Klägers wurde zurückgewiesen, aus folgenden

Gründen:

... „Das Berufungsgericht hat die Ansprüche des Klägers insoweit, als sie für die Zeit vom 29. Dezember 1906, dem Tage seiner Entlassung als Aufsichtsrat, bis zum Ende des Geschäftsjahres 1909/10 geltend gemacht sind, für materiell unbegründet erachtet, indem es im wesentlichen folgendes ausführt. Das Recht des Klägers auf Bezug des einem Mitgliede des Aufsichtsrats der Beklagten zukommenden Gehalts beruhe an sich auf einem Dienstvertrage, der eine Geschäftsbesorgung zum Gegenstande habe (§§ 611, 675 B.G.B). Da es sich aber um ein dem Aktienrechte eigentümliches Rechtsverhältnis handele, kämen gemäß Art. 2 Einf.-Ges. zum H.G.B. in erster Linie die Vorschriften des Handelsgesetzbuchs zur Anwendung. Nach § 243 Abs. 4 Satz 1 H.G.B. könne die Bestellung zum Mitgliede des Aufsichtsrats auch vor dem Ablaufe des Zeitraums, für den das Mitglied gewählt sei, durch die Generalversammlung widerrufen werden. Das Vorhandensein eines wichtigen Grundes sei danach nicht erforderlich. Jener Widerruf habe die Wirkung, daß das durch die Bestellung zum Aufsichtsratsmitglied geschaffene Rechtsverhältnis völlig erlösche und die Vergütung von da ab nicht weiter bezogen werde. Dies folge vor allem daraus, daß hier nicht — wie in §§ 231 Abs. 3, 52 Abs. 1 H.G.B. beim Widerrufe der Bestellung eines Vorstandsmitglieds einer Aktiengesellschaft und eines Prokuristen — der Anspruch auf die vertragsmäßige Vergütung vorbehalten sei, das Gesetz also hier die Frage der Entlassung ausschließend habe regeln wollen.

Diese ... Ausführungen des Berufungsgerichts sind rechtlich nicht zu beanstanden.

Vor allem erscheint es als zutreffend, daß für die Beurteilung der wesentlich dem Gebiete des Aktienrechts angehörenden streitigen Frage nach Art. 2 Einf.-Ges. zum H.G.B. zunächst handelsrechtliche Grundsätze in Betracht zu ziehen sind und zwar hauptsächlich die Vorschrift des § 243 Abs. 4 Satz 1 H.G.B., wonach die Bestellung zum Mitgliede des Aufsichtsrats einer Aktiengesellschaft auch vor dem Ablaufe des Zeitraums, für den das Mitglied gewählt ist, durch die Generalversammlung widerrufen werden kann. Mit Recht hat das Berufungsgericht darauf hingewiesen, daß diese Bestimmung nicht auch den Zusatz enthält: „unbeschadet des Anspruchs auf die vertragsmäßige Vergütung", welcher den Vorschriften der §§ 231 Abs. 3 und 52 Abs. 1 beigefügt ist, die den jederzeitigen Widerruf der Bestellung zum Mitgliede des Vorstands einer Aktiengesellschaft und der Prokura im übrigen in gleicher Weise regeln, wie dies in § 243 Abs. 4 Satz 1 bezüglich der Bestellung zum Mitgliede des Aufsichtsrats geschehen ist. Dieser Umstand spricht dafür, daß sich der Gesetzgeber des Unterschieds zwischen den in §§ 231 Abs. 3 und 52 Abs. 1 erwähnten, den Vorstandsmitgliedern einer Aktiengesellschaft und den Prokuristen eines Handelsgeschäfts auf Grund besonderer Dienstverträge in der Regel zustehenden Ansprüchen auf das für ihre Leistungen vereinbarte Entgelt einerseits und den Vergütungen, die den Mitgliedern des Aufsichsrats einer Aktiengesellschaft „für ihre Tätigkeit" im Interesse der Gesellschaft gewährt zu werden pflegen (vgl. § 245 H.G.B.); anderseits bewußt und daß er nicht der Ansicht gewesen ist, daß den Aufsichtsratsmitgliedern im Falle der vorzeitigen Abberufung der Regel nach der Fortbezug der erwähnten Vergütungen bis zum Ablaufe der Zeit, für die sie gewählt sind, zu gewähren sei. Denn andernfalls würde es im Hinblick auf den hervorgehobenen Zusatz zu den gleichartigen Bestimmungen der §§ 231 Abs. 3 und 52 Abs. 1 nahegelegen haben, diesen Zusatz auch der Vorschrift des § 243 Abs. 4 Satz 1 beizufügen. Daß der Gesetzgeber insbesondere die rechtliche Stellung der Mitglieder des **Vorstands** und die der Mitglieder des **Aufsichtsrats** einer Aktiengesellschaft bezüglich etwaiger Ansprüche auf Vergütung für die Zeit nach ihrer Abberufung verschieden beurteilt hat, ist auch durch die Verschiedenheit der gesamten Stellung und der Pflichten der Mitglieder des einen und des andern Organs einer solchen Gesellschaft leicht zu erklären. Denn während die Mitglieder des Vorstandes einer Aktiengesellschaft in der Regel durch die Erfüllung der ihnen in dieser Eigenschaft obliegenden Verpflichtungen (vgl. §§ 231, 232, 239, 241 H.G.B) vollständig in Anspruch genommen zu werden pflegen, und daher die ihnen hierfür nach ihrem Anstellungsvertrage von der Gesellschaft zu gewährenden Vergütungen in der Regel ihren Haupterwerb darstellen, soweit dieser auf ihrer eigenen Tätigkeit beruht, sie auch in der anderweiten Verwertung ihrer Arbeitskraft durch die Vorschriften des § 236 H.G.B. beschränkt sind, bildet die den Mitgliedern des Aufsichtsrats obliegende Tätigkeit (vgl. §§ 246, 247, 249 H.G.B.) in der Regel eine nur geringe Zeit in Anspruch nehmende Nebenbeschäftigung, und die ihnen hierfür von der Gesellschaft gewährte Vergütung meistens nur einen Teil ihres aus ihrer Erwerbstätigkeit fließenden Einkommens. Auch sind sie durch ihre Stellung als Aufsichtsräte in der anderweiten Verwertung ihrer Arbeitskraft gesetzlich nicht beschränkt. Der vorzeitige Widerruf der Bestellung zum Mitgliede des Aufsichtsrats ist daher in der Regel für ein solches Mitglied von weit geringerer wirtschaftlicher Bedeutung, als die vorzeitige Abberufung eines Vorstandsmitglieds für dieses sein würde, wenn damit zugleich dessen Anspruch auf die vertragsmäßige Vergütung für die noch nicht abgelaufene Anstellungszeit wegfiele oder ein entsprechender Entschädigungsanspruch für die Entziehung dieser Vergütung nicht bestände.

Ebenso spricht für die obige Auslegung des § 243 Abs. 4 Satz 1 die Vorschrift des § 245 Abs. 2, wonach auch dann, wenn die den Mitgliedern des Aufsichtsrats zukommende Vergütung im Gesellschaftsvertrage festgesetzt ist, doch eine die Vergütung herabsetzende Abänderung des Gesellschaftsvertrags von der Generalversammlung mit einfacher Stimmenmehrheit beschlossen werden kann. Denn diese Bestimmung weist darauf hin, daß der Gesetzgeber den Anspruch der Mitglieder des Aufsichtsrats auf die ihnen statutenmäßig zustehende Vergütung nicht als durch die Wahl und deren Annahme für den ganzen Zeitraum, für den sie gewählt sind, unabänderlich festgesetzt, sondern daß er diesen Anspruch wenigstens zum Teil als von dem Belieben künftiger Generalversammlungen abhängig und somit insoweit als widerruflich angesehen hat. Die nämliche Auffassung von der rechtlichen Natur der einem Mitgliede des Aufsichtsrats der Aktiengesellschaft gegenüber zustehenden Ansprüche ist aber auch als der Vorschrift des § 243 Abs. 4 Satz 1 zugrunde liegend zu erachten, wenn sie so, wie oben erörtert, ausgelegt wird.

Hiernach hat die Vergütung, die den Mitgliedern des Aufsichtsrats für ihre Tätigkeit gewährt wird, in der Regel einen andern wirtschaftlichen und rechtlichen Charakter, als die einem Vorstandsmitgliede durch den Anstellungsvertrag zugesicherte Gegenleistung. Von diesen den angeführten gesetzlichen Bestimmungen zugrunde liegenden Gesichtspunkten aus ist es auch als dem Willen des Gesetzes entsprechend zu erachten, daß die Ausübung des durch § 243 Abs. 4 Satz 1 der Generalversammlung gewährten Rechtes, die Bestellung eines Mitglieds des Aufsichtsrats jederzeit zu widerrufen, nicht durch etwaige Vergütungs- oder Entschädigungsansprüche des abzurufenden Mitglieds behindert oder wenigstens tatsächlich erschwert werden soll, soweit es sich hierbei um Vergütungen handelt, die dieses Mitglied nicht infolge besonderer vertraglicher Vereinbarung, sondern lediglich infolge seiner Wahl für seine bezügliche „Tätigkeit“ im Interesse der Gesellschaft (vgl. § 245) seither bezogen hat. Hieraus ist weiter herzuleiten, daß im Sinne des § 243 die Wahl eines Mitglieds des Aufsichtsrats in der Regel — d. h. sofern keine gegenteilige Vereinbarung zwischen diesem Mitgliede und der Aktiengesellschaft getroffen ist — als mit der auf dieser Vorschrift beruhenden Maßgabe erfolgt anzusehen ist, daß es der Generalversammlung jederzeit freisteht, die Bestellung mit der Wirkung zu widerrufen, daß ihm von da an die Vergütung nicht weiter zusteht, die es für seine seitherige Tätigkeit im Interesse der Gesellschaft auf Grund einer Bestimmung des Statuts oder gemäß besonderer Generalversammlungsbeschlüsse bezogen hat, und daß es wegen des Wegfalls der Vergütung auch keine Entschädigung zu beanspruchen hat. Nur in diesem Sinne ist daher durch die Wahl als Aufsichtsratsmitglied und die Annahme dieser Wahl ein Dienstvertrag zwischen dem Mitgliede und der Gesellschaft als zustande gekommen anzusehen.

Eine gegenteilige Auffassung wird auch nicht etwa durch die Entstehungsgeschichte der erwähnten Vorschriften, insbesondere nicht durch die vom Revisionskläger angeführte Begründung der der Vorschrift des § 243 Abs. 4 Satz 1 im wesentlichen entsprechenden Bestimmung des Art. 191 Abs. 4 H.G.B. a. F. (Gesetz vom 18. Juli 1884) gerechtfertigt. Denn wenn es auch am Schlusse dieser Begründung heißt: „den Entschädigungsansprüchen abberufener Mitglieder (des Aufsichtsrats) aus bestehenden Verträgen wird selbstverständlich nicht präjudiziert,“ so ist doch dieser Satz seinem Inhalte und Zusammenhange nach nicht auf Entschädigungsansprüche für solche Vergütungen zu beziehen, die den abberufenen Mitgliedern bis zu ihrer Abberufung nicht auf Grund besonderer vertraglicher Zusicherungen, sondern lediglich auf Grund ihrer Bestellung für ihre seitherige Tätigkeit im Interesse der Gesellschaft dem Statute oder besonderen Generalversammlungsbeschlüssen gemäß gewährt sind. Hätte der Verfasser der Motive unter den „Entschädigungsansprüchen aus bestehenden Verträgen“ auch Ansprüche der zuletzt bezeichneten Art verstanden, so würde es nahe gelegen haben, dies ausdrücklich und klar im Gesetze selbst oder doch wenigstens in der Begründung zu Art. 191 Abs. 4 auszusprechen, zumal da hier auch die „Tantiemebezüge“ der Mitglieder des Aufsichtsrats in anderm Zusammenhange erwähnt sind. Hiernach ist jedenfalls der streitige Anspruch nicht als ein solcher „aus bestehenden Verträgen“ im Sinne der obigen Begründung anzusehen, indem nicht einmal behauptet ist, daß, abgesehen von der Wahl des Klägers zum Mitgliede des Aufsichtsrats und der Annahme dieser Wahl, zwischen den Parteien eine besondere Vereinbarung über die dem Kläger für seine Tätigkeit zu gewährende Vergütung zustande gekommen sei. Es bedarf daher auch im gegenwärtigen Falle keiner näheren Erörterung der Frage, welche Bedeutung der erwähnte Satz der Motive zu Art. 191 im übrigen für die Auslegung der einschlägigen Bestimmungen des Handelsgesetzbuchs vom 10. Mai 1907 hat.

Nach der erwähnten Begründung des Klaganspruchs und dem dargelegten Sinne der erörterten handelsrechtlichen Vorschriften kommt es auf die Bestimmungen des Bürgerlichen Gesetzbuchs über den Dienstvertrag, insbesondere auf § 626, für die Entscheidung des vorliegenden Rechtsstreits nicht an. Das Berufungsgericht hat daher mit Recht von der Prüfung der Frage abgesehen, ob ein wichtiger Grund für die Abberufung des Klägers als Mitgliedes des Aufsichtsrats vorgelegen habe.“ ...

58. Kann ein Wettbewerbsverbot infolge der unverhältnismäßigen Höhe der Vertragsstrafe in Verbindung mit einer Versicherung auf Ehrenwort gegen die guten Sitten im Sinne des § 138 Abs. 1 B.G.B. verstoßen?

III. Zivilsenat. Urt. v. 7. April 1908 i. S. K. (Bekl.) w. B. (Kl.). Rep. III. 315/07.

I. Landgericht Mainz.
II. Oberlandesgericht Darmstadt.

Aus den Gründen:

„Der Beklagte hat am 1. Juli 1901 mit dem Kläger einen schriftlichen Dienstvertrag geschlossen, nach dem er in der chemischen Fabrik des Klägers als zweiter „Betriebsassistent in der Milchsäure" angestellt wurde gegen beiderseitige schriftliche dreimonatige Kündigung. In Nr. VII dieses Vertrages ist auf einen Revers Bezug genommen, der folgenden Wortlaut hat:

„Mit Bezug auf den zwischen der Firma C. H. B. Sohn und mir, dem Chemiker Dr. K., abgeschlossenen Dienstvertrag verpflichte ich mich auf Ehrenwort, von dem Gang und Stand der Firma C. H. B. Sohn, sowie von allen diesem Geschäfte eigentümlichen Einrichtungen, Verfahren und Erfahrungen, soweit sie mir bekannt werden, niemandem außerhalb des Geschäftes ohne ausdrückliche Erlaubnis seitens der Firma irgend welche Mitteilung zu machen; ebenso verpflichte ich mich ehrenwörtlich, von den außerhalb meines speziellen Wirkungskreises liegenden Eigentümlichkeiten der Firma keine Kenntnisnahme zu suchen, sowie außer meinen Vorgesetzten auch niemandem im Geschäfte selber andere als die durch meine geschäftliche Tätigkeit gebotenen Mitteilungen zu machen.

Diese Verpflichtung erstreckt sich auf die Dauer meines Dienstverhältnisses und auf weitere 3 Jahre nach meinem freiwilligen oder unfreiwilligen Austritt; ich verpflichte mich auch, während dieses Zeitraums in Deutschland, Österreich-Ungarn, Schweden und Belgien ohne schriftliche Erlaubnis seitens der Firma weder eine Stelle in einer Fabrik einzunehmen, in welcher diejenigen Produkte fabriziert werden, an deren Herstellung ich mich bei der Firma

C. H. B. Sohn beteiligt habe, noch selbst diese Produkte darzustellen, noch mich direkt oder indirekt an einem Etablissement zu beteiligen, welches sich mit Herstellung dieser Produkte befaßt, noch einem solchen in Rat und Tat beizustehen.

Während der oben festgesetzten dreijährigen Enthaltungszeit habe ich der Firma C. H. B. Sohn jederzeit den Wohnungswechsel mitzuteilen, sowie jede zur Klarstellung der eingegangenen Verpflichtungen nötige Auskunft zu geben.

Bei Zuwiderhandeln gegen eine der obigen Verpflichtungen unterwerfe ich mich für jeden einzelnen Fall, ohne daß es vorheriger Mahnung oder Verzugssetzung bedarf, der sofortigen Bezahlung einer Konventionalstrafe von 100000 M an die Firma C. H. B. Sohn oder deren Rechtsnachfolger.

N.-J., den 1. Juli 1901.

Dr. E. K."

Der Kläger kündigte dem Beklagten am 20. Februar 1903 in vertragsmäßiger Weise. Der Beklagte ist daraufhin aus dem klägerischen Dienste geschieden; doch sollten seine Bezüge bis Ende Juni 1903 weiterlaufen. Er ist am 1. Juli 1903 bei einer anderen Firma in Stellung getreten, die nach der Behauptung des Klägers eine Konkurrenzfabrik im Sinne des Reverses sein soll. Der Kläger hat daher Klage auf Zahlung einer Vertragsstrafe von 100000 M erhoben. Der Beklagte hat Klagabweisung beantragt, indem er Verstoß gegen § 138 Abs. 1 B.G.B. hinsichtlich des Reverses rügte. ... Das Gericht der ersten Instanz hat die Klage in dem ermäßigten Betrage von 10000 M zugesprochen, im übrigen aber abgewiesen. ... Das Berufungsgericht hat ... die Berufung zurückgewiesen. Die vom Beklagten mit dem Antrage auf völlige Abweisung der Klage eingelegte Revision ist begründet.

Der vom Beklagten unterzeichnete Revers verstößt gegen § 138 Abs. 1 B.G.B. Es folgt dies aus der Bestimmung über die Vertragsstrafe, die in der außergewöhnlichen Höhe von 100000 M bei jeder einzelnen Übertretung der in dem Revers enthaltenen, höchst umfassenden und minutiösen Verpflichtungen verwirkt sein soll. Demgemäß ergibt sich unter Umständen eine solche Häufung der einzelnen Vertragsstrafen, daß eine Summe herauskommt, die mit der tatsächlichen Sachlage überhaupt außer jeder vernünftigen Beziehung steht.

Daß es sich hierbei um keine leeren Befürchtungen handelt, beweist die Erhebung der Klage auf Zahlung von 100000 ℳ gegen den Beklagten, der einen Jahresgehalt von 2400 (dieser hatte sich allerdings schließlich auf 238 ℳ monatlich erhöht) und eine in ähnlichen Grenzen sich bewegende, vom 1. Januar 1903 an zu berechnende Tantieme, deren Voraussetzungen zudem bestritten sind, neben einer einmaligen Gratifikation von 1000 ℳ zu beziehen hatte. Eine solche alle Grenzen übersteigende, in ungewisse, für den Beklagten dem regelmäßigen Gange der Dinge nach überhaupt unerschwingliche Summen auslaufende Vertragsstrafe enthält einen Verstoß gegen § 138 Abs. 1 B.G.B., auch wenn, was nicht der Fall ist, behauptet und bewiesen worden wäre, daß derartige Bestimmungen durch das reelle Interesse der klägerischen Fabrik geboten seien. Denn diese Bestimmungen wahren lediglich unter Vernichtung der Vermögensstellung des Beklagten während seiner ganzen Lebenszeit in einseitiger Weise das Interesse des Klägers, während von einem auch nur versuchten Ausgleich der beiderseitigen Interessen in keiner Weise die Rede ist. Das Bürgerliche Gesetzbuch hat zudem nicht die im gemeinen Rechte vertretene Meinung (Jurist. Wochenschr. 1893 S. 206 Nr. 43) angenommen, daß eine Vertragsstrafe niemals wegen ihrer Höhe gegen die guten Sitten verstoßen kann. Ebensowenig steht aber das Herabsetzungsrecht aus § 343 B.G.B. der Anwendung des § 138 Abs. 1 B.G.B. irgendwie entgegen.

Vgl. Planck, B.G.B. (3. Aufl.) Bd. 2 § 343 Bem. 1.

Zu dieser ganz abnorm hohen Vertragsstrafe kommt aber noch die Verpflichtung des Beklagten mittels Ehrenwortes zum Schutze der lediglich finanziellen Interessen des Klägers. Die Ehre als ideales Gut bildet einen Teil des Persönlichkeitsrechts des Menschen; sie ist eine Grundlage seiner Existenz. Daraus folgt, daß sie nicht ohne weiteres in vermögensrechtlichen Beziehungen zugunsten anderer verwendet werden kann, weil hier nicht vergleichbare Werte in Betracht kommen. Den Reichsgesetzen ist auch ein Verbot der Verwendung der Ehre zur Sicherung von Vermögenswerten keineswegs prinzipiell fremd, wie (allerdings in anderer Beziehung als der hier vorliegenden) die §§ 302, 302 b St.G.B. (vgl. Reichsgesetz vom 24. Mai 1880) dartun. Irgendein ideales oder persönliches Moment aber, das die Bindung des Beklagten an seine Verpflichtungen vermittels des Rechtsgutes der Ehre zu rechtfertigen geeignet sein könnte, ist nicht hervorgetreten. Der dem Reverse zugrunde liegende Vertrag ist einfach der typische Vertrag des Gewerbeunternehmers mit einer der in § 133 a Gew.O. genannten, mit höheren technischen Dienstleistungen betrauten Personen (Chemiker). Jener Revers in Verbindung mit dem Vertrage aber läßt den fundamentalen Unterschied zwischen der finanziellen Stellung des Klägers als Mitglieds der Großindustrie und der des Beklagten, der zur Verwertung seiner wissenschaftlichen Kenntnisse und technischen Fähigkeiten lediglich auf seine Geistes- und Körperkräfte angewiesen ist, scharf hervortreten. Man kann auch nicht mit dem Satze „ein Mann ein Wort" operieren; denn von diesem Standpunkte aus wären alle Bestimmungen des Bürgerlichen Gesetzbuchs über nichtige Rechtsgeschäfte verneinend erledigt.

Ist sonach der Revers, als die persönliche Freiheit übermäßig beschränkend, aus § 138 Abs. 1 B.G.B. nichtig, so kann er auch nicht aus § 133 f Abs. 1 Gew.O. aufrecht erhalten werden; denn es handelt sich hier nicht um eine Beschränkung der gewerblichen Tätigkeit nach Zeit, Ort und Gegenstand, sondern um die Art der Bestärkungsmittel eines Vertrages. Ob eine solche Beschränkung, die eine unbillige Erschwerung des Fortkommens enthält, vorliegt, kann daher dahingestellt bleiben. Ebensowenig ist zur Anwendung des § 139 B.G.B. irgendwie nach dem Inhalte des Reverses Raum; der Revers ist vielmehr in seinem ganzen Umfange für nichtig zu erachten." ...

---

59. 1. Hat ein Verstoß gegen die Vorschrift des § 274 Abs. 2 H.G.B. über den Inhalt, den die Ankündigung einer beabsichtigten Statutenänderung in der Berufung der Generalversammlung einer Aktiengesellschaft haben soll, im Falle der Anfechtung des Statutenänderungsbeschlusses durch einen Aktionär die Nichtigkeit des Beschlusses zur Folge?

2. Genügt für eine solche Ankündigung die Angabe des Inhalts derjenigen Paragraphen der Statuten, deren Änderung beabsichtigt wird, oder muß sich aus der Ankündigung der Inhalt der Änderung selbst ergeben?

II. Zivilsenat. Urt. v. 7. April 1908 i. S. B. (Kl.) w. Aktiengesellschaft N. J. Sp. u. W. (Bekl.). Rep. II. 609/07.

I. Landgericht Hamburg.
II. Oberlandesgericht daselbst.

Der Vorstand und der Aufsichtsrat der verklagten Gesellschaft hatten durch den Deutschen Reichsanzeiger vom 10. November 1906 die Aktionäre zu einer außerordentlichen Generalversammlung auf den 30. November 1906 eingeladen. Die Ankündigung der Tagesordnung lautete wörtlich:

„Statutenänderungen. Vorstand und Aufsichtsrat beantragen die §§ 8—10 und 16 (betr. Aufstellung der Jahresbilanz und Remuneration des Aufsichtsrats) abzuändern."

In der Generalversammlung wurden die Anträge betreffend die Statutenänderung angenommen. Diese Beschlüsse focht der in der Versammlung nicht erschienene Kläger auf Grund der §§ 271 flg. H.G.B. an, indem er beantragte, sie für nichtig zu erklären.

Die Anfechtungsklage wurde darauf gestützt, daß „die Ankündigung des Gegenstandes der Beschlußfassung nicht gehörig erfolgt sei" (§ 271 H.G.B.), da die beabsichtigte Änderung der Statuten in der Ankündigung nicht ihrem wesentlichen Inhalte nach erkennbar gemacht gewesen sei, die Ankündigung somit den Erfordernissen des § 274 H.G.B. nicht entsprochen habe.

In den Vorinstanzen wurde die Klage abgewiesen. Auf Revision des Klägers hob das Reichsgericht das Urteil des Oberlandesgerichts auf und erklärte nach dem Klagantrage die Generalversammlungsbeschlüsse, soweit sie Statutenänderungen enthielten, für nichtig, aus folgenden

Gründen:

... „Mit dem Oberlandesgerichte ist davon auszugehen, daß § 274 Abs. 2 H.G.B. nicht lediglich eine Ordnungsvorschrift enthält, daß vielmehr eine Verletzung des Paragraphen, wenn er auch seinem Wortlaute nach nur vorschreibt, welchen Inhalt die nach § 256 Abss. 1 und 2 H.G.B. zu bewirkende Ankündigung der Tagesordnung für die Generalversammlung einer Aktiengesellschaft haben soll, doch die Anfechtbarkeit nach § 271 Abs. 2 und demnach eintretendenfalls die Nichtigkeit (§ 273 Abs. 1) der betreffenden Beschlüsse zur Folge hat.

Das ergibt die ausdrückliche Verweisung in § 271 Abs. 3 auf den Fall der dem Gesetze nicht entsprechenden Ankündigung, wird auch von der überwiegenden Mehrzahl der Kommentatoren angenommen.

Zur Sache beruht die abweisende Entscheidung des Oberlandesgerichts auf der Annahme, daß die vorliegende Ankündigung, welche in dem betreffenden Teile besagt: „Vorstand und Aufsichtsrat beantragen, die §§ 8—10 und 16 (betreffend Aufstellung der Jahresbilanz und Remuneration des Aufsichtsrats) abzuändern", nach der Vorschrift des § 274 Abs. 2 als genügend zu erachten sei. Dem kann nicht beigepflichtet werden. Die fragliche Bestimmung geht dahin, daß in der nach § 256 Abss. 1 und 2 zu bewirkenden Ankündigung die beabsichtigte Änderung des Gesellschaftsvertrages nach ihrem wesentlichen Inhalt erkennbar gemacht werden soll. Danach ergibt sich, daß, wenn auch nicht die beabsichtigten Änderungen selbst angegeben zu werden brauchen, doch mitgeteilt werden muß, in welcher Beziehung und in welcher Richtung die Statuten geändert werden sollen. Dem entspricht aber die vorliegende Ankündigung nicht; denn sie enthält lediglich die Inhaltsangabe der zu ändernden Paragraphen. Was daran geändert werden soll, ob insbesondere eine Erhöhung, oder eine Verminderung, oder eine andere Bestimmung der Voraussetzungen des Remunerationsanspruchs des Aufsichtsrats in Aussicht genommen war, konnte aus der Ankündigung nicht ersehen werden.

Wenn das Oberlandesgericht zur Begründung seiner Ansicht angeführt hat, daß Ankündigungen mit einem Inhalte wie dem vorliegenden dem Zwecke des Gesetzes, die Aktionäre hinreichend über den Gegenstand der in Aussicht genommenen Beschlußfassung zu orientieren, genügten, so ist demgegenüber darauf zu verweisen, daß für die Auslegung eines Gesetzes dessen Zweck jedenfalls dann nicht entscheidend sein kann, wenn der Wortlaut in unzweideutiger Weise eine über diesen Zweck hinausgehende Tragweite ergibt. Es kann aber auch nicht zugegeben werden, daß der Zweck der Vorschrift so eng begrenzt sei, wie das Oberlandesgericht annimmt. In der Denkschrift zu dem Entwurf eines Handelsgesetzbuchs wird zur Begründung der in Frage stehenden Vorschrift ausgeführt (S. 165), es sei erforderlich, daß der Inhalt der beabsichtigten Änderung des Gesellschaftsvertrages bei der Berufung der Generalversammlung so deutlich und vollständig bezeichnet werde, daß jeder Aktionär daraus mit Bestimmtheit entnehmen könne, um was es sich bei der in Aussicht stehenden Beschlußfassung handele. Damit ist deutlich zum Ausdrucke gebracht, daß der Zweck des Gesetzes weitergeht, als er durch die Bekanntgebung der abzuändernden Paragraphen und des Gegenstandes, auf den sich diese beziehen, erreicht werden kann. Es kann auch, was die vom Oberlandesgericht betonte Zweckmäßigkeitsfrage betrifft, wenigstens für die meisten möglichen Fälle nicht anerkannt werden, daß sich der Zweck des Gesetzes entsprechend der streitigen Vorschrift nicht durch einen kurzen Hinweis auf den Inhalt der beabsichtigten Änderungen erreichen lasse, wie dies im vorliegenden Falle bezüglich der wichtigsten Änderung in der Weise hätte geschehen können, daß in der Ankündigung gesagt worden wäre: „Anderweitige Festsetzung des Remunerationsanspruchs des Aufsichtsrats auf einen Gewinnanteil von 10% neben der garantierten Remuneration von 8400 ℳ". So würden in anderen Fällen Ankündigungen, wie sie beispielsweise vorzukommen pflegen, dahingehend: „Änderung der Statuten betreffend die Erhöhung des Grundkapitals", „Änderung des Statuts betreffend die anderweitige Zeichnung der Firma", „Änderung des Statuts über die Stimmabgabe in der Generalversammlung", „Änderung des Statuts betreffend Aufhebung einer Kautionspflicht", als der Vorschrift des Gesetzes entsprechend zu erachten sein. Die bloße Angabe der danach zu ändernden Paragraphen und des Inhalts dieser Paragraphen könnte in solchen Fällen nicht genügen. ... Das angefochtene Urteil war daher aufzuheben, zur Sache aber, die zur Entscheidung reif ist, nach dem Klagantrag zu erkennen."

---

60. Schaffung von Vorzugsaktien gelegentlich der Erhöhung des Grundkapitals einer Aktiengesellschaft. Zulässige Ausstattung der Vorzugsaktien. Ausschluß des Bezugsrechts der Aktionäre. Anfechtung von Beschlüssen der Generalversammlung wegen Verstoßes gegen die guten Sitten.

I. Zivilsenat. Urt. v. 8. April 1908 i. S. preuß. Staatsfiskus (Kl.) w. Bergwerksgesellschaft Hibernia (Bekl.). Rep. I. 595/07.

I. Landgericht Bochum, Kammer für Handelssachen.
II. Oberlandesgericht Hamm.

Die Generalversammlung der Bergwerksgesellschaft Hibernia, Aktiengesellschaft zu Herne, faßte am 4. Dezember 1906 mit der Mehrheit der abgegebenen Stimmen folgende Beschlüsse:

„Das Grundkapital der Gesellschaft wird um 10 Millionen Mark, also auf 70 Millionen Mark, durch Ausgabe von 10000 Stück Vorzugsaktien über je 1000 *M* Nennwert erhöht. Die Vorzugsaktien sollen auf den Inhaber lauten; sie sollen vor den übrigen Aktien ein Vorrecht auf $4^1/_2$ v. H. kumulative Dividende aus dem Reingewinn und im Falle der Auflösung der Gesellschaft den Anspruch auf vorzugsweise Rückzahlung ihres Nennbetrages und eines Aufgeldes von 3 v. H., sowie auf Zahlung der aus früheren Jahren etwa rückständigen Dividendenbeträge erhalten, zuzüglich $4^1/_2$ v. H. auf das Jahr vom Nennbetrage seit Beginn desjenigen Geschäftsjahres, auf welches vermöge des Eintritts der Auflösung, bzw. Beginns der Liquidation die Verteilung von Reingewinn nicht stattfinden konnte. Reicht der verteilbare Reingewinn zur Zahlung der Vorzugsdividende von $4^1/_2$ v. H. nicht aus, so ist jedesmal der fehlende Betrag aus dem Reingewinne der nächstfolgenden Jahre vorweg zu entnehmen. Die Nachzahlung des an $4^1/_2$ v. H. Dividende fehlenden Betrages findet in der Weise statt, daß die jeweiligen Dividendenrückstände auf den Dividendenschein des zuletzt abgelaufenen Geschäftsjahres ausbezahlt werden. Darüber hinaus nehmen die Vorzugsaktien weder an dem Reingewinne, noch an dem Liquidationserlöse teil. Die Anteilnahme der Vorzugsaktien am Gewinn beginnt mit dem 1. Januar 1907.

Die Ausgabe der Aktien soll unter Ausschluß des Bezugsrechts der Aktionäre stattfinden.

Als Mindestausgabekurs wird der Parikurs festgesetzt, und der Vorstand ermächtigt, die Aktien mit Genehmigung des Aufsichtsrats zu begeben und die Einzelheiten der Aktienausgabe festzusetzen. Der Vorstand und der Aufsichtsrat sollen ermächtigt sein, die Offerte solcher Personen und Institute abzulehnen, von welchen nach ihrem Ermessen anzunehmen ist, daß von ihnen der Besitz der neuen Aktien benutzt werde, um den Fortbestand der Gesellschaft zu gefährden."

Vertreten waren in der Generalversammlung von dem 60 Millionen Mark betragenden Aktienkapitale 58758000 ℳ, darunter der preußische Staatsfiskus mit 27551000 ℳ. Die Vertreter des Fiskus stimmten gegen die Beschlüsse und erhoben Widerspruch zu Protokoll. Sie hatten vor der Abstimmung der Generalversammlung ein schriftliches Angebot unterbreitet, in dem sich der Fiskus bereit erklärte, die neu auszugebenden Aktien zu einem Kurse von 117—120 v. H. zu übernehmen mit der Verpflichtung, sie den Aktionären nach Verhältnis ihres Aktienbesitzes zum gleichen Kurse anzubieten. Die Generalversammlung lehnte dieses Angebot ab.

Der Fiskus erhob rechtzeitig Anfechtungsklage mit dem Antrage, die Beschlüsse für nichtig zu erklären. Die Klage hatte in beiden Vorinstanzen keinen Erfolg. Auch die Revision wurde zurückgewiesen.

Gründe:

... „1. Voranzustellen ist die Würdigung des Angriffs, daß die Ausgabe von Vorzugsaktien derjenigen Ausstattung, welche hier von der Generalversammlung nach ihrem Beschlusse zu Punkt 1 der Tagesordnung gewählt worden ist, überhaupt gesetzlich nicht zulässig gewesen sei. Wäre dies richtig, so würden auch die übrigen damit im Zusammenhange stehenden Beschlüsse nicht aufrecht erhalten werden können. Der erhobene Angriff ist indes nicht begründet. Die Revision vertritt die Ansicht, daß das Nachbezugsrecht, das nach dem Beschlusse während der Dauer der Gesellschaft den Inhabern der Vorzugsaktien bis zur Höhe einer Dividende von $4^1/_2$ v. H. dann gewährt wird, wenn in einem einzelnen Jahre der Reingewinn zur Verteilung einer solchen Dividende nicht ausreicht, mit dem Verbote des § 215 H.G.B. nicht in Einklang zu bringen sei. Sie ist ferner der Meinung, daß gemäß § 300 H.G.B. im Liquidationsstadium auf die Vorzugsaktien nichts weiter verteilt werden dürfe, als ihr Nennwert, so daß es ausgeschlossen sein müsse, wie es hier bestimmt ist, noch ein Aufgeld von 3 v. H., etwaige aus früheren Jahren rückständige Dividenden bis zur Höhe von $4^1/_2$ v. H. und außerdem noch $4^1/_2$ v. H. Zinsen vom Nennwerte zu verteilen seit dem Beginne des Geschäftsjahres, für das vermöge des Eintritts der Auflösung oder Liquidation die Verteilung von Reingewinn nicht mehr stattfinden kann.

Allein diese Auffassung der Revision findet in den von ihr in Bezug genommenen Bestimmungen des Handelsgesetzbuchs keine Stütze.

Nach § 185 können im Gesellschaftsvertrage für einzelne Gattungen von Aktien verschiedene Rechte, insbesondere in betreff der Verteilung des Gewinnes oder des Gesellschaftsvermögens, festgesetzt werden. In welcher Weise bei Ausgabe von Aktien verschiedener Berechtigung die Bevorzugung der einen Gattung vor der andern durchzuführen ist, darüber bestehen besondere Vorschriften nicht, und es sind deshalb verschiedenartige Bestimmungen in dieser Beziehung denkbar, von denen keine zu beanstanden ist, wenn sie nicht mit einer Verbotsbestimmung des Gesetzes in Widerspruch steht. Der Vorzug kann sich, wie § 185 ausdrücklich hervorhebt, ebensowohl auf die Verteilung des Gewinns, als auf die Verteilung des Gesellschaftsvermögens beziehen. Die in der ersteren Richtung hier getroffene Festsetzung, daß die zu schaffenden Vorzugsaktien vor den übrigen Aktien ein Vorrecht auf $4^1/_2$ v. H. Dividende aus dem Jahresgewinne genießen sollen, wird vom Kläger nicht beanstandet; er meint aber, daß die festgesetzte weitere Bevorzugung, wonach die zugesagte Dividende, wenn zu ihrer Verteilung der Reingewinn eines bestimmten Jahres nicht ausreicht, aus dem Reingewinne der nächstfolgenden Jahre auf die Höhe von $4^1/_2$ v. H. vorweg zu ergänzen ist, gegen das Verbot des § 215 Abs. 1 H.G.B. verstoße. Hierbei wird aber vom Kläger die rechtliche Bedeutung dieses, schon in Art. 217 A.D.H.G.B. enthaltenen, Verbotes verkannt. Dieses will, wie der Satz 2 des Abs. 1 ergibt, nur verhüten, daß dem Aktionär ein bestimmtes Erträgnis seines zugeschossenen Kapitals zugesichert wird unabhängig von dem erzielten Reingewinne; auf die Verteilung dessen, was sich nach der jährlichen Bilanz als reiner Gewinn des Unternehmens ergibt, bezieht sich die Vorschrift überhaupt nicht, und sie kann deshalb auch nicht dem Beschlusse entgegengehalten werden, daß, wenn der verteilbare Reingewinn eines einzelnen Jahres zur Gewährung einer Dividende von $4^1/_2$ v. H. nicht ausreichen sollte, aus dem Reingewinne der folgenden Jahre die jeweiligen Dividendenrückstände vorweg berichtigt und ergänzt werden sollen. Das Nachbezugsrecht, wie es den Inhabern der Vorzugsaktien durch den angefochtenen Beschluß gewährt wurde, kann daher mit Grund nicht beanstandet werden, wie denn auch die Entsch. des R.O.H.G.'s Bd. 22 S. 361 kein Bedenken gegen das Nachbezugsrecht erhoben hat, sofern es in den Satzungen festgesetzt ist.

Was aber die weitere Bestimmung des angefochtenen Beschlusses betrifft, daß im Falle der Auflösung der Gesellschaft den Vorzugsaktien ein Anspruch auf vorzugsweise Rückzahlung des Nennbetrags nebst einem Aufgelde von 3 v. H., sowie auf Zahlung der aus früheren Jahren etwa rückständigen Dividendenbeträge zustehen soll, wozu noch $4^1/_2$ v. H. Zinsen vom Nennbetrage seit dem Beginne des Geschäftsjahres hinzutreten, für das vermöge des Eintritts der Auflösung oder Liquidation eine Verteilung von Reingewinn nicht mehr stattfinden kann, so fehlt es auch hier, wie die Vorinstanzen zutreffend angenommen haben, den beschlossenen Festsetzungen nicht an der erforderlichen gesetzlichen Grundlage. Denn indem der § 300 Abss. 1 und 2 H.G.B. für den Fall der Liquidation vorschreibt, daß das nach Berichtigung der Schulden verbleibende Vermögen der Gesellschaft unter die Aktionäre nach dem Verhältnis der Aktienbeträge zu verteilen ist, sofern nicht mehrere Gattungen von Aktien mit verschiedener Berechtigung vorhanden sind, hat er gerade den Fall im Auge, der nach § 185 möglich ist und hier vorliegt, daß in betreff der Verteilung des Gesellschaftsvermögens für einzelne Gattungen von Aktien verschiedene Rechte festgesetzt sind. Welcher Art diese Vorrechte sein können, darüber ist auch hier nichts weiter gesagt; es wird einfach auf den Gesellschaftsvertrag, als die Grundlage des unter den Aktionären bestehenden Rechtsverhältnisses, verwiesen. Dies erscheint auch unbedenklich, weil es sich bei der Verteilung der Liquidationsmasse nur um die Verteilung des Reinvermögens der Gesellschaft handelt und Gläubigerrechte nicht berührt werden. Es herrscht demnach auch für die Gestaltung der Vorzugsberechtigungen bei der Verteilung der Liquidationsmasse unter die Aktionäre Vertragsfreiheit. Danach erscheint die hier beschlossene Verteilungsart gesetzlich zulässig. Daß die Vorzugsaktien den Betrag des Nennwerts im voraus zugewiesen erhalten, beanstandet der Kläger selbst nicht. Allein auch die Zuweisung eines Aufgelds von 3 v. H., die Berichtigung der etwa aus früheren Jahren noch rückständigen Dividendenbeträge, sowie die Gewährung von Zinsen zu $4^1/_2$ v. H. für die Liquidationsperiode wird durch die gesetzlich zulässige Abrede im Gesellschaftsvertrage vollkommen gedeckt. Auf die Bestimmung des § 215 H.G.B. kann sich der Kläger auch hier nicht berufen, weil sie nur den Zweck verfolgt, während des produktiven Bestandes der Gesellschaft die

Mittel unversehrt zu erhalten und die Verteilung von Vermögen, das kein Reingewinn ist, zu verhüten, während dieser Zweck nach dem Eintritte der Liquidation weggefallen ist, und deshalb die Zuweisung von Zinsen für den Zeitraum, für den keine Dividende mehr verteilt werden kann, nichts weiter ist, als eine zulässige Entschädigung dafür, daß die Aktionäre das, was ihnen nach dem Vermögensstande der in Liquidation befindlichen Gesellschaft zukommt, nicht sofort erhalten können, sondern erst nach Beendigung des Liquidationsverfahrens, während dessen ihr Kapital nicht ohne Erträgnis bleiben soll.

Der Ausstattung der Vorzugsaktien, wie sie von der Generalversammlung beschlossen worden ist, stehen demnach gesetzliche Bestimmungen nicht im Wege. Daß Vorzugsaktien außer durch Festsetzung im Gründungsvertrage auch im Wege der Statutenänderung mit der hierzu erforderlichen Stimmenzahl gelegentlich einer Kapitalserhöhung geschaffen werden können, setzt die Denkschrift zum Handelsgesetzbuch (S. 122 Abs. 3, S. 147 Abs. 4 und S. 305 a. E.) als unzweifelhaft voraus. Es folgt aber auch aus § 274 im Zusammenhalte mit § 185 H.G.B., daß was im ursprünglichen Gesellschaftsvertrage festgesetzt werden kann, auch der Einführung im Wege der Statutenänderung durch Beschluß der Generalversammlung, gefaßt mit der hierzu erforderlichen Mehrheit der Stimmen, grundsätzlich zugänglich ist. Eine Bestimmung, ähnlich der in § 276 vorgesehenen, ist in bezug auf die Schaffung von Vorzugsaktien im Gesetze nicht getroffen. Im Gegenteil ist aus § 275 Abs. 3 H.G.B. — welcher den Fall behandelt, daß das bisherige Verhältnis mehrerer Gattungen von Aktien mit verschiedener Berechtigung zum Nachteile einer Gattung geändert werden soll, und auch hier den Mehrheitsbeschluß der Generalversammlung, wenn auch nur nach gesonderter Beschlußfassung der benachteiligten Aktionäre und beim Vorhandensein einer besonders gearteten Mehrheit, entscheidend sein läßt — mit Sicherheit zu entnehmen, daß das Erfordernis der Einstimmigkeit für Beschlüsse der Generalversammlung, die im Wege der Abänderung des Gesellschaftsvertrags die Schaffung von Vorzugsaktien bezwecken, dem Gesetze fremd ist. Das gleiche folgt aus § 278 Abs. 2 und aus der Bedeutung, die der Bestimmung in § 262 Nr. 3 nach den Entsch. des RG.'s in Zivils. Bd. 52 S. 287, 293 beizulegen ist. Es ist demnach daran festzuhalten, daß auch im Wege der Abänderung des Gesellschaftsvertrags und bei Gelegenheit einer beschlossenen Kapitalserhöhung die Schaffung von Vorzugsaktien mit der zur Satzungsänderung erforderlichen Stimmenmehrheit erfolgen kann. Daß diese Mehrheit für den ganzen Beschluß der Generalversammlung vom 4. Dezember 1906, soweit er die Erhöhung des Grundkapitals um 10 Millionen Mark und die Ausstattung der neu auszugebenden Vorzugsaktien zum Gegenstande hat, tatsächlich vorhanden war, ist vom Kläger nicht bestritten. Dieser Beschluß besteht demnach zu Recht.

2. Auch dem weiteren Angriffe der Revision, daß von den Vorinstanzen die auf § 252 H.G.B. gestützte Bemängelung der Generalversammlungsbeschlüsse zu Unrecht zurückgewiesen worden sei, ist der Erfolg zu versagen. Der Kläger erblickt einen Verstoß gegen § 252 Abs. 3 darin, daß gewisse im Aufsichtsrate der verklagten Gesellschaft vertretene Persönlichkeiten und Bankinstitute, die er namhaft macht, mit ihrem großen Aktienbesitze für die gefaßten Beschlüsse gestimmt hätten. Gerade diese Persönlichkeiten und Banken seien es, die an der Übernahme der neu auszugebenden Vorzugsaktien interessiert wären; sie hätten deshalb nicht mitstimmen dürfen. Zwischen den Mitgliedern des Vorstandes und des Aufsichtsrats und den leitenden Persönlichkeiten jener Firmen habe schon vor Beginn der Generalversammlung Einverständnis darüber bestanden, daß diese Firmen oder eine von ihnen die Vorzugsaktien erhalten sollte. Auch hier verlangt der Revisionskläger die Nachprüfung der Rechtsfrage; sie führt jedoch nicht zu einem für ihn günstigen Ergebnis.

Nach § 252 Abs. 3 Satz 2 HGB. wird das Stimmrecht keineswegs schon dem entzogen, der an der Beschlußfassung der Generalversammlung interessiert ist; es darf vielmehr das Stimmrecht von einem Aktionär nur dann nicht ausgeübt werden, wenn die Beschlußfassung die Vornahme eines Rechtsgeschäfts mit ihm oder die Einleitung oder Erledigung eines Rechtsstreits zwischen ihm und der Gesellschaft betrifft. Ein derartiger Fall lag bei der Beschlußfassung zu 2. der Tagesordnung nicht vor. Denn die Generalversammlung hat gar keine Bestimmung darüber getroffen, an wen das Aktienbezugsrecht vergeben werden soll; sie hat vielmehr dem Vorstande nur die allgemeine Ermächtigung erteilt, die Aktien mit Genehmigung des Aufsichtsrats zu begeben und die Einzelheiten der Aktienausgabe festzusetzen, wobei es dem Ermessen des Vorstandes überlassen blieb, mit wem und unter welchen Bedingungen er das Geschäft abschließen wollte. Die Vornahme eines Rechtsgeschäfts mit einem Aktionär kam demnach für den Beschluß der Generalversammlung nicht in Frage. Es bestand keine gesetzliche Berechtigung, den vom Kläger bezeichneten Firmen die Stimmberechtigung bei dem in Rede stehenden Beschlusse zu versagen. Denn das Stimmrecht der Aktionäre kann nicht weiter beschränkt werden, als das Gesetz dies anordnet, weil jede Beschränkung des Stimmrechts eine Ausnahme von dem in § 252 an die Spitze gestellten vornehmlichsten Rechte des Aktionärs in sich schließt, daß jede Aktie das Stimmrecht gewährt. Ausnahmen hiervon, die das Gesetz nicht vorsieht, dürfen nicht gemacht werden. Es ist auch irrig, wenn die Revision glaubt, sich für ihre abweichende Ansicht auf die Entstehungsgeschichte der jetzigen Fassung des § 252 Abs. 3 (früher Art. 190 Abs. 3) berufen zu können. Die Bemerkungen, womit die Denkschrift zu § 247 Abs. 3 des Entwurfs die neue Fassung begründet, zeigen, daß wohl erwogen worden ist, inwieweit im geltenden Rechte über die frühere Vorschrift des Art. 190 Abs. 3 hinauszugehen sei. Man fand es aber nicht für angezeigt, eine andere Beschränkung des Stimmrechts neu beizufügen, als die über die Einleitung oder Erledigung eines Rechtsstreits zwischen dem Aktionär und der Gesellschaft. Auch die von der Revision hervorgehobene Äußerung eines Kommissionsmitglieds (Verh. d. Reichst. 1895/97 Anl. Bd. 7 S. 3908) spricht nicht für die Auffassung der Klägerin, weil der dort besprochene Fall die direkte Zuwendung eines persönlichen Vorteils an einen Aktionär betraf; ein derartiger Beschluß liegt hier nicht vor. Die vom Kläger unter Beweis gestellten Verhandlungen über die Vergebung des Bezugsrechts, die vor der Generalversammlung stattgefunden haben sollen, sind unerheblich, weil eine derartige Zusicherung, die vor dem Beschlusse über die Erhöhung des Grundkapitals erfolgt, der Gesellschaft gegenüber unwirksam ist und die Generalversammlung in der Freiheit der Entschließung, ob das Bezugsrecht der Aktionäre ausgeschlossen und wie die neuen Aktien vergeben werden sollten, nicht beschränken konnte. Es können demnach die gegen die Stimmberechtigung jener Firmen erhobenen Einwände keinen Erfolg haben.

3. Die übrigen Angriffe der Revision laufen auf die Behauptung

hinaus, daß die Beschlüsse der Generalversammlung als nichtig aufzuheben seien, weil sie „gegen den Geist des Aktienrechts und die guten Sitten" verstießen.

Daß die Beschlüsse nicht gegen den Geist des Aktienrechts verstoßen, geht aus den vorstehenden und ebenso aus den weiter folgenden Erörterungen hervor.

Was aber den angeblichen Verstoß gegen die guten Sitten betrifft, so ist bei der allgemeinen Bedeutung, die § 138 B.G.B. für das ganze Rechtsgebiet hat, anzuerkennen, daß auch der Beschluß einer Generalversammlung ein Rechtsgeschäft enthalten kann, das gegen die guten Sitten verstößt und deshalb nichtig ist. Das hat das Berufungsgericht auch nicht verkannt; es hat vielmehr die einzelnen vom Kläger in dieser Beziehung erhobenen Angriffe geprüft und die Berechtigung dieser Angriffe aus Rechtsgründen verneint. In diesem Ergebnis ist dem Berufungsgerichte im wesentlichen beizutreten.

Der Kläger erblickt einen Verstoß gegen die guten Sitten in erster Linie in dem Ausschlusse des Bezugsrechts der Aktionäre auf die neuen Aktien, verbunden mit deren Vergebung an Anhänger der Mehrheit; hierin liege eine rücksichtslose Ausnutzung der gegen die Bestrebungen des Klägers vorhandenen Mehrheit zu dem Zwecke, die Macht dieser Mehrheit zu stärken und den Kläger zu schädigen. Weiter wird ein solcher Verstoß in der Ablehnung der staatlichen Angebote durch die Generalversammlung gesehen und hier auch eine Verletzung des Statuts behauptet, und dann wird es als sittenwidrig bezeichnet, daß die Beschlüsse der Mehrheit der Aktionäre in der Absicht gefaßt seien, die Stammaktien teilweise zu einem teureren Preise zu verkaufen und sich trotzdem durch den Erwerb der billigen Vorzugsaktien die Stimmenmehrheit zu erhalten. Die Beklagte hat diese Absicht der Mehrheitsaktionäre bestritten und sich darauf berufen, daß sich die Generalversammlung in jeder vom Kläger beanstandeten Beziehung innerhalb der Grenzen der ihr gesetzlich zustehenden Befugnisse gehalten habe und bei den gefaßten Beschlüssen lediglich von der Absicht geleitet gewesen sei, die Selbständigkeit des Unternehmens zu wahren und auf die am wenigsten kostspielige Weise die zu einem gewinnbringenden Fortbetriebe erforderlichen Kapitalien zu beschaffen.

a) Das Bezugsrecht der Aktionäre ist durch § 282 des jetzt geltenden Handelsgesetzbuchs neu eingeführt worden. Jedem Aktionär muß auf seinen Antrag ein seinem Anteile an dem bisherigen Grundkapitale entsprechender Anteil an den neuen Aktien eingeräumt werden, soweit nicht in dem Beschlusse über die Erhöhung des Grundkapitals ein anderes bestimmt ist. Die Entstehungsgeschichte dieser gesetzlichen Bestimmung läßt darüber keinen Zweifel, daß es vom Gesetze ganz dem freien Ermessen der Generalversammlung überlassen ist, sich darüber zu entscheiden, ob im einzelnen Falle das Bezugsrecht der Aktionäre ausgeschlossen werden soll oder nicht. In der Denkschrift zum Entwurfe des Handelsgesetzbuchs, dessen § 282 dem § 274 des Entwurfs Wort für Wort entspricht, ist auf S. 157 (Hahn-Mugdan, Bd. 6 S. 321) dargelegt, daß der in der Aktiennovelle vom 18. Juli 1884 gemachte Versuch, durch die Bestimmung des Art. 215a Abs. 4 den Mißbräuchen abzuhelfen, die bei der Ausgabe neuer Aktien hervorgetreten waren, keinen entsprechenden Erfolg gehabt habe, und daß die einseitige Berücksichtigung der Interessen von Personen, die einen maßgebenden Einfluß in der Gesellschaft und deren Organen besäßen, auch nach der Einführung des Art. 215a Abs. 4 stets ausführbar geblieben sei. Um hiergegen eine weitere Abhilfe zu schaffen wurde vorgeschlagen, jedem Aktionär das Recht zu gewähren, die Zuteilung eines seinem Anteile am Grundkapitale entsprechenden Teiles der neu auszugebenden Aktien unter der Voraussetzung zu verlangen, daß die Generalversammlung selbst in dem Beschlusse über die Erhöhung des Grundkapitals nichts anderes bestimme. Dementsprechend wurde die Fassung des jetzigen § 282 Abs. 1 gestaltet und in Abs. 2 Vorsorge dafür getroffen, daß die Aktionäre das Bezugsrecht, wie es ihnen zugesprochen war, auch in angemessener Frist auszuüben in der Lage waren. Der Kommissionsbericht S. 95 (a. a. O. S. 614) hatte an der neuen Bestimmung nichts auszusetzen; ein Antrag, die Frist des Abs. 2 auf 4 Wochen festzusetzen, wurde abgelehnt, diese Ablehnung bei der 2. Beratung im Reichstage (a. a. O. S. 732) wiederholt, und § 274 (282) so, wie er jetzt lautet, angenommen, nachdem von einer Seite noch hervorgehoben worden war, daß das den Aktionären neu eingeräumte Bezugsrecht der Sache nach vollständig gerechtfertigt sei.

Nach dieser Entstehungsgeschichte des § 282 ist es klar, daß das anteilmäßige Bezugsrecht der Aktionäre nur in Frage kommt, „soweit nicht in dem Beschlusse über die Erhöhung des Grundkapitals ein anderes bestimmt ist". Ein Sonderrecht auf die Zuteilung neuer Aktien ist den Aktionären nur mit der Beschränkung gegeben, daß die Generalversammlung nichts Gegenteiliges beschließt. Dies ist auch in der Literatur anerkannt und in der täglichen Praxis des Lebens der Aktiengesellschaften nicht minder. Da nach § 250 H.G.B. die Rechte, die den Aktionären in den Angelegenheiten der Gesellschaft, insbesondere in bezug auf die Führung der Geschäfte, zustehen, durch Beschlußfassung in der Generalversammlung ausgeübt werden, und da diese als oberstes Willensorgan der Gesellschaft, wenn nichts anderes bestimmt ist, gemäß § 251 mit Stimmenmehrheit in den Angelegenheiten der Gesellschaft in bindender Weise Entscheidung trifft, so ist der mit 31075000 *M* Stimmen der Mehrheit gegen 27683000 *M* Stimmen der Minderheit gefaßte Beschluß der Generalversammlung, durch den das Bezugsrecht der Aktionäre im vorliegenden Falle ausgeschlossen wurde, auf gesetzlicher Grundlage und in einer nach den Grundsätzen des geltenden Aktienrechts auch für die Minderheit rechtsverbindlichen Weise zustande gekommen. Der Beschluß ist deshalb auch für die Minderheit maßgebend. Der Kläger stellt dies zwar in Abrede und bezeichnet die Ausschließung des Bezugsrechts der Aktionäre, ebenso wie die gleichfalls angefochtene Ausgabe von Vorzugsaktien überhaupt, im vorliegenden Falle als gegen die guten Sitten verstoßend. Die Vorinstanzen haben aber die Berechtigung dieses Vorwurfes mit Recht verneint.

Soweit sich die Ausführungen des Klägers darauf beziehen, daß durch die Beschlüsse der Generalversammlung das seitherige Machtverhältnis zwischen der Mehrheit und der Minderheit der Aktionäre zu seinen Ungunsten verschoben werde, daß die Mehrheit ihre Rechte rücksichtslos ausgenützt und damit die Minderheit und deren Bestrebungen auf das erheblichste geschädigt habe, stehen seine Darlegungen nicht auf dem Boden des zurzeit in Deutschland geltenden Aktienrechts. Denn um eines der im Gesetze — wie in §§ 254, 264, 268, 288 — besonders geordneten Minderheitsrechte dreht sich der Streit nicht, und im übrigen sind die in Angelegenheiten der Gesellschaft mit der erforderlichen Stimmenzahl gefaßten Beschlüsse der Mehrheit für die Minderheit auch dann maßgebend, wenn sie dieser als verkehrt, wirtschaftlich nachteilig und die Bestrebungen der Minderheit schädigend erscheinen. Dies ist eine unabwendbare Folge des im Gesetze zur Anerkennung gelangten Grundsatzes, daß die Mehrheit des Aktienbesitzes über die Verwaltung der Gesellschaft und darüber entscheidet, was im Interesse der Gesellschaft und ihrer Aktionäre zu tun und zu lassen ist. Mit dieser Tatsache muß sich jeder abgefunden haben, der Aktien erwirbt; seinen Willen als maßgebenden durchzusetzen, vermag er nur, wenn er in der Generalversammlung mit der Mehrheit der Stimmen aufzutreten in der Lage ist. Die Unterwerfung der Minderheit unter den Willen der Mehrheit ist, mit der hervorgehobenen Einschränkung, die unmittelbare und notwendige Folge der geltenden gesetzlichen Bestimmungen und verletzt die der Minderheit vom Gesetze tatsächlich zuerkannte Berechtigung nicht. Es ist rechtsirrig, wenn die Revisionsbegründung von einer Verpflichtung der Mehrheit spricht, die Interessen der Gesellschaft in dem Sinne zu wahren, in welchem die Minderheit diese Interessen auffaßt; eine solche Verpflichtung besteht nicht.

Es läßt sich nicht verkennen, daß die Anschauungen darüber, welche Maßregeln für das Gedeihen einer Aktiengesellschaft förderlich sind, um so verschiedener sein werden, je gegensätzlicher die Bestrebungen sind, von denen Mehrheit und Minderheit geleitet sind. An sich aber hat das Bestreben der Mehrheitsaktionäre der Beklagten, sich die Nutzungen eines seit langen Jahren eine gute Rente gewährenden, großen Unternehmens unversehrt zu erhalten, ebenso seine sittliche Berechtigung, wie das vom staatlichen Interesse geleitete Bestreben des Klägers, dem Erwerbe des großen, im vollen Betriebe befindlichen Bergwerksbesitzes für den Staat die Wege zu ebnen. Wenn sich beide Teile mit unter sich unvereinbaren Bestrebungen gegenübertreten, ist der Kampf unvermeidlich; es verstößt aber nicht gegen die guten Sitten, wenn sich die Mehrheit auf dem Boden der gesetzlichen Bestimmungen und unter Benutzung der rechtlichen Wirkungen, die das Gesetz den ordnungsmäßig gefaßten Beschlüssen der Generalversammlung zuschreibt, im Besitze dessen zu erhalten sucht, was sie als ihr wertvolles Eigentum schätzt.

b) Bei dieser Sachlage bietet auch die Ablehnung des staatlichen Angebots, die Vorzugsaktien zu einem Kurse von 117—120 v. H. zu übernehmen, dem Kläger keinen haltbaren Anfechtungsgrund, wie die Vorinstanzen zutreffend angenommen haben. Der Generalversammlung stand auch in diesem Punkte die volle Freiheit der Entschließung zu; die Ablehnung des Angebots verstieß weder gegen das Gesetz, noch gegen die guten Sitten. Daß hier gegen eine Bestimmung der Satzungen verstoßen sei, hat der Kläger nicht dargetan.

c) Ob die angefochtenen Beschlüsse von der Mehrheit der Aktionäre in der Absicht gefaßt wurden, die Stammaktien teilweise zu einem teureren Preise zu verkaufen und sich dennoch durch den Erwerb der billigen Vorzugsaktien im Besitze der Stimmenmehrheit zu erhalten, ist unerheblich. Ein Verstoß gegen die guten Sitten läge, auch wenn jene Behauptungen richtig wären, nicht vor.

4. Verfolgte die Mehrheit bei den gefaßten Beschlüssen, wie festgestellt ist, die Absicht, der Gesellschaft die Selbständigkeit ihres Unternehmens zu erhalten, so fehlt es für die vom Kläger angeführten §§ 226 und 826 B.G.B. an der erforderlichen tatsächlichen Grundlage.

Der Überblick über den ganzen vom Berufungsgericht gewürdigten Prozeßstoff ergibt auch, daß — entgegen den Behauptungen der Revision — die §§ 286, 313 Abs. 1 Nr. 4, 445 flg. und 551 Nr. 7 Z.P.O. nicht verletzt worden sind."

---

61. Tritt im Falle des nach Zustellung des Berufungsurteils und vor Einlegung der Revision eingetretenen Todes einer Partei eine Unterbrechung des Verfahrens ein, wenn die Partei zwar nicht durch einen für die Revisionsinstanz bestellten Prozeßbevollmächtigten vertreten ist, aber noch ihr Prozeßbevollmächtigter aus der Berufungsinstanz vorhanden ist?

Vereinigte Zivilsenate. Beschl. v. 9. April 1908 i. S. M. (Kl.) w. St. (Bekl.). Rep. V. 332/07 und 333/07.

I. Landgericht I Berlin.
II. Kammergericht daselbst.

Die vereinigten Zivilsenate haben die in der Überschrift angegebene, zwischen dem V. und dem I. Zivilsenate streitige Rechtsfrage, wie folgt, entschieden:

„Stirbt eine Partei nach der Zustellung des Berufungsurteils und vor der Einlegung der Revision, so tritt eine Unterbrechung des Verfahrens nicht ein, wenn bis zu ihrem Tode eine Vertretung durch den Prozeßbevollmächtigten aus der Berufungsinstanz stattfand".

Gründe:

„Durch den Tod einer Partei wird nach § 239 Abs. 1 Z.P.O. das Verfahren unterbrochen. Eine Ausnahme hiervon gilt nach § 246 Abs. 1 Z.P.O. dann:

wenn eine Vertretung durch einen Prozeßbevollmächtigten stattfand.

Die Beschaffenheit dieser die Unterbrechung ausschließenden Vertretung ist in der Rechtsprechung für den Fall streitig geworden, wenn die Partei während des Prozeßabschnitts stirbt, der mit der Zustellung des Berufungsurteils beginnt und mit der Einlegung der Revision oder dem Ablaufe der Rechtsmittelfrist endet. In den beiden Prozeßsachen, die zur Einholung einer Entscheidung der vereinigten Zivilsenate des Reichsgerichts Veranlassung gegeben haben, sind die Berufungsurteile übereinstimmend am 29. Mai 1907 zugestellt worden. Am 20. Juni 1907 ist der Kläger verstorben. Ihn hatte in der Berufungsinstanz der Rechtsanwalt Dr. L. in Berlin als Prozeßbevollmächtigter vertreten. Dieser bestellte nach eingetretenem Todesfalle den beim Reichsgerichte zugelassenen Rechtsanwalt Justizrat Z. zum Prozeßbevollmächtigten. Z. legte gegen die beiden Urteile am 29. Juni 1907 Revision ein und stellte am 7. September den Antrag, das Verfahren gemäß § 246 Abs. 1 Z.P.O. auszusetzen. Der V. Zivilsenat des Reichsgerichts hält die Zurückweisung des Antrages für geboten. Er nimmt an, daß durch den Tod des Klägers das Verfahren unterbrochen sei, weil die Vertretung durch Justizrat Z. damals noch nicht stattgefunden, die Vertretung durch Rechtsanwalt L. aber die Wirkung, der Unterbrechung vorzubeugen, nicht gehabt habe. Unter den gleichen Voraussetzungen und mit gleichen rechtlichen Erwägungen hat der IV. Zivilsenat des Reichsgerichts durch Urteil vom 28. März 1904 (Gruchots Beiträge Bd. 48 S. 1095) das Verfahren für unterbrochen erachtet. Zu einem entgegengesetzten Ergebnis ist durch Urteil vom 3. April 1901 (Jurist. Wochenschr. S. 355 Nr. 2) der I. Zivilsenat des Reichsgerichts gelangt. Er hat, als nach Einlegung der Revision der Revisionsbeklagte, ohne einen Prozeßbevollmächtigten für die Revisionsinstanz bestellt zu haben, verstorben war, den Eintritt der Unterbrechung verneint und dem Verfahren Fortgang gegeben, weil er die fortdauernde Vertretung durch die Prozeßbevollmächtigten der beiden unteren Instanzen mit Rücksicht auf deren Ermächtigung, den Prozeßbevollmächtigten für die Revisionsinstanz zu bestellen (§ 81 Z.P.O.), für ebenso geeignet hält, die Unterbrechung auszuschließen, wie wenn im Zeitpunkte des Todes eine Vertretung durch diesen Prozeßbevollmächtigten bereits bestanden hätte.

Dieser Widerstreit der Meinungen hat den V. Zivilsenat davon abgehalten, die seiner Rechtsauffassung entsprechende Entscheidung zu erlassen. Er hat vielmehr die streitige Rechtsfrage zur Entscheidung der vereinigten Zivilsenate gestellt. In ihrer endgültigen Fassung lautete die Frage wie folgt:

„Tritt im Falle des nach Zustellung des Berufungsurteils und vor Einlegung der Revision eingetretenen Todes einer Partei eine Unterbrechung des Verfahrens ein, wenn die Partei zwar nicht durch einen für die Revisionsinstanz bestellten Prozeßbevollmächtigten vertreten ist, aber noch ihr Prozeßbevollmächtigter aus der Berufungsinstanz vorhanden ist?"

Die vereinigten Zivilsenate haben die Voraussetzungen ihrer Zuständigkeit nach § 137 Abs. 1 G.V.G. als vorhanden angesehen. Wenn auch in dem vom I. Zivilsenate entschiedenen Rechtsfalle die Revision bereits eingelegt war, als der Tod der Partei eintrat, so führt doch die von diesem Senate seiner Entscheidung zugrunde gelegte Rechtsansicht, im Widerspruche mit der vom V. Zivilsenate für richtig gehaltenen Bejahung der Konfliktsfrage, mit Notwendigkeit zu ihrer Verneinung auch für den Fall, daß sich beim Eintritte des Todes die Revisionsfrist noch im Laufe befindet. Es kommt hinzu, daß unter Voraussetzungen, die mit denen der Konfliktsfrage in allen Beziehungen übereinstimmen — wenn nämlich der Tod während des Laufes der Rechtsmittelfrist eintrat und ein Prozeßbevollmächtigter für die Revisionsinstanz vor diesem Zeitpunkte noch nicht in Tätigkeit getreten war —, andere Zivilsenate des Reichsgerichts dem Aussetzungsantrage stattgegeben, die Unterbrechung also für nicht eingetreten erachtet haben, so z. B. der Feriensenat in dem Falle des Urteils vom 20. Oktober 1897 (Entsch. des R.G.'s in Zivils. Bd. 40 S. 369), der II. Zivilsenat in dem Falle des Urteils vom 22. Oktober 1907 (a. a. O. Bd. 66 S. 399), und neuerdings auch der IV. Zivilsenat in dem Falle des Beschlusses vom 22. März 1906 (Jur. Wochenschr. S. 311 Nr. 18).

Nun gewann jedoch bei den Erörterungen zur sachlichen Entscheidung in den vereinigten Zivilsenaten die Ansicht Anerkennung, daß unter den Voraussetzungen der Konfliktsfrage die Unterbrechung in erster Linie nicht davon abhänge, ob in der Wirkung, das Verfahren im Laufe zu erhalten, die fehlende Prozeßvertretung für die Revisionsinstanz durch die bisherige Prozeßvertretung aus der Berufungsinstanz gleichwertig ersetzt werde, sondern daß es hierauf erst dann ankomme, wenn zunächst gewiß sei, daß im Sinne des § 246 Abs. 1 Z.P.O. während des Laufes der Rechtsmittelfrist nicht mehr das Berufungsgericht, sondern das Revisionsgericht als Prozeßgericht zu gelten habe. Die in dieser Beziehung mit dem Hinweis auf die in der Literatur bestehende Meinungsverschiedenheit geäußerten Zweifel gaben den vereinigten Senaten Veranlassung, die schließliche Beantwortung der Konfliktsfrage von der Entscheidung folgender Vorfrage abhängig zu machen:

Bleibt das Berufungsgericht auch nach der Zustellung des Berufungsurteils so lange Prozeßgericht im Sinne des § 246 Z.P.O., als Revision noch nicht eingelegt ist?

Die Vorfrage wurde bejaht. Bestimmend waren hierbei die folgenden Erwägungen.

Daß die Anhängigkeit des Prozesses in der Revisionsinstanz erst mit der Einlegung der Revision ihren Anfang nimmt, ist, wie in früheren Entscheidungen einzelner Senate (Entsch. des R.G.'s in Zivils. Bd. 10 S. 347, Gruchot's Beitr. Bd. 36 S. 473), so auch schon von den vereinigten Zivilsenaten des Reichsgerichts, und zwar unter besonderer Berücksichtigung der von einer Einlegung des Rechtsmittels beim Reichsgericht ausgehenden staatsrechtlichen Wirkungen, angenommen worden (Entsch. des R.G.'s in Zivils. Bd. 48 S. 195). Aus der Nichtanhängigkeit beim Reichsgerichte folgt nun freilich nicht, daß während des Laufes der Rechtsmittelfrist der Rechtsstreit in der

Berufungsinstanz anhängig bleibt, zumal wenn unter der Anhängigkeit die Fortdauer eines Prozeßzustandes verstanden wird, bei dem das Berufungsgericht für die Entscheidung des Hauptstreits zuständig und mit ihr befaßt ist. In dieser Bedeutung ist vielmehr, wie in mehreren reichsgerichtlichen Urteilen, so wiederum durch einen Beschluß der vereinigten Zivilsenate (Entsch. des R.G.'s in Zivils. Bd. 41 S. 426) ausgesprochen, daß die Anhängigkeit in der Instanz mit der Zustellung des Urteils beendet werde.

Allein die Anforderungen an die Tätigkeit des Prozeßgerichts sind nicht auf die Entscheidung des Hauptstreits, sowie auf die unmittelbar mit ihr im Zusammenhange stehenden und auf sie hinführenden Prozeßakte beschränkt. Vielmehr weist das Gesetz in einer Reihe von Fällen dem Prozeßgerichte besondere Aufgaben zu, die ihm — solange die Rechtshängigkeit nur überhaupt noch fortbesteht — ebenso vor, wie nach der Zustellung des in der Instanz zur Hauptsache erlassenen Urteils erwachsen können. Als Beispiele sind, abgesehen von dem Falle des § 246 Z.P.O., hier die Fälle des § 239 Abss. 3 und 4, des § 943, der §§ 486 und 492, sowie solche Fälle hervorzuheben, in denen aus besonderem Anlasse, z. B. um einer Streitverkündung willen, Anordnungen oder Entscheidungen über die auszuführende Zustellung erlassen werden müssen: §§ 188 Abs. 2, 199, 200, 201, 202, 204 Z.P.O., Art. 50 des Internat. Abkommens vom 14. Oktober 1890 (R.G.Bl. v. 1892 S. 793). Werden in derartigen oder in ähnlichen Fällen Anträge gestellt, bevor im Sinne der Anhängigkeit der Hauptsache die untere Instanz beendet ist, so gehören sie vor das Gericht dieser Instanz, und zwar — wie sich zum Teil schon aus dem Wortlaute der Gesetzesvorschriften ergibt (§§ 943, 486) — gerade deshalb, weil der Rechtsstreit dort anhängig ist. Treten die nämlichen Fälle während des Laufes der Rechtsmittelfrist ein, so fehlt es, soweit die Zuständigkeit des Rechtsmittelgerichts in Betracht kommt, jedenfalls an dem Zuständigkeitsgrunde der Anhängigkeit. Derselbe Zuständigkeitsgrund ist für das Gericht der unteren Instanz alsdann freilich weggefallen. Es besteht jedoch in dieser Beziehung der wesentliche Unterschied, daß bei dem Gerichte der untern Instanz die Zuständigkeit für alle Obliegenheiten des Prozeßgerichts einmal entstanden war. Fehlt es daher an einem besonderen Grunde, weshalb in dem einen oder dem anderen Falle der

Antrag vor der Einlegung des Rechtsmittels bei dem Rechtsmittelgericht anzubringen sein möchte, so muß es bei der bisherigen Zuständigkeit auch unter der Voraussetzung verbleiben, daß der Anlaß zu dem Antrage nach beendeter Anhängigkeit entstanden ist. Wollte man für Prozeßakte, die ihrem Wesen nach mit der Entscheidung des Hauptstreits nicht im notwendigen Zusammenhange stehen und deren Erledigung auch während des Laufes der Rechtsmittelfrist zur unabweisbaren Notwendigkeit werden kann, die Fortdauer der Zuständigkeit des unteren Gerichts nicht als grundsätzliche Regel gelten lassen, so würde beim Versagen des allgemeinen Zuständigkeitsgrundes der Anhängigkeit überall da, wo es an einem die Zuständigkeit des oberen Gerichts herstellenden besonderen Rechtsgrunde fehlt, die Regelung des Instanzenzuges eine nicht ausfüllbare Lücke aufweisen. Die Möglichkeit, daß nach Zweck und Eigenart eines solchen Aktes der höhere Richter zuständig werden kann, bevor noch der Hauptstreit durch Einlegung des Rechtsmittels vor ihn gelangt ist, darf nicht als schlechthin ausgeschlossen gelten. Sieht man von den Fällen ab, in denen für einen Teil der Rechtsbehelfe vermöge einer Spaltung des Streitstoffes ein besonderer Instanzenzug eröffnet wird und deshalb in parallelen Rechtszügen die untere und die obere Instanz sich gleichzeitig im Laufe befinden können (§§ 145 Abs. 3, 302 Abss. 1, 3, 4, 304 Abs. 2, 540 Abss. 1, 3, 542, 599 Abss. 1, 3 und 600), so tritt bei einheitlicher Gestaltung des Prozeßverlaufs ein solcher Fall insbesondere dann ein, wenn es sich unmittelbar um die Überleitung des Prozesses in die Rechtsmittelinstanz handelt (vgl. die Beschlüsse der vereinigten Zivilsenate, Entsch. des R.G.'s in Zivils. Bd. 1 S. 432 und Bd. 41 S. 428). Beim Übergange zur Revisionsinstanz gehören dabei freilich solche Entscheidungen und Anordnungen, die sich auf die Zustellung der Rechtsmittelschrift beziehen (§§ 177, 179 Abs. 3, 199, 200, 201, 202, 204), nach der gegenwärtigen Gestaltung des Einlegungsaktes (§ 553 Abs. 1) der rechtsgeschichtlichen Vergangenheit an; sie können nur noch beim Übergange zur Berufungsinstanz (§ 518 Abs. 1) notwendig werden. Immerhin ist es z. B. möglich, daß auch das Revisionsgericht als Gericht nicht der anhängigen, sondern der zukünftigen Instanz mit Armenrechtsgesuchen befaßt wird.

Im übrigen entspricht der Grundsatz, daß während des Laufes

der Rechtsmittelfrist alle besonderen, mit der Entscheidung über den Hauptanspruch nicht in Verbindung stehenden Anträge der Regel nach bei dem unteren Gerichte anzubringen und dort zu erledigen sind, auf der einen Seite der Verordnungsweise des Gesetzbuchs; wenigstens findet sich mehrfach im Verhältnis der Instanzen zueinander die Zuständigkeit in der Weise geregelt, daß sich die Obliegenheiten der höheren Instanz in der bestimmten Umgrenzung durch die Anhängigkeit von der sonst überall fortbestehenden Zuständigkeit des unteren Gerichts als eine Ausnahme und Einschränkung abheben (vgl. §§ 706 Abs. 1, 724 Abs. 2, 943 Z.P.O.). Auf der anderen Seite gibt es in der Zeit von der Zustellung des Urteils bis zur Einlegung des Rechtsmittels keinen prozessualen Vorgang von so umfassender und einschneidender Bedeutung, daß er für die in Betracht kommenden prozeßgerichtlichen Akte einen allgemeinen Übergang der Zuständigkeit auf das Gericht der höheren Instanz mit sich bringen könnte. Und noch mehr: es fehlt auch an einem inneren Grunde, weshalb die Wirkung einer zeitlichen Begrenzung der instanzgerichtlichen Zuständigkeit in solcher Allgemeinheit gerade dem Akte der Urteilszustellung beigemessen werden könnte. Wenn darauf hingewiesen worden ist, daß vermöge der Zustellung des Urteils die Sache in ein Stadium gerückt werde, wo eine Einwirkung auf die Entscheidung dem Gerichte der unteren Instanz entzogen sei, dem Richter der höheren Instanz aber fortan allein zustehe (Gruchot's Beitr. 34 S. 1159 und Seuffert's Archiv Bd. 45 Nr. 276), so läßt sich dies nach keiner Richtung hin aufrecht erhalten. Die Unabänderlichkeit des Urteils in derselben Instanz ist von der Zustellung unabhängig. Sie tritt schon mit der Verkündung ein. Dem Richter der höheren Instanz aber steht eine Einwirkung auf die Entscheidung keineswegs zu, bevor nicht das Rechtsmittel eingelegt ist. Hat demnach zur Hauptsache die Zustellung des Urteils mit der Gerichtszuständigkeit nichts zu tun, so gilt dies erst recht, wenn prozeßgerichtliche Akte in Betracht kommen, die mit der zur Hauptsache erlassenen Sachentscheidung nicht in notwendigem Zusammenhange stehen. Wenn sich also nach vorübergehendem Schwanken (Entsch. des R.G.'s in Zivils. Bd. 6 S. 414, vgl. Bd. 39 S. 398 und ausführlicher Jur. Wochenschr. 1897 S. 466 Nr. 24) die bestehende Rechtsprechung darin befestigt hat, daß nach der Verkündung des Urteils die Zuständigkeit des Gerichts der unteren Instanz für Fälle, in denen es sich nicht unmittelbar oder mittelbar um die Entscheidung zur Hauptsache handelt, zunächst noch fortbesteht, so wird beim Wegfalle der bisher in der Urteilszustellung erblickten äußersten Zeitgrenze der Zuständigkeit diese ganz von selbst bis zur Einlegung des Rechtsmittels hinausgerückt.

Zugunsten dieser Annahme, wenigstens im Sinne einer regelmäßigen Fortdauer der bisherigen Zuständigkeit, fällt schließlich der Umstand ins Gewicht, daß eine Regelung vom entgegengesetzten Standpunkte aus in derartigen Fällen zu einer nutzlosen Vermehrung der Schwierigkeiten und Kosten führt, und daß sie zum Schaden der Sache, selbst bei vorhandener Dringlichkeit, dem über den bisherigen Prozeßverlauf bereits unterrichteten Richter, sowie dem Gerichte des bisherigen Prozeßortes die Entscheidung entzieht: dies auf die Möglichkeit hin, daß bei dem im voraus zum Eingreifen genötigten Richter der höheren Instanz das Rechtsmittel hinterher überhaupt nicht eingelegt werden könnte. Es ist ausgeschlossen, daß derartiges in der Absicht einer auf möglichst zweckmäßige Gestaltung des Verfahrens bedachten Gesetzgebung gelegen haben sollte.

Die vereinigten Zivilsenate haben indes keinen Anlaß gefunden, die Untersuchung, ob und inwieweit sich aus der besonderen Beschaffenheit der an das Gericht herantretenden Aufgaben eine Einschränkung des angenommenen Grundsatzes im einzelnen als notwendig ergibt, auf alle Arten von Einzelfällen auszudehnen. Im Bereiche der aufgeworfenen Vorfrage, die sich entsprechend der zu entscheidenden Hauptfrage in den Grenzen des § 246 Z.P.O. hält, liegen nur zwei Fälle, die ein Einsetzen der Tätigkeit des Prozeßgerichts erfordern. Zunächst der Fall des Aussetzungsantrages nach § 246 Abs. 1. Daß sich — unbeschadet der Frage, ob die Voraussetzungen einer Aussetzung überhaupt vorliegen — aus dem Wesen der Aufgabe, hierüber zu entscheiden und gegebenenfalls die Aussetzungsanordnung zu erlassen, irgendwelche besonderen Gründe entnehmen ließen, die dazu nötigten, hierfür eine der Einlegung des Rechtsmittels vorausgehende Zuständigkeit des höheren Gerichts anzunehmen, ist nicht ersichtlich. Um eine Überleitung des Verfahrens in die höhere Instanz handelt es sich bei einem Aussetzungsantrage als solchem überhaupt noch nicht. Weder ist dies denkbar, wenn der Antrag von der bisher obsiegenden Partei ausgeht, noch auch wird, wenn die ganz oder teilweise unterlegene Partei die Aussetzung begehrt, dadurch allein gewiß, daß sie es auf die Beschreitung der höheren Instanz absieht. Ebensowenig dient deshalb der gerichtliche Aussetzungsbeschluß schlechthin dem Zwecke der Überleitung. Zwischen der Aufnahme des Verfahrens aber und der Aussetzung besteht nicht eine innere oder äußerlich formale Verbindung von der Art, daß sich aus der prozessualen Gestaltung des Aufnahmeaktes irgendwelche Schlüsse ziehen ließen, die bei der Frage nach der Zuständigkeit zur Aussetzungsanordnung verwertbar sein könnten. Wenn übrigens, wie früher allgemein, so gegenwärtig beim Übergange zur Berufungsinstanz die Aufnahme des Verfahrens und die Einlegung des Rechtsmittels miteinander in demselben Prozeßakte verbunden werden können, so fällt dies beim Übergange zur Revisionsinstanz nicht mehr ins Gewicht, seitdem die Aufnahme des Verfahrens (§ 252) der Einlegung der Revision (§ 553 Abs. 1) in einem besonderen Akte vorausgehen muß (vgl. das Urteil des II. Zivilsenats, Entsch. des R.G.'s in Zivils. Bd. 66 S. 399).

An der bisherigen Rechtsprechung, wonach Aussetzungsanträge, die während des Laufes der Rechtsmittelfrist gestellt werden, vor das Rechtsmittelgericht gehören, noch bevor es zu einer rechtswirksamen Einlegung des Rechtsmittels gekommen ist, kann daher nicht festgehalten werden. Als Prozeßgericht ist vielmehr zur Entscheidung über derartige Anträge während des Laufes der Rechtsmittelfrist stets das Gericht der bisherigen Instanz zuständig.

Mittelbar wird sodann in § 246 für den Fall, daß sich an die geschehene Aussetzung ein Aufnahmestreit anschließt, die Entscheidung hierüber dem Prozeßgericht als eine weitere Obliegenheit, und zwar dadurch übertragen, daß deswegen in Abs. 2 auf § 239 verwiesen ist. Entsteht ein solcher Streit nach der Verkündung des zur Hauptsache erlassenen Urteils und vor der Einlegung des Rechtsmittels, so kommt zu allen anderen Gründen, die gegen die Zuständigkeit des Rechtsmittelgerichts sprechen, ein weiterer hinzu, aus dem sich zugleich positiv die Zuständigkeit des unteren Gerichts ergibt. Es ist ein Urteil zu erlassen, das nicht nur die Frage der Verzögerung (§ 239 Abs. 2), sondern auch die weitere Frage betrifft, wer unfreiwillig als der zur Aufnahme verpflichtete Rechtsnachfolger zur Aufnahme genötigt werden darf. In dieser Beziehung läuft das Urteil sachlich auf eine Entscheidung darüber aus, für und gegen wen die zur Hauptsache ergangene Entscheidung unter den eingetretenen veränderten Umständen von nun an als erlassen zu gelten hat. In einer anderen Bedeutung und mit einem darüber hinausgehenden Inhalte kann ein solches Aufnahmeurteil nach der Verkündung des Berufungsurteils bei der für die Einlegung der Revision gegenwärtig geltenden Form überhaupt nicht mehr vorkommen (vgl. § 553 Abs. 1 Z.P.O. und das Urteil des VI. Zivilsenats, Entsch. des R.G.'s in Zivils. Bd. 58 S. 202). Das Aufnahmeurteil ergänzt daher, wie schon der I. Zivilsenat (Entsch. des R.G.'s in Zivils. Bd. 27 S. 358) näher dargelegt hat, die Entscheidung des zur Hauptsache ergangenen Urteils und wird „Teil und Element der Entscheidung in der Hauptsache ohne selbständigen Charakter". Es ist also ein Urteilsnachtrag, keine durch eine Anfechtung des erlassenen Haupturteils hervorgerufene Rechtsmittelentscheidung und gehört darum seinem eigensten Wesen nach nicht zum Verfahren der höheren Instanz, sondern zur Zuständigkeit des untern Gerichtes, dessen Urteil der Ergänzung bedarf. Um so mehr fällt der dem Aufnahmestreite und dem Aufnahmeurteile vorausgehende Aussetzungsantrag bis zur Einlegung des Rechtsmittels in den zeitlichen Zuständigkeitsbereich des untern Gerichts, und wiederum in noch höherem Maße gilt dies allgemein von der durch den Tod einer Partei geschaffenen Prozeßlage für den Zeitpunkt des Todes, der dem Aussetzungsantrage vorhergeht.

Nach alle dem haben die vereinigten Zivilsenate sich dafür entschieden, durch die Bejahung der aufgeworfenen Vorfrage von der früheren reichsgerichtlichen Rechtsprechung abzugehen und den Grundsatz anzunehmen, daß auch nach der Zustellung des Berufungsurteils das Berufungsgericht im Sinne des § 246 Z.P.O. so lange Prozeßgericht bleibt, als Revision noch nicht eingelegt ist.

Die Verneinung der Hauptfrage ergibt sich hieraus von selbst. Ist, solange die Revisionsfrist läuft, das Berufungsgericht im Sinne des § 246 Prozeßgericht, so kann, wenn eine Partei während ihres Verlaufes stirbt, eine Unterbrechung des Verfahrens dann nicht eintreten, wenn der Prozeßbevollmächtigte, durch den sie bis zu ihrem Tode vertreten wurde, von ihr zur Vertretung gerade bei diesem Prozeßgerichte bestellt war. Ob beim Fehlen einer derartigen Vertretung in gleicher Weise auch die Vertretung durch einen Prozeßbevollmächtigten der dritten oder der ersten Instanz den Eintritt der Unterbrechung ausschließen würde, brauchte von den vereinigten Zivilsenaten nicht entschieden zu werden, da die Beantwortung der streitigen Rechtsfrage hiervon nicht mehr abhing."

---

62. Ist der Abtretungsstempel zu erheben, wenn Testamentsvollstrecker als solche ein Nachlaßgrundstück verkaufen und in der über den Verkauf errichteten Urkunde erklären, daß sie die Kaufgelderforderung an den — alleinigen — Erben abtreten?

Preuß. Stempelsteuergesetz vom 31. Juli 1895 Tarifst. 2.

VII. Zivilsenat. Urt. v. 10. April 1908 i. S. K. u. Gen. (Kl.) w. preuß. Fiskus (Bekl.). Rep. VII. 342/07.

I. Landgericht I Berlin.
II. Kammergericht daselbst.

Der im Jahre 1904 zu L. im Kreise Plön verstorbene Wilhelm von G. hinterließ als alleinigen Erben das Wilhelm-von-G.'sche Familienfideikommiß. Vollstrecker des Testaments des Erblassers waren Dr. S. und Heinrich M. Diese verkauften durch notariellen Vertrag vom 16. März 1906 an die Kläger ein zum Nachlasse gehöriges Grundstück. Nach dem Vertrage ergab sich ein Restkaufgeld von 3000000 ℳ, bezüglich dessen es in § 4 heißt: „Der Erschienene zu 1 — nämlich D. als Bevollmächtigter der Testamentsvollstrecker — tritt namens der Testamentsvollstrecker die Kaufgelderforderung in Höhe von 3000000 ℳ nebst allen Zinsen an die Wilhelm-von-G.'sche Familien-Fideikommiß-Stiftung in Hamburg ab. — Die Käufer nehmen von dieser Abtretung Kenntnis ..." Es wurde ferner die Eintragung der Forderung für die Gläubigerin auf dem Blatte des erkauften Grundstücks von den Käufern bewilligt und beantragt.

Zu dem Vertrage waren, außer dem Kaufstempel, 600 ℳ Stempel für die Abtretung der Restkaufgelder von seiten der Testamentsvollstrecker an das Fideikommiß verwendet. Die Kläger, zu deren Lasten Kosten und Stempel gegangen sind, forderten diese 600 ℳ als zu Unrecht erhoben mit Zinsen seit der Klagezustellung zurück. Der

Beklagte widersprach dem Verlangen. Das Landgericht erkannte nach dem Klagantrage, wogegen das Kammergericht auf die Berufung des Beklagten die Klage abwies. Auf die Revision der Kläger stellte das Reichsgericht das Urteil der ersten Instanz wieder her.

Gründe:

„Der Berufungsrichter gelangt zu der Annahme einer nach Tarifstelle 2 zum preußischen Stempelgesetze vom 31. Juli 1895 steuerpflichtigen Abtretung der Kaufgelderforderung durch die Erwägung, daß die Testamentsvollstrecker in eigenem Namen gehandelt und zunächst die Forderung, wenn auch nur formell, in ihrer Person erworben hätten, woraus sich dann die Zession an die Erben, d. h. an das G.'sche Familienfideikommiß, von selbst ergebe. Mit Recht rügt die Revision, daß der Berufungsrichter die Urkunde vom 16. März 1906 rechtlich nicht zutreffend gewürdigt habe. Wenn Personen nicht schlechthin unter ihrem Namen, sondern als Testamentsvollstrecker, also unter ausdrücklichem Hinweis auf ihre Stellung als solche, einen Vertrag über einen Gegenstand schließen, der gleichfalls ausdrücklich als zu dem von ihnen verwalteten Nachlasse gehörig gekennzeichnet ist, so kann darüber kein Zweifel bestehen, daß sie nicht für sich, sondern für den Nachlaß kraft des ihnen vom Erblasser übertragenen Amtes (vgl. § 2202 B.G.B.) handeln, daß mithin Rechte und Verbindlichkeiten nicht in ihrer Person, sondern lediglich zugunsten und zu Lasten des Nachlasses begründet werden. Eine andere Auffassung verkennt die rechtliche Bedeutung, die der Hervorhebung der Eigenschaft der Vertragschließenden als Testamentsvollstrecker zukommen muß, wenn sie nicht als überflüssig angesehen werden soll. Wer als Testamentsvollstrecker, als Konkursverwalter oder mit einem ähnlichen, das eigene Interesse an dem Rechtsgeschäfte verneinenden Zusatze abschließt, sagt damit unzweideutig, daß die Wirkungen des Geschäftes nicht ihn als Privatperson, sondern den treffen sollen, in dessen Interesse er tätig wird. Ob sich der Kontrahent, der sich von vornherein als Besorger fremder Angelegenheiten einführt, im weiteren Fortgange der Verhandlungen als Gläubiger oder Schuldner (Verkäufer, Käufer) bezeichnet, erscheint gleichgültig; daß dies mißverständlich aufgefaßt werden könne, braucht er, da er im voraus jedes Bedenken über die rechtliche Bedeutung seiner Erklärungen zerstreut hat, nicht zu befürchten.

Im vorliegenden Falle verhält es sich so, daß ein Bevollmächtigter der Testamentsvollstrecker für diese als solche einen Kaufvertrag über ein Nachlaßgrundstück abgeschlossen hat. Damit ist nach dem Ausgeführten die Unterstellung unvereinbar, daß die als Testamentsvollstrecker handelnden Personen in eigenem Namen, d. h. als Privatpersonen, wenn auch für Rechnung des Nachlasses, gleich Kommissionären, hätten kontrahieren wollen. Sie führt zu dem — wohl auch nicht vom Berufungsrichter gebilligten — Ergebnis, daß dann ein fremdes Grundstück verkauft worden wäre, und daß die Kontrahenten für ihre Person und für ihr Vermögen die aus dem Vertrage erwachsenden Verkäuferpflichten übernommen hätten. Es ist aber klar, daß die Kläger als Käufer ihre Ansprüche aus dem Vertrage nur gegen die Testamentsvollstrecker als Verwalter des Nachlasses oder gegen den Nachlaß, d. h. gegen den Erben, zu richten haben (§ 2213 B.G.B.). Auf der anderen Seite geht auch der Rechtserwerb aus dem Vertrage nicht durch die Personen der Testamentsvollstrecker hindurch, sondern er vollzieht sich unmittelbar zugunsten des Nachlasses oder genauer des Erben. Die §§ 2205 flg. B.G.B., die von dem Verwaltungs- und Verfügungsrechte des Testamentsvollstreckers handeln, deuten in keiner Weise an, daß ein Erwerb, den der Testamentsvollstrecker in dieser seiner Eigenschaft macht, erst durch einen neuen Rechtsakt Bestandteil des Nachlasses werden könne. Danach ist die Kaufpreisforderung ohne weiteres ein Nachlaßaktivum und als solches Eigentum des Erben geworden. Wenn trotzdem die Testamentsvollstrecker eine Zession erklärt haben, so ist dies auffallend, kann aber nicht zu dem mit dem sonstigen Inhalte der Urkunde in unlöslichen Widerspruch tretenden Schlusse führen, den der Berufungsrichter gezogen hat. Möglicherweise liegt der Zession der — freilich unrichtige — Gedanke zugrunde, daß der Erbe eine vom Nachlasse verschiedene Person sei. Vielleicht hat auch nur die Zugehörigkeit der Forderung zum Nachlasse außer Zweifel gesetzt, oder auch die Forderung dem Fideikommiß zur freien Verfügung überlassen werden sollen (§ 2217 B.G.B.). Wie dem auch sei, eine mehr als deklarative Bedeutung kann der Zession nicht beigemessen werden. Stempelpflichtig ist aber nur die Abtretung als der den Übergang des Rechtes auf den Zessionar vermittelnde dingliche Rechtsakt, nicht eine Erklärung, die nur als eine formale, der Übertragungswirkung entbehrende Zession anzusehen ist, wie denn auch eine lediglich der Berichtigung des Grundbuchs dienende Auflassung nicht dem Auflassungsstempel unterliegt (vgl. Hummel u. Specht Bem. 4 zu § 3 des Stempelgesetzes S. 45, Bem. 6 zu Tarifstelle 8 S. 488).

Man kann anderseits auch nicht sagen, daß die Zession im Sinne des § 25c des Stempelgesetzes nichtig sei; sie ist nicht mit einem ihre Wirksamkeit hindernden Mangel behaftet, sondern sie hat, wie aus der Urkunde selbst hervorgeht, überhaupt nicht die rechtliche Bedeutung eines Veräußerungsgeschäfts. In dem Falle, der durch das Urteil des erkennenden Senats vom 13. Dezember 1904 (VII. 226/04)[1] erledigt ist, lag die Sache insofern anders, als mehrere Erben vorhanden waren. Es bedurfte daher, wenn diese Gläubiger der durch den Verkauf des Nachlaßgrundstücks von seiten des Testamentsvollstreckers erworbenen Kaufgeldforderung zu bestimmten Beträgen werden wollten, einer besondern, diesen Erfolg herbeiführenden Handlung. Die Forderung wurde an sich Nachlaßbestandteil, d. h. Eigentum der mehreren Erben zur gesamten Hand. Sollte sie zu ziffermäßigen Anteilen in das Vermögen der einzelnen Erben zu deren freier Verfügung übergehen, so hatte eine Auseinandersetzung unter gegenseitiger Überweisung der Teilansprüche zu erfolgen. Diese vollzog der Testamentsvollstrecker kraft der ihm vom Erblasser eingeräumten Befugnisse (§ 2204 B.G.B.), und darin ist mit Recht ein stempelpflichtiger Akt gefunden worden. Vorliegend ist nur ein Erbe vorhanden, der Gläubiger der Kaufgeldforderung vermöge des von den Testamentsvollstreckern abgeschlossenen Vertrages geworden ist. Die Zession ist demgemäß stempelfrei." ...

---

63. Bedarf ein Gesellschaftsvertrag, mit dem der Zweck verfolgt wird, Grundstücke, die dritten Personen gehören, für die Gesellschaft zu erwerben und unter Zerteilung mit Vorteil weiter zu veräußern, der gerichtlichen oder notariellen Beurkundung?

B.G.B. § 313.

II. Zivilsenat. Urt. v. 10. April 1908 i. S. B. (Bekl.) w. D. (Kl.). Rep. II. 616/07.

---

[1] Abgedruckt in Bd. 59 dieser Sammlung S. 361. D. E.

I. Landgericht Fürth.
II. Oberlandesgericht Nürnberg.

Die vorstehende Rechtsfrage wurde verneint aus folgenden Gründen:

... „Eine fernere Rüge des Revisionsklägers geht dahin: der Vertrag, der vom Berufungsrichter festgestellt sei, habe zu seinem Gegenstande die Verpflichtung zur Übertragung des Eigentums an einem Grundstücke. Es habe nicht der bloße Ankauf eines Anwesens statthaben sollen, sondern es sei zugleich für die Vertragsteile eine Verpflichtung statuiert, das Eigentum anzukaufender Anwesen ... weiter zu übertragen. Zur Gültigkeit eines solchen Vertrages habe es nach § 313 B.G.B. der im vorliegenden Falle mangelnden gerichtlichen oder notariellen Beurkundung bedurft. Diese Rüge ist nicht begründet.

Was zunächst den Gegenstand und den Inhalt des von den Parteien geschlossenen Vertrages anlangt, so hat das Landgericht einen Gesellschaftsvertrag, betreffend den An- und Verkauf des N.'schen Anwesens in Sch. zum Zwecke der Zerteilung, als vorliegend angenommen. Nach den Ausführungen des Berufungsgerichts können Zweifel nach der Richtung obwalten, ob dieses Gericht das Vorliegen eines (allgemeinen) Gesellschaftsvertrages, gerichtet auf den Erwerb und die Zerteilung, also den Weiterverkauf, von bäuerlichen Anwesen überhaupt für festgestellt erachtet — so daß dann der Ankauf des N.'schen Anwesens nur die Vornahme eines einzelnen Geschäfts der Gesellschaft darstellen würde (§ 709 B.G.B.) —, oder ob auch das Berufungsgericht das Vorliegen eines nur speziell das N.'sche Anwesen betreffenden Gesellschaftsvertrages angenommen hat. Es kommt aber darauf nicht an; der Vertrag unterlag im einen, wie im anderen Falle nicht der Formvorschrift des § 313 B.G.B.

Das Reichsgericht hat zwar wiederholt ausgesprochen, daß nicht nur der Vertrag, durch den sich der eine Kontrahent verpflichtet, das Eigentum an einem ihm gehörigen Grundstücke dem anderen Kontrahenten zu übertragen, der gerichtlichen oder notariellen Beurkundung bedarf, daß vielmehr diese Formvorschrift sich auch auf solche Verträge bezieht, durch die sich der eine Kontrahent verpflichtet, ein ihm gehöriges Grundstück an einen (von dem Gegenkontrahenten noch erst zu ermittelnden) Dritten zu veräußern (Entsch. des R.G.'s in Zivils. Bd. 50 S. 165 flg.). Es ist ferner die Anwendbarkeit des § 313 vom Reichsgerichte auch auf Gesellschaftsverträge ausgedehnt, die dahin gerichtet sind, daß jemand ein ihm gehöriges Grundstück in die Gesellschaft (zum Zwecke der Weiterveräußerung nach Ermittelung von Kauflustigen) einzuwerfen habe.

Vgl. Gruchot, Beiträge Bd. 49 S. 627; Jurist. Wochenschr. 1905 S. 737; ferner Urteil des R.G.'s vom 17. Mai 1905, Rep. I. 642/04.

So handelte es sich auch in dem in der Leipz. Zeitschr. Bd. 1 S. 433 Nr. 3 auszugsweise abgedruckten Urteile des Reichsgerichts vom 6. März 1907 (I. 353/06) um einen Vertrag, durch den der Beklagte die Verpflichtung übernommen hatte, das Eigentum an von ihm schon vor dem Vertragsabschluß erworbenen und also ihm gehörigen Grundstücken zum Nutzen der Gesellschaft in der im Vertrage näher bezeichneten Weise an kauflustige Dritte zu übertragen; es kam dort die Verpflichtung des Eigentümers zur Übertragung seines Eigentums in Frage, und wurde deshalb die Anwendbarkeit des § 313 auf den betreffenden Fall bejaht. Endlich ist in einem Urteile vom 30. Oktober 1907 (I. 7/07) für den Fall, daß jemand ein noch erst zu erwerbendes Grundstück in die Gesellschaft einbringen sollte, die Anwendbarkeit des § 313 bejaht, zugleich aber die Anwendbarkeit für den dort zur Entscheidung gelangten Fall um deswillen abgelehnt, weil es sich darum gehandelt habe, daß nach Abschluß des Gesellschaftsvertrages der Gesellschafter, der den Erwerb des Grundstücks erwirkt hatte, bereits als geschäftsführender Gesellschafter in Betracht gekommen sei, und es sich deswegen nicht um die Übertragung des Eigentums an dem Grundstücke von seiten des Gesellschafters auf die Gesellschaft, sondern darum gehandelt habe, daß der geschäftsführende Gesellschafter nach § 713, § 667 B.G.B. verpflichtet gewesen sei, der Gesellschaft als dem Auftraggeber alles herauszugeben, was er aus der Geschäftsbesorgung erlangt habe.

Die Ausdehnung des § 313 auf Fälle der bezeichneten Art mag gerechtfertigt erscheinen und wird als begründet nicht in Zweifel gezogen. Anders aber liegt der gegenwärtig zur Entscheidung stehende Fall, wo sich zwei Nichteigentümer dahin geeinigt haben, daß der Gewinn oder Verlust aus dem Erwerbe und Verkaufe von Grundstücken überhaupt oder bestimmter Grundstücke unter ihnen geteilt werden solle. Weder der Wortlaut des § 313, noch sein Zweck, leichtfertigen Verkäufen von Grundstücken oder übereilten, nicht nach allen Richtungen hin wohlüberlegten Verträgen über Grundstücksverkäufe entgegen zu wirken, können die Anwendung des § 313 auf den gegenwärtigen Fall zulässig erscheinen lassen. Die Vereinbarung, Dritten gehörige Grundstücke zu zerteilen, ist kein Vertrag, durch den sich der eine Teil verpflichtet, das Eigentum zu übertragen, und zwar auch dann nicht, wenn dem Zerteilen und somit Veräußern der Erwerb der betreffenden Grundstücke für die Gesellschaft noch erst voraufgehen muß. Daß sodann die Grundstücke, wenn sie für die Gesellschaft erworben sind, den Zweckbestimmungen der Gesellschaft unterliegen und somit von der Gesellschaft zu veräußern sind, vermag daran nichts zu ändern. . . ."

---

64. 1. Ist es zur Begründung einer Verpflichtung der Aktionäre zu Leistungen der in § 212 H.G.B. bestimmten Art erforderlich, daß die gemäß § 276 daselbst notwendige Zustimmung der sämtlichen von der Verpflichtung betroffenen Aktionäre gerade in der über diese Verpflichtung beschließenden Generalversammlung erklärt werde?

2. Welche Beschlüsse der Generalversammlung einer Aktiengesellschaft werden durch Nichtanfechtung innerhalb der in § 271 Abs. 2 H.G.B. vorgesehenen Ausschlußfrist gültig?

II. Zivilsenat. Urt. v. 10. April 1908 i. S. Aktiengesellschaft G. (Bekl.) w. S. (Kl.). Rep. II. 622/07.

I. Landgericht Erfurt.
II. Oberlandesgericht Naumburg a. S.

In dem Gesellschaftsvertrage der verklagten Aktienzuckerfabrik von 1872 war jedem Aktionär die Verpflichtung zum Anbau und zur Ablieferung von Zuckerrüben an die Fabrik auferlegt. In den Generalversammlungen der Aktionäre vom 25. März 1901 und 9. August 1906 wurden Beschlüsse gefaßt, die sich auf die Rübenbaupflicht der Aktionäre und die für die Rüben von der Gesellschaft zu zahlenden Preise bezogen. Der Kläger, der in den Jahren 1892 und 1894 Aktien der Gesellschaft erworben, ihr aber niemals Rüben geliefert hatte, widersprach in beiden Versammlungen den erwähnten Beschlüssen. Mittels der innerhalb Monatsfrist nach der Versammlung vom 9. August 1906 gegen die Aktiengesellschaft erhobenen Klage beantragte er, die in den Generalversammlungen vom 25. März 1901 und 9. August 1906 beschlossenen Änderungen der Satzungen der Gesellschaft für ungültig zu erklären. Die Beklagte beantragte Abweisung der Klage und mittels Widerklage, den Kläger zu verurteilen, für jede auf seinen Namen lautende Aktie alljährlich auf einer Fläche von 127,66 Ar Zuckerrüben zu bauen oder bauen zu lassen und diese unverkürzt an die Aktienzuckerfabrik abzuliefern. Der Kläger bestritt diese Verpflichtung.

Das Landgericht erkannte nach dem Klagantrage und wies die Widerklage ab. Die gegen dieses Urteil eingelegte Berufung wurde zurückgewiesen, desgleichen die von der Beklagten eingelegte Revision, aus folgenden

Gründen:

... „Das Berufungsgericht hat für seine Entscheidung im wesentlichen folgende Begründung gegeben. Unter der Herrschaft des alten Handelsgesetzbuchs habe nach feststehender Rechtsprechung eine Rübenbaupflicht der Aktionäre aktienrechtlich in rechtsverbindlicher Weise nicht begründet werden können. Seit der Einführung des neuen Handelsgesetzbuchs verhalte sich dies aber nach § 212 dieses Gesetzes anders. Doch könne jetzt eine solche aktienrechtliche Verpflichtung der Aktionäre gemäß § 276 nur mit Zustimmung sämtlicher von der Verpflichtung betroffenen Aktionäre begründet werden. Die durch den Beschluß der Generalversammlung der Beklagten vom 25. März 1901 erfolgte Abänderung des Statuts habe offenbar die Einführung einer solchen aktienrechtlichen Verpflichtung der sämtlichen Aktionäre bezweckt. Dieser Beschluß sei aber ungültig; denn in dieser Generalversammlung sei nur ein Teil der damals vorhandenen Aktionäre vertreten gewesen. Es habe deshalb ein dem § 276 entsprechender Beschluß über Einführung der aktienrechtlichen Lieferungspflicht der Aktionäre rechtsgültig nicht gefaßt werden können. Auch wenn die in der Generalversammlung nicht vertretenen Aktionäre zu diesem Beschlusse außerhalb der Generalversammlung ihre Zustimmung gegeben hätten, würden die zur Gültigkeit erforderlichen gesetzlichen Bestimmungen nicht erfüllt sein. Denn die Bestimmung des § 276 finde sich unter dem Titel

„Abänderungen des Gesellschaftsvertrags", und solche Abänderungen könnten nach § 274 nur durch die Generalversammlung beschlossen werden. Übrigens habe der Beklagte einen Nachweis für den Beitritt sämtlicher Aktionäre zu dem streitigen Beschlusse nicht erbracht.... Unerheblich sei es, daß die Beschlüsse vom 25. März 1901 nicht binnen der in § 271 vorgesehenen Frist von einem Monate angefochten seien; denn nur Beschlüsse, bei denen es sich um dispositive, dem Verfügungsrechte der Generalversammlung unterliegende Gegenstände handele, würden durch Nichtanfechtung innerhalb der in § 271 Abs. 2 vorgesehenen Präklusivfrist gültig, nicht aber Beschlüsse, die gegen das öffentliche Recht verstießen oder Sonderrechte der Aktionäre beträfen, wie das hier der Fall sei....

Von den Revisionsbeschwerden kommt vor allem diejenige in Betracht, welche sich gegen die Ansicht des Berufungsgerichts richtet, daß die Gültigkeit des in der Generalversammlung vom 25. März 1901 gefaßten Beschlusses über die Einführung der aktienrechtlichen Rübenbaupflicht auch nicht durch eine nachträgliche Zustimmung der in dieser Generalversammlung nicht vertretenen Aktionäre würde herbeigeführt worden sein. Diese Ansicht und die von dem Berufungsgerichte hierfür gegebene Begründung erscheinen nicht als zutreffend. Daraus, daß § 276 im 4. Titel, betreffend „Abänderungen des Gesellschaftsvertrags", steht, und daß nach § 274 eine Abänderung des Gesellschaftsvertrags nur durch die Generalversammlung beschlossen werden kann, ist zwar zu folgern, daß auch die in § 276 bestimmte aktienrechtliche Verpflichtung der Aktionäre zu Leistungen der im § 212 bezeichneten Art, sofern sie nicht im ursprünglichen Gesellschaftsvertrage vorgesehen ist, nur in einer Generalversammlung beschlossen werden kann. Doch ergibt sich daraus und ebenso aus der die Zustimmung sämtlicher von der Verpflichtung betroffener Aktionäre erfordernden Bestimmung des § 276 nicht, daß ein Beschluß über die fragliche Verpflichtung unter der angegebenen Voraussetzung von der Generalversammlung nur dann gültig gefaßt werden kann, wenn die sämtlichen von der Verpflichtung betroffenen Aktionäre in der Versammlung selbst anwesend oder vertreten sind und in dieser ihre Zustimmung erteilen. Denn dies ist im Gesetze selbst nicht bestimmt und auch nicht aus den einschlägigen gesetzlichen Vorschriften herzuleiten. Eine etwaige Bestimmung dieses Inhalts würde sich als eine Ausnahme von der

Regel des § 275 darstellen, wonach in Ermangelung einer anderen Bestimmung des Gesellschaftsvertrags die im § 274 Abs. 1 bezeichneten Beschlüsse der Generalversammlung einer Mehrheit bedürfen, die mindestens drei Vierteile des bei der Beschlußfassung vertretenen Grundkapitals umfaßt. Schon im Hinblick auf diese Bestimmung ist anzunehmen, daß der Gesetzgeber, wenn er die Gültigkeit der auch in Fällen des § 276 erforderlichen Beschlußfassung der Generalversammlung davon hätte abhängig machen wollen, daß alle betroffenen Aktionäre ihre Zustimmung in dieser Versammlung selbst erklären, dies klar ausgesprochen, nicht aber in § 276 Ausdrücke gewählt haben würde, die jedenfalls die Auslegung zulassen, daß die zur Wirksamkeit eines solchen Generalversammlungsbeschlusses allerdings notwendige Zustimmung sämtlicher von der Verpflichtung betroffenen Aktionäre auch außerhalb der darüber beschließenden Generalversammlung erklärt werden kann. Für diese Auslegung spricht aber der Zweck der besonderen Vorschrift des § 276, wodurch die Rechte und Interessen der durch die fragliche Verpflichtung „betroffenen" Aktionäre gewahrt werden sollen. Es handelt sich also hier um ein Sonderrecht der betroffenen Aktionäre, bezüglich dessen kein zwingender Grund dafür vorliegt, daß die Ausübung gerade in der über die fragliche Verpflichtung beschließenden Generalversammlung erfolgen müßte. Die Aufstellung dieses formalen Erfordernisses würde daher nicht selten die Begründung einer solchen Verpflichtung in ganz zweckloser Weise erheblich erschweren. Wenn aber hiernach die fragliche Zustimmung auch außerhalb einer Generalversammlung der Aktionäre erfolgen kann, so ist in Ermangelung einer einschlägigen aktienrechtlichen Vorschrift gemäß § 182 Abss. 1 und 2 B.G.B. anzunehmen, daß in solchen Fällen diese Zustimmung auch in formloser Weise erteilt werden kann.

Doch kann die Verkennung dieser Rechtsgrundsätze nicht zur Aufhebung des angefochtenen Urteils führen, da das Berufungsgericht ohne rechtlichen Verstoß auch verneint hat, daß die in der Generalversammlung vom 25. März 1901 nicht vertretenen Aktionäre, und unter ihnen der Kläger selbst, außerhalb dieser Versammlung ihre Zustimmung zu den angefochtenen Beschlüssen erteilt haben. . . . Hiernach ist die Ungültigkeit der Beschlüsse vom 25. März 1901 und 9. August 1906 wegen Mangels der Zustimmung sämtlicher durch die fragliche Verpflichtung betroffenen Aktionäre schon nach § 276 begründet.

Endlich sind auch die Ausführungen des Berufungsgerichts nicht zu beanstanden, daß der Geltendmachung der dargelegten Unwirksamkeit des Beschlusses vom 25. März 1901 auch die Vorschrift des § 271 Abs. 2 H.G.B. nicht entgegenstehe (vgl. Entsch. des R.G.'s in Zivils. Bd. 36 S. 136 und Bd. 37 S. 65)." . . .

---

65. 1. Unzulässigkeit des Rechtsweges gegen eine Verfügung, welche eine Polizeibehörde gemäß § 120d Gew.O. zur Durchführung der in § 120a das. enthaltenen Grundsätze über die zu erfordernde Beschaffenheit gewerblicher Arbeitsräume usw. getroffen hat.

2. Inwiefern kann auch ein polizeiliches Verbot der Weiterbenutzung des Arbeitsraumes hierunter fallen?

3. Ist Voraussetzung dieser Unzulässigkeit des Rechtsweges, daß in dem in Frage kommenden Bundesstaate zwei Verwaltungsbeschwerdeinstanzen (obere Verwaltungsbehörde und Zentralbehörde) vorhanden seien?

VI. Zivilsenat. Urt. v. 13. April 1908 i. S. hamburg. Polizeibehörde (Bekl.) w. S. & Co. u. Gen. (Kl.). Rep. VI. 359/07.

I. Landgericht Hamburg.
II. Oberlandesgericht daselbst.

Das Berufungsurteil, durch welches die Verwerfung der von der verklagten Behörde vorgeschützten Einrede der Unzulässigkeit des Rechtsweges bestätigt worden war, ist aufgehoben, und die Klage wegen solcher Unzulässigkeit abgewiesen worden, aus den folgenden

Gründen:

„Den Streitgegenstand bildet eine . . . von der verklagten Behörde an die Kläger unter Bezugnahme auf die §§ 120a u. 120d Gew.O. erlassene Verfügung, wodurch ihnen so lange verboten ist, in ihrer in einem näher bezeichneten Keller belegenen gewerblichen Anlage gewerbliche Arbeiter zu beschäftigen, bzw. den Betrieb fortzusetzen, als sie nicht den Arbeitsraum so eingerichtet hätten, daß die Arbeiter gegen Gefahren für Leben und Gesundheit so weit geschützt seien, wie es die Natur des Betriebes gestatte, und als sie nicht insbesondere für genügendes Licht und ausreichenden Luftwechsel, sowie für Beseitigung der bei dem Betrieb entwickelten Dünste und Gase Sorge getragen hätten. Die Kläger haben die Feststellung beantragt, daß diese Verfügung rechtsungültig, und daß die Beklagte nicht berechtigt sei, ihnen den fraglichen Betrieb zu untersagen....

Allerdings steht es durch die zustimmende Bezugnahme des Oberlandesgerichts auf die Gründe des Landgerichts in irrevisibler Weise fest, daß der Rechtsweg hier durch keine Bestimmung des hamburgischen Partikularrechts ausgeschlossen, vielmehr nach § 24 Abs. 2 des sogen. Verhältnisgesetzes von 1879 an sich zulässig ist; aber dem Berufungsgerichte kann darin nicht beigetreten werden, daß auch § 120d Abs. 4 Gew.O. der Zulassung des Rechtsweges nicht im Wege stehe. Wenn nämlich hier gegen Verfügungen, welche die Polizeibehörde auf Grund der Abss. 1—3 dieses Paragraphen erläßt, nur der Weg der Verwaltungsbeschwerde eröffnet, und dann die Entscheidung der Zentralbehörde für „endgültig" erklärt wird, so ist damit unzweifelhaft der Rechtsweg insoweit ausgeschlossen. Nun fällt aber in Wirklichkeit die hier fragliche Verfügung gerade unter jene ersten Absätze. Denn Abs. 1 gibt der Polizeibehörde ganz allgemein die Befugnis, für eine einzelne Anlage die Ausführung derjenigen Maßnahmen anzuordnen, welche zur Durchführung der in § 120a enthaltenen Grundsätze erforderlich sind, und schreibt dabei nicht etwa der Behörde eine Angabe der erforderlichen Maßnahmen im einzelnen vor. Daher ist es ihrem Ermessen überlassen, wie weit sie hierin in jedem einzelnen Falle gehen will. Ferner bestimmt der Abs. 2 des § 120d, daß für die Ausführung der angeordneten Maßregeln eine angemessene Frist nur dann gelassen werden muß, wenn es sich nicht um die Beseitigung einer dringenden, das Leben oder die Gesundheit der Arbeiter bedrohenden Gefahr handelt; eine solche Gefahr ist aber für den vorliegenden Fall von der Beklagten gerade festgestellt, und daher fällt die Verfügung, auch insofern sie anordnet, daß sofort die Beschäftigung der Arbeiter in dem fraglichen Keller bis zur Ausführung der erforderlichen Maßnahmen eingestellt werden soll, unter den § 120d Gew.O.

Es kann auch nicht etwa daraus ein Bedenken hergenommen werden, daß, während der Abs. 4 des § 120d zunächst eine Beschwerde an die höhere Verwaltungsbehörde, und dann noch eine weitere Beschwerde an die Zentralbehörde vorsieht, in Hamburg nur eine Beschwerde möglich ist, da der Senat sowohl als höhere Verwaltungsbehörde, wie auch als Zentralbehörde gilt. Denn das Gesetz hat natürlich nur bestimmen wollen, daß, wenn über der höhern Verwaltungsbehörde noch eine von ihr verschiedene Zentralbehörde steht, auch an diese noch Beschwerde stattfinden solle; es hat nicht die Einzelstaaten nötigen wollen, ihren Behördenorganismus so umzugestalten, daß es für diese Angelegenheiten überall drei Instanzen gebe, vielmehr durch § 155 Abs. 2 der Zentralbehörde jedes Bundesstaates ganz freie Hand gelassen, möglicherweise auch sich selbst als die höhere Verwaltungsbehörde zu bezeichnen." ...

---

66. Wann ist die Verpflichtung zur Herausgabe einer ohne rechtlichen Grund erlangten Leistung ausgeschlossen, weil der Empfänger nicht mehr bereichert ist?

B.G.B. § 818 Abs. 3.

VI. Zivilsenat. Urt. v. 13. April 1908 i. S. L. (Bekl.) w. A. (Kl.). Rep. VI. 623/07.

I. Landgericht Beuthen O./S.
II. Oberlandesgericht Breslau.

Aus den Gründen:

... „Das Berufungsgericht hat ... festgestellt, daß die Darlehnsbeträge, deren Rückforderung den Gegenstand der Klage bildet, in die Kasse des vom Beklagten betriebenen, zur damaligen Zeit von seiner Ehefrau als seiner Pflegerin und gesetzlichen Vertreterin verwalteten und geführten Fabrikgeschäftes geflossen und damit für das Fabrikgeschäft zur Verwendung gelangt sind. Damit sind die Voraussetzungen der Bereicherungsklage gegeben, sofern der Darlehnsvertrag, der dieser Vermögensvermehrung zur Grundlage diente, mangels vormundschaftsrichterlicher Genehmigung oder Ermächtigung nicht zur rechtlichen Wirksamkeit gelangt ist. Der Kläger hat den Willen gehabt, Besitz und Eigentum der von ihm darlehnsweise gegebenen Gelder dem Beklagten zu übertragen, und dessen zu seiner Vertretung legitimierte Ehefrau hat diese für ihn empfangen; ist der Darlehnsvertrag hinfällig, so ist diese Vermögensverschiebung grundlos erfolgt, und der Beklagte ist auf Kosten des Klägers ungerechtfertigter Weise bereichert (§ 812 B.G.B.).

Der Beklagte kann sich von der dadurch begründeten Verpflichtung der Herausgabe nur frei machen, wenn er gemäß § 818 Abs. 3 B.G.B. den Nachweis führt, daß er nicht mehr bereichert, daß das Erlangte zur Zeit der Klagezustellung (§ 818 Abs. 4 B.G.B.) seinem Vermögen wieder entfremdet worden, der Vermögenszuwachs wieder weggefallen sei. Der Beklagte würde diesen Nachweis allgemein damit erbringen können, daß sein ganzes aktives Vermögen nicht mehr den Betrag der Bereicherungssumme decke; insoweit dies der Fall, würde mit dem Vermögen auch die Bereicherung verschwunden sein. Davon abgesehen würde es ihm frei stehen, darzutun, daß entweder gerade das vom Kläger seinem Vermögen zugeführte Geld auf irgend eine Weise aus diesem wieder ausgeschieden worden sei (vgl. Entsch. des R.G.'s in Zivils. Bd. 65 S. 298), oder daß die erlangten Summen zu besonderen Zwecken verbraucht worden seien, die eine Ersparung von Ausgaben auf der anderen Seite ausschlossen (vgl. v. Mayr, Bereicherungsanspruch S. 621; Oertmann, Recht der Schuldv. Bem. 3b zu § 818 B.G.B.). Der Beklagte hat aber lediglich geltend gemacht, daß die Geschäftsführung seiner ihm als Pflegerin bestellten Ehefrau eine unglückliche gewesen sei, und diese am Ende der Pflegschaft ihm eine bei weitem größere Unterbilanz des Geschäftes zurückgelassen habe, als die war, mit der sie die Verwaltung als Pflegerin übernommen hatte. Die hieraus hervorgehende Eingehung anderweiter großer Schuldverbindlichkeiten durch die Pflegerin schließt aber nicht aus, daß die vom Kläger dem Vermögen des Beklagten zugewendeten Beträge zur Befriedigung von Gläubigern oder zur Beschaffung von Vorräten und Materialien für den Fabrikbetrieb oder sonst zu dessen Aufrechterhaltung verwendet worden sind. Wenn dies geschehen ist, so sind ihm Ausgaben erspart worden, die er sonst aus seinem übrigen Vermögen hätte bestreiten müssen. Ob die Aufnahme der Darlehen für die Fortführung des Geschäftsbetriebes der Beklagten notwendig war, oder nicht, ist eine hiervon verschiedene Frage, die das Berufungsgericht zutreffend als unerheblich für das Bestehen des Bereicherungsanspruches angesehen hat." ...

---

67. 1. Kann bei der Gesellschaft mit beschränkter Haftung der Gesellschafter auch dann seines Geschäftsanteils für verlustig erklärt werden, wenn er mit der Leistung einer Sacheinlage säumig ist?

2. Inwiefern kann, nachdem die Gesellschaft m. b. H. in das Handelsregister eingetragen ist, die Vereinbarung über die Einbringung einer Sacheinlage in die Gesellschaft (Illationsvertrag) noch angefochten werden?

Gesetz, betr. die Gesellsch. m. b. H., vom 20. Mai 1898 §§ 21, 34.

I. Zivilsenat. Urt. v. 22. Februar 1908 i. S. Internationale Reklamegesellschaft m. b. H. (Bekl.) w. Gr. u. R. (Kl.). Rep. I. 230/07.

I. Landgericht Köln.
II. Oberlandesgericht daselbst.

Durch notariellen Vertrag vom 24. Februar 1904 gründeten die beiden Kläger zusammen mit drei anderen Personen die verklagte Gesellschaft m. b. H. Gegenstand des Unternehmens war die Verbreitung von Reklamen in Eisenbahn-, Kleinbahn- und Straßenbahnwagen und in sonstigen Beförderungsmitteln jeglicher Art, insbesondere die Herstellung und der Vertrieb des von dem Kläger Gr. erfundenen Haltestellenmelders zu Reklamezwecken. Das Stammkapital betrug 250000 *M*, worauf u. a. zu leisten hatten der Kläger Gr. 62000 *M*, der Kläger R. 38000 *M*, beide durch Sacheinlage, nämlich durch Einbringen „der ihnen gemeinschaftlich für die Erfindung eines Haltestellenmelders nebst Reklameapparat durch Herrn Gr., beziehentlich aus der Anmeldung dieser Erfindung zum Patent im Deutschen Reiche und Österreich-Ungarn zustehenden Rechte, einschließlich der Gebrauchsmuster-Schutzrechte". Dabei leistete der Kläger Gr. der Gesellschaft Gewähr dafür, daß die Erfindung es ermögliche, den

Apparat einheitlich herzustellen, so daß eine Verschiedenheit in der Anzahl der Haltestellen weder eine Verteuerung der Herstellungskosten, noch eine Erschwerung der Verwendbarkeit bedinge. Der Wert dieser Einlage wurde auf 165000 ℳ festgesetzt, so daß die Sacheinlagen der beiden Kläger geleistet und die Gesellschaft verpflichtet sein sollte, ihnen noch 65000 ℳ herauszuzahlen. Die erste Rate der Abfindung mit 35000 ℳ wurde am 3. März 1904 bezahlt. Die Anmeldung in Deutschland führte zur Erteilung eines Reichspatents, aber nur in beschränktem, nach der Behauptung der Beklagten wertlosem Umfange.

Nach mehrfachen Aufforderungen an Gr., die Anweisungen zur Konstruktion eines Apparates für eine größere Anzahl von Haltestellen zu geben, richtete die Gesellschaft am 19. Mai 1904 an Gr. und in gleichem Sinne auch an R. ein Schreiben, das zunächst die Erklärung enthielt, daß sie, da Gr. seine Verpflichtungen nicht erfüllt habe und die Sacheinlage nicht geleistet sei, nunmehr statt der Leistung Wandelung begehre, daß sie die eingebrachten Apparate zur Verfügung stelle und bereit sei, die Patente und Gebrauchsmuster wieder auf seinen Namen zu überschreiben. Weiter wurde Gr. und ebenso R. aufgefordert, die 35000 ℳ mit Zinsen zurückzuzahlen und auf ihre nunmehr in bar zu leistenden Stammeinlagen von 62000 ℳ und 38000 ℳ die von den andern Gesellschaftern gezahlten 30 v. H. binnen 8 Tagen einzuzahlen. Am 30. Mai 1904 schrieb die Gesellschaft an jeden der beiden Kläger: „Wir stellen Ihnen nunmehr eine Nachfrist von 1 Monat, bis zu welchem Termine die fälligen Zahlungen zu leisten sind, und werden, falls Sie diesen Termin verstreichen lassen, Ihre Geschäftsanteile ausschließen.“ Endlich mit Schreiben vom 1. Juli 1904 an jeden der Kläger erklärte die Gesellschaft diese ihrer Geschäftsanteile zugunsten der Internationalen Reklamegesellschaft G. m. b. H. für verlustig.

Die Kläger erhoben Feststellungsklage dahin, daß die Beklagte nicht berechtigt sei, sie ihrer Anteilscheine für verlustig zu erklären. Die Beklagte erhob Widerklage mit dem Antrage, die Kläger solidarisch zur Zahlung von 35000 ℳ nebst Zinsen, eventuell zur Einwilligung in die Wandelung des Illationsvertrages zu verurteilen.

In der ersten Instanz wurde der Klage stattgegeben, und die Widerklage abgewiesen. Die Berufung der Beklagten blieb ohne

Erfolg. Auf ihre Revision wurde die Entscheidung zur Widerklage aufgehoben, und insoweit die Sache an das Berufungsgericht zurückverwiesen. Über die in der Überschrift hervorgehobenen Fragen äußert sich das Revisionsurteil in den

Gründen:

„Soweit sich die Revision gegen die Entscheidung über die Klage richtet, ist sie nicht begründet. Mit Recht sind beide Instanzen davon ausgegangen, daß das Kaduzierungsverfahren nach § 21 des Ges., betr. die Gesellsch. m. b. H., nur bei verzögerter Einzahlung von Geldeinlagen, nicht bei Sacheinlagen stattfinde. Dies wird auch von der Revision selbst grundsätzlich nicht bezweifelt; sie hat nur, ohne einen besonderen Angriff zu erheben, um Nachprüfung in der Richtung gebeten, ob nicht wenigstens dann die Kaduzierung zulässig sei, wenn an Stelle der Sacheinlage eine Verpflichtung zur Geldleistung getreten sei. Auch dies muß verneint werden. Davon, daß sich die zur Deckung der Stammeinlage übernommene Leistung einer Sacheinlage bei Nichterfüllung in die Verpflichtung zur Leistung der entsprechenden Geldeinlage verwandeln könnte, darf beim Fehlen einer besonderen darauf gerichteten Vereinbarung nicht die Rede sein. Die Geldleistung, die an Stelle der nicht geleisteten Sacheinlage tritt, bleibt immer Ersatzleistung für die Sacheinlage. Das Kaduzierungsverfahren hängt aber nicht davon ab, daß eine Geldleistung, sondern daß eine Geldeinlageleistung zu bewirken ist. Unzweifelhaft war daher die Gesellschaft nicht befugt, die Kläger, die nur eine Sacheinlage übernommen hatten, so wie in der Erklärung vom 1. Juli 1904 geschehen ist, „ihrer Geschäftsanteile zugunsten der Internationalen Reklamegesellschaft m. b. H. für verlustig" zu erklären. Damit ist aber die Klage begründet. Insoweit muß die Revision zurückgewiesen werden....

Begründet dagegen ist die Revision zur Widerklage. Mit der Widerklage verlangt die Beklagte die Herauszahlung des Betrags von 35000 *M*, den die Kläger als Anzahlung auf den die Sacheinlage übersteigenden Wert ihres Einbringens erhalten haben, eventuell die Einwilligung der Kläger in die Wandelung des Illationsvertrags.

Nach den Feststellungen im Berufungsurteile hat die Beklagte die Widerklage gestützt auf den Gesichtspunkt 1. der Wandelung des Illationsvertrages, 2. der Anfechtung dieses Vertrags wegen arglistiger Täuschung und 3. wegen Irrtums, 4. der Nichtigkeit wegen ursprünglicher Unmöglichkeit der Erfüllung, 5. der Auflösung des Vertrages durch Eintritt einer Resolutivbedingung, 6. ihres Rechts zum Rücktritte vom Vertrage wegen Unmöglichkeit seiner Erfüllung, 7. des Bereicherungsanspruches gegen die Kläger auf Rückgabe ihrer Geschäftsanteile und 8. der Gewährleistung durch den Kläger Gr.

Gegen die Begründung der Widerklage aus den unter 1—6 aufgeführten Gesichtspunkten macht das Berufungsgericht zunächst die allgemeine Erwägung geltend: alle diese Fundamente der Widerklage führten, wenn auch nur Abhilfe für den den Betrag der Sacheinlage übersteigenden Wert der eingebrachten Rechte verlangt werde, doch notwendig auch zum Wegfalle des Illationsvertrages im übrigen und damit zur Verpflichtung der Beklagten, die Sacheinlage zurückzugeben. Dann werde der verklagten eingetragenen Gesellschaft die gesetzliche Grundlage, wenigstens zum Teil, entzogen, da die Kläger nicht verpflichtet seien, anstatt der Sacheinlage eine Geldeinlage zu machen. Ein solcher den Wegfall der Geschäftsanteile der Kläger bedingender Erfolg könne eben nur auf dem Wege der Amortisation nach § 34 des Ges. erreicht werden und sei vorliegend überhaupt ausgeschlossen, weil der Gesellschaftsvertrag eine Amortisation der Geschäftsanteile nicht vorsehe.

Unterstellt man zunächst, daß die Begründung der Widerklage, wie sie unter 1—6 versucht wird, ihrem Wesen nach wirklich auf eine Beseitigung des Illationsvertrages hinauslaufe, so müssen die Erwägungen des Berufungsgerichts als zutreffend und schlüssig anerkannt werden. Denn es würde allerdings auch über den Betrag der Widerklage, obgleich er nur den im Vertrage festgesetzten Mehrwert des Eingebrachten über den als Sacheinlage bestimmten Teil hinaus umfaßt, nicht erkannt werden können, wenn nicht der Wegfall des Illationsvertrages im ganzen gerechtfertigt wäre. Die Folge dieses Wegfalls wäre aber die Verpflichtung der Gesellschaft zur Rückgewähr der Einlage und überhaupt der vollständige und ersatzlose Untergang der gesellschaftlichen Beteiligung der Kläger, die Elimination ihrer Geschäftsanteile. Nach den Bestimmungen des Ges. vom 20. Mai 1898 ist die Annahme begründet, daß ein solches Ergebnis nach der Eintragung der Gesellschaft ins Handelsregister nur noch auf dem Wege der Einziehung des Geschäftsanteils nach

§ 34 erreicht werden kann. Durch die Eintragung ist die Gesellschaft nach Maßgabe des Gründungsvertrages als Gesellschaft m. b. H. entstanden und fest geworden. Zur Gesellschaftsverfassung gehören auch die Geschäftsanteile in ihrer Höhe und ihrer Zahl (§ 5). Der Bestand der Geschäftsanteile, der sowohl nach innen für die Gesellschafter, wie namentlich nach außen für die Gläubiger von Bedeutung ist, kann sich zwar insofern ändern, als in der Person des Inhabers ein Wechsel eintritt und für den Fall der Vererbung oder Veräußerung auch eine Teilung zugelassen ist. Ein Ausscheiden des Gesellschafters unter Aufrechterhaltung des Geschäftsanteils für den Nachfolger kommt weiter vor: gegen seinen Willen bei der Kaduzierung, freiwillig bei der Abandonerklärung nach § 27. Dafür aber, daß der Geschäftsanteil selbst zu bestehen aufhört, verschwindet, ist nur das Mittel der Amortisation gegeben, und eben um einen solchen Fall handelt es sich hier, wo beim Wegfalle des Illationsvertrages nicht bloß subjektiv das Mitgliedschaftsrecht der Kläger, sondern auch objektiv die ihrem Geschäftsanteile entsprechende Stammeinlage beseitigt werden würde. Der Gefährdung, die eine solche Änderung in den Grundlagen der Gesellschaft für die Interessen der Gläubiger mit sich bringt, haben sich diese zwar unterworfen, insoweit die Einziehung des Geschäftsanteils, die nach § 34 im Gesellschaftsvertrage vorgesehen sein muß, in Rede steht; im übrigen aber dürfen sie mit Rücksicht auf die Bedeutung der Registereintragung dagegen Schutz beanspruchen. Die Revision selbst lehnt an sich die Beachtung des Gläubigerinteresses nicht ab; sie meint aber, daß im einzelnen Falle zu prüfen sei, ob dieses Interesse verletzt werde, und daß davon jedenfalls dann nicht gesprochen werden könne, wenn die wegfallende Einlage ganz wertlos sei. Allein zu einer für die Gläubiger maßgebenden Beurteilung dieses Werts und seiner Bedeutung für die Wahrung ihrer Interessen ist der Rechtsstreit zwischen der Gesellschaft und einem Gesellschafter nicht die geeignete Stelle. Auch läßt sich aus dem Gesetze nicht ableiten, daß die Schutzbestimmung nur Geltung haben solle, wenn im einzelnen Falle die Möglichkeit einer Verletzung der Gläubigerinteressen gegeben sei.

Bedenken aber ergeben sich darüber, ob diese Erwägungen auch zutreffen, wenn der Illationsvertrag von Anfang an nichtig war. Die nichtige Beitrittserklärung begründet keine Verpflichtung zur

Einlage und läßt den Geschäftsanteil gar nicht zur Entstehung gelangen. Ausschluß aus der Gesellschaft bedeutet in diesem Falle nicht Zerstörung eines vorhandenen Geschäftsanteils, sondern Feststellung seines Nichtbestehens. Hierher würde gehören die Begründung unter 4: Nichtigkeit des Vertrages wegen ursprünglicher Unmöglichkeit der Erfüllung, d. h. Unmöglichkeit der von den Klägern übernommenen Einlageleistung (§ 306 B.G.B.). Man könnte hierher auch ziehen die Begründung unter 5: Auflösung des Vertrages durch Eintritt einer Resolutivbedingung, insofern auch bei der Erfüllung der auflösenden Bedingung der frühere Rechtszustand von selbst wieder eintritt (§ 158 Abs. 2). Es bedarf indessen in dieser Richtung keiner Entscheidung, da beide Begründungen sich aus anderen Gesichtspunkten als verfehlt darstellen." (Dies wird im einzelnen dargelegt.)

„Für die unter 1, 2, 3 und 6 versuchten Begründungen der Widerklage besteht dieses Bedenken nicht. Vielmehr ist anzuerkennen, daß hier der Wegfall der an sich zu Recht bestehenden Geschäftsanteile der Kläger und der Wegfall ihrer Stammeinlage die sachliche Voraussetzung für die Berechtigung des Widerklaganspruchs bilden. Hier greifen demnach die oben geprüften Erwägungen des Berufungsgerichts durch. Dies wenigstens insoweit, als die Beklagte die Rückforderung der Abfindung lediglich auf die Tatsache stützt, daß der Illationsvertrag hinfällig sei, ohne sich auf eine etwa bestehende Schadensersatzpflicht der Kläger zu berufen. Auf die Frage der Schadensersatzpflicht wird später einzugehen sein. Sieht man davon ab, so muß zugegeben werden, daß kein Rechtsgrund besteht, die Kläger, weil die völlige Beseitigung des Illationsvertrages nicht zu erreichen ist, zur Duldung einer teilweisen Aufhebung unter Zurücklassung ihrer Einlage anzuhalten. Daher ist allerdings auch für die Begründung der Widerklage präjudiziell, ob der Illationsvertrag mit allen seinen Folgen beseitigt werden kann, und diese Frage hat das Berufungsgericht, wie ausgeführt ist, mit Recht verneint." (Es wird ausgeführt, daß trotzdem die Abweisung der Widerklage bisher nicht gerechtfertigt sei, da zu Unrecht das Fundament der Gewährleistung [8], als angebliche Klagänderung, abgelehnt und da auch nicht geprüft worden sei, ob nicht in dem Vorbringen der Beklagten zugleich die Geltendmachung eines Schadensersatzanspruchs zu finden sei. In dieser Richtung bemerken die Gründe):

„Schon oben ist hervorgehoben worden, daß die unter 1, 2, 3 und 6 versuchte Begründung der Widerklage möglicherweise einer andern Beurteilung unterliege, wenn nicht die Tatsache allein, daß der Illationsvertrag zum Wegfall gebracht werden soll, in Betracht zu ziehen sei, sondern zugleich der Umstand, daß der Grund, aus dem die Beklagte die Beseitigung des Illationsvertrages verlange, auch die Verpflichtung der Kläger zum Schadensersatze erzeugt habe. In der Tat würde daraus, daß sich hier mit Rücksicht auf die Sonderbestimmungen für Gesellschaften m. b. H. der einfache Wegfall des Illationsvertrages nicht erreichen läßt, nicht zu folgern sein, daß sich auch nicht im Wege des Schadensersatzes die Rückzahlung der auf den Mehrwert der Einlage gewährten Abfindung begründen ließe. Nun bieten freilich die Begründungen unter 1 (Wandelung) und 3 (Anfechtung wegen Irrtums) keine Handhabe zu einer solchen Betrachtung, und in bezug auf die Anfechtung wegen arglistiger Täuschung — unter 2 — ist ohne Rechtsirrtum die tatsächliche Grundlage verneint worden. Auch für die Begründung unter 6 — Unmöglichkeit der Erfüllung — ist in unanfechtbarer Weise ausgesprochen, daß der § 306 B.G.B. keine Anwendung finde. Nicht beachtet aber ist, daß das hierher gehörige Vorbringen der Beklagten auch, und zwar in erster Linie, die Beurteilung nach § 325 B.G.B. erforderte, wonach dann, wenn die aus einem gegenseitigen Vertrage dem einen Teile obliegende Leistung infolge eines Umstandes, den er zu vertreten hat, unmöglich wird, der andere Teil nicht nur vom Vertrage zurücktreten, sondern auch wahlweise Schadensersatz wegen Nichterfüllung verlangen kann. Da im vorliegenden Falle der Rücktritt vom Vertrage nicht zulässig war, weil er keinen Effekt haben konnte, so steht der Berücksichtigung des Schadensersatzanspruchs nicht entgegen, daß die Beklagte in erster Linie den Rücktritt erklärt hatte. Demgemäß bedarf es auch in bezug auf die Begründung unter 6 noch der weiteren Prüfung." ...

---

68. 1. Rechtliche Stellung der Sparkassen der Stadtgemeinden in Preußen.

Preuß. Reglement vom 12. Dezember 1838 (G.S. 1839 S. 5).

2. Ist die nach § 1280 B.G.B. erforderliche Anzeige der Verpfändung einer Forderung von seiten des Gläubigers an den Schuldner entbehrlich, wenn die Tatsache der Verpfändung dem Schuldner schon anderweit bekannt geworden ist?

3. Voraussetzungen der Haftbarkeit

a) des Bürgermeisters einer preußischen Stadtgemeinde, als Vorstandes der städtischen Sparkasse,

b) der Stadtgemeinde selbst

für den Schaden, der durch eine fahrlässig erteilte irreführende amtliche Auskunft des Bürgermeisters über ein Sparkassenguthaben entstanden ist.

B.G.B. §§ 31, 89, 254, 839.
Einf.-Ges. zum B.G.B. Art. 77.

VII. Zivilsenat. Urt. v. 3. April 1908 i. S. Stadtgemeinde K. (Kl.) w. Stadtgemeinde P. und Bürgermeister E. (Bekl.). Rep. VII. 249/07.

I. Landgericht Königsberg i. Pr.
II. Oberlandesgericht daselbst.

Im März 1902 suchte der Rendant der städtischen Sparkasse in P., Ziegeleibesitzer B., bei der Sparkasse der Klägerin die Gewährung eines Darlehns von 14000 *M* nach. Zur Sicherheit bot er die Verpfändung eines auf seinen Namen und angeblich über eine Einzahlung im Betrage von 18000 *M* lautenden Sparkassenbuchs der Sparkasse in P. an. Da dieses Buch jedoch damals bereits beim Ostpreußischen Vorschußvereine verpfändet war, übersandte B. der Sparkasse der Klägerin auf deren Verlangen eine notariell beglaubigte Abschrift des Buchs, in der beurkundet war, daß bei der Sparkasse in P. auf das Buch auf den Namen B. 18000 *M* eingezahlt seien. Am 2. Juni 1902 fragte die Sparkasse der Klägerin bei der Sparkasse in P. an, ob für B. das Guthaben noch bestehe; nach der Behauptung der Klägerin sollte in der Anfrage als Betrag des Guthabens ausdrücklich die Summe von 18000 *M* angeführt gewesen sein. Am 28. Juni erhielt die anfragende Sparkasse eine mit „E. E." (Namen des Beklagten zu 2, Bürgermeisters E. in P.) unterzeichnete Antwort auf einem Briefbogen mit dem Vordrucke

„Kuratorium der städtischen Sparkasse P.“, dahin gehend, „daß das Konto 3508 für B. noch bestehe und das Guthaben beim Ostpreußischen Vorschußvereine verpfändet sei“. Nach der Behauptung der Klägerin sollte der Brief vom Bürgermeister E. selbst unterzeichnet gewesen sein. Nunmehr eröffnete die Sparkasse der Klägerin dem B. ein Lombardkonto bis zur Höhe von 14000 *M* und teilte dem Kuratorium der Sparkasse in P. am 30. Juni mit: „daß wir dem Ziegeleibesitzer B. einen Lombardkredit eröffnet haben, und das Quittungsbuch der p. p. Nr. 3508, lautend über 18000 *M*, als Unterpfand gegeben ist. Zahlungen auf dieses Konto dürfen hiernach gemäß § 1280 B.G.B. ohne unsere Zustimmung nicht gemacht werden. Wir ersuchen das p. p., uns umgehend den Eingang dieses Schreibens und Ihr Einverständnis mit dem Inhalte desselben zu bestätigen“. Als Antwort ging ein mit „E. E.“ unterzeichnetes Schreiben vom 15. Juli ein, das den Empfang des vorbezeichneten Schreibens bestätigte und zusicherte, daß dem Wunsche der Klägerin gemäß werde verfahren werden. Auch dieses Antwortschreiben sollte nach der Behauptung der Klägerin von E. selbst unterzeichnet gewesen sein. Am 2. Oktober 1902 übergab B. tatsächlich der Klägerin das Sparkassenbuch „zum Unterpfande“ und erhielt nunmehr ein Darlehn von 14000 *M*. Eine Anzeige der Verpfändung an die Sparkasse in P. ist durch B. nicht erfolgt.

Im September 1904 war B. in Konkurs geraten. Das Darlehn war im Konkursverfahren „in Höhe des Ausfalls“ festgestellt worden. B. wurde wegen Urkundenfälschung und Betrugs zu einer mehrjährigen Zuchthausstrafe verurteilt. Auch das Sparkassenbuch hatte er gefälscht. In Wirklichkeit waren auf dieses Buch nur 18 *M* eingezahlt worden.

Mit Rücksicht darauf, daß aus der Konkursmasse höchstens 10 v. H. herauskommen könnten, versuchte die Klägerin, sich mittels der Klage an den Beklagten schadlos zu halten. In erster Reihe machte sie gegenüber der Sparkasse in P. behufs Erstattung ihrer Darlehnsforderung bis zur Höhe von 18000 *M* ein Forderungspfandrecht an dem Sparkassenguthaben, hilfsweise ein Pfandrecht oder doch ein Zurückbehaltungsrecht an dem Sparkassenbuche des B. geltend. Weiterhin nahm die Klägerin den Beklagten E. wegen unerlaubter Handlung, die durch die Erteilung falscher Auskünfte über den Bestand des Guthabens des B. begangen sein sollte, in Anspruch, und endlich die erste Beklagte auch noch aus dem Gesichtspunkte der Haftung für ihren Angestellten E., da dieser Bürgermeister von P. und als solcher Vorsitzender des Kuratoriums der Sparkasse gewesen sei.

In beiden Vorinstanzen wurde die Klage abgewiesen. Auf die Revision der Klägerin wurde das Berufungsurteil aufgehoben, und die Sache an das Berufungsgericht zurückverwiesen.

Gründe:

„Der Berufungsrichter führt am Kopfe seines Urteils, entsprechend der Klageschrift, als Kläger „das Kuratorium der städtischen Sparkasse zu K." und als Beklagte „1. die Stadtgemeinde P., 2. das Kuratorium der städtischen Sparkasse zu P., 3. den Bürgermeister E. zu P." auf. Diese Bezeichnung gibt aber die Rechtspersonen, zwischen denen der zu entscheidende Streit schwebt, nicht richtig wieder. Die auf Grund des preußischen Reglements vom 12. Dezember 1838 (G.S. 1839 S. 5) errichteten Sparkassen der Stadtgemeinden haben, wie dieses Reglement ergibt, keine eigene Rechtspersönlichkeit, sind vielmehr Anstalten der Gemeinden, und ihr Vermögen bildet nur „einen besonderen, von anderen Kassen der Stadtverwaltung unvermischt zu erhaltenden Fonds" des Gemeindevermögens. An dieser vom Gesetze den städtischen Sparkassen zugewiesenen Stellung kann auch der Umstand nichts ändern, daß hier in § 2 des behördlich genehmigten Statuts der städtischen Sparkasse von P. die Sparkasse als „eine selbständige Anstalt unter Gewähr der Stadt P." bezeichnet ist. Daß damit nicht etwas von dem genannten Reglement Abweichendes hat bestimmt werden sollen, ergibt der Abs. 2 des § 2 des Statuts, inhalts dessen alle Verbindlichkeiten der Sparkasse „eine städtische Last" bilden. Hiernach muß, wenn unter dem Namen einer städtischen Sparkasse oder des Kuratoriums einer solchen eine Klage erhoben oder gegen eine solche Kasse oder deren Kuratorium geklagt wird, die Klage als von der betreffenden Gemeinde erhoben oder gegen sie gerichtet angesehen werden.

Vgl. Urt. des R.G.'s vom 1. Dezember 1906, Jurist. Wochenschr. 1907 S. 81 Nr. 11.

Dementsprechend war als Klägerin an Stelle des Kuratoriums der Sparkasse die Stadtgemeinde K. aufzuführen, deren gesetzlicher Vertreter nach § 56 der Städteordnung vom 30. Mai 1853 der Magistrat ist. Anderseits war die Bezeichnung des Kuratoriums der städtischen Sparkasse in P. als eines besonderen Beklagten neben der Stadtgemeinde P. gemäß des jetzt von der Klägerin selbst gestellten Antrags in Wegfall zu bringen. Der Prozeßbevollmächtigte der Beklagten hat diesem Antrage zwar widersprochen, jedoch ohne Grund. Würde man selbst dem Kuratorium der Sparkasse in P. Parteifähigkeit zugestehen, so wäre diese Partei doch mangels einer von der Stadtgemeinde verschiedenen Rechtspersönlichkeit mit der Stadtgemeinde identisch. Eine sachliche Klagänderung kann daher in der Änderung der Bezeichnung der Beklagten und damit des Klagantrags nicht gefunden werden. Durch die formelle Bezeichnung des Kuratoriums der Sparkasse in P. als eines besonderen Beklagten war auch weder die Verteidigung der wirklichen Beklagten irgendwie erschwert, noch sind dadurch besondere Mehrkosten erwachsen. Die Änderung mußte daher auch auf die Entscheidung des Kostenpunktes ohne Einfluß bleiben.

In der Sache selbst erweisen sich die Angriffe der Revision zum Teil als unbegründet. Das gilt zunächst von den Rügen, die gegen die Annahme des Berufungsrichters erhoben werden, für die Klägerin sei weder ein Pfandrecht an einem Sparkassenguthaben, insbesondere einem solchen im Betrage von 18000 *M*, entstanden, noch ein Pfandrecht oder Zurückbehaltungsrecht an dem Sparkassenbuche. Die Verpfändung des Guthabens hält der Berufungsrichter mit Recht deshalb für unwirksam, weil B., der Gläubiger des Guthabens, die im § 1280 B.G.B. vorgeschriebene Anzeige an den Schuldner, die Sparkasse in P., unterlassen hat. Die Revision vertritt unter Bezugnahme auf das Urteil des erkennenden Senats vom 5. Juli 1904 (Jurist. Wochenschr. 1904 S. 485) die Meinung, diese Anzeige sei im vorliegenden Falle nicht erforderlich gewesen, da die erfolgte Verpfändung allen Beteiligten, insbesondere auch der Sparkasse in P., bekannt gewesen sei. Die Annahme jedoch, die Verpfändung sei dem Vorstande der Sparkasse bekannt geworden, insbesondere das Schreiben vom 30. Juni sei dem Vorstande wirklich zugegangen, und nicht von B. aufgefangen, entbehrt bisher der tatsächlichen Grundlage. Wäre aber auch die Verpfändung dem Schuldner bekannt gewesen, so wäre freilich die bloße tatsächliche Bestätigung des bereits Bekannten durch B. überflüssig gewesen, nicht aber eine Willensäußerung des B. an die Sparkasse, aus der diese ein Anerkenntnis der Rechtsgültigkeit der Verpfändung durch den Verpfändenden hätte entnehmen können. Eine solche Willensäußerung, die Verpfändung gegen sich gelten zu lassen, ist neben der bloß tatsächlichen Mitteilung der erfolgten Verpfändung in einer dem § 1280 B.G.B. entsprechenden Anzeige des Gläubigers an den Schuldner zu erblicken. Der Mangel einer solchen Willensäußerung macht im vorliegenden Fall die erfolgte Verpfändung unwirksam....

Die Geltendmachung eines Pfandrechts am Sparkassenbuche ist ausgeschlossen, da es nicht der Träger des verbrieften Rechtes ist, sondern die Natur eines sog. Legitimationspapiers hat. Derartige Papiere können für sich nicht Gegenstand eines Pfandrechts, sondern allenfalls nur eines Zurückbehaltungsrechts sein.

Vgl. Entsch. des R.G.'s in Zivils. Bd. 20 S. 135, Bd. 16 S. 164, Bd. 29 S. 302, Bd. 51 S. 86.

Ein persönliches Zurückbehaltungsrecht könnte hier der Klägerin nichts nützen, da es der Konkursmasse gegenüber nicht wirkt, insbesondere nicht ein Recht auf abgesonderte Befriedigung gibt.

Vgl. Entsch. des R.G.'s in Zivils. Bd. 51 S. 86.

Ein dingliches Zurückbehaltungsrecht ist dem Bürgerlichen Gesetzbuche unbekannt.

Aber gegen die Annahme des Berufungsrichters, daß die Beklagten der Klägerin auch aus dem Gesichtspunkte der unerlaubten Handlung nicht hafteten, sind in mehrfacher Beziehung rechtliche Bedenken vorhanden.

Beizutreten ist dem Berufungsrichter darin, daß sich auf Grund der §§ 823, 826 B.G.B. aus der fahrlässigen Erteilung einer falschen Auskunft durch den Beklagten E. diesem gegenüber eine Schadensersatzpflicht nicht herleiten läßt, daß E. aber auf Grund des § 839 für den Schaden verantwortlich ist, wenn er, wie der Berufungsrichter als richtig unterstellt, die Schreiben vom 28. Juni und 15. Juli selbst unterzeichnet hat. Er würde dann als Beamter fahrlässig die ihm der Klägerin gegenüber obliegende Amtspflicht verletzt haben. Daß die fahrlässige Erteilung einer falschen oder doch irreführenden amtlichen Auskunft die Verletzung einer Amtspflicht darstellen kann, und zwar auch dann, wenn der Beamte zur Erteilung der Auskunft nicht verpflichtet war, ist nicht zu bezweifeln.

Vgl. Urt. des R.G.'s vom 20. Februar 1902, Gruchot, Beiträge Bd. 46 S. 935.

Der Berufungsrichter gelangt aber auch für den Fall, daß jene als richtig unterstellten Tatsachen erwiesen würden, zur Verneinung der Schadensersatzpflicht des Beklagten E. auf Grund des § 254 B.G.B., indem er feststellt, zur Entstehung des Schadens habe auch ein eigenes Verschulden der Klägerin mitgewirkt und dieses sei gegenüber dem Verschulden E.'s als ein so schwerwiegendes anzusehen, daß die Klägerin ihren Schaden allein tragen müsse. Hiergegen ist zu erinnern, daß inhalts des § 254 die Schadensersatzpflicht, sowie der Umfang des zu leistenden Ersatzes nicht von dem Maße des beiderseitigen Verschuldens allein, sondern von den Umständen, insbesondere davon abhängt, inwieweit der Schade vorwiegend von dem einen oder dem anderen Teile verursacht worden ist. Inwieweit hier der Schade auf schuldhafte Handlungen oder Unterlassungen des Beklagten E. zurückzuführen ist, bedarf noch der näheren Feststellung. Der ursächliche Zusammenhang wäre jedenfalls dann ausgeschlossen, wenn ihm ohne Verletzung seiner Amtspflichten der Eingang der Schreiben der Klägerin bei der Sparkasse in P. unbekannt geblieben ist und er die Antwortschreiben vom 28. Juni und 15. Juli weder unterzeichnet noch ihrem Inhalte nach gekannt hat. Dabei wird zu prüfen sein, wie nach ordnungsmäßigem Geschäftsgange die bei der Sparkasse in P. eingehenden Briefe zu behandeln waren, ob sie zunächst dem Beklagten E. vorzulegen waren und vorgelegt zu werden pflegten, oder ob er etwa ordnungswidrig die Kontrolle des Eingangs der Briefe und die Art ihrer Erledigung allgemein dem B. zur selbständigen Entscheidung überlassen hat. Anderseits wird bei der gegenseitigen Abwägung der Ursachen des Schadens zu prüfen sein, ob bei der erst im Oktober 1902 erfolgten Hingabe des Darlehens von 14000 ℳ der Entschluß zur Hingabe ohne Rücksicht auf die Auskunftschreiben vom 28. Juni und 15. Juli lediglich darauf beruhte, daß B. nunmehr das Sparkassenbuch selbst überreichte, nachdem er vorher nur eine beglaubigte Abschrift vorgelegt hatte, die nicht die Gewähr gab, daß nicht nach der Herstellung der Abschrift das Guthaben durch Rückzahlung des Darlehens unter Einziehung des Buches durch die Schuldnerin erloschen war. Hatte die Klägerin schon durch die Einsichtnahme in das ihrer Verfügung überlassene und äußerlich Spuren der Fälschung nicht aufweisende Sparkassenbuch die vollständige Überzeugung von dem Bestehen des Guthabens von 18000 ℳ gewonnen, so wird zu erwägen sein, ob nicht ihr Schade ausschließlich auf die Fälschung des Buches, nicht aber auf die empfangene unrichtige oder doch unvollständige Auskunft zurückzuführen ist. War aber diese Auskunft für den Entschluß der Klägerin mitbestimmend, so fragt es sich, ob sich die Klägerin bei der Art der in ganz allgemeiner Fassung erteilten Auskunft, deren Inhalt für sich allein und ohne Zusammenhalt mit dem Wortlaute der vorher erfolgten Anfrage keine objektiv unrichtigen Mitteilungen enthielt, beruhigen durfte....

Hinsichtlich der Schadensersatzpflicht der Beklagten zu 1 trifft zunächst die Rüge der Revision nicht zu, daß der Berufungsrichter den § 831 B.G.B. verletzt habe. Nach dieser Vorschrift, soweit sie hier in Betracht kommt, ist, wer einen anderen zu einer Verrichtung bestellt hat, zum Ersatze des Schadens verpflichtet, den der andere in Ausführung der Verrichtung einem Dritten widerrechtlich zufügt, außer wenn der Geschäftsherr, was dieser beweisen muß, bei der Auswahl der bestellten Person die im Verkehre erforderliche Sorgfalt beobachtet hat. Aus der Anstellung des B. durch die Beklagte zu 1 hat die Klägerin auf Grund des § 831 Rechte nicht hergeleitet. Sollte sie bei der erneuten Verhandlung der Sache behaupten, daß B. in Ausführung der ihm übertragenen Verrichtung, und nicht bloß anläßlich dieser Verrichtung, die schädigenden Handlungen ausgeübt habe, so wird der Berufungsrichter hierüber zu befinden und die etwaige Einwendung der Beklagten zu 1, sie habe die erforderliche Sorgfalt beobachtet, zu berücksichtigen haben.

Insoweit aber eine Haftung der Beklagten zu 1 aus einer durch den Beklagten zu 2 bewirkten Schadenszufügung hergeleitet wird, fragt es sich, ob diese Haftung hier etwa durch die strengeren Vorschriften der §§ 31, 89 B.G.B. begründet wird. Der Berufungsrichter verneint dies, indem er folgendes ausführt. Sei der Schade in Ausführung einer privatrechtlichen Verrichtung verursacht, so sei die Haftung der Beklagten zu 1 ausgeschlossen, weil der Beklagte zu 2 nicht für sich allein „verfassungsmäßig berufener Vertreter" der Sparkasse gewesen sei, vielmehr nur in Verbindung mit den beiden Beisitzern (§ 4 des Statuts) oder wenigstens mit einem

Magistratsmitgliede verbindlich auftreten konnte. Dem steht jedoch entgegen, daß die Beklagte zu 1 nach § 31 B.G.B. auch für die von einem „Mitgliede des Vorstands" begangene schädigende Handlung haftbar ist und daß der Beklagte zu 2 Mitglied des Vorstandes und als dessen Vorsitzender nach § 7 des Statuts zur Ausführung der Beschlüsse des Vorstandes und zur Zeichnung aller Ausfertigungen, also auch der erteilten Auskünfte, befugt und verpflichtet war.

Für den Fall, daß der Beklagte zu 2 den Schaden in Ausübung des ihm von der Staatsgewalt übertragenen öffentlichen Amtes verursacht hat, kann nach der Meinung des Berufungsrichters eine Haftung aus §§ 31, 89 nicht hergeleitet werden, weil nach Art. 77 Einf.-Ges. zum B.G.B. nicht das Reichsrecht, sondern die landesgesetzlichen Vorschriften über die Haftung des Staates, der Gemeinden usw. zur Anwendung kämen, wenn ein Beamter in Ausübung der ihm anvertrauten öffentlichen Gewalt Schaden zufüge, und weil das demnach hier anzuwendende Allgemeine Landrecht eine Haftung des Staates oder der Gemeinden für Amtsvergehen der Beamten nicht kenne. Dies ist zuzugeben. Die Vorschrift des Art. 77 Einf.-Ges. greift hier aber nicht Platz; denn die vom Beklagten zu 2 erteilte Auskunft ist nicht in Ausübung der ihm anvertrauten „öffentlichen Gewalt" erfolgt, sondern in Ausführung der ihm zustehenden privatrechtlichen Verrichtungen, nämlich der Vermögensverwaltung der Sparkasse. Es handelte sich bloß um eine Mitteilung über die vermögensrechtlichen Beziehungen der Sparkasse zu B., um die Klägerin in den Stand zu setzen, die Darlehensfähigkeit des B. richtig beurteilen zu können.

Vgl. Urt. des R.G.'s in Entsch. in Zivils. Bd. 52 S. 369, 372.

Zwar ist die Anwendung des Art. 77 nicht davon abhängig, daß die schädigende Handlung in Ausübung eines staatlichen Zwangsrechts erfolgt ist; es kann vielmehr auch ein Akt staatlicher Fürsorge in den Bereich der Betätigung der öffentlichen Gewalt fallen.

Vgl. Entsch. des R.G.'s in Zivils. Bd. 56 S. 84, 88, 89.

Art. 77 kann aber immer nur dann angewendet werden, wenn die schädigende Handlung selbst dem Gebiete des öffentlichen Rechts, dem Bereiche der Ausübung von Hoheitsrechten des Staates, angehört. An dieser Voraussetzung fehlt es im vorliegenden Falle."

69. Bedeutung des Erfordernisses, daß der Empfangsberechtigte „die Sendung in Empfang genommen" habe, in Art. 12 Nr. 9 des Weltpostvereins-Übereinkommens, betr. den Austausch von Briefen und Kästchen mit Wertangabe, vom 15. Juni 1897 (R.G.Bl. 1898 S. 1115).

I. Zivilsenat. Urt. v. 4. April 1908 i. S. Reichsfiskus (Bekl.) w. B. (Kl.). Rep. I. 316/07.

I. Landgericht Königsberg i. Pr.
II. Oberlandesgericht daselbst.

Der Kaufmann P. in Königsberg hatte am 23. Juni 1902 durch seinen Schwiegersohn auf dem Postamte 3 daselbst einen Brief, für dessen Inhalt der Wert von 11000 *M* deklariert war, zur Beförderung an den Kaufmann Sch. in Nieswics, Gouvernement Minsk, aufgegeben. Der Brief enthielt 10 Stück Fünfhundertrubel-Noten. Am Bestimmungsorte holte der Adressat den Brief persönlich auf der Postanstalt ab. Er wurde ihm vom Postverwalter Sm. ausgehändigt, nachdem Sch. in einem ihm vorgelegten Buche der Postverwaltung über den Empfang quittiert hatte. Gleich nachher und noch bevor er das Postbureau verlassen hatte, öffnete er den Briefumschlag. Es fand sich, daß der Brief keine Rubelnoten, sondern Zeitungsblätter enthielt. Sch. erklärte dem Verwalter Sm. sofort seine Unzufriedenheit mit dem Inhalte der Sendung.

Der Kläger erhob als Zessionar des Kaufmanns P. Klage gegen den Reichsfiskus auf Zahlung von 5000 Rubel = 10817,50 *M*. Der Beklagte stützte seinen Antrag auf Klagabweisung u. a. auf den Einwand, daß durch die Annahme des Briefes von seiten des Adressaten gemäß Art. 12 Nr. 9 des Übereinkommens des Weltpostvereins, betr. den Austausch von Briefen usw. mit Wertangabe, vom 15. Juni 1897 jeder Anspruch auf Ersatz weggefallen sei. Beide Vorinstanzen entschieden zugunsten des Klägers. Die Revision des Beklagten wurde zurückgewiesen, aus folgenden

Gründen:

„Die tatsächlichen Feststellungen, die das Berufungsgericht in Übereinstimmung mit dem Urteile erster Instanz über die Aufgabe des vom Kaufmann P. abgesendeten deklarierten Wertbriefes, über dessen Inhalt zur Zeit der Aufgabe und über das Fehlen dieses Inhaltes bei der Aushändigung des Wertbriefes an den Adressaten Sch. getroffen hat, in Verbindung mit der feststehenden Zession, rechtfertigen auf Grund des Art. 12 Nr. 1 u. 3 des oben bezeichneten Weltpostvereins-Übereinkommens die erhobene Klage, wenn sich nicht der Beklagte auf die Befreiungsbestimmung in Art. 12 Nr. 9 berufen kann. Nur gegen die Ablehnung dieser Verteidigung ist die Revision des Beklagten gerichtet.

Die Bestimmung in Art. 12 Nr. 9 lautet nach dem französischen Urtext und nach der beigefügten Übersetzung:

„Les administrations cessent d'être responsables des valeurs déclarées contenues dans les envois dont les ayants droit ont donné reçu et pris livraison."

„Die Ersatzverbindlichkeit der Postverwaltungen für den Inhalt der Sendungen mit Wertangabe hört auf, sobald die Empfangsberechtigten Quittung erteilt und die Sendung in Empfang genommen haben."

Das Berufungsgericht will, wie schon das Landgericht, unter „in Empfang nehmen", „prendre livraison" nicht lediglich den rein tatsächlichen Akt der Erlangung der Verfügungsgewalt verstehen, sondern verlangt, daß zu der tatsächlichen Aushändigung noch der Wille des Empfangsberechtigten hinzutrete, das Erlangte als Leistung gelten zu lassen. Dagegen verteidigt die Revision die von dem Beklagten schon in den Instanzen vertretene Auslegung, daß neben der Quittungserteilung nur die Übertragung der Verfügungsgewalt erfordert werde.

Aus der Vorgeschichte läßt sich kein bestimmter Anhalt für die Auslegung gewinnen. Die Fassung „donné reçu et pris livraison" findet sich schon in der entsprechenden Bestimmung — damals Art. 8 Nr. 4 — des ursprünglichen Übereinkommens vom 1. Juni 1878. Auf dem Weltpostkongresse von Lissabon, 1885, wurde, entgegen einem Antrage von Schweden, der die Worte „donné reçu et" gestrichen haben wollte (Congrès de Lisbonne, Documents tome I S. 199/200) die Streichung der Worte „et pris livraison" beschlossen, weil sie mit dem vorhergehenden „donné reçu" einen Pleonasmus bildeten (tome II S. 190, 197, 358, 462). In dieser auf die Worte „donné reçu" beschränkten Fassung ist die Bestimmung auf dem Weltpostkongresse von Wien als Art. 11 Nr. 9 des Übereinkommens vom 4. Juli 1891 ohne besondere Erörterung beibehalten worden. Dagegen hat auf dem Weltpostkongresse von Washington, wo das für den vorliegenden Fall maßgebende Übereinkommen vom 15. Juni 1897 abgeschlossen worden ist, die Wiederherstellung des ursprünglichen Textes „donné reçu et pris livraison" stattgefunden. Mit dieser Wiederherstellung beabsichtigte man, die Fassung in Einklang mit der Fassung im Hauptvertrage zu bringen (Documents du congrès postal de Washington S. 686). Die entsprechende Bestimmung des Hauptvertrags im Weltpostvertrage von Washington vom 15. Juni 1897 (R.G.Bl. 1898 S. 1079) Art. 8 Nr. 8 bezieht sich auf die Entschädigung für Einschreibsendungen und hatte ihre Aufnahme in der Fassung „donné reçu et pris livraison" auf dem Weltpostkongresse von Lissabon gefunden. Soweit die Verhandlungen Aufschluß geben (Documents du Congrès de Lisbonne, tome I S. 39, 43 flg.), war für diese Fassung entscheidend die Rücksicht auf die damals gleiche Fassung der Bestimmung in dem Übereinkommen, betr. den Austausch von Briefen mit Wertangabe — Art. 8 Nr. 4 —, eine Fassung, die dann aber, wie schon bemerkt, auf demselben Kongresse geändert worden ist.

Angaben über die sachliche Bedeutung, in der die Worte „pris livraison" verstanden worden sind, finden sich in den verschiedenen Kongreßverhandlungen nicht. Da die in Lissabon beschlossene Änderung, wonach die Entlastung der Postanstalten allerdings schon mit dem formalen Akte der Quittungserteilung eintreten sollte, später wieder rückgängig gemacht worden ist, so kann man auch aus diesem Vorgange nichts für die Auslegung Entscheidendes entnehmen, und nur so viel steht danach fest, daß zu der formalen Quittungserteilung noch etwas anderes, das prendre livraison, hinzukommen muß.

Für den Begriff des Übergangs der Sendungen aus der Hand der Postverwaltung in die Hand des Empfängers gebrauchen die Weltpostübereinkommen, außer dem gelegentlich benutzten „remettre", „remise" (z. B. Wertsendungen Art. 7 Nr. 1, Postpakete Art. 8 Nr. 1, 2, 3, 4), verschiedene an das Stammwort livrer eng angeschlossene Wendungen. So „livrer" selbst („livrer au destinataire") — Wertsendungen Art. 8 Nr. 1, Postpakete Art. 13 Nr. 1 Abs. 2 — „livraison" (allein) — Wertsendungen Art. 2 Nr. 2; Postpakete Art. 7 — „délivrance" (mit oder ohne „au destinataire") — Hauptvertrag Art. 8

Nr. 4; Wertsendungen Art. 12 Nr. 4; Postpakete Art. 13 Nr. 4 —, endlich das hier fragliche „prendre livraison", das außer an der eingangs erwähnten Stelle des Wertsendungs-Übereinkommens auch noch vorkommt: Hauptvertrag Art. 8 Nr. 8; Postpakete Art. 13 Nr. 8; Postanweisungen Art. 3 Nr. 6, und in der Übersetzung überall mit „die Sendung in Empfang nehmen" wiedergegeben ist. Dieser Sprachgebrauch gibt jedoch keine sichere Auskunft über das innere Wesen des damit bezeichneten Vorganges und läßt nur erkennen, daß an den Stellen, wo von dem „prendre livraison" des Empfangsberechtigten gesprochen wird, das Gewicht nicht auf die einseitige Aushändigungstätigkeit der Postbehörde, sondern auf die Tätigkeit des Empfängers gelegt ist, der die Aushändigung „nimmt", d. h. annimmt.

Weiter führt auch nicht der Versuch des Berufungsgerichts, seine Auslegung auf die Vergleichung mit der Ausdrucksweise in Art. 13 Nr. 1 Abs. 2 und Nr. 8 des Postpaket-Übereinkommens zu stützen. Denn wenn es hier aus dem Gegensatze der Fassungen: „livrées aux destinataires", „an die Empfänger ausgehändigt" in Nr. 1 Abs. 2 und „pris livraison", „in Empfang genommen" in Nr. 8 bereits entnehmen will, daß jener Ausdruck den bloßen Akt der Übertragung der Verfügungsgewalt bezeichne, die Empfangnahme in Nr. 8 aber mehr bedeute, als die bloße Erlangung der Verfügungsgewalt, so ist zwar klar, daß auch hier der eben erwähnte Unterschied zutrifft, wonach die Empfangnahme den Vorgang vom Standpunkte des Empfängers darstellt; für die nähere Bestimmung aber des sachlichen Inhalts der vom Empfänger zu entwickelnden Tätigkeit bieten diese Vergleichsstellen keine bessere Grundlage, als die auszulegende Vorschrift selbst. Mit Recht wendet die Revision ein, daß man die beiden Stellen aus dem Postpaket-Übereinkommen nicht so, wie das Berufungsgericht tue, zueinander in Gegensatz stellen dürfe, da man sonst zu dem unannehmbaren Ergebnisse gelangen würde, daß für ein beraubtes Postpaket, das der Empfangsberechtigte gegen Quittung ausgehändigt erhalten, sofern er nicht die vom Berufungsgerichte verlangte Empfangswillenserklärung abgegeben hätte, der Absender Ersatz gemäß Nr. 1 Abs. 1 des Art. 13, wenn aber auf dem Paket eine Nachnahme haftete, nur den Betrag dieser Nachnahme zu beanspruchen hätte.

Anderseits hat auch das Argument kein Gewicht, welches die Revision im Anschluß an das Instanzvorbringen aus der Fassung des Art. 12 Nr. 4 dafür entnehmen will, daß die Empfangnahme in Nr. 9 nicht als „unbeanstandete Empfangnahme“ zu verstehen sei. Allerdings wird in Nr. 4 im Verhältnis der verschiedenen Postanstalten unter sich die nicht beanstandete Übernahme der beförderten Wertsendungen — „reçu sans faire d'observation“ — besonders hervorgehoben. Aber aus dem Mangel dieses Zusatzes in Nr. 9 kann kein Schluß gezogen werden, da es sich um ganz verschiedene Fragen handelt und namentlich das Unterlassen der Beanstandung im Falle der Nr. 4 nur eine Vermutung „bis zum Nachweise des Gegenteils“ für die Verantwortlichkeit der übernehmenden Postanstalt begründen soll.

Wenn hiernach weder die Entstehungsgeschichte, noch sprachliche Gründe, noch die Vergleichung mit verwandten Vorschriften eine sichere Grundlage für die Interpretation bieten, so entscheiden doch sachliche Erwägungen dafür, daß man die Worte „prendre livraison“, „in Empfang nehmen“ nicht in der, vom Beklagten verteidigten, engsten Bedeutung verstehen darf. Läßt man, dieser Auslegung entsprechend, schon die bloße Übertragung der Verfügungsgewalt genügen, so würde allerdings, worauf das Landgericht hingewiesen hat, für den Empfänger die größte Gefahr bestehen, den Ersatzanspruch des Absenders auszuschließen, da er die zur Feststellung der Unversehrtheit der Wertsendung erforderliche Untersuchung erst nach Quittungserteilung und Aushändigung der Sendung vornehmen könnte. Nun hat allerdings der Beklagte in der Berufungsinstanz geltend gemacht, daß der Empfänger Sch. vor der Abnahme des Briefes dessen Öffnung durch einen Beamten der russischen Postanstalt hätte fordern können. Allein zunächst könnte von einem solchen Auswege doch nur dann die Rede sein, wenn der russische Postbeamte, der an sich Bedenken tragen mußte, die Sendung vor der Abnahme zu beschädigen, durch sein Reglement zu diesem Verfahren berechtigt und verpflichtet gewesen wäre. Darüber ist nichts behauptet. Sodann würde es für die Rechtfertigung einer Vorschrift des Weltpostvereins wenig verschlagen, ob die Post des einen oder anderen einzelnen Landes Einrichtungen kennt, die das Publikum vor offenbarer Schädigung bewahren könnten. Vielmehr müßte man dann erwarten, daß der Weltpostverein selbst durch entsprechende allgemeine Vorkehrungen für diesen Schutz gesorgt hätte. Davon findet sich keine Spur. Aber auch sachlich würde das entgegengehaltene Auskunftsmittel nur von zweifelhaftem Werte sein, solange nicht die vorgängige Untersuchung durch den Postbeamten obligatorisch gemacht wäre; denn im regelmäßigen Postverkehre läßt sich kaum erwarten, daß das Publikum an diesen mindestens auffallenden Ausweg denken werde und daß es sich zum Bewußtsein bringen könnte, wie grundverschieden die Wirkung sei, wenn vor der Annahme die Öffnung durch einen Postbeamten verlangt wird und wenn diese Öffnung, selbst im unmittelbaren Anschluß an die Annahme, vom Empfänger selbst bewirkt wird. Die Revision ist denn auch selber nicht mehr auf dieses Argument zurückgekommen.

Die rein formalistische Auslegung des Art. 12 Nr. 9, wie sie der Beklagte vertritt, widerspricht endlich auch der allgemeinen Tendenz, die der Entstehung des Weltpostvereins und seinen sich immer weiter ausdehnenden Vereinbarungen zugrunde liegt und die in den verschiedenen Kongreßverhandlungen an zahlreichen Stellen hervorgehoben wird, nämlich den Interessen des Publikums möglichst entgegen zu kommen. Es wäre geradezu eine Ironie hierauf, wenn der Verlust des Entschädigungsanspruchs davon abhängen sollte, ob der Empfänger die Sendung schon in die Hand genommen hat oder nicht. Anzuerkennen ist allerdings, daß die Post Grund und Recht hat, sich gegen die Erhebung betrügerischer Ersatzansprüche zu schützen. Aber dieser Schutzgedanke rechtfertigt nicht eine Auslegung, welche die Geltendmachung des grundsätzlich zugebilligten Anspruchs in so rigoroser Weise wieder einschränkt. Über diese engste Auslegung des Begriffs „prendre livraison“, die ihn mit aller Strenge auf die äußerliche Tatsache des Übergangs der Sendung in die Hand des Empfängers eingrenzen will, muß daher jedenfalls hinausgegangen werden.

Das Berufungsgericht sucht, wie bemerkt, die Lösung darin, daß zu der tatsächlichen Aushändigung noch der Wille des Empfängers hinzutreten müsse, das Erlangte als Leistung gelten zu lassen. Gegen diese Formulierung kann das Bedenken entstehen, daß es zweifelhaft bleibe, ob das als Leistung Erlangte die Aushändigung der Wertsendung als Erfüllung des Frachtvertrages bedeuten solle oder ob daneben noch ein besonderer auf die Billigung des Inhalts gerichteter Wille verlangt werde. Das letztere würde nicht gerechtfertigt sein. In dem Sinne aber ist der Auffassung des Berufungsgerichts beizutreten, daß die Empfangnahme der Wertsendung auch den Willen des Empfängers voraussetzt, die Aushändigung der Sendung als die aus dem Frachtvertrage geschuldete Leistung anzunehmen, und daß sie erst vollendet ist, wenn sich aus der Gesamtheit des Vorganges die Übernahme als endgültig gewollt darstellt. Darüber, wann dieser Tatbestand vorliegt, entscheiden die Umstände des einzelnen Falles. Nicht zweifelhaft aber kann sein, daß Reklamationen, die sich unmittelbar an den tatsächlichen Akt der Besitzergreifung anschließen, in continenti der Empfangshandlung erfolgen und damit eben dartun, daß die Empfangnahme in sich noch nicht vollständig abgeschlossen war, nach der richtig verstandenen Vorschrift des Art. 12 Nr. 9 nicht verspätet sind. So aber hat sich nach der tatsächlichen Feststellung des Berufungsgerichts der Vorgang bei der Aushändigung des Wertbriefes an Sch. abgespielt. Es kann daher nicht als rechtsirrtümlich angesehen werden, wenn das Berufungsgericht unter diesen Umständen verneint hat, daß eine die Postanstalt von der Ersatzpflicht befreiende Empfangnahme der Sendung durch den Empfangsberechtigten stattgefunden habe."

---

70. Findet § 437 Abs. 1 B.G.B. auf den Verkauf eines Gebrauchsmusters Anwendung, dessen Entstehung objektiv unmöglich ist?

I. Zivilsenat. Urt. v. 8. April 1908 i. S. R. (Bekl.) w. W. (Kl.). Rep. I. 323/07.

I. Landgericht Leipzig.
II. Oberlandesgericht Dresden.

Der Beklagte hatte einen mit Reklamen und Annoncen versehenen Briefumschlag als Gebrauchsmuster für sich eintragen lassen. Er betrieb unter der Bezeichnung „Deutsche Annoncen-Briefumschlag-Verlagsanstalt" ein Geschäft, in dem er dieses Muster verwandte, und verkaufte das Geschäft „nebst dem dazu erforderlichen Musterschutz des Annoncen-Briefumschlages" an den Kläger. Dessen Klage auf

Rückzahlung des Kaufpreises gegen Rückgewähr des Geschäfts wurde stattgegeben. Auch die Revision wurde zurückgewiesen.

Aus den Gründen:

„Beide Vorinstanzen gehen mit Recht davon aus, daß das Gebrauchsmuster 228326 — auch abgesehen von der Frage seiner Neuheit — den Anforderungen des § 1 Gebr.Must.Ges. nicht entspricht, weil es überhaupt nicht bestimmt ist, dem Gebrauchszwecke der Briefumschläge durch eine neue Gestaltung oder Anordnung zu dienen, sondern nur Reklamezwecke damit verfolgt werden sollen, für die der Gebrauchsmusterschutz nicht bestimmt ist. Danach fehlte es der von dem Beklagten in dem Kaufvertrage vom 21. November 1905 übernommenen Verpflichtung, durch die Veräußerung des Gebrauchsmusters dem Kläger ein ausschließliches Recht im Sinne des § 4 Gebr.Must.Ges. zu verschaffen, von vornherein an einem Gegenstande, und es stand, da die bloße Eintragung in die Gebrauchsmusterrolle kein solches Recht begründet, schon zur Zeit des Abschlusses des Kaufvertrages trotz bestehender Eintragung die Nachbildung des Annoncen-Briefumschlages jedermann frei. Dieses Gebrauchsmuster bildet auch ... einen so wesentlichen Teil des Kaufgegenstandes, daß die Nichtigkeit der Veräußerung des Musters gemäß § 139 B.G.B. die Nichtigkeit des ganzen Rechtsgeschäfts zur Folge haben würde, weil es ohne den nichtigen Teil nicht vorgenommen worden wäre.

Nach § 306 B.G.B. ist ein auf eine unmögliche Leistung gerichteter Vertrag nichtig. Da der Paragraph die aus tatsächlichen oder rechtlichen Gründen von Anfang an unmögliche Leistung trifft, so begreift er an sich auch den Verkauf eines Gebrauchsmusters, dem bereits zur Zeit des Abschlusses des Vertrages die Schutzfähigkeit mangelt. Zwar haftet der Verkäufer eines Rechtes gemäß § 437 Abs. 1 B.G.B. für den Bestand des Rechtes, und es unterliegt nach der Entstehungsgeschichte dieser Vorschrift keinem Zweifel, daß sie in das Bürgerliche Gesetzbuch aufgenommen worden ist, um der sonst naheliegenden analogen Anwendung der Grundsätze über den Verkauf einer nicht existierenden Sache entgegenzutreten.

Vgl. die Protokolle der Kommission für die zweite Lesung des Entwurfs des B.G.B. Bd. 1 S. 669.

Gleichwohl ist es unzulässig, den § 437 Abs. 1, dem die Auffassung eines Garantieversprechens zugrunde liegt, auf den Fall des Verkaufs eines Rechtes zu erstrecken, dessen Entstehung, wie hier, objektiv unmöglich ist.

Vgl. Planck, B.G.B. (3. Aufl.) § 306 Bem. 2, § 437 Bem. 1; Staudinger, B.G.B. (2. Aufl.) § 437 Bem. 5.

Für einen solchen Fall verbleibt es bei der Regel des § 306 B.G.B. Der Vertrag ist wegen von Anfang an bestehender objektiver Unmöglichkeit der Erfüllung nichtig. Die Parteien haben nach §§ 812, 818, 273 und 274 B.G.B. einander Leistung und Gegenleistung zurückzugewähren." . . .

---

71. Sind Kaufleute, die vereinbart haben, innerhalb bestimmter Bezirke einander keine Konkurrenz zu machen, schon aus diesem Grunde schlechthin verpflichtet, ihren Geschäftsnachfolgern vertragsmäßig die gleiche Pflicht aufzuerlegen?

I. Zivilsenat. Urt. v. 15. April 1908 i. S. B. (Kl.) w. P. (Bekl.). Rep. I. 312/07.

I. Landgericht Freiburg, Kammer für Handelssachen.
II. Oberlandesgericht Karlsruhe.

Der Beklagte betrieb in Straßburg i. E. ein Baumaterialiengeschäft unter der im Handelsregister eingetragenen Firma O. P. Eine Filiale dieses Geschäfts in Freiburg i. Br. wurde vom Kläger geleitet. Zum 1. Juli 1901 verkaufte der Beklagte die Filiale an den Kläger. Die Parteien vereinbarten, innerhalb bestimmter Bezirke einander keine Konkurrenz zu machen. Das selbständig gewordene Freiburger Geschäft wurde vom Kläger unter der Firma „O. P. Nachfolger R. B." fortgeführt.

Ein Jahr später, zum 1. Juli 1902, schloß der Beklagte über das Straßburger Muttergeschäft mit den Kaufleuten C. Br. in Schiltigheim und Ph. Sch. in Mannheim einen Vertrag, wonach er ihnen den Warenbestand und den sogenannten Fonds des Geschäfts, bestehend aus der Kundschaft mit allen Hilfsmitteln für den Betrieb, insbesondere den Geschäftsbüchern, Auskünften, Kunden- und Vertreterverzeichnissen, überließ. Die Außenstände und die Passiva wurden nicht mitübertragen, ebensowenig die Firma, die vielmehr gelöscht wurde; die Käufer taten sich unter der Firma „Br. & Sch." zu einer

Gesellschaft mit beschränkter Haftung zusammen. Die mit dem Kläger vereinbarte Konkurrenzklausel hatte der Beklagte vergeblich versucht den Käufern anzudingen; sie hatten sich geweigert, eine solche Verpflichtung zu übernehmen.

Mit der Klage forderte der Kläger u. a. Konventionalstrafe, weil die Firma Br. & Sch. in das dem Kläger vorbehaltene Gebiet hineingeliefert hätte. Der Beklagte bestritt die Klagebehauptungen und machte namentlich geltend, daß er für das Tun der Firma Br. & Sch. nicht aufzukommen habe.

Die erste Instanz erkannte auf Abweisung der Klage, die zweite aber, unter Annahme von 18 Kontraventionsfällen, zugunsten des Klägers. Auf die Revision des Beklagten wurde das Urteil des Landgerichts insoweit wiederhergestellt.

Gründe:

... „Die ursprüngliche Meinung des Klägers, daß der Beklagte stiller Teilhaber der Firma Br. & Sch. gewesen sei, ist von ihm selber aufgegeben worden. Der Beklagte war in keiner Weise am Geschäftsgewinne beteiligt. Nichtsdestoweniger hält ihn das Oberlandesgericht grundsätzlich für die von den Käufern in das klägerische Vorbehaltsgebiet bewirkten Lieferungen für verantwortlich. Es führt aus, der Veräußerungsvertrag von 1902 habe, zwar nicht im Sinne des § 25 H.G.B., aber doch im wirtschaftlichen Sinne, das Straßburger Handelsgeschäft als solches umfaßt; bei der Wichtigkeit, die die Abrede gegenseitiger Konkurrenzenthaltung für beide Parteien, vor allem aber für den Kläger als Inhaber des bisher abhängig gewesenen Geschäfts gehabt habe, sei kein Vertragsteil befugt gewesen, sich durch Veräußerung seines Geschäftes von allen Verpflichtungen zu lösen und den andern Teil der schrankenlosen Konkurrenz des Nachfolgers preiszugeben. Daher müsse das Versprechen des Beklagten ausgelegt werden als eine Garantie, daß der Kläger im vereinbarten Rayon durch das Muttergeschäft keine Konkurrenz erfahre.

Diese Ausführungen sind von Unklarheit nicht frei. Es mag sein, daß im wirtschaftlichen Sinne eine Geschäftsveräußerung vorlag; ebendarum aber auch im Rechtssinne des § 25 H.G.B., wonach nichts weiter als eine Veräußerung des Geschäfts im großen und ganzen erfordert wird.

Vgl. Staub, Handelsgesetzbuch (8. Aufl.) § 22 Anm. 6, § 25 Anm. 1.

Der Ausdruck „Garantie" ferner würde streng genommen bedeuten, daß der Beklagte auch in dem nicht eingetretenen Falle, daß sich Br. & Sch. zur Konkurrenzenthaltung verpflichtet hätten, für die von ihnen verwirkten Strafen mithaften müßte. Das ist nicht die Meinung des Oberlandesgerichts. Es spricht ausdrücklich aus, daß der Beklagte genug getan haben würde, wenn es ihm gelungen wäre, die Käufer zur Anerkennung der Konkurrenzklausel zu bestimmen. Haften soll er deswegen, weil er angesichts der Vergeblichkeit seiner hierauf gerichteten Bemühungen vom Geschäftsverkaufe nicht Abstand genommen hat. Auch nach dieser Klarstellung erscheint die Begründung nicht geeignet, das Urteil zu tragen.

Ein allgemeiner Satz des Inhalts, daß Kaufleute, die vereinbart haben, innerhalb bestimmter Bezirke einander keine Konkurrenz zu machen, ihren Geschäftsnachfolgern vertragsmäßig die gleiche Pflicht auferlegen müßten, läßt sich nicht aufstellen. Es verhält sich in dieser Beziehung ebenso wie bei den Kartellverträgen, wo den beteiligten Industriellen auch nicht schlechthin zugemutet werden kann, bei Veräußerungen ihrer Betriebsstätten den Erwerbern die Kartellabrede anzudingen.

Vgl. das Urt. des erkennenden Senats vom 2. November 1907 Rep. I. 10/07.

Nur unter besonderen Verhältnissen kann eine Pflicht zur Bindung des Sondernachfolgers anerkannt werden. Der vorliegende Fall bietet dafür keinen Anhalt. Namentlich reicht es hierzu nicht hin, daß das Freiburger Geschäft Filiale des Straßburger gewesen war und der Kläger an der Konkurrenzklausel ein größeres Interesse haben mochte, als der Beklagte. Übrigens ist dies bestritten. Der Beklagte, der die Ansicht vertritt, seit dem 1. Juli 1902 sei die ganze Konkurrenzklausel in Wegfall gekommen, hat unter Berufung auf Sachverständige behauptet, daß der Kläger durch den Wegfall mehr gewonnen als verloren habe. Die gegenteilige Anschauung des Berufungsrichters hat eine Begründung im einzelnen nicht gefunden. Er legt auf diesen Punkt auch kein entscheidendes Gewicht, da er auch den Kläger, wenn dieser sein Freiburger Geschäft veräußert haben würde, in gleicher Weise wie jetzt den Beklagten beurteilt wissen will.

Die Rechtsansicht des Berufungsrichters möchte vielleicht zu billigen sein, wenn Br. & Sch. die alte Firma fortgeführt hätten. Eine solche Kundgebung der Identität ihres Geschäfts mit dem vom Beklagten betriebenen hätte leicht die Folge gehabt, einen Wettbewerb der Käufer im Gebiete der ehemaligen Filiale besonders bedrohlich für den Kläger zu gestalten. Da nach § 25 Abss. 1, 2 H.G.B. die Käufer durch die Klausel ohne weiteres gebunden gewesen wären, sofern nur eine gegenteilige Abrede und deren Bekanntmachung unterblieb, hätte der Beklagte allenfalls für verpflichtet erklärt werden können, eine Befreiung von der Klausel zu verhüten. Allein Br. & Sch. haben die Firma nicht fortgeführt. Wenn sie gleichwohl gelegentlich Geschäftspapiere mit dem Aufdruck „Inhaber der Firma O. P." verwandten, so kann dies gegen den Beklagten um so weniger mit Erfolg geltend gemacht werden, als sie hieran vom Registerrichter durch Ordnungsstrafen und im Klagewege vom Kläger selbst gehindert werden konnten.

Vgl. § 37 H.G.B., Entsch. des R.G.'s in Zivils. Bd. 5 S. 112flg., Bd. 36 S. 14.

Das Urteil unterliegt somit der Aufhebung. Nicht ausgeschlossen ist zwar, daß bei der Veräußerung des Straßburger Geschäfts in anderer Hinsicht die Vertragstreue gegenüber dem Kläger gebrochen ist. Möglicher Weise hat der Beklagte den in das klägerische Vorbehaltsgebiet eingreifenden Wettbewerb der Geschäftsnachfolger durch Nachweisung von Kunden aus diesem Gebiet erleichtert. Er würde damit gegen seine Vertragspflichten verstoßen und sich schadensersatzpflichtig gemacht haben. Indes muß dies auf sich beruhen, da eine so begründete Klage auf Schadensersatz mit der erhobenen Klage nichts gemein hat." . . .

---

72. Müssen die Unterschriften der gemäß § 2233 B.G.B. zur Testamentserrichtung zugezogenen beiden Zeugen zusammen mit der Unterschrift des Richters oder Notars unter allen Umständen die letzten Worte des abgeschlossenen Protokolls bilden?

B.G.B. § 2242 Abs. 3.

IV. Zivilsenat. Beschl. v. 15. April 1908 i. S. betr. die Erteilung eines Erbscheines nach Frau M. Beschw.-Rep. IV. 139/08.

I. Amtsgericht Ober-Ingelheim.
II. Landgericht Mainz.

Die Entscheidung über die dem Reichsgericht, unter Verweisung auf §28 Abs. 2 freiw. Ger. Ges. vorgelegte weitere Beschwerde wurde abgelehnt.

Aus den Gründen:

... „Der angefochtene landgerichtliche Beschluß bezieht sich auf ein Testament, das die Ehefrau des Beschwerdeführers, Katharina M., geb. F., am 9. November 1904 vor dem Notare St. und den von diesem zugezogenen beiden Zeugen Bernhard B. und Adam B. durch mündliche Erklärung ihres letzten Willens errichtet hat. Sie hat darin den Ehemann zum Vorerben und das einzige der Ehe entsprossene Kind zum Nacherben eingesetzt. Nach dem Tode der Erblasserin hat das zuständige Amtsgericht in Ober-Ingelheim den Antrag des Ehemannes Johann Philipp M., ihm auf Grund dieses Testaments einen Erbschein zu erteilen, abgelehnt, weil es das Testament wegen unvollständiger Erfüllung der Gesetzesform für nichtig hält. Der von dem eingesetzten Vorerben in eigenem Namen erhobenen Beschwerde hat das Landgericht mit dem nunmehr angefochtenen Beschlusse vom 29. Januar 1908 stattgegeben und die Erteilung des Erbscheins, sofern ihr nicht anderweite, bisher nicht geltend gemachte Bedenken entgegenständen, angeordnet. Hiergegen hat Johann Philipp M., und zwar jetzt im Namen seiner von ihm gesetzlich vertretenen Tochter — da diese im Falle der Rechtsunwirksamkeit des Testaments neben ihm zur gesetzlichen Erbfolge berufen sein würde — weitere Beschwerde erhoben.

In der Begründung der weiteren Beschwerde wird, übereinstimmend mit der Begründung des amtsgerichtlichen Beschlusses, das über die Errichtung des Testaments aufgenommene Protokoll aus dem Grunde bemängelt, weil es am Schlusse wie folgt lautet:

„Worüber Protokoll in Gegenwart des Notars, der Testiererin und der Zeugen vorgelesen, von der Testiererin genehmigt und von ihr, den Zeugen und dem Notar eigenhändig wie folgt

Katharina M.
Bernhard B.
Adam B.

unterschrieben.

St., Großh. Notar."

Es wird behauptet, die Unterschriften der Zeugen deckten, da sie dem Worte „unterschrieben" vorangingen, nicht die Feststellung, daß die Erblasserin das Protokoll unterschrieben habe; es sei nicht, wie § 2242 Abs. 3 B.G.B. vorschreibe, das ganze Protokoll von den Zeugen als mitwirkenden Personen, ebenso wie von dem Notar unterschrieben worden.

Das Oberlandesgericht hält die weitere Beschwerde für unbegründet und legt in dem Vorlegungsbeschlusse seine Rechtsauffassung, wie folgt, dar. Durch die Unterschriften der mitwirkenden Zeugen und des Notars in ihrem Zusammenhange werde nicht nur bestätigt, daß das Testament vorgelesen und von der Erblasserin genehmigt sei, sondern auch, daß sie dasselbe unterschrieben habe. Der Umstand, daß bei der erfolgten Unterzeichnung die Namen der Zeugen zwischen den Worten „eigenhändig wie folgt" und „unterschrieben" eingeflochten seien, während der Name des Notars diesem letzteren Worte nachfolge, erscheine für den Inhalt der Beurkundung nicht von so schwer wiegender Bedeutung, daß hierdurch eine Formungültigkeit des Testaments herbeigeführt werden könnte; dies um so weniger, als nach der Tendenz der einschlägigen Gesetzesvorschriften eine Formungültigkeit des Testaments soviel wie möglich habe vermieden werden sollen. Bindende Bestimmungen über die Stellung und die Reihenfolge der Unterschriften beständen überhaupt nicht.

Das Oberlandesgericht hat jedoch geglaubt, eine dieser Rechtsauffassung entsprechende Entscheidung nicht erlassen zu dürfen, weil dies seiner Annahme nach in Widerspruch stehen würde damit, daß in dem Beschlusse des Reichsgerichts vom 15. Februar 1906 (Entsch. in Zivils. Bd. 62 S. 1flg.) ausgesprochen sei, die mitwirkenden Personen hätten ihre Unterschriften an das äußerste Ende der Urkunde zu setzen. Es komme daher § 28 Abs. 2 a. a. O. zur Anwendung. Freilich sei nicht zu verkennen, daß, wenn die reichsgerichtliche Entscheidung weniger streng wörtlich ausgelegt werde, ein Widerspruch mit ihr nicht vorliege.

Die Abweichung der Rechtsauffassung des Oberlandesgerichts von der reichsgerichtlichen Entscheidung ist in der Tat nur eine scheinbare. Das Reichsgericht hatte über die Frage zu entscheiden, ob die im § 177 Abs. 1 Satz 2 freiw. Ger.=Ges. vorgeschriebene Feststellung, daß das Protokoll vorgelesen, von den Beteiligten genehmigt und von ihnen unterschrieben worden sei, einer Unterzeichnung durch die Beteiligten bedarf. Dies wurde verneint und dabei auf den Gegensatz hingewiesen, mit dem das Gesetz von den mitwirkenden Personen verlange, daß sie vermöge ihrer gemäß § 177 Abs. 3 an das äußerste Ende der Urkunde zu setzenden Unterschriften den Gesamtinhalt aller den Verhandlungs- und Beurkundungsvorgang betreffenden Protokollangaben als richtig zu bekräftigen hätten. Das Wesentliche dieser Ausführung bestand in der Klarstellung der den Unterschriften der mitwirkenden Personen zukommenden sachlichen Bedeutung, der sie räumlich nur dann entsprechen können, wenn sie den äußeren Abschluß des ganzen Protokolls bilden. Nun läßt sich aber weder ersehen, daß das Oberlandesgericht die mit § 177 Abs. 3 übereinstimmende Vorschrift des § 2242 Abs. 3 B.G.B. in sachlicher Beziehung anders auslegt als das Reichsgericht, noch auch, daß es äußerlich den Unterschriften der mitwirkenden Personen eine Stelle anweisen will, die der sachlichen Bedeutung des Unterschriftserfordernisses in anderer Weise oder überhaupt nicht entspräche. Gehören diese Unterschriften, wie das Reichsgericht es bezeichnet hat, an das äußerste Ende der Urkunde, so darf das nicht in einem rein äußerlichen und buchstäblichen Sinne verstanden werden, der eine Abweichung selbst dann nicht zuließe, wenn den an die beurkundende Tätigkeit der mitwirkenden Personen zu stellenden sachlichen Anforderungen nach dem Inhalte und der äußeren Gestalt der Urkunde in ausreichendem Maße entsprochen worden ist. Haben, wie vorliegend, die Zeugen das Protokoll nicht nur tatsächlich unterschrieben, sondern auch, indem sie damit über die gesetzlichen Erfordernisse hinausgehen, von sich selbst gesagt, sie hätten dies getan, und läßt sich unmittelbar aus der Urkunde selbst ersehen, daß die Zeugen vermöge ihrer Unterschriften nach deren Zusammenhange mit dem umgebenden Texte von der Erblasserin dasselbe bezeugen wie von sich selbst, so widerstreitet es nicht dem dritten Absatze des § 177 in der ihm durch die reichsgerichtliche Entscheidung beigelegten Bedeutung, wenn das Oberlandesgericht in einem gleichliegenden Falle diese Gesetzesvorschrift und darum auch im gegebenen Falle die des § 2242 Abs. 3 B.G.B. als gewahrt annehmen will."

73. Ist die Revision (bzw. Berufung) lediglich gegen die in einem Ergänzungsurteil enthaltene Kostenentscheidung ohne Rücksicht auf den Wert des Beschwerdegegenstandes insoweit, als die fraglichen Kosten zu der Hauptsache gehören, über die in dem ergänzten Urteile entschieden ist, dann zulässig, wenn auch gegen das letztere Urteil von derselben Partei in zulässiger Weise Revision (bzw. Berufung) eingelegt ist oder gleichzeitig eingelegt wird?

VI. Zivilsenat. Urt. v. 15. April 1908 i. S. hamburg. Polizeibehörde (Bekl.) w. S. & Co. u. Gen. (Kl.). Rep. VI. 596/07 u. 21/08.

I. Landgericht Hamburg.
II. Oberlandesgericht daselbst.

Das Oberlandesgericht hatte durch Urteil die Berufung der Beklagten zurückgewiesen und dieser die Instanzkosten auferlegt, dabei aber unterlassen, über die Kosten einer Beschwerde zu entscheiden, die im Laufe der Berufungsinstanz von den Klägern erhoben, und über deren Kosten zu erkennen vom Reichsgerichte der Endentscheidung vorbehalten worden war. Auf Antrag der Kläger erließ das Oberlandesgericht sodann ein Ergänzungsurteil, wodurch es die Kosten der Beschwerdeinstanz gleichfalls der Beklagten zur Last legte. Die Beklagte legte gegen das Hauptureil, und sodann auch gegen das Ergänzungsurteil Revision ein. Vom Reichsgerichte wurden die beiden Revisionen zu gemeinsamer Verhandlung und Entscheidung verbunden. Im Revisionsurteile heißt es über die obige Frage in den

Gründen:

... „Es fragte sich ..., ob die gegen das Ergänzungsurteil eingelegte Revision trotz § 99 Abs. 1 und § 546 Z.P.O. zulässig sei. Daraus, daß das Reichsgericht in gleichmäßiger, auch in der Literatur allgemein gebilligter Rechtsprechung im Falle vorgängiger Erlassung eines Teilurteils die Revision gegen das Schlußurteil in Ansehung derjenigen Kosten, die zu der in jenem Teilurteil entschiedenen Hauptsache gehören, dann für schlechthin zulässig erklärt hat, wenn nur auch gegen das fragliche Teilurteil in zulässiger Weise von derselben Partei Revision eingelegt sei oder gleichzeitig eingelegt werde,

vgl. Seuffert, Archiv Bd. 43 Nr. 167 (nebst darin angeführtem älteren Urteil des III. Zivilsenats des Reichsgerichts) und Jurist. Wochenschr. von 1888 S. 11 Nr. 11, ferner Jurist. Wochenschr. von 1888 S. 383 Nr. 2, und weitere Anführungen bei Gaupp-Stein, Z.P.O. (8. u. 9. Aufl.) Bd. 1 Bem. VI zu § 99 S. 288 flg., und bei Skonietzki u. Gelpcke, Z.P.O. Bem. 5 zu § 99 S. 255, würde sich entsprechend die Zulässigkeit auch dieser Revision ergeben; denn zwischen dem Verhältnisse des Ergänzungsurteils zum Hauptteile und demjenigen des Schlußurteils zu einem voraufgegangenen Teilurteile ist kein innerer Unterschied zu entdecken. Nichtsdestoweniger erklärt nicht nur Gaupp-Stein, a. a. O. Bd. 1 Bem. III zu § 321 S. 756 und Bd. 2 Bem. III zu § 517 S. 23, die Berufung und folglich auch die Revision für einen solchen Fall für ausgeschlossen, sondern es hat sich auch der III. Zivilsenat des Reichsgerichts (Entsch. in Zivils. Bd. 23 S. 422 flg.) wenigstens grundsätzlich in demselben Sinne ausgesprochen. Der erkennende Senat kann sich jedoch dieser Ansicht nicht anschließen, sondern folgt der entgegengesetzten, die auch z. B. von Seuffert, Kommentar zur Z.P.O. (9. Aufl.) Bd. 1 Bem. 1, c, ζ und Bem. 3, e zu § 99 S. 164 und 166 und Bd. 2 Bem. 1 zu § 517 S. 17, und von Nöldeke, in der Zeitschrift f. deutschen Zivilpr. Bd. 28 S. 432, sowie vom VII. Zivilsenate des Reichsgerichts laut der Entsch. in Zivils. Bd. 46 S. 393 flg. (wo nur nicht gerade die jetzt vorliegende Frage unmittelbar zu entscheiden war) vertreten ist. Jenes Urteil des III. Zivilsenats steht dabei nicht etwa im Sinne des § 137 Abs. 1 G.V.G. entgegen; denn die dort unmittelbar zu entscheidende Frage war von der jetzigen verschieden.

Die hiernach zulässige Revision gegen das Ergänzungsurteil" usw. (Das Weitere interessiert hier nicht.)

---

74. 1. Zum Begriffe des abstrakten Schuldversprechens und Schuldanerkenntnisses.

2. Ist eine Bürgschaft, die für eine als schon bestehend vorausgesetzte Schuld übernommen wird, dann rechtsverbindlich, wenn zur Zeit der Übernahme dem Hauptschuldner einstweilen noch eine Einrede zur Seite stand und diese nachher weggefallen ist?

B.G.B. §§ 780, 781, 765, 766.

VI. Zivilsenat. Urt. v. 27. April 1908 i. S. L. (Bekl.) w. M. (Kl.). Rep. VI. 327/07.

I. Landgericht Köln.
II. Oberlandesgericht daselbst.

Aus den Gründen:

„Dem Klaganspruche liegen zugrunde ein von A. Z. zu Pf. am 17. Dezember 1901 unterschriebener Schuldschein, welcher lautet:

„Bekenne hierdurch dem Weingutsbesitzer B. M. aus C.-B. 3000 ℳ, geschrieben dreitausend Mark, zu schulden, welche ich mich verpflichte innerhalb drei Jahre mit 5 v. H. Zinsen abzutragen",

und die vom Beklagten darunter gesetzte Erklärung: „Als Bürge für A. Z., Qu. L., Köln a. Rh." Der Beklagte hat seine Verurteilung deshalb angegriffen, weil mit Unrecht das Berufungsgericht angenommen habe, daß die Hauptschuld zur Zeit seiner Verbürgung schon bestanden habe. Dies mußte nämlich das Oberlandesgericht, obgleich auch für eine künftige Verbindlichkeit eine Bürgschaft übernommen werden kann (§ 765 Abs. 2 B.G.B.), deshalb für erheblich halten, weil es aus der Fassung des vom Beklagten mitunterschriebenen Schuldscheines auf dessen Willen geschlossen hat, sich gerade nur für eine schon bestehende Schuld zu verbürgen. Auch sind hierbei mit Recht gewisse behauptete spätere Vorgänge nicht in Betracht gezogen, aus denen vielleicht das Einverständnis des Beklagten entnommen werden könnte, auch für die in Wirklichkeit etwa erst nachträglich zustande kommende Verbindlichkeit als Bürge haften zu wollen; denn hierfür würde es dann an der schriftlichen Form gefehlt haben, die, da der Beklagte kein Kaufmann war, nach § 766 B.G.B. erforderlich gewesen wäre. Aber die Annahme des Berufungsgerichtes, daß durch jenen Schuldschein die Hauptverbindlichkeit schon begründet gewesen sei, ist auch rechtlich unbedenklich.

Das Oberlandesgericht hat allerdings im Ausdrucke fehlgegriffen, wenn es die Urkunde als ein abstraktes Schuldversprechen im Sinne des § 780 B.G.B. bezeichnet, sie ist vielmehr ein abstraktes Schuldanerkenntnis gemäß § 781 das.; aber in betreff der Rechtswirkung ist das gleichgültig. Wenn dem Oberlandesgerichte vom Beklagten ein innerer Widerspruch der Gründe vorgeworfen wird, insofern es selbst annehme, daß dem Z., solange der Kläger ihm die

3000 *M* noch nicht wirklich als Darlehn hingegeben hatte, eine Einrede gegen die Klage aus der Urkunde zu Gebote gestanden haben würde, so ist das völlig verfehlt; denn gerade aus der Natur einer abstrakten Schuldverbindlichkeit ergibt sich die Möglichkeit solcher aus dem zugrundeliegenden materiellen Rechtsverhältnis abzuleitenden Einreden, wie sie ja auch einem Wechselanspruche gegenüber gäng und gäbe sind....

Nun ist es freilich richtig, daß die eben erwähnte Einrede hier anfänglich wirklich dem Z. seinem Schuldanerkenntnisse gegenüber zur Seite stand; aber mit Recht nimmt das Berufungsgericht an, daß darum doch das Schuldverhältnis in dem Sinne, wie der Beklagte es bei Übernahme der Bürgschaft vorausgesetzt hatte, schon bestand. Schon in den römischen Rechtsquellen wird zwar bisweilen, wie in l. 3 § 1 D. de pec. const. 13, 5, l. 20 § 3 D. de lib. causa 40, 12, l. 42 § 1 D. de O. et A. 44, 7, das, wovon der in Anspruch zu Nehmende auf Grund einer exceptio befreit ist, schlechtweg als nicht geschuldet bezeichnet; wo aber genauer geredet wird, wie in l. 26 § 3 D. de cond. ind. 12, 6 und l. 10, 55 D. de V. S. 50, 16, wird dies auf den Fall einer exceptio perpetua beschränkt, für den einer exceptio temporaria dagegen anders entschieden. So ist auch in § 813 Abs. 1 B.G.B. die Rückforderung des zum Zwecke der Erfüllung einer Verbindlichkeit Geleisteten nur dann zugelassen, wenn dem Anspruch eine Einrede entgegenstand, durch welche die Geltendmachung des Anspruchs dauernd ausgeschlossen wurde. Hier steht nun aber nur eine dilatorische Einrede in Frage, und da ist es durchaus zu billigen, daß das Berufungsgericht die Verbindlichkeit aus dem Schuldanerkenntnisse trotz dieser Einrede im Sinne der Bürgschaftserklärung des Beklagten als eine damals schon bestehende ansieht, da es ja feststeht, daß sich der Beklagte damals über das materielle Rechtsverhältnis zwischen Z. und dem Kläger nichts mitteilen ließ, da er also für die Verbindlichkeit aus dem Schuldanerkenntnis offenbar für alle Fälle unter denselben Voraussetzungen haften wollte, wie der Hauptschuldner.

Aus diesen Gründen, und da auch sonst kein Bedenken vorlag, mußte die Revision ... zurückgewiesen werden." ...

75. Verteilung der Beweislast, wenn der auf Zahlung des Kaufpreises verklagte Käufer Stundung behauptet.

B.G.B. § 271.

II. Zivilsenat. Urt. v. 28. April 1908 i. S. R. (Bekl.) w. K. (Kl.). Rep. II. 529/07.

I. Landgericht Magdeburg, Kammer für Handelssachen.
II. Oberlandesgericht Naumburg a. S.

Der Verkäufer hatte den Käufer auf Zahlung des Kaufpreises für in der Zeit vom 3. Juni 1904 bis zum 30. November 1906 gelieferte Gegenstände verklagt. Der Beklagte wendete ein, beim Kaufabschlusse habe er mit dem Kläger Stundung des Kaufpreises auf 3—4 Jahre vereinbart. Das Landgericht gab dem Beklagten den richterlichen Eid über die von ihm vorgeschützte Stundung auf. Das Oberlandesgericht erkannte dagegen auf den dem Kläger über die Stundungsabrede zugeschobenen Eid. Dieses Urteil wurde vom Reichsgericht aufgehoben, aus folgenden

Gründen:

„Der Berufungsrichter verneint, daß ein Verzicht auf eine etwaige Stundung stattgefunden habe, und untersucht sodann, ob die angebliche Stundung vereinbart worden ist oder nicht. Bei dieser Untersuchung kommt der Berufungsrichter zu dem Ergebnis, daß die vom Beklagten behauptete Stundung nach dem Beweisergebnis sowohl, wie nach den sonstigen Umständen gleich unwahrscheinlich erscheine, auch der Beklagte in seinen Behauptungen schwanke. Trotzdem macht der Berufungsrichter nicht von seiner Befugnis Gebrauch, wenn er überhaupt noch Zweifel hat, die Lösung durch Auferlegung eines richterlichen Eides nach § 475 Z.P.O. herbeizuführen; er nimmt vielmehr an, der Beklagte habe eine „Einrede" der Stundung erhoben. Für diese „Einrede" treffe ihn die Beweislast. Deshalb erkennt der Berufungsrichter auf den dem Kläger zugeschobenen Eid über die Stundungsvereinbarung. Hiermit hat der Berufungsrichter die Grundsätze über die Beweislast verkannt.

In der Literatur wird allerdings mehrfach die Ansicht vertreten, der Käufer, der eine Befristung der Kaufpreiszahlung behaupte, müsse dafür die Beweislast übernehmen, weil es sich um eine Abänderung der naturalia negotii handle. Mit anderen Worten: der Absatz 1 des § 271 B.G.B. stelle die Regel auf, daß der Kaufpreis sofort fällig sei. Das Gesetz nehme also an, daß nichts über eine Zahlungsfrist verabredet sei; der klagende Verkäufer brauche deshalb nur den Kaufabschluß und eine Vereinbarung über die Höhe des Kaufpreises als die wesentlichen Elemente eines Kaufvertrages zu behaupten. Nur diese Tatsachen seien zur Klagebegründung erforderlich. Der auf Zahlung verklagte Käufer, der Stundung vorschütze, behaupte eine Abweichung von der gesetzlichen Regel des § 271 Abs. 1, gebe den ganzen klagebegründenden Tatbestand zu und stelle einen neuen selbständigen Tatbestand auf, den er zu beweisen habe. Mitunter wird dieser Ansicht auch in ihrer Begründung eine andere Form gegeben: es wird nämlich zugegeben, daß wer eine Befristung als vereinbart behauptet, das ganze Geschäft leugne. Komme es aber zum Beweise, so genüge der Beweis der wesentlichen Erfordernisse eines Kaufs; zu diesen wesentlichen Erfordernissen gehöre eine Behauptung über Art und Weise der Kaufpreiszahlung nicht. Denn beim Fehlen einer besonderen Vereinbarung kämen die gesetzlichen Bestimmungen über die Fälligkeit des Kaufpreises zur Geltung. Auch auf diesem Wege würde den Beklagten hier die Beweislast treffen.

Dieser Ansicht kann jedoch nicht beigetreten werden. Wäre die angebliche Stundung erst nach Abschluß des Kaufvertrages vereinbart, so müßte allerdings, wer sich der Frist bedienen will, den Beweis übernehmen. Denn es würde sich dann um einen Einwand handeln, der in prozessualer Beziehung einer Einrede im eigentlichen Sinne gleichstände. In dem hier zu entscheidenden Falle soll aber die Stundung gleichzeitig mit dem Abschlusse des Kaufvertrages selbst und als ein Bestandteil dieses Kaufvertrages vereinbart worden sein. Hier liegt in dem Vorschützen der Stundung ein mit Begründung versehenes Leugnen des Klagegrundes.

Aus den Grundsätzen über das qualifizierte Geständnis, die in § 289 Z.P.O. aufgestellt sind, ergibt sich diese Lösung allerdings nicht; denn darüber, ob ein qualifiziertes Geständnis oder ein motiviertes Leugnen vorliegt, entscheiden die materiellen Regeln über die Beweislast. Aus diesen Regeln ist aber der oben aufgestellte Satz herzuleiten, wie sich aus folgendem ergibt. Der Anspruch auf Zahlung des Kaufpreises stützt sich auf einen Kaufvertrag, dessen Inhalt, was die Fälligkeit angeht, durch das Gesetz, also durch § 271 B.G.B., ergänzt werden soll, weil nach dem Klagevortrag über Art und Weise der Zahlung nichts ausgemacht worden sein soll. Der § 271 Abs. 1 sagt ausdrücklich, es gelte als gesetzliche Regel die sofortige Fälligkeit, wenn die Parteien nichts anderes vereinbart haben. Der Beklagte bestreitet aber, daß der Kläger den Inhalt des Kaufvertrages vollständig angegeben habe: der Kaufvertrag habe eine ausdrückliche Hinausschiebung der Fälligkeit enthalten; hätte der Kläger den Inhalt richtig angegeben, so wäre sein Anspruch nicht gerechtfertigt. Der Beklagte hat also geleugnet, daß der Vertrag so und mit dem Inhalt abgeschlossen worden ist, wie ihn der Kläger angibt und zur Begründung seines Anspruchs angeben mußte, wenn er obsiegen will. Die gesetzliche Regel des § 271 Abs. 1 findet nur Anwendung, wenn die Parteien nichts anderes bestimmt haben. Daß nichts anderes bestimmt worden, behauptet der Kläger und muß er behaupten, um die Klage tatsächlich gehörig zu begründen. Für diese Behauptung muß der Kläger den Beweis führen, weil sie der Beklagte, wenn auch unter Begründung, leugnet, indem er einen anderen Vertragsinhalt angibt. Zuzugeben ist, daß der Kläger nicht schon in der Klage ausdrücklich zu sagen braucht, es sei nichts über die Zahlungszeit vereinbart, weil die Regel des § 271 Abs. 1 eingreift, wenn der Beklagte nicht widerspricht. Widerspricht aber der Beklagte, wie hier, so muß der Kläger behaupten und beweisen.

Die mitunter für das Gegenteil angezogenen Entscheidungen des Reichsgerichts (Entsch. in Zivils. Bd. 18 S. 158; Jurist. Wochenschr. 1897 S. 154 Nr. 36) besagen das Vermeinte nicht. In beiden Entscheidungen ist (wie in Entsch. des R.G.'s in Zivils. Bd. 29 S. 119) davon ausgegangen, daß wer auf Grund eines unbedingten Geschäftes klagt, die Unbedingtheit zu beweisen hat, nicht aber der Beklagte, der die Bedingtheit vorschützt, die Bedingung. Daß dies der Sinn jener Entscheidungen (Bd. 18 S. 157 und Bd. 29 S. 119) ist, hebt Jurist. Wochenschr. 1902 S. 312 Nr. 13 ausdrücklich hervor. In der Entscheidung Jurist. Wochenschr. 1903 S. 47 Nr. 8 wird dieser Grundsatz als ein allgemeiner bezeichnet und daher auch auf solche Fälle übertragen, wo der Beklagte gegen den auf Vertragserfüllung gerichteten Anspruch einwendet, der Vertrag sei mit einer Befristung geschlossen, oder es sei ein niedrigerer Preis als der vom Kläger geforderte angemessen, oder es sei eine besondere Eigenschaft der Ware bedungen. In allen diesen Fällen wird bestritten, daß der Vertrag so, wie ihn der Kläger erfüllt sehen will, abgeschlossen worden ist. Für den Einwand der Stundung insbesondere hat sich das Reichsgericht in einem Streitfalle, der allerdings bereits am 10. Mai 1884, also vor der Herrschaft des Bürgerlichen Gesetzbuchs, zur Entscheidung gekommen ist, ausdrücklich auf den hier vertretenen Standpunkt gestellt, daß der Einwand der Stundung kein selbständiges Angriffs- oder Verteidigungsmittel im Sinne des § 289 Z.P.O. darstellt, sondern lediglich eine Verneinung der gegnerischen Behauptung enthält.

Unter der Herrschaft des Bürgerlichen Gesetzbuchs ist aber die Frage nicht anders zu beantworten und die Beweislast nicht anders zu verteilen. Die Entscheidung des R.G.'s Bd. 57 S. 46, die der Berufungsrichter anzieht, spricht, wie bereits in Entsch. Bd. 1 S. 383 geschehen, aus, daß wer seinen Anspruch auf Darlehnsrückzahlung auf den Ablauf der gesetzlichen Kündigungsfrist stütze, zur Begründung seines Anspruches nicht noch weiter zu behaupten brauche, daß diese Kündigungsfrist vereinbart worden sei; daher seien die Modalitäten der Rückzahlung von dem zu beweisen, der sich darauf berufe. Diese Entscheidung beruht auf dem in § 609 Abs. 2 B.G.B. zu suchenden Grundsatze, daß es nach dem Gesetz einer besonderen Vereinbarung über diese Modalität nicht bedarf. Wo das Gesetz selbst einen regelmäßigen Vertragsinhalt angenommen wissen will, ist eine abweichende Vereinbarung etwas, was gegen die gesetzliche Vermutung spricht; wer sich auf eine solche abweichende Vereinbarung beruft, muß daher den Beweis übernehmen. Ein Beispiel dafür, daß die Ausnahme von einer gesetzlichen Regel von dem zu erweisen ist, der die Ausnahme anruft, findet sich auch in Entsch. des R.G.'s Bd. 42 S. 157.

Im Falle des § 271 Abs. 1 ist der Wille des Gesetzgebers aber ein anderer. Im Eingange dieser Gesetzesstelle ist ausdrücklich hervorgehoben, daß es in erster Linie auf den ausdrücklichen oder stillschweigenden Willen der Parteien, also auf den Inhalt der Vereinbarung, ankommen soll. Nur wenn die Parteien nichts über die Fälligkeit vereinbart haben, soll der fehlende Parteiwille durch die Vorschrift sofortiger Fälligkeit ersetzt werden."

76. Ist ein Vertrag, durch den eine Gesellschaft mit beschränkter Haftung einen eigenen Gesellschaftsanteil verkauft, wegen einer von ihrem Geschäftsführer gegen den Käufer verübten arglistigen Täuschung anfechtbar?

II. Zivilsenat. Urt. v. 1. Mai 1908 i. S. G. (Kl.) w. Zuckerfabrik M., Gesellsch. m. b. H. (Bekl.). Rep. II. 583/07.

I. Landgericht Breslau.
II. Oberlandesgericht daselbst.

Unter Aufhebung des Berufungsurteils und Zurückverweisung der Sache wurde obige Frage bejaht, aus folgenden

Gründen:

„Das Berufungsgericht hat in tatsächlicher Hinsicht nicht erörtert, ob der Kläger zum Abschlusse des fraglichen Vertrages durch arglistige Täuschung von seiten des Geschäftsführers der Beklagten bestimmt worden ist. Vielmehr hat es die Klage in der Erwägung abgewiesen, ein Vertrag, wodurch eine Gesellschaft mit beschränkter Haftung einen von ihr erworbenen eigenen Geschäftsanteil verkaufe, könne von dem Käufer wegen eines gegen ihn vom Geschäftsführer der Gesellschaft verübten Betruges überhaupt nicht angefochten werden. Hierbei ist es von dem in der Rechtsprechung des Reichsgerichts feststehenden Grundsatze ausgegangen, daß die Beitrittserklärung zu der Gründung oder Kapitalserhöhung einer mit juristischer Persönlichkeit ausgestatteten Personengemeinschaft (Aktiengesellschaft, Genossenschaft, Gesellschaft m. b. H.) nicht ausschließlich innere Bedeutung unter den Mitgliedern der Gesellschaft habe, sondern auch dazu bestimmt sei, einer unbegrenzten Anzahl Dritter das Vorhandensein des erklärten Verhältnisses kund zu geben und auf deren Entschließung einzuwirken. Aus ihrer das allgemeine Interesse berührenden Bedeutung ist gefolgert, daß auf solche Beitrittserklärungen, wenn sie an sich dem Willen des Erklärenden entsprächen, die Anwendung der bloß im inneren Rechtsverkehre geltenden, aber mit dem Wesen jener Gesellschaften und den daraus abzuleitenden besonderen Grundsätzen unvereinbaren Anfechtungsgründe des Bürgerlichen Gesetzbuchs ausgeschlossen erscheine, so daß sich der durch arglistige Täuschung zur Beitrittserklärung bestimmte Gesellschafter nur an diejenigen halten könne, welche ihn durch betrügerische Angaben hierzu veranlaßt haben. Zu Unrecht hat jedoch das Berufungsgericht diesen Grundsatz, wie von dem Revisionskläger zutreffend gerügt ist, auf einen Fall der vorliegenden Art ausgedehnt. Es hat nämlich ausgeführt, in jedem Falle habe die wirksame Anfechtung die Folge, daß ein Teil des Stammkapitals herausgezahlt werden müsse, daß dieses also verändert und damit ein Zustand beseitigt werde, an dessen Fortbestehen nach der unstreitig geschehenen Eintragung des Klägers in die Liste der Gesellschafter und ihrer Einreichung zum Handelsregister nicht nur die Beklagte und deren Gesellschafter, sondern auch der nicht begrenzte Kreis der derzeitigen und zukünftigen Gläubiger der Gesellschaft ein Interesse hätten; diesem allgemeinen Interesse müsse aber das Interesse des einzelnen nachstehen.

Richtig ist allerdings, daß in einem Falle, in dem es sich um den Verkauf eigener Aktien von seiten einer Aktiengesellschaft handelte, der erste Zivilsenat in dem vom Berufungsgerichte angezogenen Urteile vom 8. November 1905 die nämliche Rechtsauffassung vertreten und erwogen hat, dem Aktionäre sei unter keinen Umständen gestattet, seine zu Recht bestehende Aktienbeteiligung in ein Gläubigerrecht umzuwandeln und so den Gesellschaftsgläubigern Konkurrenz zu machen (Entsch. des R.G.'s in Zivils. Bd. 62 S. 29). Dagegen hat der erste Zivilsenat in dem Urteile vom 7. Juli 1897 entschieden, daß der Erwerber eines Geschäftsanteils einer Gesellschaft mit beschränkter Haftung auf die Ungültigkeit des Erwerbsgeschäftes wegen Irrtums sich berufen könne (Deutsche Jur.-Zeit. Bd. 2 S. 385 Nr. 72). Der letzteren Auffassung ist beizutreten. Der vorherigen Einholung einer Entscheidung der vereinigten Zivilsenate gemäß § 137 G.V.G. bedarf es nicht, da für die Beurteilung der Anfechtbarkeit eines Kaufes von Aktien und von einem Geschäftsanteile einer Gesellschaft mit beschränkter Haftung verschiedene Gesetze, nämlich das Handelsgesetzbuch, bzw. das Gesetz, betr. die Gesellschaften mit beschränkter Haftung, maßgebend sind.

Zwischen der Beitrittserklärung eines Gründers einerseits und anderseits der nachträglichen Beteiligung an der Gesellschaft durch Kauf eines voll eingezahlten Geschäftsanteils besteht ein in der Verschiedenheit der Verhältnisse begründeter wesentlicher Unterschied, aus dem sich für die Anfechtung der Beteiligung in dem einen und dem anderen Falle durchaus verschiedene Folgen ergeben. Der Gesellschaftsvertrag, den die Gründer abschließen, bildet die Grundlage der rechtlichen Existenz der Gesellschaft, das aus den Stammeinlagen der Gesellschafter bestehende Stammkapital die Grundlage ihrer wirtschaftlichen Tätigkeit. Um einesteils den Fortbestand der Gesellschaft und die Möglichkeit ihrer gedeihlichen Entwicklung zu sichern, andernteils Dritten, die mit der Gesellschaft in Geschäftsverbindung treten, eine gewisse Sicherheit zu gewähren, schreiben die §§ 5 und 9 des Ges., betr. die Gesellsch. m. b. H., vor, daß das Stammkapital der Gesellschaft mindestens 20000 ℳ betragen muß und daß die Stammeinlagen den Gesellschaftern außer dem Falle einer Herabsetzung des Stammkapitals weder erlassen noch gestundet werden können. Den gleichen Zweck verfolgt § 30 mit der Bestimmung, daß das zur Erhaltung des Stammkapitals erforderliche Vermögen der Gesellschaft an die Gesellschafter nicht ausgezahlt werden darf. Es versteht sich von selbst, daß durch eine Anfechtung des Gesellschaftsvertrags die ganze Grundlage der rechtlichen Existenz der Gesellschaft, durch Erlaß oder Stundung der Stammeinlagen, sowie durch Rückzahlung des Stammkapitals die Grundlage ihres wirtschaftlichen Bestehens erschüttert würde. Durch Zulassung einer Anfechtung des Gesellschaftsvertrags würden daher die zum Schutze der Gesellschaft und ihrer Gläubiger erlassenen Vorschriften der §§ 2—12, die eine sichere Grundlage der Gesellschaft in rechtlicher und wirtschaftlicher Beziehung bezwecken, völlig illusorisch gemacht. Das kann unmöglich vom Gesetzgeber gewollt sein.

Anders aber liegt der Fall, wenn es sich bloß um Anfechtung eines mit der Gesellschaft über einen voll eingezahlten Geschäftsanteil abgeschlossenen Kaufs und der hierauf beruhenden Gesellschaftsbeteiligung handelt. Eine ausdrückliche Bestimmung, die abweichend von den allgemeinen Rechtsgrundsätzen ein solches Kaufgeschäft der Anfechtbarkeit entzieht, enthält das Gesetz, betr. die Gesellsch. m. b. H., nicht. Die Unanfechtbarkeit läßt sich auch nicht aus seinen Vorschriften folgern, insbesondere nicht aus §§ 19 und 30. Denn § 19 verbietet lediglich den Erlaß oder die Stundung der Stammeinlagen, § 30 bloß die Auszahlung des zur Erhaltung des Stammkapitals erforderlichen Vermögens der Gesellschaft an die Gesellschafter. In § 30, der zur Ergänzung des § 19 dient, ist, wie aus dem Wortlaute, dem Zusammenhange und der Begründung klar hervorgeht, nur daran gedacht, daß das Stammkapital, d. h. das im Gesellschaftsvertrage festgesetzte Sollvermögen, im Gegensatze zu dem Gewinn und zu den eingezogenen, gemäß § 30 Abs. 2 rückzahlbaren Nachschüssen, nicht durch Herauszahlung an die Gesellschafter in dieser Eigenschaft, und ohne daß hierfür ein besonderer rechtlicher Verpflichtungsgrund besteht, geschmälert werden darf. Auf Zahlungen, welche die Gesellschaft zur Erfüllung von Verbindlichkeiten leistet, die ihr gegenüber einem Gesellschafter als Drittem obliegen, erstreckt sich das Verbot offenbar nicht.

Im Falle einer Anfechtung des mit der Gesellschaft über einen Geschäftsanteil abgeschlossenen Kaufs handelt es sich nicht um Erlaß oder Auszahlung einer Stammeinlage, sondern vielmehr um den Kaufpreis, den der Käufer nicht als Gesellschafter, sondern als der Gegenkontrahent der Gesellschaft bei dem angefochtenen Geschäfte zurückverlangt oder nicht zahlen will. Durch die Rückzahlung des Kaufpreises wird das Stammkapital grundsätzlich nicht berührt. Denn nach § 33 darf die Gesellschaft eigene Geschäftsanteile, auf welche die Stammeinlage noch nicht vollständig bezahlt ist, nicht erwerben, und sie soll auch eigene Geschäftsanteile, auf welche die Stammeinlage vollständig eingezahlt ist, nicht erwerben, sofern nicht der Erwerb aus dem über den Betrag des Stammkapitals hinaus vorhandenen Vermögen geschehen kann. Für die Lage der Gesellschaft in rechtlicher und wirtschaftlicher Beziehung ist es mithin von keiner wesentlichen, die Existenz der Gesellschaft berührenden Bedeutung, ob sich ein voll eingezahlter Geschäftsanteil im Besitze des A. oder des B. oder im eigenen Besitze der Gesellschaft befindet, da sein Erwerb nur unter Wahrung des vollen Stammkapitals zulässig ist. Daß der Kauf eines Geschäftsanteils, den der Käufer von einem Gesellschafter erwirbt, nach allgemeinen Grundsätzen der Anfechtung unterliegt, kann nicht zweifelhaft sein. Der Umstand aber, daß er den Geschäftsanteil von der Gesellschaft kauft, kann bezüglich der Anfechtbarkeit des Kaufs keinen wesentlichen Unterschied begründen. Die Anfechtung bewirkt, daß das Geschäft als von Anfang an nichtig anzusehen ist (§ 142 B.G.B.), und sie begründet einen Rückforderungsanspruch aus ungerechtfertigter Bereicherung im Sinne des § 812 B.G.B. Grundsätzlich hat der Käufer den Geschäftsanteil zurückzugewähren, und damit kommt die Gesellschaft rechtlich und wirtschaftlich in dieselbe

Lage, in der sie sich zur Zeit des Kaufabschlusses befand. Wenn mittlerweile Unterbilanz eingetreten sein sollte, so ist dies die Folge schlechter Geschäftsführung oder unglücklicher Zufälle, und diese Folge haben die Gesellschaftsgläubiger, zu denen im Falle wirksamer Anfechtung auch der Käufer gehört, gemeinsam zu tragen. Gegen die Folgen schlechter Geschäftsführung oder zufälliger Umstände und die hierdurch eintretende Verminderung des Gesellschaftsvermögens gewährt das Gesetz keinen Schutz.

Als zutreffend kann auch die Auffassung nicht anerkannt werden, dem Gesellschafter sei es unter keinen Umständen gestattet, seine zu Recht bestehende Gesellschaftsbeteiligung in ein Gläubigerrecht umzuwandeln. Denn der Gesellschafter, der den Geschäftsanteil von der Gesellschaft gekauft hat, steht zu dieser in doppeltem Rechtsverhältnisse: 1. als Gegenkontrahent bei dem Kaufe, 2. als Gesellschafter. Ficht er den Kauf und damit mittelbar seine hierauf beruhende Gesellschaftsbeteiligung an, so besteht diese eben nicht zu Recht. Und wenn er die Rechte aus dem wirksam angefochtenen Geschäfte geltend macht, so wandelt er nicht seine Gesellschaftsbeteiligung in Gläubigerrechte um, sondern er macht die ihm als Gläubiger an dem nichtigen Geschäfte zustehenden Rechte geltend, und die Hinfälligkeit seiner Gesellschaftsbeteiligung ist nur die rechtliche Folge seiner auf der Anfechtung des Kaufs beruhenden Gläubigerrechte.

Somit treffen die besonderen aus der gesetzlichen Gestaltung der Rechtsverhältnisse der Gesellschaften m. b. H. folgenden und auf dem allgemeinen Interesse beruhenden Gründe, die eine Anfechtung der Beitrittserklärung zum Gesellschaftsvertrage ausschließen, bei der bloßen Beteiligung durch nachträglichen Kauf eines voll eingezahlten Geschäftsanteils nicht zu. Vielmehr gestattet § 30 ausdrücklich die Herauszahlung des Gesellschaftsvermögens an die Gesellschafter, soweit es zur Erhaltung des Stammvermögens nicht erforderlich ist. Daß nun das zur Erhaltung des Stammkapitals der Beklagten erforderliche Vermögen durch die Zahlung des mit der Klage geforderten Betrages an den Kläger geschmälert würde, ist vom Berufungsgerichte nicht festgestellt. Entscheidend käme es übrigens hierauf nach dem Vorausgeführten auch nicht an."

77. Unter welchen Voraussetzungen kann ein Beschluß der Generalversammlung über die Entlastung des Vorstandes und des Aufsichtsrates einer Aktiengesellschaft nach § 271 H.G.B. wegen Verletzung des Gesetzes angefochten werden?

H.G.B. §§ 260, 268, 271.

B.G.B. § 826.

II. Zivilsenat. Urt. v. 1. Mai 1908 i. S. A. G. Papier- und Zellstofffabriken i. L. (Bekl.) w. E. u. Gen. (Kl.). Rep. II. 623/07.

I. Landgericht Offenburg.
II. Oberlandesgericht Karlsruhe.

Nach dem Statute der verklagten Aktiengesellschaft, die sich seit dem 21. Januar 1906 in Liquidation befand, war der Zweck der Gesellschaft Fabrikation und Handel mit Papier, Zellstoff und ähnlichen Produkten, Beteiligung an gleichen und verwandten Geschäften, sei es durch Kapitaleinlage oder Aktienübernahme. Die Beklagte hatte früher die Fabrikation von Zellulose in U. betrieben, dann aber, da ihr Betrieb durch die Verwaltungsbehörden eingestellt worden war, ihr dortiges Fabrikanwesen an die Gesellschaft m. b. H. „Fabrik für Eisenkonstruktionen" daselbst zum Preise von 100000 *M* verkauft. Für den Kaufpreis war ihr die erste Hypothek eingeräumt worden. Nachdem die „Fabrik für Eisenkonstruktionen" bedeutende Änderungen in Bau und Einrichtung vorgenommen hatte, trat die Beklagte mit ihrer Hypothek im Range hinter eine Hypothek einer Bank über 80000 *M* zurück. In der Folge hatten die Direktoren der Beklagten, in deren Namen handelnd, der genannten Gesellschaft m. b. H. einen Wechselkredit von 20000 *M* eingeräumt und außerdem Darlehen in laufender Rechnung gegeben. Trotzdem geriet die „Fabrik für Eisenkonstruktionen" in Konkurs. In der Zwangsvollstreckung fiel die Beklagte mit ihrer Hypothek aus. Außer der Hypothekenforderung betrug die Forderung der Beklagten aus Wechseln und Darlehen 64735,16 *M*, der nach der Sachlage am Schlusse der Berufungsinstanz einschließlich der voraussichtlichen Konkursdividende von 2 v. H. eine Deckung von rund 22712 *M* gegenüberstand. Der Reinverlust aus den Wechsel- und Darlehnsgeschäften würde hiernach rund 42023 *M* betragen haben.

In der Generalversammlung der verklagten Aktiengesellschaft vom 5. Juli 1906 war u. a. Gegenstand der Tagesordnung: die Genehmigung der Liquidationsbilanz und die Entlastung von Vorstand und Aufsichtsrat hinsichtlich ihrer Geschäftsführung bis zum Eintritte der Liquidation der Gesellschaft. Die Entlastung wurde gegen die Stimmen der Kläger, von denen K. E. 52, Th. E. 9 Aktien besaß, erteilt. Die Kläger erklärten zu Protokoll Widerspruch gegen diesen Beschluß und beantragten mit der rechtzeitig erhobenen Klage, den Beschluß der Generalversammlung, wonach dem Vorstande und dem Aufsichtsrate Entlastung erteilt wurde, für nichtig zu erklären.

Der erste Richter erkannte nach dem Antrage der Klage. Die Berufung der Beklagten wurde zurückgewiesen. Auf die Revision der Beklagten wurde das Berufungsurteil aufgehoben, und die Sache zurückverwiesen aus folgenden

Gründen:

... „Die Klage war in erster Reihe damit begründet, die Kreditgewährungen an die Gesellschaft m. b. H. „Fabrik für Eisenkonstruktionen" hätten eine Statutenverletzung enthalten. Seien aber die Kreditgewährungen statutenwidrig gewesen, so verletze auch die Entlastung des Vorstandes und des Aufsichtsrates wegen dieser Statutenwidrigkeiten das Gesetz und den Gesellschaftsvertrag. Darum sei eine Anfechtung nach § 271 H.G.B. zulässig, und greife nicht etwa nur § 268 H.G.B. Platz.

Das Berufungsgericht erwägt, die Kreditgewährungen seien als statutenwidrig zu bezeichnen; insbesondere sei zu verneinen, daß die dem Vorstande obliegende Verwaltung der der Beklagten gehörenden Hypothek zu den Kreditgewährungen berechtigten Anlaß geben durfte. Dagegen sei die Annahme gerechtfertigt, die Kreditgewährungen hätten wegen ihrer Höhe und Gefährlichkeit bei Anwendung der gehörigen Sorgfalt nicht als durch das Statut erlaubt erachtet werden dürfen. Aus dieser Verletzung der schuldigen Sorgfalt sei der Vorstand (§ 241 H.G.B.) und der Aufsichtsrat (§ 246 H.G.B.) der Gesellschaft schadensersatzpflichtig gewesen. Die Entlastung, die in der Generalversammlung vom 5. Juli 1906 beschlossen worden sei, enthalte, da die Generalversammlung über die Sachlage unterrichtet war oder sich noch hätte unterrichten können, einen Verzicht auf diese Schadensersatzansprüche aus der Kreditgewährung. Da die Generalversammlung dazu keinen berechtigten Anlaß gehabt habe, so müsse deren Beschluß zum mindesten als eine Willkürlichkeit angesehen werden. Eine solche Freiheit bestehe für die Generalversammlung nicht; denn auch sie habe immer den Vorteil der Gesellschaft im Auge zu behalten. Verstoße sie dagegen, so verstoße sie gegen die Grundlagen, auf denen die Beteiligung der Aktionäre an dem Unternehmen beruhe, gegen ein selbstverständliches Prinzip des Gesellschaftsvertrages und gegen das Gesetz.

Die Revisionskläger führen dagegen aus, selbst wenn die Auffassung des Berufungsgerichts richtig wäre, daß die Kreditgewährungen eine von dem Vorstande und dem Aufsichtsrate zu vertretende fahrlässige Statutenverletzung enthielten, so wäre die weitere Annahme, daß die Generalversammlung nicht wegen solcher Handlungen Entlastung erteilen könne, rechtsirrig. Die Entlastung des Vorstandes und des Aufsichtsrats sei nach § 260 H.G.B. schlechtweg in das Ermessen der Generalversammlung gestellt, und der Entlastungsbeschluß sei dann schon gültig, wenn er dem Gesetze gemäß zustande gekommen sei. Welche Beweggründe die Aktionäre bei der Abstimmung geleitet hätten, sei unerheblich. Überdies fehle der Annahme, daß der Beschluß „willkürlich" gegen den Vorteil der Gesellschaft gefaßt sei, jede Begründung.

Auch wenn mit dem Berufungsgerichte davon auszugehen ist, die Kreditgewährungen an die Gesellschaft m. b. H. hätten wegen ihrer Höhe und Gefährlichkeit bei Anwendung der schuldigen Sorgfalt nicht als durch das Statut erlaubt und durch die übrige Sachlage gestattet erachtet werden dürfen und die Aktiengesellschaft habe danach gegen Vorstand und Aufsichtsrat einen Schadensersatzanspruch gehabt, so kann das angefochtene Urteil mit der Begründung, wie sie jetzt vorliegt, nicht aufrecht erhalten werden. Zwar gereicht an sich jeder Verzicht auf begründete Regreßansprüche gegen zahlungsfähige Mitglieder des Vorstandes und des Aufsichtsrats zum Nachteil der Aktiengesellschaft. Es ist indes nicht zu bezweifeln, daß ein solcher Entlastungsbeschluß dadurch allein grundsätzlich noch nicht gegen das Gesetz verstößt, und zwar auch dann, wenn die Schuldner gegen das Statut gefehlt haben. Gegen das Statut würde aber eine solche Entlastung nur verstoßen, wenn in dem Statute bestimmt wäre, daß auf solche Regreßansprüche nicht verzichtet werden dürfe.

Dagegen ist nicht zu leugnen, daß ein solcher Entlastungsbeschluß gegen das Gesetz verstoßen **kann**. Dies ist dann anzunehmen, wenn die Mehrheit der Aktionäre bei der Beschlußfassung in einer gegen die guten Sitten verstoßenden Weise vorsätzlich zum Nachteile der Aktiengesellschaft oder zum Nachteile der Minderheit gehandelt hat. Das ergibt sich aus den in dem § 826 B.G.B. ausgesprochenen Grundsatze. Dabei ist unter der „Mehrheit", deren Handeln im Sinne des § 826 — anders gesagt: deren „dolus" — vorliegen muß, um einen Entlastungsbeschluß ungesetzlich zu machen, nicht die **Gesamtheit** derjenigen zu verstehen, welche für die Entlastung gestimmt haben. Ein solches Handeln im Sinne des § 826 — der „dolus" — braucht bloß bei dem Teile vorhanden zu sein, der im gegebenen Falle mindestens erforderlich war, um einen Mehrheitsbeschluß hervorzubringen. Dagegen kann ein Verstoß gegen das Gesetz nicht bereits dann angenommen werden, wenn die Mehrheit nur willkürlich ohne allen und jeden gerechtfertigten Grund durch den Entlastungsbeschluß auf die ihr als wohlbegründet bekannten Regreßansprüche verzichtet hat, es sei denn, daß nach den begleitenden besonderen Umständen ein solches Verhalten zugleich den Tatbestand des § 826 erfüllt.

Die Ausführungen des Berufungsurteils reichen nicht zu, um die dargelegten Anforderungen für die Annahme eines Verstoßes gegen das Gesetz zu erfüllen. Das Berufungsgericht hat indes das in den Instanzen vorgetragene Tatsachenmaterial noch nicht nach den bezeichneten rechtlichen Gesichtspunkten geprüft. Eine solche Prüfung fällt wenigstens zum Teil in das Gebiet der Tatsachenwürdigung und kann insoweit von dem Revisionsgerichte nicht vorgenommen werden." ...

---

78. Ist nach § 67 Abs. 4 H.G.B. jede Vereinbarung, die eine ungleiche Kündigungsfrist festsetzt, nichtig ohne Unterschied, ob die Vereinbarung im einzelnen Falle dem Handlungsgehilfen günstig oder ungünstig ist?

H.G.B. §§ 66, 67, 68.

III. Zivilsenat. Urt. v. 1. Mai 1908 i. S. Nordfr. Bank (Bekl.) w. P. (Kl.). Rep. III. 551/07.

I. Landgericht Flensburg.
II. Oberlandesgericht Kiel.

Der Kläger hatte mit der Beklagten am 10. Mai 1906 einen Vertrag geschlossen, inhalts dessen er als Mitleiter einer Bankfiliale der Beklagten angestellt wurde. Die Dauer des Vertrags war auf zehn Jahre vom 1. Mai 1906 ab bemessen; jedoch wurde dem Kläger das Recht gegeben, nach Ablauf von drei Jahren mit halbjähriger Frist zu kündigen. Die Beklagte kündigte dem Kläger am 28. Dezember 1906 für den 1. April 1907 und berief sich in dem über die Berechtigung dieser Kündigung geführten Rechtsstreite unter anderem auch auf § 67 Abs. 4 H.G.B., demzufolge die im Vertrage verabredeten Kündigungsbestimmungen, weil sie nicht für beide Teile gleich seien, nichtig und an ihre Stelle die gesetzlichen Fristen des § 66 H.G.B. zu setzen wären. Das Berufungsgericht verwarf den Einwand, und das Revisionsgericht bestätigte diese Entscheidung aus folgenden

Gründen:

... „Schließlich beruht das Berufungsurteil auch nicht auf einer Verletzung des § 67 H.G.B. Der § 4 des Anstellungsvertrags bestimmt:

„Dieser Vertrag gilt vom 1. Mai 1906 ab auf 10 Jahre. Herr P. ist berechtigt, diesen Vertrag nach Ablauf von 3 Jahren mit halbjährlicher Frist aufzukündigen. Die Bank ist berechtigt, Herrn P. nur vor Ablauf der 10 Jahre mit halbjährlicher Frist zu kündigen, sobald derselbe sich grobe Pflichtverletzungen zuschulden kommen läßt. Die Kündigung muß schriftlich geschehen."

Die Beklagte ist der Meinung, daß die hier getroffenen Abreden über die Kündigungsbefugnis nach § 67 Abs. 4 H.G.B. nichtig seien, weil sie nicht für beide Teile gleich seien, und daß deshalb das Anstellungsverhältnis der gesetzlichen Kündigungsfrist nach § 66 H.G.B. unterliege.

Wie der Zusammenhang des § 67 mit dem vorhergehenden § 66 H.G.B. zeigt, beziehen sich seine Vorschriften nur auf die ordentliche Kündigung, das Recht der Vertragsteile, den Vertrag ohne weitere Voraussetzung durch einseitige Willenserklärung zur Lösung zu bringen. Ein solches Kündigungsrecht ist in § 4 des Anstellungsvertrags der Beklagten überhaupt nicht und für die ersten 3 Jahre auch dem Kläger nicht eingeräumt. Für diese 3 Jahre ist der Vertrag fest abgeschlossen; insoweit enthält er ein auf bestimmte Zeit eingegangenes Dienstverhältnis, auf welche Art Verträge sich die §§ 66, 67 nicht beziehen. Da in diesem Rechtsstreite nur die Frage zu entscheiden ist, ob die am 28. Dezember 1906, also innerhalb der ersten 3 Vertragsjahre, ausgesprochene Kündigung den Vertrag für den 1. April 1907 zur Auflösung gebracht hat oder ob er trotz der Kündigung noch fortdauert, diese Frage aber, soweit die Kündigung als ordentliche Kündigung in Betracht kommt, schon durch die von § 67 nicht betroffene Abrede der dreijährigen festen Vertragsdauer entschieden wird, so kommt es an sich auf die Bestimmungen in § 67 über die Beschränkungen der Vertragsfreiheit jetzt nicht an. Erst für die spätere Zeit kann die Frage aufgeworfen werden, ob die Verschiedenheit in der Kündigungsbefugnis die darüber in § 4 des Vertrags getroffene Vereinbarung nichtig macht. Dies muß verneint werden.

Nicht zutreffend ist die Annahme des Berufungsgerichts, daß § 67 auf Fälle einer ungleichen Kündigungsbefugnis, wo der eine Vertragsteil auf bestimmte Zeit überhaupt nicht, der andere während dieser Zeit mit halbjähriger Frist kündigen kann, keine Anwendung finde, weil es sich dabei nicht um ungleiche Kündigungs*fristen* handle. In Wirklichkeit liegt in solchen Fällen die Vereinbarung ungleicher Fristen vor: die Kündigungsfrist desjenigen, der während einer bestimmten Zeit überhaupt nicht kündigen kann, erscheint im Verhältnis zu der des andern Vertragsteils um den Zeitraum verlängert, in welchem sein Kündigungsrecht noch ausgeschlossen ist.

Vgl. *Staub*, Handelsgesetzbuch (8. Aufl.) § 67 Anm. 1.

An sich würde also § 67 auch auf den vorliegenden Fall, soweit die Zeit nach Ablauf der ersten 3 Vertragsjahre in Betracht kommt, zutreffen.

Indes ist anderseits dem Berufungsgerichte darin beizustimmen, daß die in Abs. 4 des § 67 verordnete Nichtigkeit abweichender Vereinbarungen nur die zu *Ungunsten* des Handlungsgehilfen getroffenen Abreden ergreift. Zwar bestimmt der Wortlaut des Gesetzes, daß „die Kündigungsfrist für beide Teile gleich sein muß" und daß „eine Vereinbarung, die dieser Vorschrift zuwider läuft, nichtig ist". Es scheint also ein Unterschied nicht gemacht zu werden, ob die abweichende Vereinbarung dem Handlungsgehilfen günstig oder ungünstig ist. Und deshalb wird in der Rechtslehre mehrfach die Meinung vertreten, daß ein solcher Unterschied nicht gemacht werden dürfe.

Vgl. Goldmann, Handelsgesetzbuch § 67 Anm. 1 Ziff. II[1]; Horrwitz, Recht der Handlungsgehilfen (2. Aufl.) S. 120; Lotmar, Arbeitsvertrag Bd. 1 S. 593.

Diese Auslegung setzt sich jedoch mit dem Zwecke des Gesetzes, wie er in der Entstehungsgeschichte und im Gesetze selbst zum Ausdrucke gekommen ist, in Widerspruch.

Die Vorschriften des § 67 sind geschaffen worden, um den mannigfach empfundenen Übelständen, die auf dem Gebiete des kaufmännischen Dienstvertrages durch die unbeschränkte Vertragsfreiheit zum Nachteile der Handlungsgehilfen bemerkbar geworden waren, zu begegnen. Bereits im Jahre 1894 hatte der Reichstag einen Antrag auf Erlassung eines Gesetzes angenommen, der den jetzt Gesetz gewordenen Vorschriften im wesentlichen entsprach (Drucksachen des Reichstags 1893/94 Nr. 337). Die Reichstagsverhandlungen über diesen Antrag (Stenographische Berichte 1893/94 Bd. 2 S. 1233 flg., 1371 flg.) ergeben, daß ausschließlich die mißliche Lage der Handlungsgehilfen bei dem Abschlusse von Dienstverträgen gegenüber den wirtschaftlich überlegenen Prinzipalen den Grund zu der gesetzlichen Einschränkung der Vertragsfreiheit bildete. Auf diese Verhandlungen nimmt die Denkschrift zum Entwurfe eines Handelsgesetzbuchs, der dem Reichstage 1897 vorgelegt wurde, Bezug und führt ihrerseits aus: „Die Bestimmungen des Handelsgesetzbuchs über die Handlungsgehilfen reichen unter den heutigen Verhältnissen nicht mehr aus; sie genügen namentlich nicht, um die Handlungsgehilfen gegen unbillige Vertragsbestimmungen zu schützen, die ihnen bei der Anstellung auferlegt werden. Der Grundsatz unbedingter Vertragsfreiheit, von welchem das Handelsgesetzbuch ausgeht, ist deshalb im Entwurfe verlassen; insbesondere sind für Vereinbarungen über die Kündigungsfristen sowie für das vertragsmäßige Konkurrenzverbot im Interesse der Handlungsgehilfen bestimmte Schranken gezogen" (Drucksachen des Reichstags 1895/97 zu Nr. 632 S. 54). Auch bei den weiteren parlamentarischen Verhandlungen über den Entwurf blieb dieser Gesichtspunkt maßgebend. Der Gedanke, daß die einzuführende Beschränkung der Vertragsfreiheit die Tragweite haben sollte, dem Handlungsgehilfen auch die ihm im einzelnen Falle mögliche Erreichung günstigerer Kündigungsfristen, als er sie dem Prinzipal einzuräumen hatte, zu verwehren, ist nirgends ausgesprochen worden, und es ist mit Sicherheit anzunehmen, daß man eine solche Folgerung mit der im Entwurfe enthaltenen Fassung des Abs. 4 des § 67, die dem Antrage von 1894 entsprach und in das Gesetz übergegangen ist, nicht verbunden hat.

Aber nicht nur in der Entstehungsgeschichte, sondern auch im Gesetze selbst kommt zum Ausdrucke, daß die Vorschriften des § 67 nur zugunsten der Handlungsgehilfen erlassen worden sind. In § 68 wird die Beschränkung der Vertragsfreiheit, die in § 67 angeordnet ist, für diejenigen Handlungsgehilfen wieder außer Kraft gesetzt, die ein Jahresgehalt von mindestens 5000 *M* beziehen. Für sie könne von einem Bedürfnisse, so bemerkt dazu die erwähnte Denkschrift, sie gegen die notgedrungene Eingehung ungünstiger Kündigungsbedingungen zu schützen, keine Rede sein; bei der wirtschaftlichen und sozialen Lage, in der sie sich befänden, träfen die dem § 67 zugrunde liegenden Gesichtspunkte nicht zu (Drucksachen des Reichstags 1895/97 zu Nr. 632 S. 60). Hebt also das Gesetz die Beschränkung der Vertragsfreiheit wieder auf, falls es sich um eine Klasse von Handlungsgehilfen handelt, deren wirtschaftliche und soziale Stellung eine Fürsorge entbehrlich erscheinen ließ, so ergibt sich daraus, daß die Beschränkung der Vertragsfreiheit selbst trotz des allgemeinen Wortlautes in § 67 nur den Interessen der Handlungsgehilfen dienen soll, deren wirtschaftliche Stellung man der unbeschränkten Vertragsfreiheit nicht gewachsen glaubte. Zugleich weist aber auch § 68 auf ein bei gegenteiliger Auslegung notwendiges Ergebnis hin, das als ein befriedigendes nicht bezeichnet werden könnte: daß es nämlich dem wirtschaftlich starken Handlungsgehilfen rechtlich möglich wäre, sich günstigere Kündigungsfristen auszubedingen, als er sie dem Prinzipal gewährt, während dem wirtschaftlich schwächeren Handlungsgehilfen dies versagt werden müßte.

Aus diesen Gründen ist der einschränkenden Auslegung des § 67 Abs. 4 der Vorzug zu geben, wonach nur solche abweichende Vereinbarungen nichtig sind, die den Handlungsgehilfen gegenüber dem Prinzipale ungünstiger stellen.

Vgl. Staub, Handelsgesetzbuch (8. Aufl.) § 67 Anm. 7; Düringer-Hachenburg, Handelsgesetzbuch § 67 Note III.

Da in dem vorliegenden Anstellungsvertrage die Kündigungsbestimmungen den Kläger gegenüber der Beklagten günstiger stellen, so kann sie sich als Prinzipalin nicht auf § 67 Abs. 4 berufen. Die Vereinbarungen sind gültig." ...

---

79. Ist bei der Verbindung einer gültigen mit einer nichtigen Abrede das ganze Rechtsgeschäft nichtig, wenn sich die Vertragschließenden der Nichtigkeit der einen Abrede bewußt waren? B.G.B. § 139.

VII. Zivilsenat. Urt. v. 1. Mai 1908 i. S. H. Ehefr. (Bekl.) w. H. (Kl.). Rep. VII. 523/07.

I. Landgericht II Berlin.
II. Kammergericht daselbst.

Im Ehescheidungsprozesse hatten die Parteien einen Vergleich geschlossen, in dem es zunächst hieß: „Die Parteien beschließen, getrennt voneinander zu leben, und zwar ohne eine gegen die andere Unterhaltsansprüche zu erheben." Sodann wurden Bestimmungen über die Unterbringung und Erziehung der Kinder getroffen, und weiter bestimmt: „Die Parteien verpflichten sich, binnen einer Frist von zwei Monaten Gütertrennung notariell zu vereinbaren." Der Kläger betrachtete, wie den ganzen Vergleich, so auch die Bestimmung über die Gütertrennung als nichtig und erhob Klage mit dem Antrage, festzustellen, daß er nicht verpflichtet sei, mit der Beklagten durch notariellen Vertrag Gütertrennung zu vereinbaren. Diesem Antrage entsprachen die Urteile der Vorinstanzen. Vom Reichsgerichte wurde das Berufungsurteil aufgehoben, und die Klage abgewiesen.

Gründe:

„Nach § 1432 B.G.B. können die Ehegatten auch nach Eingehung der Ehe den Güterstand aufheben oder ändern; der Gültigkeit der von den Parteien in dem Vergleiche vom 9. Oktober 1904 gegenseitig eingegangenen Verpflichtung, binnen einer Frist von zwei Monaten Gütertrennung notariell zu vereinbaren, steht deshalb an sich ein rechtliches Bedenken nicht entgegen. In Frage kann nur kommen, ob nicht gemäß § 139 B.G.B. wegen der Nichtigkeit einer anderen Bestimmung des Vergleichs die Nichtigkeit des ganzen Vertrages und damit auch der Abrede über die Gütertrennung angenommen werden muß. Zur Bejahung dieser Frage war das Berufungsgericht in seinem früheren, auf die Revision der Beklagten aufgehobenen Urteile auf Grund des Beschlusses der Parteien, getrennt zu leben, gelangt. Dieser Entscheidungsgrund kommt jetzt nicht mehr in Betracht; das Berufungsgericht ist nach Anordnung einer Beweiserhebung und in Würdigung des Beweisergebnisses nunmehr zu der Überzeugung gelangt, daß der erwähnte Beschluß nicht die Bedeutung einer vertragsmäßigen Festsetzung haben sollte, sondern nur die Feststellung einer Tatsache, eine einleitende Erklärung für die nachfolgenden Abmachungen, enthalte. Dagegen wird die Nichtigkeit der Gütertrennungsabrede nunmehr aus ihrem inneren Zusammenhange mit den Vergleichsbestimmungen über den Verzicht auf den Unterhalt und über die Kindererziehung gefolgert. Diesen Bestimmungen müsse, „obgleich die Parteien beim Vergleichsschlusse von dem Richter und dem Rechtsanwalte B. darauf hingewiesen worden und demgemäß auch davon überzeugt gewesen sind, daß sie der gesetzlichen Gültigkeit ermangelten", dennoch rechtsgeschäftlicher Charakter beigemessen werden. Denn es handle sich insoweit nicht um die bloße Konstatierung von Tatsachen, sondern um für die Zukunft getroffene Abreden und Abmachungen; im Wege gegenseitiger Willenseinigung hätten die fraglichen Rechtsgeschäfte für die Dauer des Getrenntlebens anderweit geregelt werden sollen. Die Nichtigkeit des Verzichts auf den Unterhalt folgert das Berufungsgericht aus der positiven Vorschrift des § 1614 B.G.B., die Nichtigkeit der Abrede über die Kindererziehung wenigstens insoweit, als es sich um das jüngste, der Beklagten überlassene Kind handle, aus § 138 B.G.B., da die vollständige Lossagung des Vaters von der Sorge für die Person dieses Kindes den guten Sitten zuwiderlaufe. Daß die Abrede über die Gütertrennung auch ohne diese nichtigen Vertragsteile getroffen worden wäre, sei nicht anzunehmen.

Wäre die Annahme des rechtsgeschäftlichen Charakters der fraglichen Abreden rechtlich bedenkenfrei, dann würden die daran geknüpften Schlußfolgerungen nicht zu beanstanden sein. Allein mit

Grund erhebt die Revision den Vorwurf, daß diese Annahme auf Rechtsirrtum beruhe. Das Berufungsgericht hat ihr durch die tatsächliche Feststellung, daß die Parteien beim Vergleichsabschlusse von der Rechtsunwirksamkeit des Verzichts auf den Unterhalt und der Bestimmungen über die Kindererziehung überzeugt gewesen seien, selbst die Unterlage entzogen. Zuzugeben ist allerdings, daß es sich hier nicht um die bloße Konstatierung von Tatsachen handelt, sondern um Willenserklärungen, um Abmachungen für die Zukunft. Allein nicht jede Willenserklärung ist ein Rechtsgeschäft. Das Bürgerliche Gesetzbuch enthält keine Begriffsbestimmung des Rechtsgeschäfts. Nach den Motiven zum ersten Entwurfe (Bd. 1 S. 126) ist Rechtsgeschäft (im Sinne des Entwurfs) eine Privatwillenserklärung, gerichtet auf die Hervorbringung eines rechtlichen Erfolges, welcher nach der Rechtsordnung deswegen eintritt, weil er gewollt ist. Das Wesen des Rechtsgeschäfts wird (a. a. O.) darin gefunden, daß ein auf die Hervorbringung rechtlicher Wirkungen gerichteter Wille sich betätigt, und daß der Spruch der Rechtsordnung in Anerkennung dieses Willens die gewollte rechtliche Gestaltung in der Rechtswelt verwirklicht. Unzweifelhaft liegt diese mit der in der Wissenschaft herrschenden Auffassung des Rechtsgeschäfts übereinstimmende Begriffsbestimmung auch dem Bürgerlichen Gesetzbuche zugrunde. Danach wäre also dem Rechtsgeschäfte außer der Willenserklärung und der Richtung des Willens auf Hervorbringung eines rechtlichen Erfolgs noch ein drittes Moment wesentlich: eine gesetzliche Vorschrift, welche die Verwirklichung des bezweckten rechtlichen Erfolgs durch Rechtsgeschäft zuläßt. Nun finden sich alle drei Erfordernisse allerdings nur beim wirksamen Rechtsgeschäfte erfüllt, während das Gesetzbuch auch von nichtigen Rechtsgeschäften spricht, ein Rechtsgeschäft also auch da als vorliegend annimmt, wo die Rechtsordnung die Verwirklichung des bezweckten Erfolges ablehnt. Man mag deshalb das dritte Element in der Begriffsbestimmung des Rechtsgeschäfts fallen lassen und als Rechtsgeschäft eine die Hervorrufung privater Rechtsverhältnisse bezweckende private Willenserklärung bezeichnen. Dagegen darf das zweite Erfordernis, die auf eine Rechtswirkung gerichtete Absicht des Erklärenden, im Tatbestande eines Rechtsgeschäfts niemals fehlen. Fehlt sie, so liegt ein Rechtsgeschäft überhaupt nicht vor, weder ein wirksames, noch ein unwirksames. Eine derartige Willenserklärung entbehrt völlig des rechtsgeschäftlichen Charakters. Dies zeigt sich deutlich, wenn die Beteiligten die der Erklärung entsprechende, von der Rechtsordnung an sich gewährleistete Rechtswirkung ausdrücklich ausschließen. Wer einem anderen ein Darlehen zusagt mit dem ausdrücklichen Beifügen, daß er es ablehne, sich rechtlich zu binden, die Erfüllung vielmehr vollständig seinem freien Belieben vorbehalten wolle, der gibt eine rechtsgeschäftliche Erklärung überhaupt nicht ab. Eine Willenserklärung mag auch hier vorliegen: der Erklärende kann die feste Absicht haben, die unverbindliche Zusage zu erfüllen, und in dem anderen Teile mag das Vertrauen auf das Wort des Erklärenden die sichere Erwartung der Erfüllung hervorrufen. Ein Rechtsverhältnis aber wird durch eine solche Erklärung nicht begründet und soll durch sie nicht begründet werden; die Willenserklärung hat keinen rechtsgeschäftlichen Charakter. Das Gleiche muß aber auch angenommen werden, wenn einer Willensäußerung die Rechtsordnung den etwa bezweckten Rechtserfolg versagt und dies den Beteiligten bekannt ist. Man kann es unbedenklich als ein psychologisches und logisches Erfordernis des nichtigen Rechtsgeschäfts bezeichnen, daß sich die Beteiligten der Nichtigkeit nicht bewußt sind. Sind sie sich der Nichtigkeit bewußt, dann darf und muß ohne weiteres die zum Begriffe des Rechtsgeschäfts, auch des nichtigen, erforderliche Richtung des Willens auf Hervorrufung einer Rechtswirkung als ausgeschlossen gelten. Zutreffend führt das Berufungsgericht selbst bei Würdigung des Beschlusses der Parteien, getrennt zu leben, aus, von einem rechtsgeschäftlichen Charakter der fraglichen Bestimmung könne keine Rede sein, wenn die Behauptung der Beklagten richtig sei, daß bei dem Vergleichsabschlusse auf die rechtliche Unzulässigkeit einer entsprechenden vertragsmäßigen Abmachung hingewiesen worden sei; denn es sei nicht anzunehmen, daß die Parteien bewußt etwas rechtlich Unmögliches gewollt hätten. Diese Erwägung trifft vollkommen auch in bezug auf die Abmachungen über den Unterhalt und die Kindererziehung zu. Daß es sich bei diesen Festsetzungen um Abreden für die Zukunft handelt, bei der ersteren dagegen um Konstatierung einer Tatsache, ist nicht entscheidend. Wie gezeigt, entbehrt auch eine Abrede, eine Zusage, ein Versprechen völlig des rechtsgeschäftlichen Charakters, wenn dabei der Wille, eine rechtliche Wirkung hervorzurufen, bewußtermaßen ausgeschlossen ist.

Nach alledem hat das Berufungsgericht zu Unrecht in den hier fraglichen Bestimmungen rechtsgeschäftliche Erklärungen gefunden.

Daraus folgt, daß § 139 B.G.B. hier überhaupt nicht Anwendung finden kann. Von der Nichtigkeit eines Teiles eines Rechtsgeschäfts kann nicht gesprochen werden, wenn der vermeintlich nichtige Teil überhaupt keinen rechtsgeschäftlichen Charakter hat. Der § 139 beruht auf der Erwägung, daß den Beteiligten, die einen einheitlichen, umfassenderen Rechtserfolg zu verwirklichen bezwecken, eine nur teilweise Verwirklichung dieses Erfolges nicht gegen ihren Willen aufgedrängt werden darf. Wenn dagegen die Beteiligten eine Abrede, die ihrem Willen entsprechend der rechtlichen Bedeutung entbehrt, mit einer solchen von rechtsgeschäftlicher Bedeutung in einheitliche Verbindung bringen, so ist schlechthin unerfindlich, warum in diesem Falle das gewollte Rechtsgeschäft nichtig sein sollte. Der gewollte Erfolg tritt hier im vollen Umfange ein: soweit nicht ein rechtliches, sondern nur ein tatsächliches unverbindliches Verhältnis gewollt ist, dieses tatsächliche Verhältnis, soweit ein Rechtserfolg gewollt ist, dieser rechtliche Erfolg. Von einem teilweise nichtigen Rechtsgeschäfte kann hier keine Rede sein.

Demgemäß führen die tatsächlichen Feststellungen des Berufungsgerichtes zu der Entscheidung, daß die Nichtigkeit der Gütertrennungsabrede aus § 139 B.G.B. nicht hergeleitet werden kann, und da ein anderer Nichtigkeitsgrund weder behauptet, noch erkennbar ist, so mußte das Berufungsurteil aufgehoben, und die negative Feststellungsklage abgewiesen werden."

---

80. Wie ist ein aus entgeltlicher Überlassung und Schenkung gemischter Vertrag zu beurteilen? inwieweit kann er widerrufen werden?

V. Zivilsenat. Urt. v. 2. Mai 1908 i. S. St. (Bekl.) w. H. (Kl.). Rep. V. 387/07.

I. Landgericht Köslin.
II. Oberlandesgericht Stettin.

Der Kläger verlangte nach inzwischen (im Herbst 1905) erfolgtem Ableben seiner Ehefrau auf Grund des Kaufvertrags vom 13. März 1905 die Auflassung des Grundstücks St. II Nr. 1 gegen Eintragung des der Beklagten in diesem Vertrage ausgesetzten Altenteils. Die Beklagte, Schwiegermutter des Klägers, erhob verschiedene Einwendungen gegen die Gültigkeit des Vertrags, widerrief die darin enthaltene Schenkung und stellte den Widerklagantrag auf Räumung des Grundstücks durch den Kläger. Der erste Richter hatte die Klage zugesprochen und die Widerklage abgewiesen. Auf Berufung der Beklagten wurde die Mehrzahl ihrer Einwendungen durch Zwischenurteil zurückgewiesen, und ebenso durch Teilurteil ihre Berufung, soweit sie gegen Abweisung der Widerklage gerichtet war. Über die Klage entschied das Oberlandesgericht noch nicht, war aber der Meinung, daß das Grundstück im Werte von 12000 ℳ für Gegenleistungen von höchstens 7799 ℳ weggegeben worden sei, daß die Beklagte die sonach im Vertrage enthaltene Schenkung mit Recht wegen schlechter Behandlung durch den Kläger widerrufen habe und daß sie ihm das Grundstück nur dann auflassen müsse, wenn er ihr gleichzeitig die, ihrem Betrage nach noch zu ermittelnde, Bereicherung herauszahle. Die Revision der Beklagten gegen das Teilurteil wurde zurückgewiesen.

In den Gründen wurde zunächst die Verwerfung der Irrtumseinrede der Beklagten gutgeheißen. Dann wurde fortgefahren:

„Auch der zweite Revisionsangriff, womit der Kaufvertrag vom 13. März 1905 als vollständiger, in zweiter Reihe als so überwiegender Schenkungsvertrag erklärt wird, daß der Bereicherungsanspruch auf Herausgabe des geschenkten Grundstücks gehen könne und müsse, ist hinfällig. Wenn auch zuzugeben ist, daß dieser Angriff die vorerst allein der Revision unterstellte Abweisung der Widerklage mitbetrifft, da die Beklagte, wenn sie das Eigentum des Grundstücks wegen Widerruflichkeit des Vertrags nicht zu übertragen brauchte, auch Räumung des auf diesen Vertrag gestützten klägerischen Besitzes verlangen könnte, so stellt doch der Berufungsrichter bedenkenfrei tatsächlich fest, daß jener Vertrag nicht etwa überwiegend, sondern nur zum kleineren Teile — vorläufig wird nur $^1/_3$ angenommen — als Schenkung gelten müsse und könne. Hieran würde sich auch dann nichts ändern, wenn man bei Prüfung der Schenkungsfrage jene 1499 ℳ, die der Kläger an Schulden für die Beklagte ohne ausdrücklich beurkundete Verpflichtung hierzu bezahlt haben will, mit der Revisionsklägerin in die Gegenleistungen des Klägers nicht einrechnen wollte. Denn es blieben dann immer gegenüber einem Grundstückswerte von 12000 *M* Gegenleistungen des Klägers, die der Vorderrichter zum Betrage von 6300 *M* feststellt, und zu deren Erfüllung der Kläger laut der Vertragsurkunde verpflichtet war. Es kann übrigens nicht anerkannt werden, daß es bei Beurteilung der gänzlichen oder teilweisen Unentgeltlichkeit des Vertrags nur auf die nach § 313 B.G.B. beurkundeten Gegenleistungen ankommen kann; vielmehr ist die Prüfung dieser im wesentlichen der Tatsachenwürdigung des Richters überlassenen Frage von den gesamten Umständen abhängig, und können die Vertragsteile recht wohl auch nicht ausdrücklich beurkundete, vielleicht noch nicht fest vereinbarte, sondern nur in Aussicht genommene Gegenleistungen in der Weise mit berücksichtigt haben, daß sie damit die zum Teil beabsichtigte Schenkung einschränken wollten.

Nach § 516 Abs. 1 B.G.B. ist eine Zuwendung, durch die jemand aus seinem Vermögen einen andern bereichert, Schenkung, wenn beide Teile darüber einig sind, daß die Zuwendung unentgeltlich erfolgt. Bei nur teilweiser Bereicherung durch einen an sich entgeltlichen Vertrag und dem entsprechender nur teilweiser Schenkungseinigung kommt ein gemischter, zum Teil lästiger, zum Teil freigebiger Vertrag zustande, und dafür, wieweit die Entgeltlichkeit und wieweit die Schenkung reicht, ist das Wertverhältnis von Leistung und Gegenleistung und der Vertragswille der Beteiligten maßgebend. Diese können zwar nicht etwas als Schenkung wollen, was in Wirklichkeit keine Bereicherung ist; aber sie können wollen und gültig vereinbaren, inwieweit die wirkliche Bereicherung des einen als Schenkung gelten soll. Wenn das Oberlandesgericht feststellt, daß im allgemeinen der bestrittene Vertrag über das Grundstück als entgeltlicher und nur zu dessen Mehrwert über die Gegenleistungen von mindestens 6300 *M*, höchstens 7799 *M* als Bereicherungsschenkung nach dem — ausführlich festgestellten — Willen der Vertragsteile gelten sollte, so hat es dabei Rechtssätze nicht verletzt.

Vgl. Entsch. des R.G.'s in Zivils. Bd. 54 S. 107, Bd. 60 S. 238, Bd. 62 S. 386.[1]

---

[1] Für das frühere Recht vgl. Entsch. des R.G.'s in Zivils. Bd. 29 S. 267 und Urt. des R.G.'s, Rep. V. 101/98, vom 5. Oktober 1898 (Jurist. Wochenschr. S. 619). D. E.

Als Bereicherung kann in einem solchen Falle nach §§ 531, 812 B.G.B. nach dem Vertragswillen nur der geschenkte, nicht durch Gegenleistungen ausgeglichene Mehrwert, nicht das Grundstück selbst, gelten. Nur insoweit ist Widerruf der Schenkung zulässig." ...

---

81. Inwieweit ist bei einem Übersendungskaufe dann, wenn der Verkäufer nach dem Vertrage an seinem Wohn- oder Niederlassungsorte zu erfüllen hatte, der Käufer ihm aber eine Nachfrist gemäß § 326 Abs. 1 B.G.B. für die Lieferung der Ware nach dem Zeitpunkte bestimmt hat, wo diese am Bestimmungsorte eintreffen sollte, diese Fristsetzung für rechtswirksam zu erachten?

II. Zivilsenat. Urt. v. 5. Mai 1908 i. S. hamburg. Finanz-Deputation (Bekl.) w. R. (Kl.). Rep. II. 539/07.

I. Landgericht Hamburg.
II. Oberlandesgericht daselbst.

Die Klägerin, die in Berlin ihre gewerbliche Niederlassung hatte, war laut eines mit der Münze zu Hamburg abgeschlossenen Kaufvertrages dieser gegenüber zur Lieferung von monatlich 10000 kg Münzplättchen vom 1. Januar 1906 an verpflichtet. Die Münze erklärte durch Schreiben vom 6. März 1906 der Klägerin, da diese ihrer erwähnten vertraglichen Verpflichtung nicht nachgekommen sei, so setze sie ihr eine Frist bis zum 15. März für die Lieferung von 4104,2 kg und 5000 kg Plättchen unter der Androhung, daß sie vom Vertrage zurücktreten werde, wenn diese Plättchen nicht bis Mitte März in Hamburg eingetroffen sein würden. Durch Schreiben vom 16. März 1906 teilte die Münze der Klägerin mit, daß, da diese Plättchen nicht bis Mitte März in Hamburg eingetroffen seien, sie die weitere Annahme von Plättchen ablehne und vom Vertrage zurücktrete. Demgemäß nahm die Münze einen am 16. März in Hamburg eingetroffenen Waggon mit von der Klägerin abgesandten 4250 kg Plättchen nicht an.

Da die Klägerin den Rücktritt der Münze vom Vertrage für unberechtigt hielt, erhob sie gegen die die Münze vertretende Behörde Klage auf Schadensersatz. Sie machte u. a. geltend, die Setzung der Nachfrist sei hinsichtlich des Inhalts der Leistung nicht in Ordnung. Ihr Erfüllungsort sei Berlin. Die Nachfrist habe daher nicht in der Form gesetzt werden dürfen: „wenn die Nachlieferung nicht bis Mitte März in Hamburg eingetroffen sei".

Das Landgericht wies die Klage ab. Das Oberlandesgericht erklärte auf die Berufung der Klägerin deren Anspruch dem Grunde nach für berechtigt. Auf die Revision der Beklagten wurde das Berufungsurteil aufgehoben aus folgenden

Gründen:

„Das Berufungsgericht hat für die von ihm erlassene Entscheidung im wesentlichen folgende, für die Revision in Betracht kommende Begründung gegeben. Die Klägerin sei verpflichtet gewesen, von Januar 1906 an der Hamburger Münze monatlich 10000 kg Plättchen in zwei Raten Mitte und Ende jedes Monats zu liefern. Ob die 4104,2 kg Plättchen ... bis zum Belaufe von 4100 kg als geliefert zu betrachten seien, werde dahingestellt gelassen, weil ... der Rücktritt der Münze infolge ungültiger Nachfristsetzung unberechtigt erscheine. Die Nachfrist sei nach § 326 B.G.B. zu setzen zur Bewirkung der Leistung, d. h. der kontraktlichen Leistung. Zu leisten gehabt aber habe die Klägerin in Berlin. Die Münze habe Nachlieferung bis zum 15. März verlangt und erklärt, wenn die Nachlieferung nicht bis Mitte März in Hamburg eingetroffen sei, so trete sie vom Vertrage zurück. Durch diese Art der Bestimmung habe die Münze von der Klägerin etwas verlangt, wozu diese vertraglich nicht verpflichtet gewesen sei. Sie habe der Klägerin bezüglich der Erfüllungszeit das Risiko der Reise von Berlin nach Hamburg aufgebürdet. Dazu habe die Münze kein Recht gehabt, und daher trete auch nicht das an § 326 geknüpfte Präjudiz in Kraft. Es erscheine auch nicht angängig, die von der Münze beliebte Setzung der Nachfrist so zu verstehen, daß die Klägerin so rechtzeitig die Ware in Berlin abschicken müsse, daß sie bei Einhaltung der regulären Lieferzeiten der Bahn bis Mitte März in Hamburg einträfe, und dann etwa die Frage der Angemessenheit der Frist zu prüfen wäre unter Berücksichtigung dieser regulären Bahnlieferzeit von Berlin nach Hamburg. Wolle man diesem Gedankengange bei Auslegung des § 326 folgen, so würde eine unsichere Basis geschaffen, und bei dem nachteiligen und schweren Präjudiz, das auf Nichteinhaltung der Nachfrist vom Gesetze statuiert sei, müsse die Nachfrist so gesetzt werden, daß vom Säumigen nichts anderes verlangt werde, als daß er die kontraktliche Leistung bewirke, eine Tätigkeit, die er zu übersehen vermöge und die er übersehen müsse. Die Beklagte sei daher verpflichtet, den durch den unberechtigten Rücktritt der Münze der Klägerin entstandenen Schaden zu ersetzen....

Die Revision ist insoweit für begründet zu erachten, als sie sich gegen die Annahme des Berufungsrichters richtet, daß die in dem Schreiben der Münze vom 6. März enthaltene Setzung einer Nachfrist ungültig sei. Zwar entspricht die Setzung dieser Nachfrist insofern nicht dem zwischen den Parteien geschlossenen Vertrage, als darin der Rücktritt der Münze für den Fall angedroht worden ist, daß die nachträglich zu liefernden Plättchen nicht bis Mitte März 1906 in Hamburg eingetroffen sein würden; denn da nach der nicht zu beanstandenden Annahme des Berufungsgerichts die Klägerin ihre Lieferungspflicht in Berlin zu erfüllen hatte, und zwar unbestrittenermaßen derart, daß sie dort die Übersendung der von ihr zu liefernden Waren an die Münze in Hamburg zu veranlassen habe, so hätte die Käuferin ihr die Nachfrist durch Angabe des Zeitpunktes, bis zu dem die Klägerin die Waren in der angegebenen Weise in Berlin zu liefern hatte, bestimmen sollen. Doch ist daraus, daß die Käuferin ihr die Nachfrist nicht in der letzteren, sondern in der ersteren Weise bestimmt hat, für den hier in Rede stehenden Übersendungskauf nicht zu folgern, daß diese Setzung der Nachfrist vollständig rechtlich unwirksam sei.

Zunächst ist nicht anzuerkennen, daß die Käuferin durch diese Fristsetzung von der Verkäuferin etwas verlangt habe, wozu diese vertraglich nicht verpflichtet gewesen, namentlich daß damit „der Klägerin bezüglich der Erfüllungszeit das Risiko der Reise (d. h. des Transportes der Waren) von Berlin nach Hamburg aufgebürdet" worden wäre. Denn es ist nicht ersichtlich und auch vom Berufungsgerichte nicht klar festgestellt, daß etwa die Käuferin durch die fragliche Fristbestimmung von der Verkäuferin verlangt hätte, daß diese ihr die fraglichen Waren in Hamburg liefern solle. Der der Käuferin bezüglich der erwähnten Rechtshandlung zur Last fallende Verstoß ist daher nicht in einem dem Vertrage zuwiderlaufenden Verlangen, sondern lediglich darin zu finden, daß, da die Verkäuferin in Berlin zu erfüllen hatte, aus der für das Eintreffen der Waren in Hamburg getroffenen Bestimmung der Nachfrist nicht unmittelbar und nicht mit voller Sicherheit zu ersehen war, bis zu welchem Zeitpunkte die Klägerin die ihr obliegende Vertragserfüllung in Berlin im Sinne der an sie gerichteten Aufforderung zu bewirken hatte. Bezüglich des nach der Ansicht des Berufungsgerichts mit dieser mangelhaften Fristsetzung für die Verkäuferin verbundenen Risikos kommt aber in Betracht, daß es jedenfalls als eine genügende Einhaltung der gesetzten Nachfrist zu betrachten sein würde, wenn sie daraufhin die rückständigen Waren so zeitig von ihrem Erfüllungsorte Berlin abgesendet hätte, daß deren Ankunft in Hamburg bei Nichtüberschreitung der üblichen Beförderungsdauer noch vor Ablauf der von der Käuferin gesetzten Frist zu erwarten gewesen wäre. Überdies besteht für die Gerichte die Möglichkeit, dann, wenn der Verkäufer durch eine derartige nicht korrekte Bestimmung der Nachfrist von seiten des Käufers in einen Irrtum bezüglich der Dauer der Nachfrist, die hiermit für die ihm nach dem Vertrage obliegende Erfüllung als bestimmt zu gelten hat, versetzt sein sollte, unter Berücksichtigung der schwierigen Lage des Verkäufers in dessen Interesse die Angemessenheit einer also bestimmten Frist zu verneinen. Das bei einer derartigen Nachfristsetzung für den Verkäufer begründete Risiko ist daher nur gering zu veranschlagen.

Ebenso ist darin, daß die Verkäuferin auf die Setzung der fraglichen Nachfrist hin behufs Ermittelung der hiernach für die ihr vertraglich obliegende Leistung einzuhaltenden Frist die gewöhnliche Dauer der Beförderung derartiger Waren von Berlin nach Hamburg in Betracht zu ziehen hatte, keine nennenswerte vertragliche Belastung der Verkäuferin zu erblicken, namentlich in den hier in Frage stehenden Verkehrskreisen, in denen die einschlägigen Beförderungsverhältnisse den Beteiligten ohne weiteres bekannt zu sein pflegen. Überdies war der Klägerin die Möglichkeit gegeben, im Falle wirklicher Unsicherheit über die Dauer der ihr für die vertragliche Erfüllung zustehenden Nachfrist die Käuferin zu einer Erklärung hierüber zu veranlassen.

Jedenfalls ist hiernach die mit einer Fristbestimmung der hier in Rede stehenden Art für den Verkäufer gegebene Unsicherheit über die Dauer der ihm für die ihm vertraglich obliegende Erfüllung gesetzten Frist in der Regel geringer als die Unsicherheit, in der sich ein Verkäufer, dem sein Käufer eine unangemessen kurze Frist zur Erfüllung gesetzt hat, bezüglich der Dauer der an deren Stelle für maßgebend zu erachtenden angemessenen Frist zu befinden pflegt. Denn in dem ersteren Falle sind wenigstens in der Regel aus der erfolgten Fristbestimmung selbst Anhaltspunkte dafür zu entnehmen, welche Frist damit für die dem Verkäufer vertraglich obliegende Vertragserfüllung als gesetzt und daher auch, ihre Angemessenheit vorausgesetzt, für maßgebend zu erachten ist.

Auf Grund aller dieser Gesichtspunkte ist, wenn bei einem Übersendungskaufe der Käufer dem säumigen Verkäufer, der nach dem Vertrage an seinem Wohn- oder Niederlassungsorte zu erfüllen hat, eine Nachfrist gemäß § 326 B.G.B. für die Lieferung der Ware nach dem Zeitpunkte bestimmt, wo diese am Bestimmungsorte einzutreffen hat, die sich hieraus ergebende Frage, ob eine solche Nachfristsetzung gültig oder ungültig ist, in derselben Weise zu beantworten, wie dies vom Reichsgerichte bezüglich der Frage, ob eine gemäß § 326 gesetzte, aber zu kurz bemessene Nachfrist wirkungslos sei, seither in ständiger Rechtsprechung geschehen ist.

Vgl. Entsch. des R.G.'s in Zivils. Bd. 56 S. 231, Bd. 62 S. 68; Jurist. Wochenschr. 1904 S. 172 Nr. 13, 1905 S. 17 Nr. 12.

In analoger Anwendung der in diesen Urteilen dargelegten Gründe ist daher auch die hier in Rede stehende Fristsetzung wegen des oben erörterten Verstoßes nicht schlechthin, sondern nur insoweit für unwirksam zu erachten, als eine Frist bis Mitte März für das *Eintreffen der Waren in Hamburg* bestimmt ist. Dagegen ist dieser Rechtshandlung insoweit Rechtswirksamkeit beizulegen, als hierdurch eine solche Nachfrist *für die Lieferung dieser Waren* als bestimmt zu gelten hat, die mit dem Zeitpunkte endigte, wo die Waren spätestens von der Klägerin in Berlin zur Weiterbeförderung nach Hamburg dem Frachtführer zu übergeben waren, damit deren Eintreffen in Hamburg am 15. März im Hinblick auf den gewöhnlichen Verlauf derartiger Transporte erwartet werden konnte.

Es wird daher für die Entscheidung der erwähnten Frage nicht ausschließlich auf den vom Berufungsgerichte für maßgebend gehaltenen

Gesichtspunkt, daß die Setzung der fraglichen Nachfrist nicht vollständig dem Vertrage und der Bestimmung des § 326 entsprach, sondern auch weiter darauf ankommen, welche Nachfrist nach den oben dargelegten Gesichtspunkten als der Klägerin für die ihr in Berlin obliegende Erfüllung gesetzt zu erachten, ob diese Frist von ihr bezüglich der am 16. März in Hamburg eingetroffenen Warensendung eingehalten worden ist, eventuell ob diese Frist etwa als zu kurz bemessen, bejahendenfalls, ob die an deren Stelle als angemessen zu erachtende längere Frist von der Klägerin eingehalten worden ist."...

---

82. Kann ein Urteil, durch das die Revision als unzulässig verworfen worden ist, wegen neuerdings aufgefundener oder benutzbar gewordener Urkunden mit der Restitutionsklage angefochten werden? Ist es insbesondere statthaft, mit einer derartigen Klage auf eine andere Entscheidung darüber anzutragen, ob der Wert des Beschwerdegegenstandes der Revision der gesetzlichen Anforderung entspricht?

Z.P.O. §§ 580 Nr. 7b, 584 Abs. 1, 590.

IV. Zivilsenat. Urt. v. 7. Mai 1908 i. S. D. (Restitutionskl.) w. W. (Restitutionsbekl.). Rep. IV. 174/08.

Der Restitutionskläger war als Beklagter im Hauptverfahren durch das landgerichtliche Urteil vom 5. Januar 1907 für verpflichtet erklärt worden, dem Kläger allen seit dem 1. Januar 1906 aus dem Unfalle vom 5. Februar 1902 entstandenen Schaden zu ersetzen. Seine Berufung wurde zurückgewiesen, und die von ihm hiergegen eingelegte Revision durch das Urteil des Reichsgerichts vom 5. März 1908 als unzulässig verworfen. Das reichsgerichtliche Urteil beruhte auf der Annahme, es sei dem Beklagten nicht gelungen, glaubhaft zu machen, daß der Wert des Beschwerdegegenstandes der Revision mehr als 2500 ℳ betrage. Der Jahresdurchschnitt der ihm durch den Unfall erwachsenen Kur- und Heilungskosten habe bisher nur 81,20 ℳ betragen. Der Wert des Beschwerdegegenstandes lasse sich, soweit es sich um diese Kosten handle, nur auf 1000 ℳ, und soweit die Möglichkeit eines Einkommenausfalles durch vorzeitige Pensionierung in Betracht komme, ebenfalls nur auf 1000 *M* veranschlagen.

Nunmehr brachte der Beklagte ein Schreiben des klägerischen Sachwalters, Rechtsanwalts G., vom 13. März 1908 bei, worin dieser unter der Angabe, daß seit 1906 dem Kläger an Kosten für Massage und ärztliche Behandlung einschließlich entstandener Reise- und Verpflegungskosten 363,75 *M* erwachsen seien, ihn, den Beklagten, aufforderte, diesen Betrag binnen bestimmter Frist dem Kläger zu erstatten. Der Beklagte behauptete, er sei auf diese Weise nach Erlassung des Urteils vom 5. März 1908 in den Stand gesetzt, dieses Schreiben des Rechtsanwalts G. zu benutzen. Das Schreiben aber sei eine Urkunde, die in bezug auf den Wert des Beschwerdegegenstandes eine ihm günstigere Entscheidung herbeigeführt haben würde. Er nahm mit dieser Begründung innerhalb der gesetzlichen Frist das Verfahren beim Reichsgerichte durch Restitutionsklage wieder auf und stellte den Antrag, das Urteil vom 5. März 1908 aufzuheben und in der Hauptsache nach dem von ihm gestellten Revisionsantrage zu erkennen. Der Kläger beantragte, die Restitutionsklage zurückzuweisen.

Das Reichsgericht hat die Klage als unzulässig verworfen aus folgenden

Gründen:

„Das mit der Restitutionsklage angefochtene Urteil des Reichsgerichts enthält keine den Klaganspruch selbst betreffende Entscheidung. Die Restitutionsklage richtet sich vielmehr dagegen, daß das Reichsgericht den Beklagten mit seinen Revisionsbeschwerden überhaupt nicht gehört hat, weil es einen der prozeßrechtlichen Anforderung entsprechenden Wert des Beschwerdegegenstandes nicht für glaubhaft gemacht erachtete. Wenn der Kläger behauptet, ihm sei neuerdings die Benutzung einer Urkunde möglich geworden, die ihrem Inhalte nach geeignet gewesen wäre, das Vorhandensein der Revisionssumme klarzustellen und damit zugleich über die Zulässigkeit des Rechtsmittels eine ihm günstige Entscheidung herbeizuführen, so kommt es zunächst nicht darauf an, die Richtigkeit dieser Behauptung zu prüfen und damit auf die Frage einzugehen, ob der geltend gemachte Grund zur Wiederaufnahme des Verfahrens sachlich zutrifft (§ 590 Abs. 2 Z.P.O.), sondern es entsteht gemäß § 589 an erster Stelle die Frage, ob gegenüber einem Urteile des Revisionsgerichts, wie es hier vorliegt, die Wiederaufnahme des abgeschlossenen Prozeßverfahrens aus einem derartigen Restitutionsgrunde überhaupt statthaft ist. Diese Frage aber mußte verneint werden.

Die in § 580 enthaltene Vorschrift, wonach die Restitutionsklage stattfindet:

. . . „wenn die Partei . . .

b) eine (andere) Urkunde auffindet oder zu benutzen in den Stand gesetzt wird, welche eine ihr günstigere Entscheidung herbeigeführt haben würde“,

ist freilich in ihrem Wortlaute so allgemein gehalten, daß sie den Fall einer fehlsamen Entscheidung über die Zulässigkeit eines Rechtsmittels mitzuumfassen scheint. Auf den ersten Blick gewinnt man überhaupt von allen im § 580 aufgereihten Restitutionsgründen den Eindruck, daß sie nicht nur dann zur Anwendung kommen können, wenn die den Rechtsstreit wiederaufnehmende Partei gegen die Fehlsamkeit der rechtskräftigen Sachentscheidung ankämpfen will, sondern ebenso dann, wenn sie ihr Unterliegen auf eine Verkürzung prozessualer Rechte zurückführt. Es kommt hinzu, daß für die Zulassung der Restitutionsklage in den Fällen des § 580 Gründe der Billigkeit bestimmend gewesen sind,

vgl. die Begründung zu den §§ 517—530 des Entwurfs der Zivilprozeßordnung S. 334,

und daß die Unbilligkeit bei einem Unterliegen aus prozessualen Gründen ebenso schwer ins Gewicht fallen kann, wie bei einem Fehlgehen der Sachentscheidung.

Allein auf der anderen Seite ergeben sich sowohl aus dem Gesetze selbst, als auch aus den Gesetzesmaterialien schwerwiegende Bedenken gegen eine Auslegung des § 580 von derartig weitgehender Allgemeinheit. Zwingende Gründe nötigen vielmehr dazu, diese Gesetzesvorschrift für die meisten der in ihr vorgesehenen Restitutionsfälle und so namentlich auch für den Fall des neuerlichen Auffindens oder Benutzbarwerdens von Urkunden (Nr. 7b) darauf einzuschränken, daß die wiederaufnehmende Partei in ihren Rechten durch die den Anspruch selbst betreffende Entscheidung verletzt ist und daß es sich unmittelbar um eine Berichtigung dieser Entscheidung handelt.

Hierauf weisen zunächst, soweit mit der Wiederaufnahmeklage ein Revisionsurteil angefochten wird, die Vorschriften der §§ 584

Abs. 1 und 590 hin. Nach § 584 Abs. 1 entscheidet, wenn ein in der Revisionsinstanz erlassenes Urteil auf Grund des § 580 Nr. 1—3, 6, 7 angefochten wird, über die Wiederaufnahme nicht das Revisionsgericht, sondern das Berufungsgericht. Die Aufgabe des für die Restitutionsklage zuständigen Gerichts ist jedoch nach § 590 Abss. 1, 2 nicht auf die Entscheidung über den Grund und die Zulässigkeit der Wiederaufnahme beschränkt; vor ihm hat vielmehr auch die Verhandlung zur Hauptsache, insoweit diese von dem Anfechtungsgrunde betroffen wird, stattzufinden. Sie bildet mit der Verhandlung über Grund und Zulässigkeit entweder von vornherein und in Wirklichkeit eine Einheit, oder sie hat im Falle der angeordneten Trennung als die Fortsetzung der Verhandlung über Grund und Zulässigkeit zu gelten (§ 590 Abs. 2 Satz 2). Diese Vorschriften lauten so uneingeschränkt und lassen die Möglichkeit einer Verschiebung der Zuständigkeiten in ihrer bedingungslosen Fassung so wenig zu, daß, wollte man außer der in der Revisionsinstanz etwa erlassenen Sachentscheidung (§ 565 Abs. 3) auch das Verfahren des Revisionsgerichts und die Entscheidung über die Zulässigkeit der Revision nach Maßgabe des § 580 Nr. 1—3, 6, 7 für anfechtbar halten, sowohl die Entscheidung über die Zulässigkeit der Revision, als auch die Revisionsentscheidung selbst dem Berufungsgerichte zufallen würde. Dieses widersinnige Ergebnis ist der Wahrnehmung des Restitutionsklägers im vorliegenden Falle nicht entgangen. Er glaubt darüber hinwegkommen zu können, indem er eine Umdeutung des § 584 für geboten und ohne weiteres die Zuständigkeit des Revisionsgerichts für begründet hält. Die Unrichtigkeit dieser Annahme ergibt sich jedoch auch aus der Entstehungsgeschichte der Gesetzesvorschrift.

Im § 523 des Entwurfs zur Zivilprozeßordnung, der mit dem jetzt in Geltung befindlichen § 584 sachlich übereinstimmt, war eine ausdrückliche Bestimmung des Inhalts, daß in den Fällen des § 580 Nr. 1—3, 6, 7 (§ 519 Nr. 1—3, 6, 7 des Entwurfs) das Berufungsgericht zuständig sein sollte, noch nicht enthalten. Die Motive ergaben jedoch, daß man von dieser Zuständigkeit annahm, sie sei ohne weiteres im Wesen der Sache begründet, und daß man sie nur aus diesem Grunde in dem vorgeschlagenen Gesetzestexte auf die Vorschrift glaubte beschränken zu können, daß zuständig sei:

„wenn ein in der Instanz der Revision erlassenes Urteil auf Grund der §§ 518, 519 Nr. 4, 5 angefochten wird, das Gericht dieser Instanz."

Während nun zum vierten Buche der Zivilprozeßordnung in den allgemeinen Bemerkungen der Begründung auf eine innere Verschiedenheit hingewiesen wurde, die zwischen der Nichtigkeitsklage auf der einen und der Restitutionsklage — hier also allen Fällen der Restitutionsklage — auf der anderen Seite bestände (S. 334), wurden in der Begründung zu § 523 (jetzt § 584) die Fälle der Nichtigkeitsklage (§ 518 des Entwurfs, § 579 des Gesetzes) sowie die in § 519 Nr. 4, 5 des Entwurfs (jetzt § 580 Nr. 4, 5) vorgesehenen Restitutionsfälle zu den übrigen Fällen der Restitutionsklage in einen Gegensatz gebracht. Von den Gründen der Nichtigkeitsklage und von den beiden ihnen an die Seite gestellten Restitutionsgründen des § 519 Nr. 4, 5, die — wie daselbst bemerkt wurde — eine gleiche Behandlung deshalb erforderten, weil sie dem Nichtigkeitsgrunde des § 518 Nr. 1 (jetzt § 579 Nr. 2) nahe ständen, heißt es, daß sie eine ausnahmsweise Behandlung der Kompetenz rechtfertigten. Ihnen gegenüber werden die Restitutionsgründe, auf die das nicht zutrifft, also die jetzt im § 580 Nr. 1—3, 6, 7 vorgesehenen Wiederaufnahmefälle, in ihrem Wesen damit gekennzeichnet, daß sie „lediglich eine bestimmte Ergänzung oder Berichtigung des Sachverhältnisses bezwecken"; sie müßten darum selbst dann in der Berufungsinstanz angebracht werden, wenn das Revisionsurteil formell das allein anfechtbare sei. Auf die nämlichen Restitutionsgründe, sowie darauf, daß sich aus ihrem Inhalte und Wesen die Zuständigkeit des Berufungsgerichts nach Annahme der Motive von selbst ergäbe, bezieht sich auch die Schlußbemerkung: „Bei einem Revisionsurteile, welches eine anderweite Entscheidung der Sache selbst nicht gibt, können die auf das Sachverhältnis bezüglichen Restitutionsgründe gar nicht in Frage kommen" (vgl. S. 340 der Begründung).

Hiernach ließ also die Begründung des Entwurfs keinen Zweifel darüber, daß — von den Fällen der Nichtigkeitsklage und den beiden besonderen Restitutionsfällen des § 519 Nr. 4, 5 abgesehen — in allen Restitutionsfällen eine Durchbrechung der Rechtskraft des Urteils nur gestattet sein sollte, wenn der Restitutionsgrund, und so auch, wenn im Falle des § 519 Nr. 7b (jetzt § 580 Nr. 7b) die neu aufgefundene oder neuerdings benutzbar gewordene Urkunde für die Sachentscheidung über den Anspruch selbst von Bedeutung sei, nicht dagegen, wenn die das Verfahren wiederaufnehmende Partei sich lediglich über eine Beeinträchtigung ihrer prozessualen Rechte oder über einen Fehler des Verfahrens glaube beschweren zu können. Für derartige Restitutionsklagen kann aber ein in der Revisionsinstanz erlassenes Urteil geeignete Angriffspunkte immer nur insoweit darbieten, als das Revisionsgericht unter Anwendung des § 565 Abs. 3 Z.P.O. (§ 504 Abs. 3 des Entwurfs) in der Sache selbst erkannt hat. Da nun in diesem Teile das anzufechtende Urteil stets die von dem Berufungsgerichte getroffenen tatsächlichen Feststellungen zur Grundlage hat (§ 561 Z.P.O., § 500 des Entwurfs) und gerade diese Feststellungen als das eigentliche Angriffsziel angesehen wurden, so erklärt es sich hieraus, daß von vornherein die Zuständigkeit des Berufungsgerichts für selbstverständlich und eine ausdrückliche Vorschrift hierüber nicht einmal für erforderlich gehalten wurde.

Die Darlegungen in der Begründung des Regierungsentwurfs sind demnächst in der Kommission des Reichstages nicht nur ohne Widerspruch geblieben,

vgl. Hahn, Materialien zur Z.P.O. Bd. 1 (erste Lesung) S. 746 und Bd. 2 (zweite Lesung) S. 1017,

sondern die Kommission hat es sogar für erforderlich gehalten, ihnen in dem Gesetzestexte selbst Ausdruck zu geben. Denn erst hier, in der Kommission des Reichstages, ist dem § 523 des Entwurfs die ausdrückliche Bestimmung eingefügt worden, daß, wenn ein in der Revisionsinstanz erlassenes Urteil auf Grund des § 519 Nr. 1—3, 6, 7 (jetzt § 580 Nr. 1—3, 6, 7) angefochten wird, das Berufungsgericht zuständig ist.

Vgl. die Zusammenstellungen der Kommissionsbeschlüsse bei Hahn, Materialien Bd. 2 S. 927 und S. 1232.

Im Reichstage endlich fand § 523 des Entwurfs in der ihm durch die Kommission gegebenen, mit der jetzigen Gesetzesvorschrift des § 584 übereinstimmenden Fassung unveränderte und widerspruchslose Annahme.

Vgl. Hahn, a. a. O. Bd. 2 S. 1287 flg. und § 1309 flg.

Die Unstatthaftigkeit der erhobenen Restitutionsklage folgt daher im gegebenen Falle nicht erst daraus, daß die vom Restitutionskläger beigebrachte Urkunde zu der Zeit, als das angefochtene Urteil erging, noch nicht vorhanden war.

Vgl. die Urteile des R.G.'s vom 4. März 1901, Entsch. in Zivils. Bd. 48 S. 385 und Rep. IV. 388/07 vom 8. April 1908.

Vielmehr kann ein die Revision als unzulässig verwerfendes Urteil auf Grund des § 580 Nr. 7b überhaupt nicht angefochten werden, gleichviel ob die Urkunde, auf die sich der Restitutionskläger neuerdings berufen will, vor oder nach der dem Urteile vorangehenden mündlichen Verhandlung entstanden ist.

Den Gesetzesabsichten würde es aber endlich vollends widersprechen, wollte man die Restitutionsklage auf Grund neuer Urkunden sogar zu dem Zwecke zulassen, daß über das Vorhandensein der Revisionssumme anderweit verhandelt und entschieden werde. Schon in dem ordentlichen Verfahren der Revisionsinstanz ist die Entscheidung darüber, ob der Wert des Beschwerdegegenstandes der Anforderung des § 546 Abs. 1 entspricht, ausschließlich auf Grund des zur Zeit der Entscheidung vorliegenden Urkundenmaterials zu erlassen. Beweise, die nicht sofort verwertet werden können, sind nach § 546 Abs. 3 in Verbindung mit § 294 Abs. 2 von vornherein ausgeschlossen. Und schließlich kann nach gegenwärtigem Prozeßrecht über die Zulänglichkeit des Wertes sogar vorab ohne mündliche Verhandlung entschieden werden (§ 554a Abs. 2). Überdies müßte, wenn man dem Revisionskläger gestatten wollte, die Frage nach dem Vorhandensein der Revisionssumme mit dem Ziele der Bejahung durch Restitutionsklage von neuem zur gerichtlichen Entscheidung zu stellen, dies mit gleichem Grunde binnen fünf Jahren (§ 586 Abs. 2 Satz 2) auch dem Revisionsbeklagten mit dem Ziele der Verneinung gestattet sein. Beides wäre gleich verfehlt." ...

---

83. Kann eine vor der Konkurseröffnung begründete Leibrente in ihrem kapitalisierten Betrage gegen eine vom Konkursverwalter geltend gemachte Geldforderung aufgerechnet werden?

K.O. §§ 65 und 69.

II. Zivilsenat. Urt. v. 8. Mai 1908 i. S. Konkurs P. (Kl.) w. P. (Bekl.). Rep. II. 538/07.

I. Landgericht Hamburg.
II. Oberlandesgericht daselbst.

Die Frage wurde bejaht aus folgenden

Gründen:

„Mit der Klage ist auf Grund des Vertrages vom 22. Dezember 1905 die Verurteilung des Beklagten zur Zahlung eines Restkaufpreises von 10000 ℳ beantragt. Der Beklagte hat die Abweisung der Klage beantragt, indem er mit der an sich unbestrittenen Klageforderung die Forderung einer Rente in dem kapitalisierten Betrage von ungefähr 15000 ℳ aufrechnet, die ihm gemäß § 7 des erwähnten Vertrages auf Lebenszeit mit monatlich 100 ℳ zusteht. Die Klage ist in beiden Instanzen für unbegründet erachtet worden. Das Berufungsgericht ist rechtlich einwandfrei davon ausgegangen, daß sich der Kaufvertrag und der Leibrentenvertrag, trotz ihres äußeren und scheinbaren Zusammenhanges in der nämlichen Urkunde, als zwei völlig verschiedene und voneinander unabhängige Rechtsgeschäfte darstellten, so daß der Anspruch auf die Leibrente nicht als eine Masseforderung, sondern als eine Konkursforderung anzusehen sei. Die Aufrechnung der beiden Forderungen hat es für zulässig erklärt aus folgenden Erwägungen. Die Leibrentenforderung sei eine betagte Forderung, insofern als aus dem einheitlichen, durch Gewährung der Rente begründeten Rechtsverhältnisse für den Gläubiger eine Summe von selbständigen Einzelansprüchen hervorgehe, deren jeder als befristet angesehen werden müsse. Nach § 65 K.O. gelte die betagte Forderung als fällig. Da es sich aber um einen Geldanspruch von unbestimmtem Betrage handele, insofern die Lebensdauer des Empfängers ungewiß sei, so müsse zur Ergänzung § 69 K.O. herangezogen werden, der im ersten Entwurfe des Gesetzes in dem entsprechenden damaligen § 47 neben § 65 (52) mit angezogen und anscheinend nur versehentlich von der Reichstagskommission bei der weiteren Beratung des Entwurfs gestrichen worden sei. Nach § 69 in Verbindung mit § 54 sei somit der Rentenanspruch des Beklagten nach dem Schätzungswerte zu kapitalisieren. Den so gewonnenen, der Höhe nach nicht bestrittenen Kapitalbetrag von 15000 ℳ könne der Beklagte gegen den Klaganspruch aufrechnen.

Der Revisionskläger hält die Auffassung des Berufungsgerichts, daß die Klageforderung durch Aufrechnung mit der nach § 69 K.O. zu kapitalisierenden Rentenforderung des Beklagten als beglichen zu erachten sei, für unzutreffend.

Die Entscheidung über die Revision hängt von der im Bürgerlichen Gesetzbuche nicht entschiedenen, in der Rechtslehre streitigen Frage ab, ob im Leibrentenanspruche ein einheitliches Forderungsrecht auf die Rente im ganzen mit Endtermin zu finden ist, oder eine Mehrheit aufschiebend bedingter Ansprüche. Im Falle der letzteren Alternative wäre nämlich die Aufrechnung nach § 54 Abs. 3 K.O. nicht sofort mit dem ganzen kapitalisierten Rentenbetrage, sondern erst bei dem Eintritte der Bedingung, d. h. nach Fälligkeit der einzelnen Raten, zulässig. Denn suspensiv bedingte Forderungen können, solange die Bedingung schwebt, die Vollziehung der Aufrechnung niemals herbeiführen. Die Erfüllung der unbedingten Schuld darf dadurch weder verweigert, noch verzögert werden. Der Beklagte müßte demnach seine Schuld einzahlen, und er hätte nur zum Zwecke der Aufrechnung Anspruch auf eine von dem Zahlung fordernden Konkursverwalter gegen die Zahlung Zug um Zug aus der Masse zu leistende Sicherheit in Höhe seiner Forderungen, um bei dem demnächstigen Eintritte der Bedingung den der Fälligkeit der einzelnen Raten entsprechenden eingezahlten Betrag zurückzuerhalten. Dagegen würde der Beklagte zur sofortigen Aufrechnung des gesamten kapitalisierten Betrages der Rente gemäß §§ 66 Abs. 1 und 69 K.O. befugt sein, wenn diese mit Rücksicht auf die Gewißheit ihrer zeitlichen Beschränkung und auf die bloße Unbestimmtheit des Endtermins als ein einheitliches betagtes Forderungsrecht auf die fortlaufenden Raten oder, was dem in dieser Beziehung gemäß § 66 K.O. rechtlich gleich steht, als ein Forderungsrecht unter auflösender Bedingung aufzufassen wäre. In einem Falle dieser Art, in dem die Zeitdauer der Rente von dem Tode des Berechtigten abhängt und somit ihr Geldbetrag unbestimmt erscheint, ist eine Berechnung nach dem einen bestimmten Fälligkeitstermin voraussetzenden § 65 Abs. 2 unmöglich; vielmehr ergeben die Begründung und die Kommissionsverhandlungen zu § 58, der dem jetzigen § 65 entspricht, daß die Berechnung ungewisser Forderungen, sei es daß der Anfangs- oder der Endtermin ungewiß ist, nach Maßgabe des dem § 62 des Entwurfs entsprechenden § 69 zu erfolgen hat.

Vgl. Hahn, Materialien zur Konkursordnung S. 259 und 560. Weiterhin lassen aber auch die Begründung und die Kommissionsverhandlungen zu den §§ 69 und 70 K.O. (§§ 62 und 63 des Entwurfs) keinen Zweifel darüber, daß der § 47 des Entwurfs seine abgeänderte, dem jetzigen § 54 entsprechende Fassung auf Antrag des Abgeordneten Dr. Goldschmidt im Einverständnisse der Kommission erhalten hat und sich wie auf betagte und bedingte, so auch auf ungleichartige und illiquide Forderungen beziehen soll. Es ist nicht zutreffend, wenn das Berufungsgericht annimmt, § 69 sei in dem damaligen § 47 versehentlich von der Reichstagskommission neben § 65 (52) gestrichen worden.

Vgl. Hahn a. a. O. S. 222, 554, 564, 648.

Was nun die Rechtsnatur des Leibrentenrechts betrifft, so ist dem Berufungsrichter in Übereinstimmung mit dem Urteile des IV. Zivilsenats vom 12. Dezember 1907 (Entsch. in Zivils. Bd. 67 S. 204) darin beizupflichten, daß die Leibrente nicht aus einer Mehrheit einzelner, selbständiger Ansprüche mit aufeinanderfolgenden Fälligkeitsterminen besteht, sondern ein in sich geschlossenes einheitliches Recht ist, dem die Eigenschaft der Nutzbarkeit im Sinne der §§ 99 und 100 B.G.B. beiwohnt, und dem diese rechtlich und wirtschaftlich besonders wichtige Eigenart durch die rechtsgeschichtliche Entwicklung aufgeprägt ist. Einen gesetzlichen Anhalt hierfür bildet § 1073 B.G.B., wonach dem Nießbraucher einer Leibrente die einzelnen Leistungen gebühren, die auf Grund des Rechtes gefordert werden können. Diese Auffassung scheint auch den Motiven zur Konkursordnung zugrunde zu liegen. Denn in der Begründung des Entwurfs zu den §§ 69 und 70 (§§ 62 und 63 des Entwurfs) werden als die wichtigste Art von Forderungen, deren Geldbetrag noch ungewiß ist, sei es daß der Anfangstermin, sei es daß der Endtermin durch ein der Zeit nach ungewisses Ereignis bestimmt wird, die Rechte auf den Bezug fortlaufender Hebungen hervorgehoben, und beispielsweise ist gerade eine lebenslängliche Rente erwähnt. Dort ist ausgeführt, unter der Voraussetzung, daß das Recht auf den Bezug der künftigen fortlaufenden Hebungen schon vor der Konkurseröffnung begründet sei, bestehe die Konkursforderung aus dem jetzigen Werte der Gesamtheit aller künftigen Hebungen, aus dem unter Anschlag der Zwischenzeiten und der anderen Tatumstände festzustellenden Kapitalbetrage. Die Forderung sei nicht mit einer bedingten zu verwechseln, und darum müsse sie nicht bloß zur Sicherstellung zugelassen werden.

Vgl. Hahn a. a. O. S. 269 und 270."

84. 1. Kann im Konkurse der Genossenschaft ein eingetragener Genosse die Zahlung der Vorschußbeiträge mit den Einwendungen verweigern, er sei von dem Vorstande der Genossenschaft durch rechtswidrige Beeinflussung zur Abgabe seiner Beitrittserklärung bestimmt oder er sei infolge Verschuldens des Vorstandes der Genossenschaft nicht rechtzeitig in der Liste der Genossen gelöscht worden?

2. Kann der eingetragene Genosse, auch wenn die Eintragung auf Grund seiner dem Gesetze gemäß ausgestellten Beitrittserklärung und deren Einreichung durch den Vorstand vom Registerrichter bewirkt ist, die Mitgliedschaft mit dem Einwande bestreiten, es sei ein rechtswirksamer Aufnahmevertrag zwischen ihm und der Genossenschaft nicht zustande gekommen?

II. Zivilsenat. Urt. v. 8. Mai 1908 i. S. R. u. Gen. (Kl.) w. den Konkursverwalter über das Vermögen des Vorschußvereins J., e.G.m.u.H. (Bekl.). Rep. II. 628/07.

I. Landgericht Düsseldorf.
II. Oberlandesgericht daselbst.

Aus den Gründen:

... „Die Kläger R., G., E., K., Roe. hatten ihre Anfechtungsklage gegen die Entscheidung nach § 108 Abs. 2 Gen.Ges. durch folgende Einwendungen gerechtfertigt. Sie hätten ihre Beitrittserklärung als untrennbar von den gleichzeitig eingereichten Darlehnsgesuchen und als bedingt von deren Gewährung betrachtet und dies auch dem Vorstande der Genossenschaft vor oder bei Aushändigung der Beitrittserklärung ausdrücklich erklärt; sie hätten aber die Darlehen nicht erhalten, und darum sei ein Vertrag über den Beitritt nicht zustande gekommen. Der Vorstand habe ihnen überdies bei ihrer Anmeldung zur Aufnahme die schlechte Vermögenslage verschwiegen, sie durch Vorlage falscher Bilanzen getäuscht und ihre Beitrittserklärungen arglistig erschlichen, um durch deren mißbräuchliche Verwendung die Eintragung neuer Genossen herbeizuführen. Wegen dieses Sachverhalts würden ihre Beitrittserklärungen wegen Irrtums und arglistiger Täuschung angefochten; ferner würde wegen ihrer Schadensforderungen, die ihnen aus dem erwähnten Verschulden des Vorstandes gegen die Genossenschaft zuständen, der Einwand der

Arglist gegen die Vorschußberechnung geltend gemacht und fürsorglich mit jenen Schadensforderungen aufgerechnet.

Im einzelnen war geltend gemacht worden:

von R.:

der zur Vertretung der Genossenschaft berechtigte Agent Gr. habe ihm im August 1902 ein Darlehnsgesuch und die Beitrittserklärung zur Unterzeichnung eingesandt mit dem Bemerken, nach deren Unterzeichnung werde er das Darlehn erhalten. Im November 1902 habe ihm der Vorstand auf das Darlehnsgesuch mitgeteilt, er müsse vor der Beschlußfassung darüber in die Liste der Genossen eingetragen werden. Darauf habe er sofort — Ende November oder Anfang Dezember 1902 — erwidert, unter diesen Umständen verzichte er auf Darlehn und Mitgliedschaft. Danach habe er seine Beitrittserklärung vor der ihm durch Schreiben vom 17. Dezember 1902 mitgeteilten Aufnahme widerrufen. Jedenfalls sei er, wenn er damals bereits eingetragen gewesen wäre, zum Rücktritte berechtigt gewesen; sein Schreiben habe dann die Rücktrittserklärung oder Kündigung enthalten. Beide müsse die Genossenschaft gegen sich gelten lassen, um so mehr als der Vorstand durch Nichteinfordern von Mitgliederbeiträgen ihn in dem Glauben erhalten habe, er sei nicht aufgenommen oder wieder gelöscht;

von K.:

er habe mit dem Vorstande mündlich und schriftlich vereinbart, daß er bis längstens Oktober 1902 das verlangte Darlehn haben müsse und nur unter dieser Bedingung Genosse werde. Diese Bedingung sei nicht erfüllt, und seine Aufnahme erst im Dezember 1902, also erst nachdem sein Aufnahmegesuch durch Zeitablauf erloschen gewesen, erfolgt. Noch vor der am 31. Dezember 1902 bewirkten Eintragung in die Liste der Genossen habe er durch Brief vom 19. Dezember 1902 die Mitgliedschaft abgelehnt und auch dem Amtsgerichte gegenüber auf die Benachrichtigung von seiner Eintragung ausdrücklich widersprochen.

Der Kläger B. hat dagegen die Anfechtung dahin gerechtfertigt: er habe am 1. März 1903 dem Vorstande gegenüber den Austritt aus der Genossenschaft schriftlich erklärt; der Vorstand habe diese Aufkündigung vorsätzlich oder doch schuldhaft nicht weiter gegeben. Für dieses Verhalten hafte die Genossenschaft.

Soweit die Anfechtungsklage darauf gestützt war, die Anfechtenden hätten sich bei Abgabe der Beitrittserklärungen über die Absicht des Vorstandes, ihnen ein Darlehn zu geben, und über die Vermögenslage der Genossenschaft im Irrtume befunden, diese Beitrittserklärungen und folgeweise die Eintragungen in die Liste der Genossen seien durch die Erklärung der Anfechtung wegen Irrtums nichtig, erwägt das Berufungsgericht, es handle sich um einen Irrtum im Beweggrunde. Diese Annahme ist rechtlich bedenkenfrei, soweit ein Irrtum über die Absicht des Vorstandes, ein Darlehn zu geben, in Frage kommt. Soweit aber Bedenken bestehen könnten, ob auch der Irrtum über die Vermögenslage der Genossenschaft nur als Irrtum im Beweggrunde beurteilt werden dürfe, würde der Anfechtung wegen Irrtums — gleich der Anfechtung wegen arglistiger Täuschung — die Erwägung entgegenstehen, daß wegen eines solchen Willensmangels die Beitrittserklärung überhaupt nicht anfechtbar ist. Denn die vereinigten Zivilsenate des Reichsgerichts haben in dem Beschlusse vom 16. Mai 1904 — Entsch. in Zivils. Bd. 57 S. 292 — ausgesprochen, die Eintragung in die Liste der Genossen, die nach § 15 Gen.Ges. die Mitgliedschaft entstehen läßt, könne von dem Eingetragenen, wenn die zugrunde liegende Beitrittserklärung seinem Willen entspreche, gegenüber der Genossenschaft nicht mit der Behauptung angefochten werden, daß er zur Abgabe dieser Erklärung durch eine von der Genossenschaft zu vertretende arglistige Täuschung bestimmt worden sei. Das Berufungsgericht wendet diesen Rechtsgrundsatz lediglich unverändert an, wenn es ausführt, die Klagen könnten nicht auf die Behauptung gestützt werden, die Kläger seien durch eine Täuschung des Vorstandes über die Absicht zur Darlehnsgewährung und durch das Verschweigen der ungünstigen Vermögenslage der Genossenschaft arglistig zur Abgabe der Beitrittserklärung bestimmt worden. Was aber von dem Willensmangel der arglistigen Täuschung gilt, kommt in gleichem Maße auch für den Willensmangel des Irrtums (§ 119 B.G.B.) zur Anwendung.

Eine unmittelbare Folgerung aus dieser rechtlichen Auffassung ist die weitere Ausführung des Berufungsgerichts, es sei unerheblich, wie sich der Vorstand auf eine nach der Eintragung in die Liste erklärte Anfechtung der Beitrittserklärung verhalten habe. Denn die Beendigung der einmal erworbenen, gegenüber der Genossenschaft nicht anfechtbaren Mitgliedschaft kann nur nach § 70 Gen.Ges. erfolgen. Der Anfechtung wegen arglistiger Täuschung oder wegen Irrtums, die gegenüber der Genossenschaft keine Wirkung hatte, kann der Vorstand nicht eine Wirkung als Anfechtung dadurch verleihen, daß er sie als berechtigt anerkennt.

Nach der Sachdarstellung der Kläger hätte der Vorstand durch arglistige Täuschung ihren Eintritt in die Genossenschaft herbeigeführt oder vorsätzlich, mindestens schuldhaft ihre Löschung in der Liste der Genossen und damit das rechtzeitige Ausscheiden aus der Genossenschaft verhindert. Sie haben daraus die Einrede der Arglist — exceptio doli — gegen die Vorschußberechnung abgeleitet. Das Berufungsgericht beseitigt diesen Einwand mit zwei selbständigen Erwägungen.

Es führt zunächst aus, an sich sei der Vorstand bei einem solchen Verhalten, möge es sich um schuldhaftes Erlangen eines Beitritts oder um schuldhaftes Unterlassen der Anmeldung eines Austritts handeln, in Ausführung der ihm zustehenden Verrichtungen tätig. Es würde danach an sich § 31 B.G.B. Platz greifen. Im weiteren sei auch nach dem Rechte des Bürgerlichen Gesetzbuchs die Einrede der Arglist überall dann gegeben, wenn jemand aus einem Verschulden, für das er verantwortlich sei, auf Kosten eines anderen Vorteile ziehen wolle. Von dieser Grundlage aus habe der III. Zivilsenat im Urteile vom 15. März 1898 (Entsch. des R.G.'s in Zivils. Bd. 41 S. 56) für den Fall, wenn der Austritt eines Genossen infolge eines Verschuldens des Vorstandes nicht rechtzeitig in die Liste der Genossen eingetragen werde und der Genosse infolge davon Mitglied der Genossenschaft geblieben sei, das Heranziehen dieses Genossen zu genossenschaftlichen Leistungen außerhalb des Konkurses für unstatthaft erklärt. Indes auf der Grundlage dieser Rechtsauffassung sei die Einrede der Arglist für den gegebenen Fall schon aus dem Grunde zu versagen, weil ein Konkursverfahren das Einfordern der Nachschüsse zwar im Namen der Gesellschaft, aber im Interesse der Gläubiger erfordere, die Genossenschaft also durch deren Einfordern nicht ihren Vorteil bezwecke. Überdies sei die Genossenschaft überhaupt nicht für jenes deliktische oder schuldhafte Handeln des Vorstandes und seiner Vermittler verantwortlich. In der Begründung der Plenarentscheidung vom 16. Mai 1904 sei ausgesprochen: „die

Genossenschaft ist auch dann, wenn ihre eigenen Vertreter es sind, denen eine rechtswidrige Beeinflussung der Entschließung zum Beitritte zur Last gelegt wird, berechtigt und verpflichtet, den Beigetretenen zur Erfüllung der ihm als Genossen obliegenden Pflichten anzuhalten." Was für die rechtswidrige Beeinflussung des Beitritts gelte, komme auch für den Fall zur Anwendung, wenn der Austritt eines Genossen infolge eines Verschuldens des Vorstandes nicht rechtzeitig in die Liste der Genossen eingetragen sei. In beiden Fällen sei die Verantwortlichkeit der Genossenschaft, die an sich nach § 31 B.G.B. begründet wäre, durch die besonderen Verhältnisse der Genossenschaft ausgeschlossen. Es kämen hier die gleichen Grundsätze zur Anwendung wie bei der Haftung der Aktiengesellschaft für ähnliche Versehen ihres Vorstandes. Möge auch die Genossenschaft keine reine Kapitalgesellschaft sein, so sei doch das Verhältnis der Genossen zur Genossenschaft im Gesetze im wesentlichen ebenso wie bei der Aktiengesellschaft geregelt.

Die Revisionskläger haben geltend gemacht, durch diese Ausführungen würde dem in der Plenarentscheidung anerkannten Rechtsgrundsatze eine Tragweite gegeben, die weder dort ausgesprochen sei, noch aus dem erwähnten Rechtsgrundsatze abgeleitet werden könne. Die Angriffe sind indes nicht gerechtfertigt.

Der I. Zivilsenat des Reichsgerichts hat in der Entsch. Bd. 54 S. 129 für das Recht der Aktiengesellschaft den Rechtsgrundsatz aufgestellt, die Inanspruchnahme der Aktiengesellschaft für durch Betrug des Vorstandes veranlaßte Aktienzeichnung bei Erhöhung des Aktienkapitals sei zu verneinen. Der erkennende Senat tritt dieser Auffassung für das Recht der Aktiengesellschaft bei. Ob dem I. Zivilsenate auch beigetreten werden kann, soweit er in der Entsch. Bd. 62 S. 29 die Haftung der Aktiengesellschaft für Betrug des Vorstandes bei dem Verkaufe eigener Aktien verneint hat, braucht hier nicht entschieden zu werden. Für das Recht der Genossenschaft nimmt der erkennende Senat den gleichen Rechtsgrundsatz an. Die Genossenschaft kann von den Genossen nicht für eine durch Betrug des Vorstandes veranlaßte Beitrittserklärung, allgemein nicht für ein schuldhaftes Handeln des Vorstandes bis zur Eintragung des Genossen in die Liste der Genossen, in Anspruch genommen werden. Das gleiche gilt auch für den Fall, wenn durch Verschulden des Vorstandes das

Ausscheiden des Genossen nicht angemeldet wurde. Eine folgerichtige Durchführung der Grundauffassung, aus der die Plenarentscheidung vom 16. Mai 1904 herausgewachsen ist, zwingt zu der Annahme, daß auch in dem letzteren Falle eine Haftung der Genossenschaft für die Handlungen des Vorstandes zu verneinen ist und nur ein Schadensanspruch des Genossen gegen die Vorstandsmitglieder angenommen werden kann. Gegen die dargelegte Auffassung für das Recht der Genossenschaft können nicht gelegentliche Ausführungen in einem älteren Urteile des I. Zivilsenats (Entsch. Bd. 45, S. 106) angerufen werden, um so weniger, als auf Betreiben dieses Senates der Plenarbeschluß vom 16. Mai 1904 ergangen und derselbe Senat Träger der oben gebilligten Rechtsprechung zum Rechte der Aktiengesellschaften ist. Bei der Verschiedenheit der Sachlage nötigt ferner das durch den Plenarbeschluß überholte Urteil des III. Zivilsenats in den Entsch. Bd. 41 S. 56 nicht zum Anrufen der vereinigten Zivilsenate.

Kann aber die Genossenschaft für die bezeichneten Handlungen ihres Vorstandes nicht in Anspruch genommen werden, so zerfällt schon aus diesem Grunde der weitere Einwand der Kläger, daß sie mit ihren angeblichen Ersatzforderungen an die Genossenschaft gegen die Nachschußforderung aufgerechnet hätten.

Die Kläger R., G., E., K. und Roe. hatten die Anfechtungsklage auf den weiteren Einwand gestützt, die Entstehung ihrer Mitgliedschaft sei dadurch ausgeschlossen, daß ein Aufnahmevertrag zwischen ihnen und der Genossenschaft überhaupt nicht zustande gekommen sei oder jedenfalls nicht mehr zur Zeit ihrer Anmeldung zur Eintragung und zur Zeit ihrer Eintragung in die Liste der Genossen bestanden habe. Das Berufungsgericht beseitigt diesen Einwand mit den Erwägungen, allerdings würde es nach dem Vorbringen der genannten Kläger — seine Richtigkeit unterstellt — an einem zustandegekommenen Vertragsverhältnisse zwischen jenen Klägern und der Genossenschaft fehlen; der Aufnahmevertrag sei indes nicht wesentliches Erfordernis für Entstehung der Mitgliedschaft. Die Mitgliedschaft erfordere die Beitrittserklärung, deren Einreichung durch den Vorstand an den Registerrichter und die Eintragung in die Liste der Genossen. Nach § 15 Abs. 3 Gen.Ges. entstehe die Mitgliedschaft durch die Eintragung, wenn diese „auf Grund" der Beitrittserklärung und deren Einreichung durch den Vorstand stattfinde, und wenn jene formellen Erklärungen dem rechtserheblichen Willen entsprächen. Der Beitretende müsse also die Urkunde, die seine Beitrittserklärung enthalte, in geschäftsfähigem Zustande, bewußt und willensfähig errichtet haben, und sie müsse mit seinem Willen in den Besitz des Vorstandes gelangt sein. Gleiches gelte auch für die Urkunde über die Einreichungserklärung des Vorstandes, deren rechtliche Wirksamkeit nicht von der rechtswirksamen Aufnahme des beitretenden Mitgliedes abhängig sei. Dies könne insbesondere nicht aus § 15 Abs. 2 Gen.Ges. abgeleitet werden. Die dargelegte Unabhängigkeit der Entstehung der Mitgliedschaft von dem Zustandekommen und Fortbestehen des Aufnahmevertrages ergebe sich aus dem Zwecke der Eintragung in die Liste der Genossen, durch die eine Gewähr dafür gegeben werden solle, daß alle in die Liste eingetragenen Personen auch wirklich Genossen seien und als solche hafteten. Die Erreichung dieses Zweckes verlange den Ausschluß aller nicht aus den urkundlichen Unterlagen erkennbaren materiellrechtlichen Anfechtungsgründe, soweit nicht das materielle Schutzbedürfnis des Eingetragenen — mangelnde Geschäftsfähigkeit, physischer Zwang, Irrtum über den Inhalt der Erklärung — zwingend entgegenstehe. Sei eine dem § 15 Abs. 1 entsprechende Beitrittserklärung von dem Beitretenden ausgestellt worden und mit seinem Wissen und Willen in den Besitz des Vorstandes gelangt, so könne die Anfechtung gegenüber der Genossenschaft und Dritten nicht auf Mängel oder auf das Fehlen des Beitrittswillens gestützt werden. Aus den positiven Vorschriften in § 189 H.G.B. und aus dem Fehlen entsprechender Bestimmungen im Genossenschaftsgesetze lasse sich nichts gegen diese Auffassung ableiten. Neben § 15 Abss. 1 und 3 habe es keiner weiteren Bestimmungen mehr bedurft.

Die hierher erhobenen Angriffe sind nicht begründet. Die Mitgliedschaft des nach der Anmeldung des Statuts zum Genossenschaftsregister Beitretenden entsteht (§ 15 Abs. 3) durch die Eintragung in die Liste der Genossen, die auf Grund der in § 15 Abs. 1 bezeichneten Beitrittserklärung und deren Einreichung durch den Vorstand an das Registergericht stattgefunden hat. Danach sind Bedingungen für Entstehung der Mitgliedschaft einmal die in § 15 Abs. 1 vorgeschriebene urkundliche, unbedingte Beitrittserklärung, sodann deren Einreichung durch den Vorstand an das Registergericht, endlich die Eintragung durch das Registergericht in die Liste der Genossen. Die erste dieser

Bedingungen — die Beitrittserklärung des Genossen zu einer bestehenden Genossenschaft — enthält eine auf die Mitgliedschaft mit ihren Rechten und Pflichten gerichtete Beteiligungserklärung. Wegen der weiteren Bedingung eines solchen Erwerbes der Mitgliedschaft — der Einreichung der Beitrittserklärung durch den Vorstand an das Registergericht — richtet sich die Beitrittserklärung auch an den Vorstand: an diesen indes nicht als Vertragsantrag, sondern als Aufforderung zu der ihm vorbehaltenen organschaftlichen Mitwirkung durch Einreichung an das Registergericht. Aus dem dargelegten Inhalte und Zwecke der Beitritts- und Einreichungserklärung folgt unmittelbar: die Einreichung des Vorstandes an das Registergericht ist nicht etwa lediglich Vollzugsakt eines Aufnahmevertrages oder Annahme eines in der Beitrittserklärung enthaltenen Vertragsangebotes; die Wirksamkeit der Beitrittserklärung und ihrer Einreichung durch den Vorstand ist nicht abhängig von dem Zustandekommen oder von dem Fortbestehen eines Aufnahmevertrages zwischen der Genossenschaft und dem Genossen.

Die hier zu entscheidenden Fälle haben die Besonderheit, daß der in den Urkunden der Beitrittserklärungen ausgesprochene Wille des Beitrittes, wie dem Vorstande bekannt war, zur Zeit ihrer Einreichung durch den Vorstand an das Registergericht überhaupt nicht mehr bestand, oder daß die Urkunden der Beitrittserklärungen dem Vorstande nur unter der Bedingung des Eintrittes gewisser Ereignisse zur Einreichung an das Registergericht überlassen waren, daß aber diese Bedingung zur Zeit ihrer Einreichung nicht eingetreten war und auch in der Folge nicht eingetreten ist. Aus der dargelegten rechtlichen Natur der Beitritts-, Einreichungs- und Eintragungshandlung, sowie aus dem gesetzgeberischen Zwecke des § 15 Abss. 1 und 3 ergeben sich indes die rechtlichen Folgen. Der Aussteller der Urkunde über die Beitrittserklärung kann sich auf derartige, aus ihr nicht erkennbare Vorbehalte gegenüber der Genossenschaft und gegenüber Dritten nicht berufen. Die Wirksamkeit der urkundlich unbedingten Beitrittserklärung gegenüber der Genossenschaft und gegenüber Dritten ist, wenn auf Grund ihrer formell ordnungsmäßigen Einreichung durch den Vorstand die Eintragung in die Liste der Genossen vollzogen ist, nur davon abhängig, daß sie mit Wissen und Willen des Ausstellers in den Besitz des Vorstandes gelangt ist. Auf einen

Mißbrauch dieses Besitzes durch den Vorstand kann sich der eingetragene Aussteller gegenüber der Genossenschaft und gegenüber Dritten nicht berufen. Nur mangelnde Geschäftsfähigkeit, physischer Zwang bei Ausstellung oder Aushändigung der Beitrittserklärung, Irrtum über den Inhalt der Erklärung wären als materiellrechtliche Anfechtungsgründe auch gegenüber der Genossenschaft und gegenüber Dritten zuzulassen. Die dargelegten Rechtsgrundsätze stehen im Einklange mit den Gründen der Plenarentscheidung vom 16. Mai 1904; sie sprechen nur rechtliche Folgen der in jener Entscheidung anerkannten Rechtsauffassung aus.

Nach den obigen Ausführungen über die Nichthaftung der Genossenschaft für ein schuldhaftes Handeln des Vorstandes beim Eintritte eines Genossen kann der Aussteller auch in diesen Fällen die Genossenschaft wegen des Handelns des Vorstandes nicht in Anspruch nehmen; er hat nur einen Schadensersatzanspruch gegen die Mitglieder des Vorstandes." ...

---

85. 1. Voraussetzungen der Umwandlungsklage des § 323 Z.P.O.
2. Inwieweit ist bei einem mittels Rentenzahlungen zu leistenden Schadensersatze später eintretenden Umständen, die denselben Schaden ohnehin ebenfalls verursacht haben würden, eine einschränkende Wirkung beizulegen?
3. Ist der § 254 B.G.B. auch dann anwendbar, wenn es sich Schadensersatz-Renten gegenüber um eine Umwandlungsklage nach § 323 Z.P.O. handelt?

VI. Zivilsenat. Urt. v. 11. Mai 1908 i. S. Dr. (Bekl.) w. B. (Kl.).
Rep. VI. 259/07.

I. Landgericht Stendal.
II. Oberlandesgericht Naumburg a. S.

Aus den Gründen:

„Die vorliegende Klage ist auf Grund des § 323 Z.P.O. erhoben worden. Im Vorprozesse war der jetzige Kläger dem jetzigen Beklagten durch das Urteil vom 10. Januar 1903 rechtskräftig u. a.

dazu verurteilt, ihm eine Rente von jährlich 450 *M* vom 17. April 1901 ab für je drei Monate im voraus zu zahlen, und nun hat er darauf angetragen, für die Zukunft diese Jahresrente auf 225 *M* herabzusetzen und sie auf die Zeit bis zur Vollendung des 65. Lebensjahres des Beklagten einzuschränken. Das Oberlandesgericht hat dem entsprochen, nur mit der Abweichung, daß es an die Stelle des 65. Lebensjahres das 70. gesetzt hat.

Die hiergegen gerichtete Revision des Beklagten ist vor allem insoweit gänzlich unbegründet, als es sich um die Herabsetzung der jährlichen Rente um 150 *M* handelt. Denn das Berufungsgericht hat in bedenkenfreier Weise tatsächlich festgestellt, daß die Minderung der Erwerbsfähigkeit des Beklagten durch den vom Kläger zu vertretenden Unfall, die bei der früheren Rentenfestsetzung zu 30 % angenommen worden war, jetzt nur noch 20 % betrage, während bei jener Festsetzung das Gericht von der weiteren Annahme ausgegangen sei, die nachteiligen Folgen des Unfalls würden sich nicht mehr in günstigem Sinne abschwächen. Damit ist also eine wesentliche Änderung derjenigen Verhältnisse festgestellt, welche für die Bestimmung der Höhe der dem Kläger auferlegten Leistungen maßgebend gewesen waren. Mit Unrecht hat der Beklagte dagegen einwenden zu können gemeint, daß aus andern Ursachen nach der ferneren Feststellung des Oberlandesgerichts eine noch größere Verschlimmerung seines Zustandes eingetreten sei, so daß seine Erwerbsfähigkeit jetzt nur noch 50 % betrage; denn das ist für die jetzt zur Entscheidung stehende Frage ganz unerheblich.

Aber auch die weitere Herabsetzung der Jahresrente um 75 *M* ist ohne zutreffenden Grund vom Beklagten angegriffen worden. Auszugehen ist hierbei davon, daß es in Fällen, wo ein Schadensersatz in Form von Rentenzahlungen zu leisten ist, auf das Kausalitätsverhältnis für jeden einzelnen Zeitabschnitt ankommt, so daß, wenn nach dem vom Ersatzpflichtigen zu vertretenden ursächlichen Vorgange unabhängig von diesem ein neuer Umstand eintritt, der denselben Schaden ganz oder teilweise ohnehin ebenfalls verursacht haben würde, insoweit jene Ersatzpflicht wegfällt. In diesem Sinne hat, abweichend vom Reichsoberhandelsgerichte (Entsch. dess. Bd. 23 S. 50), das Reichsgericht schon wiederholt erkannt; so der III. Zivilsenat laut der Entsch. in Zivils. Bd. 1 S. 67 flg., der jetzt erkennende

Senat in der Sache Stadtgem. B. w. Sch. Erben, Rep. VI. 457/03. Eine Ausnahme können nur solche Fälle bilden, wo die spätere Schadensursache wiederum von einem Dritten zu vertreten ist, und dieser dann natürlich insoweit keinen Schaden zu ersetzen hat, als der Schade schon früher verursacht worden war: hier wirkt die frühere Ursache eben insoweit noch fort, als dem Beschädigten infolge ihrer der Schadensersatz von seiten des Dritten entgeht, den er sonst zu fordern gehabt haben würde.

Diese Ausnahme kommt übrigens im vorliegenden Falle nicht in Betracht. Hier hat das Berufungsgericht angenommen, daß von den erwähnten 20 % Erwerbsunfähigkeit, die an sich noch als Folge des vom Kläger zu vertretenden Unfalles fortbestehen, noch weitere 5 % abzurechnen seien; und zwar ist es in Ansehung von $3\frac{1}{3}$ % nicht ganz klar, ob sie nach der Meinung des Oberlandesgerichts deshalb abgehen sollen, weil dieser Teil der Erwerbsunfähigkeit des Beklagten doch auch ohne jenen Unfall als Folge der Trunksucht, der er sich später hingegeben habe, und des durch diese herbeigeführten Rückenmarksleidens eingetreten sein würde, oder ob deshalb, weil der Beklagte diese $3\frac{1}{3}$ % insofern selbst verschuldet habe, als, wenn er sich nicht dem Trunke hingegeben hätte, die durch den Unfall bewirkte Einbuße an Erwerbsfähigkeit sich jetzt nicht bloß auf 20 %, sondern sogar auf $16\frac{2}{3}$ % vermindert haben würde; während in betreff der außerdem noch in Frage kommenden $1\frac{2}{3}$ % das Oberlandesgericht ganz unzweideutig festgestellt hat, daß um diese Quote die Erwerbsfähigkeit des Beklagten nur wegen seines eignen schuldhaften Verhaltens sich wieder zu heben unterlassen habe. Keinenfalls ist hier dem Berufungsgericht eine Verletzung von Rechtsnormen vorzuwerfen. Allerdings würde es eventuell darauf ankommen, daß die Trunksucht und das Rückenmarksleiden nicht etwa selbst wieder in irgend einem ursächlichen Zusammenhange mit dem früheren Unfalle stehen; aber das steht auch fest, weil der Kläger diese Negative ausdrücklich behauptet, und der Beklagte sie nicht speziell bestritten oder irgend etwas dagegen angeführt hat. Auch ist unzweifelhaft, daß auch in diesen nachträglichen Vorkommnissen eine wesentliche Änderung der für die Bestimmung der Höhe der Rente maßgebend gewesenen Verhältnisse (§ 323 Abs. 1 Z.P.O.) zu erblicken ist.

Was aber die Berücksichtigung des nachträglichen eignen Verschuldens des Beschädigten anlangt, so ist auch diese völlig gerechtfertigt, da kein Grund ersichtlich ist, weshalb die Grundsätze des § 254 B.G.B. nicht auch innerhalb des Bereiches des § 323 Z.P.O. zur Anwendung kommen sollten. Die für das frühere Urteil maßgebend gewesenen Verhältnisse haben sich eben auch dann geändert, wenn sich herausstellt, daß eine an sich mögliche nachträgliche, nicht vorhergesehene Minderung des Schadens nur durch das eigne Verschulden des Beschädigten verhindert worden ist.

Endlich liegen auch dagegen keine rechtlichen Bedenken vor, daß das Berufungsgericht die früher dem Beklagten auf Lebenszeit zugesprochene Rente wegen der Trunksucht und des Rückenmarksleidens, denen er inzwischen verfallen ist, auf die Zeit bis zur Vollendung seines 70. Lebensjahres auf Grund der Feststellung eingeschränkt hat, daß er wegen dieser zur Zeit des früheren Urteils nicht voraussehbaren Umstände auch ohne den Unfall spätestens mit dem bezeichneten Zeitpunkte völlig erwerbsunfähig geworden sein würde. Insoweit haben sich eben die Verhältnisse, die für die Bestimmung der Dauer der Rente maßgebend waren, im Sinne des § 323 Abs. 1 Z.P.O. wesentlich geändert." ...

---

86. 1. Inwieweit ist der Anspruch aus einem Darlehnsvorvertrage abtretbar?

B.G.B. § 399.

2. Wie liegt die Beweislast bei der Klage auf Auszahlung eines versprochenen Darlehns, wenn der Beklagte einen vom Kläger oder von dessen Zedenten über die Darlehnssumme gegebenen Wechsel in Händen hat?

VI. Zivilsenat. Urt. v. 11. Mai 1908 i. S. V. (Bekl.) w. Br. u. Gen. (Kl.). Rep. VI. 388/07.

I. Landgericht Flensburg.
II. Oberlandesgericht Kiel.

Aus den Gründen:

„Die streitigen 3000 ℳ sind von den Klägern als Zessionaren des P. W. auf Grund eines mit diesem vom Beklagten geschlossenen Darlehnsvorvertrages eingeklagt. Der Beklagte hatte, wie unbestritten ist, sich zur Sicherheit für das dem W. zu gewährende Darlehn von 3000 *M* von diesem einen vom 10. Juli 1905 datierten Wechsel über den gleichen Betrag geben lassen und demnächst verabredetermaßen durch dessen Einklagung ein Versäumnisurteil gegen W. und durch Zwangsvollstreckung dieses Urteils die Eintragung einer Hypothek auf einem Grundstücke des W. erlangt; der Streit dreht sich nur darum, ob, wie der Beklagte behauptet, dieser dem W. gegen Empfang des Wechsels die 3000 *M* sofort ausbezahlt hat, oder nicht. Nach der tatsächlichen Feststellung des Oberlandesgerichts hat diese Auszahlung nicht stattgefunden.

Der Beklagte hat die Aktivlegitimation der Kläger, zwar nicht in tatsächlicher, aber in rechtlicher Hinsicht, bestritten und jetzt seine Revision vor allem darauf gestützt, daß das Berufungsgericht mit Unrecht diese Legitimation anerkannt habe. Es handelt sich dabei um die Frage, ob der Anspruch aus einem pactum de mutuo dando nach § 399 B.G.B. abtretbar ist. Der erkennende Senat hat die Möglichkeit einer solchen Abtretung schon angenommen, laut der Entsch. in Zivils. Bd. 66 S. 359 flg., hat sich dabei aber auf den Standpunkt gestellt, daß die Regel die entgegengesetzte sei, und daß Ausnahmen nur auf besondere Abmachungen der Kontrahenten des Vorvertrages, sei es ausdrückliche, sei es aus den Umständen zu entnehmende, begründet werden könnten. Dabei ist davon ausgegangen worden, daß den Gegenstand der Zweifelsfrage immer nur die Abtretung des Anspruches auf Abschluß eines Darlehnsvertrages im ganzen bilde, in dem Sinne, daß der Zessionar ein Recht darauf erwerben würde, daß der Gegenkontrahent das Darlehn ihm persönlich als dem Darlehnsschuldner gewähre. Es ist indes mit dem Berufungsgericht anzuerkennen, daß die Abtretung des Anspruches aus einem pactum de mutuo dando auch in einem anderen Sinne gemeint sein kann. Allerdings ist es richtig, daß der zukünftige Darlehnsschuldner keinen Anspruch auf eine bestimmte Geldzahlung schlechthin abtreten kann, weil er einen solchen gar nicht hat; er hat aber den Anspruch auf Zahlung der bestimmten Geldsumme mit der Wirkung, daß er dafür Darlehnsschuldner des Zahlenden werde, und weshalb er diesen Anspruch nicht sollte abtreten können, ist nicht abzusehen. In einer solchen Abtretung ist immer zugleich die Ermächtigung des Zessionars enthalten, die Auszahlung des

Geldes für den Zedenten als den zukünftigen Darlehnsschuldner entgegenzunehmen, und eben deswegen liegt hier die erste in § 399 B.G.B. erwähnte Voraussetzung, daß die Leistung an den Zessionar, statt an den Zedenten, nicht ohne Veränderung ihres Inhaltes würde erfolgen können, nicht vor.

Diese Ansicht ist auch in der Literatur vielfach vertreten, so außer von den schon im Berufungsurteil angeführten Schriftstellern neuerdings von Regelsberger, in Iherings Jahrbüchern Bd. 52 S. 417 flg.; auch ist eine ähnliche Entscheidung nach dem früheren rheinischen Rechte vom Reichsgerichte schon laut der Entsch. in Zivils. Bd. 32 S. 365 flg. ergangen. Übrigens versteht sich dabei von selbst, daß selbst die Abtretung in diesem Sinne durch stillschweigende, wie durch ausdrückliche Vereinbarung der Kontrahenten ausgeschlossen sein kann, so daß dann der zweite Fall des § 399 B.G.B. gegeben wäre. Hier liegt ein solcher Fall jedoch nicht vor, und anderseits hat das Oberlandesgericht in bedenkenfreier Weise festgestellt, daß die Abtretung des Anspruches hier nur in dem dargelegten zweiten Sinne zu verstehen gewesen sei. Bei dieser Sachlage kann es dahin gestellt bleiben, ob nicht, eben weil eine Abtretung des Anspruches auf Abschluß eines Darlehnsvertrages im ganzen in der Regel unzulässig ist, im Zweifel die Abtretung des Anspruches aus einem pactum de mutuo dando immer in jenem zweiten Sinn aufgefaßt werden muß. . . .

Auch was der Beklagte abgesehen von der Bestreitung der Aktivlegitimation der Kläger gegen das Berufungsurteil eingewandt hat, konnte nicht zu dessen Aufhebung führen. Die Frage, wie die Beweislast in Ansehung der Auszahlung oder Nichtauszahlung des zugesagten Darlehns liege, ist hier überhaupt unerheblich, weil das Berufungsgericht für alle Fälle positiv die Nichtauszahlung festgestellt hat. Übrigens hätte schon die bloße Unbewiesenheit der Auszahlung genügt, wie nach allgemeinen Rechtsgrundsätzen außer Zweifel steht. Die Entscheidung dieses Senates in Bd. 56 S. 236 flg. der Entsch. in Zivils. kommt hiergegen nicht in Betracht. Denn hier liegt nicht, wie dort der Fall war, ein Empfangsbekenntnis der Kläger oder ihres Zedenten vor; dagegen ist hier, wie dort nicht, festgestellt, daß die Urkunde (hier: der Wechsel) in Erwartung der nachfolgenden Erfüllung im voraus hingegeben sei." . . .

87. Benutzung einer vom Staate auf Grund eines Gesetzes eröffneten öffentlichen Wasserstraße. Kann der Staat seine Schadensersatzpflicht ohne besondere gesetzliche Grundlage ausschließen, sei es einseitig im Verwaltungswege, sei es in Form eines vor der Benutzung zu erklärenden vertragsmäßigen Verzichtes?

B.G.B. § 134.

III. Zivilsenat. Urt. v. 24. April 1908 i. S. des Deutschen Reichs (Bekl.) w. die Schiffahrtsgesellschaft Unterweser (Kl.). Rep. III. 440/07.

I. Landgericht Kiel.
II. Oberlandesgericht daselbst.

Die Frage wurde für die Benutzung des Kaiser-Wilhelm-Kanals verneint, aus folgenden

Gründen:

„Der Berufungsrichter stellt fest, daß die am 13. Dezember 1901 während der Kanalentwässerung erfolgte Beschädigung des im Binnenhafen zu Brunsbüttelkoog liegenden Leichters „Unterweser 10", worauf sich die auf Schadensersatz gerichtete Klage stützt, durch ungenügende Befestigung der Poller, von denen der gegen die „Unterweser 10" stoßende Dampfer „Hedwig" loskam, verursacht, und daß diese Ursache von dem Kaiserlichen Kanalamte verschuldet sei.

Der Beklagte lehnt die Haftung ab in erster Linie auf Grund des § 1 Abs. 2 der von dem Kaiserlichen Kanalamte erlassenen „Betriebsordnung für den Kaiser-Wilhelm-Kanal" vom 28. August 1896, bzw. vom 29. Juli 1901 und auf Grund der von dem Führer der „Unterweser 10" am 10. Dezember 1901 unterzeichneten Anmeldung zur Fahrt durch den Kanal. Der § 1 Abs. 2 der Betriebsordnung lautet:

„Das Deutsche Reich übernimmt keinerlei Verpflichtung zur Erlatzleistung für Schäden, welche die Schiffe im Kanal, auf den beiderseitigen Reeden oder in den Vorhäfen oder auf den am Kanal liegenden Schiffsliegeplätzen erleiden, selbst wenn ein Verschulden der Kanallotsen oder anderer Angestellten der Kanalverwaltung dabei in Frage kommt."

Die Anmeldung enthält die formularmäßigen gedruckten Worte, welche den Abs. 1 des unterzeichneten Textes bilden:

„Der Unterzeichnete meldet hierdurch das Schiff . . . zur Fahrt durch den Kaiser-Wilhelm-Kanal von . . . bis . . . an, die am . . . angetreten werden soll, und für welche die ihm bekannten Bestimmungen der Betriebsordnung für den Kaiser-Wilhelm-Kanal vom 29. Juli 1901 namentlich auch, was das Rechtsverhältnis zwischen der Kanalverwaltung einerseits und dem Schiffer, bzw. seinem Reeder und Befrachter anderseits anbetrifft, maßgebend sein sollen."

Durch diesen § 1 Abs. 2 der Betriebsordnung und durch diese Anmeldung sei, führt die Revision aus, die Haftung ausgeschlossen. Die gegenteilige Rechtsauffassung in den Entsch. des R.G.'s in Zivils. Bd. 45 S. 162 und Bd. 62 S. 264 sei zu beanstanden. Von „Monopol" und „Konkurrenz" könne mangels eines gewerblichen, eines gewinnbringenden Unternehmens (Art. 54 Abs. 4 der Reichsverfassung) nicht die Rede sein. Der Schiffahrtsverkehr, der zu drei Vierteln nach wie vor die Straße um Skagen wähle, also zur Benutzung des Kanals nicht gezwungen sei, habe unter § 1 Abs. 2 der Betriebsordnung nicht gelitten. Der Kanalbetrieb erfordere einen bedeutenden Zuschuß von Reichs wegen. Mit Rücksicht auf diese finanzielle Lage des Betriebes und auf dessen Schwierigkeit und Kontrolle erscheine es als ein durch die Wirtschaftspolitik und die übrigen finanziellen Aufgaben des Reichs gerechtfertigter, billiger Verwaltungsgrundsatz, daß die die Vorteile der Kanalbenutzung genießenden Schiffer das Risiko auch eines schuldhaften Handelns der Kanalverwaltungs-Angestellten trügen. Die Verwaltungsmaßregel des § 1 Abs. 2 der Betriebsordnung sei als eine öffentlichrechtliche der Nachprüfung der ordentlichen Zivilgerichte entzogen. Die unterzeichnete Anmeldung bilde, dahingestellt ob einen Vertrag über die Benutzung des Kanals, jedenfalls eine Vereinbarung, daß die Betriebsordnung für die Fahrt maßgebend sein solle.

Diesen Ausführungen stehen, was zunächst die durch Errichtung des Kanals verfolgte Wirtschaftspolitik und die finanzielle Seite des Betriebes betrifft, folgende Tatsachen entgegen. Die Begründung des Entwurfs des Gesetzes vom 16. Mai 1886, betreffend die Herstellung des Nord-Ostseekanals (Sammlung der Drucksachen des Reichstags VI. Legislaturperiode 2. Session 1885/86 Bd. 1 Nr. 63 S. 4), bezeichnet als grundlegende Zwecke:

„Bei der Errichtung des Kanals stehen die Zwecke der Kriegsmarine im Vordergrund; . . . neben der Sorge für die Kriegsflotte handelt es sich um die Befriedigung außerordentlich wichtiger wirtschaftlicher Interessen."

In der Reichstagskommissionsberatung (Drucksachen ebenda Bd. 2 Nr. 149 S. 15/18) ist,

„von manchen Seiten die Ansicht vertreten, daß man nur dann eine wirkliche Bedeutung in wirtschaftlicher und handelspolitischer Hinsicht von dem Kanal erwarten könne, wenn man nicht daran denken werde, eine direkte Rentabilität zu erzielen. Dieser Kanal dürfe nicht anders angesehen werden, als die meisten Binnenlandkanäle, bei denen man ebenfalls nicht auf Verzinsung des Anlagekapitals rechne. Die Abgabe dürfe nicht höher sein, als durchaus erforderlich, um die Unterhaltungskosten zu decken, nur dann werde sich ein großartiger Verkehr auf dem Kanal entwickeln können, und so auf indirektem Wege eine größere Rentabilität dieser Anlage erzielt werden."

Es ist weiter darauf hingewiesen,

„daß die richtige Bemessung der Kanalabgabe sowohl in bezug auf die Frage, ob man eine Verzinsung der vom Reiche bewilligten Summe überhaupt wolle, als auch in bezug auf die Entwickelung des Handels und der Schiffahrt von außerordentlicher Wichtigkeit sei . . .; die Volksvertretung müsse sich das Recht vorbehalten, bei der Entscheidung über diese Frage seiner Zeit ein Wort mitzusprechen."

Hierauf erging der Kommissionsbeschluß, dem § 3 des Entwurfs die Worte hinzuzufügen „die Feststellung des hierfür (für die Abgabe) zu erlassenden Tarifs wird weiterer gesetzlicher Regelung vorbehalten", in Abänderung des Entwurfs, nach welchem der Abgabentarif vom Kaiser im Einvernehmen mit dem Bundesrate festgestellt werden sollte. In den Beratungen des Reichstages wurde diese, alsdann zum Gesetze erhobene, Kommissionsfassung angenommen, nachdem die Bemessung der Kanalabgaben, und zwar als nicht zu hoher, möglichst niedriger, als der Kernpunkt der finanziellen Seite bezeichnet war (Stenographische Berichte des Reichstages VI. Legislaturperiode 2. Session 1885/86 Bd. 1 S. 439, 442, 446, Bd. 2 S. 1174, 1177, 1178).

Der Gesichtspunkt, daß die Rentabilität vor dem Zwecke der

Förderung der Schiffahrt zurückzutreten habe, wird bei den späteren Gebührentarif-Gesetzen vom 27. Mai 1896 (R.G.Bl. S. 150), 20. Juni 1899 (R.G.Bl. S. 315), 20. Mai 1902 (R.G.Bl. S. 167) und 8. Mai 1907 (R.G.Bl. S. 153), welche alle die Festsetzung des Gebührentarifs nur auf eine bestimmte Frist dem Kaiser im Einvernehmen mit dem Bundesrate überlassen, mehrfach ausdrücklich wiederholt. Die Begründung des Entwurfs des Gesetzes vom 27. Mai 1896, des ersten Gebührentarif-Gesetzes nach der Eröffnung des Betriebes, sagt (Drucksachen IX. Legislaturperiode 4. Session 1895/97 Bd. 4 Nr. 229 S. 15):

„Indessen zwingen die Verhältnisse dazu, den Gesichtspunkt einer angemessenen Verzinsung nur so weit im Auge zu behalten, als sich aus der Kanalbenutzung noch Vorteile für Reederei und Handel ergeben. Das Reich, welches den Kanal größtenteils zu dem Zwecke gebaut hat, der Schiffahrt Erleichterungen zu gewähren, muß das größte Interesse daran haben, daß der neue Weg auch tatsächlich in ausgiebiger Weise benutzt wird. Es dürfen somit diese Vorteile, soweit sie sich in Geld ausdrücken lassen, nicht durch die Kanalgebühr wieder aufgehoben werden, vielmehr müssen dieselben zu einem angemessenen Betrage den Interessenten verbleiben. Nur soweit das letztere gewährleistet wird, tritt für das Reich die Pflicht in den Vordergrund, für eine Verzinsung der aufgewendeten großen Mittel zu sorgen."

Der Vorstand des Reichsamts des Innern, welchem das Kanalamt nach dem Allerhöchsten Erlaß vom 15. Juni 1895 unmittelbar nachgeordnet ist, der Staatssekretär des Innern Dr. Graf v. Posadowsky-Wehner, erklärte bei der zweiten Beratung des Entwurfs des Gebührentarif-Gesetzes vom 20. Juni 1899 (Stenogr. Bericht X. Legislaturperiode 1898/00 Bd. 3 S. 2445 Spalte 1):

„Ich bin auch der Ansicht, man muß den Kanal als eine große Weltstraße betrachten, die Deutschland einerseits zum Besten des deutschen Handels und für den Verkehr überhaupt hergestellt hat, und anderseits im Interesse seiner Kriegsmarine. Vom fiskalischen Gesichtspunkte kann man deshalb diese große Wasserstraße nicht betrachten."

Trotz diesem Gesichtspunkte entsprechender Bemessung der Kanalgebühren stellt sich seit 1903 das finanzielle Ergebnis nicht ungünstig.

In den Motiven zum Entwurfe des Gebührentarif-Gesetzes vom 8. Mai 1907 (Drucksachen XII. Legislaturperiode 1. Session 1907 Bd. 2 Nr. 216 S. 2) ist die im Reichstage als erfreulich begrüßte Tatsache konstatiert, daß seit 1903 Überschüsse von Einnahmen über die fortdauernden Betriebsausgaben erzielt sind: 1903 57824 *M*, 1904 202622 *M*, 1905 310505 *M*. Als spezieller Zweck des Kanals wird in der Begründung und in der Kommissionsberatung des Gesetzes vom 16. März 1886 noch betont die Vermeidung der Gefahren der Fahrt um das Kap Skagen. Es wird angeführt, daß in den Jahren 1877/81 mindestens 92 deutsche Schiffe mit 708 Personen und mit Verlust von etwa 6150000 *M* verunglückt sind. Die Begründung sagt S. 6 unter Nr. III:

„Die Fahrt um das Kap Skagen gehört anerkanntermaßen noch heute zu den außergewöhnlich gefährlichen Seereisen. Es würde daher nicht bloß einen Gewinn in materieller Hinsicht, sondern auch vom humanitären Standpunkte aus bedeuten, wenn diese Gefahren durch die Kanalfahrt vermieden werden könnten."

Dieser humanitäre Zweck des Kanals ist im Reichstage wiederholt hervorgehoben (Stenogr. Bericht VI. Legislaturperiode 2. Session Bd. 1 S. 441, Bd. 2 S. 1169, 1205; IX. Legislaturperiode 4. Session 1895/97 Bd. 3 S. 2199/2200; XII. Legislaturperiode 1. Session 1907 Bd. 2 S. 648). Als spezielles Moment für die Bemessung der Kanalgebühren, nämlich für Ansatz einer den Schiffern durch die Kanalfahrt erwachsenden Ersparnis und folgeweise für eine höhere Bemessung der Kanalgebühr, wird noch, wie in der Kommissionsberatung des Gesetzes vom 16. März 1886 S. 10, so in der Begründung des Gesetzes vom 27. Mai 1896 S. 5 erwähnt die für später zu erhoffende Ermäßigung der Assekuranzprämien.

Nach diesen zum großen Teil aus Akten der Reichsregierung selbst bestehenden Tatsachen steht eine Verwaltungsmaßregel, welche wegen der finanziellen Seite des Betriebes, wegen der Notwendigkeit von Zuschüssen, wegen der anderweiten finanziellen Aufgaben des Reiches, wegen der Möglichkeit der Fahrt um Skagen den Schiffahrtsverkehr durch den Kanal beschwert, im Widerstreite gegen die Zweckbestimmung des Gesetzes vom 16. März 1886. Unzweifelhaft enthält der Ausschluß der Haftung des Reiches für Verschulden der Kanalangestellten durch § 1 Abs. 2 der Betriebsordnung eine erhebliche Beschwerung der Schiffahrt durch den Kanal. Gerade dadurch kann der schon in der Kommissionsberatung des Gesetzes vom 16. März 1886 ins Auge gefaßte Anreiz zur Benutzung des Kanals beseitigt oder gemindert, die Hoffnung auf Ermäßigung der Assekuranzprämien für die Kanalfahrt vereitelt, und sowohl der deutsche als der internationale Schiffahrtsverkehr für den Kanal unterbunden und gerade wieder auf den nach der Absicht des Gesetzes zu vermeidenden, aber von Eingriff und Mitwirkung einer Verwaltung und von Gebühren freien Weg um das Kap Skagen verwiesen werden.

Daß der § 1 Abs. 2 der Betriebsordnung eine gerechtfertigte, eine billige Verwaltungsmaßregel nicht ist, hat die Reichsregierung auch selbst durch ihr zuständiges Organ anerkannt. Schon bei der Reichstagsberatung des Gebührentarif-Gesetzes vom 20. Mai 1902 (Stenogr. Bericht X. Legislaturperiode 2. Session 1900/03 S. 1514) hatte der Abgeordnete Dr. Hahn vorgetragen, „er habe in der Zeitschrift „Der Küstenschiffer“ gelesen, daß das Reich nach den neuen Bestimmungen keine Haftung leiste für Schäden, die einem Fahrzeuge mittels Schleppdampfer durch Verschulden der Dampfermannschaft beim Passieren des Kanals zugefügt werden; er sehe diese Bestimmung mit einer gewissen Besorgnis an und möchte den Staatssekretär fragen, ob man gewillt ist, diese Bestimmung aufrecht zu erhalten; der Gerechtigkeit und Billigkeit dürfte es nicht entsprechen, daß das Reich keinen Ersatz leiste“. Eine Antwort oder eine weitere Erörterung war nicht erfolgt. Bei der Beratung des Gebührentarif-Gesetzes vom 8. Mai 1907 aber, am 10. April 1907, berichtete der Abgeordnete Dr. Görck: „Man klage in Schiffahrtskreisen, und nicht nur in diesen, daß . . . die Verwaltung zu sehr von einem etwas einseitig juristischen und fiskalischen Standpunkte aus geführt werde“; er erwähnte als Beleg dafür unter Verlesung des § 1 Abs. 2 der Betriebsordnung die Entscheidung des Reichsgerichts in Zivilsachen Bd. 62 S. 264 und schloß mit den Worten: „Ich glaube, der Fehler liegt wohl daran, daß die Kanalverwaltung zu wenig Fühlung mit den wirtschaftlichen Körperschaften hat.“ Darauf antwortete der Staatssekretär Dr. Graf von Posadowsky-Wehner: „Es ist richtig, daß derartige Erkenntnisse ergangen sind gegen die Bestimmung des Kanalreglements, wonach die Haftbarkeit für Schäden, die innerhalb des Kanals entstehen, für die Kanalverwaltung ausgeschlossen ist.

Ich verhandle aber bereits mit der Kanalverwaltung in der Richtung, daß eventuell diese Bestimmung aufgehoben wird. Damit würde diese Beschwerde wohl erledigt sein." Der Abgeordnete Dr. Hahn bemerkte noch, „diese Erklärung des Staatssekretärs werde von allen Interessenten am Kanalverkehr mit Freuden erfahren werden". Eine weitere Besprechung des § 1 Abs. 2 der Betriebsordnung, insbesondere irgendeine Rechtfertigung, fand von keiner Seite statt.

Die Rechtsfrage sodann, ob der § 1 Abs. 2 der Betriebsordnung durch den Zivilrichter nachprüfbar, und ob er zivilrechtlich gültig ist, wird durch die Tatsache entschieden, daß der Kanal durch das Gesetz vom 16. März 1886 als öffentliche Verkehrsstraße eröffnet ist. In diesem Gesetze und dessen Materialien findet sich nicht die geringste Andeutung dafür, daß die sich an die Eröffnung einer öffentlichen Straße von Rechts wegen knüpfenden Rechtsfolgen in irgend einem Punkte ausgeschlossen sein sollen, insbesondere ausgeschlossen sein sollen zum Nachteile der Kanalschiffahrt. Im Gegenteil ergibt das Gesetz, daß die den Kanal benutzenden Schiffe belastet werden sollen nur durch eine „entsprechende Abgabe", daß jede weitere Beschränkung der aus der Benutzung dieser öffentlichen Straße fließenden Rechte ausgeschlossen sein soll. Der ausgesprochene Zweck des Gesetzes geht auf Erleichterung und Förderung des Schiffahrtsverkehrs zwischen Nord- und Ostsee, auf Ableitung des bisherigen gefährlichen Verkehrs um das Kap Skagen herum in den Kanal, auf die Erreichung öffentlicher, allgemeiner wirtschaftlicher Ziele, welche über die Frage der Rentabilität des Kanals weit hinausgreifen und diese in den Hintergrund schieben. An eine Ausschließung irgend einer der Rechtsfolgen, welche sich aus der Eröffnung des Kanals als einer öffentlichen Wasserstraße kraft des bürgerlichen Rechtes ergeben, ist bei Schaffung des Gesetzes vom 16. März 1886 von keiner Seite gedacht. Eine Außerkraftsetzung des bürgerlichen Rechtes in irgend einem Punkte ist also nicht gewollt. Soweit keine Ausschließung ersichtlich gemacht ist, zieht ein Gesetz alle die Rechtsfolgen nach sich, welche durch seinen Inhalt bedingt sind (Entsch. des R.G.'s in Zivils. Bd. 16 S. 105). Fassung und Zweck des Gesetzes ergeben aber weiter als positiven Gesetzesinhalt, daß die der Kanalschiffahrt förderlichen und günstigen Rechtsfolgen unangetastet und ungeschmälert bleiben sollen, daß der einzige Ausgleich für die durch die Kanalbenutzung erwachsenden

Privatvorteile in der Kanalabgabe bestehen soll. Weil die Schiffahrt durch den Kanal nur durch eben dieses Gesetz, und zwar nur durch die Kanalabgabe, belastet werden soll, ist sogar die Festsetzung des Abgabentarifs für eine Sache gesetzlicher Regelung erklärt, obwohl die Gebührenansätze nicht nur auf den grundlegenden Maximen, sondern auch auf technischen Erwägungen und zahlenmäßigen Berechnungen beruhen. Die an die Eröffnung des Kanals als einer öffentlichen Wasserstraße sich knüpfende Rechtsfolge ist die Wirksamkeit des zivilrechtlichen Grundsatzes, daß, wer eine Straße zum öffentlichen Verkehre bestimmt und einrichtet, für die ordnungsmäßige und betriebssichere Herstellung und Instandhaltung der Straße und aller zu deren Benutzung bestimmten Einrichtungen zivilrechtlich verantwortlich ist und wegen Verletzung dieser privatrechtlichen Pflicht nach § 823 B.G.B. haftet (Entsch. des R.G.'s in Zivils. Bd. 54 S. 53). Daß es ein Akt nicht der privatrechtlichen, sondern der öffentlichrechtlichen Gesetzgebung war, welcher dem Reiche die Herstellung und Unterhaltung des Kanals als einer öffentlichen Straße aufgegeben hat, und daß die Vertreter des Reiches, denen die Unterhaltung des Kanals obliegt, hierzu nach öffentlichrechtlichen Normen berufen sind, ist ohne Belang. Den durch mangelhafte Einrichtung beschädigten Dritten, insbesondere Schiffern, steht das Reich kraft des angeführten privatrechtlichen Grundsatzes ausschließlich auf dem Gebiete des Privatrechts gegenüber.

Die Ansicht der Revision, daß die Errichtung und Unterhaltung der Poller sei es in Ausübung der öffentlichen Gewalt, sei es in freiwilliger Fürsorge geschehe, beruht auf Rechtsirrtum. Das Reich haftet für außerkontraktliches, den Tatbestand des § 823 B.G.B. erfüllendes Verschulden seiner berufenen Vertreter nach §§ 31, 89 B.G.B. Und zwar stellt der Berufungsrichter fest, daß das den Beklagten repräsentierende Willensorgan, dem die Befestigung der Poller obliegt, das Kaiserliche Kanalamt ist. Dies genügt dem Erfordern der Entsch. des R.G.'s in Zivils. Bd. 45 S. 169. Der Vorstand des Kanalamts ist der Präsident, dessen Dienstaufsicht und dienstlichen Weisungen der Betriebsdirektor und die Kanalbauinspektoren untergeben sind. Daß ohne das erst nach dem Urteile des R.G.'s in Zivils. Bd. 45 S. 162 eingeführte, auch von dem Führer der „Unterweser 10" unterzeichnete Anmeldeformular die Anmeldung und

Zulassung zur Kanalfahrt einen Vertrag auf Benutzung des Kanals nicht darstellt, ist aus den in der Entsch. des R.G.'s in Zivils. Bd. 45 S. 166 angeführten Gründen unzweifelhaft und auch von der Revision nicht weiter bestritten. Der den Kanal befahrende Schiffer muß zwar die Schleusen, Häfen und Lotsen benutzen, ist also insoweit der Mitwirkung und den Weisungen der Kanalangestellten unterworfen. Diese Mitwirkung ist jedoch nicht eine teilweise Gegenleistung gegen die einzelne Kanalgebühr, sondern folgt aus dem allgemeinen Zwecke der Ordnung und Sicherung des Betriebes. Nr. 7 Abs. 1 des Abgabentarifs versteht unter Abgabe und Benutzung der Betriebseinrichtungen nicht eine vertragsmäßige Leistung und Gegenleistung. Die Kanalgebühr ist eine öffentlich-rechtliche, nach öffentlich-rechtlichen Grundsätzen zu entrichtende und beizutreibende Abgabe (§§ 3, 4, 7, 8, 11 des Gesetzes vom 20. Juni 1899). Für außerkontraktliches Verschulden der Vertreter des Reichs hätte die Haftung nur durch Gesetz abgelehnt werden können; vgl. die Beschränkung der Haftung der Postverwaltung durch das Postgesetz vom 28. Oktober 1871 (Entsch. des R.G.'s in Zivils. Bd. 19 S. 105 und Bd. 57 S. 152). Das Gesetz vom 16. März 1886 bestimmt nach dem Dargelegten im Gegenteil, daß diese Haftung nicht abgelehnt werden soll und darf. Die späteren Tarifgesetze sind weit entfernt, hieran etwas zu ändern. Der Allerhöchste Erlaß vom 15. Juni 1895, welcher die Errichtung des Kanalamtes „für die Unterhaltung und den Betrieb" des Kanals anordnet, hatte nicht die Kraft und nicht die leiseste Absicht, das Kanalamt zu einer Änderung der durch das Gesetz geschaffenen Rechtslage zu ermächtigen. Der § 1 Abs. 2 der Betriebsordnung entbehrt der rechtlichen Grundlage und ist darum ungültig (vgl. den ähnlichen Fall im Postwesen in Entsch. des R.G.'s in Straff. Bd. 34 S. 357).

Die Revision erblickt in dem von dem Führer der „Unterweser 10" unterzeichneten Anmeldeformulare wenigstens die Vereinbarung, daß für die Fahrt durch den Kanal, auch was das Rechtsverhältnis zwischen Kanalverwaltung und Schiffer anlangt, die Bestimmungen der Betriebsordnung maßgebend sein sollten. Auch eine solche „Vereinbarung", falls dies in Wahrheit überhaupt eine Vereinbarung darstellt, wäre ungültig. Denn sie wäre gegen das Gesetz, wenn auch nicht in dem Sinne, daß das Kanalamt die Vertragsform des

Anmeldeformulars gewählt hätte, um das Gesetz zu umgehen (Entsch. des R.G.'s in Zivils. Bd. 44 S. 108/112). Allerdings bewirkt diese Vertragsform, der sich zu unterwerfen jeder Kanalschiffer gezwungen ist, daß die entwickelte Bestimmung des Gesetzes vereitelt und ein wirtschaftliches Resultat herbeigeführt wird, welches das Gesetz gerade hat verhüten wollen. Die Annahme jedoch, daß das Kanalamt absichtlich das Gesetz umgehen will, schließt sich von selbst aus. Das Kanalamt hat vielmehr den Kern der Entsch. des R.G.'s in Zivils. Bd. 45 S. 162 nicht richtig erfaßt. Es nimmt offensichtlich an, daß der Grund dieser Entscheidung, für Handlungen *außerhalb* eines Vertrages könne die Haftung nur durch Gesetz, nicht durch einseitige Willenserklärung abgelehnt werden, es nur erfordere und ermögliche, diese Ablehnung zu einer *vertragsmäßigen* zu machen, und daß ihm, dem Kanalamte, nach dem Gesetze vom 16. März 1886 und nach der behördlichen Organisation die Zuständigkeit beiwohne, im wirtschaftlichen Interesse des Reiches diese vertragsmäßige Ablehnung herbeizuführen. Jede dieser beiden Annahmen ist rechtsirrtümlich. Das Gesetz vom 16. März 1886 will positiv, daß der Kanalbetrieb ausnahmslos dem bürgerlichen Rechte, also nach dem 1. Januar 1900 dem § 823 B.G.B., unterstehe. Der Privatwille kann nicht das Gegenteil, den Ausschluß der Haftung aus § 823 B.G.B., bewirken. Diese Haftung *kann* (vgl. diesen Ausdruck in §§ 276 Abs. 2, 419 Abs. 3, 1088 Abs. 2, 2382 Abs. 2 B.G.B.) *durch Vertrag nicht* ausgeschlossen werden. Ein solcher Vertrag verstößt gegen das gesetzliche Verbot des Gesetzes vom 16. März 1886 und ist darum nach § 134 B.G.B. nichtig. Und die Ermächtigung zum Abschlusse eines solchen Vertrages sollte und konnte dem Kanalamte durch keinerlei auf dem Gesetze vom 16. März 1886 beruhende Verwaltungsvorschrift verliehen werden. Hiernach bedürfen die Gesichtspunkte, unter welchen die Entsch. des R.G.'s in Zivils. Bd. 62 S. 266 das unterzeichnete Anmeldeformular eventuell, nämlich als einen unterstellten Vertrag, würdigt, insbesondere der Gesichtspunkt des Verstoßes gegen die guten Sitten, keiner Erörterung; es darf dahinstehen, ob dieser Entscheidung beigepflichtet werden könnte." ...

88. 1. Befreien die Schwierigkeit der Entdeckung eines Mangels der Ware und der Umstand, daß der Mangel selten vorkommt, den Käufer von der in § 377 H.G.B. vorgesehenen Untersuchungspflicht?

2. Kann, wenn die Feststellung eines Mangels der Ware nur durch Verbrauch oder Verarbeitung möglich ist, der Mangel auch dann noch bezüglich der ganzen Ware gerügt werden, wenn mehr verbraucht oder verarbeitet wurde, als zur Feststellung erforderlich war?

H.G.B. § 377.

II. Zivilsenat. Urt. v. 12. Mai 1908 i. S. S. & J. R. (Kl.) w. Rhein.-Westf. Malzfabriken (Bekl.). Rep. II. 519/07.

I. Landgericht Köln, Kammer für Handelssachen.
II. Oberlandesgericht daselbst.

Aus den Gründen:

„Mit der vom Landgerichte abgewiesenen, dagegen vom Oberlandesgerichte zugesprochenen Klage beansprucht die Klägerin Zahlung des Kaufpreises für 99080 kg Braugerste, welche sie auf Grund eines Abschlusses aus dem August 1906 am 29. September dieses Jahres der Beklagten geliefert hat, zum Betrage von 19419,68 *M*, abzüglich der Zoll- und Werftgebühren in Höhe von 4119,35 *M*.

Die Beklagte hat von dieser Gerste in der Zeit bis zum 8. September 50000 kg vermälzt; durch Schreiben von diesem Tage stellte sie den Rest der Ware und das daraus hergestellte Malz der Klägerin zur Verfügung, u. a. mit der Begründung, bei der Verarbeitung habe sich ergeben, daß die Keime vorzeitig abstürben, und die Ware danach als Braugerste unbrauchbar sei. Auf diese Behauptung gestützt, verweigerte sie demnächst die Zahlung des geforderten Kaufpreises, indem sie den Wandelungsanspruch erhob.

Die Klägerin hatte sich dem gegenüber auf § 377 H.G.B. berufen und in dieser Hinsicht aufgestellt, daß eine ordnungsmäßige und rechtzeitige Untersuchung und Mängelanzeige bezüglich der streitigen Ware nicht erfolgt sei; insbesondere sei es unzulässig gewesen, daß die Beklagte, ohne die zur Entdeckung des streitigen Fehlers geeignete Untersuchung an einem hierfür genügenden Teile eintreten zu lassen, mehr als die Hälfte der ihr gelieferten Gerste vermälzt und dadurch auch für Futterzwecke unbrauchbar und wertlos gemacht habe. Wäre eine solche ordnungsmäßige, an einer verhältnismäßig geringen Quantität mögliche Untersuchung vorgenommen worden, so wäre der behauptete Mangel, wenn er überhaupt vorhanden gewesen sei, auch mehrere Tage früher festgestellt worden; die am 8. Oktober 1906 erfolgte Mängelanzeige sei daher auch verspätet gewesen.

Das Oberlandesgericht ist diesen Ausführungen nicht beigetreten; es hat vielmehr eine besondere Untersuchung überhaupt nicht für erforderlich und die Mängelanzeige nach Entdeckung des Fehlers im ordentlichen Geschäftsbetriebe gemäß § 377 für nicht verspätet erachtet. Diese Annahme bietet Anlaß zu rechtlichen Bedenken, die zur Aufhebung des angefochtenen Urteils führen müssen. Sie beruht im wesentlichen darauf, daß das vorzeitige Absterben der Wurzelkeime (mangelhafte Keimenergie), sofern es in der Beschaffenheit der Gerste seinen Grund habe, ein selten vorkommender, geheimer Fehler sei, da er sich nicht an äußeren Merkmalen erkennen lasse, sondern erst bei der Vermälzung einer größeren Gerstenmenge nach 4—5 Keimtagen hervortrete; die sonst übliche Untersuchung decke den erwähnten Fehler nicht auf. Eine Untersuchung, die sich nicht auf die Feststellung dieses geheimen Fehlers erstrecke, sondern auf die Bestimmung der Keimfähigkeit und der chemischen Zusammensetzung beschränke, müsse als ordnungsmäßig nach § 377 erachtet werden. Da sich bei der Vergleichung der Ware mit dem Kaufmuster herausgestellt habe, daß die Ware dem Muster entsprochen habe, so habe die Beklagte die gesamte Ware ohne weiteres verarbeiten dürfen.

Diese Ausführungen sind um deswillen rechtlich nicht zutreffend, weil weder die Schwierigkeit der Entdeckung eines Mangels, noch der Umstand, daß er selten vorzukommen pflegt, grundsätzlich den Käufer von der darauf gerichteten Untersuchungspflicht nach § 377 entbinden kann. Dabei ist, soweit ein Fehler nicht anders als durch teilweise Verarbeitung und wesentliche Umgestaltung der Ware oder teilweisen Verbrauch ermittelt werden kann, die Verarbeitung oder der Verbrauch in dem notwendigen Umfange nicht nur zulässig, sondern auch erforderlich. Insbesondere ist das von der Rechtsprechung für Braugerste — namentlich bezüglich des hier in Frage stehenden Mangels — sowie für ähnliche Waren, wie Mehl u. dgl., wiederholt ausgesprochen worden.

Vgl. Entsch. des R.G.'s in Zivils. Bd. 47 S. 20; Bolze, Praxis

Bd. 15 Nr. 357, Bd. 7 Nr. 561; Entsch. des R.O.H.G.'s Bd. 8 S. 174, Bd. 9 S. 404, Bd. 12 S. 91, Bd. 22 S. 151; Staub-Könige, zu § 377 Anm. 13 S. 1603.

Dabei ist aber, im Interesse des Verkäufers, der die Ware eventuell zurückzunehmen hat, diese Verarbeitung jedenfalls annähernd auf die Quantität zu beschränken, die für die Feststellung des Mangels erforderlich ist. Darüber hinaus und namentlich dann, wenn wie im vorliegenden Falle mehr als die Hälfte der Ware in einer Menge von 50000 kg verarbeitet wurde, kann von einer Untersuchung der Ware nicht mehr die Rede sein; vielmehr handelt es sich hier in Wirklichkeit um eine Verfügung über die Ware ohne die nach dem Gesetze erforderliche Untersuchung. Nach dem vom Oberlandesgericht angezogenen Gutachten waren für den in Frage kommenden Tennenvermälzungsversuch mindestens 2 Zentner erforderlich, zweckmäßig aber 4—5 Zentner Gerste zu verwenden. Danach hat die Beklagte, soweit die bisherigen Feststellungen des Oberlandesgerichts reichen, der ihr obliegenden Untersuchungspflicht nach § 377 nicht genügt. Weiterhin kommt aber in Betracht, daß, wenn eine Untersuchung bei Verarbeitung der angegebenen geringeren Quantität vorgenommen wäre, hierzu nach dem Sachverständigengutachten eine nicht unwesentlich kürzere Zeit erforderlich gewesen wäre: ein Moment, das für die von der Klägerin ebenfalls bestrittene Rechtzeitigkeit der Mängelrüge von Bedeutung sein mußte und daher nicht hätte unerörtert bleiben dürfen.

Das angefochtene Urteil unterliegt daher der Aufhebung. Zur Sache mußte, da es noch auf weitere Erörterungen nach den bezeichneten Richtungen ankommt, die Zurückverweisung an das Berufungsgericht erfolgen."

---

89. Einwirkung der Einverleibung von Teilen eines Landkreises durch eine Stadtgemeinde auf Verträge des Landkreises mit einer Straßenbahngesellschaft über die Benutzung öffentlicher Wege.

Preuß. Kreisordnung vom 19. März 1881 §§ 3—5.

Preuß. Städte-Ordnung vom 30. Mai 1853 § 2.

Preuß. Landgemeindeordnung vom 3. Juli 1891 §§ 2, 3.

Preuß. Gesetz über Kleinbahnen und Privatanschlußbahnen vom 28. Juli 1892 §§ 2, 6, 7.

Preuß. Gesetz, betr. die Erweiterung des Stadtkreises Königsberg, vom 28. März 1905.

III. Zivilsenat. Urt. v. 12. Mai 1908 i. S. Stadtgemeinde Königsberg (Kl.) w. Königsberger Straßenbahn-Akt.-Ges. (Bekl.). Rep. III. 412/07.

I. Landgericht Königsberg.
II. Oberlandesgericht daselbst.

Der Landkreis Königsberg hatte mit der Beklagten im Jahre 1898 einen durch Nachträge später ergänzten Vertrag geschlossen, worin er der Beklagten die Benutzung bestimmter Chausseestrecken in der Umgegend von Königsberg, deren Unterhaltung ihm oblag, zur Herstellung und zum Betriebe elektrischer Straßenbahnen für die Dauer der staatlichen Genehmigung gestattete, die Beklagte dagegen sich verpflichtete, bestimmte Straßenbahnen herzustellen und in Betrieb zu halten und dem Kreise einen Teil des Reingewinns der betreffenden Straßenbahnen zu zahlen, auch die Unterhaltung und Reinigung der Chausseestrecken übernahm und dem Kreise einen gewissen Einfluß auf die Leitung des Betriebes dieser Bahnen einräumte. Durch Gesetz, betr. die Erweiterung des Stadtkreises Königsberg, vom 28. März 1905 wurden verschiedene Teile des Landkreises Königsberg von diesem abgetrennt und mit dem Stadtkreise und der Stadtgemeinde Königsberg vereinigt. In dem, diesem Gesetze als Anlage beigefügten, Auseinandersetzungsvertrage zwischen dem Landkreise und der Stadtgemeinde vom 17. Juni / 11. Juli 1903 war bestimmt, daß die Stadtgemeinde hinsichtlich jener Chausseestrecken in die Rechte und Pflichten des Landkreises eintrete, insbesondere auch in die durch die Verträge mit der Beklagten begründeten Verpflichtungen und Rechte des Landkreises.

Die Beklagte weigerte sich, die Stadtgemeinde als Rechtsnachfolgerin des Landkreises hinsichtlich der von ihr, der Beklagten, mit dem Landkreise begründeten Rechtsverhältnisse anzuerkennen. Die Stadtgemeinde klagte daher auf Feststellung, daß sie als Rechtsnachfolgerin des Landkreises in die zwischen diesem und der Beklagten geschlossenen Verträge eingetreten sei. Sie gründete ihren Anspruch auf die Gesetzeskraft des als Anlage des Gesetzes vom 28. März 1905 in der Gesetzsammlung veröffentlichten Auseinandersetzungsvertrages, auf eine mit der Einverleibung der Kreisteile eintretende Universalsukzession, auf den Übergang der öffentlich-rechtlichen Wegeunterhaltungspflicht, auf § 571 B.G.B. und auf die Abtretung der Rechte des Kreises. Die Beklagte machte besonders geltend, daß ihre Lage durch den Eintritt der Klägerin, die ein Konkurrenzunternehmen betreibe, wesentlich erschwert würde.

Das Landgericht hatte nach dem Klagantrage verurteilt, das Berufungsgericht die Klage abgewiesen. Das Reichsgericht hat das erste Urteil wiederhergestellt aus folgenden

Gründen:

„Der Auseinandersetzungsvertrag der Klägerin mit dem Landkreise Königsberg vom 17. Juni / 11. Juli 1903, welcher in § 9 den Eintritt der Klägerin in den Vertrag des Landkreises Königsberg mit der Beklagten vom 24. Mai / 10. Juni 1898 festsetzt, bildet einen Teil derjenigen Verträge, auf Grund deren durch Gesetz vom 28. März 1905 (G.S. S. 51) die darin bezeichneten Teile des Landkreises Königsberg von diesem abgetrennt und mit der Stadtgemeinde und dem Stadtkreise Königsberg vereinigt worden sind.

Diese Auseinandersetzung ist eine wesentliche Voraussetzung der Einverleibung der Kreisteile und der dadurch herbeigeführten Veränderung der Kreisgrenzen: § 3 der Kreisordnung vom 19. März 1881, § 2 der Städte-Ordnung für die 6 östlichen Provinzen vom 30. Mai 1853, §§ 2, 3 der Landgemeindeordnung für die 7 östlichen Provinzen vom 3. Juli 1891. Ihre Bedeutung liegt, wie nach diesen Gesetzesbestimmungen und nach dem Gesamtinhalte des hier in Rede stehenden Vertrages nicht zweifelhaft sein kann, vorwiegend auf dem Gebiete des öffentlichen Rechts.

Die Bedeutung einer Teileinverleibung, wie sie hier erfolgt ist, ist nach der Auffassung des erkennenden Senats der einer völligen Einverleibung einer Gemeinde durch eine andere insoweit gleichzustellen, als es sich um Rechtsverhältnisse handelt, die in dem einverleibten Teile des Kreises wurzeln. Für die Einverleibung ganzer Gemeinden aber gilt die — unter anderen von dem erkennenden Senate in dem Urteile vom 17. Januar 1908, Rep. III.

248/07[1], ausgesprochene — Rechtsnorm, daß kraft öffentlichen Rechtes die Gemeinde, in der die andere aufgeht, in deren Rechtsverhältnisse ohne weiteres eintritt, soweit diesem Übergange der Rechte nicht besondere Bestimmungen entgegenstehen. In gleicher Weise wirkt, wie der Senat annimmt, auch hier die Eingemeindung der Kreisteile in die Stadt ohne weiteres, auch hinsichtlich der zwischen dem Kreise und der Beklagten durch den Vertrag vom 24. Mai / 10. Juni 1898 und die Nachtragsverträge vom 29. November 1900 und 30. März 1901 begründeten Rechtsverhältnisse. Daß diese Rechtsverhältnisse im engsten Zusammenhange mit den der Stadt einverleibten Kreisteilen stehen, in diesen ihre Wurzel und ihren Sitz haben, ergibt die Tatsache, daß die Bestimmung des Eintritts der Klägerin in diese Verträge als ein Teil des die Eingemeindung vorbereitenden Auseinandersetzungsvertrages vereinbart worden ist.

Die Bestimmung des § 5 der Kreisordnung steht dem Eintritte der Klägerin in die genannten Verträge nicht entgegen. Der Senat erachtet die durch diese Verträge zwischen dem Kreise und der Beklagten geschaffenen Rechtsverhältnisse, mögen die Verträge auch hinsichtlich der Stempelpflicht als privatrechtliche, als Mietverträge, zu beurteilen sein, als im wesentlichen öffentlich-rechtliche. Die Zustimmung des Wegeunterhaltungs-Pflichtigen zu der Benutzung des öffentlichen Weges durch eine Kleinbahn ist nach § 6 des Kleinbahngesetzes vom 28. Juli 1892 die notwendige Voraussetzung der nach § 2 des Gesetzes erforderlichen polizeilichen Genehmigung zur Herstellung und zum Betriebe der Kleinbahn. Diese Genehmigung der Polizeibehörde hat ihrerseits zweifellos den Charakter der Verleihung einer öffentlichen Berechtigung. Die Regelung der von dem Unternehmer für die Zustimmung des Wegeunterhaltungs-Pflichtigen zu gewährenden Entschädigung ist zwar in erster Reihe den Vereinbarungen der Beteiligten überlassen, aber es ist — und hierin tritt der öffentlich-rechtliche Charakter der gesamten Bestimmungen deutlich hervor — eine Ergänzung der Zustimmung des Wegeunterhaltungs-Pflichtigen durch die Verwaltungsbehörden in § 7 des Gesetzes vorgesehen. Danach tragen die zwischen dem Unternehmer und dem Wegeunterhaltungs-Pflichtigen begründeten Verhältnisse, auch

[1] Abgedruckt unter Nr. 55 S. 213 dieses Bandes. D. E.

wenn sie auf freier Vereinbarung beruhen, nicht den privatrechtlichen Charakter, der in § 5 der Kreisordnung vorausgesetzt ist.

Vgl. Störck, Die Verstempelung der Zustimmungsverträge als Mietverträge, bei Eger, Eisenbahnrechtliche Entscheidungen Bd. 22 S. 306 flg., insbesondere S. 308, 311; Eger, Kleinbahngesetz (2. Aufl.) zu § 6 Bem. 25 und 26 S. 102 flg., insbesondere S. 113/114.

Der Eintritt der Klägerin in die Verträge zwischen der Beklagten und dem Landkreise Königsberg ist somit als die unmittelbare staatsrechtliche Folge der Einverleibung der Kreisteile anzusehen. Damit ist der auf die Wiederherstellung des erstinstanzlichen Urteils gerichtete Antrag der Klägerin gerechtfertigt." ...

---

90. 1. Anfechtung einer vom Gemeinschuldner bestellten Hypothek durch den Konkursverwalter. Welches ist der Zeitpunkt, nach dem zu beurteilen ist, ob die angefochtene Rechtshandlung vor oder nach der Zahlungseinstellung erfolgt ist?

2. In welcher Art ist in solchem Falle der dem Hypothekengläubiger gegenüber der Anfechtungsklage nach § 30 Nr. 2 K.O. obliegende Beweis zu führen, wenn für ihn der dingliche Vertrag durch einen Vertreter ohne Vertretungsmacht abgeschlossen worden ist?

K.O. § 30 Nr. 2.
B.G.B. § 166.

VII. Zivilsenat. Urt. v. 12. Mai 1908 i. S. H. (Bekl.) w. Sch. Konkurs (Kl.). Rep. VII. 313/07.

I. Landgericht Aachen.
II. Oberlandesgericht Köln.

Die Klage war auf Löschung einer Hypothek gerichtet, die zugunsten des Beklagten auf einem Grundstücke des Gemeinschuldners Sch. eingetragen war. Bei der notariellen Bestellung der Hypothek war die Annahme im Namen des Beklagten, aber ohne dessen Auftrag durch den Notariatssekretär P. erklärt worden.

Das Oberlandesgericht hatte der Klage stattgegeben. Die Revision des Beklagten wurde zurückgewiesen aus folgenden

Gründen:

... „Das Berufungsgericht hat ... unterstellt, daß der Beklagte an sich die Hypothek rechtsgültig erworben habe, hat aber für diesen Fall die mit der Klage erfolgte Anfechtung dieses Erwerbs gemäß § 30 Nr. 2 K.O. als begründet erachtet. Dieser ... das Urteil selbständig tragende Entscheidungsgrund hält der ... Revision stand.

Daß die Zahlungseinstellung des Gemeinschuldners ... am 15. April 1905 stattgefunden hat, ist einwandfrei festgestellt, auch von der Revision nicht angefochten. Erst durch die Eintragung der Hypothek im Grundbuche ist die den Gegenstand der Anfechtung bildende Rechtshandlung zum Abschlusse gelangt. Diese Eintragung, und nicht, wie das Berufungsgericht annimmt, die Eintragungsbewilligung, bezeichnet deshalb den Zeitpunkt, nach dem zu beurteilen ist, ob die Rechtshandlung vor oder nach der Zahlungseinstellung stattgefunden hat.

Vgl. das zum Abdrucke bestimmte Urteil des erkennenden Senats vom 25. Februar 1908, Rep. VII. 204/07,[1] und die dort angeführten älteren Urteile.

Die Eintragung ist unstreitig am 19. April 1905, also nach der Zahlungseinstellung erfolgt. Außer Streit ist auch, daß der Beklagte durch die Hypothek eine Sicherheit erlangt hat, die er nicht zu beanspruchen hatte. Demnach muß die Anfechtung Erfolg haben, sofern nicht der Beklagte den in § 30 Nr. 2 K.O. bezeichneten Beweis erbringt. Diesen Beweis hat der Beklagte in der Berufungsinstanz in der Art angetreten, daß er den Notariatssekretär P. als Zeugen darüber benannte, daß dieser zur Zeit der notariellen Erklärung vom 12. April 1905 weder von der Zahlungseinstellung, noch von einer Begünstigungsabsicht des Sch. Kenntnis gehabt habe. Ohne Grund führt die Revision Beschwerde über die Nichtbeachtung dieses Beweiserbietens.

Käme es, wie die Revision meint, für die Kenntnis lediglich auf die Person des Vertreters P. an, so wäre, wie sich aus dem Dargelegten ergibt, nicht der Zeitpunkt der Erklärung vom 12. April,

---

[1] S. oben Nr. 40 S. 150 dieses Bandes. D. E.

sondern der Zeitpunkt der Eintragung (19. April) der entscheidende, und auf diesen Zeitpunkt bezog sich das Beweiserbieten nicht. Überdies aber kann in einem Falle der vorliegenden Art die Person des Vertretenen bei der Kenntnisfrage nicht außer Betracht bleiben.

Nach § 166 Abs. 1 B.G.B. soll allerdings, soweit die rechtlichen Folgen einer Willenserklärung a) durch Willensmängel oder b) durch die Kenntnis oder das Kennenmüssen gewisser Umstände beeinflußt werden, nicht die Person des Vertretenen, sondern die des Vertreters in Betracht kommen. Daß diese Bestimmung zu b) auch auf dem Gebiete der Gläubigeranfechtung in und außer dem Konkurse Anwendung zu finden hat, kann einem gegründeten Bedenken nicht unterliegen, wird auch, soweit ersichtlich, in der Rechtslehre von keiner Seite in Zweifel gezogen.

Vgl. Rambohr in Gruchots Beitr. Bd. 44 S. 143; Kuhlenbeck, Von den Pandekten zum Bürgerlichen Gesetzbuch Bd. 1 S. 474, 475; Schloßmann, Stellvertretung Bd. 2 S. 409 flg.; Rosenberg, Stellvertretung im Prozeß S. 237 flg., 248, 250, 928.

Fraglich könnte allerdings erscheinen, ob angesichts des Umstandes, daß § 164 B.G.B. ausdrücklich nur von Vertretung mit (gesetzlicher oder durch Rechtsgeschäft erteilter) Vertretungsmacht spricht, und daß die Vertretung ohne Vertretungsmacht zusammenhängend erst in den §§ 177 flg. geregelt wird, der Abs. 1 des § 166 überhaupt auch auf die Vertretung ohne Vertretungsmacht zu beziehen ist. Indes würde es, wenn dies zu verneinen wäre, an einer entsprechenden Vorschrift für die Fälle der Vertretung ohne Vertretungsmacht fehlen, d. h. an einer Regelung der Frage, ob in diesen Fällen für den Einfluß der Willensmängel und der Kenntnis oder des Kennenmüssens der erwähnten Umstände die Person des Vertreters oder die des Vertretenen in Betracht kommt. Hieraus muß gefolgert werden, daß in Abs. 1 des § 166 eine allgemeine Regel für alle Fälle der Vertretung hat aufgestellt werden sollen. Mit dieser Auffassung in Einklang wird in der Begründung des Entwurfs eines Gesetzes über den Versicherungsvertrag (S. 58, 72 der Buchausgabe von 1903) zur Rechtfertigung der vorgeschlagenen Bestimmungen, § 2 Abs. 3 und § 14 Abs. 2, ausdrücklich gesagt, daß, wenn das bürgerliche Recht maßgebend bliebe (womit eben § 166 Abs. 1 gemeint ist), bei Abschluß eines Vertrages durch einen Vertreter ohne Vertretungsmacht lediglich die Kenntnis dieses Vertreters maßgebend wäre. (Vgl. ebenso die Begründung zu § 2 Abs. 3 und § 19 des Gesetzentwurfs von 1905 in den Drucksachen des Reichstags 1905/06). Auch Planck (3. Aufl.) Bd. 1 S. 283 unter 1 Abs. 3 ist der Meinung, daß das Bürgerliche Gesetzbuch unter dem Ausdrucke „Vertreter" auch den Vertreter ohne Vertretungsmacht begreife, und sagt S. 284 unter 5, daß § 166 Abs. 1 für alle Vertreter gelte. Ebenso v. Staudinger (2. Aufl.) Bd. 1 S. 465 unter 4 und S. 498 Fußnote (vgl. auch Eck, Vorträge über das Recht des Bürgerlichen Gesetzbuchs Bd. 1 S. 177).

Findet aber hiernach die Regel in Abs. 1 des § 166 auf dem Gebiete der Vertretung ohne Vertretungsmacht Anwendung, so fehlt es an einem inneren Grunde, nicht auch ebenso die in Abs. 2 vorgeschriebene Ausnahme, mag auch der Wortlaut dieser Bestimmung für jenes Gebiet nicht zutreffen, doch zur entsprechenden Anwendung gelangen zu lassen. Nach Abs. 2 kann im Falle einer durch Rechtsgeschäft erteilten Vertretungsmacht (Vollmacht) der Vollmachtgeber sich in Ansehung solcher Umstände, die er selbst kannte, nicht auf die Unkenntnis des Vertreters berufen, wenn dieser nach bestimmten Weisungen des Vollmachtgebers gehandelt hat. Zieht man in Betracht, daß der von dem Vertreter ohne Vertretungsmacht geschlossene Vertrag erst durch die Genehmigung des Vertretenen wirksam wird (§ 177), daß aber diese Genehmigung auf den Zeitpunkt des Vertragsschlusses zurückwirkt (§ 184), so tritt die innere Ähnlichkeit mit dem in § 166 Abs. 2 vorgesehenen Falle klar zutage. Durch die Genehmigung wird der Vertrag so, wie er abgeschlossen ist, von Anfang an wirksam; es ist also nicht anders, als wenn der Vertreter Vollmacht gehabt und nach bestimmter Weisung des Vollmachtgebers gehandelt hätte. Die Genehmigung nimmt die Stelle ein, welche im Falle des § 166 Abs. 2 die mit bestimmten und befolgten Weisungen verbundene Vollmacht hat. Dem Merkmale der bestimmten Weisung (im Falle der Vollmacht) insbesondere entspricht es, daß im vorliegenden Falle die vollmachtlose Vertretung und ebenso die Genehmigung nicht einen größeren oder kleineren Kreis von Geschäften, sondern ein einzelnes bestimmtes Geschäft zum Gegenstande hatte. Wie nun im Falle des § 166 Abs. 2 für die eigene Kenntnis des Vollmachtgebers nach der Natur der Sache der Zeitpunkt der Weisung der maßgebende ist, so muß folgerichtig im Falle der Genehmigung des ohne Vertretungsmacht

Vertretenen für dessen Kenntnis der Zeitpunkt der Genehmigung entscheiden. Sonach hätte im vorliegenden Falle der Beklagte, um der ihn nach § 30 Nr. 2 K.O. treffenden Beweispflicht zu genügen, dartun müssen, daß ihm im Zeitpunkte der nach der Feststellung des Berufungsgerichts die Genehmigung enthaltenden, am 1. September 1905 erfolgten Anmeldung des Absonderungsanspruchs weder bekannt gewesen, daß der Gemeinschuldner schon vor der Eintragung der Hypothek seine Zahlungen eingestellt hatte, noch auch bekannt gewesen sei, daß der Gemeinschuldner zur Zeit der Eintragung die in § 30 Nr. 2 K.O. bezeichnete Begünstigungsabsicht hatte. Diesen Beweis hat der Beklagte in keiner der beiden angegebenen Richtungen angetreten.

Es mag sein, daß durch die hier dargelegte entsprechende Anwendbarkeit des Abs. 2 des § 166 die Regel des Abs. 1 für die Fälle der Vertretung ohne Vertretungsmacht tatsächlich ganz oder nahezu ganz ausgeschaltet wird. Dieses Ergebnis entspricht aber auch den Anforderungen des redlichen Verkehrs. Käme es in jenen Fällen nach der Regel des Abs. 1 stets nur auf die Kenntnis des Vertreters an, so wäre der Umgehung der Anfechtungsvorschriften Tür und Tor geöffnet; denn einem betrügerischen Schuldner würde es kaum je schwer fallen können, für den Gläubiger, dessen Begünstigung er beabsichtigt, einen gutgläubigen Vertreter ohne Vertretungsmacht zu finden.

Mit Recht hat sonach das Berufungsgericht dem Klaganspruch aus dem Gesichtspunkte der Anfechtung stattgegeben." . . .

---

91. Wie ist nach Tarifst. 25 d Abs. 3 zum preußischen Stempelsteuergesetze vom 31. Juli 1895 ein Gesellschaftsvertrag zu versteuern, durch den Gesellschaftseigentum in gewöhnliches Miteigentum der Gesellschafter umgewandelt wird?

VII. Zivilsenat. Urt. v. 12. Mai 1908 i. S. Sch. u. Gen. (Kl.) w. preuß. Stempelfiskus (Bekl.). Rep. VII. 370/07.

I. Landgericht I Berlin.
II. Kammergericht daselbst.

Die Kläger waren die einzigen Gesellschafter der offenen Handelsgesellschaft Z. & P. Nachf. zu B., die als Eigentümer zweier Grundstücke in B. eingetragen war. Sie erklärten zu notariellem Protokoll vom 20. März 1906, daß sie im Namen der Gesellschaft jedem von ihnen das Miteigentum je zur Hälfte an den Grundstücken überließen. Um die Verstempelung dieser Urkunde handelte es sich. Der Kläger zu 1 war — worüber kein Streit bestand — mit $^3/_5$, der zu 2 mit $^2/_5$ am Gesellschaftsvermögen beteiligt. Der Grundstückswert belief sich nach der gleichfalls nicht bestrittenen Annahme der Steuerbehörde auf 731390,61 ℳ. Der Notar verwendete zu der Urkunde einen Stempel von 749,50 ℳ, während die Steuerbehörde den Stempel auf 3657 ℳ berechnete und von den Klägern noch 1462,80 ℳ und 1444,70 ℳ einzog. Diese forderten unter Hinweis auf die Tarifst. 25 d Abs. 3 zum preuß. Stempelsteuergesetz vom 31. Juli 1895 die Beträge nebst Zinsen seit der Klagezustellung zurück. Die Vorinstanzen hatten indes, dem Antrage des Beklagten entsprechend, die Klage abgewiesen. Auf die Revision der Kläger wurde ihr stattgegeben.

Gründe:

„Der Streit der Parteien betrifft lediglich die Anwendung des Buchstaben d Abs. 3 der Tarifst. 25 zum preuß. Stempelsteuergesetz. Darüber ist Einverständnis, daß die Kläger zu $^3/_5$ und $^2/_5$ an der Gesellschaft beteiligt sind. Ebenso sind die Parteien und mit ihnen die Instanzgerichte davon ausgegangen, daß es sich um einen Gesellschaftsvertrag handelt, dessen Versteuerung in Frage steht. Aus der Urkunde erhellt nur, daß das gemeinschaftliche Eigentum zur gesamten Hand an den Gesellschaftsgrundstücken in gewöhnliches Miteigentum der Kläger nach Bruchteilen umgewandelt worden ist. Rechtlich möglich ist es, daß damit eine anderweite Regelung des gesellschaftlichen Verhältnisses herbeigeführt werden sollte. Da dies von keiner Seite bezweifelt worden ist, so war zu einer weiteren Erörterung des Punktes ein Anlaß nicht gegeben. Zu untersuchen war nur, ob der Berufungsrichter mit Recht angenommen hat, daß der Kläger zu 1 $^2/_5$ und der Kläger zu 2 $^3/_5$ des Wertes der jedem von ihnen überlassenen Grundstückshälfte zu versteuern habe, daß mithin der einprozentige Stempel vom halben Werte des Grundstücks zu berechnen sei. Dies ist zu verneinen.

Die Vorschrift der Tarifst. 25 d Abs. 3 beruht auf der Erwägung, daß, wenn sich auch rechtlich bei der Überlassung von Sachen oder Rechten der Gesellschaft zum Sondereigentum an den Gesellschafter ein Eigentumswechsel vollziehen möge, wirtschaftlich dies doch nur insoweit zutreffe, als der Erwerb des Gesellschafters über seinen Anteil am Gesellschaftsvermögen hinausgeht. Im Sinne des Stempelrechts gilt jeder Gesellschafter nach Verhältnis seiner Beteiligung am Gesellschaftsvermögen auch als beteiligt an jedem einzelnen Gegenstande dieses Vermögens. Von diesem Anteile, der einen Neuerwerb nicht darstellt, ist der Stempel, der die Umsatzgeschäfte treffen soll, nicht zu erheben, weil es unbillig erscheint, ein Geschäft, das wirtschaftlich kein Umsatzgeschäft ist, mit der für solche Geschäfte bestimmten Abgabe zu belegen. Wenn daher ein Gesellschafter, der zur Hälfte am Gesellschaftsvermögen beteiligt ist, das Gesellschaftsgrundstück durch einen Gesellschaftsvertrag erwirbt, so erhält er stempelrechtlich mit der einen Hälfte des Grundstücks nur den Anteil, der ihm bereits zustand; zu versteuern ist hiernach nur der halbe Grundstückswert. In gleicher Weise erwirbt, wenn das Gesellschaftsgrundstück im Wege der Auflösung der gesamten Hand den beiden die Gesellschaft bildenden und an ihr je zur Hälfte beteiligten Gesellschaftern zu Miteigentum nach entsprechenden Bruchteilen überlassen wird, jeder Gesellschafter nicht mehr, als was er bereits besaß, nämlich die Hälfte des Grundstücks, und es ist daher der Immobilienstempel überhaupt nicht zu erheben. Entsprechendes gilt bei verschiedener Beteiligung am Gesellschaftsvermögen und folgeweise an dem Gesellschaftsgrundstück, wie sie im vorliegenden Falle gegeben ist. Der Anteil des Klägers zu 1 belief sich auf $^3/_5$ ($^6/_{10}$), der des Klägers zu 2 auf $^2/_5$ ($^4/_{10}$). Indem der erstere das Miteigentum zu $^5/_{10}$, der letztere gleichfalls das Miteigentum zu $^5/_{10}$ erwarb, vollzog sich nur in dessen (des letzteren) Person ein wirtschaftlicher Eigentumswechsel insofern, als dieser statt der ihm gebührenden $^4/_{10}$ $^1/_{10}$ mehr erhielt, und auch nur insoweit war der einprozentige Stempel einzuziehen.

Der Berufungsrichter kommt zu seinem abweichenden Ergebnis dadurch, daß er zwei Überlassungen von Vermögensgegenständen der Gesellschaft zum Sondereigentum an die Gesellschafter konstruiert, deren jede eine Grundstückshälfte umfasse. Dem widerspricht aber der Inhalt der Urkunde. Gegenstand der Veräußerung sind die Gesellschaftsgrundstücke im ganzen; sie sollen im vollen Umfange aus dem Gesellschaftsvermögen ausscheiden dergestalt, daß sie gemeinschaftliches Miteigentum der Gesellschafter je zur Hälfte werden. Beide Gesellschafter erwerben mittels desselben Rechtsaktes die Grundstücke, die ihnen bereits als Gesamthändern und zwar stempelpflichtig zu $^3/_5$ und $^2/_5$ gehörten, zu Sondereigentum. Dieses Sondereigentum kann nur Miteigentum nach Bruchteilen sein (§§ 741 flg., 1008 flg. B.G.B.). Man kann aber nicht mit dem Berufungsrichter sagen, daß die Kläger an den Bruchteilen zu $^3/_5$ und $^2/_5$ beteiligt seien, und daß sie zu $^2/_5$ und $^3/_5$ die Bruchteile neu erwürben. Damit steht nicht die Tatsache in Einklang, daß sie bereits am ganzen Grundstücke mit $^3/_5$ und $^2/_5$ beteiligt waren. Wenn dem einen $^3/_5$, dem anderen $^2/_5$ überlassen worden wären, würde jeder nur als gewöhnlicher Miteigentümer erhalten haben, was er bereits als Gesamthänder besaß. Daraus ergibt sich aber, daß nur die Stempelberechnung, wie sie die Kläger vorgenommen haben, und die — rechnerisch — vom Beklagten auch nicht bemängelt ist, der Vorschrift der Tarifst. 25d Abs. 3 entspricht; ein wirkliches Umsatzgeschäft ist nur in der Überlassung des den Anteil des Klägers zu 2 übersteigenden einen Zehnteils der Grundstücke zu finden." ...

---

92. Gesellschaft mit beschränkter Haftung. Rechtliche Wirkung des Beschlusses der Gesellschafterversammlung, daß der Geschäftsführer seiner Stellung enthoben werde.

Gesetz, betr. die Gesellschaften m. b. H., vom 20. Mai 1898 §§ 39, 48.

VI. Zivilsenat. Urt. v. 14. Mai 1908 i. S. D. A.-Verlag u. Gen. (Bekl.) w. O.'sche Buchdruckerei G. R. (Kl.). Rep. VI. 384/07.

I. Landgericht Leipzig.
II. Oberlandesgericht Dresden.

In Leipzig bestand seit 1903 eine Gesellschaft m. b. H. unter der Firma D. A.-Verlag. Gesellschafter waren Anfang 1905 W. R., der Buchhändler H. und die verw. L.; Geschäftsführer war der Architekt R. L. Für den 27. März 1905 war eine Gesellschafterversammlung einberufen, auf deren Tagesordnung u. a. der Antrag des Gesellschafters W. R. stand, den Geschäftsführer L. aus seiner Stellung zu entlassen. Auf den Antrag des Geschäftsführers L. wurde am 24. März Konkurs über das Vermögen der Gesellschaft eröffnet. Die auf den 27. März angesetzte Gesellschafterversammlung fand dessenungeachtet statt; doch erschien allein der Gesellschafter W. R. Er schritt zur Erledigung der Tagesordnung und faßte auch den Beschluß, daß R. L. seiner Stellung als Geschäftsführer enthoben werde, daß er demgemäß seine Tätigkeit für die Gesellschaft alsbald einzustellen und seine Entlassung als Geschäftsführer zum Handelsregister anzumelden habe, und daß der Kaufmann Z. zum Geschäftsführer ernannt werde. Eine Anmeldung der Beschlüsse zum Handelsregister erfolgte nicht.

Im April 1905 fanden Verhandlungen zwischen den Gesellschaftern, dem bisherigen Geschäftsführer R. L. und seiner Frau und der Hauptgläubigerin der Gesellschaft (der Klägerin) statt. Sie führten zu einer in zwei Urkunden verbrieften Einigung folgenden Inhalts: die Gesellschafter W. R. und H. übertrugen ihre Geschäftsanteile auf die verehelichte L.; die Klägerin versprach 12700 ℳ zur Bezahlung der Gesellschaftsschulden und der Konkurskosten herzugeben, und R. L. verpflichtete sich, für seine Person in die Aufhebung des Konkurses zu willigen und die Einwilligung sämtlicher Gläubiger in die Einstellung des Verfahrens zu beschaffen; nach dieser Einstellung sei von der verw. L. und der verehel. L. als den alleinigen Inhabern aller Geschäftsanteile die Fortsetzung der Gesellschaft zu beschließen und dies zum Handelsregister anzumelden. Weiter war in einer der beiden Urkunden (C), welche die Unterschriften des R. L. und der Klägerin trug, bestimmt, der D. A.-Verlag, G. m. b. H., erkenne an, der Klägerin 50000 ℳ schuldig zu sein, und R. L. übernehme für die Verpflichtungen der Gesellschaft aus dem Vertrage die selbstschuldnerische Bürgschaft.

Diese Vereinbarung wurde insoweit ausgeführt, daß R. L. unter Benutzung der von der Klägerin hergegebenen Mittel die Zustimmung aller Gläubiger zur Aufhebung des Konkurses und auf Grund dessen den Gerichtsbeschluß auf Einstellung des Verfahrens erwirkte; ebenso beschlossen die verw. L. und die verehel. L. die Fortsetzung der Gesellschaft, und R. L. meldete dies zum Handelsregister an. Bei diesen und auch noch bei anderen Akten, die er in der Sache vornahm, trat

R. L. ausdrücklich als Geschäftsführer der Gesellschaft auf. Unerfüllt blieben die Vereinbarungen, welche in betreff der Bezahlung der Forderung der Klägerin getroffen worden waren. Diese klagte deshalb gegen die — inzwischen in Liquidation getretene — Gesellschaft und gegen den Bürgen R. L. und erreichte auch deren Verurteilung in erster und zweiter Instanz. Die Revision der Beklagten wurde zurückgewiesen.

Aus den Gründen:

... „Von den Beklagten war in den Vorinstanzen insbesondere geltend gemacht worden: R. L. habe die Urkunde C nur mit seinem Namen, nicht auch mit der Firma der Gesellschaft unterzeichnet; er habe bei der Vollziehung der Urkunde ausdrücklich erklärt, er unterschreibe nur für seine Person, die in Konkurs befindliche Gesellschaft wolle er nicht vertreten. Danach, und weil überdies R. L. durch den Beschluß der Gesellschafterversammlung vom 27. März 1903 seiner Stellung als Geschäftsführer enthoben gewesen sei, sei durch die Urkunde C eine Verpflichtung der Gesellschaft nicht begründet worden, und da somit eine Hauptschuld nicht bestehe, auch die Verbürgungserklärung des R. L. unwirksam gewesen.

Die Vorinstanz erachtet dieses Vorbringen für unzutreffend und hat hierüber folgendes ausgeführt.

Die in den beiden Urkunden vom 22. April 1903 getroffenen Vereinbarungen bildeten ein Ganzes; sie seien dahin gerichtet, auf dem in der Urkunde C bezeichneten Wege die Fortsetzung der Gesellschaft durch die verehel. L. und die verw. L. unter der Geschäftsführung des R. L. zu ermöglichen, aber auch die Befriedigung der Klägerin wegen ihrer auf 50000 *M* festgestellten Forderung herbeizuführen. R. L. habe, und zwar unter Zustimmung aller Beteiligten, diejenigen Maßnahmen, welche zur Herbeiführung des ersten der durch das Abkommen angestrebten Erfolge in der Urkunde vorgesehen seien, dessen Erreichung für ihn, seine Frau und die verw. L. (seine Schwiegermutter) günstig gewesen, ins Werk gesetzt, und zwar überall ausdrücklich in seiner Eigenschaft als Geschäftsführer der verklagten Gesellschaft; dadurch habe er in gleicher Eigenschaft das ganze Abkommen, also insbesondere diejenigen Bestimmungen der Urkunde C, welche die Feststellung der Forderung der Klägerin, sowie deren Sicherung, Verzinsung und Bezahlung beträfen, gutgeheißen und genehmigt. Das gesamte Abkommen sei also, auch wenn R. L. bei den Verhandlungen vor und bei Unterzeichnung der Urkunde C die von den Beklagten behauptete Erklärung abgegeben haben sollte, nachträglich rechtswirksam zustande gekommen. Der Schriftform habe es nach § 13 Abs. 3 des Gesetzes über die Gesellschaften m. b. H. und § 350 H.G.B. nicht bedurft; der Umstand, daß zum Vermögen der Gesellschaft Konkurs eröffnet war, habe die Befugnis des Geschäftsführers, Verträge zur Wiederaufhebung des Konkurses abzuschließen und Verpflichtungen für die Gesellschaft zu begründen, die nur im Falle dieser Wiederaufhebung wirksam werden sollten, nicht berührt. Endlich sei auch der Beschluß vom 27. März 1903, selbst wenn er an sich gültig gefaßt gewesen sein sollte, unerheblich, da alle Beteiligten übereinstimmend den Willen gehabt hätten, daß trotz jenem Beschlusse nach wie vor R. L. als Geschäftsführer der Gesellschaft handeln, nicht eine andere Person an seine Stelle treten solle, und dementsprechend auch verfahren worden sei.

Die Revision greift diese Ausführungen insoweit an, als sie den Einwand der Beklagten betreffen, daß infolge des Absetzungsbeschlusses vom 27. März 1905 ein die Gesellschaft verpflichtender Vertrag durch R. L. nicht mehr habe abgeschlossen werden können. Die Revision macht geltend, nach § 48 des Gesetzes über die Gesellschaften m. b. H. hätte es zur Beseitigung des Beschlusses vom 27. März 1905 eines neuen formgerechten Beschlusses der Gesellschafter, durch den R. L. von neuem zum Geschäftsführer bestellt wurde, bedurft, und es hätte dieser neue Beschluß zum Handelsregister angemeldet werden müssen.

Die zuletzt erwähnte Meinung der Revision ist zweifellos unbegründet. Nach der Fassung, die § 39 des angezogenen Gesetzes durch Art. 11 Einf.-Ges. zum H.G.B. vom 10. Mai 1897 erhalten hat, bedarf es der Anmeldung und Eintragung im Handelsregister nur, wenn bezüglich eines Geschäftsführers eine Änderung gegenüber dem, was im Handelsregister eingetragen ist, eintritt. Im vorliegenden Falle war, wie zwischen den Parteien unstreitig ist, eine Anmeldung des Beschlusses vom 27. März 1905 zum Handelsregister nicht erfolgt; es bedurfte deshalb auch einer Anmeldung nicht, wenn die Vertretungsmacht des im Handelsregister eingetragenen Geschäftsführers R. L. fortbestehen sollte oder wieder hergestellt wurde.

Aber auch im übrigen hat der erhobene Angriff nicht als begründet anerkannt werden können, auch wenn man unterstellt, daß der Beschluß vom 27. März 1905 formgerecht zustande gekommen war und seiner Gültigkeit auch sonst keine begründeten Bedenken entgegenstanden.

Allerdings würde dann die Wirksamkeit des Beschlusses dadurch nicht ausgeschlossen gewesen sein, daß eine ihm entsprechende Eintragung im Handelsregister nicht erfolgt war; denn dies würde nach § 15 H.G.B. nur gegenüber solchen dritten Personen von Bedeutung gewesen sein, denen die Abberufung des R. L. von seiner Stellung als Geschäftsführers unbekannt war.

Vgl. Staub, Komm. zu dem Gesetz, betr. die Gesellschaften m. b. H., 2. Aufl. Anm. 9 flg. zu § 39.

Es muß aber nach der ganzen Sachlage als unstreitig angesehen werden, daß die klagende Handelsgesellschaft von jenem Beschlusse Kenntnis gehabt hat. Der Revision ist weiter zuzugeben, daß, wenn der Beschluß rechtsgültig gefaßt war, es zu seiner Aufhebung an sich eines neuen Beschlusses bedurfte, der rechtswirksam nur in den durch § 48 des Gesetzes und § 10 der Satzungen der verklagten Gesellschaft bestimmten Formen erfolgen konnte; es ist nicht festgestellt, daß ein solcher Beschluß vor dem Vertrage C vom 22. April 1905 oder vor denjenigen Handlungen des R. L. gefaßt worden ist, durch die er nach der Auffassung der Vorinstanz nachträglich als Geschäftsführer der Gesellschaft für diese die in der Urkunde C wiedergegebenen Vereinbarungen gutgeheißen hat.

Indes führen diese Erwägungen nicht zur Aufhebung des angefochtenen Urteils. Der Beschluß vom 27. März 1905 war zunächst bloß ein innerer Vorgang innerhalb der Gesellschaft selbst; er hatte nur die Bedeutung eines Entschlusses derselben, daß R. L. aus seiner Stellung zu entlassen, ihm insbesondere alsbald die mit dieser Stellung verbundene Vertretungsmacht zu entziehen, und diese einer anderen Person, deren Bestellung zum Geschäftsführer beschlossen war, zu übertragen sei. Diese Entschließung bedurfte, um bezüglich der Vertretungsverhältnisse der Gesellschaft eine Änderung zu bewirken, der Ergreifung von Maßnahmen, durch welche sie zur Ausführung gebracht wurde, in erster Linie einer dem Beschlusse entsprechenden rechtsgeschäftlichen Erklärung der Gesellschaft gegenüber dem R. L.

Es ist nun aber von den Beklagten gar nicht behauptet worden, daß eine solche Erklärung der Gesellschaft durch eine zu deren Vertretung berechtigte Person erfolgt sei; aus den Ausführungen der Parteien ist nur zu entnehmen, daß W. R. von dem, was er selbst in der Gesellschafterversammlung beschlossen hatte, dem R. L. Mitteilung gemacht hat. W. R. aber war zur Vertretung der Gesellschaft nicht berufen; es ist auch nicht behauptet, daß er von den beiden andern damaligen Gesellschaftern beauftragt gewesen sei, zugleich für sie oder im Namen der Gesellschaft dem R. L. die Entziehung der ihm übertragen gewesenen Vertretungsmacht auszusprechen.

Unstreitig ist eine Anmeldung des Beschlusses, daß R. L. von der Stellung als Geschäftsführer abberufen und Z. an seine Stelle getreten sei, zum Handelsregister nicht erfolgt, und das Berufungsgericht hat festgestellt, daß eine andere Person als R. L. in der Rolle als Geschäftsführer überhaupt nicht in Tätigkeit getreten ist, wohl aber R. L., und zwar mit Billigung der Gesellschafter, in der Zeit nach dem 27. März 1905 eine ganze Reihe von Rechtsakten als Geschäftsführer für die Gesellschaft vorgenommen hat.

Nach alle dem ist der erwähnte Beschluß für die Vertretungsbefugnis des R. L. rechtlich ohne Wirkung geblieben, weil diejenigen Handlungen, durch die er nach außen hätte zur Erscheinung gebracht werden müssen, nicht vorgenommen worden sind, die Gesellschafter vielmehr von seiner Ausführung im Einverständnis mit R. L. Abstand genommen haben." ...

---

93. Kann derjenige, dem vertragsmäßig ein Zurückbehaltungsrecht an einem Grundschuldbriefe eingeräumt worden ist, nachdem er den Besitz des Grundschuldbriefs ohne seinen Willen, aber fehlerfrei an den anderen Teil verloren hat, auf Grund des Retentionsvertrages auf Wiedereinräumung der Retention Klage erheben?

B.G.B. §§ 273, 861 flg.

V. Zivilsenat. Urt. v. 16. Mai 1908 i. S. U. (Kl. u. Widerbekl.) w. W. (Bekl. u. Widerkl.). Rep. V. 492/07.

I. Landgericht Oppeln.
II. Oberlandesgericht Breslau.

Im Jahre 1902 begann der Baumeister S. in Groß-St. mit der Errichtung eines Neubaues auf seinem dortigen Grundstücke. Da es ihm an Geldmitteln fehlte, ließ er für den Kläger, der ihm für den Bau, sowie für einen anderen Bau bereits Vorschüsse geleistet hatte, am 4. September 1902 in Abt. III Nr. 5 eine Grundschuld von 7000 ℳ, unverzinslich und nach dreimonatiger Kündigung fällig, zu dem Zwecke eintragen, daß der Kläger ihm durch Verpfändung oder Abtretung weiteres Geld beschaffe. Nach anderen vergeblichen Bemühungen erklärte sich der Beklagte bereit, das Geld zu geben, sofern ihm die Grundschuld von 7000 ℳ als Sicherheit gegeben werde. Am 29. Mai 1903 übersandte ihm der Kläger den Grundschuldbrief mit der Bitte, das Besprochene zu besorgen, damit nach den Feiertagen mit den Arbeiten begonnen werden könne. Der Beklagte, dem noch anderweitige Darlehnsforderungen im Betrage von 12901,95 ℳ gegen S. zustanden, wollte darauf für den Neubau bis zum 8. November 1903 dem Kläger 10429 ℳ und an Baulieferanten noch 4903,80 ℳ gezahlt haben. Am 8. November 1903 kaufte der Beklagte zur Abwendung der Zwangsversteigerung das Grundstück durch notariellen Vertrag von S. für den Preis von 30000 ℳ. Er verpflichtete sich, den noch nicht zu Ende geführten Bau zu vollenden, und übernahm in Anrechnung auf den Kaufpreis die eingetragenen Schulden von 18000 ℳ, darunter die Grundschuld von 7000 ℳ und eine dahinter für ihn selbst eingetragene Hypothek von 5000 ℳ. In betreff des Kaufgelderrestes von 12000 ℳ wurde vereinbart, daß er „mit denjenigen Forderungen, die der Beklagte in gleicher Höhe habe, verrechnet werde". Die Auflassung erfolgte am 13. November 1903.

Inzwischen war der Beklagte mit dem Kläger wegen Abtretung der Grundschuld in Verbindung getreten. Er übergab zu diesem Zwecke den Grundschuldbrief dem Justizrat W., der die Abtretungserklärung des Klägers am 4. November 1903 aufnahm. Da dieser jedoch die Weitergabe der Urkunden an das Grundbuchamt von der Zahlung oder Sicherstellung seiner Ansprüche an S. im Betrage von 8200 ℳ abhängig machte, behielt W. die Urkunden in Verwahrung. Zu einer Einigung über die Abtretung kam es nicht. Auf Ersuchen des Beklagten verstand sich der Kläger dazu, am 5. Februar 1904 einem Hypothekendarlehn der Preußischen Zentral-

Bodenkredit-Aktien-Gesellschaft von 16000 *M*, das der Beklagte unter Löschung der anderen eingetragenen Schulden aufnahm, den Vorrang einzuräumen, und erhielt, nachdem diese Eintragung am 9. desselben Monats bewirkt war, den Grundschuldbrief durch den Justizrat W. ausgehändigt.

Er erhob dann, nachdem er am 19. Juli 1904 die Grundschuld dem Beklagten gekündigt hatte, Klage mit dem Antrage, der Beklagte solle bei Vermeidung der Zwangsvollstreckung in das Grundstück zur Zahlung von 7000 *M* nebst 4 Prozent Zinsen seit dem 19. Oktober 1904 verurteilt werden. Der Beklagte erhob Widerklage auf Herausgabe des Grundschuldbriefs.

Das Landgericht erkannte nach dem Klagantrage und wies die Widerklage ab. Das Oberlandesgericht wies umgekehrt die Klage ab und gab dem Antrage der Widerklage statt. Die Revision des Klägers und Widerbeklagten wurde zurückgewiesen aus folgenden

Gründen:

„Der Berufungsrichter nimmt an, daß der Beklagte den Grundschuldbrief vom Kläger auf Grund einer Vereinbarung erhielt, die dahin ging, daß der Beklagte den Brief als Sicherheit behalten und der Kläger ihn nicht eher zurückverlangen sollte, als bis der Beklagte wegen seiner Bauforderungen befriedigt sei. Der Berufungsrichter sieht hierin die nach der ständigen Rechtsprechung des Reichsgerichts zulässige Einräumung eines persönlichen Zurückbehaltungsrechts an dem Grundschuldbriefe. Den Umstand, daß der Justizrat W. den Brief dem Kläger zurückgegeben hat, erachtet er für unwesentlich, weil W. dazu nicht befugt gewesen sei. Der Beklagte, der den Besitz wider seinen Willen verloren habe, könne nach § 861 B.G.B. von dem fehlerhaft besitzenden Kläger die Wiedereinräumung des Besitzes verlangen. Die Forderungen des Beklagten für den Neubau seien unstreitig in Höhe von 12895,89 *M*, nach Abzug der für den Beklagten auf dem Grundstücke eingetragenen 5000 *M* noch in Höhe von 7895,89 *M*. Den Kaufgelderrest von 12000 *M* habe der Beklagte mit Recht auf seine älteren Forderungen von 12901,95 *M* gemäß § 366 Abs. 2 B.G.B. verrechnet. Der Beklagte könne also bis zur Befriedigung wegen seiner 7895,89 *M* das Zurückbehaltungsrecht am Grundschuldbriefe geltend machen, und da der Kläger den Grundschuldbrief nicht rechtmäßig besitze, auch die Zahlung der

Grundschuld verweigern. Wenn der Kläger dieses Recht nicht gelten lassen wolle, so handle er vertragswidrig und arglistig.

Von diesen Ausführungen sind zunächst diejenigen über die Einräumung eines persönlichen Zurückbehaltungsrechts an dem mit dem Schreiben vom 29. Mai 1903 übersandten Grundschuldbrief nicht zu beanstanden. Sie stehen mit der Rechtsprechung des Reichsgerichts, insbesondere auch der des erkennenden Senats (Entsch. in Zivils. Bd. 66 S. 24; Gruchot, Beitr. Bd. 47 S. 955), im Einklang. Nicht frei von Rechtsirrtum sind allerdings die weiteren Ausführungen des Berufungsrichters, soweit sie aus den §§ 858, 861 B.G.B. die Fortdauer des Zurückbehaltungsrechts herzuleiten suchen. Mit Recht weist die Revision darauf hin, daß der Beklagte, nachdem er den Grundschuldbrief dem Justizrate W. in Verwahrung gegeben hatte, nur noch mittelbarer Besitzer war (§ 868 B.G.B.). Der mittelbare Besitzer aber hat den Anspruch auf Wiedereinräumung des Besitzes (§ 861 B.G.B.) nur dann, wenn der unmittelbare Besitzer den Besitz gegen seinen — des unmittelbaren Besitzers — Willen verloren hat (§ 869 B.G.B. und Planck, Bem. 1a dazu). Dieser Fall liegt nicht vor, weil W. den Grundschuldbrief freiwillig herausgegeben hat. Überdies ist auch allem Anscheine nach die Klagefrist des § 864 B.G.B. versäumt, weil die Widerklage erst am 2. Oktober 1905, also länger als ein Jahr nach der Aushändigung des Grundschuldbriefes, erhoben worden ist. Es kommt aber nicht darauf an, weil im vorliegenden Falle ein durch Vertrag begründetes Zurückbehaltungsrecht in Frage steht. Nach dem Zurückbehaltungsvertrage war der Kläger, wie der Berufungsrichter rechtlich einwandfrei festgestellt hat, verpflichtet, den Grundschuldbrief dem Beklagten so lange zu belassen, bis er wegen seiner Bauforderungen befriedigt sein würde. Diese vertragsmäßige Verpflichtung wurde dadurch, daß der Kläger ohne den Willen des Beklagten durch einen Zufall den Besitz des Grundschuldbriefes erlangt hat, nicht aufgehoben. Sie besteht auch jetzt noch, da die Befriedigung des Beklagten noch nicht eingetreten ist. Der Kläger ist daher, mag er immerhin fehlerfrei in den Besitz des Grundschuldbriefes gelangt sein, vertragsmäßig verpflichtet, dem Beklagten den Brief wieder auszuhändigen, und die auf Herausgabe des Grundschuldbriefes gerichtete Widerklage ist daher begründet. Damit fällt aber auch die Klage.

Denn ohne den Grundschuldbrief kann der Kläger nach §§ 1144, 1150, 1192 B.G.B. die Grundschuld nicht geltend machen, und über den Grundschuldbrief steht ihm keine Verfügung zu, da er vertragsmäßig verpflichtet ist, ihn ohne Zahlung dem Beklagten herauszugeben." ...

---

94. 1. Ist die Rechtsmitteleinlegung auf den Namen eines schon Verstorbenen rechtswirksam?

2. Wie ist zu verfahren, wenn, nachdem nach Einlegung der Revision, aber vor Einreichung der Revisionsbegründung während des Laufes der Begründungsfrist das Verfahren wegen Todes des Revisionsklägers ausgesetzt ist, der Revisionsbeklagte die angeblichen Rechtsnachfolger und den Prozeßbevollmächtigten zur Aufnahme des Verfahrens lädt, und die Geladenen im Termine nicht erscheinen? Versäumniszwischenurteil in einem solchen Falle.

VI. Zivilsenat. Zwischenurteil v. 18. Mai 1908 i. S. K. (Bekl.) w. G. (Kl.). Rep. VI. 562/07.

I. Landgericht Essen.
II. Oberlandesgericht Hamm.

Am 13. November 1907 legte der Justizrat Sch. für den Beklagten K. beim Reichsgericht Revision ein; am 16. November zeigte er, unter Vorlegung einer entsprechenden Sterbeurkunde, an, daß der Beklagte bereits am 9. November gestorben sei, und trug auf Aussetzung des Verfahrens an. Dem wurde durch Beschluß vom 25. November 1907 entsprochen. Später lud der Kläger, unter Aufstellung und Begründung der Behauptung, daß die Witwe des Beklagten dessen Rechtsnachfolgerin geworden sei, diese sowie den Justizrat Sch. zur Aufnahme des Rechtsstreites. Im Termine trat niemand für die Wwe. K. auf; der Kläger trug den Inhalt seines Schriftsatzes vor und stellte den Antrag, durch Versäumnisurteil die behauptete Rechtsnachfolge als zugestanden anzunehmen. Das Reichsgericht hat durch Versäumniszwischenurteil das Verfahren für von der Wwe. K. als Rechtsnachfolgerin des Beklagten aufgenommen erklärt, aus folgenden

Gründen:

„Obgleich der bei der Revisionseinlegung als Revisionskläger bezeichnete Beklagte damals schon nicht mehr am Leben war, muß die Einlegung doch, als in Wirklichkeit für seine Rechtsnachfolger geschehen, für rechtswirksam erachtet werden. Es kommt dabei in Betracht, daß nach § 86 Z.P.O. der Tod des Vollmachtgebers die Vollmacht des Anwaltes nicht berührt. Es ist anzunehmen, daß der Justizrat Sch. entweder noch vom Beklagten persönlich vor dessen Tode, oder nach § 81 Z.P.O. von dessen Prozeßbevollmächtigtem zweiter oder erster Instanz für die Revisionsinstanz bevollmächtigt worden war, und wenn er dann, weil er irrigerweise den ursprünglichen Beklagten noch für lebend hielt, diesen als Revisionskläger bezeichnete, statt der „Rechtsnachfolger" desselben (wer sie auch sein mochten), so war das nur eine unschädliche falsa demonstratio.

Mit Recht hat ferner der Kläger auf Erlassung eines Versäumnisurteils angetragen, das sich als ein Versäumniszwischenurteil von der Art des früher in § 217 Abs. 4 Z.P.O. a. F. vorgesehen gewesenen darstellt, obwohl ein solches Zwischenurteil in der Zivilprozeßordnung von 1898 nicht mehr vorkommt. Der erkennende Senat hat auch sonst schon Anlaß gefunden, trotzdem ein Versäumniszwischenurteil auf Aufnahme des Verfahrens zu erlassen, laut der Entsch. in Zivils. Bd. 58 S. 202 flg., damals in einem Falle, wo das Verfahren auf Antrag des für die Berufungsinstanz bestellten Prozeßbevollmächtigten der inzwischen verstorbenen Partei vom Reichsgerichte vor Einlegung der Revision ausgesetzt worden war. Das ist ein Fall, wie er nach den neuerdings von den vereinigten Zivilsenaten des Reichsgerichts einer Entscheidung vom 9. April 1908[1] zugrunde gelegten Rechtsgrundsätzen nicht mehr würde vorkommen können. Inzwischen ist aber durch die Veränderungen, die durch die Zivilprozeßordnungs-Novelle vom 5. Juni 1905 an den Förmlichkeiten der Revision vorgenommen worden sind, die Möglichkeit herbeigeführt, daß in einer anderen Art von Fällen, eben in solchen Fällen, wie hier einer vorliegt, ein solches Versäumniszwischenurteil

[1] Abgedruckt unter Nr. 61 S. 247 dieses Bandes. D. E.

erforderlich werden kann. Wenn eine Aussetzung oder eine Unterbrechung des Verfahrens nach Einlegung der Revision (§ 553 Z.P.O.), aber vor Einreichung der schriftlichen Revisionsbegründung (§ 554 das.) stattgefunden hat, so ist, eben weil an den Förmlichkeiten des Rechtsmittels noch etwas fehlt, die Befolgung der Vorschrift des § 239 Abs. 2 Z.P.O., wonach bei der Ladung zur Aufnahme zugleich zur Verhandlung der Hauptsache geladen werden soll, ausgeschlossen. Durch die Aussetzung oder Unterbrechung des Verfahrens hat nach § 249 Abs. 1 Z.P.O. der Lauf der Revisionsbegründungsfrist des § 554 Abs. 2 aufgehört, und es muß erst das Verfahren wieder aufgenommen sein, damit diese Frist von neuem zu laufen beginne. Wenn nun die gesetzmäßig zur Aufnahme geladenen Personen die Aufnahme trotzdem nicht bewirken, so bleibt nichts übrig, als die Aufnahme durch ein Zwischenurteil für bewirkt zu erklären (vgl. auch Entsch. des R.G.'s in Zivils. Bd. 40 S. 370 flg.), und dieses Urteil gestaltet sich beim Ausbleiben der geladenen Personen zu einem Versäumniszwischenurteile.

Der Kläger hat nun freilich seinen Antrag nicht ganz sachgemäß formuliert: der Wortfassung zufolge begehrt er nur den Ausspruch, daß die von ihm behauptete Rechtsnachfolge als zugestanden anzunehmen sei, nicht, daß das Verfahren für von der Rechtsnachfolgerin aufgenommen erklärt werde. Das Gericht war jedoch durch diese mangelhafte Fassung nicht behindert, der eigentlichen Meinung des Klägers gemäß die der Sachlage entsprechende Entscheidung auszusprechen.

Ein weiteres Bedenken konnte daraus entstehen, daß ein eigentlicher Antrag des Klägers der Wwe. K. überhaupt nicht vor dem Termine besonders mittels Schriftsatzes mitgeteilt worden war, während doch nach § 557 vgl. mit § 335 Abs. 1 Nr. 3 Z.P.O. ohne solche vorgängige Mitteilung auch in der Revisionsinstanz kein Versäumnisurteil erlassen werden soll. In dem Schriftsatze des Klägers ... nämlich ist außer der Behauptung der auf die Rechtsnachfolge bezüglichen Tatsachen nur eine Ladung der Wwe. K. „zur Aufnahme des Rechtsstreites" enthalten. Es kann indessen hierin schon eine genügende Mitteilung von dem im Falle des Nichterscheinens der Geladenen zu stellenden Antrage gefunden werden, da nur der eine Antrag denkbar, und seine eventuelle Stellung selbstverständlich war. In den gewöhnlichen Versäumnisfällen liegt in dieser Hinsicht die Sache anders." (Es folgt die materielle Begründung der Annahme der Rechtsnachfolge der Wwe. K.)

---

95. Finden auf einen Vertrag, der nicht gerichtlich oder notariell, sondern gemäß Art. 12 § 2 preuß. Ausf.=Ges. zum B.G.B. vom 20. September 1899 von einem Beamten beurkundet ist, der von dem Vorstande der zur Vertretung berufenen Behörde oder von der vorgesetzten Behörde bestimmt ist, die Bestimmungen in § 128 und § 152 Satz 1 B.G.B. Anwendung?

II. Zivilsenat. Urt. v. 19. Mai 1908 i. S. Stadtgem. E. (Bekl.) w. F. (Kl.). Rep. II. 531/07.

I. Landgericht Elberfeld.
II. Oberlandesgericht Köln.

Die Frage wurde bejaht.

Aus den Gründen:

„Das Oberlandesgericht hat in den Erklärungen, welche der Kläger und der Vertreter der Stadtgemeinde E. am 27. Oktober 1904 vor dem gemäß Art. 12 § 2 preuß. Ausf.=Ges. zum B.G.B. für die Beurkundung von Verträgen von seiten des Oberbürgermeisters der Stadt E. bestimmten Beamten, Sekretär H., abgegeben haben, einen Vertrag erblickt, durch den sich der Kläger verpflichtet habe, das Eigentum an Grundstücken zu übertragen (§ 313 B.G.B.), und hat gemäß jener Ausführungsbestimmung einen formell rechtsgültig abgeschlossenen Vertrag angenommen. Es hat weiter unter Berufung auf §§ 128 und 152 Satz 1 B.G.B. den Vertrag auch als materiell rechtswirksam abgeschlossen erachtet, wenn auch die in Abwesenheit des Klägers geschehene Annahmeerklärung des die Stadt vertretenden Beigeordneten L. dem Kläger nicht gemäß § 130 B.G.B. zugegangen sei. Diese Ausführung ist, wenn in jenen Erklärungen ein Vertrag im Sinne des § 313 B.G.B. zu finden ist, rechtlich nicht zu beanstanden. Auf Grund des Art. 142 Einf.=Ges. zum B.G.B. ist in Art. 12 § 2 preuß. Ausf.=Ges. zum B.G.B. zum Zwecke der Erleichterung des geschäftlichen Immobiliarverkehres mit öffentlichen Behörden Vorsorge getroffen, und dieser Vorschrift entsprechend hat die Aufnahme der fraglichen Erklärungen der Parteien stattgefunden; sie müssen daher gleiche Gültigkeit haben, als wenn sie vor Gericht oder Notar aufgenommen worden wären, und es muß für sie auch die Vorschrift des § 128 B.G.B. zutreffen, wonach es für die Gültigkeit des Vertrages genügt, wenn zunächst der Antrag und sodann dessen Annahme jener Vorschrift des Ausführungsgesetzes gemäß beurkundet ist. Allerdings bestimmt § 130 B.G.B. für Willenserklärungen im allgemeinen, daß sie, wenn sie in Abwesenheit dessen abgegeben sind, für den sie bestimmt sind, erst in dem Zeitpunkte wirksam werden, in welchem sie diesem zugehen, und die Beklagte hat bestritten, daß die Annahmeerklärung ihres Vertreters L. von ihr dem Kläger mitgeteilt worden sei. Allein § 152 B.G.B. macht für gerichtlich oder notariell beurkundete Verträge, wenn beide Teile nicht gleichzeitig vor dem instrumentierenden Beamten anwesend sind, hiervon eine Ausnahme, indem, wenn nicht ein anderes bestimmt ist, der Vertrag mit der nach § 128 erfolgten Beurkundung der Annahme zustandegekommen sein soll. Durch diese Ausnahme sollen Unzuträglichkeiten, die sich aus der in § 130 niedergelegten Empfangstheorie für den Rechtsverkehr vor öffentlichen Behörden, die gesetzlich mit der Aufnahme von Verträgen betraut sind, ergeben, beseitigt werden. Sie muß auch auf die gemäß der bezogenen Vorschrift des preuß. Ausführungsgesetzes aufgenommenen Vertragsverhandlungen Anwendung finden, da diese gleichwertig mit den vor Notar oder Gericht geschehenen Vertragsbeurkundungen sind. Die in dieser Richtung mit der Revision geltend gemachten Bedenken treffen daher nicht zu." ...

---

96. Genügt es zur Wahrung der Formvorschrift des § 15 Abs. 3 des Gesetzes, betr. die Gesellschaften m. b. H., daß die Abtretung des Geschäftsanteils aus einem von den Beteiligten in einer gerichtlichen oder notariellen Urkunde abgeschlossenen Vertrage unzweideutig hervorgeht, auch wenn die Urkunde nicht eigens zur Beurkundung der Abtretung, sondern zur Beurkundung anderer rechtsgeschäftlicher Erklärungen dient?

II. Zivilsenat. Urt. v. 19. Mai 1908 i. S. S. (Bekl.) w. R. (Kl.). Rep. II. 630/07.

I. Landgericht Detmold.
II. Oberlandesgericht Celle.

Die Frage wurde bejaht aus folgenden

Gründen:

„Gemäß Vertrages unter Privatunterschrift vom 31. Oktober 1900 verkaufte der Kläger dem Beklagten seinen Geschäftsanteil an der Lippischen Tonwarenfabrik von R. & Co., G. m. b. H. in D., unter näher angegebenen Bedingungen. Unterm 9. November 1900 bekannten sich die Parteien zum Inhalte und zur Unterschrift dieses Vertrages gemäß Beglaubigung des Amtsgerichts zu Lemgo. Zufolge Urkunde des Amtsgerichts zu Lemgo vom nämlichen Tage erklärte mit Genehmigung der übrigen Gesellschafter der Kläger unter Verzicht auf sämtliche Ansprüche seinen Austritt aus der Gesellschaft und der Beklagte seinen Eintritt in die Gesellschaft. In der Urkunde heißt es: „Der Kaufmann H. S. bestätigte, daß er als Mitgesellschafter in die Firma von R. & Co. eingetreten und den Geschäftsanteil des Herrn von R. mit allen Rechten und Pflichten übernommen habe." Gleichzeitig beantragten die Beteiligten die Berichtigung des Handelsregisters.

Der Kläger hat auf Zahlung der fälligen Zinsen und Raten des Kaufpreisrestes in Gesamtsumme von 2787,50 *M* geklagt und ausgeführt, die nach § 15 des Gesetzes, betr. die Gesellschaften m. b. H., zur Abtretung eines Geschäftsanteils erforderliche gerichtliche oder notarielle Form sei, wenn nicht schon durch die gerichtliche Beglaubigung vom 9. November 1900, so doch jedenfalls durch die gerichtliche Urkunde vom 9. November 1900 gewahrt. Der Beklagte bestritt dies, beantragte Klagabweisung und erhob Widerklage. Diese ruht noch in der ersten Instanz. Der Auffassung des Beklagten beitretend, hat das Landgericht die Klage durch Teilurteil abgewiesen, während umgekehrt das Oberlandesgericht den Beklagten nach dem Klagantrage verurteilt hat. Zugunsten des Revisionsklägers hat das Berufungsgericht angenommen, die gerichtliche Beglaubigung vom 9. November 1900 genüge der Formvorschrift des § 15 nicht, wohl aber das gerichtliche Protokoll vom 9. November 1900, das in formeller Beziehung allen gesetzlichen Erfordernissen für die Gültigkeit der Beurkundung eines Rechtsgeschäfts entspreche. Es hat ausgeführt, hierin bestätige der Beklagte, daß er den Geschäftsanteil des Klägers mit allen Rechten und Pflichten übernommen habe, und die Mitgesellschafter hätten sich darin mit dem Eintritte des Beklagten für den Kläger und mit der Übernahme der Rechte und Pflichten desselben einverstanden erklärt. Dies müsse genügen, um das Erfordernis der gerichtlichen Form der Abtretung zu erfüllen. Zwar sei anzunehmen, daß die Parteien bei Aufnahme dieser Urkunde nicht die Absicht gehabt hätten, die Abtretung selbst beurkunden zu lassen; vielmehr sei der Zweck der Verhandlung der gewesen, den Austritt des Klägers und den Eintritt des Beklagten den übrigen Gesellschaftern gegenüber festzustellen und deren nach § 15 des Gesellschaftsvertrages erforderliche Genehmigung einzuholen, sowie eine entsprechende Berichtigung des Handelsregisters zu veranlassen. Allein das Fehlen dieser Absicht der Parteien könne nicht dazu führen, die Beurkundung der Abtretung selbst als nicht erfolgt anzusehen; es müsse genügen, wenn die beurkundeten Erklärungen zugleich unzweideutig den Willen der Parteien, der Geschäftsanteil solle abgetreten werden oder abgetreten sein, ergäben. Dieser Wille der Parteien komme in der Urkunde klar zum Ausdrucke; das sei den Parteien bei Aufnahme der Urkunde auch bewußt gewesen. Denn die ganze Verhandlung habe als inneren Grund und Voraussetzung gerade die Abtretung des Geschäftsanteils zur Grundlage und sei ohne diese Abtretung gegenstandslos. Die Erklärungen der Parteien enthielten ohne weiteres und bewußt eine Bestätigung der Abtretung selbst, und diese sei damit zugleich mit vor dem die Verhandlung aufnehmenden Gerichte erklärt und folglich in dem Protokolle mit beurkundet. Der Einwand der Nichtigkeit des Vertrages wegen mangelnder Form sei deshalb unbegründet. Mithin sei, da die übrigen klagebegründenden Tatsachen unbestritten seien, die Klage gerechtfertigt.

Die Erwägungen des Berufungsgerichts lassen einen Rechtsirrtum nicht erkennen und unterliegen in tatsächlicher Hinsicht nicht der Nachprüfung des Revisionsgerichts. Der § 15 Abs. 3, wonach es zur Abtretung von Geschäftsanteilen durch Gesellschafter eines in gerichtlicher oder notarieller Form geschlossenen Vertrages bedarf, hat keinen anderen Zweck als den, die Abtretung von Geschäftsanteilen durch die Formvorschrift zu erschweren und dadurch zu verhüten, daß die Geschäftsanteile zu einem Handelsartikel werden wie Aktien. Von diesem Grunde und Zwecke aus ist die Bedeutung und die Tragweite der Gesetzesbestimmung zu beurteilen. Nur die Abtretung als abstrakter Vertrag bedarf der Beurkundung in der angegebenen Form, dagegen nicht das Kausalgeschäft und folglich nicht die Bedingungen der Abtretung. Es liegt zwar auf der Hand, daß der angegebene Zweck der Formvorschrift um so sicherer erreicht wird, wenn die Urkunde bloß die Abtretung zum Zwecke und Gegenstande hat. Allein dem Grunde und Zwecke des Gesetzes ist genügt, wenn die Abtretung aus einem von den Beteiligten in einer gerichtlichen oder notariellen Urkunde abgeschlossenen Vertrage unzweideutig hervorgeht, auch wenn die Urkunde nicht eigens zur Beurkundung der Abtretung bestimmt ist, sondern in erster Linie zur Beurkundung anderer rechtsgeschäftlicher Erklärungen dienen soll.[1]

Ob eine Urkunde den übereinstimmenden auf Abtretung eines Geschäftsanteils oder auf Bestätigung einer solchen Abtretung gerichteten Willen der Beteiligten klar zum Ausdrucke bringt, ist eine Frage der Vertragsauslegung, für die mangels abweichender Vorschriften die allgemeinen Grundsätze der §§ 133 und 157 B.G.B. auch bezüglich der an eine besondere Form gebundenen Verträge maßgebend sind. Hiernach kommt es nicht auf eine bestimmte Ausdrucksweise, insbesondere nicht darauf an, ob gerade das Wort „Abtretung" gebraucht ist; entscheidend ist vielmehr der Vertragswille, wie er sich aus Wortlaut und Zusammenhang der ganzen Urkunde nach der natürlichen Verkehrsauffassung ergibt. Von diesen rechtlichen Gesichtspunkten ist das Berufungsgericht zutreffend bei der Entscheidung ausgegangen, und es hat rechtlich einwandfrei tatsächlich und für das Revisionsgericht maßgebend festgestellt, daß die Parteien bewußt eine Bestätigung der Abtretung vor dem die Verhandlung aufnehmenden Gerichte erklärt haben, und daß diese somit in dem Protokolle mit beurkundet sei. Auf diese Feststellung kommt es für die Wahrung der Formvorschrift entscheidend an. Bei dieser Lage der Sache ist es unerheblich, welche Rechtsauffassung die Urkundsbeamten von dem

[1] A. M. Staub-Hachenburg, Kommentar zum Gesetz, betr. die Gesellschaften m. b. H., § 15 Anm. 33. D. E.

Inhalte der Erklärungen und somit der Urkunde haben. So wenig ihr Zeugnis den Mangel des Inhalts der Urkunde hätte ergänzen können, ebensowenig kann ihr Zeugnis die inhaltliche Bedeutung der Urkunde schmälern. Ihr Zeugnis konnte bloß als Auslegungsmittel im Zweifelsfalle von Wert sein. Für das Berufungsgericht bestand aber ein Zweifel nicht, indem es erwogen hat, der auf Bestätigung der Abtretung gerichtete Wille der Parteien sei in der Urkunde klar zum Ausdrucke gekommen. Damit war in hinreichender Weise die abweichende Auffassung der Zeugen sachlich gewürdigt und für unerheblich erachtet."

---

97. Erfordert die Bestätigung eines anfechtbaren Rechtsgeschäfts eine dem anderen Teile gegenüber abgegebene Willenserklärung? Setzt sie auf seiten des Anfechtungsberechtigten Kenntnis vom Anfechtungsrechte oder vom Anfechtungsgrunde voraus?
B.G.B. § 144.

V. Zivilsenat. Urt. v. 20. Mai 1908 i. S. B. (Bekl.) w. O. (Kl.). Rep. V. 372/07.

I. Landgericht Bochum.
II. Oberlandesgericht Hamm.

Am 1. Oktober 1904 trat der Kläger eine für ihn eingetragene Kaufgeldhypothek von 10000 *M* mit Zinsen dem Beklagten für 10000 *M* ab. Dieser verpflichtete sich in einer Urkunde vom 25. November 1904, das Entgelt mit $4^1/_2$ Prozent, bei Zögerung über 4 Wochen mit $4^3/_4$ Prozent zu verzinsen und darauf 5000 *M* ohne Kündigung am 15. Januar 1905 zu zahlen. Tatsächlich zahlte der Beklagte weder diese 5000 *M*, noch Zinsen, und der Kläger erhob Klage mit dem Antrage, den Beklagten zur Zahlung von 5000 *M* nebst $4^3/_4$ Prozent Zinsen seit dem 1. Oktober 1904 zu verurteilen. Der Beklagte focht das Hypothekengeschäft wegen arglistiger Täuschung an und erhob Widerklage mit dem Antrage, festzustellen, daß das Hypothekengeschäft ihm gegenüber nichtig sei.

In erster Instanz wurde der Beklagte klagegemäß verurteilt und mit seiner Widerklage abgewiesen. Seine Berufung wurde zurückgewiesen. In Übereinstimmung mit dem Landgerichte nahm das Berufungsgericht an, daß der Beklagte das angefochtene Rechtsgeschäft nach erlangter Kenntnis vom Werte des Pfandgrundstückes durch Weiterveräußerung der Hypothek bestätigt habe.

Auf die Revision des Beklagten wurde das Berufungsurteil aufgehoben, und die Sache an das Berufungsgericht zurückverwiesen, aus folgenden

Gründen:

„Daß der Beklagte vom Kläger über den Wert des belasteten Grundstücks und damit über die Sicherheit und den Wert der ihm abgetretenen Hypothek arglistig getäuscht und dadurch zum Abschlusse des Hypothekenkaufs bestimmt worden ist, hat das Landgericht nicht, wie das Berufungsgericht anzunehmen scheint, festgestellt, sondern nur unterstellt. Rechtsbedenkenfrei festgestellt ist von ihm dagegen, daß die Anfechtung in der einjährigen Frist des § 124 B.G.B. erfolgt ist. Und verworfen ist die Anfechtung, wie vom Landgerichte, so auch vom Oberlandesgerichte allein auf Grund der Annahme, daß der Beklagte das angefochtene Geschäft im Sinne des § 144 B.G.B. bestätigt habe. Nur hiergegen richten sich die Angriffe der Revision.

Die Bestätigung hat das Berufungsgericht in der Weiterveräußerung, nicht auch in der vorausgegangenen Verpfändung der Hypothek durch den Beklagten gefunden. Und daß die Weiterveräußerung, daß insbesondere die Abtretung des Teilbetrages von 4000 ℳ an den Metzgermeister J. „aus Not zur Abwendung einer Zwangsvollstreckung“ vorgenommen sei, ist weder vom Beklagten in den Vorinstanzen in diesem Zusammenhange geltend gemacht, noch, wie die Revision annimmt, dem Zeugnis des J. zu entnehmen. Übrigens würde eine solche die Willensfreiheit des Beklagten nicht berührende Notlage der Weiterveräußerung die Bedeutung einer Bestätigung noch nicht nehmen. Zur Bestätigung bedarf es ferner, wie das Oberlandesgericht mit Recht angenommen hat, keiner empfangsbedürftigen, d. h. dem anderen Teile gegenüber abzugebenden, Willenserklärung. Es sollen damit, wie sich aus den Verhandlungen der 2. Kommission (s. Protokolle bei Mugdan Bd. 1 S. 731) ergibt, „alle Fälle rechtlicher und tatsächlicher Verfügung des Anfechtungsberechtigten" umfaßt sein, „welche den Willen offenbaren, trotz Kenntnis der Anfechtbarkeit beim Rechtsgeschäfte stehen zu bleiben". Angesichts eines Antrages, die betreffende Bestimmung dahin zu fassen: „Durch Verzicht gegenüber dem Anfechtungsgegner erlischt das Anfechtungsrecht", wurde man darüber einig, daß die Worte „gegenüber dem Anfechtungsgegner" jedenfalls zu streichen seien, da auch ein nicht in der Richtung auf den Anfechtungsgegner abgegebener stillschweigender Verzicht das Rechtsgeschäft unanfechtbar machen müsse, und man erwog, daß es auch nicht rätlich sei, von „Verzicht" zu sprechen, da eine Erklärung, die nicht bestimmt sei, dem Anfechtungsgegner zuzukommen, schwerlich als Verzicht bezeichnet werden könne. Deshalb beließ man es zunächst bei dem vom 1. Entwurfe gebrauchten Ausdrucke „Genehmigung", der von der Redaktionskommission durch das die Absicht der 2. Kommission noch besser erreichende Wort „bestätigen" ersetzt ist. Der Annahme des Oberlandesgerichts entspricht denn auch die in der Wissenschaft herrschende Meinung und der Standpunkt der Rechtsprechung.

Nichtsdestoweniger war der Revision Folge zu geben.

Aus den mitgeteilten Erörterungen in der 2. Kommission geht hervor, daß man die Wahl des Ausdrucks „Verzicht" an der in Rede stehenden Stelle nur deshalb vermieden hat, um die Annahme auszuschließen, es sei eine dem anderen gegenüber abzugebende Erklärung erforderlich, daß abgesehen hiervon aber an einen Verzicht, also jedenfalls an ein Verhalten gedacht ist, in dem ein Verzichtswille oder der Wille zum Ausdrucke kommt, etwas aufzugeben, und dies „etwas" kann hier nur das Anfechtungsrecht oder die vom Rechte gewährte Möglichkeit sein, das Geschäft anzufechten. Augenscheinlich in diesem Sinne heißt es bei Planck (Komm. 3. Aufl. Abs. 2 der Bem. zu § 144), die Bestätigung sei sachlich Verzicht auf das Anfechtungsrecht, und im Urteile des jetzt erkennenden Senats Rep. V. 297/06 vom 23. Februar 1907, die Bestätigung nach § 144 habe die Bedeutung eines Verzichts auf das Anfechtungsrecht. Verzichten und verzichten wollen aber kann man nur auf ein Recht, das man kennt, dessen Daseins man sich wenigstens als einer Möglichkeit bewußt ist. Dieses Erfordernis der **Kenntnis** des Anfechtungsrechts oder der „Anfechtbarkeit" kommt denn auch in der mitgeteilten Begriffsbestimmung der 2. Kommission zum Ausdrucke und ist im Urteile des II. Zivilsenats vom 26. März 1907 (Entsch. Bd. 65 S. 403) anerkannt. Es entspricht aber auch dem Sinne, der mit dem Worte „bestätigen" gewöhnlich verbunden wird, und seiner Beziehung auf das „anfechtbare Rechtsgeschäft" in § 144. Das Wort „bestätigen" wird in seinem ursprünglichen Sinne von „stät oder fest machen" gerade mit Bezug auf die Gültigkeit von Rechtsgeschäften vielfach gebraucht (Heyne, Deutsches Wörterbuch) und bezeichnet da stets etwas Bezwecktes, in Ansehung seiner Wirkung Gewolltes. In dem Urteile Rep. V. 111/07 vom 18. November 1907 hat der Senat demgemäß für die in § 141 B.G.B. behandelte Bestätigung eines nichtigen Rechtsgeschäfts das Erfordernis des Bestätigungswillens betont und sich auf den Standpunkt gestellt, daß zur Bestätigung die Kenntnis des Bestätigenden von der Nichtigkeit des bestätigten Geschäfts gehöre. Auf dem entsprechenden Standpunkte stehen mit Bezug auf den § 144 anscheinend die Urteile des Senats Rep. V. 671/05 vom 20. Juni 1906 und des II. Zivilsenats Rep. II. 45/07 vom 17. Mai 1907, in denen gesagt ist, daß zur Bestätigung der Wille gehöre, die Anfechtung zu unterlassen und den Vertrag gelten zu lassen; denn dieser Wille läßt sich wiederum nur bei dem bejahen, der weiß oder wenigstens mit der Möglichkeit rechnet, er könne den Vertrag anfechten und damit ungültig machen.

In anderen Entscheidungen des Reichsgerichts (so in der des Senats vom 3. November 1906 in Seuffert's Archiv Bd. 62 Nr. 51) ist nur von dem Erfordernis der Kenntnis vom Anfechtungs**grunde** die Rede, und hiermit stimmen die meisten Schriftsteller überein (s. u. a. Planck a. a. O.; v. Staudinger, Komm. 3. und 4. Aufl. Bem. 2 zum § 144; Dernburg, Bürgerl. Recht 3. Aufl. Bd. 1 § 118 Anm. 11). Ist dabei unter der Kenntnis vom Anfechtungsgrunde nicht nur die Kenntnis von der die Anfechtung begründenden Tatsache an sich, sondern auch die Kenntnis von ihrer Eigenschaft als Anfechtungsgrund verstanden, so würde sich das mit der hier vertretenen Auffassung decken. Übrigens darf wenigstens bei dem in Rede stehenden Anfechtungsgrunde der arglistigen Täuschung im allgemeinen davon ausgegangen werden, daß mit der Kenntnis der die Anfechtung begründenden Tatsache die Kenntnis der Anfechtbarkeit des durch sie beeinflußten Rechtsgeschäftes ohne weiteres gegeben ist, so daß der für die Bestätigung beweispflichtige Anfechtungsgegner seiner Beweispflicht regelmäßig mit dem Nachweise genügt, daß der Anfechtende zu der Zeit, als er das Verhalten, in dem die Bestätigung gefunden wird, entfaltete, von der die Anfechtung begründenden Tatsache Kenntnis hatte. Im vorliegenden Falle aber ist von den Vorinstanzen und insbesondere vom Berufungsgericht in dieser Beziehung nichts weiter festgestellt, als daß der Beklagte, während er die ihm vom Kläger abgetretene Hypothek weiter veräußerte, Kenntnis davon gehabt hat, daß das Pfandgrundstück nur einen Wert von 4500 bis 6000 *M* oder doch einen weit geringeren als den vom Kläger angegebenen Wert hatte. Hiermit ist der Nachweis der Kenntnis von der die Anfechtung begründenden Tatsache, nämlich von der dem Kläger mit Bezug auf den Hypothekenkauf zur Last gelegten arglistigen Täuschung, bei weitem nicht erfüllt. Es fehlt namentlich an jeder Feststellung dahin, daß der Beklagte bei der Weiterveräußerung der Hypothek auch gewußt oder erkannt hat, daß sich der Kläger, als er ihm beim Abschlusse des Hypothekenkaufs die unrichtigen Angaben über den Wert der Hypothek und des Pfandgrundstückes machte, dieser Unrichtigkeit bewußt war und durch die wissentlich unrichtigen Angaben ihn, den Beklagten, in seinen Entschließungen beeinflussen wollte.

Danach hat das Berufungsgericht in der Weiterveräußerung der Hypothek durch den Beklagten ohne ausreichenden Grund und unter Verletzung des § 144 B.G.B. eine Bestätigung gefunden, und das auf dieser Gesetzesverletzung beruhende Urteil war aufzuheben. In der Sache selbst konnte nicht entschieden werden. Weder die betreffs der Bestätigung vermißten Feststellungen, noch die, wie bemerkt, fehlenden Feststellungen hinsichtlich der arglistigen Täuschung können in dieser Instanz nachgeholt werden." ...

---

98. Anfechtung der Entmündigung wegen Geisteskrankheit. Hängt der Beginn der in § 664 Abs. 3 Z.P.O. vorgeschriebenen Klagefrist für den Entmündigten davon ab, daß er nicht nur die Entmündigung erfährt, sondern auch von dem Entmündigungsgrunde Kenntnis erlangt? Was gehört zur Erlangung dieser Kenntnis?

IV. Zivilsenat. Urt. v. 21. Mai 1908 i. S. Sch. (Kl.) w. Staatsanwaltschaft (Bekl.). Rep. IV. 62/08.

I. Landgericht Frankfurt a. O.
II. Kammergericht Berlin.

Die Klägerin war durch Beschluß des Amtsgerichts Storkow vom 10. April 1906 wegen Geisteskrankheit entmündigt worden. Sie focht die Entmündigung an. Ihre deswegen erhobene Klage war aber erst am 15. Juni 1906 zugestellt worden, während die beiden Vorderrichter übereinstimmend tatsächlich festgestellt hatten, daß die Klägerin schon vor dem 15. Mai 1906 von ihrer Entmündigung Kenntnis erlangt habe. Die Klage und die Berufung der Klägerin waren deswegen zurückgewiesen worden. Die Revision der Klägerin führte zur Aufhebung des Berufungsurteils, aus folgenden

Gründen:

„Das die Entmündigung der Klägerin betreffende Verfahren hat insofern einen ungewöhnlichen Verlauf genommen, als der von der Staatsanwaltschaft gestellte Antrag nur auf Entmündigung wegen Geistesschwäche lautete, während das Amtsgericht die Entmündigung wegen Geisteskrankheit beschlossen hat. Nun hat der Berufungsrichter in Übereinstimmung mit dem ersten Richter zwar festgestellt, daß die Klägerin vor dem 15. Mai 1906 von der Entmündigung Kenntnis erhalten habe. Er geht dabei jedoch über die Frage hinweg, wann der Klägerin der Grund ihrer Entmündigung bekannt geworden ist. Die Klägerin selbst will ihn erst am 9. Juni 1906 erfahren haben. Rechtlich kommt es nach der Meinung des Berufungsrichters hierauf nicht an, weil es genüge, um die Frist des § 664 Abs. 3 Z.P.O. gegen den Entmündigten in Lauf zu setzen, wenn dieser nur schlechthin von der Tatsache der Entmündigung Kenntnis erlange. Daß er auch den Entmündigungsgrund erfahre, sei nach dem Wortlaute des Gesetzes nicht erforderlich. Überdies habe das Gesetz die Fähigkeit, diesen Grund zu begreifen, und insbesondere die Fähigkeit, zwischen Geisteskrankheit und Geistesschwäche zu unterscheiden, bei einem Entmündigten nicht vorausgesetzt. Auch der Umstand, daß anders als im Falle der Entmündigung wegen Geistesschwäche der wegen Geisteskrankheit erlassene Entmündigungsbeschluß dem Entmündigten nicht zuzustellen sei, lasse darauf schließen, daß es den Gesetzesabsichten nicht entspreche, den Beginn der Anfechtungsfrist davon abhängig zu machen, ob sich der Entmündigte nicht nur über die Tatsache, sondern auch über den Grund der Entmündigung klar geworden sei.

Mit der Begründung der Revision wird gerügt, daß § 664 Abs. 3 durch unrichtige Anwendung verletzt sei. Die Rüge ist begründet.

Zunächst spricht der Wortlaut der Gesetzesstelle nicht, wie der Berufungsrichter meint, für, sondern gegen seine Ansicht. Das Gesetz sagt:

„Die Frist beginnt im Falle der Entmündigung wegen Geisteskrankheit für den Entmündigten mit dem Zeitpunkt, in welchem er von der Entmündigung Kenntnis erlangt." ...

In dem Nachsatze bedurfte es einer Wiederholung der unmittelbar vorhergehenden Worte „wegen Geisteskrankheit" weder nach allgemeinem Sprachgebrauche, noch auch nach der sonst üblichen Ausdrucksweise des Gesetzes, wenn an beiden Stellen mit dem Worte „Entmündigung" der gleiche besondere Sinn, nämlich eine Entmündigung wegen Geisteskrankheit, verbunden werden sollte. Keinesfalls darf man bei der Wiederkehr des Wortes die Fortlassung des Zusatzes so verstehen, daß sobald nur der Entmündigte von irgend einer Entmündigung zuverlässige Kenntnis erlangt, es an ihm liegt, sich binnen bestimmter Frist über die Erhebung einer Anfechtungsklage auf die Möglichkeit hin schlüssig zu machen, daß es sich um eine Entmündigung wegen Geisteskrankheit handeln könnte.

Von der Gesetzesfassung abgesehen, stände dies auch nicht im Einklange damit, daß der wegen Geisteskrankheit Entmündigte, soweit es sich um die Anfechtung der Entmündigung handelt, in allen Beziehungen als prozeßfähig zu gelten hat. Gleichviel ob die Entmündigung bereits in Wirksamkeit getreten ist oder nicht (§ 661 Z.P.O., § 104 Nr. 3 B.G.B.), ist er rechtlich befähigt, nach eigener freier Wahl für den Anfechtungsprozeß einen Prozeßbevollmächtigten zu bestellen (Entsch. des R.G.'s in Zivils. Bd. 34 S. 386). Er ist, wie weiter in der reichsgerichtlichen Rechtsprechung bereits feststeht, zur persönlichen Ausübung des Ablehnungsrechts gegenüber einem Richter befugt (Entsch. des R.G.'s in Zivils. Bd. 35 S. 351); er vermag nicht minder in eigener Person Beschwerden einzulegen (vgl. den Beschluß des Senats vom 2. Mai 1904, Gruchot's Beiträge Bd. 48 S. 1149). Wird ihm daher in § 664 für seine eigene Entschließung eine Frist gesetzt, so wird auch in dieser Beziehung nicht von der Unterstellung seiner Unfähigkeit zur Abwägung der in sein Belieben gestellten Schritte, sondern von der entgegengesetzten

Unterstellung ausgegangen. Hängt dabei diese Frist von einem Bekanntwerden mit dem Gegenstande der ihm freigestellten Anfechtung ab, so darf nicht angenommen werden, daß er zu einer Abwägung und Entschließung bei Vermeidung des Rechtsverlustes schon genötigt sein könnte, bevor er noch über den die Tragweite der anzufechtenden Entmündigung bestimmenden Entmündigungsgrund im Sinne des Gesetzes unterrichtet ist.

Freilich wird bei der Bestimmung der Voraussetzungen, unter denen die für den Fristbeginn maßgebende Kenntnis als entstanden anzunehmen ist, immer zu berücksichtigen sein, daß die Fähigkeit des richtigen Erkennens bei einem wegen Geisteskrankheit Entmündigten in Wirklichkeit nicht nur fehlen kann, sondern daß sie in der überwiegenden Zahl der Fälle tatsächlich mehr oder minder beeinträchtigt ist. Da dessenungeachtet selbst in Fällen schwerster geistiger Erkrankung vom Gesetze mit der Möglichkeit des Fristbeginns gerechnet wird, so kann es auf ein wirkliches Verstehen der Entmündigung und ihres Grundes in ausschlaggebender Weise überhaupt nicht ankommen. Wohl aber entsteht im Sinne des § 664 Abs. 3 die Kenntnis von der wegen Geisteskrankheit ausgesprochenen Entmündigung dann, wenn sich dem Entmündigten gegenüber äußere Vorgänge abspielen, die bei einem geistig Gesunden das Bewußtsein von der Tatsache der Entmündigung und die Kenntnis von dem Entmündigungsgrunde hervorrufen müssen. Tritt dieser Fall ein, so wird dadurch die Frist selbst dann in Lauf gesetzt, wenn die Geistesbeschaffenheit des Entmündigten ein geistiges Erfassen des Geschehenen und insbesondere eine zutreffende Würdigung der Rechtslage ausschließt. Allerdings hat die Gesetzgebung es vermieden, eine Zustellung des wegen Geisteskrankheit erlassenen Entmündigungsbeschlusses an den Entmündigten anzuordnen (vgl. Hahn, Materialien zur Zivilprozeßordnung Bd. 2 S. 896 flg.). Das ist jedoch weder deshalb geschehen, weil man etwa durchweg mit der Einsichtslosigkeit des Entmündigten gerechnet und die Zustellung deshalb für nutzlos gehalten hätte, noch auch hat damit einem Bekanntwerden des Beschlusses dem Entmündigten gegenüber vorgebeugt werden sollen. Man hat vielmehr lediglich auf Fälle der Schonungsbedürftigkeit Rücksicht genommen und eine unter Umständen mit der Zustellung verbundene unzeitige Erregung des Entmündigten verhüten wollen.

An und für sich schon weist die Fristbestimmung des Gesetzes auf das Bestreben hin, die Entmündigung mit der Zeit auch für den Entmündigten selbst unanfechtbar werden zu lassen, und gerade dazu gehört nach dem Inhalte der Gesetzesvorschrift, daß er von dem Geschehenen Kenntnis erhält. Die Schonungsbedürftigkeit fällt dabei oft um so weniger ins Gewicht, je weiter die geistige Umnachtung vorgeschritten ist.

Hervorzuheben ist schließlich noch, daß wenn nach der Erlassung des Entmündigungsbeschlusses der Entmündigte auch nichts weiteres erfährt, als daß er entmündigt worden sei, dies bei Berücksichtigung der Vorgänge des amtsgerichtlichen Verfahrens je nach der Sachlage hinreichen kann, den Beginn des Fristenlaufs als eingetreten anzunehmen. Denn je nach der Art, wie vor der Veranstaltung der erforderlichen Ermittelungen die Vorschrift des § 653 Abs. 1 Satz 2 Z.P.O. befolgt, dem Entmündigten also Gelegenheit gegeben worden ist, zu dem Entmündigungsantrage sachlich Stellung zu nehmen, kann die hinzukommende Kenntnis davon, daß dem Entmündigungsantrage stattgegeben sei, eine vollständige Erfüllung der Voraussetzungen des Fristbeginns mit sich bringen. Geht aber, wie im vorliegenden Falle, der Entmündigungsbeschluß über den Entmündigungsantrag hinaus, so wird sich aus dem Verlaufe des Beschlußverfahrens, insoweit als der Entmündigungsgrund in Betracht kommt, ein Anhalt für das Entstehen einer dem § 664 Abs. 3 entsprechenden ausreichenden Kenntnis wohl nicht gewinnen lassen. Immerhin erscheint es nicht ausgeschlossen, daß auf Grund nochmaliger tatsächlicher Prüfung der Berufungsrichter von neuem zu dem Ergebnisse gelangen könnte, die Klägerin habe in dem vorhin dargelegten Sinne schon mehr als einen Monat vor der Klagerhebung nicht allein von der Tatsache der Entmündigung, sondern auch von der Annahme des Entmündigungsgrundes der Geisteskrankheit Kenntnis erlangt.

Das Berufungsurteil mußte hiernach aufgehoben, und die Sache gemäß § 565 Abs. 1 Z.P.O. an das Berufungsgericht zurückverwiesen werden."

99. 1. Zur Auslegung des § 59 Abs. 4 Nr. 7 der Landgemeindeordnung für die Provinz Hessen-Nassau vom 4. August 1897 (vgl. § 88 der Landgemeindeordnung für die östlichen Provinzen) in Anwendung auf einen Vertrag der Gemeinde, der nach den Vorschriften des bürgerlichen Rechtes der Schriftform nicht bedarf.

2. Wann ist die nach § 59 a. a. O. erforderliche schriftliche Erklärung des Gemeinderats bindend?

VII. Zivilsenat. Urt. v. 22. Mai 1908 i. S. H. (Kl.) w. Jagdgenossenschaft M. (Bekl.). Rep. VII. 417/07.

I. Landgericht Neuwied.
II. Oberlandesgericht Frankfurt a. M.

Der Kläger behauptete, er habe mit dem Bürgermeister und den übrigen Mitgliedern des Gemeinderats von M. mündlich im Mai 1905 einen dem Inhalte der Urkunden vom 29. Mai und 24. Juni 1905 entsprechenden Jagdpachtvertrag geschlossen. Beide Urkunden waren von dem Pächter nicht unterschrieben; dagegen trug die Urkunde vom 29. Mai 1905 die Unterschrift des Gemeinderats (ohne Beidrückung des Gemeindesiegels), wobei jedoch die Namen der Vorsteher (Schöffen) nicht von diesen selbst geschrieben waren, und die vom 24. Juni 1905 die Unterschrift des Gemeinderats unter Beidrückung des Gemeindesiegels. Die Urkunde vom 29. Mai 1905 war dem Kläger vom Bürgermeister übersandt; die vom 24. Juni 1905 wurde dem Landrat überreicht, der sie, indem er den Pachtvertrag nicht guthieß, zurückbehielt. Der Kläger war der Meinung, daß ein gültiger Vertrag zustande gekommen sei, während die Beklagte dies bestritt. Er erhob Klage mit dem Antrage, festzustellen, daß der Jagdpachtvertrag vom 29. Mai 1905 zu Recht bestehe, und demgemäß die Beklagte zu verurteilen, ihm (dem Kläger) in Gemeinschaft mit den Mitpächtern C. B. und L. B. das Jagdrecht im Bezirke der Gemeinde M. für die Zeit vom 1. April 1907 bis zum 31. März 1916 einzuräumen.

Die Vorinstanzen erkannten auf Abweisung der Klage. Die Revision des Klägers wurde zurückgewiesen.

Gründe:

„Der Berufungsrichter erachtet auf Grund der öffentlich-rechtlichen Vorschriften der Landgemeindeordnung für die Provinz Hessen-Nassau vom 4. August 1897 in Verbindung mit der die Vertretung der Jagdgenossenschaft — der Besitzer der einen gemeinschaftlichen Jagdbezirk bildenden Grundstücke — regelnden Bestimmung in § 11 der Verordnung vom 30. März 1867, betr. das Jagdrecht und die Jagdpolizei im ehemaligen Herzogtum Nassau, für den Abschluß eines Jagdpachtvertrages der Jagdgenossenschaft mit einem Dritten die Errichtung einer schriftlichen Vertragsurkunde in der Form des § 59 Abs. 4 Nr. 7 der Landgemeindeordnung als geboten. Er führt aus, daß er sich in Ansehung des § 59 Abs. 4 Nr. 7 der Auffassung anschließe, die das Reichsgericht für den entsprechenden § 88 Abs. 4 Nr. 7 der Landgemeindeordnung für die östlichen Provinzen vom 3. Juli 1891 vertrete, und daß die Urkunde vom 24. Juni 1905 zwar der Formvorschrift des § 59 genüge, aber vom Kläger nicht unterschrieben und niemals in seine Hände gelangt sei, daß mithin ein gültiger Jagdpachtvertrag nicht zustande gekommen sei. Das Reichsgericht gewinne das Ergebnis, daß der § 88 a. a. O. nicht nur für solche Fälle gegeben sei, in denen tatsächlich eine Urkunde errichtet werde, sondern daß die Gemeinde überhaupt nicht anders, als in der vorgeschriebenen urkundlichen Form Dritten verbindlich gemacht werden könne. Es handle sich um keine durch das Bürgerliche Gesetzbuch abgeänderte bloße Formvorschrift, sondern um die materielle Regelung der Vertretungsmacht des Gemeindevorstehers der Gemeinde gegenüber (vgl. die Urteile des III. und VII. Zivilsenats, Jurist. Wochenschr. 1905 S. 446 Nr. 35 und 1908 S. 118 Nr. 19, sowie das Urteil des II. Zivilsenats, Entsch. Bd. 64 S. 408).

Danach ist klar, daß der die Aufhebung der privatrechtlichen Vorschriften der Landesgesetze anordnende Art. 55 Einf.-Ges. zum B.G.B. nicht in Betracht kommt. Wenn der Berufungsrichter sich für die — nicht revisible — Landgemeindeordnung für Hessen-Nassau ausdrücklich der reichsgerichtlichen Rechtsprechung anschließt, so vertritt er damit auch für diese Provinz den Standpunkt, daß der § 59 Abs. 4 Nr. 7 eine die Organisation der öffentlichrechtlichen Körperschaft der Landgemeinden betreffende Vorschrift darstelle. Es ist der Revision zuzugeben, daß mit diesem Standpunkte der Hinweis auf die Notwendigkeit einer schriftlichen, auch vom Kläger unterzeichneten Vertragsurkunde nicht recht im Einklange steht. Will das Gesetz lediglich die Art der Ausübung der Vertretungsmacht der Gemeindeorgane dergestalt regeln, daß diese nur in der näher bestimmten Form verpflichtende Willenserklärungen Dritten gegenüber abgeben können, so wird damit nicht eine schriftliche Vertragsurkunde in einem Falle gefordert, in dem das bürgerliche Recht Formfreiheit gewährt. Vielmehr bedeutet jene Regelung, daß auch da, wo das bürgerliche Recht den mündlichen Abschluß eines Vertrages gestattet, die die Übernahme einer Verbindlichkeit in sich schließende Erklärung des Gemeindevorstandes der Form bedarf, daß es aber auch anderseits genügt, wenn nur diese Erklärung gemäß der Vorschrift der Landgemeindeordnung beurkundet ist, ohne daß auch die Erklärung des anderen Teiles schriftlich abzugeben wäre. Etwas Abweichendes hat in den Urteilen des Reichsgerichts nicht gesagt sein sollen, insbesondere auch nicht in dem Urteile des erkennenden Senats vom 6. Dezember 1907. Ist der Berufungsrichter weitergegangen und fordert er für den Jagdpachtvertrag trotz der für ihn angenommenen Formfreiheit eine schriftliche, die Unterschrift des Klägers erheischende Urkunde, so ist dem nicht beizutreten. Aber daraus folgt nichts zugunsten der Revision. Denn daß der Berufungsrichter den § 59 Nr. 7 der hessen-nassauischen Landgemeindeordnung nicht als eine privatrechtliche Formvorschrift ansieht, lassen seine sonstigen Erwägungen zweifelsfrei erkennen; ein Verstoß gegen Art. 55 Einf.-Ges. liegt nicht vor. Da er sich dem Reichsgericht auch für das irrevisible Recht unbedingt anschließt, so war nur die zu weit gehende Auslegung gemäß der Auffassung des Reichsgerichts zu berichtigen.

Bedurfte es hiernach zum gültigen Abschlusse des Jagdpachtvertrages nur der formgerechten Erklärung des Gemeinderats — ähnlich wie in den Fällen, in denen sich das bürgerliche Recht mit der Erteilung der schriftlichen Erklärung nur von der einen Seite der Vertragschließenden begnügt (§§ 761, 766, 780, 781, 1154 B.G.B.) —, so reicht es doch nicht aus, daß eine solche Erklärung nur hergestellt ist; sie muß auch dem Pächter gegenüber in einer Weise erfolgt sein, daß diesem die Verfügung darüber eingeräumt wird (vgl. Entsch. des R.G.'s in Zivils. Bd. 61 S. 414, ferner Gruchot's Beitr. Bd. 51 S. 181). Solange die Urkunde eine innere

Angelegenheit der Beklagten war und sie sich des Besitzes noch nicht zu dem Zwecke entäußert hatte, daß der andere Teil ihn ergreife, so lange kann von einer rechtsgeschäftlichen, die Beklagte verpflichtenden Kundgebung keine Rede sein. Nun hat aber die Beklagte, wie unstreitig ist, den von ihr gehörig unterschriebenen und untersiegelten Vertrag vom 24. Juni 1905 lediglich der Aufsichtsbehörde zur Prüfung und Genehmigung übersandt, sich also nicht endgültig der Verpflichtungsurkunde zugunsten des Pächters entschlagen, sondern nur mit dem Vorbehalte, daß die Aufsichtsbehörde (der Landrat) den Vertrag gutheiße. Dieser Vorbehalt hat sich nicht verwirklicht: der Landrat hat den Vertrag nicht genehmigt und ihn zurückbehalten. Danach fehlt es also an einer rechtswirksamen Erklärung des Verpflichtungswillens der Beklagten gegenüber dem Kläger. Der Berufungsrichter hat dies auch genügend festgestellt, indem er sagt, daß die bezeichnete Urkunde niemals in die Hände des Klägers gelangt, vielmehr stets im Besitze der Beklagten gewesen sei." ...

---

100. Bedarf es der Auflassung der Gesellschaftsgrundstücke, wenn bei Auflösung einer offenen Handelsgesellschaft ein Gesellschafter das ganze Geschäft mit Aktiven und Passiven übernimmt?

H.G.B. § 142.

B.G.B. §§ 719, 736, 738.

V. Zivilsenat. Beschl. v. 23. Mai 1908 in der Grundbuchsache v. Fr. a. M. Bez. 13 Bd. 12 Bl. 554 u. Bd. 6 Bl. 273. Beschw.-Rep. V. 70/08.

I. Amtsgericht Frankfurt a. M.
II. Landgericht daselbst.

Gründe:

„Als Eigentümerin der Grundstücke Fr. a. M. Bezirk 13 Bd. 12 Bl. 554 und Bd. 6 Bl. 273 ist im Grundbuche die offene Handelsgesellschaft J. B. Nachf. in Fr. a. M. eingetragen. Von den beiden Gesellschaftern ist der eine, Kaufmann Hermann N., am 4. Juli 1906 verstorben und von zwei minderjährigen Kindern beerbt worden, die durch ihre nach Statutarrecht mitberechtigte Mutter Marie Susanne N. kraft elterlicher Gewalt vertreten werden. Im Gesellschaftsvertrage vom 25. Januar 1906 war in § 12 bestimmt, daß im Falle des Todes eines der Teilhaber der überlebende das Recht haben solle, das Geschäft mit Aktiven und Passiven zu übernehmen und die Firma fortzuführen. Das Kapitalguthaben des verstorbenen Gesellschafters sollte durch Schlußbilanz festgestellt werden, und dabei die Geschäftsliegenschaften am Merianplatz Nr. 5 mit dem in der Bilanz vom 31. Dezember 1905 angegebenen Werte in Ansatz kommen. In einer notariellen Urkunde vom 12. Februar 1908 erklärten der überlebende Gesellschafter, Kaufmann Franz B., und die Witwe Marie Susanne N., daß die Auseinandersetzung nach Maßgabe des Gesellschaftsvertrages stattgefunden, B. das Geschäft übernommen habe und im Handelsregister als dessen alleiniger Inhaber eingetragen worden sei, daß die Geschäftsliegenschaften am Merianplatz Nr. 5 aus den oben angegebenen Grundstücken beständen und daß diese kraft Anwachsungsrechts alleiniges Eigentum B.'s geworden seien. Sie beantragten und bewilligten, im Wege der Grundbuchberichtigung den Kaufmann Franz B., alleinigen Inhaber der Firma J. B. Nachf., als Alleineigentümer im Grundbuch einzutragen.

Das Amtsgericht hat durch Verfügung vom 25. Februar 1908 die Auflassung für erforderlich erachtet und zur Beibringung der Auflassungsanträge und der vormundschaftsgerichtlichen Genehmigung eine Frist von 2 Monaten bestimmt. Das Landgericht hat die Beschwerde B.'s durch Beschluß vom 4. März 1908 zurückgewiesen. Auf die weitere Beschwerde hat das Kammergericht durch Beschluß vom 23. März 1908 ausgesprochen, daß es die Beschwerde als unbegründet ansehe und zurückweisen würde, sich jedoch daran durch das Urteil des I. Zivilsenats des Reichsgerichts vom 23. Februar 1907 (Entsch. Bd. 65 S. 227) gehindert sehe. Es hat deshalb gemäß § 79 G.B.O. die Sache dem Reichsgerichte vorgelegt.

Die Voraussetzungen des § 79 Abss. 2 und 3 G.B.O. mußten als gegeben, und die weitere Beschwerde für begründet erachtet werden.

In dem Falle, der dem I. Zivilsenate vorlag, war nach dem Tode des einen Gesellschafters zwischen dessen Erben und dem überlebenden Teilhaber eine mündliche Vereinbarung dahin getroffen worden, daß das Handelsgeschäft mit dem Gesellschaftsvermögen einschließlich des Firmenrechts auf den Überlebenden übergehen und dieser dafür eine Abfindung von 250000 ℳ zahlen sollte. Da Grundstücke zum Gesellschaftsvermögen gehörten, so entstand die Frage, ob der Vertrag der notariellen oder gerichtlichen Beurkundung nach § 313 B.G.B. und der vormundschaftsgerichtlichen Genehmigung bedurfte. Der I. Zivilsenat hat dies mit der Begründung verneint, daß der Vertrag eine Veräußerung einzelner Sachen, insbesondere der Grundstücke oder des Miteigentums daran, nicht enthalte, der Eigentumsübergang vielmehr mit der Übernahme des Geschäfts kraft Anwachsungsrechts eingetreten sei. Das Kammergericht erkennt an, daß diese Ausführungen, wenn sie richtig sind, auch die Auflassung im vorliegenden Falle erübrigen würden; seiner Annahme, daß sie nicht richtig seien, konnte jedoch nicht beigetreten werden.

Nach der herrschenden, insbesondere vom Reichsgerichte ständig festgehaltenen Ansicht bildet die offene Handelsgesellschaft, wie jetzt auch die Gesellschaft bürgerlichen Rechts, eine Gemeinschaft zur gesamten Hand. Wie die Anteilsberechtigung der Gesamthänder sowohl in Beziehung auf das Gesamtvermögen, als auch in Beziehung auf die einzelnen Sachen aufzufassen ist, ist außerordentlich streitig. Wenn man aber der Gesamthand, insbesondere der offenen Handelsgesellschaft, die Eigenschaft einer juristischen Person abspricht und als Eigentümer der einzelnen Sachen die Gesamthänder in ihrer Vereinigung ansieht, so ist auch die Folgerung des I. Zivilsenats, daß die einzelnen Gesamthänder Miteigentümer der Sachen sind, nicht von der Hand zu weisen. Das Vorhandensein des Anteils an den einzelnen Sachen ist denn auch, ebenso wie die Anteilsberechtigung am Gesamtvermögen, im Bürgerlichen Gesetzbuche (§§ 719, 1442, 2033 ꝛc) anerkannt. Das Miteigentum der Gesamthänder ist aber zweifellos nicht das römische Bruchteilseigentum (condominium pro indiviso), weil die Anteile nicht fest bestimmt, sondern veränderlich sind,

vgl. Gierke, Deutsches Privatrecht Bd. 1 § 80 S. 677—679, Bd. 2 § 122 S. 389 flg.; Stobbe, Handb. des deutsch. Privatr. (3. Aufl.) Bd. 1 § 49 S. 433, Bd. 2 § 97 S. 298 flg.; Sohm, Der Gegenstand S. 69 flg.; Meurer, Die jurist. Person nach deutschem Reichsrecht S. 133 flg., und weil sie als solche nicht Gegenstand des Rechtsverkehres sind (B.G.B. a. a. O.). Man kann sie mit der Entscheidung des R.G.'s Bd. 9 S. 144 als unpraktisch bezeichnen, da eine Verfügung darüber nicht möglich, die Veränderungen, die damit vorgehen, immer nur die Folge anderer Rechtsvorgänge (Erwerb oder Verlust der Mitgliedschaft, Verfügungen der Gesamthand über die Sache) sein können. Diese anderweitigen Rechtsvorgänge aber unterliegen den für sie maßgebenden Rechtsnormen und Formen; der Umstand, daß mittelbar das gesamthänderische Miteigentum davon betroffen wird, kann nicht zur Anwendung der für die Veräußerung von Sachen (Eigentum und Bruchteilseigentum) vorgeschriebenen Formen in den Fällen führen, wo jener Rechtsvorgang selbst diese Formen nicht erfordert.

Es fragt sich also nur, ob im vorliegenden, wie in dem dem I. Zivilsenat unterbreiteten Falle ein solcher Rechtsvorgang, der eine Veränderung in der Anteilsberechtigung der Gesamthänder von selbst nach sich gezogen hat, anzunehmen ist. Das Bürgerliche Gesetzbuch verbietet im § 719 den Gesellschaftern auch die Veräußerung des Anteils am Gesamtvermögen und gestattet sie in den §§ 736 flg. nur unter bestimmten Voraussetzungen in der Form des Ausscheidens oder der Ausschließung eines Gesellschafters, während es bei der Miterbengemeinschaft in § 2033 B.G.B. die Veräußerung des Anteils am Gesamtvermögen (Nachlaß) allgemein zuläßt. Bei der Gesellschaft wächst in den erwähnten Fällen nach der Bestimmung des § 738 der Anteil des Ausscheidenden den übrigen Gesellschaftern zu, was vielfach als eine Folgerung aus dem Grundsatze der gesamten Hand bezeichnet wird

vgl. Protok. Bd. 2 S. 446; Denkschrift zur Reichstagsvorlage S. 132; v. Staudinger, Bem. 1 zu § 738; Oertmann, Bem. 5 zu § 738

und, wie allgemein anerkannt ist, den Eigentumsübergang bei den einzelnen Sachen ohne besonderen Übertragungsakt nach sich zieht. Aber auch bei der Veräußerung des Miterbenanteils (an einen Miterben oder einen Dritten) tritt dieselbe Folge von Rechts wegen ein.

Vgl. Küntzel in Gruchot's Beitr. Bd. 41 S. 825; Turnau u. Förster, Liegenschaftsrecht (3. Aufl.) Bd. 1 S. 452 bei § 925 B.G.B.; Kammergericht in Johow's Jahrb. Bd. 26 A 113.

Der Fall, daß einem Gesamthänder die Anteile aller übrigen Gesamthänder oder das Gesamtvermögen überlassen wird, ist bei der Gesellschaft bürgerlichen Rechts nicht vorgesehen, da die §§ 736 flg. das Fortbestehen der Gesellschaft zur Voraussetzung haben. Gegenüber der Verbotsbestimmung in § 719 wird deshalb in solchen Fällen die Anteilsübertragung mit der Wirkung der Anwachsung nicht für zulässig gehalten,

vgl. Planck, Bem. 1 zu § 736, Bem. 1 zu § 738, Bem. 9 zu § 925 B.G.B.; v. Staudinger, Bem. I, IV zu § 738, Bem. A I 2 zu § 925 B.G.B.; Turnau u. Förster a. a. O.,

so daß nur die Übertragung der einzelnen Sachen durch die Gesamthand übrig bleibt. Bei der Miterbengemeinschaft aber wird im Hinblick auf § 2033 B.G.B. auch in dem Falle, wenn die übrigen Miterben den gesamten Nachlaß einem von ihnen übertragen, eine Anteilsveräußerung und folgeweise der Eigentumsübergang ohne besonderen Übertragungsakt angenommen (Kammergericht bei Johow, Bd. 26 A 113; Küntzel a. a. O.; Turnau u. Förster a. a. O.).

Bei der offenen Handelsgesellschaft ergab sich das Bedürfnis, das Ausschließungsrecht der Art. 128, 132 des alten H.G.B., das die Rechtsprechung nur bei einer Gesellschaft von mehr als zwei Personen anerkannte (Entsch. des R.G.'s in Zivils. Bd. 7 S. 121; Entsch. des R.O.H.G.'s Bd. 11 S. 160) und das vom Bürgerlichen Gesetzbuche in § 737 auch nur für diesen Fall aufgenommen ist, auf Gesellschaften von zwei Mitgliedern, also auf den Fall auszudehnen, wo nach dem Ausscheiden eines Gesellschafters eine Gesellschaft nicht mehr übrig bleibt, für den anderen Gesellschafter also nur noch das Recht, das Geschäft mit Aktiven und Passiven zu übernehmen, in Frage kommen kann (Denkschrift zu § 129 des Entw. des H.G.B. S. 102). Diesem Bedürfnis trägt § 142 H.G.B. Rechnung und unterwirft die Auseinandersetzung in diesem Falle den für das Ausscheiden von Gesellschaftern geltenden Vorschriften (Abs. 3 a. a. O. und §§ 738 flg. B.G.B.). Gleichwohl ist es streitig geworden, ob die Anteilsanwachsung des § 738 in diesem Falle Anwendung finden kann. Einzelne, so die neuen Bearbeiter der 8. Aufl. des Staub'schen Kommentars (im Gegensatze zu Staub selbst in der 6./7. Aufl. Anm. 2, 3 zu § 142), auch Turnau u. Förster, Bd. 1 S. 451/2 Bem. III 2 zu § 925 B.G.B.; Lehmann in der Zeitschrift für das gesamte Handelsrecht Bd. 50 S. 36 und Lehmann-Ring, H.G.B. Bem. 2a, 4 zu § 142; Kretzschmar in Lobe's Zentralblatt f. freiw. Ger. Bd. 8 S. 526 verneinen es, jedoch mit unzureichenden Gründen. Wenn geltend gemacht wird, daß in Abss. 1, 2 des § 142 dem Gesellschafter nur das (obligatorische) Recht verliehen wird, das Geschäft mit Aktiven und Passiven zu übernehmen, nicht aber eine gesetzliche Übereignung ausgesprochen wird, so ist dabei übersehen, daß auch der entsprechende § 737 B.G.B. den verbleibenden Gesellschaftern zunächst nur ein Ausschließungsrecht einräumt und daß die Ausschließung selbst nach § 737 Satz 3 B.G.B. durch eine von den berechtigten Gesellschaftern abzugebende Erklärung erfolgt. § 142 H.G.B. weicht in Abs. 1 (im Anschlusse an § 140 a. a. O. und Art. 128 des alten H.G.B.) nur insofern ab, als er in den von ihm behandelten Fällen eine gerichtliche Entscheidung für erforderlich erklärt. Ob diese Entscheidung, wie im Falle des § 140 H.G.B., auf die Ausschließung selbst gerichtet ist, oder ob sie, wie im Falle des § 142 Abs. 1, eine bereits vorliegende oder noch abzugebende Übernahmeerklärung für berechtigt erklärt, ändert, sobald diese Erklärung abgegeben ist (vgl. §§ 141 und 142 Abs. 2 H.G.B.), an der Sachlage nichts. Die rechtlichen Folgen sind in dem nach Abs. 3 des § 142 H.G.B. maßgebenden § 738 B.G.B. für alle Fälle gleichmäßig geregelt.

Zweifelhafter ist die Frage, ob dasselbe Ergebnis auch durch eine vor oder nach der Auflösung der offenen Handelsgesellschaft zustande gekommene Vereinbarung des Inhalts, daß ein Gesellschafter das ganze Geschäft mit Aktiven und Passiven übernimmt, herbeigeführt werden kann. Die Annahme der Anteilsanwachsung, wie sie der I. Zivilsenat des Reichsgerichts in dem Urteile vom 23. Februar 1907 gebilligt hat, findet hier noch lebhafteren Widerstand. Außer den bereits erwähnten Schriftstellern sind noch zu nennen v. Staudinger, Bem. IV zu § 738 B.G.B.; Biermann, Sachenrecht Bem. 4 zu § 925 B.G.B.; Oberneck, Reichsgrundbuchrecht 3. Aufl. Bd. 1 S. 470; Makower, H.G.B. (13. Aufl.) Anm. VI zu § 142; von Gerichtsentscheidungen die des Kammergerichts in Johow's Jahrb. Bd. 11 S. 124, Bd. 24 A 110, Bd. 25 A 78, 80, des Bayr. Obersten Landesgerichts im „Recht" 1903 S. 212 Nr. 1151 und 1904 S. 575 Nr. 2476, ausführlicher in Seuffert's Archiv Bd. 60 S. 97, und die der Oberlandesgerichte in Dresden (Annalen Bd. 24 S. 349 und Bd. 25 S. 137) und Hamburg (Johow's Jahrb. Bd. 22 D 23). Auf der anderen Seite stehen Staub in der

6./7. Aufl. Anm. 8, 9 zu § 145 H.G.B., Goldmann, Handelsgesetzb. Bd. 2 S. 635 flg. und außer einzelnen oberlandesgerichtlichen Entscheidungen (Feriensenat des Kammergerichts in der Sammlung des R.J.A. Bd. 9 S. 71; Stuttgart in der Deutschen Juristenzeitung 1902 S. 276) die des preuß. Oberverwaltungsgerichts Bd. 31 S. 43, Bd. 41 S. 79 flg.

Dieser von dem I. Zivilsenat in dem Urteile vom 23. Februar 1907 ausführlich begründeten Ansicht war beizutreten. Wenn das Handelsgesetzbuch den Grundsatz der Anteilsanwachsung (§ 738 B.G.B.) ausdrücklich auf bestimmte Fälle der Geschäftsübernahme durch einen Gesellschafter für anwendbar erklärt, so ist nicht abzusehen, warum dieser Grundsatz nicht auch in den anderen Fällen der Geschäftsübernahme durch einen der bisherigen Gesellschafter, entsprechend den Fällen des vereinbarten Ausscheidens nach § 736 B.G.B., zur Anwendung kommen soll. Der § 719 B.G.B. kann im Gebiete des Handelsrechts die analoge Anwendung des § 142 H.G.B. um so weniger hindern, als es sich gerade bei dessen Anwendung in den Fällen der vereinbarten Geschäftsübernahme nicht um eine Neuerung, sondern um die Aufrechterhaltung des früheren Rechtszustandes handelt. Auch unter der Herrschaft des früheren Handelsgesetzbuchs wurde der Fall der vereinbarten Geschäftsübernahme dem des vereinbarten Ausscheidens gleichgestellt,

vgl. Staub, § 3 zu Art. 127 H.G.B., Entsch. des R.O.H.G.'s Bd. 24 S. 144, des R.G.'s in Zivils. Bd. 25 S. 252, Jurist. Wochenschr. 1889 S. 345 Nr. 5 und 1898 S. 609 Nr. 39,

die Wirkungen des Ausscheidens aber waren dieselben, wie die des neuen Rechts (Staub, § 1 zu Art. 131 H.G.B. und die angef. Entsch., auch Entsch. des R.G.'s Bd. 18 S. 39, 42; Gruchot Bd. 28 S. 249). Dafür, daß man an diesem Rechtszustande etwas habe ändern wollen, liegt nicht der mindeste Anhalt vor. Enthält doch der § 142 H.G.B. umgekehrt eine Ausdehnung des Grundsatzes auf Fälle, die ihm nach der herrschenden Rechtsprechung bis dahin entzogen waren. Und das Bedürfnis, das Gesellschaftsvermögen in der Hand des allein übrig bleibenden Gesellschafters zusammenzuhalten, das auf dem Gebiete des bürgerlichen Rechts nicht vorhanden sein mag, ist auf dem Gebiete des Handelsrechts in allen Fällen in gleichem Maße vorhanden.

Fraglich könnte es erscheinen, ob nicht mit dem Urteile des I. Zivilsenats vom 23. Februar 1907 und den dort angeführten früheren reichsgerichtlichen Entscheidungen das Urteil des VII. Zivilsenats, Entsch. in Zivils. Bd. 61 S. 72, in Widerspruch steht. Es wird dort die vereinbarte Geschäftsübernahme durch einen Gesellschafter zu dem Falle des § 142 H.G.B. in Gegensatz gestellt, und in dem ersten Falle das Vorhandensein einer Gesamtnachfolge verneint. Indessen ergibt sich schon aus dem erwähnten Urteile, noch mehr aber aus den darin angezogenen früheren Entscheidungen desselben Senats (Entsch. Bd. 45 S. 218, 222 flg., insbesondere aus der im Just.-Min.-Bl. 1901 S. 272, teilweise auch in der Jurist. Wochenschr. 1901 S. 97 Nr. 50 abgedruckten), daß das Urteil nicht auf den erwähnten Ausführungen beruht. Es handelte sich dabei um den Stempel der Tarifst. 25d des preuß. Stempeltarifs vom 31. Juli 1895, die den Zweck verfolgt, gewisse Gesellschaftsverträge, bei denen die reichsgerichtliche Rechtsprechung die Anwendbarkeit des Kaufstempels verneint hatte, unter anderem auch die Überlassung von Sachen und Rechten an einzelne Gesellschafter bei Auflösung der Gesellschaft, dem Stempel zu unterwerfen. Bei Anwendung dieser Vorschrift kommt es aber, wie der VII. Zivilsenat in den früheren Entscheidungen an der Hand der Entstehungsgeschichte ausführlich dargetan hat, nach dem ausgesprochenen Willen des Gesetzgebers nicht auf die juristische Konstruktion, sondern lediglich auf den wirtschaftlichen Erfolg an. Zur Einholung einer Entscheidung der vereinigten Zivilsenate lag hiernach keine Veranlassung vor.

Nicht entgegen stehen auch die Entscheidungen des Reichsgerichts, die sich nicht mit dem Übergange des ganzen Anteils an der Gesamthand, sondern mit der Übertragung einzelner Sachen befassen. Bei solchen Sonderübertragungen an einzelne Gesellschafter ist, wie ziemlich allgemein angenommen wird, und zwar auch dann, wenn es sich nur um die Umwandlung des Miteigentums zur gesamten Hand in Bruchteilseigentum handelt, Auflassung, Übergabe und Zession von seiten der Gesamthand erforderlich.

Vgl. für die Gesellschaft Entsch. des R.G.'s in Zivils. Bd. 32 S. 253 und Bd. 56 S. 206, 430, für die Erbengemeinschaft Entsch. des R.G.'s in Zivils. Bd. 57 S. 432.

Ein solcher Fall liegt aber hier, wo das ganze Geschäft übertragen worden ist, nicht vor.

Nach alle dem war der weiteren Beschwerde stattzugeben."

---

101. Gilt der Satz, daß sich der gutgläubige Erwerber eines Blankoakzepts nach der Herstellung des Wechsels Einreden aus der Person des Übertragenden nicht gefallen zu lassen braucht, auch dann, wenn ihm das Blankett zugleich mit der Forderung übertragen ist, zu deren Deckung es seinem Vormanne gegeben war?

I. Zivilsenat. Urt. v. 20. Mai 1908 i. S. Str. (Bekl.) w. B. (Kl.). Rep. I. 388/07.

I. Landgericht I Berlin.
II. Kammergericht daselbst.

Der Beklagte hatte mit dem Bankier K. in Geschäftsverbindung gestanden. Über die Höhe seiner daraus hervorgegangenen Schuld an K. bestand Streit, da der Beklagte einen Teil der Geschäfte für nicht klagbare Differenzspiele erklärte. Zur Beseitigung des Streites schlossen die beiden am 25. März 1904 privatschriftlich einen „Vergleich", wonach K. seine Forderung auf 96000 ℳ ermäßigte, in dieser Höhe aber der Beklagte den Anspruch anerkannte. Die Begleichung des Schuldbetrages sollte dadurch geschehen, daß der Beklagte zwei Wechsel über je 8000 ℳ, fällig nach 3 Monaten und auf Verlangen zu prolongieren, und für den Rest von 80000 ℳ, die bis zum 1. Oktober 1910 verzinslich gestundet wurden, ein Akzept zu geben hatte. An demselben Tage übereignete der Beklagte dem Bankier K. durch notariellen Vertrag sein väterliches Erbe zur Sicherung wegen der Forderung von 80000 ℳ. Auf Grund des Vergleichs übergab der Beklagte zwei Blankoakzepte über je 8000 ℳ und eines über 80000 ℳ dem Justizrat F. zur Verwahrung für den Bankier K. Nachdem der Beklagte den Betrag von 5000 ℳ abbezahlt hatte, wurden die beiden Blankette über je 8000 ℳ am 24. Juni 1904 durch zwei neue Blankoakzepte, das eine über 8000 ℳ, das andere über 3000 ℳ, ersetzt.

Der Bankier K. hatte Wertpapiere, die zum Erbteile des Klägers hinter seinem Vater E. V. gehörten, für sich verwendet. Zur Deckung hierfür zedierte er dem Sekretär L., als dem Vormunde des damals noch minderjährigen Klägers, durch privatschriftliche Erklärung vom 28. März 1904 und notariell beurkundete Erklärung vom 7. September 1904 seine Rechte gegen den Beklagten aus dem Vergleiche und dem notariellen Vertrage vom 25. März 1904 und wies den Justizrat F. an, die ihm vom Beklagten übergebenen Wechsel an den Vormund L. herauszugeben. Der Justizrat F. kam dieser Weisung am 14. Oktober 1904 nach. Darauf füllte der Vormund L. die beiden Wechselblankette über 8000 ℳ und 3000 ℳ durch Unterschrift als Aussteller mit seinem Namen und dem Zusatze „Testamentsvollstrecker des Rentier E. V.'schen Nachlasses" aus und versah sie mit einem seinen Namen ohne Zusatz enthaltenden Blankogiro.

Aus den ausgefüllten beiden Wechseln erlangte der Kläger im Wechselprozesse rechtskräftige Verurteilung des Beklagten zur Zahlung der Wechselsumme mit Zinsen und Protestkosten. Im Nachverfahren stützte der Beklagte seinen Antrag auf Klagabweisung u. a. auf den Einwand, daß die den Wechseln zugrunde liegende Forderung des Bankiers K. in Höhe von 65000 ℳ aus verbotenen und darum nichtigen Börsentermingeschäften, in Höhe der restlichen 31000 ℳ aber aus unklagbaren Differenzgeschäften entstanden sei. Der Kläger müsse sich die Mängel der Grundforderung entgegenhalten lassen, weil er die Wechselblankette nicht durch Begebungsvertrag, sondern durch zivilrechtliche Zession erworben habe und die Ausfüllung der Blankette erst nachträglich erfolgt sei. Außerdem habe sowohl der Vormund L. wie der Kläger selbst bei dem Erwerbe der Blankette Kenntnis von diesen Mängeln der Grundforderung gehabt.

Das Landgericht hielt die Verteidigung des Beklagten für begründet und wies, unter Aufhebung des Wechselurteils, die Klage ab. Dagegen gelangte das Berufungsgericht zur vorbehaltlosen Aufrechterhaltung des Wechselurteils, weil die angeblichen Mängel der Grundforderung dem Kläger nicht entgegengehalten werden könnten.

In der Revisionsinstanz wurde das Berufungsurteil aufgehoben, und die Sache zur anderweiten Verhandlung und Entscheidung zurückverwiesen, aus folgenden

Gründen:

„Das Kammergericht verneint, daß sich der Kläger seinem auf die Wechsel gestützten Anspruche gegenüber ohne weiteres die Einreden müsse gefallen lassen, die dem Beklagten gegen den Bankier K., den ersten Nehmer der Wechselblankette, aus dem zugrunde liegenden Rechtsverhältnisse zustehen würden. Diese Auffassung bekämpft die Revision mit Recht. Unbedenklich zwar ist die dem Beklagten günstige Annahme, daß für die Rechtsstellung des Klägers das Blankogiro des Vormunds L. auf den von ihm ausgefüllten Blanketten nicht in Betracht komme. Die Erwägung, daß darin nur der Form nach, aber nicht in Wirklichkeit eine Begebung der Wechsel auf den Kläger enthalten, dieser vielmehr schon dadurch Eigentümer der Wechsel geworden sei, daß der Vormund die Blankette für ihn erworben hatte, läßt sich nicht beanstanden. Zutreffend ist daher der Ausgangspunkt, daß es vorliegend nur auf den Fall ankomme, wo derjenige, welcher ein Wechselblankett aus der Hand des ersten Nehmers erworben hat, dieses befugterweise ausfüllt und aus dem hierdurch fertiggestellten Papiere Wechselansprüche geltend macht. Das Kammergericht legt einem solchen Blanketterwerber die Rechtsstellung eines Indossatars bei, mit der Wirkung, daß er sich die gegen seinen Vormann, den Blankotradenten, begründeten Einwendungen nur dann brauche entgegenhalten zu lassen, wenn er dessen versteckter Inkassomandatar oder unredlicher Rechtsnachfolger sei. Wenn die Gleichstellung mit dem Indossatar mehr sein soll, als eine bloße Vergleichung, so muß dem freilich entgegengetreten werden; denn von einem wechselrechtlichen Übertragungsakte kann überhaupt nicht die Rede sein. So wenig wie der erste Nehmer des Blanketts, der es mit der Befugnis zur Ausfüllung durch einfache Tradition weitergibt, Indossant des künftigen Wechsels ist, ebensowenig kann der Erwerber, der das Blankett durch Hinzufügung der Ausstellerunterschrift zum fertigen Wechsel umschafft, als Indossatar aufgefaßt werden. Für diese Auffassung fehlen alle wechselrechtlichen Voraussetzungen. Sieht man aber von diesem formalen Bedenken ab, so ist, insofern es sich lediglich um die Blankotradition des Blanketts handelt, gegen die materielle Charakterisierung der Rechtsstellung, die der dritte Erwerber den Einreden aus der Person seines Vormanns gegenüber einnimmt, nichts einzuwenden. Sie steht sachlich in Übereinstimmung mit der Auffassung, welche der erkennende Senat im Anschluß an die Rechtsprechung des Reichsoberhandelsgerichts und des Reichsgerichts selbst in seinem Urteile Rep. I. 531/06 vom 27. März 1907 (Entsch. in Zivils. Bd. 65 S. 409) ausgeführt und begründet hat. Danach ist allerdings vor der Ausfüllung des Blanketts auch auf den gutgläubigen dritten Erwerber nur die Ausfüllungsbefugnis seines Vormanns übergegangen, und er muß sich folgeweise die in dessen Person entstandenen Einreden gefallen lassen. Hat er aber durch Zeichnung als Aussteller den Wechsel bona fide hergestellt, so ist damit zu seinen Gunsten gemäß Art. 23 Abs. 2 W.O. die Haftung des Akzeptanten eingetreten; dann beruht sein Gläubigerrecht nicht mehr auf der Übertragung seines Vormanns, sondern auf der Skripturobligation des Akzeptanten in Verbindung mit dem gutgläubigen Erwerbe. Diesen gleichen Grundsatz, der auf der eigentümlichen Wirkung der in der Ausfüllung des Blanketts liegenden Wechselkreation beruht, hat der Senat auch in dem Urteile Rep. I. 537/06 vom 3. Juli 1907 befolgt, und er hält daran fest.

Damit ist indes die Frage für den vorliegenden Fall noch nicht erledigt. Mit Recht wendet die Revision ein, daß in dem angefochtenen Urteile nicht genügend berücksichtigt sei, auf welche Weise der Übergang der Blankette von K. auf den Vormund L. stattgefunden habe. Das Kammergericht hat zwar nicht übersehen, daß diese Übertragung im Zusammenhange mit der Zession der zugrunde liegenden Forderung erfolgt ist. Es will aber diesem Umstande keine Erheblichkeit beimessen, weil dann, wenn die Blankotradition des Papiers mit einer zivilrechtlichen Zession der Forderung des Tradenten zusammentreffe, die höhere Wirkung des Rechtserwerbs durch Blankotradition eintrete. In der Natur der Blankotradition liegt kein Grund zu solcher Bevorzugung. Aus dem früher Ausgeführten folgt allerdings für den Fall, wo es sich nur um die Übertragung des Blanketts in Verbindung mit der Übertragung der Ausfüllungsbefugnis handelt, daß die gutgläubige Ausfüllung durch den Erwerber die Einwendungen aus der Person des übertragenden Vormannes ausschließt, obgleich die Ausfüllungsbefugnis an sich nur ein von diesem übertragenes Recht ist und daher, solange sie nicht ausgeübt ist, den gegen ihn begründeten Einwendungen auch in der Hand des Erwerbers ausgesetzt bleibt, so daß gegebenenfalls der Blankoakzeptant das Papier zurückfordern könnte. Anders aber ist es, wenn das Blankett nicht für sich

Gegenstand der Übertragung war, sondern wenn es, wie vorliegend unzweifelhaft ist, zusammen mit der materiellen Forderung, für die das Blankoakzept gegeben worden, auf den dritten Erwerber übertragen wurde, wobei es natürlich nur auf den rechtlichen Zusammenhang der Forderungszession und Blankettradition und nicht darauf ankommt, ob die Übergabe des Blanketts gleichzeitig mit der Zession der Forderung oder erst nachträglich erfolgt ist. In diesem Falle steht der Erwerber des Blanketts, da er zugleich Gläubiger der diesem zugrunde liegenden Forderung geworden ist, dem Blankoakzeptanten nicht anders gegenüber als der erste Nehmer des Blanketts, sein Rechtsvorgänger; er ist an dessen Stelle getreten und kann darum auch die Ausfüllung des Papiers nicht unter andern Bedingungen und nicht mit anderer Wirkung als dieser vornehmen, d. h. seine Ausfüllung muß, ohne daß es auf die besondere Willensrichtung ankommt, rechtlich gelten als mit Bezug auf sein Gläubigerrecht und die darin enthaltene und daran geknüpfte Ausfüllungsbefugnis erfolgt. Dieser Rechtslage gegenüber kann der für den früher behandelten Fall maßgebende Gedanke der Wechselkreation nicht durchgreifen. Vielmehr ergibt sich hier von selbst der Schluß, daß die aus dem unterliegenden, durch Zession übertragenen Forderungsverhältnis entnommenen Einwendungen dem Erwerber des Blanketts gegenüber auch nach der Ausfüllung des Papiers in gleicher Weise zustehen müssen, wie gegenüber seinem Vormanne, dem Zedenten.

Bei diesem Ergebnisse kommt es auf die Frage nicht an, ob sich der Kläger die Nichtigkeit oder Unklagbarkeit der Kausalgeschäfte schon bei bloßer Kenntnis dieser Rechtsmängel müßte entgegenhalten lassen, oder ob es dazu noch des Nachweises einer besonderen Arglist beim Erwerbe der Blankette bedürfen würde." ...

---

102. Ist die Jugend eines minderjährigen Beschädigten, dem ein eigenes mitwirkendes Verschulden an dem von ihm erlittenen Schaden zur Last gelegt wird, bei der Prüfung, ob ihn ein Verschulden trifft (§ 276 B.G.B.), oder nur bei der Abwägung des Maßes dieses Verschuldens gegenüber der Haftung des Beschädigers (§ 254 B.G.B.) zu berücksichtigen? Zum Begriffe der im Verkehr erforderlichen Sorgfalt nach § 276 B.G.B.

VI. Zivilsenat. Urt. v. 23. Mai 1908 i. S. Gr. Leipz. Straßenbahn (Bekl.) w. E. (Kl.). Rep. VI. 459/07.

I. Landgericht Leipzig.
II. Oberlandesgericht Dresden.

Aus den Gründen:

... „Als rechtsirrig würde es ... anzusehen sein, wenn das Berufungsgericht, indem es ausgesprochen hat, bei der Prüfung der Frage des Verschuldens sei die Individualität zu berücksichtigen und von einem Kinde könne keineswegs dasselbe Maß von Vorsicht und Sorgfalt gefordert werden, das einer erwachsenen Person zuzumuten sei, an die Prüfung der Frage gedacht hätte, ob den Kläger ein eigenes mitwirkendes Verschulden trifft. Denn „die im Verkehr erforderliche Sorgfalt" des § 276 B.G.B. ist ein allgemeines Normalmaß der von einem ordentlichen Menschen in dem konkreten Verhältnisse des Verkehrs anzuwendenden Sorgfalt (Jurist. Wochenschr. 1906 S. 160 Nr. 2); dieses gestattet zwar die Berücksichtigung der Verschiedenheit gewisser Gruppen von Menschen bei der Feststellung der jeweilig anzuwendenden Sorgfalt (Reichsgerichtsurteil vom 11. Mai 1904 bei Gruchot, Beiträge Bd. 48 S. 788), nicht aber die der Individualität des einzelnen Menschen. Allein das hat das Berufungsgericht offenbar auch nicht gemeint. Es hat ein Verschulden des Klägers nicht etwa nach Maßgabe seiner individuellen Anlage und Entwickelung verneint, sondern ein solches gerade angenommen; es hat die individuellen Verhältnisse der kindlichen Einsicht und Erfahrung des Klägers nur bei der Abwägung des Maßes des Verschuldens des Klägers gegenüber der Betriebsgefahr der Eisenbahn nach § 254 B.G.B. in seine Rechnung einbezogen, und hierzu war es berechtigt (Reichsgerichtsurteil vom 25. Januar 1908 bei Warneyer, Erg.-Bd. 1908 Nr. 314).

Der Abwägung selbst, wie sie das Berufungsgericht auf Grund des festgestellten Sachverhaltes vorgenommen hat, war nicht entgegenzutreten. Das Beispiel der Erwachsenen, die Schnelligkeit des Entschlusses, die ihn zu einer verständigen Überlegung nicht kommen ließ, sind Umstände, die schuldmildernd bei einem noch nicht neunjährigen Knaben allerdings in Betracht gezogen werden können. Der Umstand, auf den die Revision besonders Gewicht gelegt hat, daß es der Vorderperron des Wagens war, auf den der Kläger aufzuspringen versuchte, würde geeignet sein, das eigene Verschulden eines erwachsenen Menschen als schwerer erscheinen zu lassen, als wenn es sich um den Hinterperron handelte, da die Gefahr, unter den Wagen zu geraten, wenn der Versuch des Aufspringens mißlingt, im ersteren Falle eine ungleich größere ist. Einem Kinde im Alter des Klägers aber ist, auch wenn es an sich die zur Erkenntnis der Verantwortlichkeit seines Handelns erforderliche Einsicht nach § 828 B.G.B. besessen hat, zugute zu halten, daß ihm die Erfahrung abgeht, die ihm die besondere Gefährlichkeit dieser Art des Aufspringens hätte vor Augen stellen müssen. Das Berufungsgericht hat in Abmessung des eigenen mitwirkenden Verschuldens des Klägers gegen die von der Beklagten zu vertretende Betriebsgefahr die Ersatzpflicht der Beklagten für den entstandenen Schaden auf ein Drittel herabgesetzt. Damit ist dem Verschulden des Klägers in gebührender Weise Rechnung getragen." ...

---

103. Kann der Widerspruchsklage der Ehefrau gegen eine Pfändung von früherem, ihr bei der Auseinandersetzung der Gütergemeinschaft übereignetem Gesamtgut aus einem nach der Teilung nur gegen den Ehemann erwirkten Schuldtitel der Einwand entgegengesetzt werden, daß die Klägerin nach § 1480 B.G.B. hafte und ihr Vorgehen gegen § 226 B.G.B. verstoße?

VII. Zivilsenat. Urt. v. 26. Mai 1908 i. S. O. Ehefr. (Kl.) w. L. & H. (Bekl.). Rep. VII. 468/07.

I. Landgericht Düsseldorf.
II. Oberlandesgericht daselbst.

Die Klägerin lebte seit dem Jahre 1882 mit ihrem Ehemanne Andreas O. in dem gesetzlichen Güterstande der allgemeinen Gütergemeinschaft nach dem preuß. Gesetze vom 16. April 1860. Durch Vertrag vom 18. März 1901 vereinbarten die Ehegatten Gütertrennung. Bei der Auseinandersetzung wurden der Klägerin die Hauseinrichtungsgegenstände zugeteilt. Diese wurden im Auftrage der Beklagten wegen einer Forderung von 13009,36 ℳ aus dem gegen den Ehemann O. erwirkten vollstreckbaren Urteile des Landgerichts zu Düsseldorf vom 23. Februar 1906 gepfändet. Die Schuld war, wie die Klägerin in der Berufungsinstanz zugab, eine Gesamtgutsverbindlichkeit.

Die Klägerin erhob auf Grund ihres Eigentums an den Pfandstücken Widerspruchsklage und beantragte die Aufhebung der Pfändung. Die Beklagte begehrte Abweisung der Klage, indem sie die Übertragung des Eigentums an den Mobilien gemäß § 3 Nr. 1 des Anfechtungsgesetzes anfocht. Das Landgericht erkannte dementsprechend auf Abweisung der Klage. In der Berufungsinstanz berief sich die Beklagte auch auf den § 226 B.G.B. und erhob eventuell Widerklage auf Zahlung von 13009,86 *M* bei Vermeidung der Zwangsvollstreckung in die Mobilien, insbesondere die Pfandstücke. Das Oberlandesgericht wies aus dem Gesichtspunkte des § 226 B.G.B. die Berufung zurück. Der Revision der Klägerin wurde stattgegeben.

Gründe:

„Der Berufungsrichter stützt seine Entscheidung lediglich auf § 226 B.G.B., indem er annimmt, daß die Geltendmachung des Eigentums der Klägerin nach Lage der Sache keinen anderen Zweck haben könne, als den, der Beklagten Schaden zuzufügen. Er stützt diese Annahme darauf, daß die Klägerin auf Befragen über den Zweck der von ihr trotz Haftung aus § 1480 B.G.B. erhobenen Klage erklärt habe, daß sie sich vor der Belastung mit Prozeßkosten schützen dürfe; dies könne aber nicht der Zweck der Klagerhebung gewesen sein, und ein andrer Zweck sei nicht erkennbar. Mit Recht rügt die Revision Verletzung des § 226 B.G.B. Die Vorschrift tritt der mißbräuchlichen Ausübung eines Rechts entgegen, zieht aber die Schranke, daß nur die ausschließlich den Schädigungszweck verfolgende Rechtsausübung, weil mit der Rechtsordnung unverträglich, unzulässig sei. Dabei kommt es nach dem klaren Wortlaute des Gesetzes nicht auf die Absicht des Berechtigten an; entscheidend ist vielmehr der Zweck seines Handelns, wie er sich bei objektiver Betrachtung der gesamten Umstände des Falles darstellt — wobei freilich auch die inneren Beweggründe des Handelnden von Bedeutung sein können. Zu fragen ist, ob nach der gegebenen Sachlage der Gebrauch, der von der subjektiven Berechtigung gemacht wird, keine andere Bestimmung haben kann, als die der Schädigung eines andern.

Von diesem Gesichtspunkt aus erweist sich die Prüfung des Berufungsrichters, die sich nur mit der subjektiven Seite der Sache beschäftigt, als nicht erschöpfend. Die Klägerin erstrebte mit der von ihr erhobenen Widerspruchsklage (§ 771 Z.P.O.) die Beseitigung der Pfändung, welche die Beklagte auf Grund eines gegen den Ehemann der Klägerin erwirkten vollstreckbaren Titels ausgebracht hatte. Das Eigentum der Klägerin an den Pfandstücken ist unstreitig; sie hat es im Wege der Auseinandersetzung der Gütergemeinschaft lange vor der Pfändung und vor der Erlangung des Urteils gegen den Ehemann erworben. Daß die Pfandstücke Gesamtgut waren, und daß die Verbindlichkeit, wegen deren der Ehemann verurteilt worden ist, nach der einräumenden Erklärung der Klägerin in der Berufungsinstanz zu den Gesamtgutsverbindlichkeiten gehörte, begründete die persönliche, auf die ihr zugeteilten Gegenstände beschränkte Haftung der Klägerin als Gesamtschuldnerin gemäß § 1480 B.G.B., berechtigte aber nicht die Beklagte, aus dem nur gegen den Ehemann gerichteten Schuldtitel die Zwangsvollstreckung gegen die Ehefrau zu betreiben. Dazu bedurfte es eines Schuldtitels gegen diese. Die Pfändung war daher unzulässig und kann nicht deshalb aufrecht erhalten werden, weil die Klägerin nach § 1480 B.G.B. mit den Pfandstücken haftet. Daraus ergibt sich ohne weiteres, daß die auf die Beseitigung der unrechtmäßigen Pfändung abzielende Geltendmachung des Eigentums der Klägerin nicht oder wenigstens nicht ausschließlich die Schädigung der Beklagten bezwecken kann. Wenn das Gesetz nicht will, daß die Haftung aus § 1480 B.G.B. schlechthin aus einem Schuldtitel gegen den anderen Ehegatten, der erst nach der Auseinandersetzung erwirkt ist, vollzogen werde, so begeht der haftende Ehegatte keinen Rechtsmißbrauch, indem er diesen Gesetzeswillen zur Geltung bringt. Liegt darin eine Schädigung des Gläubigers, so ist sie auf das objektive Recht, nicht auf die Schikane des Ehegatten zurückzuführen. Wäre es anders, so könnte der Gläubiger unter Berufung auf § 226 B.G.B. das Gesetz umgehen und ohne Titel eine Pfändung ausbringen, die unstatthaft ist. Der Einwand aus § 226 versagt daher gegenüber der Klage.“ ...

104. Förmlichkeiten des Protestes, durch den die Präsentation eines eigenen Nach-Sicht-Wechsels beurkundet wird.

I. Zivilsenat. Urt. v. 30. Mai 1908 i. S. R. u. Gen. (Bekl.) w. Rendsburger Bank (Kl.). Rep. I. 30/08.

I. Landgericht Kiel, Kammer für Handelssachen.
II. Oberlandesgericht daselbst.

Die Firma B. & Co. zu Neumünster hatte einen „Rendsburg, den 23. November 1906" datierten eigenen Wechsel ausgestellt, inhalts dessen sie sich verpflichtete, acht Tage nach Sicht „an die Order der Rendsburger Bank im Kontor derselben" 55000 ℳ zu bezahlen. Die Beklagten hatten den Wechsel „als Bürgen" mitunterschrieben. Laut Protestes vom 27. April 1907 hatte die Rendsburger Bank den Wechsel der Firma B. & Co. in Neumünster präsentieren lassen. In dem Wechselprozesse, den sie alsdann gegen die Bürgen erhob, wurde u. a. die Gültigkeit des Protestes streitig.

Aus den Gründen:

„Das Oberlandesgericht hat, abweichend vom Landgerichte, den mit der Klage vorgelegten Protest für ungültig gehalten, aber angenommen, daß die fehlende Sichtpräsentation durch die Zustellung der Klage ersetzt werde, und daß dies auch den Avalisten gegenüber gelte. Hierbei folgt es dem Urteile des III. Zivilsenats des Reichsgerichts vom 16. Januar 1883 (Entsch. in Zivils. Bd. 8 S. 66). Die Revision bekämpft diese Sätze als rechtsirrtümlich. Es ist nicht erforderlich, hierzu Stellung zu nehmen. Denn der Senat ist bei der Prüfung des Protestes zu dem Ergebnisse gelangt, daß die Bedenken gegen dessen Gültigkeit nicht durchgreifen.

Die Protesturkunde berichtet, daß sich der Notar im Auftrage der Klägerin in das Geschäftslokal der Firma B. & Co. zu Neumünster begeben habe, um ihr den Wechsel für seine Auftraggeber zu präsentieren. Alsdann heißt es: „Ich traf daselbst . . . die Prokuristen der Firma, nämlich die Herren H. F. und W. Sch., an und zeigte denselben den Wechsel vor. Dieselben erklärten: der Wechsel ist richtig; wir werden für Zahlung Sorge tragen."

Die Ungültigkeit des Protestes leitet das Oberlandesgericht ab aus der Vorschrift des Art. 88 Nr. 3 W.O., wonach der Protest

„das an die Person, gegen welche protestiert wird, gestellte Begehren" enthalten muß. Dieses „Begehren" habe sich im vorliegenden Falle, wie aus Art. 20 in Verbindung mit Art. 98 Nr. 3 hervorgehe, dahin richten müssen, daß der Aussteller eine datierte Sichtbescheinigung auf den Wechsel setze. Ein Begehren des Inhaltes, daß der Wechsel „zum Zwecke der Sicht" vorgelegt wurde, sei aus dem Proteste nicht zu entnehmen.

Auszugehen ist davon, daß trotz des Wortes „muß" die in Art. 88 für den Protest aufgestellten Erfordernisse nicht in dem Grade zwingend sind, daß das Fehlen oder die Mangelhaftigkeit des einen oder des andern Erfordernisses unbedingt und in allen Fällen Nichtigkeit zur Folge habe. Vielmehr ist in jedem einzelnen Falle zu prüfen, ob ein vorhandener Mangel so erheblich ist, daß er den Zweck und das Wesen des Protestes beeinträchtigt. Vgl. Entsch. des R.O.H.G.'s Bd. 1 S. 143, Bd. 18 S. 209.

Zweck und Aufgabe des hier in Frage stehenden Protestes war es, „die rechtzeitige Präsentation des Wechsels feststellen zu lassen" (Art. 20 in Verbindung mit Art. 98 Nr. 3). Für die „Annahme" oder die „Datierung des Akzeptes", wovon der vom gezogenen Wechsel handelnde Art. 20 spricht, ist bei dem eigenen Wechsel kein Raum. Demgemäß verfügt Art. 98 auch nur, daß die Vorschriften der Artt. 19 und 20 über die Präsentation der Wechsel auf eine Zeit nach Sicht für eigene Wechsel „mit der Maßgabe gelten, daß die Präsentation dem Aussteller geschehen muß." Nun ist freilich aus Artt. 19 und 20 zu entnehmen, daß die mit Datum versehene Sichtbescheinigung des Ausstellers genügt, um die Nach-Sicht-Frist in Lauf zu setzen und dem Wechsel einen festen Verfalltag zu geben. Auch ist zuzugeben, daß der Protestbeamte in einem Falle der vorliegenden Art an den Aussteller das Begehren richten könnte, eine solche datierte Sichtbescheinigung auf den Wechsel zu setzen. Für schlechthin wesentlich kann ein solches Begehren aber nicht erachtet werden. Das Wesentliche bei dem Rechtsakte ist vielmehr die Präsentation als solche, die Tatsache der Sicht. Diese aber ist durch den Protestbeamten in zweifelsfreier Weise beurkundet." ...

105. 1. Feststellung eines wichtigen Grundes im Sinne des § 843 Abs. 3 B.G.B., wenn mehrere Verpflichtete auf Grund derselben unerlaubten Handlung auf Leistung von Schadensersatz wegen Aufhebung oder Minderung der Erwerbsfähigkeit in Anspruch genommen werden.

2. Wie ist zu verfahren, wenn einer dieser Verpflichteten zugleich wegen Verletzung eines Vertragsverhältnisses den verlangten Schadensersatz zu leisten hat? Zu § 251 B.G.B.

VI. Zivilsenat. Urt. v. 27. Mai 1908 i. S. Continental-Vertriebsges., Ges. m. b. H., u. Gen. (Bekl.) w. M. (Kl.). Rep. VI. 328/07.

I. Landgericht Köln.
II. Oberlandesgericht daselbst.

Der Kläger erlitt im Juni 1905 bei einer Automobilfahrt, an der er sich auf Einladung des Beklagten L., des Geschäftsführers der verklagten Gesellschaft, beteiligt hatte, infolge Verschuldens des L. einen Unfall, der eine Minderung seiner Erwerbsfähigkeit zur Folge hatte. Er forderte deswegen Schadensersatz, und zwar in erster Linie in Form einer Kapitalabfindung, und stützte diesen Anspruch auf §§ 823, 843, 31 B.G.B., gegen die verklagte Gesellschaft außerdem auf ein Vertragsverhältnis, das durch jene Einladung und seine Teilnahme an der Fahrt zustande gekommen sei.

Das Berufungsgericht erklärte den Klaganspruch in jener Form beiden Beklagten gegenüber dem Grunde nach für gerechtfertigt. Es legte unter ausführlicher Begründung dar, daß dem Beklagten L. gegenüber ein wichtiger Grund im Sinne des § 843 Abs. 3 B.G.B. gegeben sei, der die Zuerkennung einer Kapitalabfindung rechtfertige. Bezüglich der verklagten Gesellschaft verneinte es dies ohne Angabe von Gründen, hielt aber auch ihr gegenüber den Anspruch auf Kapitalabfindung für gerechtfertigt, weil sich die schädigende Handlung des Beklagten L. im Verhältnis zwischen ihr und dem Kläger zugleich als die Verletzung eines zwischen diesen beiden geschlossenen Vertrages darstelle, vermöge dessen sie gehalten gewesen sei, dem Kläger eine gesicherte und gefahrlose Fahrt zu gewähren; bei Vertragsverletzungen sei aber Schadensersatz nach den allgemeinen Grundsätzen der §§ 249 flg. B.G.B. zu leisten, sodaß der Kläger auch von ihr Abfindung in Kapital zu fordern berechtigt sei.

Auf die Revision beider Beklagten ist das Berufungsurteil aufgehoben, und die Sache zurückverwiesen worden. Nachdem dargelegt worden, daß das Berufungsgericht die Haftung der beiden Beklagten für den dem Kläger entstandenen Schaden nach den Vorschriften über unerlaubte Handlungen mit Recht angenommen habe, daß dagegen seine weitere Annahme, es habe zwischen dem Kläger und der verklagten Gesellschaft ein Vertragsverhältnis bestanden, nach den bisher getroffenen Feststellungen rechtsirrig sei, heißt es in den

Gründen:

... „Es kann ... auch nicht gebilligt werden daß das Berufungsgericht die Frage, auf welche Weise der Schadensersatz wegen Aufhebung oder Verminderung der Erwerbsfähigkeit des Klägers auf Grund der Vorschriften über unerlaubte Handlungen von beiden Beklagten, die insoweit in einem Gesamtschuldverhältnis im engeren Sinne zueinander stehen, zu leisten ist, ob in Form einer Geldrente, oder in der einer Kapitalentschädigung, für jeden der beiden Beklagten besonders geprüft und beantwortet hat. Werden mehrere Verpflichtete auf Grund derselben unerlaubten Handlung auf Leistung von Schadensersatz wegen Aufhebung oder Minderung der Erwerbsfähigkeit in Anspruch genommen, so kann die Frage, auf welche Weise Schadensersatz zu leisten ist, nur einheitlich den sämtlichen Verpflichteten gegenüber beantwortet werden, und es ist diejenige Form zu wählen, die sich aus den Verhältnissen des Berechtigten und der sämtlichen Verpflichteten als die geeignete ergibt. Nach der Gesamtheit der hiernach zu ermittelnden Umstände ist zu beurteilen, ob ein wichtiger Grund für die Gewährung einer Kapitalabfindung im Sinne von § 843 Abs. 3 B.G.B. überhaupt vorliegt. An einer solchen einheitlichen Beurteilung dieser Frage hat es das Berufungsgericht vollständig fehlen lassen, und deshalb kann das angefochtene Urteil nicht aufrecht erhalten werden.

Es ist allerdings richtig, daß, wenn der eine der auf Grund der unerlaubten Handlung zum Schadensersatz Verpflichteten den verlangten Schadensersatz zugleich wegen Verletzung seiner Vertragspflichten zu leisten hat — was im vorliegenden Falle nach dem vom Berufungsgerichte nicht gewürdigten Vorbringen des Klägers nicht ausgeschlossen ist —, ihm gegenüber auch die Vorschriften in den §§ 249 flg. B.G.B. in Betracht zu kommen haben, und daß der Richter dies bei Beantwortung jener Frage mitzuberücksichtigen hat. Das Berufungsgericht hat sich hierbei aber von einer rechtsirrigen Auffassung dieser Vorschriften leiten lassen, indem es annimmt, daß der Richter bei Anwendung der Vorschrift in § 251 unter allen Umständen verpflichtet sei, dem Berechtigten eine Kapitalabfindung zuzusprechen. Der Ersatzpflichtige hat den Gläubiger „in Geld" zu entschädigen. Der Richter ist daher berechtigt, ohne an die für die Fälle des § 843 aufgestellte Voraussetzung gebunden zu sein, nach freiem Ermessen auf eine Kapitalabfindung zu erkennen. Er ist dazu aber nicht verpflichtet; denn eine Geldrente ist ebenfalls eine Entschädigung in Geld, und er ist zur Wahl dieser Entschädigungsform jedenfalls berechtigt, wenn er nach Beurteilung aller Umstände des zur Entscheidung stehenden Falles zu der Überzeugung gelangt, daß eine Geldrente genügt oder gerade geeignet ist, den durch die Aufhebung oder die Verminderung der Erwerbsfähigkeit herbeigeführten Schaden zu ersetzen." ...

---

106. Nach welchen Grundsätzen bestimmt sich die Schadensersatzpflicht des Arztes, der an einem Kinde ohne Einwilligung des gesetzlichen Vertreters eine Operation vorgenommen hat? Darf der Leiter einer größeren Klinik seinem Personal die Verhandlungen wegen Zustimmung der Einwilligungsberechtigten überlassen? Inwiefern kann die Einwilligung vermutet werden?

VI. Zivilsenat. Urt. v. 27. Mai 1908 i. S. Dr. V. (Bekl.) w. G. (Kl.). Rep. VI. 484/07.

I. Landgericht Heidelberg.
II. Oberlandesgericht Karlsruhe.

Der Beklagte hatte im April 1905 an dem damals sechs Jahre alten Kläger, der mit sog. angeborenen Hochstande des rechten Schulterblattes und Verkrümmung der Wirbelsäule behaftet und deswegen in die orthopädische Anstalt des Beklagten verbracht worden war, eine Operation der Schulter vorgenommen. Der Kläger belangte den Beklagten auf Schadensersatz, indem er behauptete, der Beklagte habe, ohne die Eltern des Klägers zu fragen oder auch nur zu benachrichtigen, die gewagte Operation, die übrigens fehlgeschlagen sei, unternommen und dadurch den Kläger an der Gesundheit geschädigt. Das Landgericht wies die Klage ab. Das Berufungsgericht erklärte, unter Zurückweisung der Berufung des Klägers im übrigen, den Klaganspruch insoweit, als er auf Ersatz des Schadens, der nicht Vermögensschade sei, gerichtet war, dem Grunde nach für berechtigt. Die Revision des Beklagten wurde zurückgewiesen, aus folgenden

Gründen:

„Das Berufungsgericht hat die Klage insoweit für unbegründet erklärt, als sie auf die Behauptung gestützt ist, der Beklagte habe dadurch, daß er zur Operation schritt, oder durch die Art und Weise der Durchführung der Operation gegen die Regeln der ärztlichen Kunst verstoßen. Die Verhältnisse hätten so gelegen, daß man wohl hoffen durfte, es werde sich eine Besserung in funktioneller und kosmetischer Hinsicht durch die Operation erzielen lassen. Der Beklagte habe die Operation wohl überlegt und sie, nachdem noch eine elektrische Untersuchung vorangegangen war, mit Sorgfalt und nach den Regeln der ärztlichen Kunst vorgenommen.

Dagegen wird die Klage für — teilweise — begründet erachtet, soweit sie darauf gestützt ist, daß der Beklagte dem Kläger durch widerrechtliche Körperverletzung Schaden zugefügt habe. Das Berufungsgericht geht im Anschlusse an das Urteil des Reichsgerichts, III. Strafsenats, vom 31. Mai 1894 (Entsch. in Straff. Bd. 25 Nr. 127 S. 375) davon aus, daß ein Arzt, der vorsätzlich für Heilzwecke eine Körperverletzung verübe, ohne sein Recht hierzu aus einem bestehenden Vertragsverhältnisse oder einer präsumtiven Zustimmung, dem vermuteten Auftrage hierfür legitimierter Personen, herleiten zu können, überhaupt unberechtigt, also rechtswidrig, handle. Die vom Beklagten vorgenommene Operation stelle sich zweifellos als eine vorsätzliche Körperverletzung dar; sie sei auch rechtswidrig. Der Vertrag, der durch Verbringung des Klägers in die orthopädische Anstalt des Beklagten geschlossen war, habe diesen zu ihrer Vornahme nicht berechtigt. Eine ausdrückliche Vereinbarung sei überhaupt nicht getroffen worden. Die

Umstände hätten aber keineswegs darauf hingewiesen, daß von seiten des gesetzlichen Vertreters des Klägers an einen solchen Eingriff gedacht worden wäre. Das Gebrechen des Klägers sei von verhältnismäßig so geringer Bedeutung gewesen, daß dem Vater eine weitgehende Beeinträchtigung der körperlichen Integrität des Knaben durchaus nicht als selbstverständliche oder ohne reifliche Erwägung zu billigende Maßnahme habe erscheinen können. Ein zwingender Anlaß, die Operation zu gestatten, habe nicht vorgelegen. Anderseits habe die Belehrung, die der Beklagte als gewissenhafter Arzt geben mußte, daß nämlich die Operation nicht unbedingt Erfolg verspreche, eher zu einer Versagung der Genehmigung führen können. Eine nachträgliche Zustimmung des Vaters sei, wie näher dargelegt wird, nicht erwiesen. Das Berufungsgericht sei auf Grund der Beweisaufnahme zu der Überzeugung gelangt, daß der Beklagte, wohl im Glauben, das Beste des Klägers zu fördern, die Frage, ob die Zustimmung des gesetzlichen Vertreters vorliege oder doch unterstellt werden könne, nicht geprüft, sondern so gehandelt habe, wie wenn er an solche Zustimmung nicht gebunden wäre. Die Haftung des Beklagten sei deshalb insoweit begründet, als dem Kläger ein Schade zugegangen sei. Das Berufungsgericht nimmt aber an, daß beim Kläger eine dauernde Schädigung in der Funktion des rechten Armes durch die Operation nicht nachgewiesen, ein Vermögensschade demnach dem Kläger nicht erwachsen sei. Dagegen sei ein Schade, der nicht Vermögensschade sei, entstanden, und deswegen der Beklagte ersatzpflichtig.

Die Revision macht geltend, die Annahme des Berufungsgerichts, daß die Körperverletzung des Klägers widerrechtlich erfolgt sei, verletze materielles Recht, insbesondere §§ 164 flg., § 157 B.G.B., und verstoße gegen § 286 verbunden mit § 551 Nr. 7 der Z.P.O.

Die Klage ist sowohl auf den Rechtsgrund der Vertragsverletzung, als auf den der unerlaubten Handlung gestützt worden. Nur die letztere kommt als Klagfundament für den Ersatzanspruch aus § 847 B.G.B., um den es sich jetzt allein noch handelt, in Betracht.

Dem Berufungsgericht ist, was den rechtlichen Ausgangspunkt seiner Entscheidung anlangt, unbedenklich darin beizustimmen, daß sich ein Arzt, der ohne die erklärte oder doch mutmaßliche Einwilligung des Leidenden oder seines gesetzlichen Vertreters einen operativen Eingriff vornimmt, einer widerrechtlichen Körperverletzung im Sinne des

§ 823 Abs. 1 B.G.B. schuldig macht. Dieser Grundsatz ist, wie man sich auch im übrigen zu den streitigen Rechtsfragen auf dem Gebiete der Haftung des Arztes stellen mag, für dessen zivilrechtliche Verantwortlichkeit unzweifelhaft als dem bestehenden Gesetze entsprechend anzuerkennen. Der Herbeiziehung des Gesichtspunktes einer Verletzung der Freiheit (§ 823 Abs. 1, § 847) bedarf es nicht.

Vgl. Planck, B.G.B. § 823 Bem. 3 S. 978; vgl. weiter die Anführungen von Zitelmann, Die Haftung des Arztes (1908) S. 8 flg.; Rabel, Die Haftpflicht des Arztes S. 28 flg., 30; Hamm, in der D. Jurist.-Zeitung 1907 S. 449 flg.; v. Weinrich, Die Haftpflicht wegen Körperverletzung rc (2. Aufl.) § 10 S. 34 flg.

Ein besonderes Berufsrecht, vermöge dessen ein Eingriff in die körperliche Unversehrtheit des anderen ohne oder selbst gegen dessen Willen erlaubt wäre, steht grundsätzlich auch dem Arzte nicht zur Seite. Ein Ausnahmefall, wie z. B. bei Gefahr im Verzuge, ist vorliegend nicht in Frage. Darauf, ob die Operation mit völligem Erfolge gelungen ist — was übrigens im gegenwärtigen Falle keineswegs feststeht —, würde es für die Schadensersatzpflicht aus § 847 B.G.B. nicht ankommen (vgl. Zitelmann, a. a. O. S. 9 flg.).

Daß eine Einwilligung zu der Operation von seiten des gesetzlichen Vertreters des Klägers, seines Vaters, tatsächlich nicht erteilt worden ist, hat das Berufungsgericht ohne Verletzung einer Norm des materiellen oder Prozeßrechts festgestellt. Die Revision wendet ein, es könne bei Verbringung des Patienten in eine klinische Anstalt wie die des Beklagten, wo bekanntermaßen vielfach Operationen vorgenommen würden, mit der eventuellen Zustimmung des gesetzlichen Vertreters zu Vornahme operativer Eingriffe regelmäßig gerechnet werden. Inwieweit das je nach der Art des Leidens oder der erforderlichen Operation und der Zweckbestimmung der fraglichen Anstalt in Einzelfällen richtig sein möchte, kann dahingestellt bleiben; im vorliegenden Falle trifft es sicher nicht zu. Der Kläger war, wie im Berufungsurteile hervorgehoben wird, auch aus dem Einweisungsscheine der Eisenbahn- und Dampfschiffahrts-Betriebskrankenkasse vom 15. April 1904 ersichtlich ist, in die orthopädische Anstalt des Beklagten zur Kur und Verpflegung eingewiesen und verbracht worden. In einem solchen Falle ist weder die Vornahme operativer Eingriffe selbstverständliche Voraussetzung für die ärztliche Behandlung, noch ist ohne weiteres das Einverständnis des Patienten oder seines Vertreters mit einem etwaigen Eingriffe dieser Art zu unterstellen; namentlich berechtigt hier zu einer solchen Voraussetzung nicht der Inhalt oder die Auslegung (§ 157 B.G.B.) des Vertrages. Im übrigen hat das Berufungsgericht mit tatsächlicher Begründung festgestellt, daß im konkreten Falle die Umstände in keiner Weise so lagen, daß sie eine Zustimmung des Vaters des Klägers vermuten ließen.

Daß der Beklagte sich mit dem Vater wegen der vorzunehmenden Operation selbst ins Benehmen gesetzt hätte, ist von ihm nicht behauptet. Die Revision meint, der Leiter einer größeren Klinik sei außerstande, persönlich mit den Angehörigen zu verhandeln und ihre Zustimmung zu der Operation einzuholen. Er könne das seinem Personale überlassen. So müsse insbesondere die Krankenschwester als bevollmächtigt gelten, den Angehörigen zu eröffnen, daß eine Operation vorgenommen werden solle, und die Zustimmung oder den Widerspruch entgegenzunehmen. Wenn die Angehörigen auf die Mitteilung, daß operiert werden solle, weder Widerspruch erhöben, noch sich ihre Entschließung vorbehielten, so stimmten sie zu. Die Tante des Klägers, H. M., habe im Auftrage der Eltern das Kind in die Klinik eingeliefert, habe an der ersten Untersuchung teilgenommen, das Kind vor der Operation mehrfach besucht, während die sonstigen Angehörigen, insbesondere die Eltern, das Kind vor der Operation nicht besucht und überhaupt bis dahin nichts von sich hätten hören lassen. Danach müsse angenommen werden, daß die M. vom Vater des Klägers bevollmächtigt gewesen sei, an seiner Statt die Zustimmung zu einer Operation zu erklären. Mindestens aber sei sie dazu bevollmächtigt gewesen, den Verkehr zwischen dem Vater des Klägers und dem Arzte zu vermitteln. Es hätten also für den Vater des Klägers bestimmte Erklärungen ihr gegenüber abgegeben werden, und habe erwartet werden dürfen, daß sie diese Erklärungen dem Vater unverzüglich übermittele. Somit habe die Krankenschwester die Tatsache, daß operiert werden sollte, mit Wirksamkeit gegen den Vater des Klägers der M. eröffnen können, und es habe, da der Vater nichts von sich hören ließ, angenommen werden können, daß er einverstanden sei. Aus der Bemerkung der M., „das dürfe die Mutter nicht wissen", habe nicht entnommen werden können, daß die M. auch den Vater nicht benachrichtigen wolle.

Diese Angriffe können keinen Erfolg haben. Man mag der Revision vielleicht zugeben, daß von dem Leiter einer größeren Klinik nicht schlechthin zu verlangen sei, er habe in jedem Falle persönlich wegen der Zustimmung zur Operation mit den Angehörigen zu verhandeln. Allein wenn er hierzu nicht in der Lage ist, so muß er wenigstens Anordnungen treffen, die zuverlässige Gewähr dafür bieten, daß die Einwilligung des gesetzlichen Vertreters eines zu operierenden Kindes zuvor eingeholt wird, und er muß sich darüber vergewissern, daß die Zustimmung vorhanden ist, die aus einem Schweigen des Vertreters auf die ihm gemachte Eröffnung nicht unter allen Umständen wird gefolgert werden können. Ob gerade die Krankenschwestern der Anstalt vorzugsweise dazu berufen und geeignet sind, den Verkehr zwischen dem Arzte und den Angehörigen des Kranken auch hinsichtlich der in Frage stehenden Willenserklärungen zu vermitteln, ist hier nicht zu erörtern. Jedenfalls wäre eine Ermächtigung, auf diesem Gebiete rechtswirksam für den Anstaltsleiter zu handeln, nicht schon aus der Stellung einer Person als Krankenschwester an sich zu entnehmen. Es ist aber vom Beklagten nicht dargelegt worden, daß er entweder eine allgemeine Instruktion erlassen oder im vorliegenden Falle einen besonderen Auftrag wegen Einholung der Zustimmung erteilt hätte. Um die Ausführung eines solchen Auftrages kann es sich hier auch gar nicht handeln. Das Berufungsgericht führt aus, die Unterhaltung der Krankenschwester Gu. mit der H. M. stelle sich als ein jeder rechtsgeschäftlichen Bedeutung entbehrendes Gespräch dar; es fehle übrigens auch der Nachweis, daß der Beklagte von dem Inhalte des Gespräches vor der Operation Kenntnis erlangt habe. Mit den Feststellungen des Berufungsurteils steht auf der anderen Seite das, was die Revision über die Ermächtigung der H. M. vorbringt, gleichfalls im Widerspruch. Die H. M. war lediglich mit der Verbringung des Knaben in die Anstalt des Beklagten betraut und zur Abgabe einer rechtsgeschäftlichen Erklärung nicht befugt. Sie hätte deshalb, wie der Berufungsrichter mit Recht folgert, einer Operation mit Rechtswirkung gegenüber dem Kläger gar nicht zustimmen können. Eine Zustimmung ist aber auch gar nicht von ihr erteilt worden. Für ein Einverständnis der Eltern selbst aber hätte deren Stillschweigen doch nur allenfalls dann schlüssig sein können, wenn sie von der bevorstehenden Operation benachrichtigt worden wären. Das ist tatsächlich nicht geschehen, und daß der Vater des Klägers durch die H. M. würde in Kenntnis gesetzt werden, war nicht schon wegen des verwandtschaftlichen Verhältnisses oder ihrer Bemühungen um die Person des Klägers sicher in Rechnung zu nehmen; noch weniger hätte zu dieser Erwartung die Bemerkung der H. M. gegenüber der Gu., „das dürfe die Mutter nicht wissen", berechtigen können.

Von der Revision wird im weiteren gerügt, das Berufungsgericht stelle nicht oder doch nur unter Verletzung der §§ 823, 276 B.G.B., §§ 286, 139 Z.P.O. fest, daß der Beklagte fahrlässig gehandelt habe. Wenn die H. M. die fraglichen Vollmachten nicht hatte, so habe der Beklagte doch jedenfalls annehmen dürfen, daß sie solche hatte. Die Annahme des Berufungsgerichtes, der Beklagte habe nicht geprüft, ob die Genehmigung vorliege, sei willkürlich. Es hätte nötigenfalls durch Ausübung des Fragerechts aufgeklärt werden sollen, ob der Beklagte sein Personal wegen der Zustimmung des Vaters gefragt habe, und was ihm darauf erwidert worden sei. Übrigens habe der Beklagte sich nicht zu erkundigen brauchen, ob die Genehmigung vorliege; er habe annehmen dürfen, daß sein Personal ihn darauf aufmerksam machen werde, wenn sie nicht vorläge.

Auch diese Einwendungen sind nicht begründet. Das Berufungsgericht spricht allerdings nur von einer dem Beklagten zur Last fallenden vorsätzlichen (widerrechtlichen) Körperverletzung. Eine solche liegt bei einem operativen Eingriff vor, wenn der Arzt weiß, daß eine gültige Einwilligung fehlt, daß er im Widerspruch gegen den Willen des Patienten oder des sonstigen Einwilligungsberechtigten handelt. Doch kann ein wenigstens eventueller Vorsatz nach Umständen auch dann angenommen werden, wenn sich der Arzt um das Vorhandensein der Zustimmung überhaupt nicht gekümmert hat. Anders ist der Fall zu beurteilen, wenn der Arzt in dem guten Glauben handelt, eine wirksame Einwilligung zu besitzen, während eine solche in Wahrheit fehlt. Auch hier ist die Handlung des Arztes objektiv widerrechtlich. Ist solchenfalls der Irrtum des Arztes ein entschuldbarer, so fehlt es an der subjektiven Widerrechtlichkeit, an einem die Schadensersatzpflicht begründenden Verschulden. Bei unentschuldbarem Irrtume dagegen bleibt die Handlungsweise immer eine schuldhafte; der Arzt hat alsdann, obwohl er willentlich den Eingriff vorgenommen hat, den er für erlaubt hielt, in der Richtung der Widerrechtlichkeit fahrlässig gehandelt.

Vgl. Oertmann, Schuldverh. § 823 Bem. 8; v. Staudinger, Kommentar zum B.G.B. § 823 Bem. C Nr. 4 (2. Aufl.) S. 864; Entwurf I zum B.G.B. § 707; Motive Bd. 2 S. 731; Zitelmann, a. a. O. S. 15 flg.

Maßgebend ist auch hier die im Verkehr erforderliche Sorgfalt (B.G.B. § 276). Von Entschuldbarkeit des Irrtums kann aber nicht die Rede sein, wenn der Beklagte, wie das Berufungsgericht annimmt, die Frage, ob die Zustimmung des gesetzlichen Vertreters vorliege oder doch unterstellt werden könne, nicht einmal geprüft hat.

Diese Feststellung, die als das mindeste den Vorwurf einer Fahrlässigkeit (in dem erwähnten Sinne) in sich schließt, wird von der Revision ohne Grund angefochten. Sie ist auf die Ergebnisse der Beweisaufnahme gestützt und im Hinblick auf § 286 Z.P.O. hinreichend begründet. Angesichts des sonst feststehenden Sachverhaltes und der umfangreichen Verhandlungen, die gerade über diesen Punkt in beiden Vorinstanzen gepflogen worden sind, hatte das Berufungsgericht auch keine Veranlassung, gemäß § 139 Z.P.O. weitere Erörterungen über die Frage einer vermuteten Genehmigung herbeizuführen. Sache des Beklagten war es, darzutun, welche Schritte er etwa getan hatte, um sich der Zustimmung des Vaters des Klägers zu versichern, oder besondere Umstände nachzuweisen, die einen Irrtum seinerseits als entschuldbar erscheinen ließen. Grundsätzlich aber ist der Standpunkt der Revision abzulehnen, daß sich der Beklagte damit hätte begnügen dürfen, das Vorhaben einer Operation seinem Personale gegenüber kundzugeben und diesem alsdann alles weitere wegen Einholung der Zustimmung des Einwilligungsberechtigten hätte überlassen können. Daß der Beklagte bei Anwendung der gebotenen Sorgfalt auch nicht voraussetzen durfte, es seien durch die Unterbringung des Knaben in seine Anstalt alle einem Heilverfahren dienliche, selbst operative Maßregeln lediglich dem sachkundigen Ermessen des Arztes anheimgegeben, ergibt sich aus dem oben Ausgeführten ohne weiteres." ...

Register.

Die beigesetzten Zahlen beziehen sich auf die Seiten.

A. Sachregister.

A

Abstraktes Rechtsgeschäft; Begriff 99

Aktie; Begriff nach deutschem und nach ausländischem Recht . 85
S. auch „Stempelsteuer".

Aktiengesellschaft; hat ein Mitglied des Aufsichtsrates, dessen Bestellung vorzeitig widerrufen wird, Anspruch auf Fortbezug der Vergütung für seine Tätigkeit? 223
— Abänderung des Gesellschaftsvertrages. Ankündigung der beabsichtigten Änderung „nach ihrem wesentlichen Inhalte". Rechtsfolgen einer ungenügenden Ankündigung 232
— Schaffung von Vorzugsaktien gelegentlich der Erhöhung des Grundkapitals. Zulässige Ausstattung der Vorzugsaktien. Ausschluß des Bezugsrechts der Aktionäre 235
— Verpflichtung der Aktionäre zu wiederkehrenden, nicht in Geld bestehenden Leistungen. Muß die notwendige Zustimmung sämtlicher Aktionäre gerade in der darüber beschließenden Generalversammlung erklärt werden? . . 263
— welche Beschlüsse der Generalversammlung werden durch Nichtanfechtung innerhalb eines Monats gültig? 263
— unter welchen Voraussetzungen kann ein Beschluß der Generalversammlung über die Entlastung des Vorstandes wegen Verletzung des Gesetzes angefochten werden? 314

Anfechtung einer Willenserklärung; Erfordernisse der Anfechtungserklärung bei Willensmängeln 8
— erfordert die Bestätigung eines anfechtbaren Rechtsgeschäfts eine dem andern Teile abzugebende Willenserklärung? setzt sie die Kenntnis von dem Anfechtungsgrunde voraus? . . . 398
S. auch „Gesellschaft m. b. H."
— im Konkurse; A. einer Zwangsvormerkung; ist für die Kenntnis des Gläubigers von der Zahlungseinstellung die Zeit der Ein-

tragung oder die Zeit des Antrags auf Eintragung maßgebend? 150

— Zeitpunkt für die Beurteilung, ob die angefochtene Rechtshandlung vor oder nach der Zahlungseinstellung erfolgt ist, insbesondere wenn der Vertrag durch einen Vertreter ohne Vertretungsmacht geschlossen ist 374

— außerhalb des Konkurses; ist die zweijährige Frist des § 4 Anf.Ges. gewahrt, wenn zwar die Anfechtungsklage innerhalb der Frist erhoben, ein vollstreckbarer Schuldtitel aber noch nicht erlangt ist? 70

— Bedeutung der Rechtskraft des gegen den Schuldner ergangenen Urteils gegenüber Einwendungen des Anfechtungsbeklagten, die den Bestand der Forderung betreffen 138

Arzt; vertragsmäßige Beschränkung der Freizügigkeit bei Ärzten 186

— Schadensersatzpflicht wegen eigenmächtiger Operation . . 431

Aufrechnung gegen die Stammeinlage bei der Gesellschaft m. b. H. 121

S. auch „Konkurs".

Aussetzung des Verfahrens; bei welchem Gerichte ist der Antrag anzubringen, wenn er während des Laufes der Rechtsmittelfrist, aber vor dessen Einlegung gestellt wird? 255

— Aufnahme gegen die Rechtsnachfolger, wenn das Verfahren nach Einlegung, aber vor Begründung der Revision wegen Ablebens des Revisionsklägers ausgesetzt war 390

Aval. S. „Wechsel".

B

Bankdepotgesetz; Verhältnis des § 8 zu den Bestimmungen über die Bedeutung des guten Glaubens für den Erwerb des Pfandrechts 130

Bankier; Pfandrechtserwerb des Zentralbankiers an Inhaberpapieren, die dem Provinzialbankier, der sie in Depot gibt, nicht gehören 130

Beamter; sind die vermögensrechtlichen Ansprüche der B. bürgerlich-rechtlicher oder staatsrechtlicher Natur? 218

Berufung; Zurücknahme der B. „wegen Vergleichs"; Rechtsfolgen, wenn der Berufungsbeklagte den Abschluß des Vergleichs bestreitet . . . 166

Beschwerde; Änderung der Entscheidung des ersuchten Richters 66

Bestätigung. S. „Anfechtung einer Willenserklärung".

Beweis eines zu ersetzenden Schadens 35

Beweislast bei der Unfallversicherung bezüglich der Frage, ob der Tod durch Krankheit mitverursacht ist 69

— wenn der auf Zahlung des Kaufpreises belangte Käufer Stundung behauptet . . 305

— wenn bei der Klage auf Auszahlung eines versprochenen Darlehns der Beklagte einen über das Darlehn gegebenen Wechsel in Händen hat 355

Bilanz. S. „Genossenschaft".
Binnenschiffahrt; findet beschränkte Haftung statt, wenn der Schiffseigner schuldhaft eine sich auf die Führung des Schiffes beziehende Anweisung erteilt? 180
Bordell. S. „Gute Sitten", „Hypothek".
Bürgerliche Rechtsstreitigkeit, Begriff 27
Bürgschaft auf bestimmte Zeit 144
— für eine als schon bestehend vorausgesetzte Schuld, wenn dem Hauptschuldner einstweilen noch eine Einrede zur Seite stand, diese aber später weggefallen ist 302

D

Darlehn; inwieweit ist der Anspruch aus einem Darlehnsvorvertrage abtretbar? 355
Dienstvertrag. S. „Stempelsteuer".

E

Ehescheidung; von wann an läuft die Ausschlußfrist für die Scheidungsklage, wenn der schuldige Gatte nach Begehung der Eheverfehlung in Geisteskrankheit verfällt? 124
Ehrenwort; Verpflichtung auf E. zum Schutze finanzieller Interessen 231
Eid; darüber, ob der Schwurpflichtige in einem bestimmten Zeitpunkte Zweifel am Bestehen einer Tatsache gehegt hat . . 130
— richterlicher E. bei einer Mehrheit von Streitgenossen . 130
Eigentum; Bestimmtheit der Begrenzung des Grundstücks als Voraussetzung einer Klage auf Anerkennung des E.'s . . 24
Eingemeindung; sind die Rechtsfolgen für die Gemeindebeamten nach bürgerlichem oder nach öffentlichem Rechte zu beurteilen? Haben die Beamten ein Recht darauf, daß vor der E. mit ihnen eine Vereinbarung über ihre künftige Stellung getroffen wird? 213
— Einwirkung der Einverleibung von Teilen eines Landkreises durch eine Stadtgemeinde auf Verträge des Landkreises mit einer Straßenbahngesellschaft über die Benutzung öffentlicher Wege 370
Einrede des nicht erfüllten Vertrages, wenn ein Sukzessivlieferungsvertrag teilweise nicht erfüllt ist 17
Eisenbahn; wann ereignet sich im Sinne des § 1 Haftpfl.Ges. die Körperverletzung bei dem Betriebe der E. 47
Elterliche Gewalt; Umfang der Vertretungsmacht des Vaters bei Übertragung einer durch Hypothek gesicherten Forderung; ist das Geschäft beim Mangel der Vertretungsmacht nichtig oder nur unwirksam? 37
Enteignung; keine Entschädigung für den Zinsverlust, der durch Hinterlegung der Entschädigungssumme entsteht 116
— Entschädigung der Mieter; kann der Eigentümer sie im eignen Namen geltend machen? Läuft für die Geltendmachung die sechs-

monatige Klagefrist des § 30 pr. Ent.Ges.? 116
Entmündigung; Anfechtung der E. wegen Geisteskrankheit; Beginn des Fristenlaufs für den Entmündigten 402
Entschädigung der im Wiederaufnahmeverfahren freigesprochenen Personen 147
Erbenhaftung. S. „Miterben".
Erfüllungsort beim Vertrage über die Lieferung einer Maschine, wenn vereinbart ist, die Maschine müsse spätestens an einem bestimmten Tage am Wohnorte des Bestellers eintreffen . . 76

F

Fahrlässigkeit; zum Begriffe der im Verkehre erforderlichen Sorgfalt 422
Fiskus; welche Behörde vertritt in Preußen den Justiz-F. gegen die Entschädigungsklage einer im Wiederaufnahmeverfahren freigesprochenen Person? . . 147
Fluchtlinie; was ist unter dem Verlangen der Gemeinde zu verstehen, daß eine Grundfläche für den öffentlichen Verkehr abgetreten werde? (Pr.) 135
Form für Immobiliarverträge mit preuß. Behörden . . . 393
— für Jagdpachtverträge in Hessen-Nassau.
S. auch „Gesellschaft m. b. H.", „Grundstück", „Testament", „Wechsel".
Freizügigkeit. S. „Arzt".
Frist für die Klage auf Aufhebung der Entmündigung . . 402

G

Gebrauchsmuster. S. „Kauf".
Gemeinde; Form für den Abschluß von Jagdpachtverträgen in Hessen-Nassau 407
— S. auch „Eingemeindung", „Sparkasse", „Stadtgemeinde".
Genehmigung des ohne Vertretungsmacht abgeschlossenen Vertrages 40
Genossenschaft; Auseinandersetzung mit dem ausgeschiedenen G. auf Grund der Bilanz; inwieweit kann die Bilanz berichtigt werden? wie sind Forderungen anzusetzen, deren rechtlicher Bestand unzweifelhaft ist? 1
— wen trifft die Beweislast, wenn ein in die Mitgliederliste eingetragener G. geltend macht, er habe das Statut nicht unterzeichnet und sei zu Unrecht eingetragen worden? . . . 90
— kann die G. durch Beschluß der Generalversammlung Mitgliedern, die ihren Geschäftsanteil voll eingezahlt haben, zur Deckung von Geschäftsverlusten weitere Einzahlungen auferlegen, ohne die Geschäftsanteile zu erhöhen? 93
— kann der G., der auf Grund schriftlicher Beitrittserklärung in die Liste eingetragen ist, seine Mitgliederpflichten ablehnen, weil er durch Verschulden des Vorstandes nicht rechtzeitig gelöscht, oder weil ein gültiger Aufnahmevertrag nicht zustande gekommen sei? 344
Gerichtsstand. S. „Schiedsspruch".

Gesamtschuldner; Haftung für Minderung der Erwerbsfähigkeit; Kapital oder Rente? . . 429
Gesellschaft. S. „Grundstück".
Gesellschaft mit beschränkter Haftung; Umfang des Verbots der Aufrechnung gegen die Stammeinlage 121
— Vereinigung aller Geschäftsanteile in einer Hand; kann in diesem Falle der eine Gesellschafter, wenn er zugleich Geschäftsführer ist, sich selbst die Ermächtigung erteilen, im Namen der Gesellschaft mit ihm selbst ein Rechtsgeschäft vorzunehmen? 172
— kann a) das Recht der Mitglieder, ihre Geschäftsanteile zu veräußern, b) das Recht der Inhaber von mindestens dem zehnten Teile des Stammkapitals, die Berufung der Versammlung der Gesellschafter zu verlangen, durch Mehrheitsbeschluß eingeschränkt werden? 210
— kann der Gesellschafter seines Geschäftsanteiles auch dann für verlustig erklärt werden, wenn er mit der Leistung einer Sacheinlage säumig ist? . . 271
— kann die Vereinbarung über die Einbringung einer Sacheinlage noch angefochten werden, nachdem die Gesellschaft eingetragen ist? 271
— Verkauf eines Geschäftsanteils durch die Gesellschaft; ist der Vertrag wegen einer von dem Geschäftsführer verübten arglistigen Täuschung anfechtbar? 309
— rechtliche Wirkung des Beschlusses der Gesellschafter, daß der Geschäftsführer seiner Stellung enthoben werde 381
Gewerbebetrieb; Untersagung wegen Unzuverlässigkeit des Gewerbtreibenden 26
— — wegen ungenügender Beschaffenheit der Arbeitsräume 267
Grundbuch; Bestimmtheit der Begrenzung des Grundstücks als Voraussetzung einer Klage auf Berichtigung des G. . . 24
S. auch „Hypothek".
Grundschuld; vertragsmäßiges Zurückbehaltungsrecht an einem Grundschuldbriefe; Besitzverlust 386
Grundstück; Bestimmtheit der Begrenzung 24
— bedarf ein Gesellschaftsvertrag, mit dem der Zweck verfolgt wird, G.e dritter Personen zu erwerben und weiter zu veräußern, notarieller Beurkundung? . . 260
— bedarf es der Auflassung der G.e, wenn bei Auflösung der offenen Handelsgesellschaft ein Gesellschafter das ganze Geschäft übernimmt? 410
Gütergemeinschaft; kann die Ehefrau der Pfändung von Sachen, die ihr bei der Auseinandersetzung der G. übereignet sind, auch dann widersprechen, wenn die Pfändung für eine Gesamtgutsverbindlichkeit erfolgt ist? 424
Gute Sitten; unter welchen Umständen verstößt der Verkauf eines Bordells gegen die g. S.? 97
— darf die Wahl des Ortes, wo sich ein approbierter Arzt nieder-

lassen will, durch Vertrag beschränkt werden? . . . 186
— Wettbewerbsverbot mit unverhältnismäßiger Höhe der Vertragsstrafe und mit einer Versicherung auf Ehrenwort 229
— Anfechtung von Beschlüssen der Generalversammlung einer Aktiengesellschaft wegen Verstoßes gegen die g. S. 235

H

Haftpflicht. S. „Eisenbahn".
Handelskauf; abstrakte Schadensberechnung bei Nichterfüllung 163
— Untersuchungspflicht; Schwierigkeit der Entdeckung eines Mangels; Verarbeitung einer größeren Menge, als zur Untersuchung erforderlich gewesen wäre . 368
Handlungsgehilfe; ist die Vereinbarung ungleicher Kündigungsfristen auch dann nichtig, wenn sie dem H.n günstig ist? 317
Hypothek; ist die Bestellung des Nießbrauchs an einem vermieteten Grundstücke eine Verfügung über den Mietzins im Sinne des § 1124 B.G.B.? 10
— kann der Alleineigentümer eines Grundstücks eine auf einem Bruchteile eingetragene H. auf das ganze Grundstück erstrecken? . . . 79
— dingliche Klage aus einer H. für rückständiges Kaufgeld aus einem Bordellverkaufe; Einwand, daß die zugrunde liegende Forderung nichtig sei . . . 97
S. auch „Elterliche Gewalt", „Stempelsteuer".

J

Inhaberpapiere; Erwerb des Pfandrechts an J. 130
Internationales Privatrecht. S. „Örtliches Recht".

K

Kauf; gehört der Frachturkundenstempel zu den Kosten der Versendung der Kaufsache? . 43
— Verkauf eines Rechtes (Gebrauchsmusters), dessen Entstehung objektiv unmöglich ist; haftet der Verkäufer für den Bestand des Rechts? 292
— Übersendungskauf, wenn der Verkäufer an seinem Wohnsitze zu erfüllen hat; Setzung einer Nachfrist, die nach dem Zeitpunkte bestimmt ist, wo die Ware am Bestimmungsorte eintreffen sollte 329
S. auch „Beweislast", „Gesellschaft m. b. H."
Kind. S. „Elterliche Gewalt".
Knappschaftsverein. S. „Ungerechtfertigte Bereicherung".
Konkurrenzverbot; S. „Wettbewerbsverbot".
Konkurs; kann eine vor der K.eröffnung begründete Leibrente in ihrem kapitalisierten Betrage gegen eine vom K.verwalter geltend gemachte Geldforderung aufgerechnet werden? 340
S. auch „Anfechtung im Konkurse".

L

Landesrecht. S. „Reichsrecht und Landesrecht".

Leibrente; Geltendmachung im Konkurse des Rentenschuldners 340

M

Mäklervertrag; landesrechtl. Höchst- und Mindesttaxen für Mäklerlohn 195
— ist der Auftraggeber zur Zahlung des Lohnes nur verpflichtet, wenn er beim Abschlusse des Vertrages Kenntnis von der vorausgegangenen Tätigkeit des Mäklers gehabt hat? 195
Miete; Veräußerung des vermieteten Grundstücks; Eintritt des Erwerbers in das Mietverhältnis 12
— Einfluß der Enteignung des vermieteten Grundstücks auf das Mietverhältnis 119
— Körperverletzung eines Dritten durch fehlerhafte Beschaffenheit der vermieteten Räume; haftet der Mieter oder der Vermieter dem Dritten auf Schadensersatz? 161
Miterben; kann bei noch ungeteiltem Nachlasse eine Nachlaßverbindlichkeit in Einzelklagen gegen die M. geltend gemacht werden?. 221
Mitschuld; mitwirkendes Verschulden des Beschädigten; Grundsätze für die Berücksichtigung . . 283
— Berücksichtigung bei der Umwandelungsklage des § 323 Z.P.O. 352
— inwieweit darf die Jugend des Beschädigten bei der Abwägung des Mitverschuldens berücksichtigt werden? 422

N

Nachfrist. S. „Kauf".
Nebenintervention; kann der Nebenintervenient Anschlußrevision erheben, wenn die Hauptpartei bloß auf Zurückweisung der gegnerischen Revision anträgt? . 14
Nießbrauch; Bestellung eines N.'s an einem vermieteten Grundstücke; Übergang der Mietforderungen auf den N.'er . . 13

O

Offene Handelsgesellschaft; bedarf es der Auflassung der Grundstücke, wenn ein Gesellschafter das ganze Geschäft übernimmt? 410
Öffentliches Recht; enthalten die Bestimmungen der kurhessischen Verordnung v. 20. August 1800, wegen Verhütung und Bestrafung des Wuchers, ö. R.? . . 199
— sind die Rechtsfolgen der Eingemeindung für die Gemeindebeamten nach ö. R. zu beurteilen? 213
Öffentliche Wege; Einwirkung der Einverleibung von Teilen eines Landkreises durch eine Stadtgemeinde auf Verträge des Landkreises mit einer Straßenbahngesellschaft über die Benutzung ö. W. 370
Örtliches Recht; entspricht es im internationalen Verkehre dem mutmaßlichen Willen der Kontrahenten eines gegenseitigen Vertrages, wenn die Verpflichtungen jedes Kontrahenten nach seinem heimischen Rechte beurteilt werden? Gesichtspunkte für die Frage, nach welchem ö. R. Seefrachtverträge zu beurteilen sind 203

P

Pfandrecht; kann der Vertrag oder das Eigentum an einer Zeitschrift wirksam verpfändet werden? 49
— kann ein Handelsgeschäft verpfändet werden? 54
— Erwerb des P. an Inhaberpapieren; guter Glaube . 130
— rechtliche Bedeutung der Pfandbestellung für fremde Schuld auf eine bestimmte Zeit . . 141
— ist die Anzeige des Gläubigers von der Verpfändung der Forderung entbehrlich, wenn dem Schuldner die Verpfändung anderweitig bekannt geworden ist? 278
Polizeiliche Taxen; Aufhebung durch die Gewerbeordnung . . 200
Post. S. „Weltpostverein".
Prozeßgericht; bleibt das Berufungsgericht auch nach Zustellung des Berufungsurteils bis zur Einlegung der Revision noch P. im Sinne des § 246 Z.P.O.

R

Rechtsgeschäft; Begriffsbestimmung 324
Rechtskraft. S. „Anfechtung außerhalb des Konkurses".
Rechtsmittel gegen ein Ergänzungsurteil, das sich auf den Kostenpunkt bezieht 301
— Einlegung auf den Namen eines schon Verstorbenen . . 390
S. auch „Berufung".
Rechtsweg; ist wegen Untersagung eines Gewerbebetriebes gemäß § 35 GewO. gegenüber der Rekursentscheidung der R. zulässig? 26
— Verhältnis des Reichsrechtes zum Landesrechte in bezug auf den Ausschluß des R. . . 29
— ist der R. zulässig gegen eine Verfügung der Polizeibehörde, wodurch einem Gewerbetreibenden die Weiterbenutzung seines Arbeitsraumes wegen dessen die Arbeiter gefährdender Beschaffenheit untersagt wird? 267
Reederei. S. „Schiffspart".
Reichsrecht und Landesrecht, Verhältnis in bezug auf den Ausschluß des Rechtsweges . 29
Restitutionsklage. S. „Wiederaufnahme des Verfahrens".
Revisibilität der Rechtsnormen; ist die allgemeine Verfügung des preuß. Justizministers v 23. März 1885, betr. die Vertretung des Fiskus in bürgerlichen Rechtsstreitigkeiten der Justizverwaltung, revisibel? 147
Revision; kann die R. gegen ein Urteil, das einen Schiedsspruch für vollstreckbar erklärt, darauf gestützt werden, daß das Gericht, bei dem der Schiedsspruch niedergelegt ist, hierfür örtlich nicht zuständig gewesen sei? . 182
— Aufnahme des ausgesetzten Verfahrens in der R.'instanz 390

S

Schadensersatz; gibt es einen Rechtssatz, daß ein körperlich Verletzter wegen derselben Verletzung niemals eine zweifache Entschädigung fordern kann? 46
— wegen Nichtlieferung von Maschinen, die nach einem neuen

Systeme zu fertigen, bisher aber noch nicht auf den Markt gebracht waren 163
— wegen unrichtiger amtlicher Auskunft 278
— wegen Minderung der Erwerbsfähigkeit; Kapital oder Rente? 429
S. auch „Entschädigung", „Miete", „Mitschuld", „Umwandlungsklage", „Unerlaubte Handlung", „Verzug", „Wasserstraße".
Schadensschätzung, wenn die angebotenen Beweise zum Teil erhoben, zum Teil nicht erhoben sind 35
Schenkung; inwieweit kann ein aus entgeltlicher Überlassung und S. gemischter Vertrag widerrufen werden? 326
Schiedsspruch; Anforderungen an die Begründung; örtliche Zuständigkeit für die Niederlegung 182
Schiffseigner. S. „Binnenschiffahrt".
Schiffspart; Veräußerung an einen Ausländer; ist sie ohne die Zustimmung der Mitreeder nur unwirksam oder nichtig? . 65
Schikaneverbot; kommt es auf die Absicht des Handelnden an? 424
Schuldanerkenntnis; zum Begriffe des abstrakten S. . . . 302
Schuldversprechen; zum Begriffe des abstrakten S. . . . 302
Seefrachtvertrag; welchem örtlichen Rechte unterliegt der S. des internationalen Verkehrs? . . 203
— wann gelten Güter als durch Unfall verloren gegangen? 203
Seeversicherung; Verpflichtung des Versicherten, für die Rettung der versicherten Sachen zu sorgen 115
Selbstkontrahieren. S. „Vertreter".
Sonderrechte; zum Begriffe der S. 211
Sparkasse; rechtliche Stellung der S.n der Stadtgemeinden in Preußen 277
Stadtgemeinde; Voraussetzung der Haftbarkeit einer preuß. St. für den Schaden, der durch eine fahrlässig erteilte Auskunft ihres Bürgermeisters über ein Guthaben bei der städtischen Sparkasse entstanden ist. 278
Standesregister; sind die Voraussetzungen der Berichtigung des S. gegeben, wenn die zum Geburts- und Heiratsregister vermerkte Anerkennung der Vaterschaft eines unehelichen Kindes der Wahrheit zuwider erklärt worden ist? 60
Stempelsteuer.
Reichsstempel; unter welchen Voraussetzungen sind Wertpapiere als „ausländische Aktien" zu versteuern? Berechnung des Stempels für certificates of shares, von denen jedes über mehrere shares lautet 83
— Art der Ermittelung des Wertes, der dem Urkundenstempel und dem Anschaffungsstempel auf junge Aktien zugrunde zu legen ist 105
Preuß. Landesstempel; Klagefrist nach § 26 Stemp.St.-Ges.; haben Einfluß auf diese Frist die Gerichtsferien? die Einlegung der Verwaltungsbeschwerde gegen den Ansatz der St.? . 55

— Berechnung der Fristen des Stemp. St.Ges. 59
— ist die Befreiungsvorschrift für Dienstverträge anwendbar auf Verträge über Müllabfuhr? 75
— Stempelpflichtigkeit von Urkunden über Rechtsgeschäfte, die von dem einen Teile in Preußen, von dem andern Teile außerhalb Preußens zu erfüllen sind 76
— Stempelpflichtigkeit der Eintragung von Höchstbetragshypotheken; Einfluß der Beibringung der der Hypothek zugrunde liegenden Schuldurkunde . 157
— Bestimmung der St., wenn ein Gesellschafter ein Grundstück in eine offene Handelsgesellschaft einbringt und die Gegenleistung teils in barem Gelde und in der Übernahme von Hypotheken, teils in der Gewährung von Gesellschaftsrechten besteht 168
— ist der Abtretungsstempel zu erheben, wenn Testamentsvollstrecker ein Nachlaßgrundstück verkaufen und dabei erklären, daß sie die Kaufgelderforderung an den alleinigen Erben abtreten? 257
— Versteuerung eines Vertrages, durch den Gesellschaftseigentum in gewöhnliches Eigentum der Gesellschafter umgewandelt wird 378
Streitgenossen; richterlicher Eid 130
Sukzessivlieferungsvertrag. Siehe „Einrede des nicht erfüllten Vertrages".

T

Testament; müssen die Unterschriften der Zeugen zusammen mit der des Notars unter allen Umständen die letzten Worte des Protokolls bilden? . . 297
Testamentsvollstrecker; wer erwirbt die Rechte aus einem vom T. geschlossenen Vertrage? . 259

U

Umwandelungsklage; inwieweit sind später eintretende Umstände, die denselben Schaden ebenfalls verursacht haben würden, zu berücksichtigen? inwieweit ein späteres eigenes Verschulden des Beschädigten? 352
Uneheliches Kind. S. „Vaterschaft".
Unerlaubte Handlung; Grenzen der Haftung des Hausbesitzers für den schadhaften Zustand des Hauses gegenüber Personen, die in dem Hause verkehren . . . 161
— Haftung des Arztes wegen eigenmächtiger Operation . . 431
S. auch „Schadensersatz".
Unfallversicherung.
— Auslegung der Vertragsbestimmung, daß die Entschädigungspflicht nur eintrete, wenn der Tod die direkte und alleinige Folge einer Verletzung sei . . 67
— — daß alle nicht innerhalb 6 Monaten nach Ablehnung einer Entschädigung vermittelst vollständiger Klage vor den zuständigen Richter gebrachten Ansprüche erlöschen 108
— — daß die Versicherung nur gegeben sei gegen die Folgen körperlicher Verletzungen, insoweit sie innerhalb Jahresfrist den Tod usw. herbeiführten . 109

— Haftung der Versicherungsgesellschaft für den Schaden, den der von einem Unfalle Betroffene bei einer von ihr angeordneten ärztlichen Untersuchung erleidet 109
Ungerechtfertigte Bereicherung; steht einem Knappschaftsvereine wegen der Unterstützungen, die er bei einem Unfalle zahlt, ein Anspruch gegen den zu, der dem Verletzten für den Unfall aus unerlaubter Handlung ersatzpflichtig ist? 45
— wann ist die Verpflichtung zur Herausgabe ausgeschlossen, weil der Empfänger nicht mehr bereichert ist? 269
Unterbrechung des Verfahrens, wenn die Partei nach Zustellung des Berufungsurteils und vor Einlegung der Revision stirbt 247
Urheberrecht; ist bei der Verpfändung des Verlags einer Zeitschrift ein U. -Gegenstand der Verpfändung? 49
Urkunde; Umfang der Vermutung für die Vollständigkeit der über ein Rechtsgeschäft errichteten Urkunde 15

V

Vater. S. „Elterliche Gewalt".
Vaterschaft; Bedeutung der Anerkennung der V. durch einen Vermerk zum Standesregister 62
Verlagsrecht; Rechte bezüglich des Verlags einer Zeitschrift . 49
Verpfändung. S. „Pfandrecht".
Versäumnisurteil; Vers.-Zwischenurteil, daß das ausgesetzte Verfahren der Revisionsinstanz von den Rechtsnachfolgern aufgenommen sei 390
Versicherungsvertrag. S. „Seeversicherung", „Unfallversicherung".
Vertrag; Nichtübereinstimmung des Willens infolge Gebrauches eines Schlüsselwortes, dem jede Partei einen andern Sinn unterlegt 6
— ist der innere, nicht zum Ausdrucke gelangte Wille des einen Kontrahenten von Bedeutung? Was ist unter dem „wirklichen Willen" zu verstehen, der erforscht werden soll? . . 126
— Verbindung einer gültigen mit einer nichtigen Abrede, wenn sich die Parteien dieser Nichtigkeit bewußt waren; ist der ganze Vertrag nichtig? . . . 322
— Beurteilung eines V., der aus entgeltlicher Überlassung und Schenkung gemischt ist . 326
— Immobiliar-V. mit einer preußischen Behörde; Form . 393
S. auch „Einrede des nicht erfüllten Vertrages", „Gemeinde", „Genehmigung".
Vertragsstrafe für verspätete Lieferung in der Form eines Nachlasses vom Kaufpreise; vorbehaltlose Annahme der Erfüllung 41
S. auch „Gute Sitten".
Vertreter ohne Vertretungsmacht; Folgen der Unkenntnis des V.'s von Umständen, die die rechtlichen Folgen der Willenserklärung beeinflussen 374
— Verbot des Vertragsschlusses mit sich selbst . . 40. 172

Verzug; können bei verspäteter Leistung Schadensansprüche nur aus §§ 284, 286 begründet werden? oder auch allein aus § 276 B.G.B? 192

W

Wasserstraße; Benutzung einer vom Staate auf Grund eines Gesetzes eröffneten öffentlichen W.; kann der Staat seine Schadensersatzpflicht ohne besondere gesetzliche Grundlage ausschließen? 358

Wechsel; Form der Unterschrift des Avalisten 155

— Erwerb eines Blankoakzepts, wenn zugleich die Forderung übertragen ist, zu deren Deckung das Blankett gegeben war; Einreden aus der Person des Übertragenden 418

— Förmlichkeiten des Protestes, durch den die Präsentation eines eigenen Nach-Sicht-W.'s beurkundet wird 427

Weltpostverein; Bedeutung des Erfordernisses, daß der Empfangsberechtigte „die Sendung in Empfang genommen" habe 286

Wettbewerbsverbot; sind Kaufleute, die vereinbart haben, einander innerhalb bestimmter Bezirke keine Konkurrenz zu machen, verpflichtet, ihren Geschäftsnachfolgern die gleiche Pflicht aufzuerlegen? 294 S. auch „Gute Sitten".

Widerruf. S. „Schenkung".

Widerspruchsklage. S. „Gütergemeinschaft".

Wiederaufnahme des Verfahrens; findet die Restitutionsklage wegen neu aufgefundener Urkunden gegen ein Urteil statt, das die Revision verwirft, weil die Revisionssumme nicht glaubhaft gemacht sei? 334

Willenserklärung. S. „Anfechtung einer W.", „Vertrag".

Z

Zeitschrift; kann der Verlag oder das Eigentum einer Z. wirksam verpfändet werden? . . . 49

Zession; ist der Anspruch aus einem Darlehnsvorvertrage abtretbar? 355

Zeuge; Verurteilung zu Strafe und Kosten im Falle des Ausbleibens durch den ersuchten Richter; steht dem Prozeßgerichte die Änderung der Entscheidung zu? . . 66

Zurückbehaltungsrecht; Identität des rechtlichen Verhältnisses 32

— Klage auf Einräumung eines Z's an einem Grundschuldbriefe, nachdem der Kläger den Besitz ohne seinen Willen an den Beklagten verloren hat . . 386

Zwangsverwaltung; kann der Z.'er eines Grundstücks, wenn mehrere Gläubiger über das Recht auf eine hinterlegte Z.masse streiten, gegen den einen auf Einwilligung klagen, daß die Masse dem andern zugeteilt werde? 10

Zwangsvormerkung; Anfechtung im Konkurse 150

B. Gesetzesregister.

1. Reichsgesetze.

a. Bürgerliches Gesetzbuch.

§ 29 . . . 180
§ 31 278 flg., 347 flg., 365, 429
§ 35 . . . 211
§ 89 278 flg., 365
§ 99 . . . 343
§ 100 . . . 343
§ 104 Nr. 3 . 404
§ 116 . . 126 flg.
§ 119 . 126 flg., 346
§ 120 . . . 7
§ 124 . . . 399
§ 126 . . . 186
§ 128 . . 393 flg.
§ 130 . . 393 flg.
§ 133 . 126 flg., 397
§ 134 . 100, 197, 358 flg.
§ 138 Abs. 1 97 flg., 186 flg., 229 flg., 243, 323
§ 139 192, 232, 293, 322 flg.
§ 141 . . . 41
§ 142 . . . 312
§ 144 . . 398 flg.
§ 152 . . 393 flg.
§ 157 . 68 flg., 114, 126 flg., 397, 433 flg.
§ 158 Abs. 2 143 flg., 276
§ 163 . . 143 flg.
§ 164 . 376, 433
§ 166 . . 374 flg.
§ 177 . . 40, 377
§§ 177 flg. . 376
§ 181 37 flg., 172 flg.
§ 182 . . . 266
§ 184 . . . 377
§§ 202—216 . 60
§ 205 . . . 57
§ 226 . 247, 424 flg.
§ 242 . . . 68
§§ 249 flg. 430 flg.
§ 251 . . 429 flg.
§ 252 . . 163 flg.
§ 254 278 flg., 352 flg.
§ 269 Abs. 3 . 78
§ 271 . . 305 flg.
§ 273 20 flg., 32 flg., 294, 386 flg.
§ 274 . . . 294
§ 276 . 113, 135, 192 flg., 367, 437 flg.
§ 278 . . . 113
§ 284 20 flg., 192 flg.
§ 286 . . 192 flg.
§ 306 276 flg., 293 flg.
§ 313 260 flg., 328, 393, 412
§ 315 . . . 201
§ 320 . . . 22 flg.
§ 325 . . . 277
§ 326 . 19 flg., 33, 329 flg.
§ 339 . . . 42
§§ 339—341 . 42
§ 341 Abs. 3 41 flg.
§ 342 . . . 42
§ 343 . . . 231
§ 366 Abs. 2 . 388
§ 399 . . 355 flg.
§ 400 . . . 45
§§ 401—408 . 12
§ 419 . . 216, 367
§ 437 Abs. 1 292 flg.
§ 448 . . . 43 flg.
§ 452 . . . 123
§ 516 Abs. 1 . 328
§ 531 . . . 329
§ 571 . 11 flg., 372
§ 577 . . 11 flg.
§ 609 Abs. 2 . 308
§ 611 . . . 224
§§ 611 flg. . 76
§ 612 Abs. 2 . 201
§ 626 . . . 228
§ 631 . . . 76
§ 653 . . . 195 flg.
§ 655 . 195 flg.
§ 667 . . . 262
§ 675 . . . 224
§ 707 . . . 96
§ 709 . . . 261

§ 713 . . . 262
§ 719 . . 410 flg.
§ 736 . . 410 flg.
§ 737 . . 414 flg
§ 738 . . 410 flg.
§§ 741 flg. . 381
§ 761 . . . 409
§ 765 . . 302 flg.
§ 766 302 flg, 409
§ 777 . . 144 flg
§ 780 302 flg., 409
§§ 780 flg. . . 159
§ 781 302 flg., 409
§ 812 45 flg., 270, 294, 312, 329
§§ 812 flg. . . 101
§ 813 Abs. 1 . 304
§ 817 . . 97 flg
§ 818 269 flg., 294
§ 823 282, 365 flg., 429, 434 flg.
§ 826 193, 247, 282, 314 flg.
§ 831 . . . 284
§ 839 . . 278 flg.
§ 843 . . 429 flg.
§ 844 . . . 45
§ 847 . . 433 flg.
§ 858 . . . 389
§ 861 . . 386 flg.
§ 864 . . . 389
§ 868 . . . 389
§ 869 . . . 389
§ 873 . 99 flg., 143
§ 878 . . . 153
§ 891 . . . 102
§ 892 . . 150 flg.
§ 893 . . . 153 flg.
§ 894 . . . 26
§ 932 . . 180 flg.
§§ 1008 flg. . 381
§ 1073 . . . 343
§ 1088 Abs. 2 367
§ 1114 . . 79 flg.
§ 1123 Abs 1 13
§ 1124 . . 10 flg.
§ 1131 . . . 82
§ 1137 . . 97 flg.
§ 1138 . . . 102
§ 1144 . . . 390
§ 1150 . . . 390
§ 1154 . . 143, 409
§ 1163 . . 97 flg.
§ 1168 . . . 98
§ 1169 . . . 98
§ 1177 Abs. 1 101
§ 1190 . . 157 flg.
§ 1192 . . . 390
§ 1204 . . 49, 54
§ 1207 . . 130 flg.
§ 1223 Abs. 2 146
§ 1225 . . . 146
§ 1273 49, 54, 146
§ 1274 . . . 143
§ 1280 . . 278 flg.
§ 1282 Abs. 1 144
§ 1293 . . 130 flg.
§ 1432 . . . 322
§ 1442 . . . 412
§ 1450 . . . 146
§ 1480 . . 424 flg.
§ 1568 . . 124 flg.
§ 1571 . . 124 flg.
§ 1614 . . . 323
§ 1630 Abs. 2 37 flg.
§ 1718 . . 62, 64
§ 1720 Abs. 2 60 flg.
§ 1795 . . . 87 flg.
§ 1846 . . . 40
§ 2033 . . . 221 flg., 412 flg.
§ 2040 Abs. 1 221 flg.
§ 2058 . . 221 flg.
§ 2059 . . . 221 flg.
§ 2202 . . . 258
§ 2204 . . . 260
§§ 2205 flg. . 259
§ 2213 . . . 259
§ 2217 . . . 259
§ 2233 . . 297 flg.
§ 2242 Abs. 3 297 flg.
§ 2382 Abs. 2 367

b. Einführungsgesetz zum Bürgerlichen Gesetzbuche.

Art. 55 195 flg., 409
Art. 77 . . . 285
Art. 142 . . 393

c. Allgemeines Deutsches Handelsgesetzbuch.

Art. 128 . . 414
Art. 132 . . 414
Art. 190 Abs. 3 242
Art. 191 Abs. 4 227
Art. 215a Abs. 4 244
Art. 217 . . 238

d. Handelsgesetzbuch von 1897.

§ 15 . . . 385
§ 25 . . 295 flg.
§ 37 . . . 297
§ 40 . . . 2 flg.
§ 52 Abs. 1 224 flg.
§ 66 . . 317 flg.
§ 67 . . 317 flg.
§ 68 . . 317 flg.
§ 140 . . . 415
§ 141 . . . 415
§ 142 . . 410 flg.
§ 185 . . 238 flg.
§ 189 . . . 350
§ 212 . . 263 flg.

§ 215 . . 237 flg.
§ 231 . . 224 flg.
§ 232 . . . 226
§ 236 . . . 226
§ 239 . . . 226
§ 241 . 226, 315
§ 243 Abs. 4 223 flg.
§ 245 . . 225 flg.
§ 246 . . 226, 315
§ 247 . . . 226
§ 249 . . . 226
§ 250 . . . 245
§ 251 . . . 245
§ 252 . . . 241
§ 254 . . . 245
§ 256 . . . 233
§ 260 . . 314 flg.
§ 262 Nr. 3 . 240
§ 264 . . . 245
§ 268 245, 314 flg.
§ 271 233, 263 flg., 314 flg.
§ 273 . . . 234
§ 274 232 flg., 240 flg. 265 flg.
§ 275 . . 240, 266
§ 276 240, 263 flg.
§ 278 Abs. 2 . 240
§ 282 . . . 244
§ 288 . . . 245
§ 300 . . 237 flg.
§ 350 . . . 384
§ 366 . . 130 flg.
§ 377 . . 368 flg
§ 426 . . . 44
§ 427 . . . 44
§ 503 Abs. 2 . 65
§ 617 . . 203 flg.
§ 630 Abs. 2 . 204
§ 819 . . . 115
§ 834 Nr. 3 . 115
§ 840 Abs. 2 . 115

e. Einführungsgesetz zum Handelsgesetzbuche von 1897.

Art. 2 . . 224 flg.
Art. 11 . . . 384

f. Wechselordnung.

Art. 4 . . . 156
Art. 12 . . . 156
Art. 19 . . . 428
Art. 20 . . . 428
Art. 21 . . . 156
Art. 23 Abs. 2 421
Art. 81 . . . 156
Art. 88 . . 427 flg.
Art. 96 Nr. 5 156
Art. 98 . . . 428

g. Zivilprozeßordnung von 1877.

§ 199 . . . 58
§ 200 . . . 58
§ 201 . . . 57
§ 217 Abs. 4 . 391

h. Zivilprozeßordnung von 1898.

§ 17 . . . 185
§ 18 . . 147 flg.
§§ 20 flg. . . 185
§ 67 . . . 14
§ 81 . 249, 391
§ 86 . . . 391
§ 99 Abs. 1 . 301
§ 139 26, 133, 186, 437 flg.
§ 145 Abs. 3 . 252
§ 177 . . . 252
§ 179 Abs. 3 . 252
§ 188 Abs. 2 . 251
§ 199 . . 251 flg.
§ 200 . . 251 flg.
§ 201 . . 251 flg.
§ 202 . . 251 flg.
§ 204 . . 251 flg.
§ 222 . . 55 flg.
§ 223 . . 55 flg.
§ 239 248 flg., 392
§ 246 . . 248 flg.
§ 249 Abs. 1 . 392
§ 252 . . . 255
§ 253 . . . 110
§ 286 247, 433 flg.
§ 287 35 flg., 163 flg.
§ 289 . . 306 flg.
§ 292 . . . 63
§ 294 Abs. 2 . 340
§ 302 . . . 252
§ 303 . . 110 flg.
§ 304 110 flg., 252
§ 313 Abs. 1 Nr. 4 247
§ 323 . . 352 flg.
§ 335 Abs. 1 Nr. 3 392
§ 380 . . 66 flg.
§ 400 . . 66 flg.
§ 418 . . . 63
§§ 445 flg. . 247
§ 459 . . . 132
§ 475 130 flg., 305
§ 476 . . 130 flg.
§ 486 . . . 251
§ 492 . . . 251
§ 515 Abs. 3 166 flg.
§ 518 Abs. 1 . 252
§ 540 . . . 252
§ 542 . . . 252
§ 546 . 301, 340
§ 549 . . . 148
§ 551 Nr. 7 . 134, 247, 433
§ 557 392

§ 561 . . . 339
§ 563 . . . 114
§ 565 337 flg., 406
§ 576 . . 66 flg.
§ 579 . . . 338
§ 580 . . 334 flg.
§ 584 . . 334 flg.
§ 586 Abs. 2 . 340
§ 589 . . . 335
§ 590 . . 334 flg.
§ 599 . . . 252
§ 600 . . . 252
§ 622 . . . 126
§ 653 Abs. 1 . 406
§ 661 . . . 404
§ 664 . . 402 flg.
§ 693 . . . 110
§ 697 . . . 110
§ 706 Abs. 1 . 253
§ 724 Abs. 2 . 253
§ 736 . . . 223
§ 747 . . 221 flg.
§ 771 . . . 426
§ 850 Abs. 1 Nr. 2 45
§ 894 . . 150 flg.
§ 897 . . 154 flg.
§ 898 . . 150 flg.
§ 943 . . 251 flg.
§ 1039 . . 182 flg.
§ 1040 . . 182 flg.
§ 1041 Nr. 5 182 flg.
§ 1042 Abs. 2 182 flg.
§ 1045 . . 182 flg.
§ 1046 . . 182 flg.

i. Zivilprozeßnovelle vom 5. Juni 1905.

§ 549 Abs. 2 . 185
§ 553 252 flg., 392
§ 554 . . . 392
§ 554a Abs. 2 340

k. Einführungsgesetz zur Zivilprozeßordnung.

§ 12 . . . 148
§ 16 Nr. 1 . 63

l. Konkursordnung.

§ 7 . . . 150 flg
§ 14 . . 150 flg.
§ 15 . . 150 flg.
§§ 29—42 . 154
§ 30 Nr. 1 150 flg.
§ 30 Nr. 2 374 flg.
§ 42 . . 150 flg.
§ 54 . . 341 flg.
§ 65 . . 340 flg
§ 66 . . . 342
§ 69 . . 340 flg.
§ 70 . . 342 flg.

m. Gewerbeordnung.

§ 19 . . . 31
§ 19a . . . 31
§ 20 . . 27 flg.
§ 21 . . 27 flg.
§ 35 . . 26 flg.
§ 40 Abs 2 . 26 flg.

§ 51 . . . 31
§ 52 . . . 31
§ 72 . . 195 flg.
§ 120a . . 267 flg.
§ 120d . . 267 flg.
§ 133f . . . 232
§ 152 . . . 190
§ 155 Abs. 2 . 269

n. Grundbuchordnung.

§ 54 Abs. 1 . 80
§ 79 . . 80, 411

o. Strafgesetzbuch.

§ 302 . . . 281
§ 302b . . . 281

p. Gerichtsverfassungsgesetz.

§ 13 . . 27 flg.
§ 137 65, 249, 302, 310
§ 183 . . . 67
§ 202 . . 55 flg.

q. Gesetz über die Angelegenheiten der freiwilligen Gerichtsbarkeit.

§ 28 Abs. 2 298 flg.
§ 177 . . 299 flg.

r. Gebührenordnung für Zeugen und Sachverständige.

§ 17 . . . 67

s. Einzelne Gesetze und Verordnungen.

1867. 14. November. Gesetz, betr. die vertragsmäßigen Zinsen (B.G.Bl. S. 159) . . 199

1871. 16. April. Verfassung des Deutschen Reichs (R.G.Bl. S. 63).
— — Art. 54 Abs. 4 . . 359

1871. 7. Juni. Gesetz, betr. die Verbindlichkeit zum Schadensersatz für die bei dem Betriebe von Eisenbahnen ꝛc herbeige-

führten Tötungen (R.G.Bl. S. 207).
— — § 1 . . . . . 47 flg.
— — § 4 46
1871. 28. Oktober. Gesetz über das Postwesen des Deutschen Reichs (R.G.Bl. S. 347) . 366
1875. 6. Februar. Gesetz über die Beurkundung des Personenstandes (R.G.Bl. S. 23).
— — § 12—14 . . . 62
— — § 15 . . . . 60 flg.
— — § 16 64
— — §§ 17 flg. . . . 63
— — §§ 22 flg. . . . 62
— — § 25 . . . . 60 flg.
— — § 26 . . . . 60 flg.
— — § 54 62
— — § 56 63
— — § 59 62
— — § 65 . . . . 60 flg.
1878. 1. Juni. Übereinkommen, betr. den Austausch von Briefen mit Wertangabe (R.G.Bl. 1879 S. 102).
— — Art. 8 Nr. 4 . . 287
1881. 1. Juli. Gesetz, betr. die Erhebung von Reichsstempelabgaben (R.G.Bl. S. 185).
— — §§ 2—5 . . . 85
— — Tarif Nr. 1—3 . . 85
1886. 16. März. Gesetz, betr. die Herstellung des Nord-Ostseekanals (R.G.Bl. S. 58). . . 359 flg.
1890. 14. Oktober. Internationales Übereinkommen über den Eisenbahnfrachtverkehr (R.G.Bl. 1892 S. 793).
— — Art. 50 251
1891. 1. Juni. Gesetz, betr. den Schutz von Gebrauchsmustern (R.G.Bl. S. 290).
— — § 1 293
— — § 4 293
1891. 4. Juli. Übereinkommen, betr. den Austausch von Briefen und Kästchen mit Wertangabe (R.G.Bl. 1892 S. 535).
— — Art. 11 Nr. 9 . . 287
1895. 15. Juni. Allerhöchster Erlaß, betr. die Errichtung und den Geschäftsgang des Kaiserl. Kanalamts (R.G.Bl. S. 349) 361 flg.
1896. 27. Mai. Gesetz, betr. den Abgabentarif für den Kaiser-Wilhelm-Kanal (R.G.Bl. S. 150) 361 flg.
1896. 5. Juli. Gesetz, betr. die Pflichten der Kaufleute bei Aufbewahrung fremder Wertpapiere (R.G.Bl. S. 183).
— — § 8 . . . . 130 flg.
1896. 4. August. Allerhöchster Erlaß, betr. Genehmigung eines revidierten Abgabentarifs für den Kaiser-Wilhelm-Kanal (R.G.Bl. S. 681) 366
1897. 15. Juni. Weltpostvertrag (R.G.Bl. 1898 S. 1079).
— — Art. 8 . . . . 288 flg.
1897. 15. Juni. Übereinkommen, betr. den Austausch von Briefen und Kästchen mit Wertangabe (R.G.Bl. 1898) S. 1115).
— — Art. 7 Nr. 1 . . 288
— — Art. 8 Nr. 1 . . 288
— — Art. 12 . . . . 286 flg.
1897. 15. Juni. Übereinkommen, betr. den Postanweisungsdienst (R.G.Bl. 1898 S. 1133).
— — Art. 3 Nr. 6 . . . 289

1897. 15. Juni. Übereinkommen, betr. den Austausch von Postpaketen (R.G.Bl. 1898 S. 1145).
— — Art. 7 288
— — Art. 8 288
— — Art. 13 289
1898. 20. Mai. Gesetz, betr. die Entschädigung der im Wiederaufnahmeverfahren freigesprochenen Personen (R.G.Bl. S. 345).
— — § 1 149
— — § 2 149
— — § 3 149
— — § 4 . . . . 147 flg.
— — § 5 . . . . 147 flg.
1898. 20. Mai. Gesetz, betr. die Anfechtung von Rechtshandlungen eines Schuldners außerhalb des Konkursverfahrens (R.G.Bl. S. 709).
— — § 2 . . 73 flg., 138 flg.
— — § 3 . 70 flg., 138, 425
— — § 4 . . . . 70 flg.
— — § 10 141
1898. 20. Mai. Gesetz, betr. die Erwerbs- und Wirtschaftsgenossenschaften (R.G.Bl. S. 810).
— — § 7 Nr. 2 . . . 93 flg.
— — § 11 . . . . 90 flg.
— — § 15 . . . . 346 flg.
— — § 16 . . . . 93 flg.
— — § 19 . . . . 93 flg.
— — § 70 347
— — § 73 . . . . . 1 flg.
— — § 108 Abs. 2 . . 344
1898. 20. Mai. Gesetz, betr. die Gesellschaften mit beschränkter Haftung (R.G.Bl. S. 846).
— — §§ 2—12 . . . 311
— — § 5 . 121 flg., 275, 311
— — § 9 311
— — § 10 Abs. 3 . . . 123
— — § 13 . . 172 flg., 384
— — § 15 . 172 flg., 394 flg.
— — § 19 . . 121 flg., 311
— — § 21 . . . . . 271 flg.
— — § 27 275
— — § 30 . . . . . 311 flg.
— — § 34 . . . . . 271 flg.
— — § 35 177
— — § 39 . . . . . 381 flg.
— — § 45 Abs. 2 . . 213
— — § 46 . . . . 172 flg.
— — § 48 . . . . 381 flg.
— — § 50 Abs. 1 . . 212 flg.
— — § 53 213
1898. 20. Mai. Gesetz, betr. die privatrechtlichen Verhältnisse der Binnenschiffahrt (R.G.Bl. S. 868).
— — § 4 Abs. 2 . . 179 flg.
— — § 7 . . . . 179 flg.
1899. 25. März. Bekanntmachung, betr. Vorschriften zur Ausführung des Gesetzes über die Beurkundung des Personenstandes und die Eheschließung (R.G.Bl. S. 225).
— — § 15 64
1899. 20. Juni. Gesetz, betr. die Gebühren für die Benutzung des Kaiser-Wilhelm-Kanals (R.G.Bl. S. 315) . . . . . 361 flg.
1899. 22. Juni. Gesetz, betr. das Flaggenrecht der Kauffahrteischiffe (R.G.Bl. S. 319).
— — § 2 65
— — § 3 65
— — § 18 65
— — § 19 65
1900. 14. Juni. Reichsstempelgesetz (R.G.Bl. S. 275).
— — § 43 58

— — Tarif Nr. 1 a . 105 flg.
— — Tarif Nr. 1 b . 83 flg.
— — Tarif Nr. 4 . . 105 flg.
1900. 5. Juli. Gewerbe-Unfallversicherungsgesetz (R.G.Bl. S. 585).
— — § 25 46
— — § 140 46
1901. 19. Juni. Gesetz über das Verlagsrecht (R.G.Bl. S. 217).
— — §§ 41 flg. 53
1901. 19. Juni. Gesetz, betr. das Urheberrecht an Werken der Literatur und Tonkunst (R.G.Bl. S. 227).
— — § 2 50
— — § 4 . . . . . 49 flg.
1902. 20. Mai. Gesetz, betr. den Gebührentarif für den Kaiser-Wilhelm-Kanal (R.G.Bl. S. 167) 361 flg.
1906. 3. Juni. Reichsstempelgesetz (R.G.Bl. S. 695).
— — § 34 Abs. 1 . . . 44
— — § 39 44
— — Tarif 6 d . . . . 43 flg.
1907. 8. Mai. Gesetz, betr. den Gebührentarif für den Kaiser-Wilhelm-Kanal (R.G.Bl. S. 153). 361 flg.

2. Gemeines Recht.

L. 3 § 1 D. de pec. const. 13, 5 304
L. 20 § 3 D. de lib. causa 40, 12 304
L. 42 § 1 D. de O. et A. 44, 7 304

3. Landesrecht.

Preußen.

a. Allgemeines Landrecht.

— — Einl. § 75 . . . 137

b. Einzelne Gesetze und Verordnungen.

1800. 20. August. Kurhessische Verordnung wegen Verhütung und Bestrafung des Wuchers. 195 flg.
1838. 12. Dezember. Reglement, betr. die Einrichtung des Sparkassenwesens (G.S. 1839. S. 5). 277 flg.
1845. 17. Januar. Allgemeine Gewerbeordnung (G.S. S. 41).
— — § 25 29
1845. 23. Juli. Gemeindeordnung für die Rheinprovinz (G.S. S. 523).
— — § 7 220
— — § 8 220
— — § 9 218
— — § 10 218

1852. 21. Juli. Gesetz, betr. die Dienstvergehen der nicht richterlichen Beamten (G.S. S. 465).
— — § 87 219
1853. 30. Mai. Städteordnung für die sechs östlichen Provinzen der preußischen Monarchie (G.S. S. 261).
— — § 2 . . . . 370 flg.
— — § 56 281
1855. 9. Mai. Gesetz, betr. die Befugnis der Gläubiger zur Anfechtung der Rechtshandlungen zahlungsunfähiger Schuldner außerhalb des Konkurses (G.S. S. 429).
— — § 6 71
1856. 15. Mai. Städteordnung für die Rheinprovinz (G.S. S. 406).
— — § 2 217
1861. 24. Mai. Gesetz, betr. die Erweiterung des Rechtsweges (G.S. S. 285).
— — § 12 58
1867. 30. März. Verordnung, betr. das Jagdrecht und die Jagdpolizei im ehemaligen Herzogtum Nassau (G.S. S. 426).
— — § 11 408
1874. 11. Juni. Gesetz über die Enteignung von Grundeigentum (G.S. S. 221).
— — § 11 118
— — § 24 136
— — § 25 119
— — § 29 . . . . 116 flg.
— — § 30 . . . 58, 116 flg.
— — § 31 . . . . 116 flg.
— — § 32 120
— — § 34 . . . . 116 flg.
— — § 36 . . . . 116 flg.
1875. 2. Juli. Gesetz, betr. die Anlegung und Veränderung von Straßen und Plätzen in Städten und ländlichen Ortschaften (G.S. S. 561).
— — § 13 . . . . 135 flg.
— — § 14 136
1878. 24. April. Ausführungsgesetz zum Gerichtsverfassungsgesetz (G.S. S. 230).
— Art. 86 148
1881. 19. März. Kreisordnung für die Provinzen Ost- und Westpreußen, Brandenburg, Pommern, Schlesien und Sachsen (G.S. S. 179).
— — §§ 3—5 . . . 370 flg.
1883. 1. August. Gesetz über die Zuständigkeit der Verwaltungs- und Verwaltungsgerichtsbehörden (G.S. S. 237).
— — § 8 217
— — § 25 218
1885. 14. März. Gesetz, betr. die Vertretung des Fiskus in bürgerlichen Rechtsstreitigkeiten der Justizverwaltung (G.S. S. 65).
— — § 2 148
1885. 23. März. Allgemeine Verfügung, betr. die Vertretung des Fiskus in bürgerlichen Rechtsstreitigkeiten der Justizverwaltung (Just.-Min.-Bl. S. 119) 147 flg.
1887. 30. Mai. Kreisordnung für die Rheinprovinz (G.S. S. 209).
— — § 22 218
1891. 19. Mai. Erbschaftssteuergesetz (G.S. S. 78).
— — § 42 58

1891. 3. Juli. Landgemeindeordnung für die sieben östlichen Provinzen der Monarchie (G.S. S. 233).
— — §§ 2, 3 . . . 370 flg.
— — § 88 Abs. 4 Nr. 7 407 flg.
1892. 28. Juli. Gesetz über Kleinbahnen und Privatanschlußbahnen (G.S. S. 225).
— — § 2 . . . . 371 flg.
— — § 6 . . . . 371 flg.
— — § 7 . . . . 371 flg.
1895. 31. Juli. Stempelsteuergesetz (G.S. S. 413).
— — § 2 . . . . . 76 flg.
— — § 3 Abs. 3 . . . 160
— — § 6 Abs. 2 . . . 159
— — § 10 76
— — § 15 59
— — § 16 59
— — § 23 59
— — § 25 . . . . 59, 260
— — § 26 . . . . . 55 flg.
— — § 27 59
— — § 28 . . . . 55 flg.
— — Tarif Nr. 2 59, 161, 257 flg.
— — Tarif Nr. 8 . . . 59
— — Tarif Nr. 24 . . . 59
— — Tarif Nr. 25 . . 168 flg., 378 flg.
— — Tarif Nr. 32 59, 77, 168 flg.
— — Tarif Nr. 48 . . . 59
— — Tarif Nr. 51 . . . 59
— — Tarif Nr. 58 56 flg., 157 flg.
— — Tarif Nr. 59 . . . 158
— — Tarif Nr. 71 . . . 74 flg.
— — Tarif Nr. 73 . . . 59
1897. 4. August. Landgemeindeordnung für die Provinz Hessen-Nassau (G.S. S. 301).
— — § 59 Abs. 4 Nr. 7 . 407
1899. 20. September. Ausführungsgesetz zum Bürgerlichen Gesetzbuche (G.S. S. 177).
— — Art. 12 § 2 . . 393 flg.
1905. 28. März. Gesetz, betr. die Erweiterung des Stadtkreises Königsberg (G.S. S. 51) 371

Hamburg.

1869. 3. September. Verordnung, betr. die Ausführung der Gewerbeordnung für den Norddeutschen Bund (G.S. S. 230) 27
1879. 23. April. Gesetz, betr. das Verhältnis der Verwaltung zur Rechtspflege (G.S. S. 110).
— — § 24 . . . 27 flg, 268
— — § 29 28
1899. 29. Dezember. Hamburgisches Gerichtskostengesetz (G.S. I S. 270).
— — § 16 65

C. Chronologische Zusammenstellung der Entscheidungen.

Seite

1907. Urt. v. 30. Dezember i. S. Norddeutsche Bank (Kl.) w. Hamb. Fiskus (Bekl.). Rep. VII. 110/07 83

1908. Urt. v. 15. Januar i. S. Zentrale für Milchverwertung (Bekl.) w. Z. (Kl.). Rep. I. 197/07 1

„ Urt. v. 17. Januar i. S. A. u. Gen. (Bekl.) w. R. (Kl.). Rep. II. 325/07 6

„ Urt. v. 17. Januar i. S. K. (Kl.) w. Stadtgemeinde M. (Bekl.). Rep. III. 248/07 213

„ Urt. v. 17. Januar i. S. H. Konk. (Bekl.) w. K. & C. (Kl.). Rep. VII. 197/07 49

„ Urt. v. 22. Januar i. S. F. (Kl. u. Widerbekl.) w. R. (Bekl. u. Widerkl.) u. L. (Nebeninterv.). Rep. V. 144/07 . 10

„ Urt. v. 29. Januar i. S. Konkursmasse der M. u. M.-Fabrik, eingetr. Genossensch. m. u. H. (Bekl.) w. O. u. Gen. (Kl.). Rep. I. 165/07 90

„ Urt. v. 1. Februar i. S. Gemeinnütziger Bauverein Mi., eingetr. Genossensch. m. b. H. (Bekl.) w. Ma. (Kl.). Rep. I. 210/07 93

„ Urt. v. 4. Februar i. S. A. (Bekl.) w. R. (Kl.). Rep. II. 315/07 15

„ Urt. v. 4. Februar i. S. Gewerkschaft D. (Kl.) w. preuß. Fiskus (Bekl.). Rep. VII. 212/07 55

„ Urt. v. 5. Februar i. S. K. u. Gen. (Bekl.) w. H. u. Gen. (Kl.). Rep. V. 236/07 97

Seite

1908. Urt. v. 7. Februar i. S. A. (Bekl. u. Widerkl.) w. D. B. Bergwerks- und Hütten-Aktiengesellschaft (Kl. u. Widerbekl.). Rep. II. 450/07 17

" Urt. v. 7. Februar i. S. Chemische Fabrik Gr.-E. (Kl.) w. preuß. Fiskus (Bekl.). Rep. VII. 217/07 105

" Beschl. v. 13. Februar i. S. H. Ehel. Beschw.-Rep. IV. 11/08 60

" Urt. v. 14. Februar i. S. Rh. Vers.-Akt.-Ges. (Bekl.) w. D. (Kl.). Rep. VII. 166/07 108

" Urt. v. 15. Februar i. S. Aktiengesellschaft St. (Bekl.) w. W. u. Gen. (Kl.). Rep. V. 254/07 24

" Urt. v. 17. Februar i. S. H. (Kl.) w. preuß. Justizfiskus (Bekl.). Rep. VI. 192/07 147

" Urt. v. 17. Februar i. S. G. (Kl.) w. hamburg. Polizeibehörde (Bekl.). Rep. VI. 193/07 26

" Urt. v. 18. Februar i. S. Ehefrau S. (Bekl.) w. Firma E. (Kl.). Rep. II. 431/07 32

" Urt. v. 19. Februar i. S. F. (Bekl.) w. L. (Kl.). Rep. I. 273/07 65

" Urt. v. 21. Februar i. S. M. (Kl.) w. L. u. Gen. (Bekl.). Rep. II. 422/07 35

" Urt. v. 21. Februar i. S. L. (Kl.) w. Stadtgem. Königsberg (Bekl.). Rep. VII. 441/07 116

" Urt. v. 22. Februar i. S. Internationale Reklamegesellschaft m. b. H. (Bekl.) w. Gr. u. R. (Kl.). Rep. I. 230/07 271

" Urt. v. 25. Februar i. S. A. (Bekl.) w. L. Konk. (Kl.). Rep. VII. 204/07 150

" Beschl. v. 25. Februar i. S. Bl. & Co. (Bekl.) w. F. (Kl.). Beschw.-Rep. VII. 18/08 66

" Urt. v. 26. Februar i. S. Vorschußv. zu W. (Kl.) w. G. u. Gen. (Bekl.). Rep. I. 294/07 155

" Urt. v. 26. Februar i. S. M. (Kl.) w. Sch. (Bekl.). Rep. V. 185/07 37

Seite

1908. Urt. v. 28. Februar i. S. S. (Bekl.) w. Konkurs v. Z. (Kl.). Rep. II. 472/07 41

" Urt. v. 28. Februar i. S. E. A. B. D. (Bekl. u. Widerkl.) w. A. Rh. W. K. S. (Kl. u. Widerbekl.). Rep. II. 486/07 43

" Urt. v. 28 Februar i. S. W. (Kl.) w. Versicherungsbank T. (Bekl.). Rep. VII. 242/07 67

" Urt. v. 29. Februar i. S. Dr. B. (Bekl.) w. Konk.-Verw. der Molkerei Qu., Ges. m. b. H. (Kl.). Rep. I. 193/07 121

" Urt. v. 2. März i. S. Allg. Knappschaftsverein zu Bochum (Kl.) w. H. (Bekl.). Rep. VI. 129/07 45

" Urt. v. 2. März i. S. preuß. Eisenbahnfiskus (Bekl.) w. H. (Kl.). Rep. VI. 220/07 47

" Urt. v. 3. März i. S. Ehel. L. (Bekl.) w. J. & Co. (Kl.). Rep. VII. 160/07 70

" Urt. v. 3. März i. S. Bergwerksgesellschaft H. (Kl.) w. preuß. Fiskus (Bekl.). Rep. VII. 228/07 157

" Urt. v. 3. März i. S. Wirtschaftsgenossenschaft B.'er Grundbesitzer, e. G. m. b. H. (Kl.) w. preuß. Fiskus (Bekl.). Rep. VII. 282/07 74

" Urt. v. 5. März i. S. H. Ehefr. (Bekl.) w. H. (Kl.). Rep. IV. 324/07 124

" Urt. v. 6. März i. S. L. J. (Kl.) w. H. (Bekl.). Rep. VII. 250/07 126

" Urt. v. 6. März i. S. Aktiengesellschaft L. L. (Kl.) w. preuß. Fiskus (Bekl.). Rep. VII. 260/07 76

" Beschl. v. 11. März in der Grundbuchsache betr. das R.'sche Grundbuchblatt. Beschw.-Rep. V. 20/08 79

" Urt. v. 17. März i. S. D. (Bekl.) w. W. (Kl.). Rep. VII. 233/07 130

" Urt. v. 17. März i. S. Sch. u. Gen. (Kl.) w. Stadtgemeinde P. (Bekl.). Rep. VII. 276/07 135

" Urt. v. 17. März i. S. M. (Kl.) w. Sch. & Co. Konk. (Bekl.). Rep. VII. 296/07 138

Seite

1908. Urt. v. 19. März i. S. E. (Kl.) w. H. u. Gen. (Bekl.). Rep. VI. 285/07 161
" Urt. v. 20. März i. S. P. & Co. (Kl.) w. F. (Bekl.). Rep. VII. 268/07 163
" Urt. v. 20. März i. S. Cl. (Bekl.) w. E. (Kl.). Rep. VII. 273/07 166
" Urt. v. 20. März i. S. R. & Co. (Kl.) w. preuß. Fiskus (Bekl.). Rep. VII. 320/07 168
" Urt. v. 20. März i. S. Duisburger Fittingsfabrik Konk.) (Bekl.) w. E. (Kl.). Rep. II. 586/07 172
" Urt. v. 21. März i. S. U. (Bekl.) w. Bl. (Kl.). Rep. I. 258/07 180
" Urt. v. 24. März i. S. Dr. med. M. (Bekl.) w. den Verband der Ärzte Deutschlands zur Wahrung ihrer wirtschaftlichen Interessen in Leipzig (Kl.). Rep. III. 416/07 . 186
" Urt. v. 24. März i. S. H. & K. (Bekl.) w. R. & Co. (Kl.). Rep. VII. 264/07 182
" Urt. v. 27. März i. S. Konk.-Verw. des Fuhrunternehmers St. (Bekl.) w. D (Kl.). Rep. III. 411/07 195
" Urt. v. 27. März i. S. L. (Bekl.) und E. (Nebeninterv.) w. B. (Kl.). Rep. VII. 274/07 192
" Urt. v. 28. März i. S. L. u. Gen. (Bekl.) w. Sch. (Kl.). Rep. V. 348/07 221
" Urt. v. 31. März i. S. S. (Kl.) w. L. K. Aktiengesellschaft (Bekl.). Rep. II. 603/07 223
" Urt. v. 1. April i. S. K. u. Gen. (Kl.) w. P. (Bekl.). Rep. V. 388/07 141
" Urt. v. 3. April i. S. Stadtgemeinde K. (Kl.) w. Stadtgemeinde P. und Bürgermeister E. (Bekl.). Rep. VII. 249/07 277
" Urt. v. 4. April i. S. M. (Kl.) w. E., B. & Co. (Bekl.). Rep. I. 274/07 203
" Urt. v. 4. April i. S. Naßextraktion (Bekl.) w. Dr. F. (Kl.). Rep. I. 302/07 210

Seite

1908. Urt. v. 4. April i. S. Reichsfiskus (Bekl.) w. B. (Kl.). Rep. I. 316/07 286
" Urt. v. 7. April i. S. B. (Kl.) w. Aktiengesellschaft N. J. Sp. u. W. (Bekl.). Rep. II. 609/07 232
" Urt. v. 7. April i. S. K. (Bekl.) w. B. (Kl.). Rep. III. 315/07 229
" Urt. v. 8. April i. S. R. (Bekl.) w. W. (Kl.). Rep. I. 323/07 292
" Urt. v. 8. April i. S. preuß. Staatsfiskus (Kl.) w. Bergwerksgesellschaft Hibernia (Bekl.). Rep. I. 595/07 . 235
" Beschl. der Vereinigten Zivilsenate v. 9. April i. S. M. (Kl.) w. St. (Bekl.). Rep. V. 332/07 und 333/07 . . . 247
" Urt. v. 10. April i. S. B. (Bekl.) w. D. (Kl.). Rep. II. 616/07 260
" Urt. v. 10. April i. S. Aktiengesellschaft G. (Bekl.) w. S. (Kl.). Rep. II. 622/07 263
" Urt. v. 10. April i. S. K. u. Gen. (Kl.) w. preuß. Fiskus (Bekl.). Rep. VII. 342/07 257
" Urt. v. 13. April i. S. hamburg. Polizeibehörde (Bekl.) w. S. & Co. u. Gen. (Kl.). Rep. VI. 359/07 267
" Urt. v. 13. April i. S. L. (Bekl.) w. A. (Kl.). Rep. VI. 623/07 269
" Urt. v. 15. April i. S. B. (Kl.) w. P. (Bekl.). Rep. I. 312/07 294
" Beschl. v. 15. April i. S. betr. die Erteilung eines Erbscheines nach Frau M. Beschw.-Rep. IV. 139/08 . 297
" Urt. v. 15. April i. S. hamburg. Polizeibehörde (Bekl.). w. S. & Co. u. Gen. (Kl.). Rep. VI. 596/07 u. 21/08 301
" Urt. v. 24. April i. S. des Deutschen Reichs (Bekl.) w. die Schiffahrtsgesellschaft Unterweser (Kl.). Rep. III. 440/07 358
" Urt. v. 27. April i. S. L. (Bekl.) w. M. (Kl.). Rep. VI. 327/07 302
" Urt. v. 28. April i. S. R. (Bekl.) w. K. (Kl.). Rep. II. 529/07 305

Seite

1908. Urt. v. 1. Mai i. S. G. (Kl.) w. Zuckerfabrik M., Gesellsch. m. b. H. (Bekl.). Rep. II. 583/07 309

" Urt. v. 1. Mai i. S. A. G. Papier- und Zellstofffabriken i. L. (Bekl.) w. E. u. Gen. (Kl.). Rep. II. 623/07 . . 314

" Urt. v. 1. Mai i. S. Nordfr. Bank (Bekl.) w. P. (Kl.). Rep. III. 551/07 317

" Urt. v. 1. Mai i. S. H. Ehefrau (Bekl.) w. H. (Kl.). Rep. VII. 523/07 322

" Urt. v. 2. Mai i. S. St. (Bekl.) w. H. (Kl.). Rep. V. 387/07 326

" Urt. v. 5. Mai i. S. hamburg. Finanz-Deputation (Bekl.) w. R. (Kl.). Rep. II. 539/07 329

" Urt. v. 7. Mai i. S. D. (Restitutionskl.) w. W. (Restitutionsbekl.). Rep. IV. 174/08 334

" Urt. v. 8. Mai i. S. Konkurs P. (Kl.) w. P. (Bekl.). Rep. II. 538/07 340

" Urt. v. 8. Mai i. S. R. u. Gen. (Kl.) w. den Konkursverwalter über das Vermögen des Vorschußvereins J. e. G. m. u. H. (Bekl.). Rep. II. 628/07 344

" Urt. v. 11. Mai i. S. Dr. (Bekl.) w. B. (Kl.). Rep. VI. 259/07 352

" Urt. v. 11. Mai i. S. B. (Bekl.) w. Br. u. Gen. (Kl.). Rep. VI. 388/07 355

" Urt. v. 12. Mai i. S. S. & J. R. (Kl.) w. Rhein.-Westf. Malzfabriken (Bekl.). Rep. II. 519/07 368

" Urt. v. 12. Mai i. S. Stadtgemeinde Königsberg (Kl.) w. Königsberger Straßenbahn-Akt.-Ges. (Bekl.). Rep. III. 412/07 370

" Urt. v. 12. Mai i. S. H. (Bekl.) w. Sch. Konkurs (Kl.). Rep. VII. 313/07 374

" Urt. v. 12. Mai i. S. Sch. u. Gen. (Kl.) w. preuß. Stempelfiskus (Bekl.). Rep. VII. 370/07 378

" Urt. v. 14. Mai i. S. D. A.-Verlag u. Gen. (Bekl.) w. O.'sche Buchdruckerei G. R. (Kl.). Rep. VI. 384/07 . . . 381

Seite

1908. Urt. v. 16. Mai i. S. U. (Kl. u. Widerbekl.) w. W. (Bekl. u. Widerkl.). Rep. V. 492/07 386

„ Zwischenurteil v. 18. Mai i. S. K. (Bekl.) w. G. (Kl.). Rep. VI. 562/07 390

„ Urt. v. 19. Mai i. S. Stadtgem. E. (Bekl.) w. F. (Kl.). Rep. II. 531/07 393

„ Urt. v. 19. Mai i. S. S. (Bekl.) w. R. (Kl.). Rep. II. 630/07 394

„ Urt. v. 20. Mai i. S. Str. (Bekl.) w. V. (Kl.). Rep. I. 388/07 418

„ Urt. v. 20. Mai i. S. B. (Bekl.) w. O. (Kl.). Rep. V. 372/07 398

„ Urt. v. 21. Mai i. S. Sch. (Kl.) w. Staatsanwaltschaft (Bekl.). Rep. IV. 62/08 402

„ Urt. v. 22. Mai i. S. H. (Kl.) w. Jagdgenossenschaft M. (Bekl.). Rep. VII. 417/07 407

„ Beschl. v. 23. Mai in der Grundbuchsache v. Fr. a. M. Bez. 13 Bd. 12 Bl. 554 u. Bd. 6 Bl. 273. Beschw.-Rep. V. 70/08 410

„ Urt. v. 23. Mai i. S. Gr. Leipz. Straßenbahn (Bekl.) w. E. (Kl.). Rep. VI. 459/07 422

„ Urt. v. 26. Mai i. S. O. Ehefr. (Kl.) w. L. & H. (Bekl.). Rep. VII. 468/07 424

„ Urt. v. 27. Mai i. S. Cotinental-Vertriebsges., Ges. m. b. H., u. Gen. (Bekl.) w. M. (Kl.). Rep. VI. 328/07 . . . 429

„ Urt. v. 27. Mai i. S. Dr. V. (Bekl.) w. G. (Kl.). Rep. VI. 484/07 431

„ Urt. v. 30. Mai i. S. R. u. Gen. (Bekl.) w. Rendsburger Bank (Kl.). Rep. I. 30/08 427

Zusammenstellung

der

im achtundsechzigsten Bande, der neuen Folge achtzehnten Bande,

mitgeteilten Entscheidungen

nach

Oberlandesgerichtsbezirken.

Berlin	1. 3. 6. 21. 22. 23. 35. 37. 44. 51. 54. 56. 61. 62. 79. 91. 98. 101.
Breslau	19. 41. 46. 66. 76. 93.
Celle	27. 57. 82. 96.
Darmstadt	26. 58. 72.
Dresden	8. 24. 33. 43. 50 70. 92. 102.
Düsseldorf	39. 47. 84. 103.
Frankfurt a. M.	34. 52. 99. 100.
Hamburg	2. 7. 17. 18. 25. 40. 48. 49. 53. 59. 65. 73. 81. 83.
Hamm	5. 12. 13. 16. 42. 55. 60. 94. 97.
Jena	10.
Karlsruhe	71. 77. 106.
Kassel	29.
Kiel	78. 86. 87. 104.
Köln	9. 11. 30. 45. 67. 74. 88. 90. 95. 105.
Königsberg	31. 32. 68. 69. 89.
München	15.
Naumburg	20. 28. 64. 75. 85.
Nürnberg	4. 63.
Posen	36.
Stettin	14. 38. 80.

Berichtigungen.

Elfter Band.

S. 306 Z. 16 v. u. statt „16“ lies „13“.

Fünfzehnter Band.

S. 467 Z. 21 v. o. statt „Z.“ lies „J“.

Einunddreißigster Band.

S. 407 Z. 17 v. u. statt „dem“ lies „den“.
„ „ „ 15 v. u. statt „ihm“ lies „ihnen“.

Sechzigster Band.

S. 356 Z. 12 v. o. statt „sechsmonatlichen“ lies „sechsmonatigen“.
„ 449 Sp. 2 ist Z. 18 v. u. zu streichen.

Sechsundsechzigster Band.

S. 97 Z. 5 v. u. statt „434“ lies „424“.
„ 308 „ 18 v. o. statt „danach“ lies „indessen“.
„ 349 „ 6 v. o. statt „Verkäufer“ lies „Käufer“.
„ 438 Sp. 2 Z. 5 v. o. statt „264“ lies „266“.
„ 468 Z. 1 v. u. statt „37“ lies „97“.

Siebenundsechzigster Band.

S. 142 Z. 14 v. u. statt „Gemeinschuldner“ lies „Gesamtschuldner“.

Achtundsechzigster Band.

S. 1 Z. 7 v. o. statt „5.“ lies „15.“.

FSC
www.fsc.org
MIX
Papier | Fördert
gute Waldnutzung
FSC® C083411

Kolibri 360 GmbH
Ferdinand-Jühlke-Straße 7
99095 Erfurt, Deutschland
produktsicherheit@kolibri360.de